# Lengua castellana y Literatura

W0344143

# 3

ESO CÓDIGO ABIERTO

Casals

Alfredo Reina
(coordinador)

Emilia Navarro
Alfredo Reina
Ana Soblechero
Alicia Torres

# CONTENIDOS



## LAS COMPETENCIAS

- **CL** Competencia en comunicación lingüística
- **CA** Aprender a aprender
- **CI** Sentido de iniciativa y espíritu emprendedor
- **CS** Competencias sociales y cívicas
- **CC** Conciencia y expresiones culturales
- **CD** Competencia digital
- **CM** Competencia matemática y competencias básicas en ciencia y tecnología

| Competencia en comunicación lingüística CL | | | |
|---|---|---|---|
| Conocimiento de la lengua (Ortografía) CA | | | Conocimiento de la lengua (Morfología) CA |
| Grafías | Acentuación | Puntuación | |
| Uso de **g/j**, **b/v**, **h**, **cc**. Palabras de escritura dudosa p. 177 | Reglas generales de acentuación. Diptongo, triptongo e hiato. Tilde diacrítica. Acentuación de palabras compuestas. p. 183 | El punto, la coma, los dos puntos, los puntos suspensivos, el punto y coma, la interrogación y la exclamación, la raya, el guion, las comillas, el paréntesis p. 187 | La estructura de las palabras: derivación y composición. Otros procedimientos de formación de palabras: acortamientos, siglas y acrónimos. Las locuciones p. 191 |

| | Competencia en comunicación lingüística CL | | | |
|---|---|---|---|---|
| | Educación literaria CC CS | | Literatura comparada Trabajo de lectura CA CC | Practica tus competencias CA CI |
| UNIDAD 1 | La literatura. El verso y la rima. La combinación de versos. Tipos de estrofas y poemas. Los géneros y subgéneros literarios. Las figuras literarias p. 194 | | | **Texto informativo** «¡Leer es un placer!», *La lectura en España, informe 2008* CC CS<br>**Texto literario** *Los intelectuales*, «Azorín» CC |
| UNIDAD 2 | **La Edad Media:** contexto histórico. La literatura medieval: características<br>**Poesía narrativa popular.** Poesía épica: el mester de juglaría (siglo XII). Poesía narrativa: el mester de clerecía (siglos XIII-XIV) p. 208 | **Poesía narrativa culta.** Gonzalo de Berceo y el arcipreste de Hita<br>**Prosa castellana.** Orígenes y expansión del castellano. Alfonso X el Sabio y Don Juan Manuel | **Literatura comparada.** Evolución de temas y formas: cuento medieval y microrrelato<br>**Trabajo de lectura** *El conde Lucanor*, don Juan Manuel | **Texto informativo** Mercado medieval *Los Silos* CC CS<br>**Texto literario** *Cantar de Mio Cid* CC |
| UNIDAD 3 | **El siglo XV:** contexto histórico. La literatura prerrenacentista: novedades literarias del siglo XV<br>**Lírica tradicional.** Siglos XII-XIV<br>**Poesía lírico-narrativa.** Siglo XV: el *Romancero* p. 230 | **Lírica culta.** Siglo XV: los *Cancioneros.* La mujer en la Edad Media: autoría femenina<br>**Teatro.** *La Celestina:* entre la Edad Media y el Renacimiento | **Literatura comparada.** Evolución de temas y formas: *Ubi sunt?*<br>**Trabajo de lectura** El *Romancero* | **Texto informativo** Sefardíes en la actualidad CC CS<br>**Texto literario** *Romance de Valdovinos* CC |
| UNIDAD 4 | **El siglo XVI:** contexto histórico. Influencias del Renacimiento. El Renacimiento español<br>**Lírica.** Renovación de la lírica castellana. Garcilaso de la Vega y fray Luis de León p. 256 | **Literatura religiosa.** Santa Teresa de Jesús y san Juan de la Cruz<br>**Narrativa.** Las novelas idealistas del Renacimiento. La novela picaresca: *Lazarillo de Tormes* | **Literatura comparada.** Evolución de temas y formas: *carpe diem*<br>**Trabajo de lectura** *Lazarillo de Tormes* | **Texto informativo** Pictograma y viñeta cómica CS<br>**Texto literario** *Lazarillo de Tormes* CC |
| UNIDAD 5 | **Miguel de Cervantes:** poeta, dramaturgo y novelista. *El Quijote*, la novela moderna<br>**Del héroe épico al personaje de novela** p. 280 | | **Literatura comparada.** Evolución de temas y formas: el héroe y el antihéroe<br>**Trabajo de lectura** *Entremeses*, Miguel de Cervantes | **Texto informativo** Cartel publicitario<br>**Texto literario** *El Quijote*, Miguel de Cervantes CC |
| UNIDAD 6 | **El siglo XVII:** contexto histórico. La literatura barroca: características. Mujeres áureas: escritoras del Renacimiento y el Barroco<br>**Lírica.** El conceptismo y Francisco de Quevedo. El culteranismo y Luis de Góngora p. 298 | **Teatro.** El teatro popular en los Siglos de Oro. El teatro barroco: una revolución en la escena. Lope de Vega y Calderón de la Barca | **Literatura comparada.** Evolución de temas y formas: la honra<br>**Trabajo de investigación** *Nueve liras de hiedra y un secreto*, antología poética | **Texto informativo** La taquilla teatral CC<br>**Texto literario** *El alcalde de Zalamea*, Pedro Calderón de la Barca CC |

# LAS VARIEDADES DE LA LENGUA

REPASA LA UNIDAD

## Establecemos contacto

**Comunicación oral**

**Escuchar**

La comunicación verbal y no verbal

**Conocimiento de la lengua**

**1** ¿Qué es la comunicación?
**2** Funciones del lenguaje
**3** Lenguaje y lengua
**4** Variedades de la lengua
**5** Situación plurilingüe de España
**6** El bilingüismo en España

**Practica tus competencias**

**Texto informativo: mapa temático**

Presencia de los hispanohablantes

**Texto literario**

*La tesis de Nancy*, R. J. Sender.



### ¿Cómo nos comunicamos?

**FICHA TÉCNICA:** *Informe Robinson*. «Lágrimas por Londres». Canal+ (febrero, 2012).
**TIPOLOGÍA ORAL:** Reportaje deportivo.
**SITUACIÓN COMUNICATIVA:** Carolina Rodríguez es una joven que supo convertir un hándicap familiar en su gran pasión: la gimnasia rítmica.

### ACTIVIDADES

**1** Di si son verdaderas o falsas las afirmaciones.

| |
|---|
| **a** Carolina nunca ha participado en unos Juegos Olímpicos. |
| **b** Los movimientos y gestos de la gimnasta están perfectamente sincronizados con la música. |
| **c** Carolina se expresa con su cuerpo cuando compite. |
| **d** Los padres de la gimnasta se comunican por medio de una lengua de signos. |
| **e** Aunque los padres de Carolina no empleen como código la lengua castellana, comunican lo que piensan. |

**2** CS ¿Por qué la gimnasta dice que para ella ha sido una ventaja más que un hándicap el hecho de que sus padres sean sordos? ¿Qué le ha permitido eso?

**3** El padre de Carolina indica sobre ella: «Sus manos parecen signos en el aire». Y su entrenadora dice: «Quiere expresar con sus gestos la música que lleva». ¿Qué quieren decir estas palabras?

**4** ¿Qué significa el titular del periódico «Milagro en la vieja iglesia»? ¿Qué se quiere transmitir con este titular?

# 1. ¿Qué es la comunicación?

Es un proceso cuya finalidad es que **un emisor transmita información a un receptor**.

En la actual sociedad de la información, la comunicación se lleva a cabo mediante sistemas artificiales o mecánicos muy complejos (satélites, teléfonos móviles, ordenadores personales, videoconferencias, televisión, radio).

Cuando nos referimos a la comunicación humana interpersonal, el emisor se denomina **hablante** y el **receptor** recibe el nombre de **oyente**.

El diálogo es la forma perfecta de comunicación verbal humana, ya que es interpersonal y recíproco.

## 1.1 Elementos de la comunicación

Para que se pueda llevar a cabo un acto de comunicación, deben intervenir los siguientes elementos:

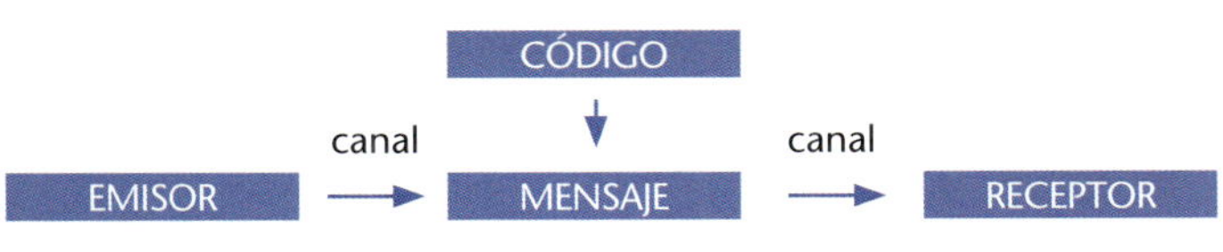


contexto o situación de la comunicación

**EMISOR:** persona que elabora el mensaje y lo transmite (hablante o escritor).
**RECEPTOR:** persona que recibe el mensaje y lo interpreta según la situación (oyente o lector).
**MENSAJE:** información que el receptor recibe del emisor.
**CANAL:** medio físico por el que circula la información o mensaje (canal auditivo, visual, táctil...).
**CÓDIGO:** sistema de signos y reglas que utiliza el emisor para elaborar el mensaje (lengua castellana).
**SITUACIÓN:** conjunto de circunstancias que están presentes en un acto de comunicación y que permiten al receptor interpretar el sentido completo del mensaje.

## 1.2 La comunicación verbal o lingüística

En muchas ocasiones, se dan actos de comunicación sin palabras. Este tipo de comunicación se denomina **no verbal.** Un saludo con la mano, una mirada, una señal de tráfico, el olor a comida, unas nubes negras en el cielo o el aspecto de una persona nos transmiten información sin que se haya pronunciado una sola frase.

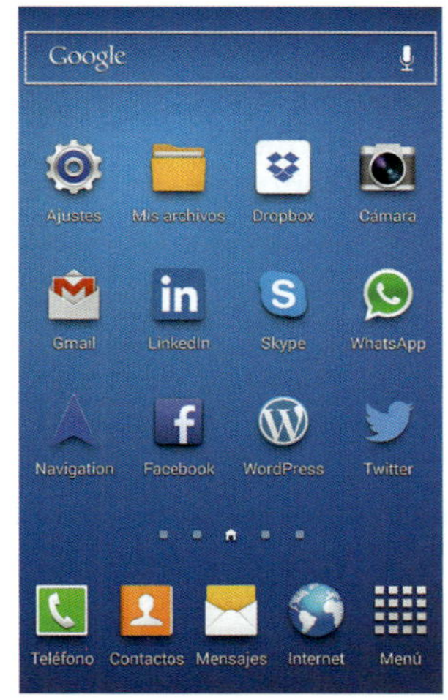


Sin embargo, la comunicación humana por excelencia es la **comunicación verbal** o **lingüística**, es decir, aquella que se produce mediante **signos lingüísticos** o palabras.

La comunicación verbal nos permite matizar racionalmente el significado del mensaje y ser muy creativos a la hora de expresarnos.

La comunicación mediante palabras **habladas** o **escritas** ha facilitado el desarrollo de las diferentes civilizaciones humanas.

## 1.3 Condiciones de la comunicación humana

Para que haya auténtica comunicación en un **sentido humano y social**, son necesarios estos requisitos:

a El emisor debe tener un propósito claro (**intencionalidad**).
b El receptor debe tener la oportunidad de ofrecer su punto de vista sobre la información que ha recibido (**reciprocidad**).
c Debe haber voluntad de entendimiento entre emisor y receptor (**cooperación**). Un mero intercambio de información en un ambiente de desconfianza impide una interacción auténtica entre el hablante y el oyente.
d El sentido de los mensajes no se reduce únicamente al significado literal de las palabras que lo componen, sino que está determinado por la situación o circunstancias en las que se emiten (**dependencia del contexto**): la expresión *¡Menuda pieza!* adquiere diferentes significados según el contexto en el que se pronuncie (puede referirse a un delincuente peligroso, un valioso objeto de decoración o un ciervo de gran tamaño).

# 2. Funciones del lenguaje

Todo mensaje pretende llamar la atención sobre alguno de los elementos de la comunicación. Ello da lugar a las diferentes funciones o usos del lenguaje.

| Funciones del lenguaje | Elemento predominante | Intencionalidad del mensaje | Recursos lingüísticos | Tipos de textos |
|---|---|---|---|---|
| **EXPRESIVA** *¡Qué día más feliz!* | Emisor | Transmitir el punto de vista **subjetivo del emisor**: valoraciones, emociones y sentimientos. | Exclamaciones, interjecciones, 1.ª persona gramatical (*yo, me*...), diminutivos, adjetivos valorativos, modo subjuntivo... | Opiniones, cartas personales, autobiografías, diarios... |
| **REFERENCIAL** *El AVE sale a las 14:00 h de la estación del Norte.* | Contenido del mensaje | Comunicar una información **objetiva** de forma clara y precisa. | Entonación enunciativa, 3.ª persona gramatical (*él, ella, ello*), modo indicativo, sustantivos concretos, topónimos... | Documentos, informes, noticias, textos científicos, descripciones... |
| **APELATIVA** *Raúl, ven y recoge la mesa.* | Receptor | Llamar la atención del oyente para **influir** en su comportamiento. | Entonación exhortativa, 2.ª persona (*tú, usted*...), vocativos, modo imperativo... | Instrucciones, órdenes, anuncios publicitarios, sermones, mítines... |
| **FÁTICA** *¿Oiga?* *¿Me escucha?* | Canal | Comprobar si el canal está **abierto** y funciona correctamente. | Interrogaciones y clichés: *¿Sí? ¿Hola? Probando*... | Comprobaciones previas e interrupciones durante el tiempo de emisión. |
| **POÉTICA** *Cuando las estrellas clavan/rejones al agua gris.* (Lorca) | Forma del mensaje | Apartarse de la forma con que se elaboran habitualmente los mensajes para producir un **efecto de belleza** o extrañeza. | Recurrencias o repeticiones de palabras, rima, figuras retóricas, riqueza léxica, infracciones gramaticales, desorden sintáctico... | Textos literarios: poemas, cuentos, novelas, teatro... |
| **METALINGÜÍSTICA** *«En» es una preposición.* | Código | Utilizar el lenguaje para explicar las características de las **palabras (signos)** y el **funcionamiento** de estas. | Uso de comillas, tecnicismos lingüísticos... | Libros de texto de lengua, diccionarios, gramáticas... |

## ACTIVIDADES

**1** Sustituye las palabras destacadas por los siguientes sinónimos: *conectar, vuelos, entendimiento, informar de*.

- **a** Se han suspendido las comunicaciones aéreas entre Madrid y París debido a una huelga.
- **b** Abrí una puerta para comunicar el salón con el jardín.
- **c** La voluntad de comunicación entre el gobierno y la oposición ha permitido el acuerdo.
- **d** Les voy a comunicar los nombres de los ganadores del concurso literario.

**2** Explica los elementos que intervienen en los siguientes actos de comunicación: recital de poesía – emisión del telediario – carta de amor – consulta en un punto de información turística – pitido de un árbitro – presencia de un STOP – contemplación de un cuadro.

**3** CC Escribe un argumento a favor y otro en contra de la siguiente afirmación: *Una imagen vale más que mil palabras*.

**4** Inventa tres situaciones en las que la expresión *¡Qué disparate!* adquiera significados diferentes.

**5** Explica la función del lenguaje que predomina en los siguientes enunciados.

- **a** Pero ¿me estás escuchando de verdad?
- **b** *Excelente* es un adjetivo valorativo.
- **c** A las 10:00 h comprobarán el estado de la caldera.
- **d** Luis, no vuelvas a llegar tarde a clase.
- **e** ¡Qué día!
- **f** Me miras ya sin ver, mirando a ciegas.

# 3. Lenguaje y lengua

El lenguaje es la **capacidad** que tienen los seres humanos para comunicarse entre sí a través de cualquiera de los sistemas de signos lingüísticos conocidos: castellano, catalán, inglés, italiano, francés, ruso, chino...

Cada uno de esos sistemas lingüísticos se denomina *lengua*. Por lo tanto, la lengua es el código particular que utilizan los hablantes de una determinada comunidad para comunicarse. No debemos confundir el lenguaje con la lengua. Lenguaje solo hay uno; sin embargo, hay miles de lenguas.

La sociolingüística se ocupa del estudio de la lengua en relación con la sociedad en la que se manifiesta.

# 4. Variedades de la lengua

Las lenguas varían según las características individuales, sociales y geográficas de cada hablante. Son las denominadas **variedades de la lengua**.

| La diversidad lingüística | |
|---|---|
| **Variedades de la lengua** | **Factores que determinan esta variedad** |
| **Geográficas**<br>• dialectos<br>• hablas locales y regionales | El **lugar** donde se aprendió a hablar. |
| **Sociales**<br>• nivel culto<br>• nivel estándar o popular<br>• lengua vulgar<br>• los lenguajes específicos | El **nivel de educación** o el estrato social del hablante: **nivel sociocultural**. |
| **Individuales**<br>• registro formal<br>• registro informal, registro coloquial | La **situación**, el **propósito de la comunicación** y las **características peculiares de cada hablante**. |

## Lengua y dialecto: perspectiva histórica

Desde una perspectiva histórica, las que llamamos **lenguas** pueden ser consideradas también dialectos, ya que toda lengua es un dialecto respecto a la lengua de la que procede. Así, el portugués, el catalán, el francés o el italiano son dialectos del latín, porque todas derivan de esta última lengua.

## 4.1 Variedades geográficas

Las variedades geográficas dependen del territorio del que procede el hablante. Cuando estudiamos las variedades geográficas de la lengua, solemos distinguir tres conceptos: **lengua**, **dialecto** y **habla**. Estas son sus diferencias:

| Lengua | Dialecto |
|---|---|
| • Se distingue claramente de otros idiomas porque tiene una gramática y un léxico diferentes.<br>• Cuenta con gramáticas, diccionarios y normas de pronunciación comunes a todos los hablantes (**normalización**).<br>• Tiene tradición literaria. | • Presenta muchas semejanzas con la lengua a la que se subordina o pertenece.<br>• Sus rasgos peculiares no se recogen en una gramática ni en diccionarios propios (**sin normalización**).<br>• Carece de tradición literaria y sus rasgos fonéticos no se reflejan en la escritura. |

El **habla** puede definirse como el uso concreto que hacemos de una lengua determinada. Podemos diferenciar el **habla regional**, que es la variedad que presenta la lengua en una región determinada, del **habla local** o variedad de lengua que se produce en una zona geográfica muy reducida (una comarca, una ciudad...). El **habla individual** es la forma peculiar con la que se expresa una persona.

El nivel sociocultural, la edad, el sexo, la situación... hacen que la lengua no sea usada de la misma forma por todos los hablantes.

## 4.2 Variedades sociales

Reciben esta denominación las variedades de la lengua relacionadas con la **estratificación social**. Los factores que dan lugar a este tipo de variedad lingüística son los siguientes:

a **El nivel sociocultural:** el grado de educación y cultura de cada individuo se refleja en su forma de hablar. Por lo tanto, existe una estrecha relación entre nivel social, nivel cultural y nivel lingüístico.

b **La edad:** los jóvenes son, en general, más innovadores en el léxico y en las expresiones. Los hablantes que pertenecen a generaciones de mayor edad se muestran más reacios a los cambios.

c **El sexo:** el habla de las mujeres y de los hombres se ha distinguido tradicionalmente por las diferentes formas de vida y la educación recibida. No obstante, hoy en día la inserción social y laboral de la mujer, la influencia masiva de los medios de comunicación y el dinamismo de la vida urbana están borrando progresivamente tales diferencias lingüísticas, de origen cultural.

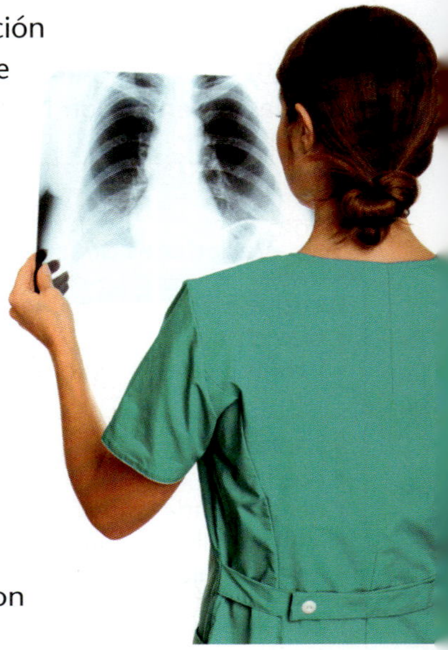

d **El lugar:** las diferencias entre el lenguaje urbano y rural o local son notables. El primero es más innovador porque está influido por modas lingüísticas. El rural es más conservador y, a la vez, menos cuidadoso en la pronunciación.

e **Los diversos oficios o actividades:** dan lugar a lenguajes específicos denominados jergas (las de los médicos, estudiantes, deportistas...). Las diferencias respecto al nivel coloquial de la lengua son fundamentalmente de vocabulario.

### ACTIVIDADES

**6** Lee el siguiente diálogo. En él intervienen dos hombres (A y B) y una mujer (C).

–¿Pero a qué vienen esos aspavientos?... ¿Qué les pasa? ¿Por qué se van disgustaos? ¡Yo que venía tan contenta!...
–(*Se levanta iracundo y coge trágicamente de la mano a su hija.*) ¡Petra!
–(*Asustada.*) ¡Padre!
–¿De dónde vienes a estas horas?
–¡Ay; pero, por Dios, no se ponga usted así!
–(*Cogiéndola de la otra mano.*) ¿De dónde vienes?
–(*Aterrada.*) ¡Pero, Manolo!...
–Contesta.
–(*Vacilante, temblorosa.*) Pues vengo de ahí..., de..., de casa de la... de... Esos tranvías, que ya saben ustés que cuando una los necesita.... (*Intenta sonreír.*)
–Pero contesta. ¿De dónde vienes tan tarde, tan tarde?...

Carlos Arniches, *La venganza de la Petra*

a CS Señala las marcas lingüísticas que nos permiten identificar el sexo de cada personaje.
b Copia el diálogo e indica, delante de cada guion, qué personaje habla.
c Según la manera de expresarse, ¿a qué nivel sociocultural pertenecen?
d ¿Hay diferencia entre el tono verbal con el que se expresan los dos hombres y el que utiliza la mujer? ¿Crees que el texto expresa la situación actual de la mujer en la familia y la sociedad?
e ¿Crees que las acotaciones que hace el autor (los fragmentos en cursiva) reflejan el mismo nivel cultural que el de los personajes? Razona la respuesta.

### NIVEL CULTO DE LA LENGUA

Es propio de personas de amplia formación cultural. Funciona como modelo de corrección. Es el nivel más estructurado y preciso. El **hablante culto** es aquel que maneja el idioma según sus necesidades, aquel que es capaz de enfrentarse con éxito a distintas situaciones comunicativas: emplea el nivel coloquial en situaciones informales y el culto en situaciones formales.

### NIVEL ESTÁNDAR O MEDIO DE LA LENGUA

Este nivel requiere un grado de formación cultural medio-alto. Aunque no es tan especializado como el nivel culto, exige un conocimiento amplio del vocabulario y la sintaxis para garantizar la precisión y la corrección lingüísticas. Se manifiesta en los medios de comunicación a través de géneros como la noticia, el reportaje, el artículo de opinión o el editorial. No debe confundirse con el nivel popular, ya que este último se caracteriza por un conocimiento restringido o limitado de la lengua.

Mamen Mendizábal, directora y presentadora de *Más vale tarde*, recibió el Premio Ondas 2014 a la mejor presentadora de televisión.

### LENGUA VULGAR

La lengua vulgar es usada por personas de escasa formación cultural. Los vulgarismos son variados:

| | |
|---|---|
| **Fonéticos** | • Cambio de una vocal por otra: *tualla* por *toalla*.<br>• Reducción de diptongos: *ventidós* por *veintidós*.<br>• Simplificación consonántica: *dotor* por *doctor*, *comío* por *comido*.<br>• Relajación consonántica: *colorá* por *colorada*.<br>• Cambio de posición de una consonante: *cocreta* por *croqueta*.<br>• Desplazamientos acentuales: *máestro* por *maestro*. |
| **Morfológicos** | • Laísmo, leísmo, loísmo: *les vi*, *la dije*, *lo pegó una bofetada*.<br>• Dequeísmos: *le dijo de que era guapa* por *le dijo que era guapa*.<br>• Alteraciones verbales: *cantastes* por *cantaste*. |
| **Sintácticos** | • Cambio en el orden de las palabras: *me se escapó* por *se me escapó*.<br>• Concordancias incorrectas: *la agua* por *el agua*. |
| **Léxicos** | • Confusión en el significado de las palabras: *infringir* en lugar de *infligir*.<br>• Uso de preposiciones y conjunciones incorrectas: *contra* por *cuanto*.<br>• Palabras malsonantes o tacos. |

## ACTIVIDADES

**7** Corrige los errores y vulgarismos, y escribe las oraciones correctamente.

a Sé que se lo devolvistes el bolígrafo a Juan.
b Pienso de que como sigas sin dar palo en el agua te se va a poner cara de méndigo.
c Habrán muchas gentes en la feria. Y contra más personas haigan, más mejor me lo pasaré.

## El nivel culto

Las características fundamentales del nivel culto son las siguientes:

- **Corrección.** Adecuada vocalización y entonación en el discurso oral y correcto uso de la norma ortográfica y gramatical del discurso escrito.
- **Riqueza léxica.** Uso de un léxico fluido y preciso.

En 1713 se fundó la RAE. Desde entonces vela por la normalización de la lengua española.

## El nivel popular

No debemos confundir la **lengua vulgar** (errores lingüísticos) con el **nivel popular**.

El nivel popular presenta las siguientes peculiaridades:

- **Subjetividad del hablante.** Uso frecuente de interjecciones, exclamaciones, etc. Ejemplo: *¡Mujer, que te lo digo yo!*
- **Economía en el uso del lenguaje.** Oraciones inacabadas o suspendidas, frases cortas y muy expresivas, muletillas, frases hechas, etc. Ejemplo: *¡Bueno, pues eso… lo que te iba diciendo!*
- **Continuas apelaciones al oyente.** Ejemplo: *¡Tú dirás!*
- **Uso del lenguaje proverbial o refranes ligados a la filosofía popular.** Ejemplo: *No por mucho madrugar amanece más temprano.*

Las palabras *probeta, matriz* y *tubo de ensayo* son palabras que pertenecen al léxico del lenguaje científico-técnico.

**LENGUAJES ESPECÍFICOS**

Son los usos lingüísticos propios de los miembros de una determinada profesión, actividad o grupo social. Distinguimos dos tipos de lenguajes específicos:

| Jergas y argots | Lenguajes científico-técnicos |
|---|---|
| Son variedades de la lengua con las que se comunican los integrantes de ciertos grupos sociales: estudiantes, deportistas, médicos, toreros... Se caracterizan fundamentalmente por el uso de un vocabulario propio. Un tipo de jerga es el argot, que es el modo de expresión «secreto» con el que se comunican los miembros del hampa o delincuencia (*pasma, madero, costo*...). | Constituyen los lenguajes de las diversas ciencias (biología, medicina, física...): *hidráulico, cristalización, masa*... 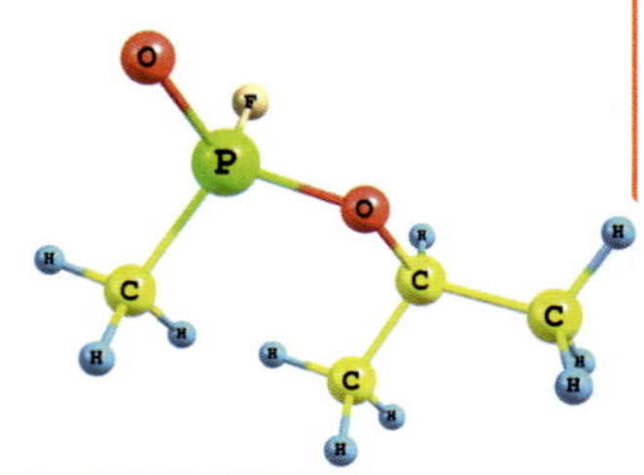 |

## 4.3 Variedades individuales

El uso individual que hace el hablante de la lengua en una situación comunicativa concreta recibe el nombre de **registro idiomático**. Los **elementos de la situación** comunicativa que influyen en la manera de hablar son los siguientes:

- a **La personalidad del emisor y del receptor.** Factores como el nivel sociocultural, edad, sexo, ideología, profesión e incluso el estado de ánimo determinan un uso especial del código lingüístico.
- b **La atmósfera, tensión comunicativa o grado de formalidad.** El hecho, por ejemplo, de que un hablante sienta o no confianza en una situación comunicativa determina el **uso formal** o **informal** de la lengua.
- c **El tema o asunto de la conversación.**
- d **La intencionalidad** (informativa, didáctica, persuasiva...).
- e **El canal.** Oral o escrito.

Podemos distinguir dos tipos de registro:

| Registro formal | Registro informal |
|---|---|
| Usado en ámbitos especializados: científico, literario, jurídico, técnico... El **registro culto** es el código formal por excelencia. | Utilizado en un ámbito familiar o cotidiano, en el que abunda la comunicación directa, espontánea. El más representativo es el **registro coloquial**. |

La capacidad de cambiar de registro según las circunstancias demuestra nuestra competencia lingüística.

Los rasgos más característicos del registro coloquial son:

- a **Carácter dialogado.** Un emisor y un receptor se alternan en el uso oral de la palabra.
- b **Espontaneidad, falta de formalización.** Se da una improvisación formal y expresiva.
- c **Unión del código verbal y no verbal.** El lenguaje verbal se apoya en un código que no tiene carácter lingüístico (posturas del cuerpo, expresiones de la cara, gestos...).

# 5. Situación plurilingüe de España

España posee una gran diversidad lingüística, circunstancia que contribuye a su riqueza cultural. Las lenguas que se hablan en nuestro país son el **castellano**, el **gallego**, el **catalán** (cuya variante **valenciana** se reconoce como lengua cooficial en la Comunidad Valenciana) y el **vasco** o **euskera**. Todas provienen del latín, excepto el vasco, que procede de una antigua lengua prerromana.

El **castellano** es una lengua románica que surgió de la evolución del latín en el antiguo condado de Castilla, que comprendía la actual Cantabria y el norte de Burgos.

## 5.1 El castellano y sus dialectos

Las variedades dialectales más importantes del castellano son los dialectos meridionales, **variedades habladas** en el sur peninsular y en las islas Canarias:

- **El andaluz:** hablado en las ocho provincias andaluzas. Es el dialecto con mayor número de hablantes. Sus rasgos más característicos son:
  1 El **seseo** o el **ceceo** (según zonas) → *zoñar* por *soñar* / *senisero* por *cenicero*.
  2 **La aspiración de la -*s* plural, en posición final de sílaba o de palabra** → *querido*$^h$ por *queridos*.
  3 **Yeísmo** → *yevar* por *llevar*.
  4 **Pérdida de la /d/ intervocálica o final de palabra** → *bondá* por *bondad*.
  5 **Aspiración de consonantes** → *co*$^h$*er* por *coger*.
  6 Un **sistema vocálico** basado en vocales cerradas y abiertas → *niño* / *niño*$^h$.
- **El murciano o panocho:** de base castellana con influencias del mozárabe y del valenciano; se habla en Murcia y en parte de Alicante y Albacete.
- **El extremeño o castúo:** tiene rasgos similares a los dialectos andaluz y leonés. Se ha usado en obras literarias de carácter popular y localista.
- **El canario:** tiene caracteres similares al andaluz y al español de América y rasgos del guanche, lengua nativa anterior a la incorporación de las islas a la corona de Castilla.

### ACTIVIDADES

**8** CC CI CD **Cante jondo.** Escucha la poesía de Antonio Machado cantada por Camarón de la Isla.

**La saeta**

¡Oh, la saeta, el cantar
al Cristo de los gitanos,
siempre con sangre en las manos,
siempre por desenclavar!
¡Cantar del pueblo andaluz,
que todas las primaveras
anda pidiendo escaleras
para subir a la cruz!
¡Cantar de la tierra mía,
que echa flores
al Jesús de la agonía,
y es la fe de mis mayores!
¡Oh, no eres tú mi cantar!
¡No puedo cantar, ni quiero,
a ese Jesús del madero,
sino al que anduvo en el mar!

**a** Completa la siguiente tabla con las palabras que Camarón pronuncia en dialecto andaluz.

| | |
|---|---|
| Supresión de la **r** final del infinitivo. | |
| Relajación del sonido [*ch*]. | |
| Supresión de la **-d-** intervocálica. | |
| Supresión de la **-s** final del plural y abertura de la vocal. | |

**b** Explica cómo pronuncia Camarón la [z] de *andaluz* y la [qu] de *quiero*.

**c** ¿Es seseante o ceceante Camarón?

**9** **Valoración de la forma**. ¿Crees que la fonética andaluza contribuye a dar mayor musicalidad al texto cantado en versión flamenca, o se podría cantar igualmente con acento castellano? Razona tu respuesta.

**10** CI Canta y graba esta canción con una base de música rap.

Los primeros textos del **catalán** aparecen en el siglo XII. Durante la Edad Media y el Renacimiento, vive un destacado periodo de esplendor con autores como Ramon Llull y Jaume Roig, y los valencianos Ausiàs March y Joanot Martorell.

Tras su declive en el Barroco, recobra su importancia en el siglo XIX con la *Renaixença*.

Tras la Guerra Civil se proscribirá su empleo en todos los ámbitos de la vida pública y la enseñanza. Con la Constitución de 1978 y los Estatutos de Autonomía, el catalán reanudó su proceso de normalización.

## 5.2 Los dialectos históricos del latín

Son variedades derivadas directamente del latín, que convivieron con el castellano, pero que no **perduraron** como lenguas independientes porque fueron absorbidas por el castellano durante la Edad Media. Son el **asturleonés** y el **navarroaragonés**. A pesar de todo, quedan en la actualidad algunas manifestaciones de aquellas lenguas medievales.

Heredero de la lengua asturleonesa de la Edad Media es el **bable**, reconocido por la Academia de la Llingua Asturiana. Hoy su uso se fomenta en la enseñanza y en los ámbitos públicos.

Las **fablas aragonesas** son una manifestación de la antigua lengua aragonesa.

## 5.3 El catalán

El catalán es una lengua románica que cuenta con unos siete millones de hablantes en Cataluña y en una franja limítrofe formada por el principado de Andorra, el antiguo Rosellón francés y la ciudad de Alguer (Cerdeña). También se habla en las islas Baleares y en la Comunidad Valenciana.

Los lingüistas suelen distinguir dos áreas dialectales:

a El **catalán occidental**, hablado en Andorra, Lleida, oeste de Tarragona y franja de Aragón.
b El **catalán oriental**, hablado en Girona, Barcelona, este de Tarragona, islas Baleares, Alguer (Cerdeña) y en el Rosellón francés.

Los **rasgos fonéticos** más característicos del catalán son:

a El mantenimiento de la **f-** inicial latina y de los grupos **pl-**, **fl-**, **cl-**: *fill* (hijo), *pla* (llano), *flama* (llama), *clau* (llave).
b La apertura de **e**, **o** tónicas: *roda* (rueda), *terra* (tierra).
c La pérdida de vocales finales: *vent* (viento), *set* (siete).

En la Comunidad Valenciana unos dos millones de personas hablan el **valenciano**, reconocido como lengua oficial por su Estatuto de Autonomía en 1982. No obstante, la Academia Valenciana de la Llengua (creada en el año 2001) afirma que el valenciano es una variedad geográfica del catalán. Tiene una serie de **rasgos propios**, tanto **léxicos** y **morfológicos** como **fonéticos** (conservación de la **-r** final de palabra, caída de la /**d**/ intervocálica, etc.).

En la Edad Media, el **gallego** experimentó un gran esplendor literario con la poesía lírica (con las cantigas, por ejemplo). Después, fue considerado una lengua rural, hasta el siglo XIX, con el *Rexurdimento*, que propició el renacimiento de la lengua y la literatura gallegas, con autores como Rosalía de Castro o Álvaro Cunqueiro, en el siglo XX.

## 5.4 El gallego

Es una lengua románica que proviene del antiguo galaico-portugués. Es cooficial con el castellano en Galicia, pero se habla también en algunas zonas limítrofes de León y Zamora. Cuenta con más de tres millones de hablantes.

Respecto al latín, es una lengua conservadora con los siguientes rasgos:

a Tiene siete vocales, pues distingue /**e**/ y /**o**/ abiertas y cerradas.
b Conserva la **f-** inicial latina: *fillo* (hijo).
c Los grupos latinos **pl-**, **cl-**, **fl-** evolucionan a **ch**: *clave* > *chave* (llave).
d El grupo latino **-ct-** evoluciona a **it**: *nocte* > *noite* (noche).

### 5.5 El euskera o vasco

El euskera o vasco cuenta con más de un millón de hablantes. Es cooficial con el castellano en el País Vasco y en parte de Navarra, aunque también se extiende por algunas comarcas del sur de Francia.

Es la única lengua peninsular que no procede del latín. Su origen es desconocido. Tiene más de tres mil años y manifiesta una cultura y unas formas de vida antiquísimas. Dado que el vasco tiene bastantes dialectos, estos han sido unificados en una lengua común denominada **euskera batua**, con una fuerte base en el dialecto guipuzcoano. La normalización de su gramática y léxico ha facilitado la comunicación y el aprendizaje.

Estas son algunas palabras del léxico vasco que han pasado al castellano: *arroyo, chabola, barraca, muñeca, vega*.

## 6. El bilingüismo en España

Como hemos visto, España vive una realidad plurilingüe que la enriquece culturalmente. Existe una lengua oficial para todos los españoles (el castellano) y otras lenguas que son cooficiales con el castellano en sus respectivas comunidades autónomas.

La convivencia y el contacto de dos lenguas dentro de una comunidad lingüística originan, tanto en el hablante como en la sociedad, dos fenómenos lingüísticos distintos: bilingüismo y diglosia.

| Bilingüismo (individual o social) |
|---|
| Uso y dominio de dos lenguas por parte de un hablante o una comunidad de hablantes en igualdad de condiciones y circunstancias. Las dos lenguas, que son conocidas y usadas por los hablantes, reciben el mismo trato y protección. |
| **Diglosia** |
| Situación en la que una lengua recibe un trato desigual en relación con otra que se habla en el mismo territorio. Supone la preferencia de una respecto a otra en determinadas situaciones. La primera lengua se utiliza en la comunicación formal y en la escritura; y la segunda se usa solo en el ámbito familiar. |

### ACTIVIDADES

**11** Analiza los rasgos dialectales de los textos **A** y **B**.

**A**

Porque, mira, mujé, con esas cosas,
¿sabes tú lo que jaces?
Pos le plantas el jierro de los probes
que no lo borra nadie.

Luis Chamizo, «El miajón de los castúos», *Rapsodias extremeñas*

**B**

Sentida y dulce, la carbonera canta:
*Mi niiño se va a dormiii*
*en graaasia a la Pajtoraaa...*
Pausa. El viento en las copas.
*... y pooor dormirse mi niñooo,*
*se duerme la arruyadoraaa...*
El viento... Platero, que anda, manso, entre los pinos quemados, se llega, poco a poco.

Juan Ramón Jiménez, *Platero y yo*

**12** CC Clasifica estos términos según la lengua a la que pertenecen: *finestra, món, begirada, brancas, mundua, atzar, cando, Urdina*. ¿Sabrías decir cuáles son las palabras castellanas correspondientes? ¿En qué texto identificas menos palabras similares a las castellanas?

**A:** Una finestra al mar, una mirada,
i veure el món passar entre les barques i tu.
Jugar amb l'atzar quan pinta
el Blanc dels blaus amb crestes blanques.

Lluís Llach, *Una finestra al mar*

**B:** Unha xanel ao mar, unha mirada,
e ver o mundo pasar entre os barcos e ti.
Xogar co azar cando pinta
o Azul dos azuis con cristas brancas.

**C:** Leiho bat itsasora, begirada bat,
eta ikusi mundua igorotzoen zure eta ontzien artean.
Puntuarekin jostatu urdinen Urdina
gandor zuriekin pintatzen duenean.

## MAPA TEMÁTICO

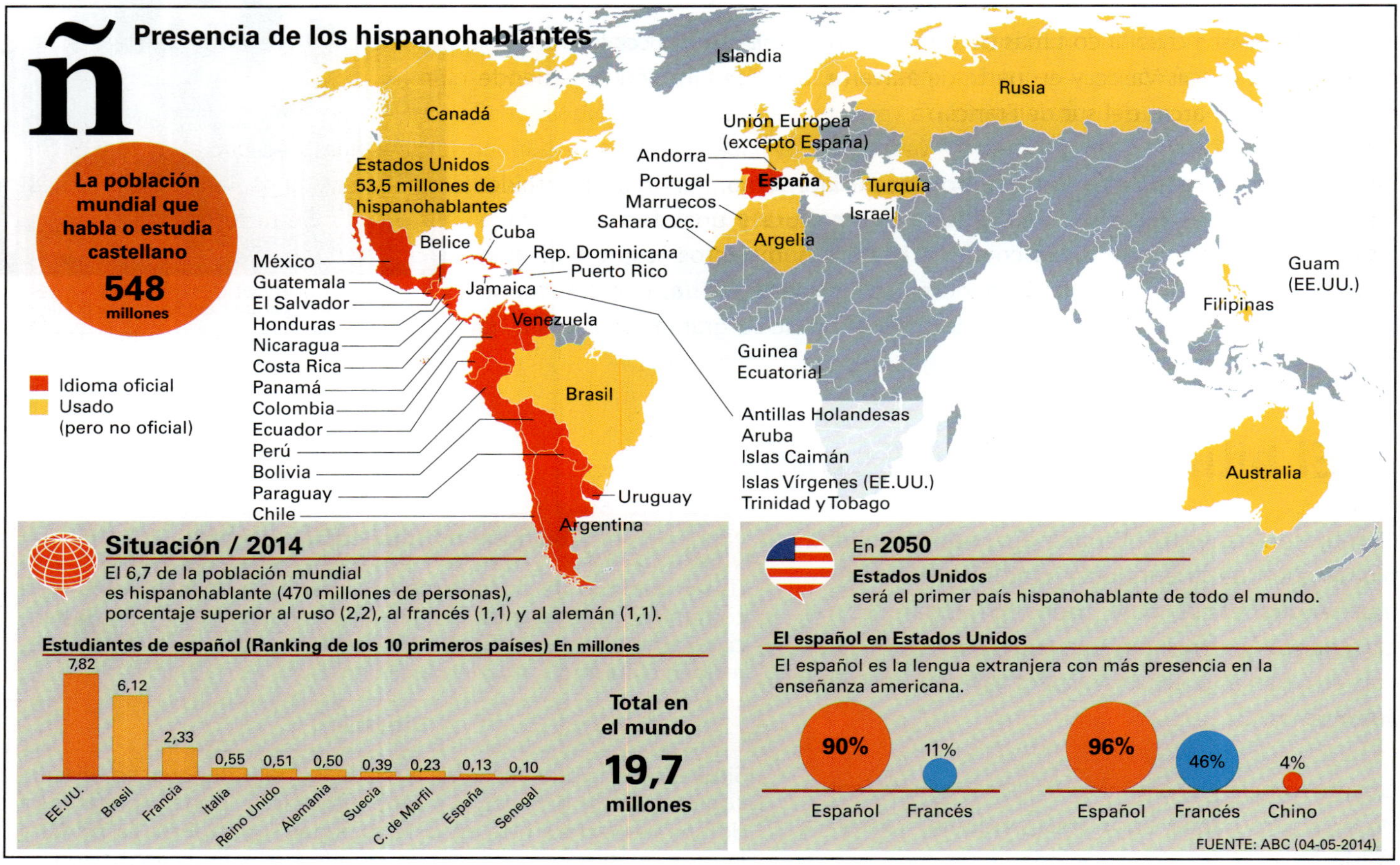


**1** CL **Comprensión**

- **a** ¿Cuántos millones de hispanohablantes hay en el mundo y cuántos hablan o estudian castellano?
- **b** ¿Cuáles son los tres países no hispanohablantes en los que más se estudia el castellano? ¿Por qué tienen especial interés por el castellano?
- **c** Escribe cinco países donde el castellano es lengua oficial y cinco en los que no lo sea.
- **d** ¿Cuál será el primer país hispanohablante del mundo en 2050? ¿Te sorprende ese dato?
- **e** En el gráfico se dan dos cifras (90% y 96%) para indicar que el español es la lengua que más se enseña en las escuelas de EE. UU. ¿Por qué crees que se nos ofrecen dos cifras y no una? (Ten en cuenta que hay dos niveles de enseñanza no universitaria: primaria y secundaria.)
- **f** ¿Cuáles son las tres ideas más importantes que se desprenden de este mapa temático?

**2** CA CD **Elaboración de una hoja de cálculo**

- **a** Utiliza una hoja de cálculo (Excel) para ordenar los diez países con más hablantes de español en los que este no es lengua oficial. Consulta el enlace.
- **b** ¿En qué país del Magreb tiene más presencia el castellano? Consulta el enlace anterior.

**3** CM **Cálculo**

- **a** Calcula la población mundial, si el castellano representa el 6,7% de la misma.
- **b** Calcula en millones de estudiantes el porcentaje que representa la suma de los estudiantes de español de EE. UU., Brasil y Francia.

**4** CS Identifica en el mapa el país que delimita los hemisferios norte y sur. ¿En qué hemisferio se acumulan más países en los que se habla español?

**5** CC **Interpretación**

- **a** ¿Qué ventajas puede tener el hecho de que en determinados países el castellano sea lengua oficial frente a aquellos otros en los que solo se habla? Infórmate en el enlace.
- **b** Si fueras estudiante extranjero de español y tuvieras un nivel avanzado, ¿qué diploma oficial podrías conseguir según el Instituto Cervantes?

## LOS BÁRTULOS

Mistress Dawson, hablando de lo que tomaría en el café, dijo que pediría té con «pastos» y que los «pastos» españoles le gustaban más que los de Virginia. Ya ves. Los pastos son la hierba, y solo comen pastos las vacas y las ovejas. **Quería decir *pastas*, pero siempre equivoca los géneros**. Camino del café, **pasamos delante de un camión lleno de muebles estacionado frente a una casa**. Un hombre cruzaba la ancha acera llevando un reloj de caja antiguo y enorme a la espalda. Mientras avanzaba fatigado pasaron dos mocitas, y una preguntó:

–**Compare, ¿me hace el favor de decirme la hora?**

Y la otra, con una **voz de pajarito jovial:**

–¿No le sería más cómodo llevar un reloj pulsera?

El hombre sudaba y seguía adelante diciendo algo entre dientes de muy mal humor. Curro explicó: «Se mudan de casa. Y ahí va el camión con los bártulos.» Yo recordaba ese nombre histórico.

«¿Los bártulos? ¿Dónde están?», pregunté. Curro señaló con un gesto el camión:

–Ahí. ¿No los ves?

Había en el camión solo dos hombres, uno al volante y otro al lado, que me contemplaban risueños. Tenían expresiones un poco primitivas. Los *bártulos*. **Sentí verdadera emoción histórica**. Y seguimos caminando.

Así llegamos al café. Mi novio solía vender vinos a aquel establecimiento, y al verlo llegar el encargado, que le había dado el día antes un vale firmado en lugar de dinero, le preguntó bajando la voz:

–¿Vale el vale?

–Sí –dijo Curro–. Pero **no vino el vino**.

Mistress Dawson repetía: «Vale el vale. Vino el vino.» Parecían consignas secretas en clave.

Ramón J. Sender, *La tesis de Nancy* (texto adaptado)

### Análisis y valoración del contenido

**1** **Léxico.** Explica el significado de las unidades subrayadas.

**2** **Recuperación de información. a** ¿Qué dos personajes acompañan a la narradora? **b** ¿Qué palabra confundió Mistress Dawson? ¿Por qué? **c** ¿A qué se dedicaba el novio de la narradora? **d** ¿Había pagado en efectivo el responsable del bar al novio de la narradora? Razona tu respuesta.

**3** **Interpretación e inferencias. a** ¿Por qué crees que Mistress Dawson decía que le gustaban más los pastos españoles que los de Virginia? **b** ¿Por qué las chicas se dirigieron al desconocido llamándole *compare*? **c** ¿Qué pretendían las dos jóvenes al preguntar la hora al hombre: informarse o burlarse? Razona tu respuesta. **d** CS ¿Con qué palabra confunde la narradora el vocablo *bártulos*? Infórmate en el enlace.

**4** Resume el texto en cuatro líneas y escribe el tema en una línea.

**5** **Organización del contenido.** Señala las dos partes del texto y explica qué se dice en cada una de ellas.

**6** CC **Valoración del contenido**. ¿Te parece bien hacer bromas lingüísticas que puedan molestar? Razona tu respuesta a partir de la que le hacen las dos chicas al trabajador.

### Análisis y valoración de la forma

**7** **Elementos de la comunicación. a Emisor-receptor:** En el texto aparecen dos chicas y un transportista. ¿Quién es el emisor y el receptor? ¿Por qué no responde el receptor? **b Mensaje:** Escribe los dos mensajes que se ponen en boca de Mistress Dawson. ¿Están en estilo directo o indirecto? Razona tu respuesta. **c Canal:** En la línea 14, el transportista dice algo que la narradora no llega a oír bien. Explica por qué. **d Código:** Las palabras castellanas *pastos* y *bártulos* están usadas con un significado incorrecto. Escribe los vocablos correctos. Escribe un sinónimo de cada uno. **e Situación:** Identifica los dos lugares en los que se desarrolla la acción. ¿Qué situación nos permite entender el significado del aparente galimatías: *Vale el vale. Vino el vino*?

**8** **Funciones del lenguaje.** ¿Qué función del lenguaje predomina en las expresiones destacadas en negrita? Explica por qué.

**9** **Niveles de la lengua. a** Identifica el vulgarismo usado en el texto y corrígelo. **b** Identifica dos palabras cultas.

**10** **Valoración de la forma e imitación.** ¿Qué te ha parecido más humorística: la broma lingüística basada en la homonimia (*No vino el vino*) o en la paronimia (*pastos / pastas*)? Razona tu respuesta e inventa tú un ejemplo más de cada una.

LENGUA

# 1

REPASA LA UNIDAD

## El gigante cósmico







## El rey de los planetas

**FICHA TÉCNICA:** «La historia del Universo: Júpiter». Discovery MAX (26-12-2014).

**TIPOLOGÍA ORAL:** Descripción.

**SITUACIÓN COMUNICATIVA:** Investigadores científicos describen cómo es el planeta y la dificultad que entraña su estudio.

### ACTIVIDADES

**1** CM ¿Entre qué planetas está situado Júpiter?

**2** CM ¿Por qué se dice en el vídeo que Júpiter es el rey de los planetas?

**3** Indica si Júpiter presenta las siguientes características. **a** Docenas de lunas. **b** Campo magnético enorme. **c** Rodeado de una nube de gas. **d** Atmósfera gaseosa (90% de hidrógeno). **e** Tormentas eléctricas. **f** Vientos suaves, apenas de 20 km/h. **g** Temperaturas inferiores a 150 ºC. **h** Baja presión. **i** Es muy radiactivo.

**4** CM ¿Por qué los científicos no tienen acceso a la información de Júpiter?

**5** ¿Qué distancia hay desde el exterior gaseoso hasta el centro del planeta? ¿A qué equivale esta medida?

**6** CM La sonda espacial *Galileo* orbitó alrededor de Júpiter observando la nube que lo envuelve y sus lunas. Al finalizar su misión, se decidió realizar otro experimento científico. ¿En qué consistió? ¿Fue un éxito? Razona tu respuesta.

**7** CM ¿Cómo se recrean hoy en día las condiciones que se dan en el interior del planeta?

# El candidato ideal

Mars One es un proyecto privado holandés que pretende establecer en 2024 la primera colonia habitable y sostenible de humanos en el planeta Marte. La iniciativa ha recibido una gran atención popular, pero ha sido prácticamente ignorada por la comunidad científica. En un estudio del Instituto Tecnológico de Massachusetts se señala que el proyecto, tal y como está planteado, es inviable: para empezar, los colonos podrían morir asfixiados en cuestión de días.

A pesar de todo, se han presentado más de doscientas mil personas al proyecto, de las cuales han quedado cien (cincuenta hombres y cincuenta mujeres). ¡Y entre esos cien hay dos españoles!

El viaje duraría 210 días y únicamente irían cuatro astronautas a bordo. Cada dos años se realizarían nuevos vuelos para aumentar la colonia.

Pero ¿cuál debe ser el perfil ideal de un candidato que va a realizar un viaje solo de ida a Marte como astronauta? Vamos a elaborarlo.

## ACTIVIDADES

**1** Formad tres grupos en clase. Cada uno se encargará de elaborar una parte del perfil de los candidatos. En este vídeo tienes más información sobre la misión.

- **Grupo 1:** ¿Qué características físicas debería cumplir?
- **Grupo 2:** ¿Qué características psicológicas tendría que tener?
- **Grupo 3:** ¿Qué conocimientos debería tener? Pensad en los oficios o tareas que se tendrían que desarrollar en la colonia: ¿Cómo se plantarán los cultivos? ¿Quién reparará las averías de los habitáculos donde vivan?...

Cada grupo establecerá una lista con las diez cualidades indispensables del candidato ideal y justificará su elección.

A continuación te ofrecemos algunas ideas.

| Cualidades físicas | Cualidades psicológicas | Conocimientos |
|---|---|---|
| • mayor de edad<br>• atlético<br>• resistencia<br>• estatura media | • espíritu de equipo<br>• curioso<br>• creativo<br>• confiado, seguro | • inglés<br>• informática<br>• astronomía<br>• tecnología |

## Mi infancia en la calle Manno

Cuando yo nací, mi abuela tenía más de sesenta años. Me acuerdo de que de pequeña me parecía hermosísima y me quedaba mirándola embobada cuando se peinaba y se hacía su moño a la antigua; desde la raya en medio, se hacía dos trenzas con el pelo, abundante y sin una sola cana, que se recogía luego en dos moños. Me sentía orgullosa cuando venía a buscarme a la escuela con su sonrisa joven, entre las madres y los padres de los otros niños, porque los míos, como eran músicos, siempre andaban viajando por todo el mundo. Mi abuela había sido toda para mí, al menos en la misma medida en que mi padre era todo para la música y mi madre era toda para mi padre.

A papá no lo quería ninguna chica, y abuela sufría y se sentía culpable porque a lo mejor le había transmitido a su hijo el misterioso mal que hacía huir al amor. Por aquel entonces existían los clubes y los muchachos iban a bailar y tejían sus amoríos con las canciones de los Beatles, pero mi padre, ni caso. A veces ensayaba piezas para el Conservatorio con alguna chica, cantantes, violinistas, flautistas, y todas lo querían para que en los exámenes las acompañara al piano, porque era el más aplicado; pero al terminar el examen se terminaba todo.

Después, un día, abuela fue a abrir la puerta y vio llegar a mamá, jadeante porque aquí en la calle Manno no hay ascensor, con su flauta en bandolera. Tenía una actitud tímida pero segura, la misma actitud que mi madre sigue teniendo ahora, y era bonita, sencilla, fresca y jadeaba, y mientras jadeaba por las escaleras empinadas reía por cualquier cosa, alegre, como ríen las niñas, y abuela llamó a papá, que estaba encerrado tocando, y le gritó: «Ha llegado. ¡Ha llegado la persona que esperabas!».

A mamá tampoco se le olvidaba el día en que tenían que ensayar una pieza para piano y flauta. En el Conservatorio no había aulas disponibles y mi padre le había dicho que fuera a la calle Manno. Y lo perfecto que le había parecido todo, abuela, abuelo, la casa.

Porque ella vivía en un barrio feo de las afueras, lleno de caserones grises, con su madre viuda, mi abuela Lia, severa, rígida y tan obsesionada por el orden y la limpieza que enceraba los suelos y había que caminar con paños debajo de los pies, vestía siempre de negro, y mamá tenía que llamarla continuamente por teléfono para decirle dónde estaba, y cuidadito con quejarse. Lo único alegre en su vida era la música, que, además, la señora Lia no podía soportar y cerraba todas las puertas para no oír a la hija cuando practicaba.

Mamá amaba a mi padre en silencio desde hacía un montón de tiempo; le gustaba todo de él, incluso que estuviera como una regadera y apareciera siempre con los jerseys puestos al revés, y que no se acordara nunca de en qué estación del año vivía y llevara camisetas de verano hasta que pescaba una bronquitis.

Decían que estaba loco y las chicas, pese a que era guapísimo, no querían ir con él por todas esas cosas y, sobre todo, porque esa locura no estaba de moda en-

tonces, y al fin y al cabo, tampoco la música clásica, en la que era un genio. Pero mamá se derretía por él.

En los primeros tiempos se mantenía libre adrede y ni siquiera buscaba trabajo, porque era la única manera de estar con papá: volverle los folios de las pocas partituras que no se sabía de memoria, sentada a su lado en el escabel, viajando por todo el mundo. De hecho, todas las veces que mi madre no tuvo la posibilidad de acompañarlo, por ejemplo cuando nací yo, él no estaba. El día de mi nacimiento estaba en Nueva York para el Concierto en sol de Ravel. Los abuelos ni siquiera lo llamaron por teléfono, para no emocionarlo y por miedo a que tocara mal por culpa mía. Entonces, en cuanto crecí al menos un poco, mamá compró dos parques, dos andadores, dos sillitas, dos platitos térmicos y se lo trajo todo aquí, a la calle Manno, para poder preparar a toda prisa la bolsa con mi ajuar, entregarme a abuela y tomar enseguida un avión para reunirse con papá.

Ahora bien, en casa de mi abuela materna, la señora Lia, no me dejaban nunca, y, si me dejaban, lloraba yo con desesperación porque esa otra abuela le hiciera lo que le hiciera, un dibujo, por ejemplo, o cantarle una canción con la letra inventada por mí, se alteraba y decía que había cosas más importantes, que había que pensar en las cosas importantes, y yo me había figurado que odiaba la música de mis padres, que odiaba los libros de cuentos que llevaba siempre conmigo, y para complacerla trataba de averiguar qué la pondría contenta, pero siempre daba la impresión de que nunca le gustaba nada. Mamá me decía que la señora Lia se había vuelto así porque se le había muerto el marido antes de que ella naciera y porque se había peleado con su familia, que era riquísima, y se había marchado de Gavoi, su pueblo, que encontraba feo.

A mí me crio abuela. Siempre pasé más tiempo en la calle Manno que en mi casa y, cuando papá y mamá regresaban, nunca me quería ir. De pequeña montaba unas escenas increíbles, gritaba y me metía debajo de las camas, o me encerraba con llave en algún cuarto, y antes de salir los obligaba a jurarme que me dejarían un poco más. Un día llegué incluso a esconderme dentro de un jarrón enorme de flores que estaba vacío y a atarme unas ramas al pelo. Y al día siguiente, otra vez la misma historia. Me negaba a llevar de vuelta a casa mis muñecas y mis juegos; después, ya de mayor, mis libros. Decía que para estudiar debía por fuerza quedarme en casa de abuela, porque me resultaba incómodo, sobre todo, tener que cargar con los diccionarios. O cuando invitaba a mis amigos, prefería que fueran a casa de abuela, porque había terraza. Y cosas así. Tal vez yo la quise de la forma correcta. Con mis escenas trágicas, mis llantos, mis jaleos y mis ataques de felicidad. Cuando regresaba de algún viaje, ya me estaba esperando en la calle y yo corría hacia ella y nos abrazábamos y llorábamos de la emoción, como si hubiese estado en la guerra y no divirtiéndome.

Milena Agus, *Mal de piedras*

## ACTIVIDADES

### Recuperación de la información

**1** **a** ¿Dónde estaba el padre de la narradora cuando esta nació?
**b** ¿Cómo se llama la abuela materna de la narradora?
**c** ¿Cómo era el barrio donde vivía Lia?

**2** **a** ¿Qué instrumento tocaba la madre de la protagonista?
**b** ¿Quién es el compositor que se menciona en el texto?

**3** Los siguientes sustantivos se relacionan con las características psicológicas de los personajes del texto: *sonrisa, concierto, orgullo, timidez, severidad, despiste, amor, obsesión.* Escribe el nombre del personaje al que corresponde cada uno.

### Interpretación e inferencias del texto

**4** **a** CM ¿Cuántos años tendría la abuela paterna en el vigésimo cumpleaños de la narradora?
**b** ¿Tenía abuelo materno la protagonista de esta narración? ¿Y paterno?
**c** ¿Qué familia poseía más recursos económicos: la paterna o la materna?
**d** ¿Cuál de sus dos abuelas valoraba más la cultura? ¿Por qué?
**e** ¿Por qué cambió el carácter de la señora Lia?

**5** **a** ¿Qué temía haberle transmitido «abuela» a su hijo?
**b** ¿En qué se manifestaba el carácter despistado del padre de la narradora?
**c** ¿Qué impresión le dio a su madre la primera vez que visitó la casa de sus abuelos paternos?
**d** ¿Qué excusas daba la protagonista para quedarse en casa de «abuela»?
**e** ¿Por qué «abuela» estaba envuelta en un halo de misterio?

**6** Resume el texto en seis líneas y escribe el tema.

**7** Divide el texto en tres partes según su contenido. Pon un nombre a cada una de dichas partes.

**8** **a** CC En el texto se hace referencia a un grupo musical. ¿De qué grupo se trata?
**b** CD ¿Consulta el primer vídeo y escucha el concierto en el que tocó el padre de la narradora el día en que esta nació. ¿Qué instrumento crees que tocó? ¿Qué te sugiere esta música?
**c** Consulta el enlace y resume en tres líneas los datos biográficos y las obras más importantes de Ravel.
**d** Visiona el segundo vídeo: ¿Qué te sugiere el ritmo del *Bolero* de Ravel? ¿Por qué crees que es una de las obras musicales más conocidas del mundo?

### Reflexión y valoración de la forma y el contenido

**9** **a** En el párrafo 8 hay una enumeración. ¿Qué efecto pretende conseguir el autor con esta figura retórica?
**b** ¿En qué persona se narra el texto? ¿Es un narrador interno o externo, objetivo o subjetivo?
**c** ¿Cómo es el lenguaje de la narradora: coloquial o culto? Explícalo con expresiones del texto.

**10** **a** CS ¿Qué significaba para la narradora su abuela paterna? Razona si los padres de la narradora pudieron conciliar su vida laboral con la familiar.
**b** ¿Qué papel deben desempeñar, a tu juicio, los abuelos en la educación de sus nietos?

### AUTOEVALUACIÓN DE LA COMPRENSIÓN LECTORA

Comprueba las soluciones con la ayuda de tu profesor o profesora, y completa la tabla en tu cuaderno con la puntuación que te proporcione de cada pregunta.

| | ACTIVIDAD | | | | | | | | | | TOTAL | |
|---|---|---|---|---|---|---|---|---|---|---|---|---|
| | 1 | 2 | 3 | 4 | 5 | 6 | 7 | 8 | 9 | 10 | | |
| PUNTUACIÓN | | | | | | | | | | | | |
| **1.** Recuperación de la información | | | | | | | | | | | · 3,33 = | |
| **2.** Interpretación e inferencias | | | | | | | | | | | · 2 = | |
| **3.** Reflexión y valoración de la forma y el contenido | | | | | | | | | | | · 5 = | |

# 1. La descripción

En la siguiente tabla se repasa la información sobre la descripción que ya has visto en cursos pasados y se amplía otra.

**¿QUÉ ES UNA DESCRIPCIÓN?**
Es un tipo de texto cuya finalidad es **informar** de las **cualidades** o **características** de las personas, animales, paisajes, objetos, épocas… para que el receptor se haga una idea de cómo son. La descripción es una **pintura** hecha **con palabras**.

La descripción aporta al texto **plasticidad** y **estatismo** (falta de acción) debido al predominio del SN.

**TIPOS DE DESCRIPCIÓN**
Se pueden clasificar según el punto de vista que adopta el **emisor** (**forma**) y el **objeto** que se describe (**contenido**).

**SEGÚN EL PUNTO DE VISTA DEL EMISOR (FORMA)**

| | **DESCRIPCIÓN OBJETIVA (técnico-científica)** | **DESCRIPCIÓN SUBJETIVA (literaria)** |
|---|---|---|
| **Persona gramatical** | 3.ª persona gramatical: *la forma tradicional del libro es la de hojas de papel unidas por el lomo.* | 1.ª y 3.ª personas gramaticales: *Enrique era digno de confianza.* |
| **Método de observación** | **Reproducción exacta** y **verdadera** de lo que se describe: *Es un hombre delgado de 1,90 cm de altura.* | **Interpretación personal y emocional** de lo que se describe: *Es un hombre escuálido y larguirucho.* |
| **Finalidad** | **Práctica e informativa,** como la descripción anatómica del cuerpo humano en una clase de medicina. | **Estética,** como la descripción novelesca de un personaje, exagerando su **belleza o fealdad** para sorprender al lector y despertar su interés. |
| **Orden y detallismo de la descripción** | • Se sigue un **orden preferente:** de arriba abajo, de izquierda a derecha, del primer plano al fondo, y de lo general al detalle.<br>• La información, por lo tanto, es **exhaustiva,** completa, no se omite ninguna característica. | • No sigue un orden rígido, se destacan aquellas características que llaman más la atención.<br>• El autor no es exhaustivo, sino que **valora** y **selecciona** las características que más le interesan, omitiendo las restantes. |

**SEGÚN EL OBJETO QUE SE DESCRIBE (CONTENIDO)**

<table>
<tr><td rowspan="3">Persona</td><td colspan="2">Prosopografía: descripción de los rasgos físicos, vestimenta, etc.</td><td colspan="2" rowspan="2">Retrato<br>Prosopografía + etopeya</td></tr>
<tr><td colspan="2">Etopeya: descripción de sus cualidades psicológicas y morales.</td></tr>
<tr><td colspan="4">Caricatura: exageración de los rasgos físicos de una persona con finalidad burlesca; se emplean la hipérbole, la animalización, la metáfora y la comparación degradantes.</td></tr>
<tr><td>Animal</td><td colspan="4">En la descripción literaria de los animales se les atribuyen frecuentemente cualidades humanas (personificación).</td></tr>
<tr><td>Objeto</td><td colspan="4">Pragmatografía: se describe la forma y la función del objeto.</td></tr>
<tr><td rowspan="5">Lugar</td><td>Interior</td><td colspan="3">Por ejemplo, una habitación, una casa…</td></tr>
<tr><td rowspan="4">Exterior: paisaje o topografía.<br></td><td rowspan="2" colspan="2">Según su dinamismo</td><td>Estática: descripción de un paisaje desde un punto fijo.</td></tr>
<tr><td>Dinámica: descripción de un paisaje mediante un movimiento en el espacio; se va del plano general al detalle: técnica del zum.</td></tr>
<tr><td rowspan="2" colspan="2">Según su belleza</td><td>Lugar agradable (locus amoenus).</td></tr>
<tr><td>Lugar lúgubre, terrorífico (locus terribilis).</td></tr>
<tr><td rowspan="2">Proceso temporal</td><td rowspan="2" colspan="2">Descripción dinámica: presenta un proceso de cambio en el tiempo. Por ejemplo, el que va de la luz del día al anochecer.</td><td colspan="2">Época: cronografía o descripción histórica.</td></tr>
<tr><td colspan="2">Experimentos científicos: etapas, reacciones, efectos…</td></tr>
</table>

## ACTIVIDADES

**1** Lee los siguientes textos y responde a las preguntas.

**A**

El ser situado a nuestras espaldas parecía un monje. La cabeza rapada, pero no por penitencia, sino por efecto remoto de algún eczema viscoso, la frente tan exigua que, de haber tenido algún cabello en la cabeza, este no se hubiese distinguido del pelo de las cejas (densas y enmarañadas), los ojos redondos, de pupilas pequeñas y muy inquietas, y la mirada no sé si inocente o maligna, o quizás alternando por momentos entre inocencia y malignidad. La nariz solo podía calificarse de tal porque entre los ojos sobresalía un hueso, que tan pronto emergía del rostro como volvía a hundirse en él, transformándose en dos únicas cavernas oscuras, enormes ventanas llenas de pelos. La boca, unida a aquellas aberturas por una cicatriz, era grande y grosera, más ancha por la derecha que por la izquierda y, entre el labio superior, inexistente, y el inferior, prominente y carnoso, emergían, con ritmo irregular, unos dientes negros y aguzados, como de perro.
Más tarde me enteré de su azarosa vida y de los diferentes sitios en los que había vivido, sin echar raíces en ninguno...

Umberto Eco, *El nombre de la rosa* (texto adaptado)

**B**

**Urbía**

Una muralla de piedra, negruzca y alta, rodea a Urbía. Esta muralla sigue a lo largo del camino real, limita el pueblo por el norte, y al llegar al río se tuerce, tropieza con la iglesia, a la que coge, dejando parte del ábside fuera de su recinto, y después escala una altura y envuelve la ciudad por el sur.
Urbía ofrece aspectos varios, según el sitio de donde se le contemple; desde lejos y viniendo desde la carretera, sobre todo al anochecer, tiene la apariencia de un castillo feudal: la ciudadela, sombría, envuelta entre grandes árboles, prolongada después por el pueblo con sus muros fortificados, que chorrean agua, presenta un aspecto grave y guerrero; en cambio, desde el puente y un día de sol, Urbía no da ninguna impresión fosca; por el contrario, parece una diminuta Florencia, asentada en las orillas de un riachuelo claro, pedregoso, murmurador y de rápida corriente.

Pío Baroja, *Zalacaín el aventurero* (texto adaptado)

### Texto A

- **a** Resume el texto y escribe el tema.
- **b** Divide el texto en tres partes. Explica qué se dice en cada una de ellas.
- **c** ¿Se trata de una descripción objetiva o subjetiva?
- **d** ¿Hay algún tecnicismo proveniente de la medicina? Escríbelo. ¿Por qué lo emplea el autor?
- **e** Identifica el léxico de la prosopografía y de la etopeya.
- **f** Explica si se trata de un retrato embellecedor o deformante.
- **g** ¿Hay características propias de la caricatura?
- **h** ¿Qué predomina en el texto: el SN o el SV? ¿Qué consecuencias extraes de ello?
- **i** Identifica y explica las figuras literarias subrayadas en el texto. ¿Cómo es el significado: connotativo o denotativo? ¿Por qué?
- **j** ¿Cuál es la intención del autor al hacer una descripción de estas características?
- **k** Haz una prosopografía a partir de esta imagen.

### Texto B

- **a** ¿Es una topografía? ¿Por qué?
- **b** ¿Se trata de una descripción dinámica o estática?
- **c** ¿Hay acción en este fragmento? ¿Por qué?
- **d** ¿Dónde habría que colocarse y a qué hora para percibir la ciudad de Urbía como un lugar ameno o bien como un lugar lúgubre?
- **e** Identifica los adjetivos que expresan el paisaje lúgubre y el paisaje ameno.
- **f** ¿Qué figura literaria es la expresión subrayada?
- **g** CA Deduce por el texto qué se entiende por «paisaje florentino».
- **h** Escribe una topografía a partir de la imagen de la derecha.

# 2. Descripción técnica y descripción literaria

Veamos las diferencias lingüísticas que nos permiten distinguirlas.

**DESCRIPCIÓN TÉCNICA**

- **Uso de la 3.ª persona del presente** de indicativo: *tiene, presenta…*
- Se adopta un punto de vista impersonal utilizando verbos **neutros**: *haber, tener, presentar, ser, estar…*
- Léxico **denotativo** (*bisturí*) y **tecnicismos** (*célula eucariota*).
- Predominio de los adjetivos **descriptivos** (*placa rectangular*) y **clasificadores** (*motor alemán*).
- **Recursos literarios:** la enumeración.

**DESCRIPCIÓN LITERARIA**

- **Uso de la 1.ª y 3.ª personas del presente de indicativo** (*es, está, se oye…*) y **pretérito imperfecto** de indicativo (*era, estaba, se oía…*).
- Se personaliza la descripción mediante **verbos de los sentidos:** *ver, oír, sentir…*
- Uso de léxico **connotativo** (*casucha*).
- Usos de adjetivos **descriptivos** (*pared blanca*) y **valorativos** (*película aburrida*).
- **Figuras literarias:** comparaciones, metáforas, personificaciones, animalizaciones, hipérboles, enumeraciones…

**Características lingüísticas: predominio del GN**

- Abundancia de **sustantivos** concretos (*casa*), abstractos de cualidad (*blancura*) y adjetivos descriptivos (*rugoso*) o valorativos (*desagradable*).
- Abundancia de otros **complementos del nombre** (grupos preposicionales, aposiciones…).
- Adjetivos **posesivos** (*mi, tu, su, nuestros, vuestros, sus…*).
- Adjetivos **demostrativos y deícticos** (*esta, esa, aquella; aquí, allí, arriba...*).
- **Marcadores de orden** (*en primer lugar, en segundo lugar…*).
- Oraciones **simples**, **yuxtapuestas** y **coordinadas** (brevedad sintáctica).
- Verbos **atributivos** (*ser, estar, parecer*), en presente o pretérito imperfecto. Verbo *tener* con valor atributivo (***tiene** los ojos azules = sus ojos **son** azules*).

## ACTIVIDADES

**2** Lee los siguientes textos y realiza las actividades.

**A**

Abrió la puerta que había junto a la librería y se puso a hurgar en un armario, escarbando con las manos y refunfuñando y arrojando cosas al suelo, a su espalda: ropa, zapatos, un tocadiscos demolido en parte, una tostadora, buena cantidad de revistas *Life*, y más cajas. Me hizo pensar que <u>mi amigo era como un perro escarbando la tierra</u>. Al otro lado de la librería había una especie de alcoba con un lavabo y una repisa. Encima de la repisa, entre un revoltijo de utensilios de cocina y platos, había un hornillo de gas. <u>La luz del día luchaba por introducirse en la habitación</u> a través de los cristales grasientos de la única ventana, bastante grande, que tenía una persiana veneciana, pero no cortinas, y bajo la cual estaba un radiador que alguien –sin mucho éxito– había intentado pintar de color rojo.

Sam Savage, *Firmin*

**Texto A**

- **a** Escribe el tema del texto.
- **b** ¿Se trata de una descripción literaria o técnica?
- **c** Identifica las figuras literarias subrayadas.

**B**

**Memoria de calidades**

**Tabiquería y cerramientos.** Las medianas entre viviendas están construidas con doble pared cerámica y aislante en el medio. Las ventanas son de Climalit, provistas de persianas térmicas de aluminio.
**Carpintería interior**. Los armarios empotrados van forrados de melamina color roble.
**Sanitarios.** Los lavabos y demás sanitarios son de porcelana, de color blanco y marca Roca. Las griferías tipo monomando de primera calidad son termoestáticas en bañeras y duchas.

**Texto B**

- **a** Escribe el tema del texto.
- **b** ¿Se trata de una descripción literaria o técnica?
- **c** Las palabras *ventana*, *persianas* y *armario* se utilizan en ambos textos. ¿Con que connotaciones y finalidad se usan en cada caso?
- **d** Compara el orden que se sigue en cada una de las descripciones. ¿Qué conclusión extraes de ello?
- **e** ¿Son descripciones interiores o exteriores?

# 3. Los deícticos espaciales y temporales en la descripción

## ¿QUÉ SON LOS DEÍCTICOS ESPACIALES?

Son marcadores que se emplean para **localizar lingüísticamente en el espacio** a un determinado objeto, animal o persona. Son frecuentes en las descripciones.

| | |
|---|---|
| **Preposición** | ante, bajo, sobre, tras... |
| **Adverbio** | encima, debajo, arriba, atrás, delante, dentro, fuera aquí, ahí, allí, allá... |
| **Locución adverbial** | encima de, debajo de, a la altura de, a los pies de, por detrás, por delante, al pie de... |
| **Locución prepositiva** | fuera de, junto a, cerca de, delante de, dentro de, alrededor de... |

## ¿QUÉ SON LOS CONECTORES DE TIEMPO?

Son marcadores lingüísticos que expresan la **anterioridad**, **simultaneidad** o **posterioridad** temporal entre los enunciados.

Se usan frecuentemente en las **narraciones** y **descripciones dinámicas** de paisajes y de procesos temporales: acciones cotidianas, descripciones de épocas históricas, de experimentos científicos, etc.

| | |
|---|---|
| **Anterioridad** | cuando, antes, antes (de) que, anteriormente a... |
| **Simultaneidad** | cuando, al mismo tiempo (que), mientras, a medida que, tan pronto como, entonces... |
| **Posterioridad** | cuando, después, después de, posteriormente a... |

## ACTIVIDADES

**3** **Usa los deícticos espaciales.** Escribe enunciados coherentes con las siguientes palabras, en los que localices espacialmente los elementos subrayados.

- **a** mesa / <u>libro</u>
- **b** Ayuntamiento / <u>oficina de correos</u>
- **c** río / <u>tronco</u>
- **d** <u>chabolas</u> / centro de la ciudad
- **e** <u>perro</u> / valla
- **f** caja / <u>canicas</u>
- **g** <u>escultura</u> / rotonda
- **h** <u>sótano</u> / parcela
- **i** <u>manifestación</u> / Parlamento
- **j** cama / <u>alfombrilla</u>

## ACTIVIDADES

**4** Escribe cuatro enunciados con locuciones adverbiales y prepositivas en los que localices animales, personas, objetos y edificios.

**5** Completa con los conectores de tiempo, de forma que los enunciados sean coherentes. (No debes emplear el conector *cuando*.)

- **a** ▲ salga el sol, emprenderemos la marcha.
- **b** ▲ la representación teatral, todos deben permanecer sentados.
- **c** ▲ termine la clase, salid en orden.
- **d** Los alumnos deberán entrar en clase ▲ sean nombrados por orden de lista.
- **e** Supimos de la noticia varias semanas ▲.
- **f** Dejen salir ▲ entrar.

**6** Escribe un enunciado con cada deíctico temporal.

**7** Identifica los deícticos espaciales en el poema y explica su significado connotativo.

**Lejos tú, lejos de ti**

Lejos tú, lejos de ti,
yo, más cerca del mío;
afuera tú, hacia la tierra,
yo hacia adentro, al infinito.

Los soles que tú verás,
serán los soles ya vistos;
yo veré los soles nuevos
que solo enciende el espíritu.

Nuestros rostros, al volverse
a hallar, no dirán lo mismo.
Tu olvido estará en tus ojos,
en mi corazón mi olvido.

Juan Ramón Jiménez

# Taller de escritura

## CS CD PROYECTO: ESCRIBIR UNA INSTANCIA

La instancia es un documento oficial mediante el que los ciudadanos podemos cursar una **solicitud** por escrito a una autoridad o institución. Para ello expondremos una situación que puede contener también elementos narrativos o descriptivos. La mayoría de organismos e instituciones ofrecen modelos para rellenar. Fíjate en que tienes que utilizar **conectores de orden** y **consecuencia**.

**Infórmate:**

- ¿Qué es el NIF?
- ¿Qué es el código postal (CP)?

La instancia consta de tres partes:

**Encabezamiento**
Datos del solicitante

Don/Doña ____________________________________________
(nombre y apellidos, con mayúsculas)
con DNI/NIF ______________________, y domicilio a efectos de notificación
(n.º DNI/NIF + letra de identificación fiscal)
en ______________________, teléfono __________, correo electrónico __________,
(calle, n.º, población, código postal (CP), provincia)
edad ______________________ y estado civil ______________________,
(soltero/a, casado/a…)

**Cuerpo**
Exposición, descripción de los hechos y circunstancias que justifican la petición o solicitud

EXPONE *que:*

- Primero: **(conector de orden)**

  ____________________________________________

  (Explicación y descripción, de forma clara y ordenada, de los hechos en que se fundamenta tu petición. Es aconsejable escribir en 3.ª persona.)
- Segundo, etc.: **(conector de orden)**

  ____________________________________________
- Por todo ello **(conector de consecuencia)**

SOLICITA:

____________________________________________

(Escribe la petición del modo más claro y breve posible, relacionándola con los datos que has dado anteriormente. Si adjuntas documentación, haz relación de esta.)

**Cierre**
Fecha, firma del emisor, destinatario de la instancia

En ______________ a ______________ de ______________ de 20___
(población) (día del mes, con letras) (mes, con letras ) (año)

El solicitante,

Fdo.: ____________________________________________
(nombre, apellidos y firma)

Sr. ____________________________________________
(pie de la instancia: nombre del cargo institucional a quien va dirigida la instancia, con mayúsculas: el alcalde, el concejal…)

## ACTIVIDADES

**8** Escribe en tu cuaderno una solicitud dirigida a un concejal de Urbanismo a partir de la imagen de la derecha.

**9** Escribe una instancia dirigida al alcalde de tu pueblo o ciudad con una petición relacionada con un asunto que preocupe a los jóvenes de tu edad.

# 1. El texto

**¿QUÉ ES?**

El texto es la **máxima unidad de comunicación con sentido completo** que un hablante puede elaborar.

El significado de un texto no depende solo del significado de los enunciados que lo componen, sino que alcanza su verdadero sentido teniendo en cuenta varios factores.

**¿QUÉ FACTORES DAN SENTIDO COMPLETO A UN TEXTO?**

- Que la información proporcionada esté relacionada con la **situación.**
- Que el emisor tenga un **propósito** o intención claros.
- Que la forma de expresión se ajuste al **canal** de comunicación.
- Que se elabore pensando en las características concretas del **receptor.**
- Que todo lo que se dice gire en torno a un mismo **tema**.
- Que los **contenidos** estén bien relacionados entre sí.

**¿QUÉ EXTENSIÓN TIENE?**

Un texto no tiene una extensión definida. Puede ser:

- **Una frase sin verbo:** *¡Muy bien!*
- **Una oración simple:** *Es tarde.*
- **Un enunciado:** *Tengo tantas ganas de hacer un viaje a París, que, sin saber francés, me he estudiado un manual de preguntas y respuestas para poder sobrevivir en la ciudad de mis sueños.*
- **Un conjunto de enunciados:** un artículo de periódico o una novela como *El Quijote*.

## ACTIVIDADES

**1** Explica si los textos que se emiten a continuación vienen exigidos por la situación (contesta *Sí/No*). En caso de que un enunciado no venga a cuento, di tú qué se podría decir en ese caso.

- **a** Ante una copiosa nevada, alguien dice: «Año de nieves, año de bienes».
- **b** Viendo una aglomeración de aficionados tres horas antes de que se abran las puertas de un estadio de fútbol, dice un viandante: «A caballo regalado, no le mires el diente».
- **c** Ante el desconocimiento que un alumno tiene de la lección de Biología y Geología que le ha preguntado su profesor, este le dice: «Andas a la cuarta pregunta».
- **d** Un amigo intenta que hagas las paces con otra persona y te dice: «Voy a intentar con todas mis fuerzas tender un puente».

**2** Si un profesor o profesora tiene la intención de que sus alumnos de 3.º de ESO comprendan qué es un fonema, ¿qué definición sería la más sencilla y conveniente para ellos? Razona la respuesta.

- **a** Unidad mínima distintiva.
- **b** Unidad mínima sin significado que sirve para diferenciar palabras: *vaso, paso, raso*...
- **c** Unidad abstracta, de carácter mental, privada de significado y con capacidad de diferenciación léxica.

**3** Imagina tres situaciones para estos textos.

- **a** Todo se andará.
- **b** Nos hemos pasado varios pueblos.
- **c** Por fin ha dejado de hablar.

**4** Escribe dos textos breves que estén relacionados con la situación que se ve en la imagen.

**5** Escribe un refrán o frase hecha que se pueda relacionar con la imagen.

**6** Un investigador encuentra en la escena del crimen la siguiente nota escrita por la víctima: «La luna vuelve siempre». ¿Qué intención crees que puede haber detrás de esas misteriosas palabras? ¿Podría ser el comienzo de una novela policiaca? ¿Por qué?

**7** Inventa un texto que, al ser dicho en una situación inoportuna, pueda provocar la risa entre los oyentes.

# 2. Variaciones léxicas del texto

### CAMBIOS DE CATEGORÍA GRAMATICAL

Un mismo significado puede manifestarse en un texto a través de diversas clases de palabras. La transformación de una clase de palabra en otra se puede llevar a cabo mediante morfemas: *influir* (Verbo) → *influencia* (Sustantivo).

### SUSTANTIVACIÓN

Los **determinantes** (artículos y adjetivos determinativos) tienen la facultad de transformar cualquier clase de palabra en un sustantivo. En estos casos el determinante desempeña la función de **sustantivador** y el elemento transformado por él se denomina **palabra sustantivada**.

EMISOR: ¿Le gusta la chaqueta verde o **la** (Det) **chaqueta** (núcleo) **roja** (CN) adjetivo?

RECEPTOR: Prefiero **la** (sustantivador) **roja** (núcleo). adjetivo sustantivado

## ACTIVIDADES

**8** Fíjate en el ejemplo y escribe la palabra correspondiente en cada caso.

| Verbos → Sustantivos | |
|---|---|
| dispersar | dispersión |
| proceder | |
| demorar | |
| persuadir | |
| condenar | |
| errar | |
| suscribir | |
| deleitar | |

| Sustantivos → Verbos | |
|---|---|
| letargo | aletargarse |
| apaciguamiento | |
| idolatría | |
| conmoción | |
| repercusión | |
| código | |
| juicio | |
| belleza | |

| Adjetivos → Sustantivos | |
|---|---|
| precario | precariedad |
| competente | |
| diestro | |
| voraz | |
| inocente | |
| cierto | |
| marginado | |
| lucrativo | |

**9** Completa los siguientes enunciados con las palabras anteriores que correspondan.

a El koala no es un animal muy ▲; por el contrario, el león es un felino de gran ▲.

b No es ▲ que el Sol gire alrededor de la Tierra. Tenemos esta ▲ gracias a Galileo.

c Hay muchas personas ▲ en la India. Desgraciadamente, la ▲ es un grave problema de los países pobres.

d ▲ es humano, porque nadie es perfecto; pero debemos aprender siempre de nuestros ▲.

**10** Escribe las frases que, en el contexto del diálogo, podría pronunciar el receptor usando el artículo neutro **lo** y el masculino plural **los** como sustantivadores.

> EMISOR: ¡Qué blancura!
> RECEPTOR: A mí ▲ me resulta muy frío.
> EMISOR: Pues dicen los psicólogos que el color blanco relaja la vista.
> RECEPTOR: De acuerdo, pero a mí me gustan más ▲ verdes.

**11** Completa las frases con los sustantivadores que correspondan y localiza la palabra o palabras sustantivadas.

a No quiero esta caja, sino ▲ de ahí.

b Moratín escribió *La mojigata* y ▲ *sí de las niñas*.

c ▲ fumar perjudica gravemente la salud.

d Que venga ▲ que quiera.

e ▲ cortés no quita ▲ valiente.

# Unidades gramaticales

## 1. La palabra

La palabra es una unidad lingüística con **significado** que se separa de las demás en la escritura mediante **espacios en blanco** y que, al hablar, podemos aislar mediante **pausas**: *Hoy tendremos una magnífica noticia* (cinco palabras).

## 2. Clases de palabras

### 2.1 Según su forma: palabras variables o invariables

**PALABRAS VARIABLES: ADMITEN MORFEMAS FLEXIVOS**

| | | | |
|---|---|---|---|
| **Sustantivo** | **Nombra algo**: personas (*Marta*), lugares (*Huelva, cocina*), objetos (*tenedor*), ideas (*paz*), etc. Puede ser masculino (*borrador*) o femenino (*tiza*); singular (*nuez*) o plural (*nueces*). | **Artículo** | **Acompaña al sustantivo.** Hay dos clases de artículos. El indeterminado presenta al sustantivo (*Anoche vi* ***un*** *cometa*) y el determinado lo identifica (***El*** *cometa brillaba mucho*). |
| **Adjetivo calificativo** | **Modifica el significado de sustantivo,** con el que concuerda en género (*chica* ***alta***) y número (*ideas genial****es***). | **Verbo** | **Expresa acción o estado.** Su información gramatical se expresa mediante las desinencias verbales: persona, número, tiempo, modo, aspecto, voz y conjugación: *soñ-á-ba-mos*. Puede presentarse con forma de **perífrasis verbal:** *debes estudiar* (= *estudia*). |
| **Adjetivo determinativo** | **Delimita o cuantifica al sustantivo.** Hay varias clases: los demostrativos lo sitúan en el espacio: ***este*** *libro*; los posesivos expresan quién es el poseedor: ***nuestro*** *amigo*; los numerales lo cuantifican: ***tres*** *ardillas...* | **Pronombre** | **Sustituye al nombre.** Puede ser: personal (*yo, me*), demostrativo (*este, ese*), numeral (*uno, el primero*), indefinido (*algunos, bastantes*), posesivo (*el tuyo*), interrogativo (*qué, quién...*), exclamativo (*¡qué!, ¡cuánto!*) y relativo (*el chico al* ***que*** *he visto*). |

## ACTIVIDADES

**1** CS CC Explica si estás de acuerdo con el mensaje escrito del cartel que está en esta página.

**2** CA ¿Cuántas palabras hay en este enunciado: *Dile a Juan que la tutora lo ha llamado*? ¿Qué problema plantean los elementos subrayados para contar el número de palabras correctamente?

**3** Distingue los pronombres y los determinantes en este enunciado: *Esas dos camisetas a mí no me gustan nada; en cambio esta sí que es bonita; es de mi color preferido. Pero no voy a comprar ninguna, porque no llevo bastante dinero.*

**4** Distingue los sustantivos de los adjetivos: *La blancura de esta tela se debe a que el algodón es de muy buena calidad.*

**5** Localiza en las series el intruso que no pertenece a la misma clase de palabras. Razónalo.

- **a** el, él, le, uno
- **b** recuperación, recuperar, descubrió, insistía
- **c** Roma, amargura, amargor, amargo
- **d** lentitud, lento, azul, tierno
- **e** pan, panadería, panificar, bocadillo
- **f** nadó, debe nadar, saltaba, natación

**6** Explica por qué las siguientes palabras son variables.

- **a** voz
- **b** alegre
- **c** gato
- **d** contar
- **e** asno
- **f** la
- **g** quién
- **h** roca

**PALABRAS INVARIABLES: NO ADMITEN MORFEMAS FLEXIVOS**

| | |
|---|---|
| **Adverbio** | **Expresa circunstancias** de lugar (*allí*), tiempo (*ayer*), modo (*así*), cantidad (*bastante*), afirmación (*sí*), negación (*no*) o duda (*quizá*): *Se marchó* ***ayer***. |
| **Preposición** | **Sirve de enlace entre palabras:** *a, ante, bajo, con, contra, de, desde, en, entre, hacia, hasta, para, por…*: *la espada* ***del*** *guerrero*. |
| **Conjunción** | **Sirve de enlace entre palabras y oraciones**: copulativa (*y, e, ni*), adversativa (*pero, sino*), modal (*como*), causal (*porque*), condicional (*si*), final (*para*)…: *Vino* ***y*** *se marchó*. |
| **Interjección** | **No tiene función sintáctica**. Constituye por sí misma un enunciado con sentido completo y se pronuncia con tono exclamativo. Las interjecciones pueden ser **propias** (*¡Oh! ¿Eh? ¡Hola!*) o **impropias**, es decir, procedentes de otras palabras (*¡Vaya! ¡Anda! ¡Bravo!*). |

## 2.2 Según su contenido

Las palabras pueden presentar:

**a** **Significado léxico:** si expresan conceptos (sustantivo), cualidades (adjetivos), acciones (verbos) o circunstancias (adverbios).

Soplan vientos adversos.
verbo sustantivo adjetivo

**b** **Significado gramatical:** si sirven para enlazar entre sí las palabras que tienen significado **léxico,** o para delimitar y cuantificar su contenido: determinantes, pronombres, preposición y conjunción.

perros **y** gatos — conjunción

taza **de** café — preposición

**tres** tazas — determinante (cuantifica al sustantivo)

## 2.3 Según su función sintáctica

Las palabras pueden funcionar como:

**a** **Núcleo** de su grupo:

las hojas verdes
Núc

**b** **Complemento** o **modificador** de un núcleo:

vestido blanco — Núc complemento

muy alegre — modificador Núc

**c** **Enlace** o **nexo** entre palabras:

casa **de** madera — enlace

María **y** Luis — nexo

### ACTIVIDADES

**7** Realiza las actividades sobre el texto.

> La **casa** estaba construida **con** tierra, paja, **palos** y **viejas** vigas **de** roble de **quinientos** años de antigüedad. La casa había sobrevivido gracias a un sótano **al** que se **descendía por** una escalera de piedra. En 1953 el sótano **había aguantado** dos metros de agua de mar **hasta que** bajó el nivel de las últimas **inundaciones. Aunque**, a decir verdad, **aún** quedaba **algo** de agua.
>
> El **interior** estaba conformado por una **gran** habitación en la parte de **delante,** una cocina en la parte de **atrás, y arriba** un dormitorio de techo **inclinado.** [...] **Cualquier** libro que **ella dejara allí** se arrugaría por la humedad.
>
> **Penélope Fitzgerald**, *La librería* (texto adaptado)

**a** Razona si las palabras resaltadas en el texto son variables o invariables.

**b** Identifica en el texto un ejemplo de cada clase de palabras.

**c** Busca en el texto tres palabras con significado léxico y tres palabras con significado gramatical.

**8** Distingue el determinante, el adverbio, la conjunción y la interjección entre los elementos subrayados a continuación.

**a** Tiene bastante agua, pero no se secará.

**b** ¡Vaya, Antonio! ¡Hoy tienes la tarde libre!

**c** Tendremos que esperar hasta mañana para tener los recambios aquí; pero no sé si lograremos reparar la avería.

**9** Explica si las palabras subrayadas en los siguientes ejemplos funcionan de núcleo, complemento o enlace.

**a** La inundación del sótano.

**b** Las últimas entradas.

**c** Las viejas y podridas vigas.

**d** Espléndido día.

# 3. El grupo de palabras

Es una **palabra** o un **conjunto de palabras** organizadas en torno a un núcleo.

la **foto** de mi amiga
Núc.
grupo de palabras

En el ejemplo anterior, el **núcleo** es un sustantivo (*foto*). El resto de palabras que inciden sobre el núcleo (*la, de mi amiga*) modifican o complementan el significado de este.

El grupo de palabras desempeña una **función sintáctica** dentro de la oración (sujeto, predicado…); por eso, recibe el nombre de **grupo sintáctico**.

El **museo** de Ciencias — grupo de palabras con función de sujeto
**ha abierto** sus puertas a los visitantes. — grupo de palabras con función de predicado

## 3.1 Tipos de grupos de palabras

Los grupos de palabras se clasifican según la categoría gramatical de sus respectivos **núcleos.**

| | | |
|---|---|---|
| **Grupo nominal (GN)** | El núcleo es un **sustantivo**. | el edificio rojo (edificio: Núc) — GN |
| **Grupo verbal (GV)** | El núcleo es un **verbo**. | Iremos el domingo. (Iremos: Núc) — GV |
| **Grupo adjetival (GAdj)** | El núcleo es un **adjetivo**. | muy alto (alto: Núc) — GAdj |
| **Grupo adverbial (GAdv)** | El núcleo es un **adverbio**. | bastante bien (bien: N) — GAdv |
| **Grupo preposicional (GPrep)** | Es una estructura formada por una **preposición** con la función de **enlace** (E) y un **término** (T), que puede ser un grupo nominal, adjetival o adverbial. | desde: Prep (E); su casa: T (GN) — GPrep |

### ACTIVIDADES

**10** Clasifica los diferentes grupos de palabras extraídos de la lectura inicial y subraya el núcleo de cada uno.

**a** Los padres de los otros niños.
**b** Tenía más de sesenta años.
**c** Una pieza para piano y flauta.
**d** En un barrio feo de las afueras.
**e** Lleno de caserones grises.
**f** Antes de su nacimiento.

**11** Identifica el grupo de palabras que forma cada uno de estos títulos de novelas: **a** *Don Quijote de la Mancha*, **b** *El extranjero*, **c** *Nada*, **d** *En el camino*, **e** *Alicia en el país de las maravillas*, **f** *Me vestiré de medianoche*, **g** *Lejos de nuestra tierra*, **h** *Rojo y negro*.

### Un grupo de palabras dentro de otro grupo de palabras

Un grupo de palabras puede formar parte de otro grupo. En este caso, su función es la de complemento o modificador del núcleo correspondiente.

el centro de la ciudad
centro: Núc; de la ciudad: GPrep
GN

Un grupo con función de complemento del núcleo puede contener, a su vez, otro grupo de palabras:

de la ciudad de Oviedo
ciudad: Núc; de Oviedo: GPrep
GPrep

### ACTIVIDADES

**12** Escribe un grupo de palabras de cada clase a partir de los siguientes núcleos: **a** plato (GN), **b** viajaré (GV), **c** harto (GAdj), **d** cerca (GAdv), **e** jardín (GPrep).

**13** Escribe un grupo preposicional en el que el término sea un GAdj.

**14 a** CS Identifica tres grupos de palabras diferentes en el siguiente cartel.

**b** CC CI Completa el cartel con un GV en el que se defienda la igualdad laboral entre hombres y mujeres.

# 4. Estructura del grupo nominal (GN)

El grupo nominal está formado por un **núcleo** (sustantivo), que puede ser modificado por otros elementos (**determinantes** y **complementos**); pero solamente el **núcleo** es obligatorio para formar un grupo nominal. Observa los elementos del GN.

| Determinante (Det) | Núcleo (Núc) | Complemento del nombre (CN) |
|---|---|---|
| *los* (art.) | ***árboles*** (sust.) | *del parque* (GPrep) |
| • artículo<br>• demostrativo<br>• posesivo<br>• numeral<br>• indefinido<br>• interrogativo<br>• exclamativo | • sustantivo<br>• pronombre<br>• palabra sustantivada | • grupo adjetival<br>• grupo preposicional<br>• grupo nominal |

Hay grupos nominales formados solo por el núcleo, es decir, sin determinante ni complemento del nombre:

¿Tienes coche? (coche: GN)

Se han oído ruidos. (ruidos: GN)

#### FUNCIÓN DE DETERMINANTE

La desempeñan los artículos y los adjetivos determinativos (demostrativos, posesivos, numerales, indefinidos, exclamativos e interrogativos). A veces, se pueden sumar varios:

todos (Det) aquellos (Det) chicos (Núc)

Los determinantes tienen la función de presentar el núcleo del GN, precisando y delimitando su significado. Concuerdan en género y número con el núcleo al que acompañan:

aquellos (Det) chicos (Núc) — aquellas (Det) chicas (Núc)

#### FUNCIÓN DE NÚCLEO

La desempeña un sustantivo, pronombre o palabra sustantivada:

el título de la película (título: Núc (sust.); GN) — aquellos (Núc (pron.); GN) — lo dulce (dulce: Núc (adj. sust.); GN)

#### FUNCIÓN DE COMPLEMENTO DEL NOMBRE

El complemento del nombre especifica o explica el significado de este. Pueden ser CN los siguientes grupos de palabras:

| | | | |
|---|---|---|---|
| **Grupo adjetival** | Concuerda con el núcleo en género y número: hojas (Núc) secas (CN (GAdj)) | | |
| **Grupo preposicional** | las (Det) luces (Núc) de las farolas (CN (GPrep)) | | |
| **Grupo nominal en aposición** | el (Det) río (Núc) Tajo (CN (GN en aposición)) | | |
| | **Tipos de aposición** | **Aposición explicativa** | **Va entre comas**, expresando una aclaración: Isabel (Núc), tu cuñada (CN (GN en aposición explicativa)),… |
| | | **Aposición especificativa** | **No va entre comas** y añade una información necesaria para el significado de la oración: tu (Det) cuñada (Núc) Isabel (CN (GN en aposición especificativa)) |

## ACTIVIDADES

**15** Escribe la palabra que falta en cada grupo nominal (GN) de forma que tenga sentido. Luego, analízalos todos.

- **a** un ▲ de ▲ mineral
- **b** muy raras ▲
- **c** lo ▲
- **d** su ▲ en los hechos
- **e** la ▲ de los precios
- **f** el ▲ Federico García Lorca
- **g** las diferentes ▲ del ▲
- **h** el ▲ al banco
- **i** el duro ▲ de los ▲ de élite
- **j** ▲, mi hermano
- **k** las cálidas ▲ del ▲ Mediterráneo

### Morfemas derivativos

Sirven para formar nuevas palabras. Pueden ser **prefijos** (delante del lexema: *amorfo*) o **sufijos** (detrás del lexema: *tendero*). Podemos encontrarlos en sustantivos (*prehistoria*), adjetivos (*histórico*) y verbos (*enganchar*).

Hay palabras que pueden contener ambos tipos de morfemas derivativos: *prehistórico*, *aterrizaje*.

Amplía en páginas 191-193 del Manual de morfología en este libro de texto.

### Morfemas apreciativos

Aportan matices expresivos. Son los morfemas diminutivos (*casita*), aumentativos (*casona*) y despectivos (*casucha*). Cuando estos morfemas se funden con el lexema, se forman palabras nuevas.

calabacín (< calabaza),
pañuelo (< paño), palillo (< palo)

Este fenómeno gramatical se denomina **lexicalización**.

# 5. Función, significado y forma del sustantivo

**FUNCIÓN**

Como hemos visto, el sustantivo es el núcleo (Núc) del grupo nominal (GN).

Me ha gustado mucho esa **película** de ciencia ficción.
Núc
GN

**SIGNIFICADO**

Es un tipo de palabra que nombra personas, objetos, hechos, ideas, cualidades abstractas, sentimientos, etc.: *Raúl, aventuras, respeto...*

**FORMA**

| | |
|---|---|
| **Sustantivo simple** | El sustantivo es una palabra variable que lleva **morfemas flexivos** de género y número, los cuales aportan una información puramente gramatical: masculino / femenino, singular / plural. gat-o gat-a gat-o-s gat-a-s |
| **Sustantivo derivado** | A partir de los lexemas de los sustantivos simples podemos formar nuevos sustantivos añadiéndoles **morfemas derivativos** (gat-era, gat-eo) o **apreciativos** (bomb-illa). También podemos obtener sustantivos derivados a partir de otras clases de palabras, como los adjetivos y los verbos, con lo que resultan sustantivos abstractos de cualidad y acción. dulce (adjetivo) → dulzura (sustantivo) salvar (verbo) → salvamento (sustantivo) |
| **Sustantivo compuesto** | Hay sustantivos que se forman por la unión de dos o más lexemas: *quitamanchas, cuentagotas, rompecabezas* (consulta la pág. 192 del *Manual de morfología* en este libro de texto). |

## ACTIVIDADES

**16** Identifica los sustantivos en las siguientes series y explica si son simples o derivados.

a rojez, rojo, enrojecimiento
b desaparecer, desaparición, desaparecido
c salto, saltar, asalto
d amargo, amargar, amargura
e estacionar, estación, estacionamiento
f endurecimiento, duro, endurecer

**17** Escribe un sustantivo con cada uno de los prefijos y sufijos del recuadro. Para ello, usa los siguientes lexemas: *transport-, -función, -sistema, gastr-, insect(i)-, jubil(a)-, -uso, -ciclo, ministr-o, -centro.*

anti- / -ista / pre- / ex- / -cida / epi- / hemi- / -ción / multi- / -itis

**18** Distingue los morfemas derivativos y los flexivos en los siguientes sustantivos: *panadero, electricista, alcaldesa, escritores, sevillano, empresarios, ingenieras, concejala, ciclistas, avestruces, exdirector.*

**19** Identifica las palabras con morfemas apreciativos y morfemas lexicalizados: *calzoncillo, poblacho, pasillo, casucha, serrucho, pelmazo, naricita, tortilla, escobilla, tipejo, antigualla, patinete, pastilla.*

**20** Distingue las palabras derivadas y las compuestas: *compraventa, azucarero, colorante, astronauta, cubrecama, monedero, rompeolas, fotomontaje, protocolo, sonajero, aguafiestas, inmobiliaria, salvamanteles, democracia.*

# 6. El género del sustantivo

En castellano, todos los sustantivos tienen género masculino o femenino. Se manifiesta en la concordancia que el sustantivo establece con los artículos y adjetivos que lo determinan y modifican.

**el** gato blanco     **la** yegua veloz     **el** mapa antiguo

Teniendo en cuenta el género, podemos diferenciar dos tipos de sustantivos.

### SUSTANTIVOS CON VARIACIÓN DE GÉNERO

A este grupo pertenecen los sustantivos que cuentan con una forma masculina y otra femenina. La diferenciación del género se realiza mediante **morfemas flexivos** (*niño / niña*), **determinantes** (***el*** *testigo /* ***la*** *testigo*) o **lexemas** (*caballo / yegua*).

Observa la clasificación de los sustantivos en cuanto al género. Ten en cuenta que, a veces, hay casos de **falso género.** Esto ocurre cuando la variación masculino / femenino no expresa una distinción de sexo, sino un cambio de significado.

**No confundas *sexo* con *género gramatical***

El género del sustantivo no siempre esta relacionado con la distinción sexual. El sustantivo *pared* se refiere a un objeto inanimado que no tiene sexo; sin embargo, gramaticalmente tiene género femenino (*la pared*). Tampoco tiene sexo el objeto al que se refiere el sustantivo *vestido*, y, sin embargo, es masculino (*el vestido*).

No hay ninguna razón natural que lo justifique. El género gramatical de los sustantivos es una **convención gramatical y social** heredada desde los orígenes del idioma.

| | | |
|---|---|---|
| **Morfemas flexivos** | ***o / a***: niño / niña<br>***ó / a***: león / leona<br>***e / a***: jefe / jefa | **Falso género**: *o / a*. Son sustantivos con diferentes significados:<br>*barco / barca* (diferente tamaño)<br>*jarro / jarra* (diferente forma)<br>*naranjo / naranja* (árbol / fruto) |
| **Terminaciones cultas** para el femenino. | ***-esa***: *conde / condesa*<br>***-isa***: *poeta / poetisa* | ***-triz***: *actor / actriz*<br>***-ina***: *gallo / gallina* |
| **Heterónimos**: lexemas diferentes. | *padre / madre* | *yerno / nuera* |
| **Género común**: la distinción de sexo se hace mediante determinantes (***el*** / ***la***). | *el conserje / la conserje*<br>*el testigo / la testigo*<br>*el periodista / la periodista* | **Falso género**: ***el*** / ***la***. Son sustantivos homónimos con distinto significado:<br>*el cometa / la cometa*  *el frente / la frente* |
| **Ambiguos**: admiten los dos géneros (***el*** / ***la***), aunque se refieren a seres no sexuados. | *el mar / la mar*  *el azúcar / la azúcar* | *el maratón / la maratón* |
| **Epicenos**: presentan una sola forma (masculina o femenina) para referirse a individuos de ambos sexos. | *el personaje, el tiburón, la víctima, la hormiga...* En estos casos, la concordancia se establece en función del género, no del sexo:<br><u>**El**</u> personaje de <u>Ofelia</u> fue <u>interpretado</u> por una actriz muy joven.<br>masc. femenino masculino<br>Cuando el epiceno alude a un animal, se añade *macho* o *hembra* para hacer explícito el sexo: *la orca macho, el gorila hembra.* | |

### SUSTANTIVOS SIN VARIACIÓN DE GÉNERO

Los sustantivos que hacen referencia a seres no sexuados (*luz, tableta, micrófono*) no presentan variación de género. A la hora de analizarlos morfológicamente, debemos considerar que la vocal final (***-o*** / ***-a***) –si la llevan– forma parte del lexema. En estos casos, lo que nos indicará el género es la concordancia con los determinantes y los adjetivos: *mano* (femenino) → ***la*** *mano fría*, *sofá* (masculino) → ***el*** *sofá cómodo*.

Por el contario, en los sustantivos con variación de género (*niño / niña*), las desinencias ***-o*** / ***-a*** sí son morfemas de género y, por lo tanto, no forman parte del lexema: *abogad-**o*** → *abogad-**a***.

el sofá cómodo

## ACTIVIDADES

**21** Indica el núcleo de estos grupos nominales (extraídos de la lectura inicial) y clasifícalos según su género.

- **a** las canciones de los Beatles
- **b** una actitud tímida
- **c** su madre viuda
- **d** un barrio feo de las afueras
- **e** una pieza para piano y flauta

**22** Lee el siguiente fragmento: *Muchas estudiantes se interesan hoy por cursar estudios en la Universidad que les permitan llegar a ser científicas.*

- **a** Identifica los sustantivos y analiza el género gramatical de cada uno.
- **b** Cambia el género gramatical de los sustantivos que lo permitan. ¿A qué conclusión puedes llegar?

**23** Fíjate en los siguientes sustantivos: *palo, edificio, héroe, lección, nuera, suela, monarca, hombre, flautista, juez, médico, azúcar, cesto, ave, portero, foto, cuñado, naranjo, pera, visitante, tos, editorial, delfín, jabalí.*

- **a** ¿Cuáles presentan variación de género?
- **b** Identifica el que tiene género ambiguo.
- **c** Señala los de género común.
- **d** ¿Hay algún epiceno? Identifícalo.
- **e** ¿Cómo explicarías el caso de *ave*?
- **f** Señala tres casos de falso género.

**24** Clasifica estos sustantivos según su género y forma el femenino, justificando tu opción: *abogado, magistrado, científico, miembro, astronauta, médico, biólogo, naturalista, presentador, cantante, periodista, carpintero, ministro, portavoz, poeta, fiscal.*

**25** Forma el femenino de las siguientes palabras y clasifícalas según el género gramatical: *yerno, varón, gimnasta, pantera, oveja, dentista, cliente, guionista, caballo, bebé, elefante.*

**26** Explica las diferencias de significado entre los siguientes pares de sustantivos: *el radio / la radio, el coma / la coma, el anillo / la anilla, el corte / la corte, el jarro / la jarra, el pez / la pez, el guía / la guía, el cura / la cura, el editorial / la editorial.*

**27** CS CI Fíjate en las siguientes oraciones y realiza las actividades.

1. El tigre hembra ha cazado una jabalí.
2. Miguel es una persona amable y divertido.
3. Ella es la primera presidente de su país.
4. Buscan a la testiga para que declare en el juicio.
5. He visto una águila enorme en la montaña.
6. Cuanto más riqueza, menos generosidad.
7. El ratón ha tenido muchas crías.
8. Ven a la fiesta con tus amig@s.
9. ¿Cuántos chicxs hay en tu clase?

- **a** Corrige los errores que hay en las oraciones, según las normas de la gramática.
- **b** Señala los enunciados que están motivados por el lenguaje inclusivo, es decir, no sexista. ¿Estás de acuerdo con el hecho de que se utilicen estas fórmulas?
- **c** Según el lenguaje inclusivo, ¿qué debería utilizarse para señalar el plural: *alumnos* o *alumnado*?

**28** CS CI Lee el siguiente fragmento de un artículo de opinión y realiza las actividades.

**Portavoza**

Los más jóvenes no lo recordarán pero, hace unos años, el término *jueza* no existía. Reconozco que, al principio, me parecía feísimo y superfluo, puesto que *juez* es una palabra neutra. Hoy sigo pensando que *juez* es neutra y *jueza* estrictamente superflua, pero la uso como todo el mundo, incluidos los académicos de la RAE, que hace años la admitieron en su diccionario. Ignoro si *portavoza* triunfará o fracasará en el intento, como otras propuestas de desdoblamiento.

Almudena Grandes, *El País* (12-02-2018) (texto adaptado)

- **a** ¿Ha reconocido la Real Academia el término *jueza*?
- **b** ¿Qué piensa la autora sobre el término *jueza*? ¿En qué argumento se basa?
- **c** ¿Qué prefieres decir para formar el femenino de *juez*: *la juez* o *la jueza*? Razona tu respuesta.
- **d** ¿Crees que el término *portavoza* se generalizará entre los hablantes o se seguirá diciendo *la portavoz*? ¿Por qué?
- **e** ¿Crees que hay sexismo en el lenguaje cotidiano? Razónalo.
- **f** CA Observa la tabla de la página anterior y explica qué tipo de sustantivos están planteando en nuestros días más conflictos con el lenguaje inclusivo.

# 7. El número del sustantivo

El sustantivo puede adoptar la forma de singular o de plural:

- Los sustantivos en **singular** nombran un solo ser u objeto: *el árbol, la rosa…*
- Los sustantivos en **plural** nombran a varios seres u objetos de la misma clase: *los árboles, las rosas…*

El plural se expresa con los morfemas flexivos *-s, -es*. La **ausencia** de estos morfemas se interpreta como número singular: *viaje / viajes, semana / semanas.* Conozcamos las normas que determinan la formación del plural.

**Regla general**
- Los sustantivos que acaban en **vocal**, lo forman en **-s**: *casa / casas.*
- Los que acaban en **consonante**, lo forman en **-es**: *raíz / raíces.*

### CASOS ESPECIALES

**1** Cuando el sustantivo termina en ***í*** o ***ú*** tónicas, admite el plural indistintamente con *-s* y con *-es*: *esquí / esquís, esquíes; tabú / tabús, tabúes.* Son excepciones los monosílabos ***sí*** y ***no***: *sí / síes; no / noes* (adverbios sustantivados).

**2** Si la palabra termina en *-s* o *-x* y no es aguda, el plural no se marca: *el lunes / los lunes, el tórax / los tórax.* Si es aguda, incluidos los monosílabos, el plural se forma con *-es*: *revés / reveses, país / países.*

**3** Los sustantivos cuyo singular acaba en *-y*, unas veces conservan la *y* como sonido vocálico (*jerséis*) y otras lo convierten en consonántico (*reyes*).

### OTROS FENÓMENOS RELACIONADOS CON EL NÚMERO

**1** ***Singularia tantum***. Son los sustantivos que solo admiten el singular (*gravedad, azúcar, trigo, salud…*). En general, se trata de sustantivos que expresan realidades no contables. Excepcionalmente, pueden usarse en plural: *los azúcares añadidos.*

**2** ***Pluralia tantum***. Solo presentan la forma del plural: *paraguas, víveres, finanzas, comestibles…*

**3** **El mismo significado en singular y plural**. Este fenómeno se da en sustantivos como *intestino / intestinos, honorario / honorarios, tiniebla / tinieblas.* En otros casos, el uso del singular o del plural añade un valor connotativo, expresivo: *la barba / las barbas.*

**4** **Falso número**. En algunos sustantivos, el cambio en el número implica una modificación de su significado: *celo / celos, grillo / grillos, esposa / esposas, cuarto / cuartos…*

### EL PLURAL DE LOS EXTRANJERISMOS Y LATINISMOS

- Los extranjerismos y latinismos que se castellanizan forman el plural de manera regular: *carnés, chalés, corsés, referendos, currículos…*
- Cuando no se castellanizan, forman el plural en *-s* en vez de seguir la regla general: *cracs, chips, déficits, hábitats, ultimátums…*

En el caso de *test*, se recomienda esta misma forma también para el plural, debido a la dificultad en la pronunciación. Sin embargo, *club* admite dos plurales: *clubs y clubes.*

**Cambio de vocal tónica en el plural**

Hay tres casos en los que el acento cambia de sílaba en plural:

**ré**gimen → re**gí**menes
ca**rác**ter → carac**te**res
es**pé**cimen → espe**cí**menes

***Pluralia tantum***

Algunos sustantivos que tradicionalmente se consideraban *pluralia tantum* hoy pueden expresarse indistintamente en **singular** o en **plural**:

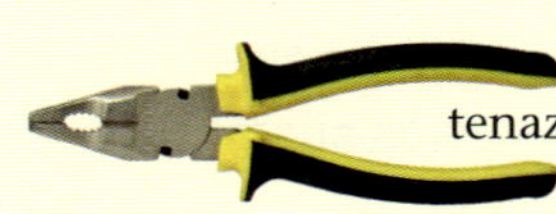
tenaza → tenazas

tijera → tijeras

pantalón → pantalones
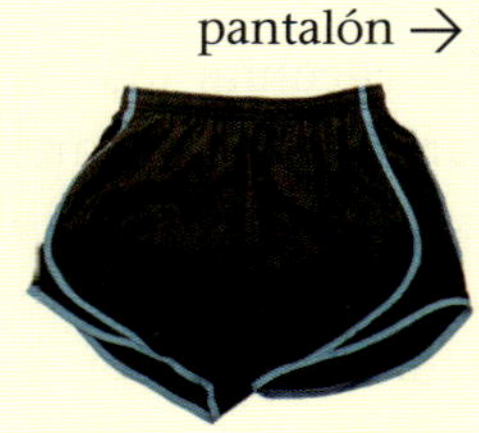

gafa → gafas

# 8. Clasificación del sustantivo según su significado

Atendiendo a su significado, los sustantivos se clasifican en:

<table>
<tr><td colspan="4">Propios: nombran seres y objetos, diferenciándolos entre otros de su misma clase: Carmen, Luis, Cádiz, Pirineos, Guadalquivir…</td></tr>
<tr><td rowspan="3">Comunes: nombran seres y objetos de una misma clase.</td><td rowspan="2">Concretos: nombran seres y objetos que podemos percibir por los sentidos: madera, arena…</td><td>Contables: nombran seres y objetos que pueden contarse con unidades: dos coches…</td><td>Individuales: nombran en singular un solo ser: pino, perro, oveja…<br>Colectivos: nombran en singular un conjunto de seres: pinar, camada, rebaño…</td></tr>
<tr><td colspan="2">No contables: nombran seres y objetos que no pueden contarse: vino, harina…</td></tr>
<tr><td colspan="3">Abstractos: nombran seres y objetos que no podemos percibir por los sentidos: simpatía, esperanza, justicia…</td></tr>
</table>

## ACTIVIDADES

**29** Lee el siguiente texto y resuelve las actividades.

> Escribir poesía ha supuesto siempre una vida llena de privaciones económicas para los autores. Esta circunstancia dio lugar, desde tiempos remotos, a la figura del protector o mecenas, cuyo papel se asemejaba al de los modernos patrocinadores. (El sustantivo *mecenas* procede de Cayo Mecenas, protector del poeta romano Horacio.)
>
> El mecenas solía pertenecer a la nobleza o a la burguesía, era rico y poderoso, y corría con los gastos de edición y, en muchos casos, con la manutención de los escritores.
>
> *Nueve liras de hiedra y un secreto*, antología poética, «cuaderno documental» (editorial Bambú)

a Identifica los sustantivos del texto y analiza su género y su número.
b Clasifica estos sustantivos teniendo en cuenta su significado.
c Analiza los grupos nominales subrayados.

**30** Corrige los posibles errores existentes en los siguientes enunciados.

a Hay que recontar los sis y los nos de la votación.
b Se oyeron unos ays muy lastimeros.
c Son muy sorprendentes los eslógans de esta campaña comercial.
d He perdido el sacapunta que me regalaste.
e Seguro que va a comprar un nuevo enser para su casa de la playa.
f ¿Has encontrado mi gafa?

**31** Forma el plural de los siguientes sustantivos: *rubí, paréntesis, regaliz, caries, bloc, rey, carácter, tos, jueves, tesis, régimen, rosal, marroquí, chalé, tinaja, ciempiés, bambú, cactus, martes, bisturí, lápiz, jabalí, somier*.

**32** Identifica el intruso en las siguientes series. ¿Qué tienen en común los sustantivos del primer grupo? ¿Y los del segundo?

a andurriales, víveres, sed, añicos, finanzas
b salud, cénit, exequias, adolescencias

**33** Escribe un enunciado con cada una de las siguientes palabras para comprobar el cambio de significado entre el singular y el plural.

> celo / celos, seso / sesos, nariz / narices, grillo / grillos, amistad / amistades

**34** Escribe un enunciado con cada una de las siguientes palabras y explica la connotación que se produce al pasar de singular a plural.

> bigote / bigotes, dinero / dineros, espíritu / espíritus, fuego / fuegos, ánimo / ánimos, tos / toses

**35** Escribe el plural de los siguientes extranjerismos y latinismos: *píxel, máster, cóctel, láser, chándal, clip, flash, chef, paparazzi, campus, currículum, ultimátum.*

**36** Clasifica estos sustantivos según su significado: *sol, ignorancia, enjambre, agua, justicia, libro, cortinaje, salto.*

## PRÁCTICA DE REPASO

**37** Clasifica morfológicamente las palabras del texto.

> –¿Cómo ha ido todo? –murmuré–. A Germán se le ve animado.
> –Bien, muy bien. Gracias a ti por volver –dije–. Barcelona se veía muy vacía estos días... Tengo un montón de cosas que contarte. [...]
> –¡Oh! Dirán lo que quieran, pero una calle como esta no hay en ninguna ciudad del mundo, amigo Óscar, ríase usted de Nueva York.
>
> Carlos Ruiz Zafón, *Marina* (texto adaptado)

**38** Subraya los lexemas y clasifica los morfemas: *veces, entrenamientos, monitores, embarcaciones, alumnado, diseñadora, coliflores, preocupación, andares, sombreros, mezquindad, tonterías, capote, estomacal, bolsillo, terrones, normalidad, subterráneo.*

**39** Identifica los siguientes grupos de palabras y señala el núcleo de cada uno de ellos.

- **a** muy cerca del aeropuerto
- **b** inmensamente feliz
- **c** bastante amable
- **d** Leeré esa nueva novela.
- **e** apto para ese trabajo
- **f** desde su casa
- **g** al centro de la ciudad

**40** Identifica los grupos nominales que aparecen en los siguientes enunciados y subraya el núcleo de cada uno de ellos.

- **a** Mi mejor amiga vendrá el martes próximo a tu cumpleaños.
- **b** En la Plaza Mayor de la ciudad hay una escultura de bronce.
- **c** Ellos no han presentado aún el permiso de obras.
- **d** Lo malo de Juan es que no reconoce sus errores.
- **e** Al día siguiente, fuimos a la reunión de vecinos.
- **f** Varios antiguos alumnos del colegio han organizado una gran fiesta para el mes de junio.

**41** Dentro del grupo nominal, un aspecto fundamental es la concordancia entre sus elementos. Señala las palabras que concuerdan en los siguientes grupos nominales.

- **a** los bellos poemas épicos medievales
- **b** estas hojas de cobre unidas por anillos metálicos
- **c** aquellas tablillas de arcilla, blandas aún
- **d** una planta herbácea vivaz de hojas largas y muy estrechas

**42** Marca el intruso dentro de las siguientes series de sustantivos. Razona tu respuesta.

- **a** jauría, pinar, plaza, recua
- **b** agua, vaso, arena, madera
- **c** lápiz, anillo, cuadro, imaginación
- **d** justicia, juez, igualdad, bondad
- **e** jugador, futbolista, Maradona, portería

**43** Clasifica en la tabla los siguientes sustantivos atendiendo a su género: *linde, cerezo, maratón, pianista, correa, cabra, caballa, rama, gorila, yegua, suegro, enzima, editorial, libra, delfín, telefonista, coma, cura, pingüe, paso, atleta.*

| | |
|---|---|
| **Heterónimos** | |
| **Ambiguos** | |
| **Epicenos** | |
| **Comunes en cuanto al género** | |
| **Falsos géneros** | |

**44** Explica cómo se forman el singular y el plural de los siguientes sustantivos: *crisis, reliquias, pantalones, libro, tórax, carácter, esposa, sed, álbum, referéndum, tabú, lunes, nueces, exequias, caries, hipérbaton.*

**45** Identifica la función sintáctica de los elementos marcados.

**a**

| la | foto | de | mis | padres |
|---|---|---|---|---|
| ▲ | Núc | Prep | Det | ▲ |
| | | (▲) | GN (▲) | |
| | | GPrep (▲) | | |
| GN | | | | |

**b**

| Antonio, | el | jugador | sancionado |
|---|---|---|---|
| ▲ | ▲ | ▲ | ▲ |
| | GN (▲) | | |
| ▲ | | | |

**c**

| los | caudalosos | ríos | de | su | país |
|---|---|---|---|---|---|
| ▲ | ▲ | Núc | ▲ | ▲ | ▲ |
| | | | (E) | ▲ (T) | |
| | | | ▲ (▲) | | |
| ▲ | | | | | |

# 9. Variaciones léxicas del texto: nominalización

### ¿QUÉ ES LA NOMINALIZACIÓN?

Se trata de un procedimiento morfológico mediante el cual un verbo o un adjetivo se transforma en un sustantivo abstracto.

acumular → acumulación
verbo → sustantivo abstracto

barato → abaratamiento
adjetivo → sustantivo abstracto

### ¿CUÁL ES SU COMPORTAMIENTO SINTÁCTICO?

Cuando se produce una nominalización a partir de un verbo, el sujeto y los complementos de este pasan a ser complementos del nombre.

La temperatura de la Tierra (sujeto) **ha aumentado** (verbo).

nominalización

El **aumento** (sustantivo) de la temperatura de la Tierra (CN).

### ¿PARA QUÉ SE USAN LAS NOMINALIZACIONES?

Para conectar las ideas dentro del texto. Funcionan como anáforas para recordar brevemente una información anterior y dar paso a otra información nueva. Pero, en lugar de repetir la información en forma de oración, esta se transforma en un grupo nominal. Es un recurso que facilita la cohesión del significado y el avance de la información. Se emplean fundamentalmente en exposiciones y argumentaciones.

Cuando hay exceso de calcio en la sangre, este **se acumula** en los tejidos blandos, como los riñones o los vasos sanguíneos. Para evitar esta **acumulación,** se deben evitar las dosis excesivas de vitamina B, que puede llegar a ser tóxica.

Información anterior
Información nueva

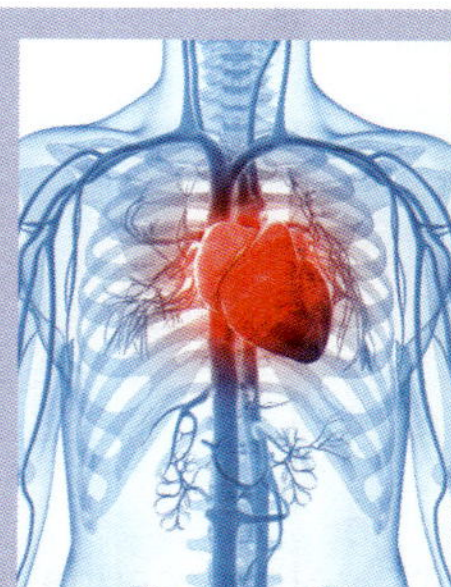

Esta nominalización es una anáfora que hace referencia a toda la información anterior y da paso a otra idea nueva.

## ACTIVIDADES

**46** Sigue el ejemplo y forma grupos nominales con los siguientes sustantivos derivados de verbos: *matriculación, descubrimiento, preparación, comienzo, incremento.*

**Ejemplo:**
*participación → la participación de la selección española en el mundial*

**47** Subraya los GPrep y di su función sintáctica.

- **a** la madre de tu amiga Berta
- **b** la valla de color marrón
- **c** el aumento de los precios
- **d** el menú de ese restaurante
- **e** su preferencia por los deportes
- **f** el descubrimiento de la electricidad

**48** Nominaliza los siguientes verbos: *consumir, aprobar, imponer, escrutar, disminuir.* Forma con ellos grupos nominales que lleven los complementos del nombre que exige el significado de los sustantivos que has formado.

**49** Nominaliza estas oraciones siguiendo el ejemplo.

**Ejemplo:**
*El empleo ha disminuido en España.*
*→ La disminución del empleo en España.*

- **a** En muchos países se aprovecha la energía solar.
- **b** Colon descubrió América en 1492.
- **c** Muchos jóvenes consumen comida rápida.
- **d** El juez ha aplicado la ley.

**50** Escribe una breve receta de cocina en la que utilices el verbo *preparar* y su nominalización: *preparación.*

## PRÁCTICA DE REPASO

**51** Identifica los grupos nominales subrayados en el texto e indica el núcleo de cada uno.

> Era un hombre bajito con cara ratonil y dientes grises. Sus ojos eran negros, vivos e inteligentes como los ojos de una rata, y tenía las cejas ligeramente puntiagudas por la parte superior. Se cubría la cabeza con una gorra de paño y llevaba una chaqueta grisácea de bolsillos enormes. La chaqueta gris, junto con los ojos vivos y las orejas puntiagudas, le hacían parecerse más que a nada a una especie de rata humana.
>
> Roald Dahl, *El autoestopista*

**52** Identifica los determinantes y los complementos del nombre que aparecen en los siguientes GN.

- **a** las canciones amorosas de mi autor favorito
- **b** todas las novelas interesantes de ese famoso escritor
- **c** las antiguas leyendas del reino de Castilla
- **d** las cortinas marrones de las ventanas
- **e** los fríos inviernos siberianos
- **f** estas dos invitaciones
- **g** aquellas olorosas y verdes manzanas
- **h** las cortinas blancas

**53** Identifica y analiza las aposiciones que aparecen en los siguientes grupos nominales, razonando si son explicativas o especificativas.

- **a** Lucía, la tutora de Juan, ha escrito un libro.
- **b** Mi sobrina Cristina ha cumplido 2 años.
- **c** Cervantes, autor de *El Quijote*, nació en Alcalá de Henares.
- **d** El río Guadalquivir es navegable hasta Sevilla.
- **e** Pedro, nos reuniremos en la plaza.

**54** Completa con las aposiciones necesarias para que los siguientes enunciados resulten coherentes. Después, indica el tipo de aposición.

- **a** París, ▲, es travesada por el río ▲.
- **b** Alfonso X ▲ fundó la Escuela de Traductores de Toledo.

**55** En los siguientes grupos nominales hay algunas nominalizaciones. Señálalas y explica, en cada caso, de qué verbo derivan los sustantivos afectados.

- **a** la bajada de precios
- **b** la escalera de la casa
- **c** la cocción de la comida
- **d** su inclinación por los estudios
- **e** el aire de la noche

**56** CA Completa con un grupo preposicional solo si lo ves necesario. ¿Qué conclusión extraes de este ejercicio?

- **a** esas botas ▲
- **b** la subida ▲
- **c** la integración ▲
- **d** el propietario ▲
- **e** los rascacielos ▲
- **f** el dolor ▲
- **g** la participación ▲
- **h** el aumento ▲

**57** Identifica la función sintáctica de los elementos marcados.

**a**

un ▲ | día ▲ | alegre ▲
▲

**b**

la ▲ | casa Núc | de Prep (E) | mis ▲ | padres ▲
▲ (▲)
GPrep (▲)
▲

**c**

los ▲ | fantásticos Adj (▲) | relatos Núc | de Prep (E) | su ▲ | abuelo Núc
▲(▲)
GPrep (▲)
▲

**d**

el ▲ | poeta Núc | Garcilaso ▲
▲
▲

**e**

Juan, ▲ | el ▲ | ciclista ▲ | ganador, ▲
GN (▲)
▲

## FOLLETO TURÍSTICO

Hadiqa

ESCAPADA A

# DOÑANA

-UN PARAÍSO FRENTE AL MAR-

Desde Hadiqa llevamos más de 5 años trabajando en diferentes espacios naturales de Andalucía Occidental. Queremos ofrecerle una experiencia diferente para conocer y conectar con el medio que le rodea.

Le proporcionamos un viaje sensorial para descubrir un paraíso natural que se encuentra entre dos mares y dos continentes. Un periplo por las entrañas de un espacio natural único en el mundo.

Si está interesado en conocer los rincones de Doñana, nos ajustaremos a todas sus preferencias y necesidades.

**ANDALUCÍA: PARQUE NACIONAL DE DOÑANA (HUELVA)**

El Parque Nacional de Doñana está situado en el suroeste de la Península Ibérica, en la Comunidad Autónoma de Andalucía, en las provincias de Huelva y Sevilla.

| Actividades gratuitas |
|---|
| Sendero de Ribera |
| Sendero Dunar |
| Sendero de Laguna |
| Visita cultural El Rocío |
| Ruta / Taller ornitológico |
| Costa de Doñana |
| Taller geológico |
| Atardece que no es poco |
| Actividades nocturnas |

| Actividades con coste | Precio |
|---|---|
| Ruta norte por el Parque Nacional (4 h) | 20 € |
| Ruta sur por el Parque Nacional (4 h) | 30 € |
| Camino natural por el Paraje Brazo del este (3 h) | 7 € |
| Visita cultural a Sevilla (Giralda, Catedral y Alcázar) (4 h) | 16 € |
| Surf / Paddel-Surf[1] (1 h 30') | 12 € |
| Taller de yoga[2]: Asanas, Nidra, Kriya (1 h 30') | 14 € |
| El Ser Naturaleza[2]. Taller de comunicación con el entorno (3 h) | 20 € |

[1] Actividades náuticas realizadas por ***Suroeste***.
[2] Talleres energéticos por ***Yhamile***, experta en filosofía oriental y yoga.
*Las tarifas incluyen: alojamiento, material y guías especializados, actividades gratuitas seleccionadas y seguro de RC.
*Si desea contratar transporte, pedir presupuesto y/o consultar nuestras ofertas especiales. No dude en solicitar información.

| Tarifas 2012 desde... (*) | | | | |
|---|---|---|---|---|
| **Noches / px** | **12 a 19** | **20 a 34** | **35 a 48** | **49 a 60** |
| 1 | 55 | 50 | 40 | 40 |
| 2 | 95 | 80 | 65 | 60 |
| 3 | 135 | 105 | 90 | 85 |
| 4 | 175 | 130 | 115 | 110 |
| 5 | 205 | 155 | 140 | 135 |

*Descuento para socios de 20 €.

**Si está interesado y quiere contactar con nosotros:**
**hadiqainfo@gmail.com**
**hadiqenlared@blogspot.com**

Texto adaptado

**1** CL **Comprensión e inferencias**

**a** ¿La información del texto anterior forma parte de un libro ilustrado de divulgación científica o es un folleto de una empresa turística? Razona tu respuesta.

**b** ¿Quién es el emisor del texto? ¿Te parece fiable el emisor por su experiencia empresarial? Razona tu respuesta.

**c** En el texto se dan dos ubicaciones del Parque de Doñana: **1** Andalucía occidental y **2** suroeste de la península Ibérica. ¿Significan lo mismo ambas expresiones? Razona tu respuesta. ¿Cuál de las dos te parece más informativa para un posible turista extranjero? ¿Por qué?

**d** ¿Por qué crees que una empresa que organiza fundamentalmente visitas al Parque Natural de Doñana incluye entre sus actividades talleres de yoga?

**e** ¿Crees que las actividades gratuitas son verdaderamente gratuitas? Razona tu respuesta.

**2** CA **Reorganización de tablas.** Agrupa las actividades con coste en tres tablas: **1** actividades realizadas en el Parque con interés naturalista, **2** actividades realizadas en el Parque sin interés naturalista y **3** excursiones fuera del Parque.

**3** CM **Cálculo.** Presupuesta el coste de una excursión con dos noches de dos estudiantes de Secundaria, uno de Bachillerato y un graduado universitario. Ten en cuenta que además de las actividades gratuitas, todos van a realizar la actividad de *paddle-surf*. Calcula en euros la cantidad total que habría que pagar teniendo en cuenta que solo dos de ellos son socios.

**4** CS **Tipo de seguro.** En las tarifas del folleto turístico se incluye un tipo de seguro que se identifica con las siglas RC. ¿Qué significan esas siglas y qué cubre este tipo de seguro? (Infórmate en Wikipedia: responsabilidad civil.)

**5** CI **Empresa colaboradora.** Imagina que has abierto una agencia de turismo en Sevilla y te asocias con la empresa Hadiqa para organizar excursiones desde esta ciudad a Tarifa, a 200 km. Elabora un proyecto con las tarifas de tres actividades deportivas diferentes a las de Hadiqa, que incluya el precio de la actividad y el alojamiento por noche. Consulta el primer enlace para las actividades y alojamiento, y el segundo enlace para el autobús que recorre la distancia Sevilla-Tarifa.

## EL COMEDOR

En el comedor se sentaban todos los huéspedes, presididos por la patrona, con su cara llena de arrugas, de color de orejón, y sus treinta y tantos lunares.

El comedor, un cuarto estrecho y largo, con una ventana al patio, comunicaba con dos angostos corredores, torcido en ángulo recto; frente a la ventana se levantaba un aparador de nogal negruzco con estantes, sobre los cuales lucían baratijas de porcelana y de vidrio, y **copas** y vasos en hilera. La mesa del centro era tan larga para cuarto tan pequeño, que apenas dejaba sitio para pasar por los extremos cuando se sentaban los huéspedes.

El papel amarillo del cuarto, rasgado en muchos sitios, ostentaba a trechos círculos negruzcos, de la **grasa** del pelo de los huéspedes, que, echados con la silla hacia atrás, apoyaban el respaldar del asiento y la cabeza en la pared. Los muebles, las sillas de paja, los **cuadros**, la estera, llena de agujeros, todo estaba en aquel cuarto mugriento como si el polvo de muchos años se hubiese depositado sobre los objetos unido al sudor de unas cuantas generaciones de huéspedes.

Presidía la mesa la patrona; a su derecha se sentaba un señor viejo, de aspecto cadavérico, un señor muy pulcro, que limpiaba los vasos y los platos con la servilleta concienzudamente. Este señor tenía a su lado un frasco con cuentagotas, y antes de comer comenzó a echar la medicina en el vino. A la izquierda de la patrona se erguía una mujer alta, gruesa, de aspecto bestial, nariz larga, labios abultados y color encendido; y al lado de esta dama, aplastada como un sapo, estaba doña Violante. La cara abotagada de esta se fruncía a cada momento, y en sus ojos saltones y turbios se adivinaba una honda preocupación. Cerca de doña Violante se acomodaban sus hijas, Celia e Irene, que disputaban a todas horas. Luego, un cura que charlaba por los codos; un periodista a quien decían el Superhombre; un joven muy rubio, muy delgado y muy serio; unos comisionistas y, finalmente, un tenedor de libros.

Pío Baroja, *La busca* (texto adaptado)

### Análisis y valoración del contenido

**1 Léxico.** Escribe un sinónimo de las palabras subrayadas en el texto.

**2 Recuperación de información. a** ¿Quién es la dueña de este comedor? ¿Sabes cómo se llama o cuál es su aspecto? **b** ¿Hacia dónde está orientado el comedor: al interior o al exterior? **c** ¿Cuántos personajes hay sentados a la mesa? **d** Identifica en el texto: el personaje enfermo, la mujer con ansiedad y el que más habla.

**3 Interpretación e inferencias.** ¿En qué estado de conservación se encuentran la casa, la cristalería y los muebles? Razona tu respuesta.

**4** CS ¿Esta es una vivienda familiar, una pensión de bajo nivel o un comedor social? ¿Cómo has llegado a esa conclusión?

**5 Síntesis.** Resume el texto en cinco líneas y escribe el tema.

**6** CS **Valoración del contenido.** ¿Qué situación económica se refleja en el texto? ¿Hay alguna relación con la situación actual en España? Razona tu respuesta.

### Análisis y valoración de la forma

**7 Tipo de texto. a** Identifica en el texto tres características de la descripción (consulta la página 23). **b** ¿Es una descripción subjetiva u objetiva? **c** En el texto se describen un lugar, objetos, personajes y procesos. Pon un ejemplo de cada uno. **d** Identifica una etopeya y una prosopografía. **e** ¿Hay alguna caricatura en el texto? ¿Cuál? **f** Subraya los tres adjetivos y expresiones que te resulten más degradantes.

**8 Gramática. a** ¿Qué predominan en este fragmento: los sustantivos concretos o abstractos? Pon dos ejemplos de cada tipo y explica qué aportan al texto. **b** En el texto hay tres sustantivos resaltados en negrita: ¿qué ocurre si los cambiamos aparentemente de género? **c** Identifica al final del texto un nombre común en cuanto al género. **d** Razona si los siguientes sustantivos del texto son simples, derivados o compuestos: *orejón, patrona, comedor, respaldar, cuentagotas, superhombre.* **e** Analiza los siguientes grupos nominales: *todos los huéspedes; un aparador de nogal negruzco; sus hijas, Celia e Irene.*

**9** CC **Valoración de la forma.** ¿Cómo valoras que el narrador utilice expresiones crueles para describir la fealdad humana? ¿Es un ejemplo de lenguaje correcto hoy en día? Razona tu respuesta.

# LENGUA

# 2

REPASA LA UNIDAD

## De tú a tú

**Comunicación oral**

**Escuchar**
Diálogo
**Hablar**
La conversación telefónica

**Comunicación escrita**

**Leer**
*Noticias felices en aviones de papel*, Juan Marsé
**Escribir**
**1** La narración y sus elementos
**Taller de escritura**
Escribir diálogos
**Elaboración de textos**
**1** Propiedades del texto: la adecuación a la situación

**Conocimiento de la lengua [Gramática]**

**1** ¿Qué son los determinantes?
**2** ¿Qué son los pronombres?
**3** Relación de los determinantes y los pronombres
**4** El artículo
**5** Los pronombres personales
**6** Adjetivos y pronombres demostrativos
**7** Adjetivos y pronombres posesivos
**8** Adjetivos y pronombres indefinidos
**9** Adjetivos y pronombres numerales
**10** Adjetivos y pronombres interrogativos y exclamativos
**11** Pronombres y adjetivos relativos
**12** La sustantivación

**Practica tus competencias**

**Texto informativo: gráficas circulares y de barras**
Porcentajes de lectura en España
**Texto literario**
*El capitán Alatriste*, Arturo Pérez-Reverte



## Un asunto de cocina

**FICHA TÉCNICA:** Fragmento de *Deliciosa Marta*, película de Sandra Nettelbeck (2000).
**TIPOLOGÍA ORAL:** Diálogo.
**SITUACIÓN COMUNICATIVA:** Dos cocineros, Mario y Marta, dialogan sobre su relación profesional.

### ACTIVIDADES

**1** Observa atentamente las miradas que se cruzan los dos personajes antes de iniciar el diálogo. ¿Qué información te aportan?

**2** Escribe adjetivos apropiados para cada uno de los personajes principales (Marta y Mario).

**3** Mario utiliza en el diálogo algunas palabras en italiano. Coméntalas: ¿cuándo?, ¿por qué?, ¿para qué?

**4** ¿Crees que, en un diálogo, la palabra revela el estado de ánimo o el carácter de los que participan? Ejemplifica tu respuesta, basándote en este vídeo.

**5** En la última parte del diálogo... (di qué afirmaciones son correctas).

- **a** Mario exige a Marta que se decida.
- **b** La actitud de los compañeros influye en la decisión de Marta.
- **c** Marta juega con las palabras para no dar su brazo a torcer.
- **d** Las palabras de la dueña del restaurante son definitivas.

**6** ¿Qué papel juega la música en este fragmento?

# La conversación telefónica

Diariamente, se nos presentan muchas situaciones que debemos resolver a través de una llamada telefónica. Aunque pueda parecernos muy sencillo, este tipo de comunicación, que se basa en el diálogo con alguien a quien no tenemos de frente, requiere una breve planificación y previsión, anteriores a la consulta.

Durante la conversación, los interlocutores tratan de obtener y aportar la información necesaria para poder entenderse, de manera que el contenido del mensaje sea comprendido por ambos, sin que queden cabos sueltos o dudas. Esta tarea no es fácil, pues, en ocasiones, los nervios nos pueden jugar una mala pasada.

## ACTIVIDADES

**1** CS Vas a poner a prueba tu competencia comunicativa al teléfono a partir del cartel publicitario que figura a la derecha. Léelo con atención.

Dividid la clase en dos grupos: unos seréis los usuarios potenciales y otros, los responsables de la atención telefónica de la Escuela de Malabares.

### Equipo de usuarios

1. Leed atentamente el texto del cartel y buscad los vacíos de información que presenta.
2. Anotadlos y ponedlos en común. Cada uno de vosotros tendrá una lista exhaustiva de las dudas que os han surgido sobre la información contenida en el cartel.

### Equipo de atención telefónica

1. Identificad en el texto la información incompleta o poco clara.
2. Acordad posibles respuestas de preguntas frecuentes (dirección postal, equipamiento del albergue, formas de pago...).
3. Buscad información complementaria que pueda ser útil para responder a las dudas de posibles usuarios: oferta cultural y deportiva de la zona, previsión meteorológica, etc.

Cada usuario tendrá un número asignado y cada responsable, una letra. Antes de efectuar la simulación de la llamada, el primero deberá escoger una letra al azar y el responsable se identificará. Ambos formarán la pareja. La llamada deberá ser breve (no más de seis preguntas), pero completa en su desarrollo (saludo, identificación, intercambio de preguntas y respuestas, y despedida). Al final de la actividad se escogerá entre todas las llamadas la que haya resultado más verosímil.

### notas

- Recordad que debéis utilizar un registro formal.
- Podéis utilizar algún objeto que simule un teléfono móvil para dar más verosimilitud a la situación comunicativa.
- Tened a mano el cartel que anuncia el curso.

## Noticias felices en aviones de papel

Bruno tenía pocos amigos de su edad y escaso trato con ellos. El primer día de vacaciones, al salir de casa por la mañana, un reflejo de sol rebotado de alguna ventana lo cegó durante un instante y sus pies tropezaron con las piernas de un muchacho sentado en la acera con la espalda apoyada contra la pared. No lo conocía, nunca lo había visto por el barrio. Tenía al lado un macuto astroso y unas cuantas hojas extendidas del diario *La Vanguardia*, sobre las que exponía su mercancía de segunda mano: una linterna eléctrica, unas gafas de sol, un sacacorchos metálico, una armónica, una lupa y un mechero de plástico con la cara de Betty Boop. De unos quince años, canijo, cabeza rapada, narizotas y orejas de soplillo, le rondaba un aire de murciélago y su aspecto no parecía muy saludable. En medio de la calle, otro chaval de unos diez años, pantalón corto y tirantes sobre el torso desnudo, trastabillaba sobre unos patines intentando mantener el equilibrio. A uno de los patines le faltaba una rueda. Lucía también cabeza rapada y con costras verdes, como tocada por alguna infección.

–¡Cuidado, Oskar! –dijo el niño murciélago con voz de pito. Y a Bruno–: Es mi hermano. ¿Qué, me compras algo?

Él no consideró necesario ni prudente disculparse por el tropiezo y centró su atención en la magra mercadería.

–¿Eres de por aquí? –inquirió–. Nunca te había visto.

–Vivo cerca. Venga, escoge, tengo de todo.

–¿A qué cole vas?

–¿Cole? Yo recojo chatarra, nano. Bueno, ¿me compras algo o qué?

–No sé. Todo esto no vale un pito. Déjame ver.

En cuclillas, examinó la linterna y luego la armónica. Ni la una ni la otra funcionaban. La lupa tenía mala pinta. El cráneo rasurado del vendedor tenía forma de zepelín y olía a desinfectante. Bruno se quedó pensativo.

–Me interesa el diario –dijo de pronto.

–¿El diario? ¿Para qué puñeta lo quieres? Bueno, te lo regalo, pero cómprame algo.

–¿De dónde lo has sacado? ¿Tienes más?

Le hizo una propuesta. Le compraría la lupa, pero a pagar más adelante y a condición de que le proporcionara diarios. Se sentó amigablemente con él y le dijo que los buscaba para una vieja polaca un poco mochales amiga de su madre que se pasaba el día hablando con un loro azul y tirando aviones de papel de diario por el balcón. Y que le pagaba algo, no mucho, una miseria, por cada avión que recogía.

–Ahora tengo vacaciones y podré coger más, si tú me traes diarios –dijo.

–Pero qué dices. Yo trabajo con cosas de valor, colega.

Bruno le preguntó su nombre, y si era la primera vez que instalaba su mercancía aquí.

–Los chavales de esta calle estáis en Babia –masculló el precoz mercachifle–. ¿De verdad no sabes quién soy, nano? ¿Nunca has oído hablar de los hermanos Rabinad? ¿O del Cocoliso, que soy menda? Pues aquí nos tienes, presente y en persona.

Vendía sus cosas más preciadas porque necesitaba dinero para comprarse un casco de motorista, explicó, y que se llamaba Jan, pero todo el mundo le decía el Cocoliso. Añadió que dentro de poco entraría a trabajar en un taller mecánico y de mayor sería piloto de motos de carreras. Su padre guardaba un almacén de chatarra en la calle Tres Señoras y su hermano el patinador tenía unas cicatrices muy malas en la piel y en el coco y el médico le había recetado baños de sol, y por eso venían a esta calle, porque era una calle tranquila y no pasaban coches y Oskar podía patinar sin peligro.

Menudo cuento, pensó Bruno, estos vienen porque han visto caer nueces y galletas del balcón. Observaba sus cabezas mal rapadas, cenicientas y con alguna pupa, infectadas de una miseria extrema, como de tiempos pasados y sin posible cura, pero asumida por ellos tranquilamente, cuando de repente un avión de papel cayó a su lado.

–¿No te lo había dicho? –Bruno lo cogió–. Mira cómo está hecho, con una hoja de periódico. La señora Pauli hace miles de aviones, es su manía, y siempre marca palabras con un lápiz. Mira, lee lo que pone aquí, en las alas.

El Cocoliso le quitó el avión de las manos y leyó: «Llega *La Ciudad de los Muchachos*». Enseguida cayó otro avión con otra pequeña noticia en el costado: «Los jugadores del Barça regalan juguetes a los niños enfermos».

–¿Lo ves? –dijo Bruno.

–¿Y qué?

–Pues eso, que la tía está pirada. A veces los lanza por la noche, pero a la mañana siguiente el barrendero no deja ni uno, los barre sin darme tiempo a cogerlos. Si vienes temprano verás caer muchos en esta calle... Oye, se me acaba de ocurrir una idea. ¿Quieres ganarte unas pelas?

–Claro.

–Te doy cinco céntimos por cada avión que recuperes.

Los ojos rapaces del Cocoliso, cercados de sombrajos y con alguna legaña, eran como estiletes.

–¿Y para qué quieres tú esos papeluchos, colega?

–Son para la vieja. Los que no se han estropeado al caer, los vuelve a lanzar.

El Cocoliso parpadeó, receloso.

–¿Y solo me das cinco céntimos por avión, garrapo? ¿A cuánto te los paga la loca?

Bruno observó el mal estado de sus dientes.

–Diez, venga.

–Veinte.

–Cincuenta por cada tres aviones.

–Vale.

Juan Marsé,
*Noticias felices en aviones de papel*

## ACTIVIDADES

### Recuperación de la información

**1** ¿Qué objetos pone a la venta Jan? ¿Por qué no se los compra Bruno?

**2** ¿Qué síntomas nos indican que los hermanos Rabinad están enfermos?

**3** ¿Qué mensajes portaban los aviones de papel que la señora Pauli echó a volar? ¿Crees que pretendía decirles algo a los hermanos Rabinad? Justifica tu respuesta.

### Interpretación e inferencias del texto

**4** CS Cocoliso expone su mercancía sobre unas hojas del diario *La Vanguardia*. ¿Se puede considerar este periódico un indicio de la zona geográfica donde se desarrolla la acción? Justifica tu respuesta (consulta en Internet).

**5** ¿Por qué cree Bruno que la señora Pauli está loca?

**6** CM ¿Quién fue más listo en el regateo final: Jan o Bruno? Razona tu respuesta.

**7** ¿Cuál es el tema que más se ajusta al texto? Indícalo y explica por qué descartas los dos restantes.

- **a** La manía de la señora Pauli de tirar aviones de papel por la ventana.
- **b** El pacto al que llega Bruno con el mercachifle Cocoliso tras su encuentro fortuito en la calle.
- **c** La enfermedad de los hermanos Rabinad.

**8** ¿Qué tipo de narrador hay en el texto? Indica la opción correcta y justifica la respuesta.

- **a** Narrador en 3.ª persona omnisciente objetivo.
- **b** Narrador en 3.ª persona observador objetivo.
- **c** Narrador en 3.ª persona omnisciente subjetivo.

### Reflexión y valoración de la forma y el contenido

**9** CS **Niveles de la lengua.** En el texto hay cuatro apelativos que utiliza Cocoliso para referirse a Bruno y que reflejan las variedades sociales de la lengua: *nano, menda, colega, garrapo*. Consulta la página 9 de este libro de texto y realiza las actividades.

| Significado de las palabras | Información sociolingüística |
|---|---|
| nano [▲] | hábitat → [▲] |
| menda [▲] | jerga → [▲] |
| colega [▲] | registro → [▲] |
| garrapo [▲] | nivel sociocultural → [▲] |

- **a** Significado de las palabras. Completa la tabla con *cerdo, chico, yo, amigo*.
- **b** Información sociolingüística. Completa la tabla con *bajo, callejero, Cataluña, gitana*.
- **c** ¿Con qué propósito pone el narrador este léxico en boca de Cocoliso?
  - Para burlarse de Cocoliso, porque el relato es humorístico.
  - Para caracterizar social, dialectal y culturalmente a Cocoliso.

**10** CS **Valoración de los personajes. a** ¿Te parece bien el negocio que hace Bruno con Cocoliso aprovechándose de la aparente locura de la señora Pauli? **b** ¿Qué hubieras hecho tú en esa situación, teniendo en cuenta que la anciana es quien ha ofrecido el trabajo?

### AUTOEVALUACIÓN DE LA COMPRENSIÓN LECTORA

Comprueba las soluciones con la ayuda de tu profesor o profesora, y completa la tabla en tu cuaderno con la puntuación que te proporcione de cada pregunta.

| | ACTIVIDAD | | | | | | | | | | | | |
|---|---|---|---|---|---|---|---|---|---|---|---|---|---|
| | 1 | 2 | 3 | 4 | 5 | 6 | 7 | 8 | 9 | 10 | TOTAL | | |
| **PUNTUACIÓN** | | | | | | | | | | | | | |
| **1.** Recuperación de la información | | | | | | | | | | | | · 3,33 = | |
| **2.** Interpretación e inferencias | | | | | | | | | | | | · 2 = | |
| **3.** Reflexión y valoración de la forma y el contenido | | | | | | | | | | | | · 5 = | |

# 1. La narración y sus elementos

A continuación, te ofrecemos a modo de resumen un esquema con los elementos narrativos vistos en los dos cursos anteriores.

**NARRADOR**
Quien cuenta el relato. Puede ser **interno** o **externo**.

| NARRADOR INTERNO | NARRADOR EXTERNO |
|---|---|
| Punto de vista: 1.ª persona gramatical (YO). Participa en la historia como…<br>• **Protagonista**: personaje que desempeña el papel **fundamental** en la acción.<br>• **Personaje secundario**: personaje subordinado al protagonista.<br>• **Testigo**: personaje cuya participación en la historia es **escasa**. | Punto de vista: 3.ª persona gramatical (no hace referencia a su YO, sino a los demás). No participa en la historia. Puede ser…<br>• **Observador**: se limita a narrar lo que puede **ver u oír**. Se le reconoce en el texto porque utiliza verbos como *dijo, se alejó, gritó…*<br>• **Omnisciente**: conoce el pensamiento y los sentimientos más íntimos de los personajes. Utiliza verbos como *pensó, sintió…* |

**ACCIÓN**
Conjunto de sucesos que forman un relato. Su presencia en el texto se manifiesta por los verbos de **acción y movimiento** conjugados en **pretérito perfecto simple** (*bajó, gritó, corrió…*). La acción puede presentar ritmo **lento**, si se combina con la descripción y el diálogo; o **ritmo rápido** si solo aparece narración con verbos de acción y movimiento. (Predominio del GV.)

| | |
|---|---|
| **ESTRUCTURA DE LA ACCIÓN** | **Planteamiento**: situación inicial **en equilibrio**. Predomina la **descripción**. |
| | **Nudo**: comienzo del **conflicto** a través de un **suceso perturbador**. Predomina la **acción**. |
| | **Desenlace**: **resolución del conflicto**. El final puede ser **previsible**, **sorprendente** o **abierto**. |

**PERSONAJES**
Quienes llevan a cabo la acción del relato. (Predominio del GN y de la adjetivación.)

| CLASIFICACIÓN | | | |
|---|---|---|---|
| **Según verosimilitud** | **Realistas**: seres humanos (Lazarillo de Tormes). | | |
| | **Fantásticos**: dioses (Zeus), héroes (Aquiles), ideas o conceptos abstractos (la Miseria…, personajes alegóricos), seres monstruosos (Frankenstein), animales personificados (el ratoncito Pérez). | | |
| **Según importancia en la acción** | **Principal** | **Protagonista**: personaje que desempeña el papel fundamental. | |
| | | **Antagonista**: personaje que se enfrenta al protagonista. | |
| | **Secundario** | Personaje que ayuda al protagonista para que este consiga sus objetivos. | |
| **Según su profundidad psicológica** | **Planos**: personajes con poca profundidad psicológica, no evolucionan, responden a **una sola idea básica** (bueno, malo, valiente…). Ej.: Superman. | | |
| | **Dinámicos o redondos**: personajes **con profundidad psicológica. Evolucionan y aprenden** con la experiencia. Ej.: Lázaro de Tormes, el Quijote. | | |

**ESPACIO**
Lugar donde se desarrolla la acción. Puede ser muy variado. (Se usan topónimos, deícticos espaciales y CCL.)

| CLASIFICACIÓN | TOPOGRAFÍA LITERARIA |
|---|---|
| • espacio único / múltiple • realista / fantástico<br>• interior / exterior • rural / urbano • ameno / siniestro | Descripción de un paisaje. |

**TIEMPO**
**Duración** del relato, **orden cronológico y época** en la que se desarrolla la narración.

| | |
|---|---|
| **TIEMPO INTERNO** | **Lineal**: los hechos están ordenados cronológicamente. |
| | **No lineal**: los hechos no están ordenados cronológicamente.<br>• Puede empezar por la mitad de la historia (*in medias res*).<br>• Regresar desde el presente hacia el pasado (retrospección o *flashback*).<br>• Adelantar un hecho futuro (anticipación o *flashforward*). |
| **TIEMPO EXTERNO** | Época o periodo histórico en que se desarrollan acontecimientos narrados: prehistoria, época romana, Edad Media, siglo XX, época actual o en un mundo futuro imaginado por el autor. |

## ACTIVIDADES

**1** Lee el texto y realiza las actividades.

**Llega a ser lo que eres**

Aquel día Nor no fue a clase. Ángel notó su ausencia al pasar lista. Por la noche, cerca de las nueve, mientras corregía en su casa unos ejercicios para el día siguiente, Ángel volvió a ver la foto de Nor en el fichero de alumnos. Leyó sus anotaciones. Tras su primera intervención en clase había escrito: *Interesado, con personalidad.* Después leyó la frase de presentación. Era esta una frase que les hacía escribir en la parte superior de la ficha y en la que cada uno podía poner lo que quisiese. Y ahora de pronto se daba cuenta de su rareza: la frase era ininteligible para él, probablemente escrita en su lengua materna. Decía: *One bo bot, ngue wa kumu*. Como muchos otros, probablemente la frase no tenía mayor trascendencia. Un exabrupto o una gansada, una consigna de revolución universal, o un pellizco sentimental. Sin embargo sintió curiosidad. Como si de repente sospechara que Nor le había dejado un mensaje cifrado y él tenía la obligación de descifrarlo. Aunque era un poco tarde decidió subir de nuevo a casa de Nor por ver si había alguna nueva noticia. Como la vez anterior, tampoco en esta ocasión obtuvo respuesta. Iba a marcharse cuando recordó que el extraño vecino le había dicho que se habían ido todos. ¿Por qué lo sabía él? ¿Se lo habrían comunicado? Decidió llamar para informarse. Antes de abrir adivinó, por la lucecita que brillaba en la mirilla, que le estaban escrutando desde el interior. Por fin se abrió la puerta.

–Es el señor filósofo –oyó, con un recibimiento que no sabía si iba o no en serio–. Dijo usted que se llamaba don Ángel, ¿no es así?

–No, solo Ángel, por favor. Mi intención al venir es preguntarle si sabe algo de la familia que vive aquí al lado.

–¿Se refiere a los guineanos?

–Sí. ¿Sabe si han vuelto? Uno de los chicos... está faltando a clase; y no sé si porque somos vecinos o... lo cierto es que me gustaría saber qué le pasa.

–*One bo bot, ngue wa kumu*. Probablemente eso es lo que le ocurre.

–¿Cómo dice? Esas palabras que ha dicho...

–*One bo bot, ngue wa kumu*.

–Sí, eso. ¿Qué significan?

–Es una frase de algún sabio. Se la enseñé yo y él la tradujo a su lengua. Es una de las lenguas que hablan en Guinea.

–¿Qué significa?

–Llega a ser lo que eres.

Eliacer Cansino, *Una habitación en Babel* (texto adaptado)

### Análisis del contenido

**a** Resume el texto en cinco líneas.

**b** Escribe el tema.

**c** Divide el texto en tres partes y explica qué se dice en cada una.

### Análisis de la forma

**d** Identifica el tipo de narrador.

**e** Localiza las formas verbales que expresan la acción narrativa, y analiza su tiempo, modo y persona.

**f** ¿Cómo es el ritmo de la acción: lento o rápido? Razona tu respuesta.

**g** Clasifica los personajes que aparecen en el texto.

**h** ¿Hay descripción física (prosopografía) de los personajes en el texto? Razona tu respuesta.

**i** Haz un retrato psicológico y moral (etopeya) de Ángel y el vecino con la información del texto.

**j** Identifica los adjetivos con los que se caracteriza a los personajes.

**k** Escribe un ejemplo de caracterización directa e indirecta de los personajes.

**l** ¿Qué tipo de diálogo predomina: el estilo directo o indirecto? Razona tu respuesta.

**m** Clasifica el espacio que aparece en el texto y señala los topónimos y CCL.

**n** Señala en el texto una elipsis temporal.

**ñ** Identifica algunas características que nos permitan situar el texto en la época actual.

### Valoración de la forma y el contenido

**o** ¿Cuál es la situación que puede explicar el interés personal que muestra el profesor por su alumno?

**p** ¿Te parece que llamar a alguien *filósofo* puede ser motivo de burla, como sospecha Ángel por un momento?

### Imitación de modelos literarios

**q** Escribe un relato de 12 líneas con un comienzo parecido al del texto anterior: un alumno/a escribe en una redacción una extraña frase que despierta el interés de su profesor o profesora.

# 2. Diálogo informal y diálogo formal

El diálogo es un **intercambio de mensajes** entre dos o más personas que desempeñan alternativamente los **papeles** de **emisor** y **receptor**.

**TIPOS DE DIÁLOGO SEGÚN LA SITUACIÓN**

- **Diálogo informal.** Se trata de un diálogo directo **no planificado** entre dos o más personas que se comunican oralmente y espontáneamente: la conversación.
- **Diálogo formal.** Se trata de un **diálogo planificado** con una expresión lingüística **más elaborada**: entrevista, debate, coloquio…

Observa en la tabla de la derecha las diferencias entre el diálogo formal y el informal.

| Diálogo informal | Diálogo formal |
|---|---|
| En la conversación el tema **se improvisa**. | En el debate el tema **se pacta**. |
| **Se infringe** el turno de palabra. | **Se respeta** el turno de palabra. |
| **Código restringido**. Pobreza léxica y coloquialismos. | **Código elaborado**. Precisión léxica parecida a la lengua escrita. |
| Registro informal: **tuteo** (confianza entre emisor y receptor). | Registro formal: **fórmulas de respeto** (*usted*). |
| **Ámbito privado**: familiar, escolar… | **Ámbito social**: académico, profesional… |

**ESTRUCTURA DE LA CONVERSACIÓN**

| | | |
|---|---|---|
| Apertura | PEDRO: ¡Hola, tita!<br>LAURA: ¿Qué tal estás, sobrino? | **Saludo inicial**: toma de contacto. |
| Orientación | PEDRO: Muy contento. Me han aceptado en la Universidad de Derecho de Harvard. | **Introducción** del tema. |
| Desarrollo | LAURA: ¡Es fantástico! Es una excelente universidad, Pedro. ¿Cuándo te vas?<br>PEDRO: En julio.<br>LAURA: ¡Qué gran reto! Te irá muy bien, ya verás. | **Intercambio** de mensajes en torno al tema. |
| Cierre | PEDRO: Gracias, tita. Hablamos con más calma esta noche. Me acercaré a verte. Un beso.<br>LAURA: Perfecto, aquí estaré. Un beso. | **Despedida**: fin de la comunicación. |

## ACTIVIDADES

**2** Lee el siguiente texto y realiza las actividades.

–Papá…
–¿Mmm…?
–Estooo… como no hay mucha clientela, me voy a tomar un café, ¿vale?
–Pero si a ti no te gusta el café.
Así es mi padre. Siempre te sale por donde menos te lo esperas.
–Sí, sí, bueno… es… es una forma de hablar, hombre, ya me entiendes. Quiero decir que me voy a tomar… lo que sea.
–Ah, bueno. Si es lo que sea… ¿Y a dónde vas? Por si te necesito.
–Al Tango. ¡Digo no! A otro sitio que no es el Tango. A… al Praga. Es que en el Tango dan muy mal café… Bueno, no es que den mal café, es que como no me gusta el café pues… pues eso. Así que me voy al Praga. ¿Estamos? Volveré antes de que cierres. Supongo.
–¿Con quién has quedado?
–¿Quedar? ¿Yo?
–Sí. Quedar. […]
–Con una amiga. Un amigo.
–¿Lo conozco?
–No.
–O sea que sí. Pues le das recuerdos de mi parte.
–Vale…

Fernando Lalana, *Amsterdam solitaire*

**a** Explica la estructura de la conversación que aparece en el texto.
**b** ¿Cómo es el diálogo: formal o informal? Justifica tu respuesta.
**c** ¿Hay sinceridad en esta conversación entre padre e hijo? Razona tu respuesta.

## Reproducir el diálogo de los personajes

**Los siguientes verbos se usan para reproducir el diálogo de los personajes.**

| | |
|---|---|
| decir | aseverar |
| contestar | insistir |
| preguntar | añadir |
| replicar | argüir |
| objetar | confesar |
| abundar | pensar |

*Luna nueva* (2009), de Chris Weitz. Saga *Crepúsculo*.

## Diálogo teatral

En el diálogo teatral **no hay narrador**, por lo tanto los personajes intercambian sus mensajes **directamente** ante el público (o lector) sin que la voz del narrador los presente.

Dado que en el teatro, por lo general, importa más lo que se dice que lo que pasa, la **acción** y la **descripción** de los personajes aparecen resumidas brevemente en las **acotaciones**.

En las **narraciones modernas** también se utiliza el diálogo teatral para evitar las constantes intervenciones del narrador.

Representación teatral de *El Hospital de los Podridos (y otros entremeses para el siglo XXI)*, dirigida por Cristina Yáñez en 2015.

# 3. El diálogo en la narración

En las novelas los personajes necesitan **ser presentados** por un narrador, el cual se encarga también de reproducir lo que ellos dicen. Hay tres **procedimientos** para reproducir el diálogo de los personajes: estilos directo, indirecto e indirecto libre. Este último lo estudiaremos en el próximo curso.

### EL ESTILO DIRECTO

El narrador reproduce o cita literalmente lo que dicen los personajes mediante **verbos de habla** como:

**dijo** don Quijote / **respondió** Sancho

Las citas quedan delimitadas, aisladas, por marcas o signos de puntuación: raya, dos puntos o comillas.

| | |
|---|---|
| **Entre comillas** | «He encontrado las llaves», dijo el conserje. |
| **Después de dos puntos** | El árbitro gritó: «¡Ha sido fuera de juego!». |
| **Entre rayas** | –Me arrepiento de mi decisión –confesó el director del banco. |

### EL ESTILO INDIRECTO

El narrador **interpreta** desde su punto de vista lo que dicen sus personajes. Se mantiene el contenido, pero no la forma, ya que la reproducción del enunciado no se hace palabra por palabra, sino que **se producen importantes transformaciones gramaticales**.

La forma habitual es un verbo de lengua o pensamiento (*decir, pensar*...) seguido de una oración introducida por la conjunción **que**.

El conserje **dijo que** había encontrado las llaves.

### ¿CÓMO SE PASA DEL ESTILO DIRECTO AL INDIRECTO?

Observa en la siguiente tabla las transformaciones gramaticales que se producen al pasar del estilo directo al indirecto.

Fíjate en los cambios que se producen en el verbo, los pronombres, determinantes posesivos y deícticos de lugar y tiempo.

| VERBOS | |
|---|---|
| **Estilo directo** | **Estilo indirecto** |
| **PRESENTE**<br>Elisa dijo: «Hoy yo me **voy** de aquí». | **PRETÉRITO IMPERFECTO**<br>Elisa dijo ***que*** ella se **iba** de allí. |
| **PRETÉRITO PERFECTO SIMPLE**<br>Elisa dijo: «Ayer **vi** a Nuria». | **PRETÉRITO PLUSCUAMPERFECTO**<br>Elisa dijo ***que*** **había visto** a Nuria el día anterior. |
| **FUTURO**<br>Elisa dijo: «Mañana te **devolveré** tu bolso». | **CONDICIONAL**<br>Elisa dijo ***que*** le **devolvería** su bolso al día siguiente. |

## ACTIVIDADES

**3** Escribe los siguientes enunciados en estilo indirecto.

- **a** Irene me dijo: «El lunes pasado vi mi programa favorito de televisión».
- **b** Juan gritó desde la puerta de su casa: «¡Estas son las llaves de mi coche!».
- **c** Inés había dicho a su amiga Berta: «Te prometo que te dejaré mi bicicleta».
- **d** El alumno preguntó a la profesora: «¿Tendremos mañana examen de Física?».
- **e** El comisario pensó: «No creo que estas sean las huellas del ladrón, sino de los inquilinos».

**4** Escribe los siguientes enunciados en estilo directo.

- **a** El mecánico me dijo que le entregase las llaves de mi coche.
- **b** El vendedor nos preguntó si llevábamos el tique de compra.
- **c** Juan insistió al policía en que lo había confundido con otra persona.
- **d** Mi novia me dijo que el lunes anterior me había reservado una entrada para el teatro.
- **e** El director nos prometió el mes pasado que este mes de febrero nos subiría el sueldo.

**5** Lee el texto y realiza las actividades.

–Entonces, ¿vas a decirme dónde encontraste ese libro? –preguntó.
–Lo haría, pero prometí a mi padre guardar el secreto –adujе.
–Ya veo. Sempere y sus misterios –dijo Barceló–. A eso le llamo yo encontrar una aguja en un campo de azucenas. A ver, ¿me lo dejas ver?
Le tendí el libro, y Barceló lo tomó en sus manos con infinita delicadeza.
–Lo has leído, supongo.
Le dije que sí.
–¿Sabes cuántos ejemplares como este hay en el mercado, Daniel?
–Miles, supongo.
–Ninguno –precisó Barceló–. Excepto el tuyo. El resto fueron quemados.

Carlos Ruiz Zafón,
*La sombra del viento*
(texto adaptado)

- **a** ¿Qué tipo de diálogo es: teatral o reproducido en una novela? ¿Formal o informal?
- **b** Identifica la parte del diálogo que va en estilo indirecto.
- **c** Localiza las palabras del narrador y las de los personajes.
- **d** Escribe en estilo indirecto el enunciado subrayado.
- **e** Identifica los pronombres con valor anafórico.

**6** Lee el texto y realiza las actividades.

PAULA: Te tengo que pedir que te quedes con la abuela. Déjame ver. (*Toca la cámara, la toca.*) Deberíamos comprar una cámara nueva.
CECILIA: No tenemos cámara vieja. No es nuestra. Es del instituto. Tengo que devolverla mañana para que se la lleve otro.
PAULA: (*Toma el manual, lo hojea. Señala un punto de la cámara.*) ¿Has tocado aquí en algún momento?
CECILIA: He tocado en todas partes varias veces.
PAULA: Me ha surgido un imprevisto y tengo que salir. Inaplazable.
CECILIA: Yo también. Inaplazable.
PAULA: ¿Y en qué asignatura es esto?
CECILIA: El de Filo nos trajo una tía a darnos una charla. «El arte de la entrevista». Me sonaba su cara. (*Paula enfoca a CECILIA con la cámara.*)
PAULA: ¿Y dónde tienes que ir tan urgente para no poder quedarte con tu abuela?

Juan Mayorga, *El arte de la entrevista*

- **a** ¿Se trata de un diálogo teatral o de un diálogo reproducido en una novela? ¿Formal o informal? Razona tus respuestas.
- **b** Escribe en estilo indirecto las palabras de Cecilia subrayadas en el texto.
- **c** CD CC Infórmate en esta dirección y visualiza el vídeo. Imagina una posible conversación entre Paula y Cecilia para terminar la conversación del texto anterior.

# Taller de escritura

## CM CS PROYECTO: ESCRIBIR DIÁLOGOS

**1** **Completa diálogos.** En el siguiente diálogo teatral hemos omitido las intervenciones de la azafata y Javier. Complétalo para que resulten adecuados a la situación.

> JAVIER: Señorita, por favor, tengo que coger un Alvia para Santander. ¿Me puede decir adónde tengo que dirigirme?
> AZAFATA: ▲.
> JAVIER: ¿Y para validar el billete? Lo he comprado por Internet...
> AZAFATA: ▲.
> JAVIER: Ya lo sé, pero prefiero llevarlo impreso.
> AZAFATA: ▲.
> JAVIER: ¿Y dónde están esas máquinas? Lo digo por si encuentro mucha gente en la taquilla.
> AZAFATA: ▲.
> JAVIER: ▲.

**2** **Inventa un diálogo informal.** Escríbelo a partir de la siguiente imagen. Cada uno de los interlocutores debe intervenir cuatro veces.

**3** CS **Inventa dos diálogos formales.** Realízalo a partir de la imagen, de forma que puedan darse en las ventanillas tres y cuatro del ayuntamiento entre los respectivos funcionarios y ciudadanos. Cada uno debe intervenir cuatro veces.

**VENTANILLA 3. Tema:** Pago de la tasa de basura.
**VENTANILLA 4. Tema:** Darse de alta en el censo.

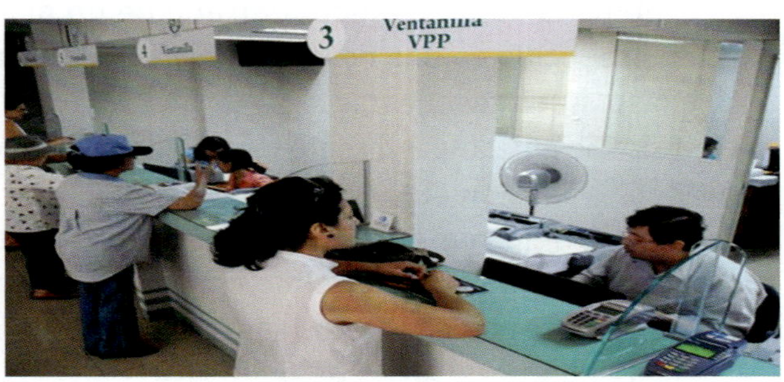


**4** **Imitación de modelos literarios.** Relee la lectura inicial. Modifica el final del texto con un diálogo entre Bruno y los dos hermanos Rabinad en el que estos no estén de acuerdo con la propuesta económica que les hace Bruno. Cada uno debe intervenir tres veces.

**5** **Escribe un diálogo teatral.** Realízalo a partir de la información que te ofrece el siguiente diagrama. Debes convertir en acotaciones la información que no aporten los personajes con su diálogo.

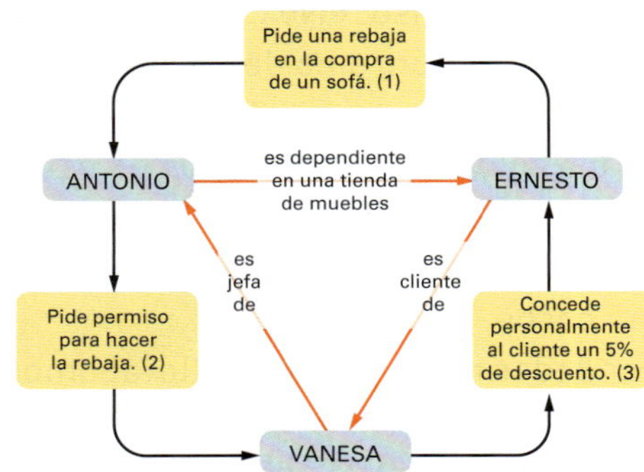


**6** CM CS **Escribe una narración en 3.ª persona.** Realízalo a partir del diagrama anterior con los diálogos de los personajes en estilo directo e indirecto.

**7** Ordena del 1 al 3 los siguientes bloques de diálogos para que resulte coherente.

> –A unas millas de aquí.
> Kennedy le preguntó si acaso no sería mucha distancia para hacerla a pie.
> –Al contrario –respondió el inglés–; podemos ir sin dificultad, paseando.

> –Cuanto antes, mejor. Me muero por visitarla.
> –Pues bien: hace una noche espléndida, aunque un poquitín fría. Podremos emprender la excursión dentro de una hora. Pero es preciso que adoptemos toda clase de precauciones para que el descubrimiento no trascienda fuera de nosotros dos.
> –Desde luego –contestó Kennedy–. Toda precaución es poca. ¿Queda lejos?

> –Después de esto, usted querrá que yo le hable de mi catacumba nueva. Pero no merece la pena que yo trate de describirla. Lo único que viene al caso es que le lleve allí –dijo el inglés.
> –Sería algo magnífico.
> –¿Cuándo le gustaría ir?
>
> Arthur Conan Doyle,
> *El tren especial desaparecido y otros relatos*

# 1. Propiedades del texto: la adecuación a la situación

**LOS TEXTOS DEBEN CUMPLIR CONDICIONES**

Para que un conjunto de enunciados pueda ser considerado un texto se deben cumplir varios requisitos o propiedades. En esta ocasión nos vamos a centrar en la **adecuación del texto a la situación**.

**¿QUÉ ES LA ADECUACIÓN?**

Se dice que un texto es **adecuado** cuando la información que ofrece el emisor, la **forma** en que este se la transmite al receptor y la **intención** con que la dice están estrechamente relacionadas con la situación que se está viviendo.

Fíjate en este ejemplo. Se trata de la página web de una revista de literatura juvenil.

El texto es adecuado a la situación porque…

**1 Hay una estrecha relación entre información y situación.**

La información proporcionada en la página inicial nos permite acceder a todas las secciones de la revista.

**2 La intención del emisor es clara.**

Informar al receptor de todos los temas relacionados con la literatura juvenil.

**3 La relación emisor-receptor se produce a través de Internet.**

El emisor (equipo de *El templo de las mil puertas*) se sitúa al servicio del receptor, al que se dirige en un tono amistoso, tuteándole e informándole de todas las novedades que presentan. Se establece un diálogo en el que se anima al receptor a participar y a consultar las secciones de la revista. Se plantea una pregunta que intenta satisfacer las curiosidades del lector y le orienta en la búsqueda de la información.

**4 El canal utilizado condiciona la forma de expresión.**

Como hemos dicho, el mensaje se transmite a través del medio electrónico, por escrito. El tono es coloquial, para favorecer la comodidad del receptor, al que se pretende animar a consultar la revista y participar con sus artículos y opiniones. No se excluyen expresiones propias de este registro: *¡Feliz fin de semana!*

## ACTIVIDADES

**1** Demuestra que el texto es adecuado a la situación.

# Determinantes y pronombres

## 1. ¿Qué son los determinantes?

*La actitud marca la diferencia* es el eslogan de una campaña publicitaria del Ministerio de Sanidad, Consumo y Bienestar Social por la inclusión social de las personas con problemas de salud mental. ¿Qué determinante aparece?

Los determinantes son palabras que sirven para **introducir** los sustantivos en la oración. No podemos formar oraciones sin determinantes porque resultan incorrectas. No se dice **Profesora ha llegado* ni **He leído libro*, sino ***La** profesora ha llegado* y *He leído **un** libro.*

Los determinantes **delimitan** o restringen el significado del sustantivo **identificándolo** (*el árbol*), **cuantificándolo** (*varios árboles*), **situándolo** (*aquel árbol*), etc. De esta forma, el significado del sustantivo adquiere una **referencia** en la realidad. La función de determinante es desempeñada por el artículo y los adjetivos determinativos.

### POSICIÓN DEL DETERMINANTE

1 Los determinantes se colocan siempre **delante** del sustantivo y concuerdan con él en género y número.

todos los chicos (masc. pl.) — todas las chicas (fem. pl.)

2 Cuando van detrás, estas palabras se consideran adjetivos y, por consiguiente, su función es la de complemento del nombre (CN).

esas (Det) casas (Núc) **mías** (CN)

3 Es frecuente la agrupación de **varios determinantes**: *todos los días, el segundo piso.*

4 Entre el determinante y el sustantivo **pueden intercalarse adjetivos calificativos** con la función de complemento del nombre (CN).

la (Det) noticia (Núc) → la (Det) **buena** (CN) noticia (Núc)

### ACTIVIDADES

**1** Explica por qué los sustantivos que aparecen en los siguientes grupos nominales unas veces llevan determinante y otras, no.

a Tengo sueño. / Tengo un sueño tremendo.
b Hay ruidos. / Hay un ruido.

**2** Identifica los grupos nominales y señala qué palabras funcionan como determinantes y cuáles son CN.

a Vuelve a contarme el cuento ese.
b Todos los demás medicamentos están ahí.
c ¿Te acuerdas del chico aquel que ganó el concurso de cocina?
d Aquel coche está mal aparcado.
e Miguel no es un amigo cualquiera.
f Todos esos comentarios tuyos sobre Miguel son desafortunados.

**3** Completa con el adjetivo, razonando si va antepuesto o pospuesto al sustantivo.

a [gran] un escritor
b [eléctrica] la estufa
c [francesa] tu amiga
d [bellas] aquellas vistas

**4** Escribe grupos nominales en los que aparezcan dos o tres determinantes agrupados.

**5** Completa el análisis sintáctico.

| la | otra | puerta | de | la | casa |
|---|---|---|---|---|---|
| ▲ | ▲ | ▲ | Prep | ▲ | ▲ |
| | | | (▲) | GN (▲) | |
| | | | GPrep (▲) | | |
| ▲ | | | | | |

## 2. ¿Qué son los pronombres?

**FUNCIÓN SINTÁCTICA**. El pronombre es un tipo de palabra que equivale al sustantivo. Por lo tanto, puede constituir por sí mismo un grupo nominal. Su función es la de núcleo (Núc).

El chico es muy responsable. — El (Det) chico (**Núc**) = GN

Él es deportista. — Él (**Núc** (pron.)) = GN

**SIGNIFICADO**. El pronombre posee un **significado ocasional** que varía según el contexto. Observa estos ejemplos:

Juan me ha pedido mi patinete y se **lo** he prestado.
Juan estaba buscado a su compañero, pero no **lo** ha encontrado.

En el primer enunciado, el pronombre ***lo*** se refiere a *patinete*; en el segundo, a *compañero*. Por lo tanto, ***lo*** es un pronombre que tiene significado ocasional.

**EL PRONOMBRE SEÑALA**. Con frecuencia, los pronombres tienen un **valor deíctico**, es decir, **señalador.** Esto ocurre cuando indican, sin nombrarlas, realidades que están en la **situación** concreta en la que se da el acto de comunicación, es decir, en el contexto extralingüístico.

¿Qué pastel prefieres? Prefiero **este.**
[El pronombre ***este*** señala un pastel que está a la vista (aquí).]

En otras ocasiones, los pronombres señalan **dentro del texto** elementos que han aparecido antes o aparecerán después.

Han venido hoy **mi padre** y mi hermana. **Él** ha dicho **esto**: «**No me iré**».

Si la palabra ha aparecido antes, se dice que el pronombre es **anafórico** (en el ejemplo anterior, *él* remite a *mi padre*). Si aparece después, el pronombre es **catafórico** (*esto* engloba lo que se dice posteriormente).

## 3. Relación de los determinantes y los pronombres

**FORMAS COMUNES**. La mayoría de los determinantes pueden funcionar también como pronombres. Son pronombres si, en lugar de **acompañar** al sustantivo, lo **sustituyen**, convirtiéndose en núcleo del grupo nominal.

**Determinante artículo**
Cuenta **los** lápices. — los (Det) lápices (Núc)

**Pronombre personal**
Cuénta**los**. — los (Núc)

**Determinante demostrativo**
Me gusta **ese** mueble. — ese (Det) mueble (Núc)

**Pronombre demostrativo**
Me gusta **ese**. — ese (Núc)

### ACTIVIDADES

**6** Identifica los determinantes y los pronombres. Luego, di la función sintáctica de cada uno.

a Aún no han alquilado aquella casa.
b Aquel es el edificio que derruirán.
c El viento ha tumbado los árboles.
d El jardinero los ha cortado.

**7** Señala los sustantivos a los que sustituyen los pronombres subrayados.

a Jorge y su hija Amalia han ido al museo. Esta es la primera vez que lo hace.
b Aquí están los juguetes. Envuélvelos en papel de regalo.

**8** Distingue el pronombre anafórico y el catafórico.

a Aquellos años tan felices no los olvidaré nunca.
b Le contaré minuciosamente a Germán lo sucedido.
c Esto es lo que le dije a María: «No nos dejes de escribir».
d Vi a mi amiga Luisa y a su padre. Lo encontré un poco cansado.

**9** Marca el núcleo de los grupos nominales.

a Ese mueble es de madera.
b Ese es de madera.

**10** Escribe oraciones en las que las formas *esa* y *las* funcionen como determinantes y como pronombres.

# 4. El artículo

**FORMAS**

| ARTÍCULO DETERMINADO | | | | |
|---|---|---|---|---|
| **Masculino** | **Femenino** | **Neutro** | **Masculino** | **Femenino** |
| el | la | lo | los | las |
| **ARTÍCULO INDETERMINADO** | | | | |
| un | una | – | unos | unas |
| **SINGULAR** | | | **PLURAL** | |

**FUNCIÓN SINTÁCTICA.** Los artículos determinado e indeterminado preceden al sustantivo y funcionan como **determinantes del núcleo** en el grupo nominal.

el escritor — **Det** Núc    un escritor — **Det** Núc

El artículo determinado puede combinarse con otros determinantes (numerales e indefinidos): *los* (Det, artículo) *otros* (Det, indefindo) *cuatro* (Det, numeral) *jinetes.* (Núc)

**SIGNIFICADO.** El artículo determinado **anuncia** la presencia de un sustantivo y nos informa, gracias a la **concordancia**, sobre el género y número de este. En *El mapa está encima de la mesa*, sabemos que el sustantivo *mapa* es masculino, a pesar de que termina en *a*, gracias al artículo masculino que lo anuncia: *el*.

Me he comprado **una** moto.

El artículo indeterminado es **presentador**. Se usa cuando **se menciona por primera vez** un sustantivo en el enunciado.

**La** moto es una maravilla, ¿sabes?

El artículo determinado es **identificador**. Hace referencia al sustantivo presentado anteriormente y que, por lo tanto, ya es **conocido** por todos los que intervienen en el acto de comunicación.

En otras ocasiones, usamos el artículo determinado sin que el sustantivo haya sido presentando verbalmente con anterioridad, porque expresa una **realidad conocida** por todos: *el sol, la luna, la tierra…*

Las formas ***un, una…*** pueden funcionar también como adjetivos numerales: *Te he dicho que quiero un bolígrafo, no dos*. También pueden tener valor indefinido: *Un año de estos nos marcharemos de viaje.*

**FORMAS CONTRACTAS DEL ARTÍCULO.** En castellano, se producen contracciones por la unión de las preposiciones ***a*** y ***de*** con el artículo ***el***: *Voy al teatro. / Vengo del teatro.*

**SUSTANTIVOS DE GÉNERO FEMENINO QUE EMPIEZAN POR *A-* O *HA-* TÓNICAS.** Llevan el artículo ***el*** y los indefinidos ***un***, ***algún*** o ***ningún***: *el aula, un aula, algún aula, ningún aula*, salvo que lleven interpuesto un adjetivo: *la luminosa aula*. En plural, aparece la forma femenina en todos los casos: *las aulas, algunas aulas*. El resto de determinantes presentan su forma femenina normal: *esta aula, esa ave, toda alma, poca hambre, primera aula…*

## ACTIVIDADES

**11** Completa con los artículos *el / la*. Razona tus respuestas.

- **a** Han retirado ▲ afilada hacha.
- **b** Entramos en ▲ ancha aula.
- **c** Hemos bebido ▲ clara agua del río.
- **d** Le conté un cuento en el que ▲ hada madrina se aparece a la joven.
- **e** ▲ agua del manantial está helada.

**12** Identifica los errores y explícalos.

- **a** Tengo poca hambre.
- **b** No hemos visto ninguna águila.
- **c** Coge el cesto por este asa.
- **d** Este harina te servirá para hacer churros.

**13** Identifica los artículos y explica si son presentadores o identificadores del nombre.

- **a** Hemos hecho una excursión al Senado.
- **b** Este verano leí una novela de fantasía. Ha sido la novela que más me ha gustado.
- **c** Lo han felicitado por un trabajo sobre el Polo Norte.

**14** Explica por qué el artículo ***el*** nos aporta información importante sobre el género y el número del sustantivo.

- **a** Las crisis económicas afectan a los más pobres.
- **b** Le han preguntado por el tema de la obra.
- **c** Es difícil describir el aroma del café.

**15** Escribe dos enunciados en los que uses las dos formas contractas del artículo.

# 5. Los pronombres personales

**FORMAS.** Los pronombres varían según:

1 La **persona gramatical** a la que designan: el hablante (1.ª persona: *yo, me*...), el oyente (2.ª persona: *tú, te*...) y todas las demás personas o realidades que no son ni hablante ni oyente (3.ª persona: *él, ella, ello*...).
2 El **género** (*él / ella*...) y el **número** (*ellos, ellas*...).
3 El tipo de **acento**. Pueden presentar **formas tónicas,** es decir, con acento propio (*él*) y **formas átonas,** que no tienen acento y se apoyan en el verbo al pronunciarse (*le*).

**FUNCIÓN SINTÁCTICA.** Las **formas tónicas** realizan la función de sujeto (*Él no está aquí*) o de complemento preposicional (*Está con ella*). Las **formas átonas** desempeñan la función de complemento del verbo. Este complemento puede ser: directo (*Lo hemos encontrado*), indirecto (*Le gusta el helado*) o preposicional (*Se preocupa por ella*). Algunas formas átonas pueden aparecer unidas al verbo; en ese caso, decimos que son **pronombres enclíticos** (*dime, dáselo*...).

| | SUJETO | | COMPLEMENTO PREPOSICIONAL | | COMPLEMENTO DIRECTO (CD) | | COMPLEMENTO INDIRECTO (CI) | |
|---|---|---|---|---|---|---|---|---|
| | Singular | Plural | Singular | Plural | Singular | Plural | Singular | Plural |
| **1.ª persona** | yo | nosotros, nosotras | mí, conmigo | nosotros, nosotras | me | nos | me | nos |
| **2.ª persona** | tú (informal), usted (formal) | vosotros, vosotras, ustedes | ti, contigo, usted | vosotros, vosotras, ustedes | te | os | te | os |
| **3.ª persona** | el, ella, ello (neutro) | ellos, ellas | él, ella, sí, consigo | ellos, ellas, sí, consigo | lo (masc.), lo (neutro), la (fem.) | los, las | le (se) [masc. y fem.] | les (se) [masc. y fem.] |
| | FORMAS TÓNICAS | | | | FORMAS ÁTONAS | | | |

**SIGNIFICADO.** Aparte de su significado gramatical, el pronombre expresa un **significado léxico ocasional** que depende del sustantivo al que señala o sustituye: *Pilar ha llegado, pero no **la** [Pilar] he visto. Enciénde**lo** (el ordenador).*

## 5.1 Los pronombres personales y las fórmulas de tratamiento

Según la edad, la jerarquía social o la situación de comunicación, utilizamos pronombres diferentes para dirigirnos a la persona que nos escucha: *tú, vosotros* (trato familiar o informal) y *usted, ustedes* (trato respetuoso o formal).

Los pronombres ***usted, ustedes*** se refieren al interlocutor (2.ª persona), pero cuando funcionan como sujeto concuerdan con verbos en 3.ª persona:

**Usted** (2.ª persona) **escuche** (3.ª persona) atentamente.

En América, Canarias y algunas zonas de Andalucía se usa la forma ***ustedes*** en lugar de ***vosotros***, incluso en el trato de confianza. Cuando se emplea con la 2.ª persona, constituye un vulgarismo (*ustedes tenéis* en lugar de la forma correcta: *ustedes tienen*).

ACTIVIDAD

**16** Explica a qué elementos señalan los pronombres personales destacados. Di si son formas tónicas o átonas.

a Paula y Rafa vinieron a ver**nos** a María y a mí. **Los** vi contentos con su nueva vida. La nuestra **les** parecerá aburrida.
b Jaime, pon**te** los zapatos nuevos y ven**te conmigo**. **Los míos me los** he puesto ya.
c Carmen cogió unos pétalos, y cuando **ella los** lanzó al aire, revolotearon ante **nosotros**.

ACTIVIDAD

**17** Reescribe las oraciones sustituyendo los grupos subrayados por los pronombres personales que correspondan.

a Han visto a unos ladrones en el parque.
b Han llegado dos técnicos a la empresa.
c María está muy contenta con su trabajo.
d A buen entendedor, pocas palabras bastan.
e Han entregado a los corredores los dorsales.
f El profesor pidió a los alumnos los trabajos.

# 6. Adjetivos y pronombres demostrativos

### Acentuación de los pronombres demostrativos

Los pronombres demostrativos (cuya forma coincide con los adjetivos determinativos, excepto en las formas *esto, eso, aquello,* que siempre son pronombres neutros) **no deben llevar tilde** en ningún caso.

**SIGNIFICADO.** Los demostrativos señalan la lejanía o cercanía en el espacio (*esta mesa*) o en el tiempo (*aquellos días*). La distancia de **cercanía** o **lejanía** se establece en relación con el emisor y el receptor.

**FORMAS**

| Distancia | Número | Masculino | Femenino | Neutro (pron.) |
|---|---|---|---|---|
| **Cercanía al emisor** (proximidad) | **Singular** | este | esta | esto |
| | **Plural** | estos | estas | |
| **Cercanía al receptor** (distancia media) | **Singular** | ese | esa | eso |
| | **Plural** | esos | esas | |
| **Lejanía del emisor y el receptor** | **Singular** | aquel | aquella | aquello |
| | **Plural** | aquellos | aquellas | |

**FUNCIÓN SINTÁCTICA**

| | POSICIÓN | FUNCIÓN | EJEMPLO |
|---|---|---|---|
| **Adjetivo determinativo** | **Delante del sustantivo** | Determinante | **Esta** mesa es de madera. |
| | **Detrás del sustantivo** | CN | La casa **aquella** es ecológica. |
| **Pronombre** | **Sustituye al sustantivo** | Núcleo del GN | **Esta** es de ladrillos.<br>**Eso** no es verdad. |

## ACTIVIDADES

**18** Completa con el determinante demostrativo adecuado.

- **a** [cercanía del emisor]: ▲ balón está deshinchado.
- **b** [cercanía del receptor]: ▲ sardinas son frescas.
- **c** [lejanía del emisor y del receptor]: A ver quién llega antes a ▲ árbol.
- **d** [lejanía en el tiempo]: ▲ película fue divertida.

**19** Identifica los demostrativos y di cuál es la función sintáctica de cada uno de ellos.

- **a** Los cartones esos hay que reciclarlos.
- **b** Todas estas tareas son para mañana.
- **c** Las normas de la comunidad de vecinos son esas.

**20** Transforma los determinantes demostrativos en pronombres demostrativos.

- **a** Esta noticia es falsa. → Esta es una noticia falsa.
- **b** Ese turista se ha separado del grupo.
- **c** Este río tiene más caudal que el de mi pueblo.
- **d** Estas aves son muy cantarinas.
- **e** Han venido a mi cumpleaños aquellos amigos que te presenté.

**21** Di la función sintáctica de estos demostrativos.

- **a** Estos no son los libros de Julia.
- **b** Aquellas ventanas están abiertas.
- **c** Las joyas esas son pura bisutería.
- **d** Recoge esas ramas y aquellas.
- **e** Esas otras no son mías.
- **f** Esto no es lo acordado.
- **g** Con ese pan y estas frutas pasaremos el día.

**22** Distingue los determinantes y pronombres demostrativos y di qué función sintáctica desempeñan.

Una leona llamada Nala ha sido rescatada del tráfico ilegal. El destino de este felino estaba escrito. Sus dueños, que regentaban un criadero ilegal en Francia, pensaban venderla a un circo en el mercado negro. Pero esos planes se torcieron gracias a una operación policial contra el tráfico de animales. Aquellos tiempos en que los animales salvajes eran presentados al público bajo una carpa pronto serán historia. Aunque, por desgracia, este no será el último caso de grandes felinos que malviven fuera de su hábitat.

*El País* (11/10/2018) [texto adaptado]

# 7. Adjetivos y pronombres posesivos

**SIGNIFICADO.** Los posesivos indican **pertenencia** (*tu casa*) o **relación** (*nuestro abuelo*). No concuerdan con el poseedor, sino con la cosa poseída: en *su mascota*, el determinante ***su*** concuerda con *mascota* en singular, pero puede ser de él, de ella, de ellos o de ellas.

**FORMAS.** Los posesivos presentan variaciones de género, número y persona. También poseen **formas átonas** si van delante del nombre (*mi, tu, su...*) y **tónicas** si van detrás o sustituyen al nombre (*mío, tuyo, suyo...*).

| | ÁTONAS (determinantes) | TÓNICAS (adjetivos determinativos y pronombres) | | | |
|---|---|---|---|---|---|
| | Masculino / Femenino | Masculino | Femenino | Masculino | Femenino |
| **1.ª persona, singular** | mi | mío | mía | nuestro | nuestra |
| **1.ª persona, plural** | mis | míos | mías | nuestros | nuestras |
| **2.ª persona, singular** | tu | tuyo | tuya | vuestro | vuestra |
| **2.ª persona, plural** | tus | tuyos | tuyas | vuestros | vuestras |
| **3.ª persona, singular** | su | suyo | suya | suyo | suya |
| **3.ª persona, plural** | sus | suyos | suyas | suyos | suyas |
| | **Un poseedor** | | | **Varios poseedores** | |

**FUNCIÓN SINTÁCTICA**

| | POSICIÓN | FUNCIÓN | EJEMPLO |
|---|---|---|---|
| **Adjetivo determinativo** | **Delante del sustantivo** (formas átonas) | Determinante | **Mi** perro se llama Buck. |
| | **Detrás del sustantivo** (formas átonas) | CN | Esos apuntes **tuyos** son muy buenos. |
| **Pronombre** | **Sustituye al sustantivo** (formas átonas) [Se pueden considerar también adjetivos posesivos sustantivados.] | Núcleo del GN | La **suya** es una voz especial. |

## ACTIVIDADES

**23** Completa con los posesivos adecuados y di qué función desempeñan.

- **a** Hemos acompañado a ▲ equipo a la fase final.
- **b** María ha perdido ▲ lentillas en la excursión.
- **c** Juana, estas carpetas son ▲. Las ▲ son estas.
- **d** Juan, hemos dejado ▲ cosas en la taquilla.
- **e** Marta, no tengo lápiz; préstame el ▲, por favor.
- **f** María, los resultados de Ernesto son buenos, pero los ▲ son excelentes.
- **g** El domingo visitaré a ▲ abuelos y les daré el regalo ▲.
- **h** La ▲ es la crema de puerros más rica del mundo, mamá.
- **i** Dice Jaime que lo siente, que la culpa ha sido ▲.
- **j** Gracias por abrirme la puerta; he olvidado ▲ maletín.

**24** Sustituye las formas subrayadas por adjetivos posesivos con función de CN.

- **a** Hemos facturado nuestro equipaje.
- **b** Mis familiares están muy emocionados.
- **c** Ellos contaron todas sus aventuras.
- **d** Me llevó, sin darme cuenta, a su terreno.

**25** ¿Qué función desempeñan estos posesivos?

- **a** Vuestro equipo es muy bueno.
- **b** ¿Te acuerdas del chico aquel?
- **c** El suyo es ese.
- **d** Eso es mío.

**26** Identifica el poseedor y la cosa poseída en el siguiente enunciado. Luego, explica la concordancia del posesivo: *Petra y Enrique dijeron: «Nuestro gato es muy cariñoso».*

**Recuerda**

Participan bastantes corredores.
Det
Participan bastantes.
Pron
Participan bastante.
Adv

# 8. Adjetivos y pronombres indefinidos

**SIGNIFICADO.** Los indefinidos expresan la **cantidad imprecisa** del sustantivo (*algunos platos, formatos varios, han vendido bastantes*) o bien la **identidad indeterminada** del nombre al que se refieren (*ciertas regiones, algunos no llegaron a la meta, ha caído poca agua*).

**FORMAS**

| | MASCULINO | | FEMENINO | |
|---|---|---|---|---|
| | **Singular** | **Plural** | **Singular** | **Plural** |
| **Cantidad imprecisa** | poco | pocos | poca | pocas |
| | mucho | muchos | mucha | muchas |
| | todo | todos | toda | todas |
| | demasiado | demasiados | demasiada | demasiadas |
| | bastante | bastantes | bastante | bastantes |
| | – | varios | – | varias |
| | más | | | |
| | menos | | | |
| **Identidad imprecisa** | un | unos | una | unas |
| | algún | algunos | alguna | algunas |
| | ningún/o | ningunos | ninguna | ningunas |
| | cualquier, cualquiera | cualesquiera | cualquier, cualquiera | cualesquiera |
| | otro | otros | otra | otras |
| | cierto | ciertos | cierta | ciertas |

**FUNCIÓN SINTÁCTICA**

| | POSICIÓN | FUNCIÓN | EJEMPLO |
|---|---|---|---|
| **Adjetivo determinativo** | **Delante del sustantivo** | Determinante | **Algunas** carreteras están cortadas. |
| | **Detrás del sustantivo** | CN | No es un amigo **cualquiera**. |
| **Pronombre** | **Sustituye al sustantivo** | Sujeto, CD… | **Otros** dirán lo contrario. |

## ACTIVIDADES

**27** Completa el texto con los siguientes indefinidos: *mucha, ciertos, alguna, bastantes, bastante, cualquiera, algún, todos, otro, muchos.*

▲ atletas del mundo han participado ▲ vez en ▲ tipo de competición oficial. ▲ sin excepción se entrenan a conciencia. Sabemos que ▲ de ellos compatibilizan el deporte con ▲ tipo de actividad remunerada, aunque la mayoría busca el apoyo de ▲ patrocinadores muy conocidos que los ayuden económicamente. El atletismo no es una actividad ▲; exige ▲ dedicación y ▲ tiempo.

**28** Clasifica los indefinidos según expresen cantidad o identidad imprecisas. Después, indica su función sintáctica.

- **a** Algunos automóviles son eléctricos.
- **b** Te crees cualquier cosa que te digan.
- **c** Ciertos comentarios producen sonrojo.
- **d** No quiero más ruidos en esta casa.
- **e** Hoy hace menos viento que ayer.
- **f** Todo avión debe ser revisado antes de despegar.
- **g** Hay poca agua en el depósito.
- **h** Se oyen demasiados rumores y pocas noticias.
- **i** Puedo darte algo de pan, aunque me queda poco.
- **j** Ningún otro sostiene esa teoría.
- **k** Cualquiera sabría hacerlo.
- **l** Este no es un día cualquiera.
- **m** Varios alumnos fueron llamados al orden.
- **n** Cualquiera habla en clase.
- **ñ** No tenemos noticia alguna del incidente.

# 9. Adjetivos y pronombres numerales

**SIGNIFICADO.** Los numerales expresan **cantidades precisas.**

**FORMAS**

| Cardinal | Ordinal | Fracción | Multiplicativo | Distributivo |
|---|---|---|---|---|
| **Cantidad exacta** | **Orden en una serie** | **Cada parte** | **Conjunto de unidades** | **Reparto, desglose** |
| **un** coche | **primera** señal | – | – | – |
| **dos** perros | Él es el **segundo**. | **media** hora | problema **doble** | **Ambos** iréis. |
| **tres** libros | página **tercera** | la **tercera** parte | **triple** salto | **cada** semana |
| Vendréis **cuatro**. | **cuarto** piso | un **cuarto** de queso | prueba **cuádruple** | **sendos** premios |
| Contigo ya sois **once**. | **undécima** vez | la **onceava** fracción | **once** veces más | |

**FUNCIÓN SINTÁCTICA**

| | POSICIÓN | FUNCIÓN | EJEMPLO |
|---|---|---|---|
| **Adjetivo determinativo** | **Delante del sustantivo** | Determinante | **Primera** pregunta. |
| | **Detrás del sustantivo** | CN | Lleva cristal **doble**. |
| | **Precedido de determinante (sustantivado)** | Núcleo del GN | El **dos** ha ganado la carrera. |
| **Pronombre** | **Sustituye al sustantivo** | Núcleo del GN (sujeto, CD...) | He comprado **tres**. |

# 10. Adjetivos y pronombres interrogativos y exclamativos

Los interrogativos preguntan por personas u objetos cuya identidad o cantidad se desconoce. Los exclamativos destacan lo nombrado o su cantidad.

| | |
|---|---|
| Adjetivos y pronombres | • **Qué:** ¿**Qué** afición tienes? ¿**Qué** dices? ¡**Qué** afición tan interesante!<br>• **Cuánto/a/os/as:** ¿**Cuántos** vendrán? ¿**Cuántos** alumnos vendrán? ¡**Cuántos** han venido! ¡**Cuántos** coches! |
| Solo pronombres | • **Quién:** ¿**Quién** es ese?<br>• **Cuál:** ¿**Cuál** es su currículum? |

**Acentuación**

Todos los interrogativos y exclamativos son palabras tónicas y, por lo tanto, se escriben con tilde. Las formas interrogativas ***dónde, cuándo*** y ***cómo*** son adverbios:

¿De dónde sales?
¿Cómo has llegado?
¿Cuándo vendrán los demás?

## ACTIVIDADES

**29** Identifica los numerales. Luego, di si son adjetivos o pronombres y la función que desempeña cada uno.

- **a** María ha llegado la tercera a la meta.
- **b** Uno más y ya estamos todos.
- **c** A cada uno corresponde una quinta parte.
- **d** En ambos robos forzaron la cerradura.
- **e** Cuatro de los cinco balones están desinflados.
- **f** Pidió una ración doble.
- **g** No saltó el doble, sino el triple.

**30** Completa con ***sendos*** o ***ambos***: *Sara y Pablo se han esforzado mucho y por ello han recibido ▲ felicitaciones.* / *Vanesa y Carlos no han venido al instituto. ▲ tienen gripe.*

**31** Identifica interrogativos y exclamativos, y di si son adjetivos o pronombres. (Hay un intruso.)

- **a** ¿Quién ha terminado el trabajo?
- **b** ¿Con qué vas a abrir la botella?
- **c** ¿A cuál de los dos vas a nombrar?
- **d** Quiero saber quién vino hoy.
- **e** ¿De qué materiales está hecho este invento?
- **f** ¿Cuándo llega el tren?
- **g** ¿A cuántos amigos has invitado?

### Tipos de *que*

En castellano podemos encontrar varios tipos de ***que***:

1 **Pronombre relativo**, pospuesto a un sustantivo llamado **antecedente:** *La novela que más me ha gustado.*

2 **Conjunción completiva**, pospuesta al verbo: *Dijo que se lo daría.*

3 **Adjetivo interrogativo**, antepuesto al sustantivo: *¿Qué hora es?*

4 **Adjetivo exclamativo**, antepuesto al sustantivo: *¡Qué niño es!*

5 **Pronombre interrogativo** que sustituye a un sustantivo: *¿Qué dices?*

6 **Adverbio exclamativo** con valor ponderativo que equivale a *muy*: *¡Qué interesante! ¡Qué bien!*

## ACTIVIDADES

**32** Identifica el antecedente de los relativos destacados. Explica si son pronombres o adjetivos relativos.

- a El pueblo **que** vemos es Cea.
- b Los amigos de **los cuales** te he hablado vienen por ahí.
- c Los pueblos en **cuyas** calles hay monumentos atraen al turismo.
- d Abre la puerta **que** da al jardín.
- e Todo **cuanto** te he dicho es cierto.
- f Las personas a **quienes** ayudaste te recordarán.
- g ¿Habéis traído lo **que** os pedí?
- h El libro **cuyas** páginas están rayadas es un ejemplar valioso.

**33** Identifica las sustantivaciones de los siguientes enunciados.

- a El conducir por esa ciudad es lo complicado.
- b El sí de la novia apenas se oyó.
- c A los jóvenes les preocupa sobre todo el aquí y el ahora.
- d Este trabajar a todas horas te va a traer problemas de salud.
- e Lo mejor es enemigo de lo bueno.
- f Puso tantos peros que no vendrá.

# 11. Pronombres y adjetivos relativos

**FORMAS.** Los relativos pueden ser **pronombres** (*que, quien/es, el cual, la cual, los cuales, los cuales*) o **adjetivos** (*cuyo, cuyas, cuyos, cuyas*). Sustituyen a un sustantivo antepuesto, llamado **antecedente**.

El libro (antecedente) **que** (pron. relativo) he leído es muy ameno.

El pronombre relativo ***que*** se puede sustituir, según el contexto del enunciado, por *el cual, la cual, los cuales, las cuales*.

Tengo una llave con **la que** [con **la cual**] podré abrir la puerta.

Son también relativos las formas ***cuanto*** y ***donde***.

**FUNCIÓN SINTÁCTICA.** El pronombre relativo desempeña la función de núcleo (Núc) del GN. Pero puede llevar delante una preposición y, por tanto, formar parte de un GPrep.

El chico **a quien** (GPrep) he saludado es mi vecino.

Los adjetivos relativos (***cuyo, cuya, cuyos, cuyas***) siempre tienen función de determinante con valor posesivo.

Una persona (sustantivo (antecedente)), **cuya** (adj. rel. **(Det)**) firma (sustantivo) no aparece, ha explicado el caso.

→ *cuya* equivale *a* ***su*** *(firma)*

# 12. La sustantivación

Es un procedimiento lingüístico que permite que cualquier palabra pueda funcionar como un sustantivo. Los elementos que se encargan de sustantivar a las palabras son los determinantes (artículos y adjetivos determinativos):

dulce (adj.) > lo dulce (sust.), comer (verbo) > el comer (sust.), mañana (adv.) > el mañana (sust.)

En estos casos, decimos que el adjetivo, el verbo o el adverbio están **sustantivados**. Toda palabra sustantivada funciona como **núcleo** del GN.

Marcos es el simpático (Núc) de la clase. (GN)

*Simpático* es un adjetivo y, como tal, su función es la de complemento de un nombre; sin embargo, aquí aparece con función de núcleo del GN, porque se ha sustantivado.

Un tipo particular de sustantivación en castellano es la que se da con el artículo neutro ***lo*** + **adjetivo**: *lo negro, lo fácil, lo cómodo*... Esta sustantivación sirve para expresar un significado abstracto.

## PRÁCTICA DE REPASO

**34** Distingue los artículos de los pronombres personales (*el/él; el/le; la/la; las/las; lo/lo; los/los*).

- **a** El periodista de quien me habló él había sido su mejor amigo.
- **b** El tiempo que le tocó vivir a mi abuelo era distinto.
- **c** Llegaremos a la cima cuando la hayamos identificado en el mapa.
- **d** Las figuras que ves aquí las he dibujado yo.
- **e** Lo vi, pero lo sorprendente es que él no me vio.
- **f** A los amigos de la guardería casi no los recuerdo.

**35** Identifica los pronombres que aparecen en el siguiente texto y clasifícalos.

> Me gustan los jeroglíficos egipcios, pues con ellos nos acercamos a la escritura primitiva. Esta se realizaba sobre piedra. Después, otros pasan a utilizar, en lugar de este, otros materiales. Señalaremos algunos: metal, tablillas, enceradas, telas... Estos tres son solo una pequeña parte del camino recorrido por la escritura. Nadie puede negar que el suyo ha sido, efectivamente, un camino largo y apasionante.

**36** Sustituye los grupos nominales subrayados por el pronombre correspondiente.

- **a** Dejó la cesta encima del aparador.
- **b** El corredor se cayó de la bicicleta de carreras.
- **c** He metido en el cajón muchos trastos.
- **d** He comprado tres bombillas para la lámpara.
- **e** Víctor y tú formaréis parte del equipo.

**37** Identifica los pronombres personales que aparecen en estas oraciones y clasifícalos en tónicos o átonos.

- **a** ¿Le importaría a usted dar la luz?
- **b** A todos ustedes les invito a tomar un café.
- **c** Hijo mío, me preocupa tu actitud.
- **d** Tú sabrás si te interesa ese trabajo.

**38** Forma oraciones interrogativas sustituyendo los grupos subrayados por los pronombres interrogativos correspondientes.

- **a** El médico ha llegado a las tres.
- **b** A Bea le gusta mucho el deporte.
- **c** María ha comprado dos cuadernos.
- **d** Entre mi padre y el vecino han logrado sacar el sofá por la ventana.
- **e** A los invitados les encantaron los canapés.

**39** Responde a las preguntas con el pronombre numeral correspondiente escrito en letra.

- **a** ¿Cuántos días faltan para Navidad? Faltan (5).
- **b** ¿Cuántos alumnos hay en esta clase? Hay (27).
- **c** ¿Cuántos días tiene el mes de julio? (31)
- **d** ¿Cuántos euros te faltan por pagar? (252)
- **e** ¿Cuántas personas caben en ese recinto? (1250)

**40** Clasifica los tipos de ***que*** en estos enunciados.

- **a** La lluvia que ha caído es beneficiosa para el campo.
- **b** ¿Qué has dicho?
- **c** ¿De qué color es la maleta que te has comprado?
- **d** ¡Qué casa tan grande!
- **e** Ya he visto la película que me recomendaste.
- **f** Han preguntado a María qué idiomas conoce.

**41** Escribe los pronombres posesivos que corresponden al poseedor y a la cosa poseída.

| Poseedor | Cosa poseída | Pronombre posesivo |
|---|---|---|
| 1.ª persona, singular | cartas | *mías* |
| 2.ª persona, plural | casa | |
| 3.ª persona, plural | coche | |
| 1.ª persona, plural | carpetas | |
| 3.ª persona, singular | deudas | |

**42** Distingue los pronombres anafóricos, catafóricos y enclíticos.

- **a** Esa canción cántasela a tu madre.
- **b** Le van a conceder el Premio Nobel a un escritor canadiense. Eso es lo que ha filtrado la prensa.
- **c** Mañana es el cumpleaños de María. Coméntaselo a Juan para que no se le olvide.
- **d** Ese documento entréganoslo cuanto antes, porque sin él no podremos presentar la reclamación.

**43** Sustantiva las siguientes palabras, de forma que puedan formar grupos nominales.

- **a** Me gusta mucho ▲ dulce.
- **b** ▲ andar diariamente es bueno para la salud.
- **c** No han llegado aún ▲ de 3º B.
- **d** ▲ *sí de las niñas* es el título de una obra de teatro.
- **e** El negociador pronunció ▲ no rotundo.
- **f** Dame esta bufanda blanca y yo te daré ▲ verde.

## GRÁFICAS CIRCULARES Y DE BARRAS

### PORCENTAJES DE LECTURA EN ESPAÑA

Según los datos recogidos en la última edición del informe *Hábitos de Lectura y Compra de Libros en España*, el 92,0% de la población española de 14 o más años afirma leer cualquier tipo de materia en cualquier formato o soporte.

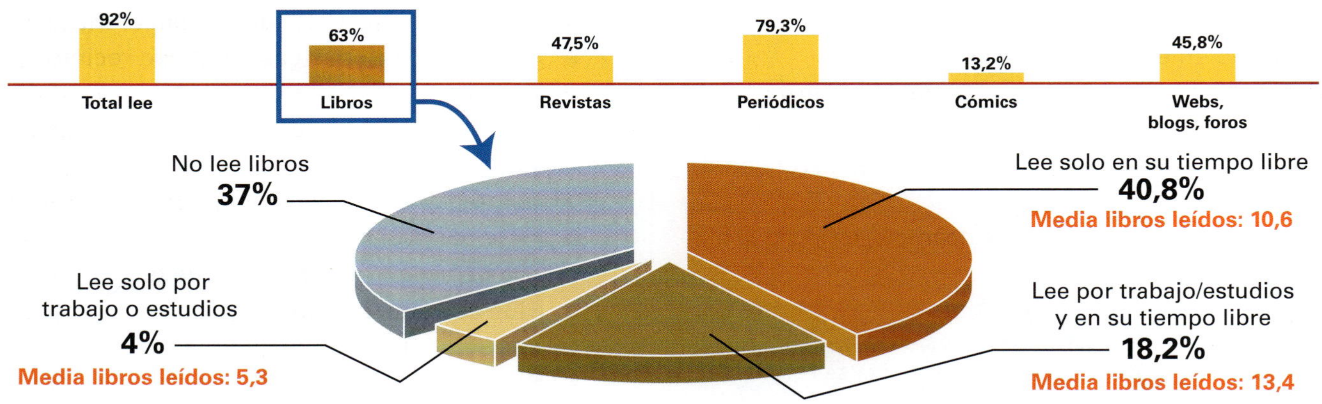


*El sector del libro en España* (2012-2014),
Ministerio de Educación, Cultura y Deporte

**1** CL **Comprensión**

**a** ¿Qué finalidad tienen los gráficos anteriores: informar al lector o influir en él para que lea y compre libros y revistas? Razona tu respuesta.

**b** ¿Quién es el emisor? ¿Te parece una fuente fiable? ¿Por qué?

**c** ¿Cuál es el dato de estos gráficos que te parece más positivo? ¿Y el más negativo? Razona tu respuesta.

**d** Explica la información que aporta la gráfica circular y la gráfica de barras.

**e** Explica si el texto anterior a las gráficas aporta algún dato importante que no aparezca en ellas.

**f** ¿Sería correcto afirmar que el 92% de los españoles lee publicaciones en papel o en soporte digital? ¿Por qué?

**g** ¿Qué se lee más en España: libros o periódicos? Justifica tu respuesta con datos.

**h** ¿Qué porcentaje de lectores hay en España que leen libros porque no tienen más remedio?

**i** ¿En qué grupo de lectores de libros te incluyes? Razona tu respuesta.

**2** CA **Reorganización de tablas.** Organiza en forma de tabla toda la información que aporta la gráfica circular.

**3** CA **Ampliación de información.** **a** Consulta el enlace y di qué género de novelas gusta más y cuál gusta menos. **b** ¿Qué género de novelas te gusta más? ¿Por qué?

**4** CM **Cálculo.** ¿Cuántos libros leen de media los españoles a partir de los 14 años?

**5** CS CD **Interpretación**

**a** ¿Por qué los porcentajes del gráfico circular suman el 100% y, sin embargo, no ocurre lo mismo si sumamos los porcentajes de los gráficos de barras?

**b** Sabemos que el 73% de los españoles de 14 años o más leen periódicos. Consulta el enlace y escribe los nombres de los seis periódicos más leídos en España y cuántos lectores suman en conjunto.

**c** ¿Qué periódico te resulta más conocido? ¿Por qué?

**6** CI **Fomento de la lectura en el aula.** Dibuja un cartel (en un folio) para fomentar la lectura en clase. Debe tener un lema en la cabecera, que tenga rima, seguido de cinco razones que inviten a leer. Debes acompañar el texto con una ilustración sugerente. Puedes colocar tu cartel en el corcho del aula.

## UN ENCUENTRO INOLVIDABLE

**Todos** se quitaron los sombreros cuando Lope, el gran Félix Lope de Vega Carpio, apareció caminando despacio entre los saludos de la gente que se apartaba para dejar**le** paso, y se detuvo unos instantes a departir con don Francisco de Quevedo, **quien lo** felicitó por la comedia **que** representaban al día siguiente en el corral del Príncipe: acontecimiento teatral al que Diego Alatriste había prometido llevarme, y **yo** iba a presenciar por primera vez en **mi** vida. Después, don Francisco hizo **algunas** presentaciones.

–**El** capitán don Diego Alatriste y Tenorio... Ya conoce vuestra merced a Juan Vicuña... Diego Silva... El jovencito es Íñigo Balboa, hijo de un militar caído en Flandes. Al oír aquello, Lope me tocó un momento la cabeza con espontáneo gesto de simpatía. Fue la primera vez que lo vi, aunque tendría después otras ocasiones; y recordaré siempre **su** continente sexagenario y grave, su digna figura clerical vestida de negro, el rostro enjuto con cabellos cortos, casi blancos, el bigote gris y la sonrisa cordial, algo ausente, como fatigada, que nos dedicó a todos antes de proseguir camino rodeado por muestras de respeto.

–No olvides a **ese** hombre ni este día –me dijo el capitán, dándo**me** un afectuoso pescozón en el mismo sitio donde Lope me había tocado. Y no lo olvidé nunca. Todavía hoy, **tantos** años después de **aquello**, me llevo la mano a la coronilla y siento allí el contacto de **los** dedos afectuosos del Fénix de los Ingenios. Ni **él**, ni don Francisco de Quevedo, ni Velázquez, ni el capitán Alatriste, ni **la** época miserable y magnífica que entonces conocí, existen ya. El recuerdo de la mano de Lope desaparecerá **conmigo** cuando yo muera, como también el acento andaluz de Diego de Silva, el sonido de las espuelas de oro de don Francisco al cojear, o la mirada glauca y serena del capitán Alatriste. Pero queda, en las bibliotecas, en los libros, en los lienzos, en las iglesias, en los palacios, calles y plazas, la huella indeleble que **aquellos** hombres dejaron de **su** paso por la tierra.

Arturo Pérez-Reverte,
*El capitán Alatriste* (texto adaptado)

### Análisis y valoración del contenido

**1 Léxico.** Explica el significado de las palabras subrayadas.

**2 Recuperación de información. a** ¿Por qué se detuvo en la calle Lope de Vega? ¿Qué le dijo Quevedo? **b** ¿Cómo se llama el narrador del texto? ¿Qué edad puede tener?

**3 Interpretación e inferencias. a** Quevedo presentó a Lope a varios hombres. ¿Quién de ellos era el pintor Velázquez? **b** ¿Qué dato hay en el texto que nos permite inferir que España mantuvo una guerra en Flandes? **c** ¿Sería correcto afirmar que Lope de Vega era en ese momento sacerdote? Razónalo con un dato del texto. **d** ¿Con qué defecto físico se caracteriza a Quevedo? **e** CC ¿Qué dialecto del castellano hablaba el autor del cuadro de las Meninas? ¿Cómo has llegado a esa conclusión?

**4 Síntesis.** Resume el texto en cinco líneas y escribe el tema.

**5 Organización del contenido.** Divide el texto en dos partes: **a** recuerdo de una experiencia del pasado y **b** reflexión nostálgica desde el presente.

**6** CC **Valoración del contenido.** ¿En qué parte del texto muestra el narrador mitomanía hacia Lope de Vega? ¿Crees que tenía motivos para ello?

### Análisis de la forma

**7 Tipo de texto.** Identifica en el texto un fragmento narrativo, otro descriptivo y un diálogo.

**8 Elementos de la narración y características lingüísticas. a** ¿Qué tipo de narrador hay en el texto? **b** Identifica dos morfemas apreciativos, un adjetivo valorativo negativo y otro positivo que demuestre que es un narrador subjetivo. **c** El texto tiene dos partes. Identifícalas. **d** Identifica la etopeya y la prosopografía de Lope de Vega. **e** ¿En qué lugar se desarrolla la primera parte del texto: en la calle o dentro de un teatro? ¿Por qué? **f** ¿Qué información contiene el texto que nos permite fechar la época de la acción en el siglo XVII? **g** Identifica la fuerte elipsis temporal del texto.

**9 Gramática. a** Di si los elementos resaltados en color son determinantes o pronombres. Luego, clasifícalos. **b** Identifica en el primer párrafo un pronombre enclítico. ¿A quién se refiere? **c** En el tercer párrafo hay un pronombre neutro. Identifícalo y razona si es anafórico o catafórico.

LENGUA

# 3

REPASA
LA UNIDAD

## De película

**Comunicación oral**

**Escuchar**

Un cartel con historia

**Hablar**

Una presentación de cine

**Comunicación escrita**

**Leer**

«Los robots no entienden de cuentos»,
*Física de lo imposible*, Michio Kaku

**Escribir**

**1** La exposición de hechos e ideas
**2** Estructura de la exposición
**3** Características lingüísticas de la exposición
**4** Los conectores

**Taller de escritura**

Escribir una exposición

**Elaboración de textos**

**1** Propiedades del texto: la coherencia lógica
**2** Variaciones léxicas del texto: los hiperónimos

**Conocimiento de la lengua [Gramática]**

**1** Los complementos del grupo nominal (GN): CN con estructura de GN, CN con estructura de GPrep, CN con estructura de GAdj
**2** Estructura del grupo adjetival (GAdj)
**3** El adjetivo: grados, comparativos y superlativos cultos, especificativo y explicativo, posición
**4** El grupo nominal (GN) como sujeto de la oración: reconocimiento del sujeto, presencia o ausencia del sujeto

**Practica tus competencias**

**Texto informativo: esquema numérico**

Fuente de documentación

**Texto informativo**

*100 enigmas que la ciencia (todavía) no ha resuelto*,
Daniel Closa i Autet



## Un cartel con historia

**FICHA TÉCNICA:** Canal de Historia a la carta, *Objetos perdidos*, Hollywood.
**TIPOLOGÍA ORAL:** Exposición, reportaje.
**SITUACIÓN COMUNICATIVA:** A través de un montaje de imágenes, una voz en *off* cuenta la historia del famoso cartel de Hollywood.

### ACTIVIDADES

**1** CS Explica los hechos más significativos del cartel relacionados con las siguientes fechas.

1923 · 1932 · 1949 · 1973 · 1978

**2** ¿Quién financió la reconstrucción de una de las letras del cartel? ¿En homenaje a quién?

**3** CC Una voz en *off* relata la historia de este símbolo. Valora el papel que juegan las imágenes en el reportaje. ¿Qué te ha llamado la atención del montaje?

**4** ¿Qué características presenta este documental del Canal Historia?

- **a** Es de interés público.
- **b** Narra sucesos desde una perspectiva actual.
- **c** Recoge observaciones del reportero.
- **d** Es información atemporal.
- **e** Incluye entrevistas.
- **f** Se dirige a un público especializado (expertos).
- **g** Trata temas científicos en profundidad.

**5** CC ¿Encuentras algunas similitudes de este símbolo con el famoso «toro de Osborne»?

# Una exposición de cine

Exponer un tema ante tus compañeros requiere **concentración**, **claridad** y, sobre todo, **control** de uno mismo. Se trata también de ser valiente y arriesgarse. Pero si, además, hacemos una exposición sobre un tema que nos interesa especialmente, nuestra tarea resultará más fácil: no hay nada como sentirse identificado con el asunto del que hablamos. En este apartado te proponemos hablar de **cine**, y con diferentes objetivos: ofrecer información, persuadir a tus compañeros y compañeras, e, incluso, predecir qué películas tendrán más éxito entre vosotros.

## ACTIVIDADES

**1** Cada uno de vosotros (o si preferís, por parejas) propondrá al resto de la clase una película para que sea elegida como la mejor del año anterior en una determinada categoría. No se trata simplemente de mostrar una opinión personal, sino de aportar todos los datos necesarios para que, objetivamente, esa película sea reconocida como un producto de calidad.

- **a** Apuntad en la pizarra los géneros cinematográficos que conocéis. Posteriormente, y con la ayuda de un moderador, escoged aquellos en los que se centrarán vuestras exposiciones: aventuras, humor, ciencia ficción, realistas, terror...
- **b** Vuestra exposición deberá apoyarse en material gráfico (máximo de 6 a 8 imágenes), dependiendo de los apartados que tratéis. Una buena selección de las imágenes, proyectadas en una pantalla, os resultará de gran ayuda. Preparad en la clase un cañón de imagen y un ordenador para el visionado de los archivos que hayáis recopilado. Durante los días previos a la sesión de las exposiciones, guardad los archivos de fotos que vayáis a proyectar en un lápiz de memoria o en un CD.
- **c** Es recomendable que el compañero o compañera que exponga sea quien controle el cañón de imagen. Así podrá pasar de una imagen a la siguiente según convenga. Tened en cuenta la reacción del público en cada momento: dad un tiempo para observar cada imagen, acompañad la información con indicaciones sobre lo que se está viendo y reclamad atención si es necesario.
- **d** Una vez presentadas las películas, compartid vuestras impresiones generales sobre la calidad de las exposiciones. Conseguid en Internet información e imágenes en páginas especializadas en cine. Podéis consultar este enlace.

### notas

- Intenta ser original en la manera de presentar la película.
- Organiza tu exposición a partir de bloques de información. Algunos ejemplos pueden ser:
  1 introducción
  2 director, filmografía
  3 reparto, actor/actriz protagonista
  4 banda sonora original
  5 anécdotas del rodaje
  6 resultados de taquilla
  7 conclusiones
- No te olvides del objetivo principal de tu exposición: demostrar la calidad de la película y justificar su candidatura.

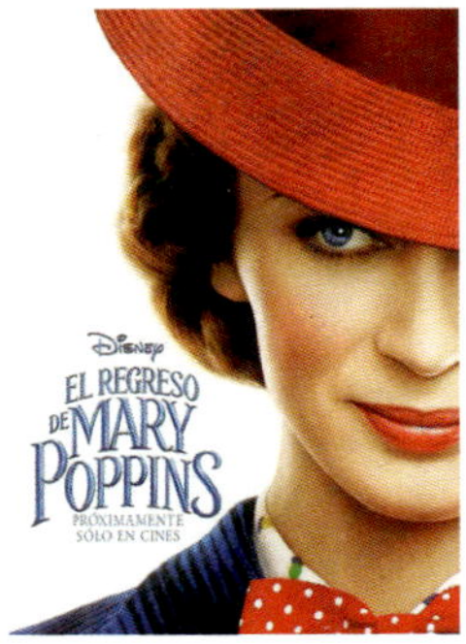

# Los robots no entienden de cuentos

La idea de seres mecánicos ha fascinado desde hace tiempo a inventores, ingenieros, matemáticos y soñadores. Desde el Hombre de Hojalata de *El mago de Oz*, a los robots infantiles de *A.I.*: *Inteligencia Artificial* de Spielberg (2001) y los robots asesinos de *Terminator*, la idea de máquinas que actúan y piensan como personas nos ha fascinado.

En la mitología griega, el dios Vulcano forjó doncellas mecánicas de oro y mesas de tres patas que podían moverse por sí mismas. Ya en el 400 a. C. el matemático griego Arquitas de Tarento escribió sobre la posibilidad de hacer un pájaro robot impulsado por vapor.

En el siglo I d. C., Herón de Alejandría (a quien se le atribuye la primera máquina basada en vapor) diseñó autómatas, uno de ellos capaz de hablar, según la leyenda. Hace novecientos años, Nal-Jazari diseñó y construyó máquinas automáticas tales como relojes de agua, aparatos de cocina e instrumentos musicales impulsados por agua.

En 1495, el gran artista y científico del Renacimiento italiano Leonardo da Vinci dibujó bocetos de un caballero robot ataviado con una armadura medieval que podía levantarse, agitar los brazos y mover la cabeza y la mandíbula. Los historiadores creen que este fue el primer diseño realista de una máquina humanoide.

El primer robot tosco pero operativo fue construido en 1738 por Jacques de Vaucanson, que hizo un androide de tamaño humano con la forma de un bucólico pastor del Renacimiento que podía tocar el tambor y la flauta, aunque tenía un repertorio más humilde que el de Mozart, dado que solo podía tocar dos canciones. La obra maestra de Vaucanson es un pato mecánico articulado con 400 piezas que le permitían batir sus alas, beber agua, digerir granos de maíz y defecar.

La palabra *robot* procede de la obra de teatro de 1920 *R.U.R.*, del autor checo Karel Capek (*robot* significa 'trabajo duro' en lengua checa; 'trabajo', en eslovaco). En esta obra, una fábrica llamada Rossum´s Universal Robots crea un ejército de robots para realizar labores domésticas. (A diferencia de las máquinas ordinarias, sin embargo, estos robots están hechos de carne y hueso.) Con el tiempo, la economía mundial se hace dependiente de estos robots. Pero los robots son maltratados y finalmente se rebelan contra sus dueños humanos y los matan. En su rabia, sin embargo, los robots acaban con la vida de todos los científicos que pueden reparar y crear nuevos robots, con lo que se condenan a la extinción. Al final, dos robots especiales descubren que tienen la capacidad de reproducirse y convertirse con ello en unos nuevos Adán y Eva robots.

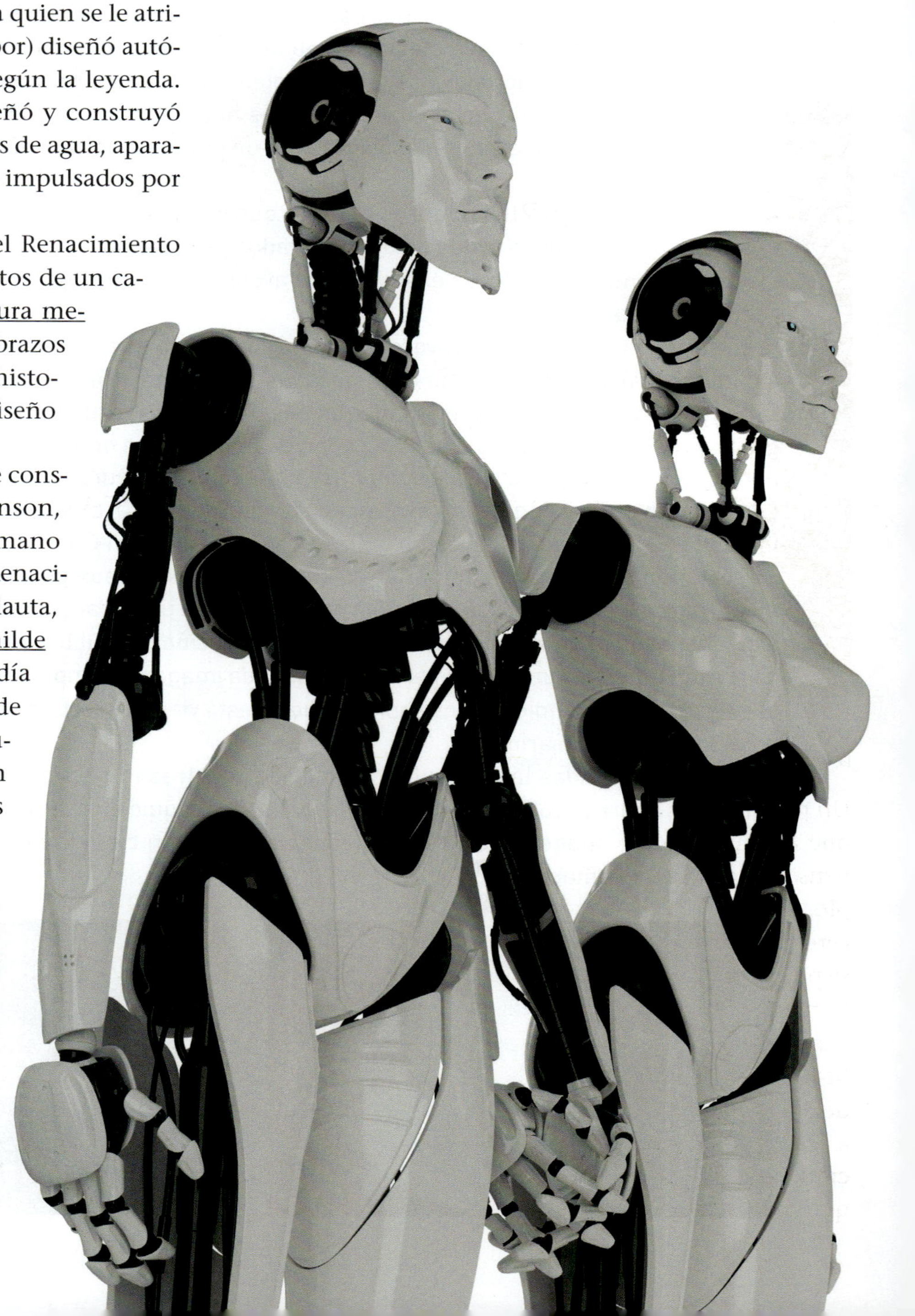

Los robots fueron también el tema de una de las películas mudas más caras que se han filmado, *Metrópolis*, dirigida por Fritz Lang en 1927 en Alemania. La historia transcurre en 2026; la clase obrera ha sido condenada a trabajar en angustiosas fábricas subterráneas, mientras que la élite dirigente se divierte en la superficie. Una bella mujer, María, se ha ganado la confianza de los trabajadores, pero la casta dirigente teme que un día puede conducirles a la revuelta. Por ello se le pide a un científico malvado que haga un robot que sea una copia de María. Finalmente, el plan sale al revés, porque el robot lleva a los trabajadores a la revuelta contra la élite y provoca el colapso del sistema social.

En cuanto a las teorías sobre si es posible o no crear máquinas semejantes a los seres humanos, los filósofos e ingenieros discrepan claramente.

*Opportunity* es un robot que forma parte del Programa de Exploración de Marte, de la NASA. Aterrizó en el planeta rojo en 2004 para iniciar sus labores de investigación.

Un pequeño ejército de filósofos y teólogos ha declarado que es imposible crear verdaderos robots que puedan pensar como nosotros. El físico Roger Penrose, por ejemplo, afirma que la inteligencia artificial es imposible: «El cerebro humano está tan alejado de cualquier cosa que se pueda crear en el laboratorio, que crear robots de tipo humano es un experimento condenado al fracaso».

No obstante, muchos físicos e ingenieros creen que no hay nada en las leyes de la física que impida la creación de un verdadero robot. Por ejemplo, a Claude Shannon, a menudo llamado el padre de la teoría de la información, se le preguntó una vez: «¿Pueden pensar las máquinas?». Su respuesta fue: «¡Por supuesto! Yo pienso, ¿no es así?». En otras palabras, era obvio para él que las máquinas pueden pensar porque los humanos son máquinas (aunque hechas de material blando, en lugar de material duro).

R2-D2 y C-3PO, robots de la serie de ficción *Star Wars*, de George Lucas.

Al margen de discusiones teóricas, el desarrollo de robots sofisticados con inteligencia artificial no está a la vuelta de la esquina. Cuando vemos que un robot actúa como un humano, normalmente hay un truco detrás, es decir, un hombre oculto en la sombra que habla a través del robot gracias a un micrófono, como el mago en *El mago de Oz*. Los robots solo conocen lo que se les ha programado por adelantado. No tienen sentido común, no son creativos ni originales y carecen de sentido del humor. Tampoco reconocen pautas ni tienen afán de liderazgo. Estas son las cualidades que nos hacen específicamente humanos.

De hecho, nuestros robots más avanzados, como los robots exploradores del planeta Marte, no llegan a tener la inteligencia de un insecto. En los Laboratorios de Inteligencia Artificial de los más importantes centros de investigación americanos, los robots experimentales tienen dificultades para reproducir las hazañas que unas simples cucarachas pueden llevar a cabo, tales como maniobrar en una habitación llena de muebles, encontrar lugares ocultos y reconocer el peligro. Ningún robot en la Tierra puede entender, hoy por hoy, un sencillo cuento de niños que se le lea.

Michio Kaku, *Física de lo imposible* (texto adaptado)

## ACTIVIDADES

### Recuperación de la información

**1** **a** ¿Qué dos significados tiene la palabra *robot*? **b** ¿De qué lengua proviene cada significado?

**2** CA CM Completa la tabla con los datos correspondientes que aparecen en el texto.

| Inventor | Invento: tipo de robot | Época / año de la invención |
|---|---|---|
| Vulcano | | |
| Herón de Alejandría | | |
| Nal-Jazari | | |
| Leonardo da Vinci | | |
| Jacques de Vaucanson | | |

**3** CC Completa la tabla con los datos correspondientes que aparecen en el texto.

| Autor | Película / obra literaria | Fecha |
|---|---|---|
| Fritz Lang | | |
| Karel Capek | | |
| Spielberg | | |

### Interpretación e inferencias del texto

**4** Ordena del 1 al 3 la información del texto y escribe el número de las líneas que ocupa cada parte.

| Orden de las partes | Partes del texto | De la línea ... a la línea ... |
|---|---|---|
| | Teorías sobre la inteligencia artificial. | |
| | Situación sobre la capacidad de los robots en la actualidad. | |
| | Ejemplos de los primeros artefactos mecánicos. | |

**5** **a** ¿Cómo se desarrolla la información del texto: de lo general a lo particular o de lo particular a lo general? Razona tu respuesta. **b** Escribe una conclusión.

**6** ¿Qué significan las expresiones subrayadas en el texto?

**7** ¿Crees que un robot de última generación podría buscar un escondrijo insólito si alguien lo ataca, como hace un simple roedor, o sufrir un ataque de risa si le cuentan un chiste? Razona tu respuesta.

**8** **a** CM ¿Por qué detrás de todo robot que actúa como un humano hay siempre un truco? **b** CC ¿Qué cualidades nos hacen específicamente humanos en relación con los robots?

### Reflexión y valoración de la forma y el contenido

**9** **a** ¿Cuál de las tres partes del texto te parece más clara y divulgativa? Razona tu respuesta. **b** ¿En cuál de las tres partes del texto hay más sustantivos abstractos? Demuéstralo con ejemplos del texto.

**10** Contesta a las preguntas.

**a** CM ¿Crees que hay una contradicción entre el hecho de que ningún robot pueda realizar las cosas que hace un simple insecto y, sin embargo, ningún insecto pueda realizar lo que hace uno de los robots que están explorando el planeta Marte?

**b** CC ¿Con qué teoría estás más de acuerdo: con la de Roger Penrose o con la de Claude Shannon? Justifica tu respuesta.

**c** CI ¿Qué tipo de robot doméstico te gustaría inventar si pudieras? ¿Por qué?

### AUTOEVALUACIÓN DE LA COMPRENSIÓN LECTORA

Comprueba las soluciones con la ayuda de tu profesor o profesora, y completa la tabla en tu cuaderno con la puntuación que te proporcione de cada pregunta.

| | ACTIVIDAD | | | | | | | | | | | |
|---|---|---|---|---|---|---|---|---|---|---|---|---|
| | 1 | 2 | 3 | 4 | 5 | 6 | 7 | 8 | 9 | 10 | TOTAL | |
| PUNTUACIÓN | | | | | | | | | | | | |
| **1.** Recuperación de la información | | | | | | | | | | | · 3,33 = | |
| **2.** Interpretación e inferencias | | | | | | | | | | | · 2 = | |
| **3.** Reflexión y valoración de la forma y el contenido | | | | | | | | | | | · 5 = | |

# 1. La exposición de hechos e ideas

Si explicas qué son los volcanes y cuál es su funcionamiento, estás haciendo una **exposición**.

La exposición es la **forma de discurso** habitual con que se elaboran los libros de texto, las enciclopedias, los exámenes de teoría, orales y escritos, las conferencias científicas, los informes empresariales, etc.

Historiadores, científicos, guías turísticos, profesores y alumnos, entre otros, utilizan frecuentemente la exposición para **informar y explicar de forma objetiva** determinados hechos o temas. En las exposiciones **no debemos dar nuestra opinión personal** sobre el asunto que estamos explicando.

La exposición va asociada frecuentemente a otros tipos de texto: la argumentación, la descripción y la narración. Observa en la tabla de la derecha la definición y los tipos de exposición.

| ¿QUÉ ES UNA EXPOSICIÓN? | |
|---|---|
| Un tipo de texto cuya finalidad es **informar y explicar** de forma ordenada, clara y objetiva determinados hechos o temas. | |
| **TIPOS DE EXPOSICIÓN** | |
| **Divulgativa** | **Científica** |
| • Exposición dirigida a un **público muy amplio.**<br>• Trata **temas de interés general,** sin profundizar en aspectos científicos.<br>• Tiene una **finalidad didáctica:** difundir de forma amena en la sociedad conocimientos que ya son conocidos por los científicos. Si se utilizan en exceso tecnicismos y datos, **deja de ser adecuada** para la divulgación. | • Exposición dirigida a un **público especializado** (expertos).<br>• Trata temas **científicos con rigor y profundidad.**<br>• Aunque también tiene finalidad didáctica, su elaboración es **más rigurosa** (uso de numerosos tecnicismos, datos, esquemas, fuentes documentales...). |

## ACTIVIDADES

**1** Lee el texto y realiza las siguientes actividades.

- **a** Escribe un sinónimo de cada palabra subrayada.
- **b** Resume el texto en cuatro líneas.
- **c** Escribe el tema.
- **d** Divide en partes el contenido del texto.
- **e** ¿Cuál es la intención del autor: instruir o informar? Razona tu respuesta.
- **f** ¿Por qué el texto es una exposición?
- **g** ¿Por qué tiene finalidad didáctica?
- **h** Identifica los términos científicos (tecnicismos) que te resultan más difíciles de comprender. Explica su significado.
- **i** ¿Se trata de una exposición divulgativa o científica?

**La era cuaternaria**

La era cuaternaria comprende los dos últimos millones de años. Su clima es «normal», es decir, con las características actuales, interrumpidas por varias glaciaciones. Lo que supone que en la mitad <u>septentrional</u> de Europa se extendieron amplias zonas glaciares y se formaron gruesas capas de hielo con un paisaje de tundra. Las condiciones climáticas en esta era se caracterizan por dos factores básicos: la <u>pluviosidad</u> decreciente y la degradación de la temperatura.
La aparición y desarrollo de la especie humana constituye el otro rasgo definitorio de esta era.
Las cinco <u>glaciaciones</u> de esta era se suelen distribuir en tres etapas:
1 **Cuaternario antiguo o pleistoceno inferior,** con dos glaciaciones de unos dos millones y un millón de años respectivamente.
2 **Cuaternario o pleistoceno medio,** con otras dos glaciaciones, de 700.000 a 650.000 antes del presente.
3 **Cuaternario reciente o pleistoceno superior,** iniciado hace unos 125.000 años.
Actualmente estamos en una etapa <u>postglaciar</u> dentro de esta etapa.

*Historia de España*, Editorial Planeta

# 2. Estructura de la exposición

La información de una exposición se organiza en tres partes:

**a** Presentación del tema que se va a tratar.

**b** Desarrollo: datos, ideas secundarias... Es la parte más extensa.

**c** Conclusión: breve resumen de lo tratado.

Hay exposiciones que carecen de presentación y/o conclusión.

**ESTRUCTURA DEDUCTIVA**

Se caracteriza porque la **idea principal** aparece al **comienzo** del texto y **se desarrolla** posteriormente con ideas secundarias, ejemplos y datos que le sirven de apoyo.

La información va de **lo general a lo particular**. Veámoslo en el siguiente texto.

**El Renacimiento: vuelta a la Antigüedad**

**Lo que caracterizó al Renacimiento fue el redescubrimiento de la Antigüedad.** Todo lo que cuenta entonces en el mundo de la artes, de las letras y del pensamiento manifiesta este mismo entusiasmo por el mundo antiguo.
Recordemos que el aniversario del nacimiento de **Platón** era celebrado en Florencia por Lorenzo de Médicis todos los años con un banquete, que Dante tomó a **Virgilio** por guía en los Infiernos, que Erasmo honraba a **Cicerón** como a un santo.
En la Florencia de los Médicis todos los monumentos están decorados con frontones, columnatas y cúpulas –como en la **arquitectura antigua**–. Y en el colegio de Francia todos los humanistas se dedicaban a estudiar con ardor sin igual las **letras antiguas.**

Régine Pernoud, *Para acabar con la Edad Media* (texto adaptado)

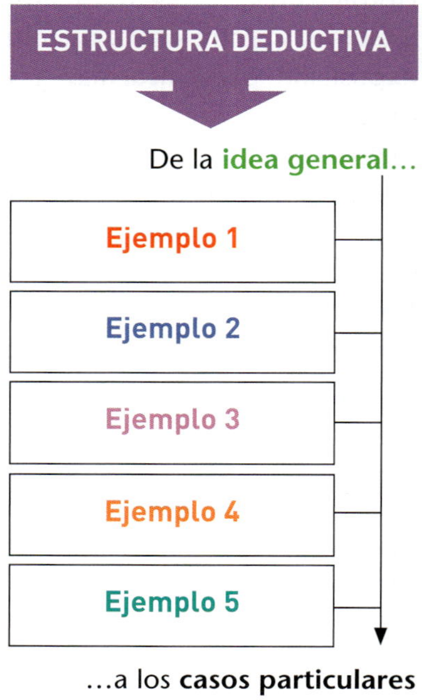


## ACTIVIDAD

**2** Lee el siguiente texto y realiza las actividades.

**a** Resume el texto en cuatro líneas y escribe el tema.

**b** Razona si el texto tiene o no estructura deductiva.

**c** Identifica la idea general y los ejemplos que sirven para apoyarla.

**d** Esta exposición carece de conclusión. Escríbela tú, de forma que sea coherente con la información del texto (dos líneas).

**e** ¿Es divulgativa o especializada esta exposición? Razona tu respuesta.

**Contacto físico y autocontrol**

El contacto físico más relevante en la vida social es el de dar la mano, acto en el que se transmite una información personal enormemente cargada de significados. Las señales que nos intercambiamos al dar la mano son de tres tipos:

**1 Emocional.** Denota de forma instantánea la confianza que el sujeto muestra en sí mismo y en el dominio de la situación. Viene marcada por la cantidad de superficie de la palma de la mano que se ofrece en el contacto. Apreciamos la sinceridad cuando la otra persona nos da toda la superficie de su mano, no cuando la escatima y nos da solo los dedos.

**2 Mecánica.** Se refiere a la presión que la mano del otro ejerce sobre ti y la correspondiente presión que tú ejerces sobre la mano del otro. Los criterios para valorar el propósito y la intensidad de dicha presión se obtienen de la experiencia de la vida.

**3 Bioquímica.** Cuando no somos capaces de mantener el control sobre la situación y la presión externa nos parece insoportable, las palmas de las manos son una de las partes del cuerpo que primero comienzan a sudar, lo cual tiene dos posibles interpretaciones:

**1** Una interpretación *débil*: «Esta mano es desagradable al tacto».

**2** Una interpretación *fuerte*: «Esta persona se encuentra bajo un estado de ansiedad».

José Hermida, *Hablar sin palabras*

### ESTRUCTURA INDUCTIVA

Se caracteriza porque la **idea principal** aparece **al final** del texto, precedida por ideas secundarias, ejemplos o datos.

La información va de **lo particular a lo general**. Veámoslo en el siguiente texto.

**El coste de oportunidad**

Si decidimos **comprar un automóvil**, quizá no podamos disfrutar de un mes de vacaciones. Si optamos por **estudiar la carrera** de telecomunicaciones, no podremos salir todos los fines de semana a divertirnos. Un país también toma decisiones. Podría decidir, por ejemplo, si produce cañones o mantequilla. El coste, por ejemplo, de **producir cañones**, es toda la mantequilla que deja de producir.
En un mundo de escasez, elegir una cosa significa renunciar a alguna otra. **El coste de oportunidad de una decisión es el valor del bien o servicio al que se renuncia.**

P. A. Samuelson, *Economía* (texto adaptado)

**ESTRUCTURA INDUCTIVA**

De los **ejemplos particulares**…

- Ejemplo 1
- Ejemplo 2
- Ejemplo 3

…a la **idea general**

## ACTIVIDADES

**3** Lee el siguiente texto y realiza las actividades.

- **a** Resume el texto en cuatro líneas y escribe el tema.
- **b** Razona si el texto tiene estructura inductiva o deductiva.
- **c** Identifica la idea general y los ejemplos que sirven para apoyarla.
- **d** Identifica la cita de autoridad que aparece en el texto.
- **e** ¿Cuál es la intención de la autora al incluir en el texto una cita de autoridad que critica la fiesta de los toros?
- **f** Esta exposición carece de presentación. Escríbela tú, de forma que sea coherente con la información del texto (dos líneas).
- **g** ¿Es divulgativa o especializada esta exposición? Razona tu respuesta.

**Las entradas reales**

Durante la Baja Edad Media y el Renacimiento había diversas celebraciones para recibir al rey en una villa o ciudad.

**a Danzas y músicas.** Según Anglés, en su obra *Carlos V y la música*, cuando el emperador Carlos llegó a España, trajo de Bruselas a sus cantores e instrumentistas. Sabemos, por ejemplo, que en Valladolid, con motivo de la entrada imperial en 1518, tomaron parte más de mil músicos españoles y flamencos. Las danzas solían ser exóticas, de influencia morisca.

**b Los juegos de cañas.** Reflejaban ese gusto por lo árabe existente en la corte española, ya que era un deporte heredado de la época de los Omeya. Estos juegos consistían en el alarde de cuatro cuadrillas. La primera perseguía a la segunda lanzando cañas hasta llegar a un extremo de la plaza. Allí el grupo perseguidor era hostigado a su vez por la tercera, y así sucesivamente, hasta que los caballos se extenuaban.

**c Los toros.** Eran unos espectáculos muy del gusto de nobles y de reyes, a pesar de las condenas que esgrimían desde planteamientos religiosos hasta razones de pura sensibilidad, como se desprende de las palabras de Gabriel Alonso de Herrera en 1513: «Se matan los toros con peligroso placer echándoles lanzas y garrochas como si fueran malhechores, no teniendo culpa».

Interesa destacar que estas celebraciones respondían a la necesidad del rey de recibir fidelidad de la villa, poniendo de manifiesto, así, las buenas relaciones de los miembros de la nobleza urbana con el poder real.

María Teresa Fernández Madrid,
*El mecenazgo de los Mendoza en Guadalajara*
(texto adaptado)

# 3. Características lingüísticas de la exposición

Los recursos lingüísticos que se emplean en la exposición pretenden conseguir que el significado del texto sea **objetivo, claro** y **preciso**. Obsérvalos en esta tabla.

| | |
|---|---|
| **GN: ABUNDANTE COMPLEMENTACIÓN DEL SUSTANTIVO**<br>• Los sustantivos van acompañados de **adjetivos especificativos** para **precisar** su significado. | **ORACIÓN: PREDOMINIO DE ORACIONES ENUNCIATIVAS**<br>• Para favorecer la objetividad de la información. |
| **SUJETO: MENOR PRESENCIA DEL SUJETO AGENTE**<br>• Para conseguir objetividad, se resta importancia al sujeto agente, mediante oraciones impersonales, pasivas y pasivas reflejas: *Se dice…, Este documento fue descubierto…*<br>• Se utiliza el **plural de modestia** para restar importancia al yo (*Hemos dicho que…*) y el **plural sociativo**, que incluye al lector (*Los lectores de* El Quijote *conocemos…*). | **LÉXICO: PRECISO Y OBJETIVO**<br>• Predominio de la denotación.<br>• Uso de **tecnicismos** (términos propios de cada ciencia con significado unívoco: *fonema, proteína…*).<br>• Abundancia de **sustantivos abstractos** para expresar ideas (*presunción, innovación…*). |
| **GV: ESCASA PRESENCIA DE VERBOS DE ACCIÓN**<br>• Uso de verbos atributivos para la definición de conceptos.<br>• Predominio del modo indicativo del verbo (función referencial).<br>• Uso del presente de indicativo con valor **atemporal**: *El trigo <u>contiene</u> gluten* (para expresar ideas objetivas con validez universal). | **TEXTO ORDENADO CON MARCADORES**<br>• Uso de **marcadores textuales** para organizar con claridad la información (*en primer lugar, en segundo lugar; por una parte, por otra, en conclusión; es decir, por lo tanto, por eso…*). |

## ACTIVIDAD

**4** Lee el texto y realiza las actividades.

- **a** Escribe el tema del texto.
- **b** Inventa un título.
- **c** Identifica la presentación y el desarrollo.

Desde la Tierra, apenas tenemos capacidad visual para apreciar los cuerpos celestes que nos rodean. Ni con nuestros ojos, ni ayudados de prismáticos, podemos desarrollar un trabajo científico en materia astronómica. Necesitamos la ayuda de herramientas de mayor precisión: los telescopios. Sin embargo, la precisión de estos depende de su posición. Vamos a referirnos, <u>en primer lugar</u>, a los que se sitúan sobre la superficie terrestre, que son la mayor parte de los telescopios de uso científico y todos los que se utilizan por los aficionados. Estos telescopios sufren los efectos distorsionadores de la atmósfera terrestre que modifican el tamaño aparente de un astro. Aunque esto no sea muy significativo para un aficionado, en los estudios científicos de precisión es necesario efectuar las correcciones oportunas en todas las observaciones para eliminar las distorsiones.
<u>En segundo lugar</u>, vamos a tratar aquellos telescopios que se sitúan fuera de la superficie terrestre. Desde que se puso en el espacio la estación Hubble, los astrónomos prefieren trabajar con los datos que les ofrece este telescopio espacial porque son más exactos.

Rosa M.ª Herrera Merino, *Guía para observar el firmamento*

- **d** A esta exposición le falta la conclusión. Escríbela tú.
- **e** ¿Es deductiva o inductiva? Razona tu respuesta.
- **f** Identifica dos sustantivos que vayan acompañados de adjetivos especificativos. ¿Para qué sirven esos adjetivos?
- **g** ¿Hay alguna oración pasiva refleja? ¿Para qué se usa?
- **h** Localiza un plural sociativo. ¿Por qué lo utiliza el autor?
- **i** Identifica un presente atemporal. ¿Qué aporta al texto?
- **j** Identifica verbos atributivos y de estado. ¿Por qué se usan en las exposiciones?
- **k** ¿Qué modo del verbo predomina? ¿Por qué? ¿Por qué predominan las oraciones enunciativas?
- **l** Escribe cinco sustantivos abstractos. ¿Con qué fin se emplean?
- **m** Identifica un tecnicismo. ¿A qué ciencia pertenece? ¿Por qué se utilizan en las exposiciones?
- **n** Escribe tres palabras del texto que tengan significado denotativo u objetivo.
- **ñ** ¿Qué son los elementos subrayados? ¿Con qué propósito se utilizan?
- **o** Razona si la exposición que has leído es científica o divulgativa, teniendo en cuenta su léxico.

# 4. Los conectores

Cicerón (siglo II a. C.).

En los textos explicativos, y cuando nos comunicamos en la vida diaria, la información y las ideas se desarrollan de forma ordenada y coherente. De ese modo, el lector u oyente puede relacionar con facilidad la información nueva con la expuesta con anterioridad.

Para organizar la información y las ideas utilizamos una serie de «marcas»: los **conectores**. Estas son algunas relaciones básicas que se pueden establecer entre los enunciados contenidos en una exposición:

- **Adición:** *Vamos a explicar cómo se forman los volcanes, y además estudiaremos los efectos de la erupción en el paisaje circundante.*
- **Explicación:** *Se ha reunido el Consejo de empresa, es decir, el presidente y los directivos.*
- **Oposición:** *Se han tomado medidas para eliminar la violencia en el fútbol, aunque aún no hemos podido erradicarla completamente.*

| Tipos | Concepto | Conectores | Ejemplos |
|---|---|---|---|
| **Aditivos** | Se añaden nuevos datos o se introduce otro aspecto del tema. | y, además, asimismo, también, igualmente, incluso, más aún | *Ha sido propuesta la Sierra de Gredos como nuevo Parque Natural; asimismo, el Cabo de Creus y el Cabo de Gata, entre otros.* |
| **Explicativos** | Se aclara lo dicho anteriormente. | es decir, o sea, esto es, en otras palabras | *La estructura del hígado es como la de una esponja, es decir, un laberinto de canales diminutos.* |
| **Opositivos** | Se expresan contrastes entre los enunciados. | pero, aunque, sino, sin embargo, no obstante, a pesar de, por el contrario, en cambio | *Este seguro de automóvil no es barato; no obstante, da buenas prestaciones.* |

## ACTIVIDADES

**5** Relaciona los enunciados del grupo **1** con los del grupo **2** mediante los conectores aditivos *también, e incluso, más aún, y hasta, y.*

**Grupo 1**

- **a** Me he estudiado la tabla periódica,
- **b** Me han felicitado todos mis amigos del barrio;
- **c** En la excursión hemos visto ratas, conejos,
- **d** Son equinos el caballo, el asno,
- **e** No solo los ríos y los lagos, sino

**Grupo 2**

- **1** unas graciosas ardillas.
- **2** la mula.
- **3** los pantanos son hábitats de agua dulce.
- **4** me la sé de memoria.
- **5** mis contactos de Facebook.

**6** Completa con conectores explicativos y opositivos.

- **a** Inés logró cancelar su hipoteca, *es decir,...*
- **b** Jaime ha llegado a la hora acordada, *a pesar de...*
- **c** La velocidad máxima en carreteras secundarias será de 90 km hora; *por el contrario...*
- **d** La educación alimentaria mejorará nuestra calidad de vida; *en otras palabras...*

**7** CM Identifica los conectores en el siguiente texto y di de qué tipo es cada uno.

Una rana puede saltar una longitud de casi un metro; es decir, un espacio de casi doce veces la longitud de su cuerpo. No obstante, no se trata de un récord absoluto, pues otros animales que se desplazan saltando pueden ejecutar saltos aún más llamativos: el canguro, por ejemplo, salta una distancia de cinco veces su altura; e incluso la pulga se supera a sí misma más de doscientas veces. Sin embargo, todos ellos tienen una coincidencia morfológica: sus miembros posteriores están dotados de músculos potentes.

# Taller de escritura

## CA CS CC PROYECTO: EXPOSICIÓN ESCRITA SOBRE LOS JUEGOS OLÍMPICOS (27 LÍNEAS)

### FASES DEL PROYECTO

### 1 Objetivo

Tu objetivo es recoger las ideas y **datos** fundamentales que te permitan elaborar una exposición dirigida a tus compañeros de clase sobre la historia de los Juegos Olímpicos antiguos y modernos, con una mención especial a la participación de España y a los Juegos Paralímpicos.

### 2 Documentación

**1 La historia de los Juegos**

**Actividad a.** Visiona los siguientes vídeos y toma nota de las ideas y datos fundamentales.

- Historia de los Juegos
- Olimpiadas modernas

**Actividad b.** Con la información de las fuentes anteriores, responde a las siguientes preguntas y ordena los datos e ideas obtenidos en una tabla.

| **IDEAS Y DATOS: Juegos Olímpicos de la Edad Antigua** |
|---|
| **1** ¿En qué año comenzaron los Juegos y con qué finalidad se crearon? |
| **2** ¿Qué era la paz o tregua olímpica? |
| **3** ¿Dónde se celebraban?<br>**4** ¿Cuántos días duraban?<br>**5** ¿En qué época del año tenían lugar? |
| **6** ¿Cómo se llamaba el primer ganador en los Juegos? |
| **7** ¿Qué eran el pancracio, el pentatlón y la maratón? |
| **8** ¿Qué premio recibían los ganadores? ¿Qué simbolizaba?<br>**9** ¿Qué papel jugaban las mujeres en los Juegos? |
| **10** ¿En qué año y qué emperador romano abolió los Juegos? ¿Por qué lo hizo? |
| **IDEAS Y DATOS: Juegos Olímpicos de la Edad Moderna** |
| **11** ¿Quiénes crearon los Juegos Olímpicos modernos? |
| **12** ¿Qué simboliza la llama olímpica? ¿Y los anillos entrelazados?<br>**13** ¿Dónde se celebraron las cuatro primeras olimpiadas modernas? ¿Y las cuatro últimas? |

**2 Participación de España en los Juegos**

**3 Los Juegos Paralímpicos**

**Actividad c.** Para obtener información sobre los dos apartados anteriores, deberás buscar tus fuentes documentales (utiliza el buscador Google). Deberás seleccionar de esa información una idea fundamental y tres datos importantes de cada apartado.

### 3 Realización de un esquema

Tu objetivo es elaborar un esquema con todos los datos que has obtenido en las tres fases anteriores e inventar un título para tu exposición. (Imita el esquema numérico de la página 90 de este libro de texto.)

### 4 Realización de un borrador

**Presentación del tema: un párrafo de 3 líneas.**

**Desarrollo:**

- Los Juegos Olímpicos en la Edad Antigua: 8 líneas.
- Los Juegos Olímpicos de la Edad Moderna: 5 líneas.
- La participación de España en los Juegos: 5 líneas.
- Los Juegos Paralímpicos: 3 líneas.

**Conclusión:** un párrafo de 3 líneas.

**Instrucciones para el borrador**

- No copies literalmente la información: escríbela con tus palabras.
- Escribe una cita de autoridad entrecomillada, especificando la fuente de donde la has tomado.
- Utiliza un conector textual en cada párrafo para ordenar la información (del tipo: *en primer lugar, en segundo lugar, por una parte, por otra, en conclusión*). [Ver página 75 de este libro de texto.]
- No utilices adjetivos ni expresiones valorativas: debes ser objetivo y no dar tu opinión.
- Cuando lo hayas terminado, revisa y corrige las faltas de ortografía, acentuación, puntuación, concordancia sujeto-verbo y las repeticiones innecesarias de palabras (emplea sinónimos en su lugar).

### 5 Redacción final

Pasa a limpio tu exposición. Tu objetivo es conseguir una buena presentación de tu escrito: caligrafía, márgenes, sangrías, párrafos, etc.

### 6 Bibliografía

Haz una relación de las fuentes de documentación que has utilizado.

# 1. Propiedades del texto: la coherencia lógica

**¿QUÉ ES LA COHERENCIA?**

El emisor tiene la **responsabilidad** de que su texto resulte **coherente**, es decir, **debe elaborar su información de forma lógica relacionando todo lo que dice con la idea principal que quiere comunicar**. Así conseguirá que su texto tenga **unidad interna**.

## ACTIVIDADES

**1** Lee este texto y responde a las preguntas.

**El olvidadizo**

Érase una vez un hombre que no acertó a concluir si por contagio contrajo una curiosa enfermedad: olvidaba cuanto era realmente importante y retenía todo aquello que no revestía importancia alguna.

Olvidaba día sí, día también, el nombre de su esposa y cuándo era su aniversario. Erraba el nombre de sus hijos y obviaba los compromisos profesionales que dos días antes había adquirido. No se presentaba a sus citas, porque las olvidaba con pasmosa facilidad.

En cambio, lograba retener con inusual detalle el color y la forma de los zapatos de cuantos se cruzaba por la calle, la matrícula de todos los autos que pasaban por su lado, y recordaba, una por una, las palabras de los clasificados del diario, que anunciaban cientos de cosas que no precisaba comprar.

Ante tal problema, decidió visitar a un médico de renombre internacional, de quien decían que curaba cualquier dolencia, por extraña y nueva que esta fuera.

Tras escuchar atentamente, el doctor le respondió:

–Bueno, no se preocupe, a fin de cuentas su problema no es demasiado grave, no importa.

–¡Cómo que no importa! –se quejó ofendido el hombre que retenía lo banal y olvidaba lo esencial.

Y el médico le aclaró:

–Si verdaderamente fuera un problema tan importante para usted... ¿no debería haberlo olvidado también?

Y le dio el alta.

Fernando Trías de Bes, *Relatos absurdos*

**a** Resume este texto. ¿Te ha resultado fácil resumirlo? ¿Por qué?

**b** ¿Cuál es el tema o idea principal?

**c** ¿Hay alguna información que quede suelta? ¿Qué deduces de este hecho?

**d** Haz un diagrama con la información de este cuento en el que se refleje su coherencia, es decir, que todas las ideas se relacionan con un solo tema (intenta aplicar el diagrama de la siguiente actividad).

**2** Fíjate en la información del siguiente diagrama. Elabora un texto coherente de unas 15 líneas. En él toda la información deberá girar exclusivamente en torno a una sola idea: las causas que explican por qué la familia Pérez no puede ahorrar.

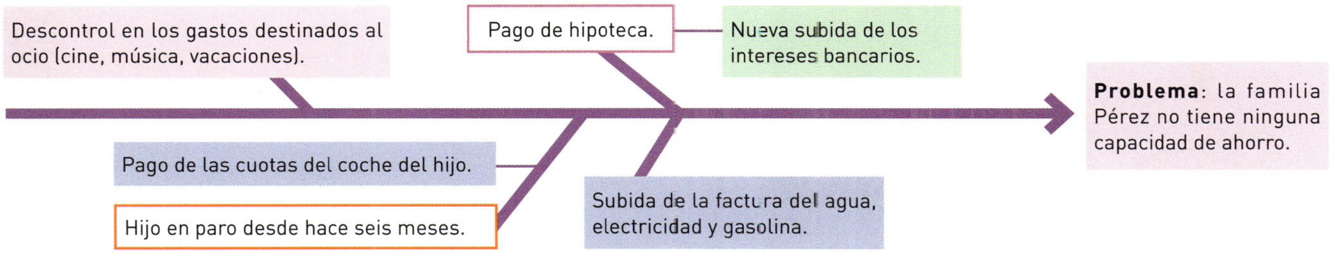

# 2. Variaciones léxicas del texto: los hiperónimos

### ¿QUÉ ES UN HIPERÓNIMO?

Es una palabra que tiene un significado tan amplio, que incluye el significado de otras palabras más precisas.

Ej.: **animal** → hiperónimo

**perro**
**tortuga** } hipónimos

### ¿PARA QUÉ SE USAN?

Los hiperónimos se usan para **no repetir** una misma palabra dentro de un texto. Contribuyen a la cohesión del significado, ya que recuperan una información anterior para añadir algo nuevo sobre ella.

Así ocurre en el fragmento reproducido a continuación. El autor utiliza el hiperónimo *aparato*, que tiene un significado muy amplio, para no repetir *teléfono móvil.*

### TIPOS DE HIPERÓNIMOS

a **Abstractos**

- **Expresan cualidad** (provienen de adjetivos): *tranquilidad* es hiperónimo de *reposo, bonanza, apacibilidad…*
- **Expresan acción** (provienen de verbos): *protección* es hiperónimo de *amparo, preservación, auxilio…*

b **Concretos:** *mueble* es hiperónimo de *aparador, recibidor, bargueño, coqueta…*

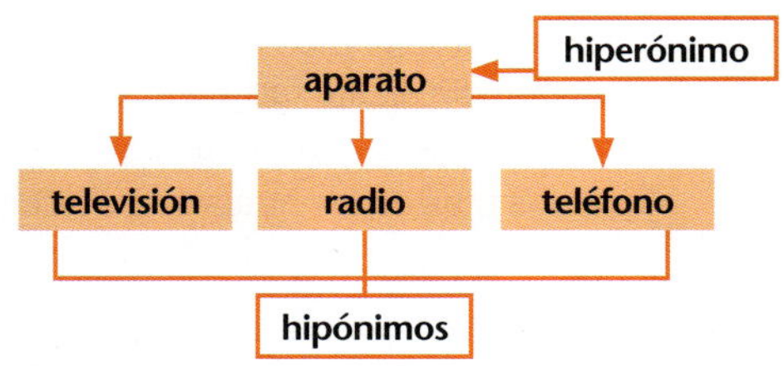


Lo compruebo cuando, en el bolsillo de mi pantalón siento la vibración de mi **teléfono móvil**, provocándome una última descarga de adrenalina, que me sube hasta la boca. Tengo conectado el timbre progresivo y, si no contesto dentro de unos segundos, comenzará a sonar, y lo hará cada vez más alto, delatando mi presencia ante el dueño de la casa. Trato de sacar el **aparato** del bolsillo, pero me hago un lío.

Fernando Lalana, *La tuneladora*

**hipónimo**

**hiperónimo**

## ACTIVIDADES

**3** Señala el hiperónimo y el hipónimo que hay en el siguiente texto.

> Tengo una foto en mis manos. Somos nosotros, Diego y yo, antes de que todo comenzara. Es una imagen del principio, primordial.
>
> Rosa Montero, *Amantes y enemigos*

**4** Elabora un texto en el que describas un día de excursión. Utiliza el siguiente hiperónimo y sus hipónimos.

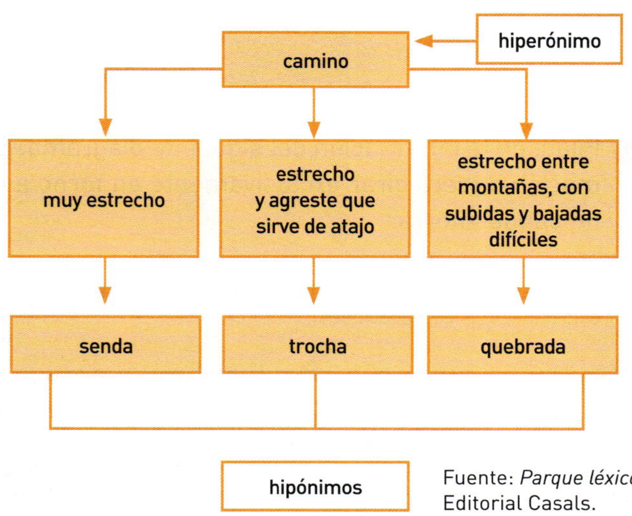


Fuente: *Parque léxico*, Editorial Casals.

# 1. Los complementos del grupo nominal (GN)

El núcleo del grupo nominal suele llevar **complementos** que precisan y delimitan su significado.

**TIPOS DE COMPLEMENTOS DEL NOMBRE (CN)**

| | | |
|---|---|---|
| **Grupo adjetival (GAdj)** | | un día **muy caluroso**<br>Det Núc CN (GAdj)<br>GN |
| **Grupo preposicional (GPrep)** | | la inauguración **de la feria**<br>Det Núc prep Det Núc<br>(E) GN (T)<br>GPrep (CN)<br>GN |
| **Grupo nominal en aposición (GN-Ap)** | **Aposición especificativa** | Diego **el Cigala**<br>Núc Det Núc<br>GN (CN)-Ap. esp.<br>GN |
| | **Aposición explicativa** | Pilar, **la conserja**<br>Núc Det Núc<br>GN (CN)-Ap. exp.<br>GN |

Observa cómo los complementos del nombre (CN) precisan y restringen el significado del nombre al que acompañan:

**1** tus chanclas verdes
Adj (CN)

**2** una casa de madera
GPrep (CN)

**3** mi prima Elena
GN-Ap (CN)

## 1.1 CN con estructura de GN

Si el complemento del nombre va unido al núcleo del GN sin preposición, se denomina **aposición**.

Te presento a Begoña, **mi mejor amiga**.
Núc CN (GN) → **Ap. exp.**

**TIPOS DE APOSICIÓN**

| | |
|---|---|
| **Aposición especificativa** | Delimita y precisa el significado del sustantivo, por lo que la oración varía su significado si se omite. No va entre comas.<br>Daniel **el Mochuelo** |
| **Aposición explicativa** | Resalta un rasgo característico del sustantivo que no aporta información nueva. Su desaparición, por tanto, no afecta de modo esencial al contenido de la oración. En la escritura va entre comas.<br>Cádiz, **ciudad milenaria**,… |

**Nombre compuesto y aposición**

Los nombres compuestos formados por dos sustantivos unidos o no ortográficamente (*compraventa, bocacalle, perro lobo, coche cama*) forman una sola unidad léxica y no se analizan:

el perro lobo
Det Núc

En cambio, las aposiciones deben analizarse porque son complementos del nombre al que acompañan:

la perra Laika
Det Núc GN (Ap.)

## 1.2 CN con estructura de GPrep

Este tipo de CN presenta una estructura especial:

| **Enlace (E)** | + | **Término (T)** |
|---|---|---|
| en | | el coche |
| ↓ | | ↓ |
| preposición (Prep) | | grupo nominal (GN) |

**FUNCIÓN DE ENLACE.** Es realizada por una preposición o locución prepositiva: *de cada brazo, en el aire, contra el árbol, a causa de la lluvia*... Se denomina *enlace* porque la preposición une el GN término con una palabra anterior, de la que depende: *caja **de madera***.

(caja ← E: de madera)

**FUNCIÓN DE TÉRMINO.** Es realizada por un grupo nominal (GN): *de cada brazo, en el aire*... A veces, el término puede ser un grupo adjetival (*por ingenuo*) o un grupo adverbial (*desde arriba*).

| de | cada | brazo |
|---|---|---|
| E | Det | Núc |
| | T (GN) | |
| GPrep | | |

**Los complementos preposicionales**

**1** A veces, expresan nociones que se pueden indicar también por medio del adjetivo: *objeto **de metal** = objeto **metálico***.

**2** Los que van introducidos con la preposición **de** expresan significados muy variados:

- **posesión**: *el coche de Teresa.*
- **origen**: *vino de Rueda.*
- **localización**: *la calle de la derecha.*

## ACTIVIDADES

**1** Analiza los siguientes grupos nominales.

- **a** Todos los muchachos del pueblo.
- **b** Iván, el aparejador.
- **c** Aquel mirlo blanco.
- **d** Ciertas correas para perros.
- **e** ¡Qué personaje más raro!
- **f** Los otros compañeros incondicionales.
- **g** Las historias sin desenlace.

**2** Señala los complementos del nombre y di qué estructura presentan.

- **a** El colegio está en la calle Antonio Machado.
- **b** Mi prima Gema llegará a la estación de Atocha.
- **c** Marisa, la profesora de Matemáticas, es ahora directora del centro escolar.
- **d** Jaime, el informático de la empresa, se ha hecho autónomo.
- **e** Vivo en la avenida María Moliner.

**3** Completa con tres complementos del nombre diferentes.

- **a** La respuesta ▲ [grupo preposicional]
- **b** Tu ▲ conversación [grupo adjetival]
- **c** Lisboa, ▲ [grupo nominal]

**4** Distingue el sustantivo compuesto y la aposición especificativa: **a** *el portero automático*, **b** *Francisco, el portero del bloque*. Razona tu respuesta.

**5** Escribe grupos nominales con estas estructuras.

- **a** Det + Det + Núc + CN (GPrep)
- **b** Det + Núc + CN (aposición especificativa)
- **c** Núc + CN (aposición explicativa)
- **d** Det + CN (GAdj) + Núc + CN (GPrep)

**6** Sustituye el grupo preposicional destacado por el adjetivo correspondiente.

- **a** casa de gran tamaño
- **b** jarabe para la secreción de la mucosidad
- **c** ideas propias del clero
- **d** Siglos de Oro

**7** Distingue la aposición y el vocativo: **a** *María, tu vecina*, **b** *María, tu vecina, pregunta por ti*. Razona tu respuesta.

**8** Completa el análisis de estos grupos de palabras.

**a**

| las | hermosas | vistas | de | la | ciudad |
|---|---|---|---|---|---|
| ▲ | ▲ | Núc | ▲ | ▲ | ▲ |
| | | | (E) | | |
| | | | | ▲ (T) | |
| | | | | ▲ (▲) | |
| | | ▲ | | | |

**b**

| Manrique, | el | gran | poeta | medieval |
|---|---|---|---|---|
| ▲ | ▲ | ▲ | ▲ | ▲ |
| | | ▲ GN | | |
| | | ▲ | | |

### 1.3 CN con estructura de GAdj

El complemento habitual de un sustantivo en el grupo nominal (GN) presenta la forma de grupo adjetival (GAdj), es decir, el complemento que tiene por núcleo un **adjetivo**, el cual puede ir o no acompañado de otros elementos.

| una | chica | **habilidosa** |
|---|---|---|
| Det | Núc | **CN (GAdj)** |

| una | chica | **muy** | **habilidosa** | **con el ordenador** |
|---|---|---|---|---|
| Det | Núc | Mod | Núc | GPrep (CAdj) |
| | | **CN (GAdj)** | | |

## 2. Estructura del grupo adjetival (GAdj)

Presenta la siguiente estructura:

**GAdj → (Mod) + Núc + (CAdj)**

| muy | guapa | de cara |
|---|---|---|
| adverbio de cantidad | adjetivo | grupo preposicional |

**FUNCIÓN DE NÚCLEO (Núc).** Es realizada por un adjetivo.

| alegre |
|---|
| **Núc** (adjetivo) |
| GAdj |

**FUNCIÓN DE MODIFICADOR (Mod).** Es realizada por adverbios que cuantifican lo expresado por el núcleo: *muy fácil, tan cercano, gravemente enfermo, poco amable, más fácil, menos simpático*...

| extremadamente | sensible |
|---|---|
| **Mod** | Núc (adjetivo) |
| GAdj | |

**FUNCIÓN DE COMPLEMENTO DEL ADJETIVO (CAdj).** Es realizada por un grupo preposicional que, por lo general, viene exigido por el significado del adjetivo.

| muy | seguro | de sí mismo |
|---|---|---|
| Mod | Núc (adj.) | **CAdj (GPrep)** |
| | GAdj | |

**!**

**Adjetivos con preposición**

Hay adjetivos que no suelen llevar nunca complementos: son adjetivos cuyo significado es completo, preciso: *una pintura **blanca**, un animal **salvaje**...*

Otros adjetivos, por el contrario, no tienen significado completo y necesitan un grupo preposicional que los complemente.

Estos adjetivos exigen una determinada preposición: ***apto** para la música, **capaz** de todo, **hábil** con las manos, **hostil** a la guerra...*

**ACTIVIDADES**

**9** Escribe grupos adjetivales con modificadores a partir de los siguientes adjetivos: *verde, interesante, amargo.*

**10** Escribe grupos adjetivales con complementos del adjetivo a partir de los siguientes adjetivos: *molesto, capaz, propenso.*

**11** ¿Qué preposición debes emplear después de cada uno de los siguientes adjetivos, si tuvieras que añadirles un complemento: *apto, sincero, harto, culpable?*

**12** Analiza estos GAdj: **a** *digno de alabanza,* **b** *bastante caro,* **c** *terriblemente cruel,* **d** *muy útil para el trabajo.*

**13** Analiza los siguientes grupos nominales: **a** *una comida poco sabrosa,* **b** *un vecino harto de tantos ruidos.*

**14** Completa el análisis de este grupo de palabras.

| unas | canciones | muy | pegadizas |
|---|---|---|---|
| ▲ | ▲ | ▲ | ▲ |
| | | ▲ | |
| | GN | | |

el coche **rojo**

la chica **feliz**

# 3. El adjetivo

- **Según el significado**, el adjetivo expresa una **cualidad** o **estado** del objeto designado por el sustantivo.

el coche **rojo**    la chica **feliz**

- **Según la función**, es el **núcleo del grupo adjetival**. El adjetivo puede modificar a un nombre directamente (función de **complemento del nombre**) o a través de un verbo (**atributo** y **predicativo**).

el niño **tranquilo** (CN)    El niño es **tranquilo**. (Atributo)    El niño duerme **tranquilo**. (Predicativo)

- **Según la forma**, es una palabra variable que tiene, como el sustantivo, morfemas de **género** y **número**: *guap**o**/guap**a**/guap**os**/guap**as***.

Morfológicamente podemos distinguir los adjetivos de una **sola terminación**, que solo poseen variación de número (*amable/s, inteligente/s, fuerte/s, fiel/es*) y adjetivos de **dos terminaciones**, que presentan también morfemas de género (*blanco/blanca, traidor/traidora*).

En el adjetivo, a diferencia de lo que veíamos en el sustantivo, la terminación **-o**/**-a** es marca de género siempre: **-o** morfema de masculino, **-a** morfema de femenino.

La estrecha relación que mantiene el adjetivo con el nombre se manifiesta formalmente en la **concordancia**.

el chico simpátic**o** / la chic**a** simpátic**a**
los chic**os** simpátic**os** / las chic**as** simpátic**as**

## 3.1 El grado

El adjetivo puede expresar también grado, en función de si la cualidad expresada por él aparece o no cuantificada.

chico **simpático**    chico **más simpático que** yo    chico **muy simpático**

| | | |
|---|---|---|
| **Grado positivo** | Expresa una cualidad sin graduar su intensidad. | *chico simpático* |
| **Grado comparativo** | Relaciona una cualidad con otro ser que la posea e indica si esta es superior (**superioridad**), igual (**igualdad**) o inferior (**inferioridad**). | • **Superioridad:** *más simpático que.*<br>• **Igualdad:** *tan simpático como.*<br>• **Inferioridad:** *menos simpático que.* |
| **Grado superlativo** | Expresa una cualidad con la máxima intensidad. Existen dos tipos de superlativos:<br>• **Superlativo absoluto:** se forma por medio del adverbio **muy** o de un sufijo (**-ísimo**, **-érrimo**).<br>• **Superlativo relativo: el más/la más, el menos/la menos.** | • **Superlativo absoluto:** *muy simpático, muy pobre / simpatiquísimo, paupérrimo* (posee la cualidad en su más alto grado sin establecer comparación con otros).<br>• **Superlativo relativo:** *el más simpático de, el menos simpático de* (posee la cualidad en el más alto grado en relación con los de su clase o grupo, por eso es cualidad relativa, no absoluta). |

## 3.2 Comparativos y superlativos cultos

En castellano algunos adjetivos han heredado del latín las formas cultas del comparativo y del superlativo. Veámoslas.

| Positivo | Comparativo | Superlativo |
|---|---|---|
| bueno | mejor | óptimo |
| malo | peor | pésimo |
| grande | mayor | máximo |
| pequeño | menor | mínimo |
| alto | superior | supremo |
| bajo | inferior | ínfimo |

Alba es mayor que Juan.

Los comparativos cultos anteriores no se pueden combinar con los morfemas de grado comparativo **más**, **menos** y **tan**. Por lo tanto, no debe decirse: **más mejor*, **menos peor*, **tan menor*, etc.

Los superlativos tampoco se deben combinar con los morfemas de grado con los que se forma en castellano el superlativo: **muy**, **-ísimo**. Por lo tanto, no debe decirse ****muy** pésimo*, **optim**ísimo***, etc.

La cuantificación se hace con adverbios que funcionan como modificadores del adjetivo (*muy, extremadamente, demasiado alto*). No todos los adjetivos, sin embargo, admiten cuantificación. No se puede decir **cuestiones muy financieras*, **ganado muy ovino...*

En la jerga juvenil se usan formas nuevas y muy expresivas del superlativo: *pedazo de tonto, mazo feo...*

Y prefijos como **super-**, **extra-**, **mega-** se han extendido en la lengua coloquial. No obstante, su uso debe ser moderado.

### ACTIVIDADES

**15** Escribe construcciones comparativas con las siguientes palabras.

| | | | | |
|---|---|---|---|---|
| El ordenador<br>La tele<br>El cine | es | más<br>menos<br>tan | que<br>como | los libros<br>el deporte<br>el ajedrez |

**16** Señala en qué grado se encuentran los adjetivos en las oraciones.

- **a** El agua está fresquísima.
- **b** Ese chiste es mejor que el que ha contado Elisa.
- **c** Este edificio es el más antiguo del barrio.
- **d** Parece tan agradable como su padre.
- **e** Este es el mayor de todos los hermanos.
- **f** Este problema es mucho menos complicado que el otro.

**17** Escribe en grado positivo los siguientes adjetivos superlativos: *fortísimo, certísimo, valentísimo, pulquérrimo, supremo, novísimo, recentísimo, ternísimo, misérrimo, pésimo, bonísimo, libérrimo, sapientísimo, mínimo*.

**18** Descubre los errores de las siguientes oraciones y corrígelos.

- **a** Debo resumir las ideas más principales del texto.
- **b** Ese comportamiento es muy feísimo, no se puede tolerar.
- **c** Tu hija es más mayor que la mía.
- **d** Lucha con todas sus fuerzas para conseguir un puesto más superior.

## El epíteto poético

Los poetas utilizan con frecuencia el adjetivo para producir determinados efectos de estilo. Para ello, suelen usarlo con mucha libertad. Garcilaso habla del *blanco cisne*, de la *dulce vida* o de los *verdes sauces* y el *cristalino Tajo*…

Más difícil nos resulta, por ejemplo, entender a Juan Ramón Jiménez cuando dice *A caballo va el poeta / ¡Qué tranquilidad violeta!* o cuando habla de *viento negro*.

Y es que los escritores, en muchos casos, califican con cualidades (epítetos) que corresponden a su particular visión de las cosas, es decir, según sus connotaciones personales. Los lectores debemos tratar de descubrir esa «visión especial» que encierran estos epítetos poéticos, pues son imprescindibles en la lengua literaria.

## 3.3 Adjetivo especificativo y adjetivo explicativo

Me gustan los jerséis **rojos**. (adjetivo especificativo) Disfruta de esta **florida** primavera. (adjetivo explicativo)

| | |
|---|---|
| **Adjetivo especificativo**<br> | **Selecciona, restringe** el significado del sustantivo: me gustan los jerséis rojos y no otros.<br><br>Son necesarios para identificar al individuo o la clase a la que se refiere el hablante. Si se omite, se modifica el significado del enunciado:<br>*Vamos a cortar las rosas **rojas**.* → solo las rojas<br>*Vamos a cortar las rosas.* → todas las que haya, sean rojas o no<br><br>Este tipo de adjetivos suele ir **pospuesto**. |
| **Adjetivo explicativo**<br> | **No selecciona ni restringe** el significado del sustantivo. Hay dos tipos:<br><br>• **Epítetos**. Son adjetivos que indican **cualidades propias del sustantivo**, cuya presencia, por tanto, no restringe el significado de este, ya que no añaden información nueva.<br><br>El enunciado *El blanco cisne descansaba sobre la hierba verde* tiene el mismo significado que *El cisne descansaba sobre la hierba*.<br><br>Estos adjetivos se usan como adorno del nombre, con la intención de embellecer la expresión. La supresión de los epítetos no cambia esencialmente el significado de la oración. Suelen ir **delante** del nombre, pero también pueden ir **detrás**.<br><br>• **Adjetivos descriptivos antepuestos.**<br>*Las rojas rosas del jardín han sido cortadas.* → todas eran rojas<br><br>El rojo no es una cualidad constante de las rosas, pero al ir antepuesto indica que todas las rosas del jardín al que nos referimos sí son rojas. Por lo tanto, este adjetivo descriptivo, aunque no es un epíteto propiamente dicho, al ir antepuesto funciona como si lo fuera, es decir, como adjetivo explicativo que no restringe el significado del sustantivo. |

## 3.4 Posición del adjetivo

Como complemento del nombre, puede ir pospuesto o antepuesto.

| | |
|---|---|
| **Posposición N + Adj** | **Obligatoria:** 1 **Gentilicios:** *un alumno catalán, un chico canadiense*…<br>2 **Adjetivos de relación que expresan clase o tipo:** *amor paterno, turismo rural*, etc.<br>**Opcional:** en esta posición aporta un matiz de **objetividad:** *nubes blancas* frente a *blancas nubes, actividad sana* frente a *sana actividad*. |
| **Anteposición Adj + N** | Aporta por lo general un matiz subjetivo:<br>1 **Epítetos:** *fría nieve, colorada rosa, áspera corteza*…<br>2 **Valorativos:** *estupendo trabajo, magnífica intervención*… |

En algunos casos la colocación del adjetivo con respecto al nombre condiciona completamente su significado. Todo el mundo sabe que no es lo mismo *un coche nuevo* que *un nuevo coche*.

## ACTIVIDADES

**19** Intenta dar una explicación de por qué los siguientes adjetivos van antepuestos o pospuestos al sustantivo.

- **a** Lo he pagado a buen precio. / Lo he pagado a un precio aceptable.
- **b** Dice el pobre que ha tenido un mal año. / Dice el pobre que ha tenido un año muy desgraciado.
- **c** Se ha construido él solo un pequeño jardín. / Se ha construido él solo un jardín japonés.
- **d** Le preocupa ser toda la vida un triste empleado. / Juan no participará en la comida de la empresa; es un empleado triste y apático.

**20** Di si son especificativos o explicativos los adjetivos que aparecen en las siguientes oraciones.

- **a** ¿Por qué no reciclas el papel viejo?
- **b** La nueva novela de Vargas Llosa aparecerá el verano próximo.
- **c** Las noches largas del invierno invitan a leer al amor de la lumbre.
- **d** Las pestañas largas son muy bonitas.
- **e** El caluroso aplauso hizo que apareciera en su cara una tímida sonrisa.
- **f** Bebimos el agua cristalina del manantial.
- **g** Reúne excelentes condiciones para ese trabajo.
- **h** Le gusta la buena mesa y la buena compañía.

**21** Señala los adjetivos calificativos del siguiente poema. Clasifícalos en especificativos y explicativos.

Cercada por ladrillos y cemento,
por asfalto, carteles y oficinas,
entre discos de luz, entre bocinas,
una acacia cautiva busca un viento.

Busca un campo tranquilo, el soñoliento
río sonoro que en sus aguas finas
lleva luces que fluyen diamantinas
en sosegado y suave movimiento.

Busca el salto del pez, el raudo brillo
de su escama fugaz y repentina,
con rápida sorpresa de cuchillo.

Busca la presurosa golondrina,
no la brutal tristeza del ladrillo
que finge roja sangre en cada esquina.

Rafael Morales, «Canción sobre el asfalto»

**22** Señala si son especificativos o explicativos los adjetivos subrayados en los siguientes pares de oraciones. Justifica tu respuesta.

- **a** Vimos los pálidos rostros de los familiares. / Quien tenga el rostro pálido será el asesino –dijo el detective.
- **b** Sacaremos fuera del restaurante las mesas verdes. / Sacaron fuera las verdes mesas del restaurante.
- **c** Los recolectores cortaron los frutos maduros. / Era verano y los maduros frutos aguardaban la llegada de los recolectores.

**23** Explica la diferencia de significado que produce el cambio de posición del adjetivo.

- **a** Todo eso no son más que simples rumores. / Es una persona simple, por eso se cree todo lo que oye.
- **b** Es un verdadero cuadro de Goya. / Ese es un enunciado verdadero.
- **c** María es el vivo rostro de su abuela. / María tenía un rostro vivo, alegre.
- **d** La cámara recogió la miserable mirada del traidor. / Ayudaban a los habitantes de un pueblo miserable de Afganistán.

**24** Identifica y clasifica los adjetivos determinativos y los pronombres del siguiente texto. Anota los adjetivos calificativos.

Pero el segundo curso era diferente del primero. Y la profesora era distinta. Yo quería ir con Lilian. [...] Durante el día pedí permiso para salir de clase y me fui a llamar a la puerta del aula de Lilian. Le supliqué que me dejara entrar, pero me dijo que volviera a la clase de segundo, en el aula de al lado. Cuando cerró la puerta, me senté ahí mismo a llorar.
Al final, Lilian y mi profesora hablaron. Como yo solía acabar mis tareas de clase pronto y luego no tenía nada que hacer, acordaron dejarme ir a clase de primero cuando tuviera tiempo libre. Pero ahora, como la profesora nueva me dejaba ir con Lilian, pensé que ella también era buena y empezó a gustarme [...]. Seguí corriendo hacia Lilian para hablar con ella cada vez que la veía en el recreo. Y siguió siendo mi preferida.

Ibtisam Barakat, *Saboreando el cielo*

## PRÁCTICA DE REPASO

**25** Explica si las formas destacadas son determinantes o complementos del nombre.

a Léete el capítulo cuarto de esta novela.
b Lleva cuatro días sin dormir.
c El número cuatro ha salido premiado tres veces.
d No tengo ninguna culpa.
e No tengo culpa ninguna.

**26** Escribe tres grupos nominales cuyos núcleos estén precedidos de dos determinantes.

**27** Sustituye cada expresión destacada por el determinante correspondiente.

a Tiene un porrón de deudas pendientes.
b Tiene la tira de trabajo.
c Tiene mazo de suerte.

**28** Identifica el adjetivo gentilicio, el epíteto y el valorativo.

a la áspera corteza del laurel
b el equipo onubense
c la magnífica novela

**29** Localiza en estas oraciones los complementos del nombre y analízalos.

a París, ciudad del amor, es la cuna del arte moderno.
b Elisa, escucha esta canción de cuna.
c He visto países, ciudades, pueblos maravillosos.
d *María la Portuguesa* es el título de una canción.

**30** Distingue el CN y el CAdj.

a Muchos ciudadanos son hostiles a la guerra.
b La inclinación al bien es la base de la moral.
c Los verdes campos de los pueblos norteños.

**31** Distingue el grado de los siguientes adjetivos: *excelente, minúsculo, pequeñísimo, el más atento de los allí reunidos, menos grandioso, extraordinario*.

**32** Identifica y corrige los errores en los siguientes ejemplos.

a Guillermo es más mayor que su hermana.
b Si te portas tan mal va ser mucho más peor.
c Sus calificaciones son muy pésimas.

**33** Identifica los adjetivos explicativos y los especificativos. Razona la respuesta.

a Antonio y yo oímos las atronadoras tormentas de los Alpes.
b No se pudo abrir la caja metálica.
c Las aguas cálidas de Alicante son terapéuticas.
d Los derretidos helados no pudieron venderse.
e Las sureñas playas de Huelva son un destino turístico muy frecuente.

**34** A diferencia de los adjetivos, el significado de los sustantivos no puede graduarse. Se dice *muy amable*, pero es inaceptable la expresión **muy libro*. Sin embargo, hay ciertos sustantivos que sí admiten el grado: *muy mujer*, *muy hombre*, *muy niño*. ¿Por qué crees que ocurre esto? ¿Conoces otros sustantivos que pueden recibir el modificador *muy*? Escribe frases con ellos.

**35** Fíjate en el ejemplo y señala el lexema, morfema de grado, morfemas de género y número de los siguientes adjetivos.

**blanqu**-**ísim**-**o**-**s** (blanqu: lexema)
morfema de grado superlativo absoluto
morfema de género masculino
morfema de número plural

a muy azules
b sequísimo
c peores
d antieconómicas

**36** CS En España los turrones aparecen con las siguientes etiquetas: calidad *suprema* y calidad *extra*. ¿En qué se diferencian? Razona si te parecen claras o confusas estas formas de superlativo. Documéntate en el siguiente enlace.

**37** Escribe el adjetivo que corresponde a cada sustantivo. Ejemplo: *hueso* → *óseo*.

a huevo
b carne
c cabra
d leche
e vegetal
f fruta

**38** No confundas los sustantivos abstractos de cualidad con los adjetivos calificativos. Completa la tabla.

| | |
|---|---|
| blanco/a | blancura |
| dulce | |
| amargo/a | |
| bello/a | |
| feliz | |
| peor | |

# 4. El grupo nominal (GN) como sujeto de la oración

La **oración** es un tipo de enunciado que tiene dos constituyentes básicos: un GN que funciona de sujeto y un GV que funciona de predicado. Sujeto y predicado mantienen entre sí una relación de interdependencia, es decir, cada uno depende del otro mediante la relación de concordancia.

El **sujeto** es el grupo nominal (GN) cuyo núcleo concuerda con el verbo en número y persona.

concordancia

**Vosotros fuisteis** al concierto.
Sujeto V

*vosotros* concuerda en número y persona con *fuisteis* (2.ª persona del plural)

concordancia

**Me interesan esos cuadros**.
V Sujeto

*esos cuadros* concuerda en número y persona con *interesan* (3.ª persona del plural)

A menudo se define el sujeto como la **persona** o **cosa que realiza la acción verbal.** Esta definición, válida en muchos casos, presenta excepciones: verbos en pasiva, verbos de estado, oraciones del tipo *Me gusta la pintura*...

## 4.1 Reconocimiento del sujeto

La **concordancia** del **núcleo del sujeto** con el **núcleo del predicado** nos da la clave para reconocer el sujeto. Para ello, hay que seguir tres pasos:

1 **Buscar el verbo y subrayarlo:** *Me interesa esa película.*
2 **Cambiarlo de persona o de número:** *Me interesan.*
3 **Ver qué otra parte de la oración se ve «arrastrada» en el cambio:**
*Me interesan esas películas.*
Sujeto

## 4.2 Presencia o ausencia del sujeto

Como constituyente básico de la oración, el sujeto suele aparecer explícito (**sujeto léxico**):

Han salido al recreo **todos los alumnos.** (*todos los alumnos*: sujeto léxico)

Pero a veces el sujeto se omite y lo reconocemos por las desinencias verbales:

Salimos al recreo. (**sujeto gramatical:** primera persona del plural)

En otras ocasiones se omite y lo reconocemos por el contexto:

He probado el pastel. Está delicioso. (**sujeto sobreentendido:** *el pastel*)

Finalmente, algunas oraciones no tienen sujeto (constan solo de predicado). Son las llamadas **oraciones impersonales**, que presentan tres formas fundamentales:

a **Con verbos meteorológicos**: *En otoño llueve más.*
b **Con *ser, haber, hacer* en ciertas construcciones de 3.ª persona del singular:** *Es pronto. Había mucha gente. Hace de eso dos días.*
c **Algunas construcciones con *se* (impersonal refleja):** *Se vive bien aquí.*

Identifica el sujeto de las siguientes oraciones que forman parte de este cartel: *¿Jugamos a las canicas? / Salta a la cuerda.*

**Ausencia del sujeto**

- El sujeto puede estar omitido:
  *Se han marchado.*
- La oración puede ser impersonal:
  *Ha llovido bastante.*

**Presencia del sujeto**

- Antepuesto (al comienzo):
  *Los corredores tienen su dorsal.* (Sujeto: *Los corredores*)
- Inscrito (en medio):
  *Ha venido nuestro hijo con noticias.* (Sujeto: *nuestro hijo*)
- Pospuesto (al final):
  *A María le gusta mucho el cine.* (Sujeto: *el cine*)

## ACTIVIDADES

**39** Distingue los grupos nominales y las oraciones. Razónalo.

- **a** La implicación de Juan en el accidente de tráfico.
- **b** No hay pan.
- **c** El increíble descubrimiento de los restos de un dinosaurio en un yacimiento de Ciudad Real.
- **d** Los repuestos no los han traído hoy.

**40** Explica la concordancia entre el sujeto y el verbo en las siguientes oraciones.

- **a** El lunes salió el tren con retraso.
- **b** José, el vecino de Lucía, es ahora el presidente de la comunidad.
- **c** Ha entrado el jefe con mala cara.
- **d** A nosotros no nos gustan los helados de chocolate.

**41** Identifica el sujeto y explica los pasos que debes seguir para estar seguro de que lo has hecho bien.

- **a** A María le encanta esa canción.
- **b** Ha caído un meteorito en el campo.
- **c** A vosotros los ruidos no os molestan.
- **d** Para mí esa actitud es reprobable.

**42** Identifica el sujeto gramatical, el sujeto léxico, el sujeto sobrentendido y el sujeto omitido.

- **a** No ha protestado nadie.
- **b** He oído la historia de Carmen. Resulta extraña.
- **c** Viajaremos en tren hasta Jaén.
- **d** ¿Quién ha venido?
- **e** Daniel, no han presentado aún el permiso de obras.

**43** Razona si el sujeto de estas oraciones aparece antepuesto, pospuesto o se trata de un sujeto inscrito.

- **a** Pedro, hoy llegará el paquete por mensajería.
- **b** Han regresado las golondrinas a su nido.
- **c** A tu madre le asusta el sonido del viento.
- **d** Los participantes en el maratón recibirán un pequeño regalo al final del recorrido.

**44** Distingue las oraciones impersonales y las oraciones con sujeto omitido.

- **a** Hubo una avalancha de nieve.
- **b** Tenía mucho sueño.
- **c** El año pasado llovió bastante.
- **d** Regresarán las lluvias con más fuerza.
- **e** Hace un día muy soleado.
- **f** Hay bastante agua en el depósito municipal.
- **g** En esta zona de la ciudad se respira mejor.

**45** Sigue el ejemplo y transforma en oraciones los siguientes grupos nominales.

- **a** El triunfo de Óscar en las Olimpiadas. → *Óscar triunfó en las Olimpiadas*.
- **b** La llegada del pelotón a la cima de la montaña.
- **c** El progreso de tu hermano en los estudios.
- **d** La subida de los precios de las hipotecas.

**46** Te ofrecemos ahora un grupo de sujetos y un grupo de predicados; los hemos extraído de las *Greguerías* de Gómez de la Serna. Teniendo en cuenta la concordancia y el significado, reconstruye las oraciones.

**Sujetos:** el pavo real, los pájaros, los colmillos, las momias, la timidez.
**Predicados:** es como un traje mal hecho, barre el jardín con plumas de oro, al rinoceronte le han salido por donde no debían, aquella mañana cantaban al revés, fueron fajadas como recién nacidas de la muerte.

**47** Separa el sujeto y el predicado en las siguientes oraciones. Clasifica en cada caso el tipo de sujeto.

> Los gnomos tienen una forma particular y secreta de predecir el tiempo. Se basan en la oscilación cósmica. Los inviernos rigurosos o benignos son previstos por ellos a largo plazo sin problema. El tiempo cronológico lo miden con relojes de oro o de plata. Les gustan los relojes de cuco. Estos son el regalo tradicional en el día de la boda.

**48** Señala el sujeto y el predicado, y los núcleos de ambos.

- **a** No hay comida en la nevera.
- **b** Este año llegará pronto la sequía.
- **c** A mi hermana no le apetece el café.
- **d** Los repuestos los hemos colocado en la mesa.
- **e** Me parece bien su dedicación al estudio.
- **f** A mí me parece esa calle muy ruidosa.

**49** Explica los errores de concordancia entre el sujeto y el predicado. Corrígelos: **a** *Vinieron mucha gente.* **b** *Hoy han habido muchos accidentes.* **c** *¿Le gusta a usted los cacahuetes?* **d** *A todos ellos les gustan el cine.*

## PRÁCTICA DE REPASO

### Análisis morfológico

**50** Identifica las clases de palabras en el texto.

> Menudo susto me llevé, porque lo que había escrito sobre ella justo en esa página no era muy halagüeño que digamos. Así todos los días pasa algo, pero soy demasiado perezosa y estoy demasiado cansada para escribírtelo todo.
>
> Anne Frank, *Diario*

**51** Sigue el ejemplo y separa los lexemas y los morfemas de las siguientes palabras.

| | Prefijo derivativo | Lexema | Sufijo derivativo | Morfema de género | Morfema de número |
|---|---|---|---|---|---|
| inmaduros | in | madur | | o | s |
| submarinos | | | | | |
| raíces | | | | | |
| emparejamientos | | | | | |
| norteamericanos | | | | | |
| florecillas | | | | | |
| atípicos | | | | | |
| piratas | | | | | |
| blanquecinas | | | | | |
| embarcaciones | | | | | |

**52** CA Forma palabras derivadas con los sufijos correspondientes. Luego, explica qué significado aportan estos sufijos a cada lexema.

| | Sufijos derivativos | | | | |
|---|---|---|---|---|---|
| | -al | -ar | -aje | -eda | -ado |
| álam | | | | alam**eda** | |
| pin | | | | | |
| cortina | | | | | |
| alumn | | | | | |
| arena | | | | | |
| montoncillo | | | | | |

**53** Forma palabras derivadas con los prefijos correspondientes. Explica qué significa cada prefijo.

| | Prefijos derivativos | | | | |
|---|---|---|---|---|---|
| | a- | des- | in- | pre- | sub- |
| empleo | | | | | |
| moral | | | | | |
| ciert | | | **in**cierto | | |
| lavado | | | | | |
| agrado | | | | | |
| propósito | | | | | |

**54** Forma un sustantivo y un verbo a partir de cada adjetivo: *claro, suave, puro, vago, bello, sordo, raro.*

**55** Di la función de los elementos subrayados.

- **a** Esos no volverán.
- **b** Este violín es del siglo XVIII.
- **c** Los árboles aquellos son olmos.
- **d** Mi coche es ese rojo.
- **e** Eso es de los dos.

**56** Explica los casos de sustantivación: **a** *La mejor es aquella.* **b** *Los de aquí están más verdes.* **c** *Los más maduros caerán al suelo.* **d** *Nadie se esperaba aquel no.*

**57** Razona si los adjetivos subrayados son especificativos o explicativos: **a** *El traje gris no me gusta.* **b** *Las negras nubes anunciaron la tormenta inminente.*

**58** Identifica el adjetivo gentilicio, el de relación, el descriptivo y el valorativo: **a** *Han encendido la estufa eléctrica.* **b** *La danza española es muy reconocida en el mundo.* **c** *El sofá blanco ya se ha vendido.* **d** *La grandiosa voz de esa estrella del pop se ha apagado.*

**59** CA Forma el grado comparativo y el grado superlativo de los adjetivos anteriores. Explica si alguno no admite esos grados.

### Análisis sintáctico

**60** Completa los análisis.

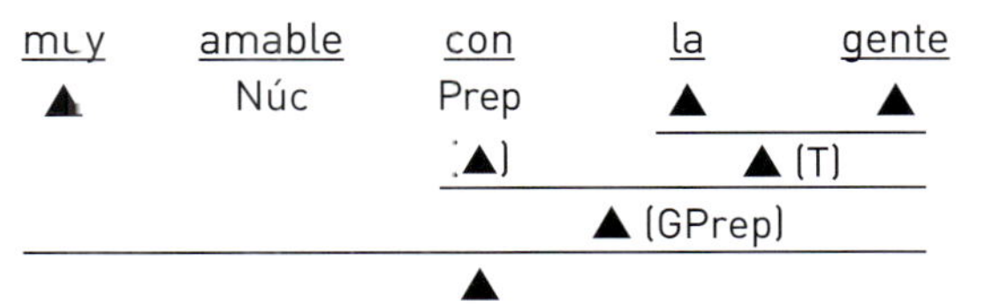


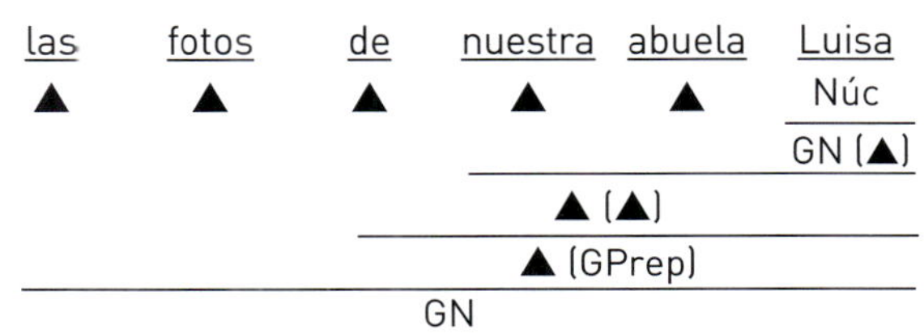


**61** Algunos de los grupos nominales subrayados son sujetos de la oración. Identifícalos mediante la regla de la concordancia: **a** *Los lunes las clases son por la tarde.* **b** *A ese cliente no le gusta nuestro producto.* **c** *Juana, ha llegado la enfermera.* **d** *Las canciones las hemos oído todos.*

## ESQUEMA NUMÉRICO

### FUENTE DE DOCUMENTACIÓN

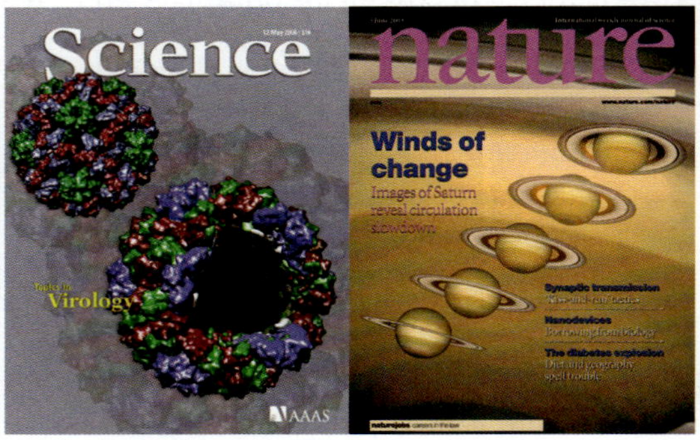


1. **Definición**. Es el origen de la información.
2. **Finalidad**. Documentarse para investigar un determinado asunto cuya explicación se desconoce o sobre el que se tiene dudas.
3. **Características**. La fuente documental debe ser: auténtica, fiable, objetiva y accesible.
4. **Canal**. Según el modo de transmisión, pueden ser:
   - 4.1. **Orales**: seminarios, coloquios, conversaciones o entrevistas.
   - 4.2. **Escritas** en papel (impresas).
   - 4.3. **Audiovisuales**
     - 4.3.1. Dispositivos electrónicos magnéticos: discos compactos (CD), discos de ordenador, vídeos.
     - 4.3.2. A través de la Red (Internet) y de servidores como Google, se difunden todo tipo de documentos.
5. **Grado de elaboración**
   - 5.1. **Fuentes PRIMARIAS**: tratan directamente el tema que se está investigando.
     - 5.1.1. **Documentos textuales**: de forma escrita, con título y estructura. Tipos:
       - a **Monografías**: libros que tratan un tema de forma completa.
       - b **Obras de consulta o referencia**: colecciones de datos que guardan relación entre sí, pero que no están integrados en un tema específico: diccionarios, enciclopedias, manuales...
       - c **Publicaciones periódicas**: revistas, diarios, documentos de archivo.
     - 5.1.2. **Documentos no textuales**: pueden incluir una parte de texto escrito, pero la información esencial aparece en otro tipo de signos, y dependen de la naturaleza del soporte: imágenes, fotografías...
   - 5.2. **Fuentes SECUNDARIAS**: contienen información sobre las fuentes primarias y, por tanto, remiten a otros documentos. Pueden ser:
     - 5.2.1. **Formato impreso**: bibliografías, catálogos, boletines.
     - 5.2.2. **Formato electrónico**: bases de datos.

Lucía Latorre Cano y VV.AA., *Fuentes de documentación: la búsqueda documental* (texto adaptado)

**1** CL **Comprensión**

a ¿Qué es una fuente de información?

b ¿Con qué propósito busca un periodista una fuente de información?

c ¿Qué diferencia hay entre las fuentes primarias y las fuentes secundarias?

d ¿En qué se diferencia una fuente textual de una no textual?

e ¿Toda la información que se publica en un periódico es fiable y objetiva? Razona tu respuesta.

f ¿Crees que los documentos de los servicios de espionaje de un país son generalmente accesibles?

g ¿Todo documento escrito es auténtico? ¿Por qué?

**2** CC CD **Inferencia**

Consulta este enlace y resume en tres líneas en qué consistió uno de los fraudes documentales más importantes del siglo XX.

**3** CS **Interpretación**

**a** Ordena de 1 a 3 la fiabilidad que te merecen las siguientes fuentes documentales: **1** foro de Internet, **2** tique de la compra, **3** plano aéreo de una ciudad. Razona tu respuesta. **b** Clasifica las siguientes fuentes de información, según el esquema numérico.

| Documento | Tipo de fuente |
|---|---|
| Revista *Muy interesante* | |
| *El Quijote* | |
| Ficha médica de un paciente | |
| Base de datos de tu biblioteca | |
| Wikipedia | |
| Relación de libros que vas a utilizar para un trabajo de clase (bibliografía) | |
| Youtube | |

## IDIOMAS PERDIDOS

En nuestro planeta se hablan alrededor de seis mil idiomas. **Muchos de ellos**, sin embargo, desaparecerán pronto, ya que dependen únicamente de unas pocas personas vivas que todavía los conocen. Pero, a lo largo del tiempo, ha habido otras lenguas habladas por distintos pueblos que nos han dejado su rastro en forma de inscripciones y textos sobre todo tipo de soportes. Piedra, barro, papiro, madera... Unas inscripciones que en muchos casos simplemente no podemos comprender. Quizás hablen de gloriosas batallas dirigidas por generales olvidados o quizás sean **simples listas de mercancías**. ¿Quién sabe si esconden exquisitos poemas o insultos de lo más groseros?

Algunos idiomas, como el antiguo etrusco, se han podido descifrar fonéticamente. **Los expertos, lingüistas en lenguas antiguas**, pueden coger un texto etrusco y leerlo sin dificultades. El único problema es que no se ha podido traducir. Podemos pronunciar las palabras que encontramos escritas, pero ignoramos su sentido. Únicamente algunas veces se puede comprender algún texto sencillo, con nombres de personas o lugares. Pero poca cosa más.

También tenemos un antiguo sistema de escritura que utilizaron los minoicos, en la actual isla de Creta, hace unos tres mil quinientos años. Tenemos tabletas de barro con las que hemos podido saber que existía un centenar de caracteres individuales y otros silábicos, pero su significado sigue siendo desconocido.

Y así, muchos más: la escritura de los mayas, hecha con símbolos grabados en piedra y que se conoce en parte (aunque no del todo), y el rongo rongo, que era el sistema de escritura hecho con dientes de tiburón sobre tablas de madera de la isla de Pascua (un sistema de símbolos sobre el que se han realizado muchas teorías, aunque ninguna confirmada).

La magnitud del problema se hace evidente cuando pensamos que los egipcios dejaron millones de jeroglíficos esparcidos por todo Egipto, pero, a pesar de la apabullante abundancia de material, hasta que no apareció la piedra de Rosetta trilingüe que dio el punto de partida, no hubo manera de descifrarlos.

Daniel Closa i Autet, *100 enigmas que la ciencia (todavía) no ha resuelto* (texto adaptado)

### Análisis y valoración del contenido

**1 Léxico.** Escribe el significado de las palabras subrayadas.

**2 Recuperación de la información. a** ¿Por qué circunstancia muchas lenguas actuales van a desaparecer en breve? **b** Escribe el nombre de las lenguas antiguas cuyas inscripciones podemos leer pero no traducir. **c** ¿Qué importante descubrimiento permitió traducir los jeroglíficos egipcios?

**3 Interpretación e inferencias. a** CS ¿Qué característica tenía la piedra de Rosetta para poder traducir los jeroglíficos egipcios? Consulta el enlace. **b** CS Teniendo en cuenta su ubicación geográfica, ¿por qué los hablantes del rongo rongo utilizaban dientes de tiburón para escribir sobre madera?

**4 Síntesis.** Resume el texto en cinco líneas y escribe el tema.

**5 Valoración del contenido.** ¿Debemos permanecer impasibles ante el hecho de que muchas lenguas antiguas vayan a desaparecer pronto? ¿Podríamos utilizar las nuevas tecnologías para que no se pierdan?

### Análisis y valoración de la forma

**6 Tipo de texto. a** ¿Es una exposición especializada? **b** Identifica el planteamiento, el desarrollo y la conclusión. **c** ¿Cómo se desarrolla la información: de lo particular a lo general? **d** Identifica las construcciones impersonales y pasivas reflejas que favorecen la objetividad de la información. **e** Identifica los adjetivos y los tecnicismos que contribuyen a la claridad y precisión. **f** Se usa varias veces el verbo conjugado en 1.ª persona del plural (*ignoramos*). ¿Se trata de un plural de modestia o sociativo?

**7 Gramática. a** Analiza los grupos nominales resaltados en negrita. **b** Explica la sustantivación que se da en *insultos de lo más groseros*. **c** ¿Qué grupo de palabras es *muy bueno para los idiomas*? Analízalo. **d** Identifica en el texto un adjetivo explicativo y otro especificativo. Razónalo. **e** Localiza en los dos primeros párrafos un adjetivo de cada tipo: gentilicio, de relación y valorativo. **f** Explica los tres grados del adjetivo a partir de *antiguo*. Di si es un adjetivo regular o irregular.

**8 Valoración de la forma.** Identifica en el texto expresiones y adjetivos valorativos y coloquiales. ¿Te parece adecuado que se emplee este lenguaje tan expresivo en los textos informativos como este? ¿Por qué?

LENGUA

# 4

REPASA LA UNIDAD

## Razones





## Plan de escape

**FICHA TÉCNICA:** *El último superviviente.* «En República Dominicana», Discovery Channel (2012).
**TIPOLOGÍA ORAL:** Instrucciones.
**SITUACIÓN COMUNICATIVA:** Bear Grylls es un exsoldado de las fuerzas especiales del ejército británico que vive situaciones extremas para demostrar la capacidad de supervivencia en entornos hostiles y salvajes.

### ACTIVIDADES

**1** CM Bear Grylls decide que la mejor manera de salir de la República Dominicana es por mar. ¿Qué construye para ello? ¿Con qué?

**2** Relaciona los elementos de las dos columnas.

| | |
|---|---|
| Montar la estructura con cañas de bambú. • | • Aumentar la estabilidad. |
| Unir botellas de plástico. • | • Dar flotabilidad. |

**3** CA ¿Cómo construye la balsa? Ordena los pasos.

| | |
|---|---|
| Repetir cuatro veces la operación de agrupar las botellas por medio de un palo de bambú. | |
| Buscar botellas de plástico con tapón para dar flotabilidad a la balsa. | |
| Atar transversalmente los cuatro palos con las botellas a ambos cascos. | |
| Unir con cuerda tres palos de bambú para hacer un primer casco. | |
| Introducir un palo de bambú por el asa de las botellas de plástico para agruparlas. | |
| Formar cinco palos con botellas y aunarlos con cuerdas a cada lado de los cascos. | |
| Unir con cuerda tres palos de bambú para hacer un segundo casco. | |

# Instrucciones de supervivencia

El exsoldado de las fuerzas especiales del ejército británico Bear Grylls y su equipo reciben asistencia cuando están en situaciones que amenazan su vida, tal y como requieren las normas de salud y seguridad del programa *El último superviviente*. En algunas ocasiones se recrean situaciones para que Bear demuestre técnicas de supervivencia. No obstante, antes de entrar en un entorno peligroso hay que pedir consejo a profesionales. Estas son las advertencias del programa.

Ahora ya sabes cómo construir una balsa reciclable con materiales que las tormentas arrastran a la costa. Vamos a continuar viendo el programa para conocer otras instrucciones.

El aventurero y presentador Bear Grylls en alguno de los programas de *El último superviviente*.

## ACTIVIDADES

**1** CS CM Vamos a elaborar entre toda la clase un manual de supervivencia. Formad grupos de cuatro o cinco personas. Cada grupo elaborará las instrucciones necesarias para salir con éxito de las siguientes situaciones extremas que Bear Grylls vive en la República Dominicana.

Estas son las situaciones extremas y la mejor opción en cada una de ellas, según el aventurero. Cada grupo deberá decidir qué seis instrucciones llevar a cabo en ellas.

| | Situación extrema | Mejor opción |
|---|---|---|
| **Grupo 1** | Avanzar en un manglar muy espeso. | Recorrer la costa en busca de un río o riachuelo de agua dulce. |
| **Grupo 2** | Subir montañas. | Seguir hacia el nacimiento de un río. |
| **Grupo 3** | Salir del cañón de un río. | Escalar por trampas trepadoras hasta la cima del cañón. |
| **Grupo 4** | Pasar la noche en la selva. | Construir una hamaca con lianas para mantenerse alejado del suelo de la selva. |

## Ver los arbolillos pasar

Hay muchas razones de peso para dejar el coche en el garaje y viajar en tren. Hace tiempo que decidí priorizar este medio de transporte en todos mis viajes en los que exista esta opción de desplazamiento. Se trata de una cuestión de coherencia, ya que hace tiempo que quedó sobradamente demostrado que es el sistema más ecológico y eficiente de transportar mercancías y pasajeros, pero también de comodidad, incluso de placer: evitas los engorrosos protocolos de seguridad en los aeropuertos, recortas significativamente los márgenes de tiempo del embarque (puedes subir al tren hasta dos minutos antes de que eche a andar), evitas la desagradable sorpresa del *overbooking* y llegas puntual a tu destino. Además, en la mayoría de los casos sales del centro de la ciudad y llegas a él. Contra la odisea de las caravanas, el asfalto recalentado y el riesgo de accidentes, el ferrocarril nos permite sentirnos de vacaciones desde el primer instante: llegar a la estación, recorrer los vagones y sentarnos en compañía de nuestros seres queridos o de un buen libro disfrutando del paisaje a través de esas pantallas gigantes que son sus ventanillas. Pero también existen datos técnicos que avalan su papel protagonista en la necesaria y perentoria transición hacia un modelo de transporte más limpio, sostenible y seguro.

El tren representa mucho más que un medio de transporte. En todo el mundo existen un buen número de plataformas, asociaciones y clubes de amigos que fomentan y defienden sus valores ecológicos y culturales. Desde el punto de vista ecológico, se trata del medio de transporte óptimo.

En primer lugar, el impacto ambiental del trazado ferroviario es mucho menor que el de cualquier carretera o autovía. Respecto a las emisiones asociadas al $CO_2$, cuyo aumento es el principal responsable del calentamiento global que sufre el planeta, también son mucho menores: entre tres y cinco veces menos que el automóvil, y entre siete y diez menos que el avión. Además, tanto en el transporte de viajeros como en el de mercancías, es el medio que consume menos energía y que puede realizar un mejor aprovechamiento de las fuentes renovables (en el caso de Renfe un 35% de la energía utilizada procede ya de energías renovables).

Respecto al consumo energético del tren, es muy inferior en términos equitativos al que generan los viajeros por carretera: hasta cinco veces menor. En este sentido, cualquier comparación con el avión es ociosa. Un ejemplo: el viaje de una persona en avión de Barcelona a Madrid produce unas emisiones de $CO_2$ equivalentes, aproximadamente, en el caso de un hombre en edad adulta, a su propio peso (75-85 kg). Sin embargo, si el viaje se realiza en AVE las emisiones equivaldrían al de su equipaje de mano (10-12 kg).

Según los cálculos técnicos elaborados por Renfe, el ahorro estimado en toneladas de $CO_2$ gracias a la transferencia de pasajeros del avión y el automóvil privado al AVE que cubre el trayecto Madrid-Zaragoza-Barcelona supera actualmente las 250.000 toneladas de $CO_2$/año, cifra similar a las emisiones del consumo doméstico de electricidad en la ciudad de Zaragoza. ¡Un buen pellizco al cambio climático! Desde el punto de vista de la salud, las emisiones de gases contaminantes que afectan al organismo se reducen prácticamente a cero en el caso del tren, ya que al consumir preferentemente energía eléctrica no emite monóxido de carbono, óxidos de azufre y de nitrógeno. De igual modo, al no producirse combustión alguna, desaparecen del ambiente las perjudiciales micropartículas en suspensión y los compuestos orgánicos volátiles, agentes precursores de buena parte de enfermedades que aquejan a los habitantes de las grandes áreas urbanas.

Y desde el punto de vista cultural, solo hay que echar una ojeada a la cosecha de grandes obras cinematográficas y literarias vinculadas al tren para entender el respeto que le profesa el mundo del cine y de las letras.

*Asesinato en el Orient Express* (1974), de Sidney Lumet, película basada en la novela homónima de Agatha Christie.

Atendiendo al ámbito de la sostenibilidad cabe reseñar que un kilómetro de doble vía de ferrocarril aporta una solución de transporte igual a la de dieciséis carriles de autopista en el mismo tramo, y que un tren de mercancías de cuatrocientos cincuenta metros transporta una carga equivalente a la de veinte camiones de gran tonelaje. En España, sin embargo, mientras el tren consume el 5% de la energía destinada al transporte, la carretera se lleva el 79%.

Por último vamos a referirnos a la seguridad. El informe *Beneficios ecológicos y sociales del ferrocarril*, elaborado por el Instituto de Transporte de la Universidad de Karlsruhe (Alemania) hace referencia a la seguridad en el transporte y recuerda que el número de fallecidos en accidente por cada mil millones de viajeros en la UE es de 0,2 en el caso del tren y del 8,7 en los desplazamientos en carretera.

En conclusión, el tren favorece la ecología, la economía y la seguridad. Y más aún. Cuando hablan del ferrocarril, los «amigos del tren» se refieren a la caravana de vagones, algunos todavía con asientos de madera, que permiten –como decía Machado– «ver los arbolillos pasar». Es otra forma de viajar, en la que el propio desplazamiento constituye uno de los principales atractivos.

José Luis Gallego, *Vivir mejor en un planeta mejor*
(texto adaptado)

## ACTIVIDADES

### Recuperación de la información

**1** CA Completa la tabla con estos argumentos.

- **a** Consume 5 veces menos energía que los coches.
- **b** Un kilómetro de doble vía ferroviaria transporta los mismos pasajeros que un kilómetro de autopista de 16 carriles.
- **c** Emite entre 7 y 10 veces menos $CO_2$ que el avión.
- **d** No produce partículas nocivas como las que emite la combustión del coche o el avión.
- **e** 0,2% fallecidos en tren por mil millones de pasajeros, frente al 8,7% en coche.

| | |
|---|---|
| **1** Impacto ambiental | |
| **2** Gasto energético | |
| **3** Salud | |
| **4** Sostenibilidad | |
| **5** Seguridad | |

**2** CS ¿Qué significa *overbooking*? Escribe su sinónimo en castellano. Consulta el enlace.

**3** **a** ¿Qué porcentaje de energía consume en España el transporte por carretera? **b** CA Consulta este enlace y contesta: ¿Qué lugar ocupa España en el transporte de mercancías por carretera en relación con Alemania?

### Interpretación e inferencias del texto

**4** ¿Es una argumentación analizante o sintetizante?

**5** ¿Qué significan las expresiones subrayadas en el texto?

**6** Indica la intención del autor y razona tu respuesta.

- **a** Informar a los ecologistas y a los médicos de las ventajas de viajar en tren.
- **b** Hacer publicidad a los lectores para que viajen en tren porque el autor trabaja en Renfe.
- **c** Persuadir a los lectores de las ventajas que conlleva optar por el tren como transporte prioritario.

**7** Identifica en el texto los siguientes argumentos en defensa del tren.

- **a** Argumento de autoridad.
- **b** Ejemplo.
- **c** Cita literaria.
- **d** Porcentaje y un dato.

**8** CM ¿Cuántos kilos de $CO_2$ se emitirían a la atmósfera en un vuelo diario Madrid-Barcelona durante una semana?

### Reflexión y valoración de la forma y el contenido

**9** **a** El autor usa en el texto la 2.ª persona del singular (*evitas, recortas*...). ¿A quién se refiere con esa segunda persona? **1** Se refiere a un receptor concreto. **2** Se refiere al colectivo genérico de las personas que usan el tren. **3** Se refiere al lector que está leyendo el texto. Justifica tu respuesta. **b** Identifica tres conectores. ¿Con qué propósito los usa el autor?

**10** CS ¿Qué argumentos valoras más para decidir viajar en tren: los económicos, los ecológicos, los de seguridad, los de salud o los sentimentales? Razona tu respuesta.

### AUTOEVALUACIÓN DE LA COMPRENSIÓN LECTORA

Comprueba las soluciones con la ayuda de tu profesor o profesora, y completa la tabla en tu cuaderno con la puntuación que te proporcione de cada pregunta.

| | ACTIVIDAD | | | | | | | | | | | |
|---|---|---|---|---|---|---|---|---|---|---|---|---|
| | 1 | 2 | 3 | 4 | 5 | 6 | 7 | 8 | 9 | 10 | TOTAL | |
| **PUNTUACIÓN** | | | | | | | | | | | | |
| **1.** Recuperación de la información | | | | | | | | | | | · 3,33 = | |
| **2.** Interpretación e inferencias | | | | | | | | | | | · 2 = | |
| **3.** Reflexión y valoración de la forma y el contenido | | | | | | | | | | | · 5 = | |

# 1. La argumentación

Es una forma de discurso cuya finalidad es demostrar que una determinada idea (**tesis**) es **verdadera** o **posible.** Para ello se utiliza **un conjunto de razonamientos** y **datos** que reciben el nombre de **argumentos.**

## 1.1 Argumentación objetiva

Es la argumentación de carácter científico o técnico. Es objetiva porque la conclusión a la que se llega **se puede comprobar experimentalmente.** Por ejemplo: la teoría de la gravedad es **verdadera** porque es demostrable físicamente.

## 1.2 Argumentación subjetiva

Son las argumentaciones relacionadas con las ideas políticas, las costumbres sociales, la moral, el arte, los sentimientos... En este tipo de argumentaciones, los razonamientos que se utilizan se mueven en el terreno de las **opiniones personales,** y aunque se utilicen datos objetivos, las conclusiones a las que se llega no se pueden demostrar experimentalmente con una prueba definitiva. Se trata de conclusiones **posibles** o **probables.** Por ejemplo: nadie puede demostrar empíricamente que la poesía del Barroco sea mejor que la del Renacimiento, aunque muchos lectores y críticos literarios opinen que sí lo es.

**No confundas el tema con la tesis.**

El **tema** responde a la pregunta: **¿de qué trata** el texto?

Ejemplo de tema: *La comida rápida.*

La **tesis** responde a la pregunta: **¿qué opina el autor sobre el tema**?

Ejemplo de tesis: *Las consecuencias negativas que tiene para la salud el consumo de comida rápida.*

### Coherencia y cohesión de las argumentaciones

Las argumentaciones subjetivas no son ilógicas o incoherentes. Por el contrario: al carecer de pruebas evidentes, es necesario que tengan **coherencia interna** y **cohesión lógica,** dado que deben convencer por su **verosimilitud,** no por su certeza.

## ACTIVIDAD

**1** CS CC Lee este texto y realiza las actividades.

**El libro electrónico**

Estoy harto de toparme con pantallas en todas partes, hasta en el bolsillo, y me niego a transformar mi biblioteca en un cibercafé. Con un libro electrónico, sea *El Gatopardo* o *El perro de los Baskerville*, no puedo anotar en sus márgenes, subrayar a lápiz, sobarlo con el uso, hacerlo envejecer a mi lado y entre mis manos, al ritmo de mi propia vida. Nada decora como un buen y viejo libro una casa, o una vida. Ninguna pantalla táctil huele como un *Quijote* de la Academia, ni tampoco como un *Tintín* o un *Astérix* al abrirlos por primera vez. Ninguna conserva la arena de la playa o la mancha de sangre que permiten evocar, años después, un momento de felicidad o un momento de horror que jalonaron tu vida. Y déjenme añadir algo. Si los libros de papel, bolsillo incluido, han de acabar siendo patrimonio exclusivo de <u>una casta lectora mal vista por elitista y bibliófila</u>, reivindico sin complejos el privilegio de pertenecer a ella. Tengo casi treinta mil libros en casa; suficientes para resistir hasta la última bala.

Arturo Pérez-Reverte, «Leer con la luz de luna» (15-11-2010)

- **a** Resume el texto en cuatro líneas.
- **b** Escribe el tema de esta argumentación.
- **c** ¿Cuál es la tesis que defiende el autor?
- **d** ¿Cuántos argumentos utiliza el autor para defender su tesis?
- **e** Escribe los cinco argumentos que te parezcan más importantes.
- **f** ¿Tiene coherencia interna esta argumentación? Infórmate sobre la coherencia en la página 77 de este libro.
- **g** ¿Cómo hay que entender la última oración del texto: literalmente o en sentido figurado? Razona tu respuesta.
- **h** Explica el significado de la expresión subrayada en el texto.
- **i** Identifica un adjetivo valorativo.
- **j** ¿Se trata de una argumentación objetiva o subjetiva? Razona tu respuesta.
- **k** ¿Compartes la tesis que defiende el autor?

# 2. Estructura de la argumentación

### TESIS Y CUERPO ARGUMENTATIVO

La argumentación tiene dos partes fundamentales: la tesis y los argumentos. Según el lugar en el que aparezca la tesis, puede ser **deductiva, inductiva** y **encuadrada.** Observa el esquema de la derecha.

- **Estructura**
  - **Deductiva**
    - **1** La tesis aparece al **comienzo** del texto.
    - **2** Cuerpo argumentativo.
  - **Inductiva**
    - **1** Cuerpo argumentativo.
    - **2** La tesis aparece al **final** del texto.
  - **Encuadrada**
    - **1** La tesis aparece al **comienzo** del texto.
    - **2** Cuerpo argumentativo.
    - **3** La tesis se repite al **final** del texto a modo de **conclusión.**

### INTRODUCCIÓN Y CONCLUSIÓN

Las argumentaciones suelen estar precedidas de una **introducción** en la que el autor expone el tema que va a tratar, e incluso puede contar alguna anécdota sugerente con la que **ganarse la simpatía y la atención** de los lectores u oyentes. Esta parte no es obligatoria y, por lo general, no la encontraremos en las argumentaciones que se trabajan en clase, que son más breves.

Lo mismo ocurre con la **conclusión.** Solo aparece en las argumentaciones inductiva o encuadrada, en las que la tesis aparece al final a modo de conclusión.

## ACTIVIDAD

**2** CS Lee el siguiente texto y realiza las actividades.

**Violencia y sexismo en los videojuegos**

Dos son las razones, a nuestro juicio, del gran eco que los videojuegos tienen en nuestra sociedad. Por una parte, hay que tener en cuenta la gran afinidad que existe entre los valores, actitudes y comportamientos que promueven los videojuegos y los que son imperantes en nuestra sociedad actual. Muchos de los valores dominantes en nuestra sociedad se encuentran presentes en los videojuegos y programas de televisión en general. Hablamos del sexismo, la competición, el consumismo, la velocidad, la violencia, la agresividad, etc. Hay una gran sintonía entre los valores promovidos por estos juegos y los que están presentes en nuestro entorno social, de manera que los comportamientos que se practican en estos juegos son los que encuentran un mayor apoyo y aceptación social. Puede decirse también, a la inversa, que nuestros niños y jóvenes van aprendiendo y socializándose en estos valores y actitudes a través de los videojuegos y los programas de televisión.

Por otra parte, desde el punto de vista del aprendizaje, hay que tener en cuenta que los videojuegos cumplen muchos de los requisitos que una eficaz enseñanza debe contemplar, y en muchos casos lo hacen mejor incluso que nuestros actuales sistemas educativos.

Félix Etxeberria Balerdi, *Videojuegos y educación*

- **a** Resume el texto en cuatro líneas.
- **b** Escribe el tema de esta argumentación.
- **c** ¿Cuál es la tesis que defiende el autor?
- **d** ¿Cuántos argumentos utiliza el autor para defender su tesis?
- **e** ¿Qué estructura tiene esta argumentación: deductiva, inductiva o encuadrada? Razona tu respuesta.
- **f** ¿Qué son los elementos subrayados en el texto? ¿Crees que aportan cohesión lingüística al texto? Razona tu respuesta.
- **g** ¿Se trata de una argumentación objetiva o subjetiva? Razona tu respuesta.
- **h** ¿Cuál es el argumento que te parece más importante del texto?
- **i** ¿Compartes la tesis que defiende el autor?
- **j** ¿Crees que los videojuegos difunden ideas machistas y violentas en los usuarios, o son las ideas machistas y violentas de los usuarios las que se reflejan en los videojuegos? Razona tu respuesta.
- **k** Esta argumentación no tiene introducción ni conclusión. Escríbelas tú de forma que resulten coherentes con el texto (tres líneas para la introducción y dos líneas para la conclusión).

# 3. Tipos de argumentos

Los argumentos que se utilizan para defender una determinada tesis son numerosos y variados. Según su fuerza argumentativa, se clasifican en subjetivos y objetivos:

- Los **argumentos subjetivos** son **opiniones personales, creencias** y **tópicos sociales** que creemos «**razonables**» y cuya validez depende, entre otros factores, de la situación en la que nos encontramos, o de la credibilidad de la persona que está argumentando. Las conclusiones que resultan de este tipo de argumentación no se pueden considerar verdaderas, sino **posibles** o **probables.**
- Los argumentos basados en las **leyes de la lógica** y en los **hechos probados** son **objetivos** y tienen una gran fuerza probatoria.

| | Tipos de argumentos | Concepto | Ejemplos de argumentos |
|---|---|---|---|
| Argumentos subjetivos que no son concluyentes: es necesario aportar pruebas | **Refrán** | Dicho agudo que expresa la sabiduría popular. | El que mucho abarca poco aprieta. |
| | **Experiencia personal** | Visión subjetiva que surge de una vivencia individual. | La comida alemana no es buena; yo mismo lo he comprobado este año en los restaurantes de ese país. |
| Argumento cuya fuerza probatoria depende de la credibilidad del experto | **Argumento de autoridad** | Cita de un experto en un determinado campo del saber. | Como dijo Einstein: «Todos somos muy ignorantes. Lo que ocurre es que no todos ignoramos las mismas cosas». |
| Argumentos objetivos | **Datos, cifras, porcentajes, hechos probados** | Hechos demostrados o verificados. | España está situada en el sur de Europa, y tiene una superficie de 505.600 $km^2$. |
| | **Ejemplos** | Se ilustra con casos concretos una determinada afirmación. | La crisis económica ha afectado a todos los sectores de la sociedad. Por ejemplo, en 2019 el impago de alquileres fue del 12%. |
| | **Razonamiento lógico** | Argumento que respeta las leyes de la lógica. | Dado que la mesa mide un metro y medio de largo, no la podremos colocar en el salón, porque solo hay un hueco libre de un metro. |

## ACTIVIDAD

**3** Identifica los tipos de argumentos que se utilizan en estos textos y explica si son objetivos o subjetivos.

**a** «El consumo excesivo de alcohol en la adolescencia entraña consecuencias cognitivas a largo plazo», afirma Aaron White, catedrático adjunto de investigación del departamento psiquiátrico de la Universidad de Duke.

**b** «No es la miel para la boca del asno», dijo Sancho.

**c** Estoy en los cafés de París viendo pasar la vida. No hay mejor lugar del mundo para ver pasar la vida que un café de París: estrecho, corto, apresurado, a pesar de que yo lo hago lento, desafiantemente lento. (César Antonio Molina)

**d** CM Si A es mayor que B y B es mayor que C, A es mayor que C.

**e** Las iglesias románicas son pequeñas y oscuras; en cambio las catedrales góticas, amplias y luminosas, como se puede comprobar en la catedral de Toledo.

**f** El alcohol está implicado entre el 30% y el 50% de los accidentes mortales, lo que lo convierte en uno de los principales factores de riesgo en la conducción. (Dirección General de Tráfico)

**g** El médico afirmó que muchas molestias gástricas se deben a la intolerancia al gluten de los cereales, pero la sola constatación de que un paciente padece trastornos gástricos no es suficiente para diagnosticar que es celíaco.

## ACTIVIDADES

**4** Identifica los enunciados que son tesis y los que son temas. Razona tu respuesta.

- **a** Los accidentes de tráfico.
- **b** Los efectos perjudiciales de la droga en la salud.
- **c** La velocidad en carretera de los coches deportivos.
- **d** Las ventajas de la dieta mediterránea.

**5** CS Localiza los dos argumentos que no sirven para defender la tesis y explica por qué.

**Tesis:** *Las patatas fritas de bolsa deben ser consumidas ocasionalmente, y preferentemente* light, *porque en exceso son perjudiciales para la salud.*

- **a** En opinión de la profesora Iva Marqués, lo más perjudicial de las patatas de bolsa es su alto contenido en sal (5 gramos de sal por 100 gramos).
- **b** Las autoridades recomiendan disminuir el consumo de patatas porque España produce menos de lo que consume, y se ve obligada a importar anualmente 700.000 toneladas.
- **c** Las patatas *light* tienen un 30% menos de calorías que las normales.
- **d** Las bolsas de las patatas fritas *light* no son biodegradables.
- **e** La OMS recomienda un consumo máximo de 5 gramos de sal al día.

**6** CA CS En la siguiente tabla aparece la estructura de una argumentación, cuyos contenidos están a la izquierda. Identifica en los recuadros la letra con la que se identifica cada información.

**7** Explica qué significan estas expresiones. Razona con cuál no estás de acuerdo, porque no siempre se cumple.

- **a** Donde hay datos sobran las palabras.
- **b** Una imagen vale más que mil palabras.
- **c** Obras son amores y no buenas razones.
- **d** No dejes que la realidad te estropee una buena noticia.
- **e** La verdad es la verdad, la diga Agamenón o su porquero.

**8** CS CM La siguiente encuesta refleja las ideas con las que los extranjeros asocian a España. ¿Qué tesis se desprende de los datos de esta encuesta?

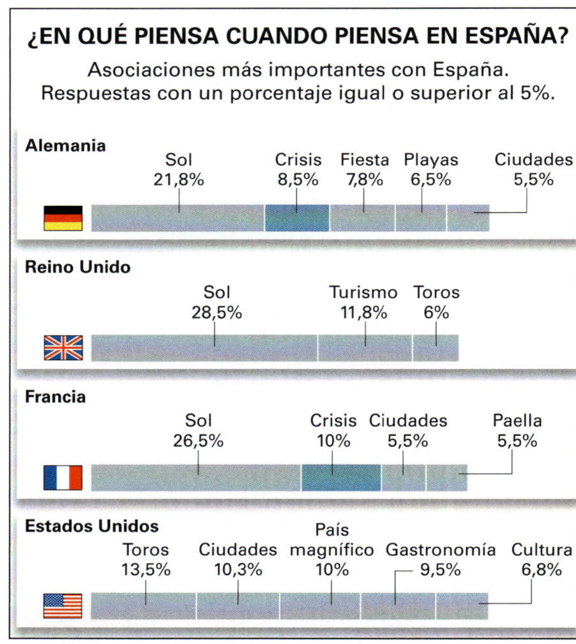


| Contenidos de la argumentación | Estructura de la argumentación | |
|---|---|---|
| **a** El 59% de los parados lee, frente al 54% de media de la población. | **1 Tesis** | |
| **b** Por lo tanto, la crisis económica ha facilitado paradójicamente que los desempleados se acerquen más a la lectura. | **2 Cuerpo de la argumentación** | |
| **c** Se ha incrementado el número de lectores entre los parados. | • Argumento 1: datos | |
| **d** El prestigioso sociólogo A. Ripoll afirma que los parados leen más, porque tienen más tiempo disponible y necesitan formarse para competir en el mercado laboral. | • Argumento 2: cita de autoridad | |
| **e** Uno de los motivos o razones que se esgrime es que los parados leen más para formarse profesionalmente y poder encontrar un trabajo. | • Argumento 3: causa-efecto | |
| | **3 Conclusión** | |

# Taller de escritura

**CD CA CS PROYECTO: ARGUMENTACIÓN SOBRE LOS BENEFICIOS QUE SE DERIVAN DE LA RELACIÓN DE LOS NIÑOS CON SUS MASCOTAS (16 líneas)**

## FASES DEL PROYECTO

### 1 Objetivo

Tu objetivo es recoger argumentos (razonamientos y datos) que te permitan demostrar que la relación de los niños con mascotas tiene múltiples beneficios.

### 2 Formulación de la tesis

Para formular una tesis debes valorar el tema que vas a tratar. El tema es la relación de los niños con las mascotas; pero para convertir un tema en una tesis, debes valorar dicho tema, es decir, ofrecer tu opinión.

**Actividad a.** Infórmate con el siguiente vídeo e identifica la tesis que se desprende de él.

1 Los beneficios son menores que los perjuicios.
2 Los beneficios son mayores que los perjuicios.
3 Los beneficios son iguales que los perjuicios.

**Actividad b.** Escribe la tesis en 1 línea y haz una breve exposición de 2 líneas para explicarla.

### 3 Búsqueda de argumentos

Tu objetivo ahora es desarrollar el cuerpo de la argumentación, es decir, encontrar argumentos diversos, para demostrar tu tesis. Para ello debes documentarte.

**Actividad c.** Busca los siguientes argumentos.

**Argumento de autoridad.** Busca la cita de un experto para demostrar tu tesis. Infórmate en el siguiente vídeo. Debes escribir el nombre del especialista y entrecomillar la frase que te parezca más importante para tu argumentación (2 líneas).

**Argumento de causa-efecto.** Busca en el siguiente vídeo los dos beneficios fundamentales que se derivan de la relación de los niños con las mascotas (4 líneas).

**Argumento: refrán.** Identifica el refrán que puedas utilizar como argumento para tu tesis (1 línea).
a Bicho malo nunca muere.
b Al potro y al niño, con cariño.
c Al amigo y al caballo, ni alterarlo ni abandonarlo.
d A quien no sobre pan, no críe can.
e El perro y el niño, donde le dan cariño.

**Argumento: experiencia personal.** Escribe alguna experiencia vivida por ti o por algún amigo que te sirva de **ejemplo** para demostrar los beneficios que reporta la relación de los niños con sus mascotas (4 líneas).

### 4 Conclusión

**Actividad d.** Realiza un breve resumen de tres líneas a modo de conclusión de la información que has trabajado hasta ahora.

### 5 Esquema y redacción

No olvides que debes organizar tu información en párrafos, con un borrador previo, y siguiendo el siguiente esquema.

1 **Tesis** y breve explicación (3 líneas)
2 **Cuerpo argumentativo**
  **a** Un argumento de autoridad (2 líneas)
  **b** Dos argumentos de causa-efecto (beneficios) (4 líneas)
  **c** Un refrán (1 línea)
  **d** Un ejemplo extraído de tu experiencia personal (4 líneas)
3 **Conclusión** (2 líneas)

# 1. Propiedades del texto: la cohesión lingüística

En unidades anteriores hemos estudiado dos propiedades del texto: la adecuación a la situación y la coherencia interna. Ahora vamos a analizar una tercera propiedad: la cohesión lingüística.

## 1.1 ¿Qué es la cohesión?

El emisor tiene la **responsabilidad** de que su texto sea comprendido lo mejor posible por el receptor. Para conseguir este objetivo, **debe usar unas marcas lingüísticas a lo largo del texto que expresen objetivamente que la información está bien organizada y elaborada lógicamente**.

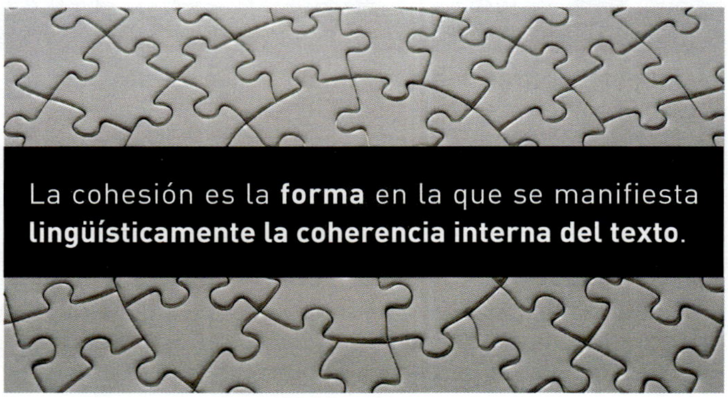

La cohesión es la **forma** en la que se manifiesta **lingüísticamente la coherencia interna del texto**.

## 1.2 Tipos de cohesión

Los textos bien organizados lingüísticamente presentan dos tipos de cohesión.

| | |
|---|---|
| **Cohesión léxica** | Un texto tiene cohesión léxica si **el tema** del que trata **se manifiesta en la totalidad del texto**, mediante un **entramado de significados relacionados** entre sí: repeticiones de palabras, sinónimos, hiperónimos, anáforas, campos semánticos y léxicos...<br><br>Consulta las páginas 134 y 135 de este libro de texto. |
| **Cohesión lógica** | Un texto presenta cohesión lógica si:<br>1 Las **ideas principales y secundarias** con las que se desarrolla el tema **están relacionadas entre sí** mediante **conectores**.<br>2 El **tema** avanza o **progresa ordenadamente**, de tal modo que la información se organiza en **párrafos** y con los organizadores textuales oportunos.<br><br>Consulta las páginas 132 y 160-161 de este libro. |

## 1.3 Marcas lingüísticas de la cohesión

Ahora vamos a observar tres marcas que contribuyen a la cohesión del texto: los sinónimos, las anáforas y los conectores lógicos.

**1 Sinónimos**

¿QUÉ SON?
Palabras que tienen significados iguales o equivalentes. Se usan para expresar la continuidad del tema en el texto y para evitar repetir términos.

> Los trabajos arqueológicos a las afueras de Roma han sacado a la luz un **enterramiento** intacto de la época republicana. La **sepultura**, fechada entre los siglos IV y II a. C., contenía los restos de cuatro individuos. En la **tumba** también se ha encontrado una vajilla de cerámica.

**2 Anáfora**

¿QUÉ ES?
Procedimiento mediante el que una palabra del texto remite a otro **elemento lingüístico** que **ha aparecido anteriormente**.

anáfora

Vi a **María** y me dijo que **la** habían operado.

**3 Conectores lógicos**

¿QUÉ SON?
**Nexos** que sirven para marcar las **relaciones lógicas** entre las oraciones y párrafos del texto.

> Pedro hizo una trastada la semana pasada. Sus padres tuvieron que abonar una buena factura para pagar los desperfectos. **Sin embargo**, Pedro parece no haber aprendido aún, **porque** ayer volvió a hacerla de nuevo.

causa contraste

## ACTIVIDADES

**1** Explica por qué los siguientes enunciados no constituyen un texto, a pesar de que tienen mucha cohesión lingüística.

> En primer lugar, hoy es sábado y América es un continente. Por lo tanto, durante los lunes y los sábados de la semana en Europa, que también es un continente muy poblado, no se pagarán impuestos directos. Eso sí, África es un continente con abundantes materias primas, a pesar de que ningún día de la semana comienza por la letra P. En segundo lugar, los martes y Oceanía constituyen un ejemplo claro de todo lo que se ha dicho anteriormente.

**2** Lee el siguiente texto y realiza las actividades para demostrar que tiene cohesión léxica.

> ¡Cuatro **cates**, tronco! Por más que **miraba** y **remiraba** una y otra vez las **notas** esperando que desaparecieran algunos de **ellos**, **ahí** seguían los **cuatro**: **Historia**, **Física y Química**, **Matemáticas** y **Latín**. Parecían en relieve. Era fijar la vista en el papel y, plas, te saltaban a los ojos. Las demás **asignaturas**, con **suficiente** excepto en **Literatura**, que tenía un **notable**, pasaban totalmente desapercibidas. A ver cómo les enseñaba el maldito **papel** a mis viejos para que no **les** produjera un *shock*.
>
> María Menéndez Ponte, *Nunca seré tu héroe*

a Guíate por las palabras destacadas del texto e identifica las que se repiten, los sinónimos y las anáforas.

b CA Consulta la página 163 de este libro y di a qué campo léxico pertenecen las palabras de este fragmento.

c ¿Te parece que el texto tiene cohesión?

**3** Completa y explica este mapa conceptual.

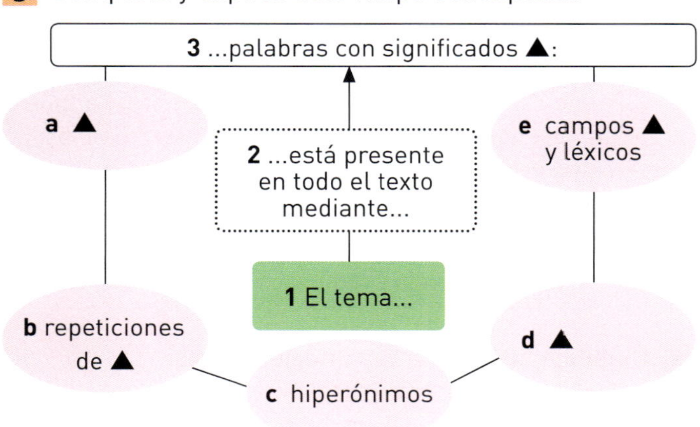


**4** Lee el siguiente texto y sustituye las palabras repetidas por sinónimos.

> La ciudad estaba situada en un ancho estuario, y sus viejos edificios de fachadas amarillas bordeaban la **playa**. Y sobre la **playa**, se varaban las **canoas** blancas y azules, **canoas** preservadas durante generaciones. Eran **canoas** altas y elegantes, de proa y popa curvilíneas.
>
> John Steinbeck, *La perla*

**5** Explica a qué se refieren los elementos destacados. ¿Son anáforas?

> –No se ha roto el brazo, ¿verdad?
> –Sí se **lo** ha roto... Más vale no hablar de **eso**.
>
> Elena Fortún, *Celia y sus amigos*

**6** Las anáforas evitan las repeticiones de palabras. Funde estos dos enunciados en un solo texto, de forma que no se repitan las palabras resaltadas. Complétalos con las anáforas necesarias: **estos, allí, le, los**.

a [**Esther y Raúl** se marcharon a la **biblioteca** a las tres de la tarde] y [Luisa vio a **Esther y a Raúl** en la **biblioteca** a las cinco]
→ **Esther y Raúl** se marcharon a la **biblioteca** a las tres de la tarde, y Luisa ▲ vio ▲ a las cinco.

b [**Quique** vio **a sus padres** en el centro comercial] y [**Los padres** dijeron a **Quique** que regresara antes de las diez a casa]
→ **Quique** vio a **sus padres** en el centro comercial y ▲ ▲ dijeron que regresara antes de las diez a casa.

**7** Lee el siguiente texto. ¿Por qué se emplea la conjunción adversativa **pero** como conector? Aparte de la anáfora señalada en el texto, ¿consideras que el pronombre personal **les** es también una anáfora? ¿A quiénes se refiere?

> anáfora
>
> **Hansel** y Gretel abandonaron su casa y se adentraron en el bosque, **pero** fue el **primero** quien tuvo la idea de ir dejando migas de pan a lo largo del camino para que **les** sirvieran de señal; así, en caso de perderse, podrían regresar a casa.
>
> conector lógico

### Las interjecciones y las conjunciones interjectivas

Constituyen una clase de palabras que siempre se comportan como enunciados. Algunas están formadas por palabras que solo funcionan como interjecciones, por ejemplo *¡uf!, ¡ah!...* Se denominan **interjecciones propias**.

Otras están formadas a partir de palabras o grupos que pertenecen originariamente a otras categorías gramaticales, como por ejemplo *¡Bravo!, ¡Dios mío!...* Se las llama **interjecciones impropias**.

# 1. Unidades gramaticales

En las unidades anteriores hemos estudiado los **grupos sintácticos**: nominal, adjetival, preposicional, verbal y adverbial. Pero los grupos sintácticos carecen de sentido completo. Ahora vamos a ocuparnos de una unidad de la lengua que sí posee significado completo: el **enunciado**.

## 1.1 El enunciado

Es la **unidad mínima de comunicación con sentido completo**. Los hablantes no nos comunicamos con palabras sueltas; lo hacemos con enunciados que transmiten pensamientos completos. Los enunciados tienen tres propiedades fundamentales:

1 **Independencia sintáctica**, es decir, un enunciado nunca desempeña una función sintáctica dentro de una unidad mayor. Cada enunciado es una unidad independiente.

2 **Sentido completo**, esto es, el enunciado expresa una idea que tiene significado pleno.

3 **Entonación propia**. Se sabe dónde comienza y concluye el mensaje por las pausas orales o los signos (puntos, puntos y comas, interrogaciones o exclamaciones).

Ahora, fíjate en las siguientes secuencias:

La historia entretenida.
↓
No es un enunciado porque no tiene sentido completo.

Probablemente, la historia sea entretenida.
↓
Es un enunciado.

No todos los enunciados tienen, sin embargo, las mismas características. Existen dos tipos diferentes de enunciado: la oración y la frase.

**Oración**

Los amigos (Sujeto) pasearon por el barrio (Predicado).

La oración es un tipo de enunciado que incluye al menos un **verbo**. Tiene dos componentes básicos, el **sujeto** y el **predicado**.

**Frase**

¡Bravo! ¡Gracias a Dios!

La frase es un tipo de enunciado que no tiene la estructura de oración, pues **carece de verbo**. Está formada por una o varias palabras que constituyen un mensaje completo, con entonación propia e independencia sintáctica.

## ACTIVIDADES

**1** Imagina que viajas en tren. Escribe una nota en tu wasap con forma de oración y otra con forma de frase en las que expreses tus impresiones sobre el paisaje.

**2** Clasifica los siguientes enunciados.

- a Buenos días, compañera.
- b Mis padres no soportan esa música.
- c Te enviaron las fotos desde Inglaterra.
- d ¡Qué alegría tan grande!
- e ¡Socorro!
- f En abril, aguas mil.

**3** Separa los enunciados que forman el siguiente texto, y clasifícalos en oraciones y frases.

> Paseo con jardines. El cielo raso y remoto. La luna lunera. Patrullas de caballería. Silencioso y luminoso, rueda un auto. En la sombra clandestina de los ramajes, merodean mozuelas pingonas y viejas pintadas como caretas.
>
> Ramón María del Valle-Inclán, *Luces de bohemia*

**4** Clasifica las siguientes interjecciones.

a ¡Hola! c ¡Uf! e ¡Ay!
b ¡Vamos! d ¡Olé! f ¡Mi madre!

### MODALIDADES DEL ENUNCIADO

El hablante, al elaborar sus enunciados, sean estos oraciones o frases, muestra siempre una **intención**.

Esta intención, que va unida al significado del enunciado, se denomina **modalidad**.

| Clasificación de los enunciados según la intención del hablante o modalidad | | |
|---|---|---|
| **Enunciativa** | Se **afirma** o **niega** algo del sujeto. | *El tío Luis nos mira pensativo.* |
| **Interrogativa** | Formula una pregunta. Puede ser de dos tipos:<br>• **Interrogativa total:** el hablante pregunta por todo el contenido de la oración, y espera como respuesta «sí» o «no».<br>• **Interrogativa parcial:** se pregunta por un elemento de la oración (qué, quién, cuándo, dónde...). | *¿Quieres café?* (interrogativa total)<br>*¿Cuándo tomas café?* (interrogativa parcial) |
| **Exclamativa** | Expresa **sentimientos** y emociones de forma enfática. | *¡Os habéis puesto guapos!* |
| **Dubitativa** | Manifiesta **duda**. | *Quizá pospongan la decisión para mañana.* |
| **Optativa o desiderativa** | Expresa **deseo**. | *Ojalá te siga resultando así de fácil.* |
| **Exhortativa o imperativa** | Comunica **orden** o **mandato**. | *Vosotros, cerrad la puerta del garaje.* |

### Variaciones determinadas por el contexto

En una situación concreta de comunicación, a veces no hay correspondencia exacta entre la modalidad de la oración que se utiliza y la intencionalidad o significado contextual con que se dice.

En este sentido, es frecuente en el habla el uso de oraciones interrogativas o enunciativas con significación imperativa: *¿Me alcanzas la mantequilla?, Tú sacas el coche ahora mismo...*

También aparecen interrogativas que son exclamaciones: *¿Hasta cuándo tendré que aguantarte?* (= *¡Estoy harto de aguantarte!*); e interrogativas que son negativas: *¿Quién puede asegurarlo?* (= *Nadie puede asegurarlo*)...

El análisis de estos enunciados debe incluir dos planos:

- Tipo de oración atendiendo a su forma externa.
- Intención del emisor en un contexto determinado.

## ACTIVIDADES

**5** CS Observa la imagen de la derecha y realiza las actividades.

- **a** Un enunciado informativo que describa la situación de la playa (modalidad enunciativa).
- **b** Un enunciado exclamativo, un deseo, una duda y una pregunta que te sugiera esta imagen.
- **c** Una orden o mandato que te gustaría que apareciera escrito en un cartel para colocarlo en esta playa.

**6** Clasifica los siguientes enunciados por su modalidad.

- **a** Tal vez nos quieren avisar de algo.
- **b** ¿Ya han llegado los invitados?
- **c** Que tengas un buen fin de semana.
- **d** ¡Cuánto calor hace!
- **e** ¿Quién se ha llevado el libro?
- **f** No han localizado la dirección de Juan.

# 2. El predicado: el núcleo

## 2.1 El grupo verbal (GV): el núcleo

La oración tiene dos constituyentes básicos: el **sujeto** y el **predicado**. El primero es siempre un **grupo nominal;** el predicado adopta la forma de un **grupo verbal** formado por un núcleo que siempre es un verbo y unos **complementos** que **precisan** o **modifican** su significado.

Los alumnos [GN sujeto] apadrinaron [núcleo, verbo] a un niño boliviano [complemento] la semana pasada [complemento]. (apadrinaron a un niño boliviano la semana pasada: GV predicado)

## 2.2 El verbo: forma, función y significado

- Desde el punto de vista de la **forma**, el verbo es una palabra variable que consta de un **lexema** (o **raíz**) que expresa el significado principal y unas **desinencias** que indican **persona**, **número**, **tiempo**, **modo** y **aspecto**.

| cant- | o | cant- | á ba mos | cant- | a re mos |
|---|---|---|---|---|---|
| raíz | desinencia | raíz | desinencias | raíz | desinencias |

- Desde el punto de vista de la **función**, el verbo es la única palabra que puede realizar la función de **núcleo del predicado**.

Los chicos **escucharon** con atención aquel cuento.
(escucharon: V → Núc)

- Desde el punto de vista del **significado**, el verbo es la clase de palabra con la que expresamos **acciones** (*andar*), **procesos** (*crecer*) o **estados** (*permanecer*). El **significado léxico** de cada verbo es muy importante para saber qué tipos de complementos obligatorios puede llevar este en la oración.

**a** Hay verbos, como los **intransitivos**, que, por tener significado pleno, no necesitan ser complementados obligatoriamente y les basta llevar un sujeto. Es el caso de verbos como *desaparecer, madurar, volver*, etc.

Han desaparecido [GV / Predicado] **varias joyas** [GN / Sujeto].

**b** Por el contrario, hay otros verbos, como los **transitivos**, que tienen un significado incompleto y necesitan una complementación obligatoria, que se denomina *complemento directo* (CD). Es el caso de verbos como *dar, encontrar, hacer*... A estos verbos no les basta tener un sujeto, necesitan además un complemento que termine de completar su significado. Las oraciones **Ellos dieron* o **María encontró* carecen de sentido. Sin embargo, si se les añade un complemento directo adquieren significado pleno.

María [Sujeto] encontró [Verbo] **varias joyas** [CD].

*Pon legumbres* es el eslogan de esta campaña que fomenta los productos de la tierra. Identifica los componentes de este grupo verbal.

El verbo puede recibir también morfemas derivativos o afijos (prefijos y sufijos):

**en**-suciar
**em**-barcar
favor-**ec**-er
carbon-**iz**-ar
ram-**ific**-ar

### Verbos de acción, proceso y estado

- **Verbos de acción:** indican una actividad ejercida por un sujeto → *correr, comer, salir*...
- **Verbos de proceso:** indican modificación en el sujeto → *crecer, asustarse, enfriarse*...
- **Verbos de estado:** designan una situación en la que se encuentra el sujeto → *estar, permanecer, residir*...

## 2.3 La conjugación verbal

Se llama **conjugación verbal** al conjunto de formas que integran un mismo verbo. En castellano hay tres conjugaciones: la **primera conjugación**, formada por los verbos terminados en **-ar**; la **segunda conjugación**, formada por los verbos terminados en **-er**; la **tercera conjugación**, formada por los verbos terminados en **-ir**.

## 2.4 Los verbos irregulares

Los verbos cuyas formas no corresponden a la conjugación regular por presentar alteraciones en su raíz o desinencias se denominan **verbos irregulares**. Entre ellos se encuentran algunos de los más usuales: *ser, haber, ir*... Cuando un verbo es irregular, tal irregularidad aparece en varios tiempos a la vez:

1 Si la irregularidad aparece en el **presente de indicativo**, también lo hará en el **presente de subjuntivo** y en el **imperativo**.

| Presente de indicativo | Presente de subjuntivo | Imperativo |
|---|---|---|
| despierto<br>pongo<br>hago | despierte<br>ponga<br>haga | despierta<br>pon<br>haz |

2 Si aparece en el **pretérito perfecto simple**, lo hará también en el **pretérito imperfecto de subjuntivo** y en el **futuro imperfecto de subjuntivo**.

| Pretérito perfecto simple de indicativo | Pretérito imperfecto de subjuntivo | Futuro imperfecto de subjuntivo |
|---|---|---|
| durmió<br>anduve<br>quise | durmiera o durmiese<br>anduviera o anduviese<br>quisiera o quisiese | durmiere<br>anduviere<br>quisiere |

3 Si aparece en el **futuro imperfecto de indicativo**, lo hará también en el **condicional simple**.

| Futuro imperfecto de indicativo | Condicional simple |
|---|---|
| podré, diré, tendré... | podría, diría, tendría... |

### Verbos defectivos

Se denominan **verbos defectivos** aquellos que solo se utilizan en unas cuantas formas. Son defectivos los unipersonales (*llueve, graniza, alborea*...); otros como *atañer* o *concernir*, que solo usamos en tercera persona; *soler*, que únicamente se utiliza en presente de indicativo y de subjuntivo, y en pretérito imperfecto de indicativo: *suelo, suelas, solía*.

## ACTIVIDADES

**7** Repasa las conjugaciones verbales del final de la unidad e indica la persona, el número, el tiempo, el modo y el aspecto de los verbos de estas oraciones.

- **a** Cuando sepáis los resultados, llamadme.
- **b** Sé que él tiene el deseo de aprobar en junio.
- **c** Saldremos cuando hayamos terminado.
- **d** Había recibido las fotos, pero no se acordaba.
- **e** Aunque sea barato, no tendré bastante dinero.

**8** Escribe las siguientes formas verbales: **a** pretérito imperfecto de subjuntivo de *conducir*, **b** pretérito perfecto simple de *andar* y *caber*, **c** presente de subjuntivo de *saber*, **d** presente de indicativo de *oír* y *caber*.

**9** Señala la primera persona del singular del presente de indicativo, del pretérito perfecto simple y del futuro imperfecto de indicativo de los siguientes verbos: *mover, salir, caber, reír, saber, valer*.

## 2.5 Las formas verbales

### FORMAS NO PERSONALES

El infinitivo (*amar*), el gerundio (*amando*) y el participio (*amado*) son las formas no personales del verbo, pues no expresan ni número ni persona.

- El **infinitivo** es la forma que sirve para nombrar al verbo (verbo *amar*). Aparte de funcionar como verbo, puede desempeñar todas las funciones del sustantivo.

Fumar perjudica gravemente la salud.
Sujeto

- El **gerundio** expresa una acción en parte realizada y en parte por realizar. Como el infinitivo, el gerundio también tiene doble naturaleza. En este caso, puede funcionar como verbo o como adverbio (complementa al verbo).

**corriendo**

está corriendo — perífrasis verbal
Salió de la casa corriendo. — modo (= adverbio)

- El **participio** expresa una acción totalmente realizada. El participio puede desempeñar también las funciones de adjetivo. En este último caso, posee los morfemas de género, número y grado.

He **comprado** un libro. / Tengo **leídas** unas páginas. / Una chica **arreglada**.
(pretérito perfecto / perífrasis verbal / CN)

En el eslogan *Leer nos diferencia*, ¿qué funciones propias del sustantivo desempeña el infinitivo?

**!**

El participio de los verbos transitivos puede adquirir significado pasivo; por este motivo, se utiliza con el verbo **ser** para formar la voz pasiva: *El libro es firmado por el autor.*

### FORMAS PERSONALES DEL VERBO

Las formas personales del verbo expresan significados de **persona**, **número**, **tiempo**, **modo** y **aspecto**.

- La **persona** indica si lo expresado por el verbo corresponde al hablante (1.ª persona), al oyente (2.ª persona) o a lo que no es ni hablante ni oyente (3.ª persona): *canto/cantas/canta*.

- El **número** indica si la forma verbal es singular o plural: *canto/cantamos*.

- El **tiempo** indica si la acción es anterior, simultánea o posterior al momento en que se habla: *canté/canto/cantaré*.

- El **modo** expresa la actitud del hablante ante la acción.
  - **Modo indicativo:** la acción se da como algo real: *Raúl se marchó.*
  - **Modo subjuntivo:** la acción se da como un deseo, una posibilidad: *¡Ojalá venga Raúl!*
  - **Modo imperativo:** la acción se da como una orden: *¡Vete ya, Raúl!*

- El **aspecto** informa sobre el desarrollo de la acción.
  - **Imperfectivo:** acción en desarrollo: *Leo.*
  - **Perfectivo:** acción que ha concluido: *Leí.*

### Formas simples y formas compuestas

La conjugación verbal se organiza en tiempos simples y compuestos. En los **tiempos simples** la forma verbal consta de una sola palabra (*amo, tenía, partiré*); en los **tiempos compuestos** consta de dos:

VERBO AUXILIAR + VERBO AUXILIADO
↓ HABER *hemos* — ↓ PARTICIPIO *leído*

## SIGNIFICADO DE LAS FORMAS DEL INDICATIVO

Los siguientes diagramas muestran los tres significados fundamentales que expresan las formas del modo indicativo.

**1** El **modo indicativo** expresa… → acciones que se dan como **ciertas, reales**: *compré.*

**2** El **tiempo** expresa…

- anterioridad. → **pasado**: *viajé* (pretérito)
- momento en el que se habla. → **presente**: *viajo*
- posterioridad. → **futuro**: *viajaré*

**3** El **aspecto** expresa…

- acción que ha empezado pero no ha terminado. → **aspecto imperfectivo** (todas las formas simples, menos el pretérito perfecto simple): *leo, leía, leeré, leería…*
- acción que ha terminado. → **aspecto perfectivo** (todas las formas compuestas y el pretérito perfecto simple): *leí, ha leído, había leído…*

## TIEMPO Y ASPECTO DE LAS FORMAS DEL INDICATIVO

| **Presente:** *leo* | | |
|---|---|---|
| **Presente** (*leo*) | Acción simultánea al momento del habla y no terminada. | *Ahora estamos en Barcelona.* |

**Otros valores del presente:**

a El **presente histórico** es un presente que expresa **pasado**: *Colón descubre América en 1492 (= descubrió).*

b El **presente atemporal** sirve para afirmar acciones con validez permanente: *La Tierra gira alrededor del Sol (no en este momento, sino siempre).*

| **Pasados:** *leía, leí, he leído, había leído, hube leído* | | |
|---|---|---|
| **Pretérito imperfecto** (*leía*) | Acción pasada pero presentada en su desarrollo, no terminada. | *Yo oía música **mientras** tú cenabas.* |
| **Pretérito perfecto simple** (*leí*) | Acción anterior al momento del habla y concluida. | *Yo decidí hacerme actor **en 1995**.* |
| **Pretérito perfecto compuesto** (*he leído*) | Acción pasada y terminada, pero que el hablante percibe como cercana. | ***Este mes** he ido dos veces a Valladolid.* |

### La voz pasiva

La voz pasiva es una construcción formada por el verbo auxiliar **ser** y el **participio** del verbo que se conjuga. Se utiliza para expresar que el sujeto no realiza la acción del verbo, sino que la recibe (véase página 171 de este libro).

El árbol **fue trasplantado** por los jardineros.
Sujeto — Verbo (*ser* + participio de *trasplantar*)

### ACTIVIDADES

**10** Utiliza el presente histórico para unir estos dos datos: primera gramática del castellano → 1492.

**11** Utiliza el presente atemporal para unir estos dos grupos: hombre → ser racional.

**12** Completa con los verbos que correspondan según el contexto. Razona el uso que se hace del tiempo y del aspecto en cada caso.

- a Hoy ▲ un libro de Pérez-Reverte.
- b Ayer ▲ una revista.
- c Este año ▲ dos cartuchos de tinta para la impresora.
- d El año pasado ▲ un *souvenir* en París de la torre Eiffel.
- e ▲ muchos libros en mi vida.
- f Mientras mi madre ▲ la fruta, yo me ▲ unas galletas.

**13** Construye oraciones pasivas que contengan los siguientes elementos, en el tiempo verbal propuesto (de indicativo).

- a El conductor / sancionar (presente)
- b Un viaducto / construir (pretérito perfecto simple)
- c La gotera del comedor / reparar (futuro perfecto)
- d El contrato / firmar (pretérito perfecto compuesto)
- e La colección de cerámica / fotografiar (pretérito pluscuamperfecto)

## ACTIVIDADES

**14** Completa con los verbos que correspondan según el contexto.

- a El próximo lunes ya ▲ esta novela, así que puedes venir a por ella temprano.
- b Si no hubiese tenido ayuda en ese momento, no ▲ mi trabajo a tiempo.
- c El mueblista me aseguró que me ▲ las mesas esta tarde.
- d ▲ de comer a las cuatro.

**15** Completa con los verbos que correspondan según el contexto.

- a Cuando ▲ dentro de un año, quiero que me cuentes todas las aventuras que vas a vivir.
- b Te ruego que me ▲ caso.

**16** Completa con los verbos que correspondan según el contexto.

- a Quizá ▲ aquí, pero yo no lo he visto.
- b ¡Ojalá me ▲ cuanto antes!
- c En aquel momento me pareció imposible que Juan ▲ esa barbaridad.

**17** Identifica las formas verbales del siguiente texto.

> Al día siguiente, bordeó la orilla, ahí donde el hielo y la tierra se encuentran. Quienes lo vieron marchar advirtieron que llevaba un arco con una buena provisión de flechas. [...] Era un hecho sin precedentes. Los niños de su edad nunca habían ido a cazar y mucho menos, solos. [...]
> –Dejad que se vaya, le enseñará una lección –dijeron los cazadores–. No tardará en volver y, a su regreso, durante días estará dócil y hablará con sumisión.
>
> Jack London, *Amor a la vida y otros relatos*

### TIEMPO Y ASPECTO DE LAS FORMAS DEL INDICATIVO

| **Futuros:** *leeré, habré leído, leería, habría leído* | | |
|---|---|---|
| **Futuro imperfecto** (*leeré*) | Acción posterior al momento del habla. | *Mañana iré a Valencia.* |
| **Futuro perfecto** (*habré leído*) | Acción acabada que es anterior a una acción futura con respecto al momento del habla. | *Cuando salga, habré terminado ya todo.* |
| **Condicional simple** (*leería*) | Expresa posterioridad con respecto a un momento del pasado. | *Dijo que vendría después.* |
| **Condicional compuesto** (*habría leído*) | Acción futura respecto a un momento del pasado y anterior a otro momento expresado en la oración. | *Dijo que traería el libro mañana, pues ya lo habría leído.* |

### TIEMPOS ABSOLUTOS Y RELATIVOS

Juan dice que María **vendrá**.
Presente — Futuro imperfecto de indicativo
→ Tiempo **absoluto**: *vendrá* es un **futuro** considerado desde el **presente** (*dice*).

Juan dijo que María **vendría**.
Pasado — Condicional simple
→ Tiempo **relativo**: *vendría* es un **futuro** considerado desde el **pasado** (*dijo*).

Son **absolutos** los tiempos verbales que indican **presente**, **pasado** o **futuro** con relación **al momento en el que se habla**: *Yo leí* o *yo leeré* expresan, respectivamente, pasado y futuro con relación al momento en el que se habla (presente).

Son **relativos** los tiempos verbales que expresan **pasado** o **futuro** con relación a un momento que **no es el presente** desde el que se habla.

Cuando llegó la alumna, el autocar ya había salido.
Tiempo pasado — Pretérito pluscuamperfecto de indicativo
↓
**Tiempo relativo**: *había salido* es **un pasado** de **otro pasado** (*llegó*).

### SIGNIFICADO DE LAS FORMAS DEL SUBJUNTIVO

Las formas del modo subjuntivo expresan la acción como algo irreal. Dicha acción solo existe en el pensamiento del hablante como algo subjetivo: deseado, probable, posible…

| | |
|---|---|
| **Presente** | *Quiero que me escuches en este momento.* |
| **Pretérito imperfecto** | *Preferiría que me escucharas.* |
| **Pretérito perfecto** | *Lo sacaré cuando hayas escuchado.* |
| **Pretérito pluscuamperfecto** | *No creí que me hubieras escuchado.* |

Los futuros de subjuntivo (*viere, hubiere visto*) han desaparecido prácticamente del castellano actual. Han quedado reducidos al lenguaje jurídico, al administrativo y a los refranes: *Donde **fueres**, haz lo que **vieres**.*

**SIGNIFICADO DE LAS FORMAS DEL IMPERATIVO**

Es el modo que sirve para expresar la orden o mandato: en consecuencia, solo posee como tal la segunda persona.

**Calla** tú. / **Callad** vosotros.

Para expresar el mandato en otras personas, se recurre al presente de subjuntivo.

¡Que se **callen** ya esos chicos!

Lo mismo ocurre para el mandato negativo (prohibiciones).

No **abras** ese cajón.

Son vulgarismos las siguientes formas de mandato: *callarse, callaros.*

### Otros medios de expresar mandato

- **Determinadas interrogativas:** *¿Me pasas el salero?*
- **Presente de mandato:** *Te comes la sopa ahora mismo.*
- **Futuro:** *Harás lo que yo te diga.*
- **Perífrasis diversas:** *Ya te estás callando.*
- **Gerundio:** *¡Andando!*
- **Infinitivo:** *¡A callar!*

## ACTIVIDADES

**18** Explica el significado gramatical (valor temporal, modal y aspectual) de las formas destacadas en el texto.

El escritor **esperaba** que sus libros **fructificasen** en el sótano del editor, y así **sucedió** un día después de muchos años de espera.
Entonces el editor le **dijo**:
–Le **hago** un contrato por todo, un contrato según el cual su cabeza **pasará** a ser propiedad mía.
El escritor aprovechó el ofrecimiento y firmó la venta de su cabeza.
Pronto se **comió** los adelantos estipendiarios y se **moría** por no poder ser libre, porque toda su producción era de aquel editor que ya no le pagaba nada.
Entonces publicó en otro editor una obra nueva.
–Esa obra me **pertenecía** –le dijo el editor que **había comprado** su cabeza.
–Esta obra que está teniendo más éxito que todas las otras obras mías no le **pertenece**.
–¿Cómo puede ser eso?
–Porque esta obra no **ha sido escrita** con la cabeza, sino con los pies.

Ramón Gómez de la Serna,
*Caprichos y fantasmagorías*

**19** Explica las diferencias de significado de las siguientes oraciones.

**a** Susana ya trabajaba entonces en la empresa. / Susana trabajó entonces en la empresa.
**b** Laura fue mi vecina durante mucho tiempo. / Laura ha sido mi vecina durante mucho tiempo.

**20** ¿En qué se diferencian las siguientes oraciones?

**a** Si estudias un poco más, apruebas. / Si estudiaras un poco más, aprobarías.
**b** No me interesa lo que dicen. / No me interesa lo que digan.
**c** Creo que aprobaré el examen. / No creo que apruebe el examen.

**21** Quieres que un amigo tuyo se ponga en contacto contigo; para ello, le envías un mensaje en el que le ordenas que así lo haga. Expresa el mandato de todas las maneras que se te ocurran.

**22** Explica por qué los tiempos subrayados de estas oraciones son relativos.

**a** El entrenador les aseguró que <u>ganarían</u> el partido.
**b** A las diez de la noche ya <u>habían cerrado</u> el local.
**c** Cuando encontramos la llave, el portero ya <u>había avisado</u> al cerrajero.

## 2.6 Las perífrasis verbales

*Voy a regalar un libro. Voy a regalar un sueño* es el eslogan de esta campaña que conmemora el Día Mundial del Libro y del Derecho de Autor. ¿Constituye una perífrasis verbal la expresión *voy a regalar*?

Expresan significados de modo y aspecto que la conjugación ordinaria del verbo no puede expresar con precisión.

**Tengo que trabajar.** — modo: obligación

**Voy a cantar.** — aspecto: comienzo inminente de la acción

Funcionan como un solo verbo y su estructura es la siguiente:

**VERBO AUXILIAR + (NEXO) + INFINITIVO / GERUNDIO / PARTICIPIO**

- **El verbo auxiliar:** aparece conjugado; aporta los morfemas de tiempo, modo, aspecto, persona y número. Puede perder total o parcialmente su significado originario: *rompieron a llorar*.
- **El nexo:** preposición o conjunción: *voy a cantar, tengo que andar*. No aparece en todos los casos: *anda diciendo*.
- **El verbo principal:** puede aparecer en infinitivo, gerundio o participio, y aporta el significado léxico: *voy a preguntar*.

Según su significado, se distinguen dos tipos de perífrasis:

- **Perífrasis aspectuales:** expresan diferentes momentos del desarrollo de la acción, que van desde el comienzo de esta hasta su finalización.

| | |
|---|---|
| **Ingresivas** (comienzo) | *ir a, pasar a, estar a punto de, comenzar a, echarse a, romper a, meterse a...* + **infinitivo** |
| **Durativas** (desarrollo) | *estar, andar, continuar, seguir...* + **gerundio** |
| **Reiterativas** (repetición) | *soler, volver a* + **infinitivo** |
| **Terminativas** (fin de la acción) | *acabar de* + **infinitivo**; *llevar, tener...* + **participio** |

- **Perífrasis modales:** indican matices en la actitud del hablante.

| | |
|---|---|
| **De posibilidad o de probabilidad** | *poder* + **infinitivo**<br>*deber de, poder, venir a* + **infinitivo** |
| **De obligación** | *tener que, haber de, deber, haber que* + **infinitivo** |

### *Deber* y *deber de*

Hay dos perífrasis que, por la semejanza que tienen en la forma, tienden a confundirse.

Se trata de las construcciones **deber + infinitivo**, que indica siempre **obligación**, y **deber de + infinitivo**, que indica siempre probabilidad.

- *Juan debe estudiar veterinaria.* (Tiene la obligación de estudiar esa carrera.)
- *Juan debe de estudiar veterinaria.* (No estoy seguro, pero es probable que estudie tal especialidad.)

## ACTIVIDADES

**23** Señala las perífrasis que aparecen en las oraciones.

a Anda torciendo los pies y se va a hacer daño.
b Lleva aprendidos ya tres temas.
c En ese momento se echó a llorar con desconsuelo.
d Anda diciendo mentiras sobre él y va a tener líos.
e Lleva guardados dos libros en el bolsillo.

**24** Identifica las perífrasis verbales y clasifícalas.

a Tiene que terminar este trabajo cuanto antes.
b Acaban de anunciar que se ha firmado el acuerdo.
c Este mes de marzo está haciendo mucho frío.
d Voy a preguntar dónde está la salida.
e Ando preguntando a todos por su dirección.

# 3. El grupo adverbial (GAdv): estructura

Presenta una estructura semejante a la del grupo adjetival:

GAdv → Modificador + Núc + (CAdv)

| Modificador | Núc | (CAdv) |
|---|---|---|
| muy | lejos | de la ciudad |
| ↓ | ↓ | ↓ |
| adverbio de cantidad | adverbio | grupo preposicional |

**FUNCIÓN DE NÚCLEO**. Es realizada por un adverbio o una locución adverbial.

| pronto | a oscuras |
|---|---|
| **Núc** | **Núc** |
| (adverbio) | (loc. adv.) |
| GAdv | GAdv |

**FUNCIÓN DE MODIFICADOR**. Es realizada por adverbios que cuantifican lo expresado por el núcleo: *muy, tan, demasiado, bastante...*

| bastante | cerca |
|---|---|
| **Mod** | Núc (adverbio) |
| GAdv | |

**FUNCIÓN DE COMPLEMENTO DEL ADVERBIO**. Es realizada por un grupo preposicional que modifica el significado del núcleo.

| mañana | por la tarde |
|---|---|
| Núc | **CAdv (GPrep)** |
| GAdv | |

## 3.1 El adverbio

- Según su **forma**, es un tipo de palabra **invariable**; es decir, no cambia de género, ni de número, ni de persona... Solamente algunos admiten morfemas de **grado** o **diminutivos**: ***muy** bien* / ***muy** cerca* / ***más** allá* / *pront**ísimo*** / *poqu**ísimo*** / *cerqu**ita**...* Hay un grupo de adverbios que se forma a partir de adjetivos a los que se añade el sufijo **-mente**: *suave**mente**, lenta**mente**...*

- Según su **función**, es núcleo del grupo adverbial (GAdv). Este grupo puede desempeñar varias funciones según el elemento al que complementa:

| | | |
|---|---|---|
| **Complemento circunstancial del verbo** | Los adverbios no son complementos obligatorios del verbo; esto les permite tener una mayor movilidad dentro de la oración y desaparecer sin que la estructura oracional se vea afectada. | *Ayer vino Carolina a casa.*<br>*Vino ayer Carolina a casa.*<br>*Vino Carolina a casa.* |
| **Modificador del adjetivo** | Suelen ser adverbios de cantidad, que cuantifican la cualidad expresada por el adjetivo. | *muy guapa*<br>*tan alegre* |
| **Modificador del adverbio** | Suelen ser adverbios de cantidad, que cuantifican la cualidad expresada por el adverbio. | *muy cerca*<br>*muy bien* |
| **Complemento oracional** | Adverbio que expresa el punto de vista del hablante sobre la información contenida en la oración. | *Desgraciadamente, se han marchado.* |

### ACTIVIDADES

**25** Analiza los siguientes grupos adverbiales. (Ten en cuenta que hay un intruso.)

a más temprano
b ayer por la noche
c fuera del museo Thyssen
d astutamente
e muy apto para ese trabajo
f suficientemente cerca de la estación

**26** Di qué función realizan los adverbios. Clasifícalos por su contenido.

a Probablemente, toda su familia ahora viva allí.
b Juan es muy inteligente y siempre demuestra gran sentido práctico.
c Volveremos del paseo bastante tarde.
d Ha subido el cuadro que antes estaba aquí.
e Así, muy pronto, estará todo más ordenado.

## CLASIFICACIÓN DE LOS ADVERBIOS

- Por su **forma**, los adverbios pueden ser:
  - a **Simples**: formados por una sola palabra: *quizás, hoy…*
  - b **Compuestos**: formados por dos o más partes de la oración (*asimismo, deprisa…*) o por adjetivos con la terminación **-mente** (*posiblemente*).
  - c **Locuciones adverbiales**: construcciones formadas por dos o más palabras inseparables, que funcionan como adverbios: *a tientas, en realidad…*

- Por su **significado**, se distinguen los siguientes tipos:

| | |
|---|---|
| **De lugar** | **Adverbio**: *aquí, allí, allá, ahí, delante, alrededor, encima, arriba, abajo, cerca, lejos, fuera, enfrente…* **Interrogativo**: *dónde, adónde.* |
| | **Locución**: *a la cabeza, al final, a la derecha…* |
| **De tiempo** | **Adverbio**: *ahora, hoy, ayer, entonces, mañana, pronto, tarde, temprano, siempre, todavía, ya, aún…* **Interrogativo**: *cuándo.* |
| | **Locución**: *de repente, de vez en cuando…* |
| **De modo** | **Adverbio**: *así, bien, mal, despacio, deprisa…* **Interrogativo**: *cómo.* |
| | **Locución**: *sin ton ni son, a ciegas, por las buenas, a manos llenas…* |
| **De cantidad y grado** | **Adverbio**: *más, menos, muy, bastante, demasiado, mucho, poco, tan, tanto, casi, solo…* y terminados en **-mente** (*solamente…*). **Interrogativo**: *cuánto.* |
| | **Locución**: *más o menos, al menos, como máximo…* |
| **De afirmación** | **Adverbio**: *sí, también, claro…*, y terminados en **-mente** (*efectivamente, ciertamente…*). |
| | **Locución**: *en efecto, sin duda, en realidad, en verdad…* |
| **De negación** | **Adverbio**: *no, nunca, jamás, tampoco, apenas…* |
| | **Locución**: *de ninguna manera, ni por asomo, en absoluto, ni mucho menos…* |
| **De duda, posibilidad** | **Adverbio**: *quizá, acaso…* y terminados en **-mente** (*posiblemente…*). |
| | **Locución**: *a lo mejor, tal vez…* |

!

**¡No los confundas!**
**mucho, poco, bastante, menos, más…**

- Son **adverbios** si complementan a un verbo, adjetivo o a otro adverbio.
  Habla **mucho**.
  Verbo Adverbio

  Es **bastante** lista.
  Adverbio Adjetivo

  Vive **bastante** lejos.
  Adverbio Adverbio
- Son determinantes indefinidos si acompañan a un sustantivo.
  Tiene **mucha** voluntad.
  Det indefinido Sustantivo
- Son **pronombres** si sustituyen al nombre o SN.
  **Muchos** no han dicho la verdad.
  Pronombre

## ACTIVIDADES

**27** Explica a qué elementos hacen referencia los adverbios destacados.

- a Déjalo en el paragüero. De ahí lo recogeré cuando me vaya.
- b Lo inauguraron aquel año. Entonces era una novedad.
- c Lo ha hecho con cuidado. Así lo debes hacer tú.

**28** Identifica y clasifica los adverbios y locuciones adverbiales que aparecen en los siguientes enunciados.

- a Aquella mañana apenas hablaron unos pocos.
- b Efectivamente, todos los excursionistas se han marchado muy pronto hacia una lejana aldea, junto al río Amazonas.
- c Ese chico habla siempre sin ton ni son.
- d Se marchó adonde le recomendó el médico: un lugar con un clima bastante seco.
- e Quizá no encuentre la tranquilidad ni aquí ni allí, pero, al menos, no la molestará nadie.
- f De vez en cuando, a muchos les da por decir que nuestro equipo no volverá a ganar jamás la liga.

## PRÁCTICA DE REPASO

**29** Realiza el análisis morfológico de las siguientes formas verbales que aparecen en el texto inicial de esta unidad: *hay, viajar, decidí, exista, quedó demostrado, evitas, puedes subir, eche, disfrutando, equivaldrían, hay que echar.*

**30** Conjuga el pretérito perfecto de los verbos *conducir* y *andar*; y el presente de subjuntivo de los verbos *hacer* y *complacer.*

**31** Identifica y clasifica las perífrasis verbales.

- **a** Tengo que marcharme a las tres en punto.
- **b** Lleva leídas tres novelas.
- **c** No puedo olvidar su mal comportamiento.
- **d** Su hermano debe de tener veinte años.
- **e** Manuel está esforzándose mucho en la asignatura.

**32** Expresa con diferentes perífrasis la idea de obligación que aparece en esta oración: *Debes conversar sin levantar la voz.*

**33** Clasifica las perífrasis aspectuales. Explica qué momento del desarrollo de la acción se expresa en cada caso.

- **a** El bebé rompió a hablar.
- **b** Ando pensando en las vacaciones.
- **c** Llevo ahorrados cien euros.
- **d** Suele pasarse todos los días por casa de su abuela.
- **e** Sus palabras vinieron a decir lo mismo de siempre.
- **f** Deben de ser las tres por lo menos.
- **g** Debemos tener preparados para esta tarde cuatro informes.

**34** Forma adverbios acabados en -**mente** a partir de los siguientes adjetivos, y razona si la tilde se conserva o no en el adverbio: *hábil, plácido, cortés, feliz, intrépido.*

**35** Forma sustantivos abstractos a partir de los siguientes verbos: *promover, repercutir, adherir, desertar, abdicar, acechar, redimir, recibir, irrumpir, delatar, ornar, jactarse, quebrantar, asir, remunerar, demoler, disentir.*

**36** Escribe verbos a partir de los siguientes adjetivos: *estéril, delictivo, civil, abrasivo, concluso, hostil, exento, volátil, propenso.*

**37** Clasifica las siguientes locuciones adverbiales y escribe una oración con cada una: *por añadidura, a posteriori, sin ton ni son, a bocajarro.*

**38** Identifica los tiempos absolutos y relativos en los siguientes enunciados.

- **a** El próximo lunes ya habremos terminado el curso.
- **b** Cuando llegó mi tía, mi hermana ya había salido.
- **c** Mañana iremos al parque de atracciones.

**39** Completa con los verbos que corresponden según el contexto. Explica por qué son tiempos relativos.

- **a** En 2020, yo ▲ mi carrera.
- **b** En 2012 yo ya ▲ la enseñanza primaria.
- **c** El profesor aseguró el mes pasado que ▲ los trabajos la próxima semana.
- **d** La dependienta me dijo que los precios ▲ el día anterior.

**40** Las anáforas evitan las repeticiones de palabras. Funde cada par de enunciados en un solo texto, de forma que no se repitan las palabras destacadas. Rellena con las anáforas necesarias: **cosa**, **sus**, **ella**, **allí**.

- **a** [Noelia se ha esforzado mucho] y [No me extraña que Noelia **se haya esforzado**, porque es muy responsable] → Noelia se ha esforzado mucho, ▲ que no me extraña porque ▲ es muy responsable.
- **b** [**Álex** fue al **hipermercado**] y [Los amigos **de Álex** estaban en el **hipermercado**] → Álex fue al hipermercado y ▲ estaban ▲ amigos.

**41** Completa con el conector adecuado, de forma que el texto sea coherente. Explica qué significado aporta al texto cada uno de esos conectores.

Don Quijote enloqueció ▲ se pasaba las noches en vela leyendo libros de caballerías. ▲ sus vecinos le aconsejaron que abandonara ese tipo de lecturas, él no les hacía caso alguno. Don Quijote veía gigantes donde solo había molinos, ▲ también daba consejos muy acertados sobre el sentido de la vida y las buenas costumbres. ▲ su locura no era completa: una parte de don Quijote no había olvidado del todo la sensatez humana.

## ARGUMENTARIO EMPRESARIAL

**Récord histórico de visitantes únicos con 27.016.960 y páginas vistas 339.242.606 en MEDIASET**

**'La voz kids' se coloca como el contenido con más navegadores únicos de las Webs de Mediaset con 6,9 millones NU (48,2 MM páginas vistas). 'Mujeres y hombres y viceversa' bate un nuevo récord al superar los 34,8 millones de páginas vistas, (3,0 MM navegadores únicos).**

**'El príncipe' se coloca como la web de ficción más seguida del grupo con 15,7 millones de páginas vistas y 1,8 millones de navegadores únicos.**

**'Deportes', 'Noticias Cuatro' y 'Cuarto Milenio' son los contenidos más destacados de la web de Cuatro.com con 2,0, 2,4 y 1,4 millones de páginas vistas cada uno.**

**En Mitele lo más consumido es 'La que se avecina' con 7,7 millones de páginas vistas y 0,9 millones de navegadores únicos.**

OMNITURE Marzo 2014 '14

**1** CL **Comprensión**

- **a** ¿Cuál es el nombre de la empresa responsable del argumentario anterior? Infórmate en Wikipedia sobre esta empresa y escribe en dos líneas cuál es su actividad. ¿Es pública o privada? ¿Qué significa el hecho de que sea pública o privada?
- **b** Identifica la tesis y los argumentos. ¿Qué adjetivo valorativo se utiliza en la tesis?
- **c** ¿Las cifras que se aportan hacen referencia al número de espectadores que ven la televisión o a los navegadores que visitan las páginas web de los programas? Razona tu respuesta.
- **d** ¿En qué consiste el récord que se menciona en el texto? ¿Qué cifras globales se dan para demostrarlo?
- **e** ¿Cuál es la web de ficción que tiene un mayor número de navegadores? ¿Qué cifra se aporta?
- **f** ¿Por qué no coinciden las cifras de navegadores y de páginas visitadas referidas a un mismo programa?
- **g** ¿Qué programas predominan: los de entretenimiento o los informativos? Razona tu respuesta.
- **h** Visita el enlace. ¿Ofrece documentales o contenidos relacionados con la cultura o las artes? ¿Cómo valoras este hecho?

**2** CA CD **Gráfico de barras.** Representa los datos de visitas y navegadores que recibe cada página en un gráfico de barras.

**3** CM **Cálculo y emparejamiento de datos**

- **a** ¿Qué diferencia cuantitativa hay entre la página más visitada y la menos visitada?
- **b** Relaciona los siguientes millones de visitas (2,0; 2,4 y 1,4) con las webs de los programas que les corresponden.

**4** CS CD **Inferencias**

- **a** Consulta el enlace. ¿Pertenece esta cadena a Mediaset-España? Comprueba si hay alguna página dedicada a un programa cultural o literario. ¿Cuáles son las conclusiones de tu investigación?
- **b** ¿Qué opinión te merece que un programa del corazón como *Mujeres y hombres y viceversa* obtenga un récord de visitas (34,8 millones) mientras que un programa informativo como *Noticias cuatro* tenga solo dos millones de visitas?

**5** CC Consulta el enlace proporcionado de RTVE. Comprobarás que se ofrecen documentales y programas culturales. ¿Influye en ello el hecho de que sea una cadena pública? Razona tu respuesta.

## ¿ES POSIBLE UNA BANCA ÉTICA?

¿Cómo se pueden unir estos dos conceptos aparentemente contradictorios: banca y ética? La mayoría de la población considera que los bancos están para ganar dinero y la ética es un estorbo para este fin. Y, en efecto, el comportamiento de los bancos tradicionales, antes y durante la crisis, demuestra que han actuado al margen de toda ética. Véanse, por ejemplo, las decenas de miles de desahucios que han privado de su única vivienda a familias sin recursos. En la economía mundial la banca tradicional ha contribuido a un desarrollo exagerado de la **economía especulativa**, es decir, una economía que crea dinero artificial sin generar riqueza auténtica para la población. Más aún, este tipo de economía ha provocado en el mundo desigualdad y sufrimiento. Vivimos un contrasentido: nunca ha habido tanta riqueza y tanta pobreza como hoy. El montante de lo que producen los 41 países más pobres del mundo es inferior a la suma de las riquezas de las 7 personas más ricas del planeta. Por todo ello, la banca ética se interpreta, a veces, como una fantasía alejada de la realidad. Pero aunque, hoy por hoy, representa un porcentaje pequeño del sector bancario, la banca ética es ya, sin duda, una realidad, al defender con los hechos que los intereses económicos nunca deben estar por encima de los intereses de las personas. Peru Sasia, presidente de la Fundación Inversión y Ahorro Responsable (Fiare), afirma que se está trabajando desde la banca ética para «financiar actividades económicas que tienen un impacto social positivo, apoyando proyectos y empresas sociales, medioambientales, culturales y humanitarios». Esto es usar el dinero en una **economía real**, productiva y más igualitaria. La banca ética facilita, por ejemplo, que los más pobres accedan a microcréditos a tipos bajos de interés y con plazos de devolución flexibles. También informa a los ahorradores para que estos no pierdan el control sobre sus ahorros, garantizándoles que su dinero no servirá para financiar proyectos oscuros como la carrera armamentística.

Marcos de Castro Sanz, «Banca ética: ¿es posible?», *Economistas sin fronteras* (texto adaptado)

### Análisis y valoración del contenido

**1 Léxico. a** Escribe el significado de los elementos subrayados. **b** Infórmate sobre la diferencia entre *economía real* y *economía especulativa*.

**2 Recuperación de la información. a** ¿Por qué la mayoría de la población considera que *banca* y *ética* son conceptos contradictorios? **b** ¿Qué consecuencias ha provocado la economía especulativa en la población? **c** ¿En qué consiste el contrasentido que se menciona sobre la pobreza y la riqueza en la actualidad?

**3 Interpretación e inferencias. a** Explica con tus palabras qué es la banca ética. **b** ¿Por qué este tipo de banca es considerado por muchos una fantasía? **c** ¿A qué cantidad equivale la riqueza de las siete personas más ricas del mundo? ¿Cómo valoras este hecho? **d** ¿De qué forma ayuda la banca ética a los más pobres para crear una pequeña empresa?

**4 Síntesis.** Resume el texto y escribe el tema.

**5 Valoración del contenido. a** ¿Acudirías a la banca ética si decidieras crear una empresa en el futuro? ¿Por qué? **b** ¿Llegado el caso, abrirías una cuenta en este tipo de banca para depositar tus ahorros aunque te den menos intereses?

### Análisis y valoración de la forma

**6 Tipo de texto. a** ¿Qué estructura tiene esta argumentación: inductiva o deductiva? Razona tu respuesta. **b** Localiza la frase que exprese la tesis con más claridad. **c** Identifica en el segundo párrafo un argumento de autoridad, un ejemplo y un argumento de causa-efecto. **d** El autor utiliza los siguientes conectores: *aunque, probablemente, sin duda*. Identifica el término protector, el concesivo y el asegurador. Explica por qué los usa en cada caso. **e** Identifica los siguientes conectores: de restricción, causa, consecuencia y ejemplificador.

**7 Gramática aplicada. a** Identifica en el último enunciado las formas de subjuntivo. Analízalas morfológicamente. **b** En el texto aparecen las siguientes expresiones verbales: *se pueden unir* y *parece demostrar*. Razona cuál es la perífrasis y clasifícala. **c** Identifica una perífrasis de obligación. **d** Transforma en pasiva la siguiente oración: *La banca ética facilita créditos a los más pobres.* **e** Localiza en el texto un adverbio de afirmación, otro de tiempo y otro de cantidad. **f** Analiza el siguiente grupo de palabras del texto: *por encima de los intereses de las personas.*

**8 Valoración de la forma.** Explica si es un texto de divulgación adecuado a tus conocimientos.

# Conjugación de los verbos regulares

## FORMAS NO PERSONALES

| | 1.ª conjugación | 2.ª conjugación | 3.ª conjugación |
|---|---|---|---|
| infinitivo simple | hablar | comer | vivir |
| infinitivo compuesto | haber hablado | haber comido | haber vivido |
| gerundio simple | hablando | comiendo | viviendo |
| gerundio compuesto | habiendo hablado | habiendo comido | habiendo vivido |
| participio | hablado | comido | vivido |

## MODO INDICATIVO

| PRESENTE | | | | PRETÉRITO PERFECTO COMPUESTO | | |
|---|---|---|---|---|---|---|
| yo | hablo | como | vivo | he hablado | he comido | he vivido |
| tú | hablas | comes | vives | has hablado | has comido | has vivido |
| él/ella | habla | come | vive | ha hablado | ha comido | ha vivido |
| nosotros/as | hablamos | comemos | vivimos | hemos hablado | hemos comido | hemos vivido |
| vosotros/as | habláis | coméis | vivís | habéis hablado | habéis comido | habéis vivido |
| ellos/as | hablan | comen | viven | han hablado | han comido | han vivido |
| **PRETÉRITO IMPERFECTO** | | | | **PRETÉRITO PLUSCUAMPERFECTO** | | |
| yo | hablaba | comía | vivía | había hablado | había comido | había vivido |
| tú | hablabas | comías | vivías | habías hablado | habías comido | habías vivido |
| él/ella | hablaba | comía | vivía | había hablado | había comido | había vivido |
| nosotros/as | hablábamos | comíamos | vivíamos | habíamos hablado | habíamos comido | habíamos vivido |
| vosotros/as | hablabais | comíais | vivíais | habíais hablado | habíais comido | habíais vivido |
| ellos/as | hablaban | comían | vivían | habían hablado | habían comido | habían vivido |
| **PRETÉRITO PERFECTO SIMPLE** | | | | **PRETÉRITO ANTERIOR** | | |
| yo | hablé | comí | viví | hube hablado | hube comido | hube vivido |
| tú | hablaste | comiste | viviste | hubiste hablado | hubiste comido | hubiste vivido |
| él/ella | habló | comió | vivió | hubo hablado | hubo comido | hubo vivido |
| nosotros/as | hablamos | comimos | vivimos | hubimos hablado | hubimos comido | hubimos vivido |
| vosotros/as | hablasteis | comisteis | vivisteis | hubisteis hablado | hubisteis comido | hubisteis vivido |
| ellos/as | hablaron | comieron | vivieron | hubieron hablado | hubieron comido | hubieron vivido |
| **FUTURO IMPERFECTO** | | | | **FUTURO PERFECTO** | | |
| yo | hablaré | comeré | viviré | habré hablado | habré comido | habré vivido |
| tú | hablarás | comerás | vivirás | habrás hablado | habrás comido | habrás vivido |
| él/ella | hablará | comerá | vivirá | habrá hablado | habrá comido | habrá vivido |
| nosotros/as | hablaremos | comeremos | viviremos | habremos hablado | habremos comido | habremos vivido |
| vosotros/as | hablaréis | comeréis | viviréis | habréis hablado | habréis comido | habréis vivido |
| ellos/as | hablarán | comerán | vivirán | habrán hablado | habrán comido | habrán vivido |
| **CONDICIONAL SIMPLE** | | | | **CONDICIONAL COMPUESTO** | | |
| yo | hablaría | comería | viviría | habría hablado | habría comido | habría vivido |
| tú | hablarías | comerías | vivirías | habrías hablado | habrías comido | habrías vivido |
| él/ella | hablaría | comería | viviría | habría hablado | habría comido | habría vivido |
| nosotros/as | hablaríamos | comeríamos | viviríamos | habríamos hablado | habríamos comido | habríamos vivido |
| vosotros/as | hablaríais | comeríais | viviríais | habríais hablado | habríais comido | habríais vivido |
| ellos/as | hablarían | comerían | vivirían | habrían hablado | habrían comido | habrían vivido |

## MODO SUBJUNTIVO

| PRESENTE | | | | PRETÉRITO PERFECTO COMPUESTO | | |
|---|---|---|---|---|---|---|
| yo | hable | coma | viva | haya hablado | haya comido | haya vivido |
| tú | hables | comas | vivas | hayas hablado | hayas comido | hayas vivido |
| él/ella | hable | coma | viva | haya hablado | haya comido | haya vivido |
| nosotros/as | hablemos | comamos | vivamos | hayamos hablado | hayamos comido | hayamos vivido |
| vosotros/as | habléis | comáis | viváis | hayáis hablado | hayáis comido | hayáis vivido |
| ellos/as | hablen | coman | vivan | hayan hablado | hayan comido | hayan vivido |

| PRETÉRITO IMPERFECTO | | | | PRETÉRITO PLUSCUAMPERFECTO | | |
|---|---|---|---|---|---|---|
| yo | hablara / hablase | comiera / comiese | viviera / viviese | hubiera / hubiese hablado | hubiera / hubiese comido | hubiera / hubiese vivido |
| tú | hablaras / hablases | comieras / comieses | vivieras / vivieses | hubieras / hubieses hablado | hubieras / hubieses comido | hubieras / hubieses vivido |
| él/ella | hablara / hablase | comiera / comiese | viviera / viviese | hubiera / hubiese hablado | hubiera / hubiese comido | hubiera / hubiese vivido |
| nosotros/as | habláramos / hablásemos | comiéramos / comiésemos | viviéramos / viviésemos | hubiéramos / hubiésemos hablado | hubiéramos / hubiésemos comido | hubiéramos / hubiésemos vivido |
| vosotros/as | hablarais / hablaseis | comierais / comieseis | vivierais / vivieseis | hubierais / hubieseis hablado | hubierais / hubieseis comido | hubierais / hubieseis vivido |
| ellos/as | hablaran / hablasen | comieran / comiesen | vivieran / viviesen | hubieran / hubiesen hablado | hubieran / hubiesen comido | hubieran / hubiesen vivido |

| FUTURO IMPERFECTO | | | | FUTURO PERFECTO | | |
|---|---|---|---|---|---|---|
| yo | hablare | comiere | viviere | hubiere hablado | hubiere comido | hubiere vivido |
| tú | hablares | comieres | vivieres | hubieres hablado | hubieres comido | hubieres vivido |
| él/ella | hablare | comiere | viviere | hubiere hablado | hubiere comido | hubiere vivido |
| nosotros/as | habláremos | comiéremos | viviéremos | hubiéremos hablado | hubiéremos comido | hubiéremos vivido |
| vosotros/as | hablareis | comiereis | viviereis | hubiereis hablado | hubiereis comido | hubiereis vivido |
| ellos/as | hablaren | comieren | vivieren | hubieren hablado | hubieren comido | hubieren vivido |

## MODO IMPERATIVO

| | 1.ª conjugación | 2.ª conjugación | 3.ª conjugación |
|---|---|---|---|
| tú | habla | come | vive |
| usted | hable | coma | viva |
| nosotros/as | hablemos | comamos | vivamos |
| vosotros/as | hablad | comed | vivid |
| ustedes | hablen | coman | vivan |

# Conjugación de los verbos irregulares

## VERBOS IRREGULARES EN PRESENTE DE INDICATIVO

| Verbos con diptongo IE/UE | Verbos con alternancia I/E | Verbos en -UIR |
|---|---|---|
| PENSAR: pienso, piensas, piensa, pensamos, pensáis, piensan<br>CONTAR: cuento, cuentas, cuenta, contamos, contáis, cuentan<br>Se conjugan así *comenzar, cerrar, colgar, jugar, mover, recordar, poder, querer, volar…* | PEDIR: pido, pides, pide, pedimos, pedís, piden<br>Se conjugan así *competir, divertir, elegir, freír, medir, vestir…* | HUIR: huyo, huyes, huye, huimos, huis, huyen<br>Se conjugan así *concluir, construir, distribuir, intuir, sustituir…* |

| Verbos en -G/IG- en la 1.ª persona del singular | Verbos en -ACER, -ECER, -OCER, -UCIR (salvo *hacer, cocer* y *mecer*) | Verbos con la 1.ª persona del singular en -OY |
|---|---|---|
| HACER: hago, haces, hace, hacemos, hacéis, hacen<br>CAER: caigo, caes, cae, caemos, caéis, caen<br>Se conjugan así *poner, salir, valer, poner, traer, venir* y derivados. | CONQCER: conozco, conoces, conoce, conocemos, conocéis, conocen<br>Se conjugan así *nacer, obedecer, parecer, conducir…* | *dar, estar*<br>↓<br>doy, estoy |

**Otros verbos irregulares**

| CABER | DECIR | IR | OÍR | SABER | SER | TENER | VENIR |
|---|---|---|---|---|---|---|---|
| quepo | digo | voy | oigo | sé | soy | tengo | vengo |
| cabes | dices | vas | oyes | sabes | eres | tienes | vienes |
| cabe | dice | va | oye | sabe | es | tiene | viene |
| cabemos | decimos | vamos | oímos | sabemos | somos | tenemos | venimos |
| cabéis | decís | vais | oís | sabéis | sois | tenéis | venís |
| caben | dicen | van | oyen | saben | son | tienen | vienen |

***Los verbos irregulares en el presente del indicativo también son irregulares en el imperativo y en el presente del subjuntivo.***

| IRREGULARIDADES ESPECIALES EN EL PRESENTE DE SUBJUNTIVO | DAR | ESTAR | HABER | IR | SABER | SER |
|---|---|---|---|---|---|---|
| | dé | esté | haya | vaya | sepa | sea |
| | des | estés | hayas | vayas | sepas | seas |
| | dé | esté | haya | vaya | sepa | sea |
| | demos | estemos | hayamos | vayamos | sepamos | seamos |
| | deis | estéis | hayáis | vayáis | sepáis | seáis |
| | den | estén | hayan | vayan | sepan | sean |

## VERBOS IRREGULARES EN FUTURO SIMPLE DE INDICATIVO

| | |
|---|---|
| **GRUPO I** | PONER → pondré, pondrás, pondrá, pondremos, pondréis, pondrán<br>SALIR → saldré, saldrás, saldrá, saldremos, saldréis, saldrán<br>TENER → tendré, tendrás, tendrá, tendremos, tendréis, tendrán<br>VALER → valdré, valdrás, valdrá, valdremos, valdréis, valdrán<br>VENIR → vendré, vendrás, vendrá, vendremos, vendréis, vendrán |
| **GRUPO II** | CABER → cabré, cabrás, cabrá, cabremos, cabréis, cabrán<br>HABER → habré, habrás, habrá, habremos, habréis, habrán<br>PODER → podré, podrás, podrá, podremos, podréis, podrán<br>QUERER → querré, querrás, querrá, querremos, querréis, querrán<br>SABER → sabré, sabrás, sabrá, sabremos, sabréis, sabrán |
| **GRUPO III** | DECIR → diré, dirás, dirá, diremos, diréis, dirán<br>HACER → haré, harás, hará, haremos, haréis, harán |

***Los verbos irregulares en el futuro del indicativo también son irregulares en el condicional.***

## VERBOS IRREGULARES EN PRETÉRITO PERFECTO SIMPLE DE INDICATIVO

| | |
|---|---|
| **VERBOS IRREGULARES EN LA 3.ª PERSONA DEL SINGULAR Y PLURAL** | **Verbos de la 3.ª conjugación con cambios de vocal E / I, O / U** |
| | • SERVIR → **serví**, **serv**iste, **sirv**ió, **serv**imos, **serv**isteis, **sirv**ieron<br>Se conjugan así *competir, elegir, herir, mentir, preferir, reír, sentir…*<br>• DORMIR → **dormí**, **dorm**iste, **durm**ió, **dorm**imos, **dorm**isteis, **durm**ieron. Se conjuga así *morir.* |
| | **Verbos con alternancia I / Y** |
| | • LEER → **leí**, **leíste**, **ley**ó, **leímos**, **leísteis**, **ley**eron<br>También se conjugan así *caer, oír.*<br>• Verbos en **-UIR**<br>CONSTRUIR → **construí**, **constru**iste, **constru**yó, **constru**imos, **constru**isteis, **constru**yeron<br>Se conjugan así *concluir, distribuir, huir, influir, intuir, sustituir…* |
| **VERBOS CON CAMBIO EN LA RAÍZ**<br>+<br>**DESINENCIAS**<br>***e, iste, o, imos, isteis, eron / ieron*** | ANDAR → **anduv**e, anduviste, anduvo, anduvimos, anduvisteis, anduvieron<br>CABER → **cup**e, cupiste, cupo, cupimos, cupisteis, cupieron<br>DECIR → **dij**e, dijiste, dijo, dijimos, dijisteis, dijeron<br>ESTAR → **estuv**e, estuviste, estuvo, estuvimos, estuvisteis, estuvieron<br>HABER → **hub**e, hubiste, hubo, hubimos, hubisteis, hubieron<br>HACER → **hic**e, hiciste, **hiz**o, hicimos, hicisteis, hicieron<br>PODER → **pud**e, pudiste, pudo, pudimos, pudisteis, pudieron<br>PONER → **pus**e, pusiste, puso, pusimos, pusisteis, pusieron<br>QUERER → **quis**e, quisiste, quiso, quisimos, quisisteis, quisieron<br>SABER → **sup**e, supiste, supo, supimos, supisteis, supieron<br>TENER → **tuv**e, tuviste, tuvo, tuvimos, tuvisteis, tuvieron<br>TRAER → **traj**e, trajiste, trajo, trajimos, trajisteis, trajeron<br>VENIR → **vin**e, viniste, vino, vinimos, vinisteis, vinieron |
| | **Verbos terminados en -UCIR** |
| | CONDUCIR → **conduj**e, condujiste, condujo, condujimos, condujisteis, condujeron<br>Se conjugan así *producir, reducir, seducir, traducir…* |
| **OTROS VERBOS IRREGULARES** | DAR → **di**, diste, dio, dimos, disteis, dieron<br>IR → **fui**, fuiste, fue, fuimos, fuisteis, fueron<br>SER → **fui**, fuiste, fue, fuimos, fuisteis, fueron |

***Los verbos irregulares en el pretérito perfecto simple también son irregulares en el pretérito imperfecto y futuro imperfecto del subjuntivo.***

## VERBOS IRREGULARES EN PRETÉRITO IMPERFECTO DE INDICATIVO

| IR | SER | VER |
|---|---|---|
| **ib**a | **er**a | **ve**ía |
| **ib**as | **er**as | **ve**ías |
| **ib**a | **er**a | **ve**ía |
| **íb**amos | **ér**amos | **ve**íamos |
| **ib**ais | **er**ais | **ve**íais |
| **ib**an | **er**an | **ve**ían |

# LENGUA

# 5

REPASA LA UNIDAD

## Argumentos





## A qe hr kedms?? Te prce a ls 5??

**FICHA TÉCNICA:** «El futuro del español», *El Debate de La 2*, RTVE (17-06-2011).
**TIPOLOGÍA ORAL:** Debate.
**SITUACIÓN COMUNICATIVA:** La periodista María Casado pone sobre la mesa el estado de salud del español con seis expertos.

### ACTIVIDADES

**1** ¿Sobre qué se va a debatir en el programa?

**2** Se ha reunido a seis expertos para debatir sobre el futuro del español. ¿Te parece apropiado el perfil de todos ellos para hablar sobre esa cuestión: la directora del Instituto Cervantes, un novelista y poeta, un académico de la RAE, un traductor, el presidente de RTVE y una periodista y bloguera? ¿A quién invitarías de más si fueras la presentadora o el presentador?

**3** ¿Empobrecen las nuevas tecnologías nuestro idioma? Esta es la primera pregunta que se les formula a los expertos. ¿Opinan todos ellos lo mismo?

**4** Di si son verdaderas o falsas las siguientes afirmaciones de los alumnos de Bachillerato.

- **a** Twitter los fuerza a abreviar el castellano.
- **b** Abreviar les ayuda a escribir más deprisa.
- **c** Abreviar en las redes sociales no les impide escribir correctamente en los exámenes.

**5** ¿Qué opina el profesor de Lengua José Manuel López? ¿Cree que el sistema de síntesis empleado por los jóvenes en las redes sociales empobrece el castellano? ¿Cuál es tu opinión al respecto?

# El debate

Afortunadamente, no todos tenemos el mismo punto de vista sobre las cosas. Podemos compartir nuestra opinión con muchas otras personas, pero también podemos contrastarla con otras diferentes, incluso opuestas. No siempre resulta fácil la comunicación cuando dos posturas se enfrentan; por lo tanto, la defensa o argumentación de nuestra opinión debe estar bien pensada. Solo se trata de practicar y utilizar algunas estrategias.

## ACTIVIDADES

**1** CC En clase vais a debatir sobre un tema que nos afecta a todos: la piratería musical. Para ello, formaréis grupos de ocho personas. Cada integrante del equipo adoptará un papel y defenderá el punto de vista de la persona que le ha tocado representar. Estos son los personajes que debéis interpretar.

1. un profesional de la música
2. el propietario de un establecimiento especializado en música
3. una banda musical estrella del momento
4. un vendedor del llamado *top manta*
5. el dueño de una compañía discográfica
6. un estudiante de 16 años
7. un portavoz del Ministerio de Cultura
8. un padre de familia

**Ministerio de Cultura.** En este enlace y vídeo podéis empezar a documentaros; posteriormente deberéis hacerlo por vuestra cuenta, para aportar argumentos de peso que os permitan defender vuestra postura.

Quienes tengáis el mismo rol podéis reuniros, repartir las tareas de documentación y escoger quién será el que argumente vuestra posición. La sesión consiste en una presentación de argumentaciones que tratan de ser convincentes para el resto de la clase. Es recomendable que todas comiencen con una declaración de opinión.

Una vez terminada la exposición de argumentos, valorad si vuestros compañeros y compañeras han sabido responder a los papeles que les ha correspondido representar, si la exposición de cada uno ha sido coherente (no es necesario que su postura nos convenza) y si han utilizado adecuadamente las estrategias indicadas en las notas.

### notas

- Es muy importante que tu tesis se apoye en **datos**, en ejemplos concretos más que en impresiones o sensaciones personales. Muéstralo así en tu discurso.
- Los que te escuchan deben percibir **orden** en tu exposición y **facilidad** para entender tu punto de vista, aunque no lo compartan.
- Cuando hables de posturas opuestas, evita hacerlo de manera gratuita o irrespetuosa: perderás credibilidad ante los demás.
- Adopta una actitud valiente en tu exposición: la imagen que proyectas de ti mismo es fundamental para resultar convincente.
- Tus compañeros y compañeras de rol son tus mejores colaboradores: ensaya ante ellos.
- Es necesario tener un espíritu crítico y formarse un criterio antes de hablar.

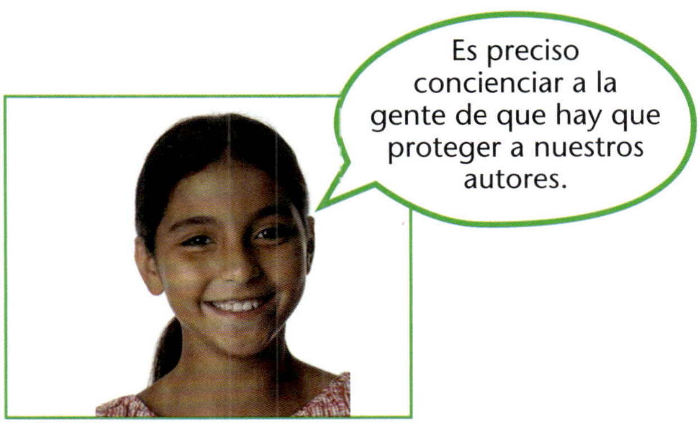

# La noche en que Frankenstein leyó *El Quijote*

¿Leyó Frankenstein alguna vez *El Quijote*? Vayamos paso a paso.

Era el verano de 1816. Mary Shelley y su esposo, el también escritor Percy Bysshe Shelley, acudieron a Suiza, a una hermosa casa en las montañas que su amigo lord Byron tenía en aquel lugar. Allí disfrutaban todos los invitados de un maravilloso verano alpino, henchido de bosques, valles y senderos, por los que a menudo caminaban para ejercitarse. Pero un día, en uno de esos frecuentes cambios meteorológicos de las zonas montañosas, las nubes taparon el sol y las lluvias interrumpieron sus excursiones. Byron, el matrimonio Shelley y el resto de los invitados optaron entonces por reunirse a la luz de una hoguera que ardía en una gran chimenea de la casa, y deleitarse en la lectura en voz alta que Percy Shelley realizaba de diferentes clásicos de la literatura universal.

Percy Shelley era un reconocido poeta que, como Byron, había tenido que escapar de Inglaterra por el revolucionario tono de muchos de sus poemas contra el gobierno conservador británico, que se oponía entre otras cosas, a cambios en una vetusta ley electoral que impedía que los barrios obreros tuvieran el mismo número de representantes parlamentarios que las zonas conservadoras. El caso es que Percy sabía leer en público o declamar de modo que agitaba los corazones o despertaba la imaginación de quien le escuchara.

Lo sabemos con detalle porque todo esto nos lo cuenta la propia Mary Shelley, su esposa: por un lado, en el prólogo a su obra *Frankenstein* y, por otro, en su propio diario personal, donde, día a día, la intrépida autora se tomaba la molestia de dejar constancia de todo cuanto había hecho en cada jornada. Así, Mary nos describe cómo lord Byron, uno de esos interminables días de tormenta veraniega, sin poder salir a la montaña o al exterior de la casa, se levantó y lanzó un gran reto.

–Os propongo un concurso.

–¿Qué tipo de concurso? –preguntó Percy intrigado y poniendo palabras a la curiosidad de todos los presentes.

–Propongo que cada uno de nosotros escriba un relato, una historia de terror. Y el que consideremos como el relato más terrorífico, ese ganará el concurso.

Era, sin duda, un desafío apasionante, y más aún teniendo en cuenta el saber hacer literario de muchos de los allí reunidos, pero la brillante idea, no obstante, cayó en el olvido con rapidez en cuanto salió el sol al cabo de algunos días. Byron y Percy eran grandes escritores, pero inconstantes y pronto dejaron las plumas y la tinta, y se adentraron de nuevo en los hermosos bosques de los Alpes.

Por el contrario, Mary Shelley prefirió permanecer en aquella casa y día a día fue engendrando la maravillosa novela titulada *Frankenstein o el moderno Prometeo*.

Por cierto, Frankenstein no es el monstruo, sino Victor Frankenstein, el doctor que lo crea. Pero lo más interesante es que la escritora no creó esta novela desde la nada absoluta, sino imbuida por esos espacios montañosos que la rodeaban; y también influida por las maravillosas lecturas que su esposo Percy seguía haciendo por las noches junto a la chimenea de grandes clásicos de la literatura.

Y una noche, tras una intensa sesión de escritura para Mary, Percy eligió una obra maestra española traducida al inglés: *Don Quijote*. Así lo recoge Mary Shelley en su diario en la entrada del 7 de octubre de 1816: «Percy lee Curtius y Clarendon; escribir; Percy lee *Don Quijote* por la noche».

Y así siguió su marido leyendo cada noche durante todo un mes. Hasta que el 7 de noviembre Mary anota en su diario: «Escribir. Percy lee Montaigne por la mañana y termina la lectura de *Don Quijote* por la noche».

Tanto le gustaron *El Quijote* y la lectura que había hecho su esposo de esta obra en 1816 que, cuatro años después, en 1820, volvió a leerlo, después de haber iniciado el estudio del español, pero esta vez lo leyó directamente en castellano.

Y tal es la pasión que Mary Shelley sintió por esa gran obra que el lector curioso encontrará una referencia a Sancho Panza en el prólogo a *Frankenstein*, igual que podrá observar que la autora presenta su relato a través de múltiples narradores (el aventurero Walton, el doctor Frankenstein y hasta el propio monstruo); es decir, la misma técnica narrativa que Cervantes usó para el desarrollo de *El Quijote* (narrado por alguien que encontró un supuesto original en árabe). Y, por si queda duda, Mary Shelley decidió recrear la famosa «Historia del cautivo» (capítulos XXXIX-XLI de *El Quijote*, primera parte) en el capítulo 14 de la versión corregida de 1831 de *Frankenstein*. Para que se hagan una idea de las similitudes: en la «Historia del cautivo» de *El Quijote*, un cristiano secuestrado en un país musulmán es rescatado por una musulmana que está dispuesta a abrazar la fe cristiana desposándose con el cautivo. Y en la novela de Mary Shelley la monstruosa criatura creada por el doctor Frankenstein conocerá a Safie, una musulmana cuyo padre está preso en la cárcel de París y será ayudado por un cristiano que ama a Safie. Estas similitudes las ponen de relieve sesudos artículos académicos como el titulado «Recycling Zoraida: The Muslim Heroine in Mary Shelley´s *Frankenstein*», publicado en una revista tan prestigiosa como el *Bulletin of the Cervantes Society of America*.

Santiago Posteguillo,
*La noche en que Frankenstein leyó* El Quijote
(texto adaptado)

Mary Shelley y Percy Shelley, lectores de *El Quijote*.

## ACTIVIDADES

### Recuperación de la información

**1** CA Completa la tabla con los siguientes datos.

- **a** Ambas eran musulmanas.
- **b** Ambos eran marido y mujer.
- **c** Ambas obras tienen un narrador múltiple.
- **d** Ambos fueron escritores que tuvieron que huir de Inglaterra por ser revolucionarios.

| | |
|---|---|
| Byron / P. Shelley | |
| Zoraida / Safie | |
| *Frankenstein* / *El Quijote* | |
| M. Shelley / P. Shelley | |

**2** Contesta a las preguntas: **a** ¿Quién era el anfitrión? **b** ¿Cuándo comenzaron las vacaciones? **c** ¿En qué país? **d** CM ¿Por qué se caracteriza el clima alpino?

**3** Contesta a las preguntas con la información del texto: **a** ¿Qué les propuso Lord Byron a sus invitados? **b** CM ¿Cuánto tiempo tardó Percy Shelley en leer en voz alta *El Quijote?* **c** CM ¿En cuántos capítulos de *El Quijote* se desarrolla la «Historia del cautivo»?

### Interpretación e inferencias del texto

**4** ¿Qué estructura tiene esta argumentación: analizante o sintetizante? Razona tu respuesta.

**5** Indica la tesis del texto.

- **a** La invitación que Lord Byron hizo a Mary Shelley.
- **b** La influencia literaria de *El Quijote* en el *Frankenstein* de Mary Shelley.

**6** CA Identifica en el texto los siguientes argumentos en defensa de la tesis que has marcado anteriormente.

- **a** Una experiencia personal de Mary Shelley registrada en su diario.
- **b** Una mención directa a uno de los personaje de *El Quijote.*
- **c** Un argumento literario en relación con el tipo de narrador.
- **d** Un argumento de autoridad en relación con el personaje de Zoraida.

**7** CA CD Infórmate en Internet sobre la fecha en que Mary Shelley publicó *Frankenstein* y explica si esa fecha es compatible con la tesis del texto.

**8** CA CD Consulta el siguiente enlace de *El Quijote* interactivo. Escribe la palabra *Zoraida* en el buscador de la web y lee la primera mención que se hace de este personaje en la obra: ¿Por qué crees que Zoraida reniega de su nombre?

### Reflexión y valoración de la forma y el contenido

**9** ¿Tiene alguna relación el hecho de que el texto sea una argumentación con la expresión con que se inicia: *Vayamos paso a paso*? Razona tu respuesta. Identifica en el texto las líneas que marcan los *tres pasos* fundamentales: **1** anécdota de las vacaciones, **2** lectura en voz alta de *El Quijote*, **3** relación de *El Quijote* con *Frankenstein*.

**10** CC ¿Qué argumento de los utilizados en el texto te parece más sólido para defender que *El Quijote* influyó en Mary Shelley para escribir *Frankenstein?* ¿Por qué?

### AUTOEVALUACIÓN DE LA COMPRENSIÓN LECTORA

Comprueba las soluciones con la ayuda de tu profesor o profesora, y completa la tabla en tu cuaderno con la puntuación que te proporcione de cada pregunta.

| | ACTIVIDAD | | | | | | | | | | | | |
|---|---|---|---|---|---|---|---|---|---|---|---|---|---|
| | 1 | 2 | 3 | 4 | 5 | 6 | 7 | 8 | 9 | 10 | TOTAL | | |
| **PUNTUACIÓN** | | | | | | | | | | | | | |
| **1.** Recuperación de la información | | | | | | | | | | | | · 3,33 = | |
| **2.** Interpretación e inferencias | | | | | | | | | | | | · 2 = | |
| **3.** Reflexión y valoración de la forma y el contenido | | | | | | | | | | | | · 5 = | |

# 1. La argumentación

Recuerda lo que sabes sobre la argumentación de la unidad anterior.

**¿QUÉ ES UNA ARGUMENTACIÓN?**
Es una forma de discurso cuya finalidad es convencer a un determinado receptor de que una idea llamada tesis es **verdadera, probable** o **conveniente.** Para ello se utiliza un **conjunto de razones y datos** que reciben el nombre de **argumentos.**

**TIPOS DE ARGUMENTACIÓN (según el punto de vista)**

| OBJETIVAS | SUBJETIVAS |
|---|---|
| • Argumentaciones **científicas:** sus conclusiones son **demostrables** empíricamente.<br>• Argumentaciones **lógicas:** sus conclusiones son **válidas,** porque el razonamiento utilizado respeta las leyes abstractas de la lógica. | • Son argumentaciones con conclusiones **probables** o **verosímiles** en las que se utilizan «razones» o argumentos que se consideran **aceptables** y **relevantes** en la vida cotidiana y social. |

España está situada en el sur de Europa, y tiene una superficie de 505.600 km$^2$.

El que mucho abarca poco aprieta.

| ARGUMENTOS OBJETIVOS | |
|---|---|
| **Hechos probados** | Hechos demostrados o verificados con datos, porcentajes… |
| **Razonamiento lógico** | Argumento que respeta las leyes de la lógica.<br>El principal es el de **causa efecto.** |
| **Argumento de autoridad** | Cita de un experto en un determinado campo del saber. |
| **Ejemplos** | **Casos concretos que avalan** la tesis. |

| ARGUMENTOS SUBJETIVOS | |
|---|---|
| **Refrán** | Dicho agudo que expresa la sabiduría popular. |
| **Experiencia personal** | Visión subjetiva que surge de una vivencia individual. |

**FALACIAS ARGUMENTATIVAS**
Son falsos argumentos que pretenden pasar como verdaderos. Uno de los más conocidos es el **argumento *ad hominem*.** Es una falacia que consiste en desacreditar a una persona para intentar demostrar que lo que dice es falso. Ej.: *No te creas nada de Luis, porque es un vago y maleducado.*

**ESTRUCTURA**

| DEDUCTIVA | INDUCTIVA | ENCUADRADA |
|---|---|---|
| **1** La tesis aparece al **comienzo** del texto. | **1** Cuerpo argumentativo. | **1** La tesis aparece al **comienzo** del texto. |
| **2** Cuerpo argumentativo. | **2** La tesis aparece al **final** del texto. | **2** Cuerpo argumentativo. |
| | | **3** La tesis se repite al **final** del texto a modo de **conclusión.** |

# 2. Conectores lógicos y organizadores de la información

### ARGUMENTOS LÓGICOS

Aparte de citas de autoridad, ejemplos o datos, en las argumentaciones se utiliza el razonamiento lógico. Hay dos razonamientos lógicos fundamentales: de **causa** y de **consecuencia**. (Véase página 161 para ampliación.)

| | |
|---|---|
| **Causa** | *Juan ha enfermado tan joven porque su dieta se basa esencialmente en la ingesta de grasas.* |
| **Consecuencia** | *Se ha quedado en paro, por lo tanto no podrá pagar la hipoteca.* |

### CONECTORES LÓGICOS

Son marcas lingüísticas que usa el emisor para que el receptor comprenda las **relaciones lógicas** que se dan entre los enunciados del texto. Las más habituales, como hemos visto anteriormente, son las de **causa** y **consecuencia.** Estos marcadores aportan **cohesión lógica** al texto.

Los razonamientos lógicos de causa pueden transformarse en **razonamientos de consecuencia invirtiendo el orden de las oraciones y cambiando los nexos.**

| | |
|---|---|
| **Causa** | *María ha aprobado porque se ha esforzado mucho.* |
| **Consecuencia** | *Se ha esforzado mucho, por lo tanto ha aprobado.* |

Estos son los conectores de causa-consecuencia más utilizados. Morfológicamente, pueden ser conjunciones o locuciones conjuntivas.

| | Concepto | Conectores de causa | Ejemplos |
|---|---|---|---|
| **Causa** | Expresa el **motivo o la razón** de un enunciado anterior. | *porque, pues, puesto que, ya que, dado que...* | *Ha aprobado* ***porque*** *se ha esforzado mucho.* |
| **Consecuencia** | Expresa **el efecto** que se desprende del enunciado anterior. | *por lo tanto, por consiguiente, así que, por eso...* | *Nuestro equipo no ha entrenado esta semana,* ***por consiguiente*** *no jugará el partido.* |

### ORGANIZADORES DEL TEXTO

Son conectores que sirven para **organizar la información** del texto desde su **comienzo hasta su final:** *en primer lugar, en segundo lugar; por una parte, por otra parte; a continuación; en resumen, finalmente...* (Véase la página 160 de este libro para ampliación.) Estos conectores contribuyen a la **cohesión lingüística** del texto.

## ACTIVIDADES

**1** Une cada par de oraciones con un conector de causa y luego con un conector de consecuencia (deberás cambiar el orden de las oraciones).

- **a** Ha llovido mucho. / Se ha inundado el jardín.
- **b** Se alejaron del campamento. / Se perdieron.
- **c** Ha llegado una hora tarde a la cita de trabajo. / No lo han seleccionado.
- **d** Levantó un peso muy grande. / Tiene una contractura en el hombro.
- **e** No se habla con nadie. / Se ha enfadado mucho.
- **f** Nada muy rápido. / Ha ganado una medalla olímpica.
- **g** Ha conseguido ahorrar mil euros. / Apenas gasta dinero.
- **h** No le conceden una hipoteca. / Tiene un sueldo muy bajo.

**2** Completa los enunciados con los conectores lógicos y organizadores del texto que convengan en cada caso para que el enunciado sea coherente.

- **a** El perro es una mascota para los humanos ▲ se ha conseguido domesticar.
- **b** Mediante la combustión de partículas, el fuego aporta, ▲ luz y ▲ calor.
- **c** Han entrado en la sala ▲ el juez y los magistrados; ▲ el inculpado, custodiado por dos policías; y ▲ los testigos.
- **d** ▲ os daré las instrucciones –siguió hablando la profesora– para realizar el examen.
- **e** Los grandes felinos no han podido ser domesticados, ▲ son peligrosos para el ser humano.
- **f** La luna ejerce una gran influencia sobre la Tierra, ▲ su masa eleva las mareas.

# 3. Características lingüísticas de la argumentación subjetiva

En las argumentaciones subjetivas el emisor manifiesta sus opiniones, sentimientos y creencias mediante la función **expresiva** del lenguaje. En estos casos argumentamos de manera «informal» con **opiniones que creemos «razonables»** y cuya validez depende, entre otros factores, de la situación en la que nos encontramos o de la credibilidad de la persona que está argumentando.

Aparte de mostrar nuestro punto de vista, en la argumentación subjetiva empleamos una serie de recursos lingüísticos para ganarnos la simpatía del receptor y convencerlo de nuestras ideas (función **apelativa** del lenguaje).

También se utiliza la función **poética** para comunicar de forma amena y sugerente aquello que queremos demostrar. Observa en la tabla de la derecha las características de la argumentación subjetiva.

| | |
|---|---|
| **Función expresiva** (punto de vista subjetivo) | **Uso de la primera persona** del singular (*yo*) o el plural de modestia (*Como dijimos al comienzo…*). |
| | **Adjetivos y adverbios valorativos:** *extraordinario, conveniente, maliciosamente…* |
| | **Expresiones apreciativas:** *en mi opinión, para mí, yo creo que…* |
| **Función apelativa** (diálogo con el receptor) | Uso de la **2.ª persona**: *tú, vosotros* (informal), *usted, ustedes* (formal) para dirigirse al receptor. |
| | **Vocativo** y uso del **imperativo** para fijar la atención del receptor e influir sobre él. |
| | **Plural sociativo**, para incluir al lector: *Los consumidores tenemos el derecho de…* |
| | **Expresiones de necesidad, conveniencia y obligación:** *sería preferible, deberíamos pensar, hay que tener en cuenta, no hay duda…* |
| **Función poética** | Uso de **figuras retóricas:** comparación, metáfora, hipérbole, anáfora, paralelismos, énfasis, enumeraciones… |

## ACTIVIDADES

**3** Identifica las características lingüísticas de la argumentación subjetiva en los siguientes enunciados.

- **a** Debemos pensar que manejarse bien con dos lenguas es más beneficioso que conocer una sola.
- **b** Es conveniente prohibir la circulación en el centro de las ciudades antes de que los índices de contaminación se eleven.
- **c** Los ciudadanos tenemos la obligación de exigir transparencia en las contrataciones públicas.
- **d** En mi opinión, es un filme técnicamente perfecto, pero el guion ni me parece original ni me emociona.

**4** Convierte las características de un producto en un beneficio para el comprador empleando el lenguaje valorativo de las argumentaciones subjetivas. Sigue el ejemplo.

- **a** Un coche de color amarillo. → *No hay duda de que el amarillo es el color más seguro en carretera, porque refleja la luz y lo hace más visible.*
- **b** Un piso de segunda mano para reformar.
- **c** Una película de tres horas.
- **d** Un pantalón de pana.
- **e** Un teléfono móvil pasado de moda.

**5** Infórmate en el vídeo y escribe una argumentación a favor o en contra del uso del uniforme escolar que siga el siguiente esquema. Emplea los recursos lingüísticos que has estudiado (expresiones apreciativas, de necesidad, adjetivos valorativos, etc.).

1 **Presentación de la tesis:** ▲
2 **Cuerpo de la argumentación**
- **Cita de autoridad:** ▲
- **Datos:** ▲
- **Un argumento lógico de causa-efecto:** ▲
- **Experiencia personal:** ▲

3 **Conclusión:** ▲

## ACTIVIDADES

**6** CS CI Infórmate de quién fue Martin Luther King en el enlace. A continuación, lee el siguiente texto y realiza las actividades.

### Yo tengo un sueño

Estoy orgulloso de reunirme con ustedes hoy, en la que será ante la historia la mayor manifestación por la libertad en la historia de nuestro país. Hace cien años, un gran estadounidense, cuya simbólica sombra nos cobija hoy, firmó la Proclama de la emancipación. Este trascendental decreto significó como un gran rayo de luz y de esperanza para millones de esclavos negros, chamuscados en las llamas de una marchita injusticia.

Pero, cien años después, el negro aún no es libre; cien años después, la vida del negro es aún tristemente lacerada por las esposas de la segregación y las cadenas de la discriminación.

**Por eso**, hoy hemos venido aquí a dramatizar una condición vergonzosa. En cierto sentido, hemos venido a la capital de nuestro país a cobrar un cheque. Cuando los arquitectos de nuestra república escribieron las magníficas palabras de la Constitución y de la Declaración de Independencia, firmaron un pagaré del que todo estadounidense habría de ser heredero. Este documento era la promesa de que a todos los hombres, les serían garantizados los inalienables derechos a la vida, la libertad y la búsqueda de la felicidad.

No habrá ni descanso ni tranquilidad en Estados Unidos hasta que a los negros se les garanticen sus derechos de ciudadanía. Los remolinos de la rebelión continuarán sacudiendo los cimientos de nuestra nación hasta que surja el esplendoroso día de la justicia.

Pero hay algo que debo decir a mi gente que aguarda en el cálido umbral que conduce al palacio de la justicia. Debemos evitar cometer actos injustos en el proceso de obtener el lugar que por derecho nos corresponde. No busquemos satisfacer nuestra sed de libertad bebiendo de la copa de la amargura y el odio. Debemos conducir para siempre nuestra lucha por el camino elevado de la dignidad y la disciplina. No debemos permitir que nuestra protesta creativa degenere en violencia física.

Martin Luther King, *Discurso* (1963) (texto adaptado)

#### Análisis y valoración del contenido

- **a** Resume el texto en cinco líneas.
- **b** Escribe la tesis que se defiende.
- **c** ¿Qué tipo de estructura presenta esta argumentación? Razona tu respuesta.
- **d** Identifica los siguientes argumentos:
  - **1** Argumento de autoridad.
  - **2** Hechos socialmente probados.
  - **3** Argumento lógico de causa-efecto (fíjate en el conector resaltado en el texto).
- **e** ¿De qué forma pretende el autor ganarse la simpatía del público al que se dirige?
- **f** ¿De qué tipo es esta argumentación: objetiva o subjetiva? Razona tu respuesta.
- **g** Valoración del contenido. ¿Con qué relacionas el tema del texto: con el racismo o con la xenofobia? Razona tu respuesta.
- **h** ¿Qué se anuncia al final del texto: protestas pacíficas o violencia? Razona tu respuesta.

#### Análisis y valoración de la forma

- **i** Identifica las características lingüísticas de la argumentación subjetiva: adjetivos valorativos, plural sociativo, expresiones de necesidad y obligación.
- **j** Identifica y explica las figuras literarias subrayadas.
- **k** ¿Qué intención tiene el autor al utilizar dichas figuras literarias en un discurso político?

**7** Elabora una argumentación a favor o en contra de las corazonadas. Sigue el siguiente esquema e infórmate en el enlace.

**1 Presentación de la tesis:** ▲
**2 Cuerpo de la argumentación**
- **Cita de autoridad:** ▲
- **Datos:** ▲
- **Un argumento lógico de causa-efecto:** ▲
- **Experiencia personal:** ▲

**3 Conclusión:** ▲

# Taller de escritura

## CA CS PROYECTO: ESCRIBIR UNA RECLAMACIÓN

La reclamación es una solicitud que el consumidor o usuario dirige por escrito a la administración competente para plantear un **conflicto** o **desacuerdo** entre él y la empresa o profesional que le ha vendido un producto o prestado un servicio. En dicha comunicación el reclamante manifiesta los hechos y **solicita** una solución y/o compensación.

Se deben hacer constar:

1 Datos del reclamante (nombre y apellidos, domicilio, DNI, teléfono de contacto, correo electrónico).
2 Datos de la empresa reclamada (nombre de la empresa, NIF, dirección).
3 Exposición y argumentación de los hechos que han motivado la reclamación.
4 Relación de la documentación que se puede aportar (facturas, contratos, etc.).
5 Solicitud de una compensación, que deberemos especificar (cambio del producto, reclamación del dinero, reparación del defecto, etc.).
6 Procedimiento que se solicita para resolver la reclamación:
   - **arbitraje** (solo se solicita una compensación mediante un mediador).
   - **sanción** (se solicita, además, una sanción administrativa para la empresa).
7 Lugar, fecha y firma.

En la mayor parte de las Administraciones (Municipio, Comunidad Autónoma, Estado) se facilita al usuario la posibilidad de descargar el impreso a través de la web correspondiente o, incluso, presentarlo por vía telemática. Asimismo, todas las empresas tienen la obligación de facilitar a los clientes un **libro de reclamaciones** con los correspondientes modelos impresos (hojas de reclamaciones).

En el caso de querer tramitar una queja o reclamación, debemos dirigirnos a la oficina de Atención al Cliente del servicio en cuestión o a la oficina de Atención al Consumidor del municipio.

**1** Realiza una reclamación a Renfe, siguiendo el modelo, por el retraso de una hora y veinte minutos en un viaje en AVE, en la que solicites una compensación económica. Infórmate primero en el enlace.

Escribe la reclamación en tu cuaderno siguiendo el siguiente modelo.

1 **Datos del reclamante: ▲**
2 **Datos de la empresa reclamada: ▲**
3 **HACE CONSTAR QUE: ▲**
*(Exposición ordenada y argumentación de los motivos de la reclamación.)*
4 **SOLICITA: ▲**
*(Se debe especificar la compensación que se solicita: cambio del producto, reclamación del dinero, reparación del producto, etc.)*
5 **Relación de documentos que se aportan: ▲**
6 **Procedimiento que solicita:**
**• Arbitraje** **• Sanción**
7 **Lugar: ▲** **Fecha: ▲**
**Nombre del reclamante y firma: ▲**

**2** Imagina que eres el afectado/a por alguna de las siguientes situaciones y has decidido presentar las correspondientes reclamaciones. Escribe dos argumentos que se puedan incluir en cada una de ellas para defender tu petición.

- **a** Un viejo televisor ha vuelto a averiarse al día siguiente de haber sido arreglado en una empresa de reparación de electrodomésticos, que no ha ofrecido ninguna garantía.
- **b** Un cliente reclama la devolución de un microondas al mes de haberlo adquirido, porque afirma que no entiende su manejo ni las instrucciones de uso que lo acompañan.
- **c** Una empresa de electrodomésticos no admite la devolución de una lavadora recién adquirida que no funciona, porque el cliente no ha exigido el sello de garantía.

**3** Explica cuál de las tres reclamaciones anteriores tiene menos posibilidades de prosperar y argumenta por qué (dos argumentos).

# 1. Propiedades del texto: la progresión del tema

## 1.1 El tema: ¿de qué se habla?

El emisor es responsable de dejar claro de qué está hablando, es decir, en un texto no puede haber dudas sobre cuál es el tema del que se va a tratar. El tema es algo que el emisor presenta al receptor o que comparte con él: podemos hablar de un jarrón, del colegio, de los amigos, del tiempo…

### ACTIVIDADES

**1** Razona cuál es el tema del siguiente texto. ¿Te queda claro de qué está hablando el autor?

**a** ¿Del mar?
**b** ¿De su padre?
**c** ¿De sus sentimientos?
**d** ¿De su viaje no deseado?

El mar. La mar.
El mar. ¡Solo la mar!
¿Por qué me trajiste, padre,
a la ciudad?
¿Por qué me desenterraste
del mar?
En sueños, la marejada
me tira del corazón.
Se lo quisiera llevar.
Padre, ¿por qué me trajiste acá?

Rafael Alberti, *Marinero en tierra*

## 1.2 Progresión del tema

**LA INFORMACIÓN NUEVA**

Una vez que **hemos presentado el tema**, es decir, una vez que hemos comunicado al receptor de qué vamos a hablar, debemos empezar a **suministrar información nueva** e interesante sobre ese asunto.

No podemos estar repitiendo constantemente la misma información, pero **tampoco es conveniente decir a la vez muchas ideas y datos nuevos o desconocidos** para el receptor.

**NORMAS PARA DESARROLLAR EL TEMA**

El exceso de información nueva puede resultar incoherente, porque el receptor, por lo general, tiene dificultad para asimilar la información desordenada, inconexa y presentada precipitadamente.

Las normas más importantes para desarrollar el tema son las siguientes:

1. **Ordenar** las ideas en principales y secundarias.
2. Presentar la información nueva **gradualmente**.
3. Dedicar **un párrafo a cada nueva idea**.
4. **Administrar bien los recursos expresivos**, es decir, no hay que insistir en lo que ya se sabe o se ha dicho. Basta recordar lo ya dicho mediante anáforas y enseguida introducir la información novedosa (véase actividad 5 de la siguiente página).

**2** **a** CS CC CI Escribe un texto a partir de la siguiente tormenta de ideas. Recuerda que la información se presenta en este diagrama de forma desordenada. (Presenta el tema y luego ve conectando las ideas nuevas según las normas para desarrollar el tema que hemos estudiado en el apartado 1.2). **b** ¿Crees que es adecuado contarles a los niños cuentos tradicionales en los que se refleje la crueldad? Razónalo.

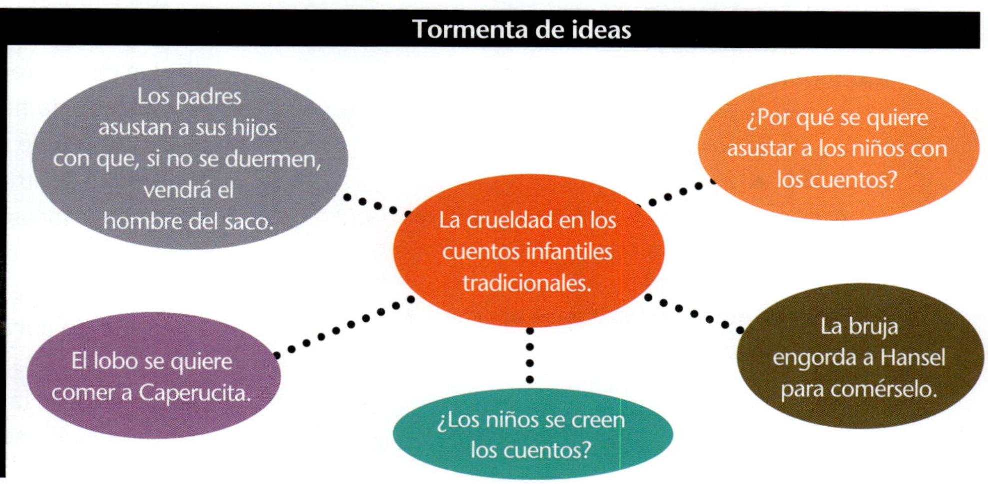

# 2. Anáfora: recordar lo dicho

**¿QUÉ ES LA ANÁFORA?**

Un procedimiento mediante el cual una palabra del texto remite a una determinada **información** que **ha aparecido anteriormente y que puede estar contenida en un grupo de palabras, una oración o un párrafo.**

Observa los siguientes ejemplos. Las anáforas contribuyen a la cohesión del texto.

He contestado a todos los problemas y creo que los he resuelto correctamente.

GN — anáfora

Le han permitido que conduzca un coche de Fórmula 1, ← oración

lo cual ha significado para él cumplir el sueño de su vida.

anáfora

## ¿Qué palabras pueden realizar anáforas?

- **Artículo determinado:** *el, la, los, las.*
- **Adjetivos demostrativos:** *este, ese, aquel…*
- **Adjetivos y pronombres posesivos:** *su, sus, suyo…*
- **Pronombres personales de 3.ª persona:** *él, ellos, lo, los, la, las…*
- **Pronombres demostrativos:** *este, ese, aquel,* y especialmente los neutros *esto, eso, aquello.*
- **Pronombres indefinidos:** *todos, algo…*
- **Pronombres relativos:** *que, cual, quien, cuyo.*
- **Palabras comodín:**
  - **sustantivos:** *cosa, hecho, asunto…*
  - **verbos:** *pasar, suceder…*
- **Adverbios:** *así, allí, entonces…*

## ACTIVIDADES

**3** Coloca el elemento anafórico que corresponda e identifica la palabra a la que este remite. (Consulta el recuadro amarillo.)

a La radio ha informado de que se han escapado varios tigres del circo. El pánico se ha apoderado de la ciudad. Por el momento, nadie sabe dónde podrán localizar ▲.

b Cuando vi que me faltaba la cartera, le pregunté a Luisa si la había cogido. Pero me respondió que ella solo tenía la ▲.

c Le exigió con malos modos que retirara el coche de su plaza, ▲ que no me ha parecido bien.

**4** Recuerda que las anáforas evitan las repeticiones de palabras. Funde el siguiente par de enunciados en un solo texto, de forma que no se repitan las palabras resaltadas. Completa con los siguientes elementos anafóricos: **eso**, **entonces**, **lo**.

a [**En el año 1969** **Armstrong** **pisó la Luna**] y [**En el año 1969** los americanos consideraron a Armstrong un héroe **por haber pisado la Luna**] → **En el año 1969** **pisó la Luna** y los americanos ▲ consideraron ▲ un héroe por ▲.

**5** ¿A qué elementos lingüísticos hacen referencia las palabras anafóricas resaltadas en los textos?

**A**

Dana era tímida por naturaleza y no se había atrevido a preguntarle nada a su acompañante. En la posada tuvo una habitación individual para **ella** sola, pero estaba demasiado cansada para apreciar **el hecho**, y demasiado confusa como para averiguar más cosas sobre **su** destino. Durmió de un tirón muy cerquita de Kai. Nada importaba mientras **él** estuviese a su lado.

Laura Gallego García, *El valle de los lobos*

**B**

El día anterior, una balandra ibera había embestido al alba a una de las naves romanas que se apresuraban a cercar la estrecha bahía de Nueva Cartago. **El suceso** había ocurrido en las cercanías del Promontorio de Saturno. Tras colisionar contra el casco de una quinquerreme, forrado con planchas de plomo, la balandra se despedazó. **El incidente** no hubiera trascendido hasta el punto de llegar a Escipión, de no ser por las inquietantes circunstancias que **lo** rodeaban.

Antonio Sánchez-Escalonilla, *Ana y la Sibila*

# 3. Denotación y connotación

El **cerebro** humano contiene unos cien mil millones de neuronas.

**Denotación de CEREBRO**
Órgano central del sistema nervioso.

**SIGNIFICADO DENOTATIVO**

Es la información **objetiva** de la palabra. Constituye su significado **básico** o propio, tal y como aparece recogido en el diccionario.

Einstein era todo un **cerebro**.

**Connotación de CEREBRO**
Persona con mucha inteligencia.

**SIGNIFICADO CONNOTATIVO**

Es el conjunto de rasgos **subjetivos** o expresivos que se asocian a la palabra, debido a determinadas valoraciones sociales. Las connotaciones son muy importantes en la lengua literaria, y muy frecuentes en el habla. Pueden tener un valor positivo (*Madonna es una **estrella** del pop*) o negativo (*La corrupción es una **enfermedad** social*).

# 4. Relaciones semánticas entre las palabras

La **semántica** se ocupa del significado de las palabras y de las relaciones que mantienen unos significados con otros dentro del sistema de la lengua. Estas son las relaciones semánticas entre las palabras.

| MONOSEMIA | POLISEMIA | SINONIMIA |
|---|---|---|
| Es monosémica la palabra que está asociada a **un solo significado**: *apendicitis*. | Una palabra es polisémica si posee **varios significados** o acepciones. Por ejemplo, la palabra *raíz* tiene en el DRAE una única entrada con nueve acepciones, entre ellas: **1** f. Órgano de las plantas que crece en dirección inversa a la del tallo […]. / **2** f. Bien inmueble, finca, tierra, edificio… | Son sinónimas las palabras de la misma categoría gramatical que presentan **significados iguales o equivalentes**. Por ejemplo, *empezar* y *comenzar*. No utilizar sinónimos, tanto en la lengua hablada como escrita, implica pobreza léxica y abuso de la repetición. |
| **ANTONIMIA** | **HOMONIMIA** | **PARONIMIA** |
| Las palabras antónimas tienen **significados opuestos** o **contrarios**: *bajar / subir; remediable / irremediable; frío / caliente; madre / hija*. | Son homónimas las palabras que presentan **una misma forma**, pero **significados diferentes**: *vino* (sustantivo) / *vino* (verbo *venir*). Estas dos palabras son también **homógrafas**, pues se escriben de la misma forma. A veces, las palabras homónimas suenan igual (**homófonas**), pero se escriben con distinta ortografía: *bello* (hermoso) / *vello* (pelo corto y suave). En el diccionario aparecen con diferentes entradas. | Son parónimas las palabras que **se pronuncian y se escriben de forma parecida**, por lo que resulta fácil confundirlas; sin embargo, tienen un significado completamente distinto: *actitud / aptitud*. |

## ACTIVIDADES

**6** Explica el significado denotativo o connotativo de las palabras subrayadas.

- **a** Luis ha estudiado la carrera de Medicina.
- **b** Caminar es una medicina para el cuerpo.
- **c** La selva del Amazonas está en peligro.
- **d** Esta habitación parece una selva.
- **e** Este pueblo se abastece de una fuente de agua.
- **f** El dinero puede ser una fuente de conflictos.

**7** Señala si hay polisemia u homonimia en los siguientes pares de palabras.

- **a** caballo (animal) / caballo (pieza de ajedrez)
- **b** gota (de agua) / gota (enfermedad)
- **c** haz (sustantivo) / haz (verbo *hacer*)
- **d** bote (recipiente) / bote (pequeña embarcación)

**8** Explica las connotaciones que hay en estos dos mensajes publicitarios: **a** *Piensa en verde, Heineken*. **b** *Red Bull te da alas*.

**9** Une con flechas las palabras según las relaciones de antonimia y sinonimia.

- **a** tolerar
- **b** condenar
- **c** desaprobar
- **d** admitir
- **e** rechazar
- **f** consentir
- **g** desvanecer
- **h** aceptar
- **i** aguantar
- **j** condescender
- **k** permitir
- **l** prohibir

**10** CA CI Si tuvieras que elaborar un diccionario, ¿cómo redactarías las entradas de las definiciones de las palabras *bacía*, *vacía* y *masa*? Razónalo.

# 5. El campo semántico

Es un grupo de palabras de la **misma categoría gramatical** que comparten un núcleo de **significado común**. El campo semántico presenta un **número fijo** de elementos.

**Campo semántico: niveles de temperatura**

caliente
tibio
templado
frío...

**Campo semántico: instrumentos musicales**

piano
trompeta
saxofón
guitarra...

## ACTIVIDADES

**11** Agrupa por campos semánticos las siguientes palabras: *rodilla, madera, mes, metal, mano, año, pie, día, semana, plástico, lustro, hombro, espalda, corcho, cristal, siglo.*

**12** Escribe palabras que pertenezcan a estos dos campos semánticos: objetos de escritorio y vehículos sin motor.

**13** Identifica la relación semántica en estas palabras.

- **a** injerir / ingerir
- **b** perjuicio / prejuicio
- **c** sanción / multa
- **d** arrollo / arroyo
- **e** hecho / echo
- **f** as / has
- **g** asta / hasta
- **h** proveer / prever

**14** Busca en el diccionario el significado de estos parónimos y coloca el correcto en cada caso.

- **a** El agua del mar es [salubre / salobre] porque contiene sal.
- **b** El equipo [infligió / infringió] una gran derrota al adversario.
- **c** Le retiraron el carné de conducir por [infligir / infringir] las normas de circulación.
- **d** Se ha hecho un chalé muy [ostentoso / estentóreo].
- **e** Con esos gritos tan [ostentosos / estentóreos] me das dolor de cabeza.
- **f** Se ha roto el brazo y le han puesto una [cédula / férula].
- **g** Antes de hacer la mudanza necesitan la [cédula / férula] de habitabilidad.

**15** Observa los siguientes sinónimos y distingue el matiz que los diferencia. Escribe una oración con cada uno.

- **a** valioso / válido
- **b** eficiente / eficaz
- **c** ofrecer / ofertar
- **d** infantil / pueril

**16** Relaciona las palabras sinónimas: *marginar, discriminación, indigente, integrar, aceptado, exclusión, desfavorecer, apartar, pobre, perjudicar, insertar, admitido.*

**17** Explica la connotación de los colores en estos versos de Federico García Lorca.

Por el llano, por el viento,
jaca negra, luna roja.
La muerte me está mirando
desde las torres de Córdoba.

**18** Lee el siguiente texto y evita las repeticiones destacadas (incluidas las siglas) utilizando sinónimos.

En 1961, el presidente Kennedy pronosticó que antes del final de la década lograrían situar a un **hombre** en la **Luna**. Durante siglos, la **idea** de que los hombres caminaran por la Luna despertó la imaginación de la humanidad, pero esa idea no se hizo realidad hasta la construcción de **cohetes** con la suficiente potencia. La era espacial comenzó en 1957, con el lanzamiento del cohete Sputnik I **soviético**, primer satélite en órbita terrestre. Poco después le siguió el Explorer I estadounidense. Los soviéticos llevaron la delantera hasta 1965, tras lanzar el primer hombre al espacio y realizar el primer paseo espacial. Sin embargo, en 1969 **EE. UU.** realizó el primer vuelo tripulado a la Luna.

En efecto, el 21 de julio de 1969, EE. UU. consiguió la delantera con la llegada del módulo lunar del Apolo 11 a la Luna. Dos **astronautas**, Neil Armstrong y Robert Aldrin, alunizaron en la superficie del satélite, en tanto que un tercer astronauta, Michael Collins, permanecía en órbita en el módulo de mando, en el que regresaron después a la Tierra los tres astronautas.

*Historia visual del siglo XX (El País)* (texto adaptado)

*Al volante congela el móvil* es el eslogan de esta campaña de la Dirección General de Tráfico. Identifica el predicado y el sujeto. ¿Es un predicado nominal o verbal?

# El predicado: los complementos

## 1. El predicado

- Desde el punto de vista de la **forma**, el predicado es siempre el grupo verbal cuyo **núcleo** es un **verbo** o una **perífrasis verbal.** Un solo verbo puede desempeñar la función de predicado: *Miguel aprobó*.
- Desde el punto de vista del **significado**, el predicado es **aquello que se dice del sujeto**:

**Amalia** (Sujeto) **interpretará una canción** (Predicado).

Amalia es el sujeto de la oración; lo que se dice de él es el predicado; en este caso, que interpretará una canción. El predicado está formado por el verbo *interpretará* y su complemento: *una canción*. *Amalia* e *interpretará* concuerdan en **número** y **persona**. Recuerda que el núcleo del sujeto y el núcleo del predicado siempre concuerdan:

**Amalia interpretará** esa canción. (3.ª persona del singular)

**Amalia y Eva interpretarán** esa canción. (3.ª persona del plural)

Existen dos tipos de predicado: el **predicado nominal** y el **predicado verbal**.

| Predicado nominal (PN) | Predicado verbal (PV) |
|---|---|
| Andrea (Sujeto) es muy **simpática** (Predicado nominal). → atributo del sujeto | Andrea (Sujeto) pinta un **cuadro** (Predicado verbal). → complemento del verbo |
| El predicado nominal atribuye al sujeto una **cualidad** o **estado** que se expresa por medio de un complemento llamado **atributo**. El verbo, en estos casos, está **vacío** de significado léxico y su función es servir de **enlace** (cópula) entre el sujeto y el atributo. Estos verbos, que se denominan por eso **copulativos**, son **ser**, **estar** y **parecer**.<br><br>Las oraciones de predicado nominal reciben el nombre de **oraciones atributivas**. | El predicado verbal posee como núcleo un verbo dotado de significado léxico (verbo predicativo) que puede ir acompañado de **complementos**. En el predicado verbal se expresa una acción o proceso en el que está involucrado el sujeto de la oración.<br><br>Las oraciones de predicado verbal reciben el nombre de **oraciones predicativas**. |

## 2. El predicado nominal: el atributo

En el predicado nominal, encontramos los siguientes elementos:

- **Verbo copulativo** (ser, estar, parecer): funciona como núcleo del predicado: *Beatriz será una gran novelista.*
- **Atributo:** expresa una cualidad, un estado, la pertenencia a un grupo o clase, o una valoración. Pueden desempeñar la función de atributo, entre otros:

| | |
|---|---|
| **Grupo adjetival** | Esa película parece muy entretenida. |
| **Grupo nominal** | García Márquez es un gran novelista. |
| **Grupo preposicional** | Rosalía de Castro era de Galicia. |
| **Grupo adverbial** | Mi abuelo está bien de salud. |

Si el atributo es un **adjetivo**, este concuerda con el sujeto en **género** y **número**:

Jaime es **simpático**. (Jaime: Sujeto; simpático: Atributo → masculino, singular)

Las alumnas son **simpáticas**. (Las alumnas: Sujeto; simpáticas: Atributo → femenino, plural)

Si el atributo es un **sustantivo**, también concuerda con el sujeto:

Juan es el **alcalde**. (Juan: Sujeto; el alcalde: Atributo → [masculino, singular])

Juana es la **alcaldesa**. (Juana: Sujeto; la alcaldesa: Atributo → [femenino, plural])

Pero no siempre es así: Esas cuestiones son **un obstáculo**.
(Esas cuestiones: Sujeto [femenino, plural]; un obstáculo: Atributo [masculino, singular])

El atributo se puede sustituir por el pronombre neutro **lo**, sin que varíe el género ni el número: *Jaime **lo** es, Las alumnas **lo** son…*

El predicado nominal puede llevar, además del atributo, un **complemento indirecto** y uno o varios **complementos circunstanciales,** como en el ejemplo siguiente:

| Su | comportamiento | no | me | ha parecido | correcto | hoy. |
|---|---|---|---|---|---|---|
| Det | Núc | | CI | Núc | Atr | CC |
| Sujeto (GN) | | Pred. nom. (GV) | | | | |
| Oración simple atributiva | | | | | | |

**!**

Cuando los verbos **ser**, **estar** y **parecer** se pueden sustituir por **existir**, **referirse a**, **permanecer**, **hallarse**, etc., adquieren valor predicativo, ya que no admiten un atributo, sino un CC. En estos casos no hay predicado nominal, sino predicado verbal.

El Etna está en Sicilia. (está: V; en Sicilia: CC → PV)

## ACTIVIDADES

**1** Clasifica las oraciones en predicativas y atributivas.

- **a** Luis ha llegado muy cansado.
- **b** ¿Esta carpeta es de Pedro?
- **c** Hoy estoy de buen humor.
- **d** Los alumnos de tercero colocaron las mesas.
- **e** Ismael es un alumno aventajado.
- **f** No parece muy fácil ese problema.
- **g** Tu hija ya es médico de familia.
- **h** No encuentro entretenida esa película.
- **i** Ese chico me parece digno de confianza.
- **j** Vargas Llosa es uno de nuestros premios Nobel.

**2** Completa estas oraciones con el atributo que les falta.

- **a** Mi libro favorito es ▲.
- **b** El deporte de moda es ▲.
- **c** ¿Esa película está ▲?
- **d** Ese actor me parece ▲.
- **e** El frigorífico está ▲.
- **f** El nuevo entrenador parece ▲.
- **g** Salamanca y Soria son ▲.
- **h** Los libros son ▲.
- **i** El último campeonato del mundo fue ▲.

**3** Transforma las oraciones predicativas en atributivas.

- **a** La situación se presentaba complicada.
- **b** Ahora ellos andan muy contentos.
- **c** Ese chico tiene una pinta muy rara.
- **d** Mi amigo Luis se ha metido a bombero.
- **e** A Irene se la ve preocupada.
- **f** Encuentro muy favorecedor ese traje.

**4** Analiza las siguientes oraciones atributivas.

- **a** María, tu amiga, estaba colorada de vergüenza.
- **b** Parece poco prometedora la situación de Alba.
- **c** Este cocodrilo es de una remota región africana.
- **d** Vicente es así de cabezón.

**5** Distingue los usos predicativos y atributivos de **ser** y **estar**.

- **a** El curso de diseño gráfico es en el tercer piso.
- **b** El curso sobre Internet es muy interesante.
- **c** El director del curso está en el aula 7.
- **d** El director estará aquí dentro de una semana.
- **e** La directora de la filial es de Valencia.
- **f** Laura está en el pasillo.

# 3. El predicado verbal: los complementos

Analiza el predicado que puedes ver en este cartel: *Ponte el casco*. ¿Qué tipo de complemento presenta? ¿De qué tipo es? ¿Crees que es obligatorio?

El predicado verbal puede estar formado únicamente por un **verbo** que realice la función de **núcleo**.

Miguel **ha regresado**.
V

Pero lo habitual es que el verbo vaya acompañado por otros grupos de palabras que precisen su significado: los complementos del verbo.

Miguel aprobó **el curso**.
complemento

Ana vive **en este barrio**.
complemento

Hay complementos obligatorios que vienen exigidos por la propia **naturaleza del verbo**, de manera que la oración queda incompleta si se suprimen.

María dijo **unas palabras**.
complemento obligatorio

*María **dijo**.

Otros complementos, sin embargo, no vienen exigidos por el verbo, de modo que pueden aparecer o no en la oración.

María dijo unas palabras **en el salón de actos**.
complemento no obligatorio

## 3.1 El complemento directo (CD)

Es el complemento obligatorio que exigen los verbos transitivos, dado que estos verbos tienen un significado incompleto y necesitan ser especificados.

Le he regalado **una novela de aventuras**.
CD obligatorio

El complemento directo *una novela de aventuras* completa el significado del verbo *he regalado* y está exigido por él. La oración no resulta aceptable si solo decimos **Le he regalado*.

Hay dos tipos de complemento directo (CD):

CD

**CD de cosa: GN**

Hemos visto **un coche azul.**
GN

**CD de persona: *a* + GN**

Hemos visto **a María**.
GPrep

!

Suele decirse que para reconocer el complemento directo se debe preguntar *¿qué?, ¿qué cosa?* Sin embargo, este procedimiento es incorrecto porque la respuesta a esta pregunta no siempre nos informa sobre el complemento directo.

*Me gusta el cine.* → ¿qué me gusta?; aquí *el cine* realiza la función de sujeto, no de complemento directo.

*He visto a Luis.* → aquí el CD es *a Luis* y no responde a la pregunta *¿qué he visto?*

Para **reconocer el complemento directo** nos podemos valer de varios procedimientos:

1 El CD se puede sustituir por los **pronombres átonos** ***lo, la, los, las***.

He escrito **un libro** (CD). → **Lo** (CD) he escrito. Ha abierto **la carta** (CD). → **La** (CD) ha abierto.

2 Al pasar la oración a **pasiva**, el complemento directo pasa a desempeñar la función de **sujeto paciente**.

oración activa: Ha escuchado **la melodía** (CD). → oración pasiva: **La melodía** (Sujeto paciente) ha sido escuchada.

3 No concuerda con el verbo, por lo que podemos diferenciarlo del sujeto.

**Él** (Sujeto) ha comprado **un coche** (CD). → **Ellos** (Sujeto (plural)) han comprado **un coche** (CD (singular)).

Cuando se quiere destacar, el complemento directo se antepone al verbo y suele repetirse con el pronombre personal átono (doble CD).

**El mapa** (CD) **lo** (CD) he colgado yo.

## LEÍSMO, LAÍSMO Y LOÍSMO

A veces, no empleamos correctamente los pronombres *le, la, lo* y se producen los fenómenos del leísmo, laísmo y loísmo.

| **Leísmo** |
|---|
| Empleo de **le**, **les** como CD en lugar de **lo** y **los**:<br><br>• Vi **a Luis**. → **Le** vi. (en lugar de ***Lo*** *vi*)<br>• Vi **a tus amigos**. → ***Les** vi. (en lugar de ***Los*** *vi*)<br>• Cogí **el balón**. → ***Le** cogí. (en lugar de ***Lo*** *cogí*)<br><br>La Real Academia de la Lengua solo admite el primer caso (leísmo de persona en singular: ***Le*** *vi*). |
| **Laísmo** |
| Empleo de **la** y **las** para el CI femenino, en lugar de **le**, **les**.<br><br>He comprado un bolso **a Inés**. → ***La** he comprado un bolso. (en lugar de ***Le*** *he comprado un bolso*) |
| **Loísmo** |
| Uso de **lo**, **los** como CI, en lugar de **le**, **les**.<br><br>*A Javier **lo** dieron el premio. (en lugar de *A Javier* ***le*** *dieron el premio*) |

## ACTIVIDADES

**6** Señala los verbos que exigen un CD y escribe con cada uno una oración.

- **a** desaparecer
- **b** padecer
- **c** animar
- **d** enseñar
- **e** parecer
- **f** lograr
- **g** estar
- **h** encontrar

**7** Señala el sujeto y el complemento directo en las siguientes oraciones. Explica, además, si el CD es de persona o de cosa.

- **a** Eva recogió los libros.
- **b** Hemos visitado a mis padres.
- **c** Mañana llegarán las lluvias.
- **d** Elvira ha solicitado un piso de protección oficial.
- **e** Ayer vimos a Elvira en el parque de atracciones.
- **f** Daniel es médico de la Seguridad Social.
- **g** A mi padre le preocupa mucho mi futuro.

**8** Identifica el doble CD.

- **a** La maleta la he traído para ti.
- **b** Ahora, eso lo oirás con frecuencia.
- **c** Por mí, ese tema lo puedes olvidar.

Localiza el complemento indirecto del eslogan de esta campaña publicitaria: *La carretera te pide SIN*.

## 3.2 El complemento indirecto (CI)

Designa a la persona o cosa que **recibe el daño o provecho** de la acción del verbo.

He comprado un regalo **a mi madre** (CI).

Pueden desempeñar esta función:

| | |
|---|---|
| **Grupo preposicional introducido por la preposición *a*** | Pilar dio un abrazo **a su hija**.<br>¿**A quién** ha entregado un paquete? |
| **Pronombre átono** | **Le** regalé un reloj.<br>**Nos** han entregado un diploma. |

Para **reconocer el CI**, disponemos de varios procedimientos:

1 Se puede sustituir por los **pronombres átonos *le*, *les*:**
Sofía dio el libro **a Irene** (CI). → Sofía **le** (CI) dio el libro.

2 Si el complemento directo es un pronombre átono (**lo**, **la**, **los**, **las**), el complemento indirecto se sustituye por el **pronombre *se***:
Sofía **se** (CI) **lo** (CD) dio.

3 Si se transforma en pasiva una oración activa que tiene un complemento indirecto, este **permanece sin modificación** en la oración pasiva:
oración pasiva → El libro fue dado por Sofía **a Irene** (CI).

En algunas oraciones el complemento indirecto aparece duplicado. Para esta duplicación se utiliza el **pronombre átono**.

**A los rosales** (CI) **les** (CI) he echado abono.    **Me** (CI) dieron las gracias **a mí** (CI).

## ACTIVIDADES

**9** Localiza el CD y el CI de las siguientes oraciones.

a He conocido a una chica ecuatoriana.
b A Inés le duele la cabeza.
c Han regalado a mi hermana una agenda.
d El policía señala a la turista la dirección del museo.
e A nadie le amarga un dulce.
f A tu hermano no le gusta el cine de terror.
g ¿Qué juego le has comprado a tu hermano?
h El profesor nos ha comunicado hoy mismo la fecha del examen.
i Los han pillado a todos con las manos en la masa.
j A Eduardo no le apetece el bocadillo de atún.
k Carmen quiere mucho a su hijo Eduardo.
l Al detenido le ha sido comunicada la fecha del juicio.
m Bea es azafata de Iberia.

**10** Completa con los pronombres adecuados.

a A Celia ▲ han regalado una raqueta.
b ▲ han dicho a Raúl que será portero en el equipo.
c El libro ▲ he comprado en una librería de viejo.
d A mis amigos ▲ he visto desde la ventana.

**11** En estas oraciones hay casos de leísmo, laísmo y loísmo; identifícalos y corrígelos.

a He perdido el bolso; necesito encontrarle.
b A estos gatitos los tengo mucho cariño.
c A Silvia y Eva las he dado ya la invitación.
d A los del Atlético de Madrid les llaman colchoneros.
e La he regalado por su cumpleaños una pulsera.
f Hoy he visto a Iván. No le he encontrado bien.
g Ese precio no le consigues fácilmente.

## 3.3 El complemento de régimen verbal (CRV)

Es un complemento **exigido por el verbo** e **introducido por una preposición**. El complemento de régimen verbal es, como el CD, un complemento obligatorio de determinados verbos.

Los resultados dependerán **de tu esfuerzo** (CRV).

No olvides que la función de CRV siempre está desempeñada por un **GPrep**.

Me confundió **con mi hermana** (GPrep → CRV).

Para **reconocer el CRV** debemos realizar la siguiente prueba: sustituirlo por un **pronombre tónico** precedido de la **preposición**.

Yo me ocuparé **de los preparativos** (CRV). → Yo me ocuparé **de eso** (CRV).

En caso de que no se pueda sustituir por un pronombre tónico, sino por un adverbio, concluiremos que **no se trata** de un CRV.

Yo salí **de mi casa** (CCL). Yo salí **de allí** (CCL).

**COMPORTAMIENTO SINTÁCTICO DE UN MISMO VERBO EN ALGUNAS DE SUS ACEPCIONES**

Hay verbos intransitivos que, cuando se hacen pronominales, es decir, cuando se conjugan con pronombres, cambian su comportamiento sintáctico: **sujeto → CRV**.

Me (CI) preocupa (V intr.) su salud (Sujeto). → Me preocupo (V pronominal) por su salud (CRV).

Así ocurre con *alegrar/alegrarse, preocupar/preocuparse, asustar/asustarse*…

### Verbos que exigen complemento de régimen (CRV)

jugar **a**, referirse **a**, dedicarse **a**, contar **con**, encontrarse **con**, preocuparse **de**, hablar **de**, alegrarse **de**, asustarse **de**, pensar **en**, colaborar **en**, preguntar **a**, preocuparse **por**, etc.

*El orden en el trabajo depende de ti* es el eslogan de esta campaña de prevención de riesgos. Identifica el CRV.

## ACTIVIDADES

**12** Identifica los complementos del verbo que aparecen en estas oraciones.

- **a** Su padre le habló de ese asunto.
- **b** Miguel Hernández compuso poemas a su hijo.
- **c** Jaime llenó las copas de agua.
- **d** Juan trata con todo el mundo.
- **e** He regalado un tambor a su hijo.

**13** Escribe oraciones a partir de los siguientes verbos: *preocupar, inclinarse por, advertir de*. A continuación, indica si dichos verbos exigen o no la presencia obligatoria de un CRV.

**14** Explica la diferencia de significado que existe entre las siguientes oraciones y sustituye con un sinónimo cada uno de los verbos.

- **a** Me acordé de su cumpleaños.
- **b** He acordado con mi socio un reparto de beneficios.

**15** ¿Qué diferencias sintácticas aprecias entre los siguientes pares de oraciones?

- **a** Nos alegró su triunfo. / Nos alegramos por su triunfo.
- **b** Me asusta la oscuridad. / Me asusté de la oscuridad.

A veces, los adverbios no funcionan como complementos circunstanciales del verbo, sino como **modificadores de la oración**.

- Felizmente, ya se ha marchado (*felizmente* es un modificador oracional: expresa una valoración del hablante, se puede sustituir por *por fin*).
- Vive felizmente con su mujer en el campo (*felizmente* es un complemento circunstancial del verbo: expresa el modo de la acción verbal).

## 3.4 El complemento circunstancial (CC)

Expresa las **circunstancias** en las que se desarrolla la acción del verbo. Los circunstanciales complementan al verbo, pero no son obligatorios y suelen tener gran movilidad en la oración.

**Hoy** (CC tiempo) iré con Isabel al cine. Iré **hoy** (CC tiempo) con Isabel al cine. Iré con Isabel al cine **hoy** (CC tiempo).

Teniendo en cuenta el significado pueden ser de **tiempo**, **lugar**, **modo**, **compañía**, **instrumento**, **causa**, **finalidad**, etc. Pueden desempeñar esta función:

| | |
|---|---|
| **Grupo adverbial** | Nacho vive **aquí**. |
| **Grupo preposicional** | Beatriz viajó **a Roma**. |
| **Grupo nominal** | Mariano viene **los martes**. |

Para **reconocerlo** debemos tener en cuenta lo siguiente:

1 Muchos complementos circunstanciales, aunque no todos, se pueden sustituir por un **adverbio**.

He dejado el coche **en el aparcamiento** (CC lugar). → He dejado el coche **allí** (CC lugar).

2 No es un complemento exigido por el verbo, por eso puede **eliminarse** de la oración sin que deje en ella huella alguna.

Julián hace deporte **todos los días** (CC tiempo). → Julián hace deporte.

Sin embargo, hay verbos de movimiento que exigen un **CC obligatorio**: *Juan se dirigió a la oficina* (CCL obligatorio) *muy pronto* (CCT opcional).

## 3.5 El complemento agente (CAg)

Nombra al ser que **realiza la acción** en las oraciones **pasivas**. Puede desempeñar esta función un **grupo preposicional introducido por la preposición *por:***

El rumor ha sido difundido **por los periodistas** (CAg).

Para **reconocerlo** debemos tener en cuenta lo siguiente:

1 Aparece siempre en construcciones **pasivas**.

Los ladrones fueron detenidos **por la policía** (CAg).

2 Al pasar la oración a activa, el complemento agente se convierte en **sujeto** de la construcción activa.

oración pasiva: El fuego fue apagado **por el bombero** (CAg). → oración activa: **El bombero** (Sujeto) apagó el fuego.

## ACTIVIDADES

**16** Señala los complementos circunstanciales de las siguientes oraciones.

- **a** En aquel espectáculo el mago sacó una paloma de la chistera.
- **b** En aquella casa dormí en el desván durante todas las vacaciones.
- **c** Me he ido con Marta al parque de atracciones.
- **d** Por las altas temperaturas, ese día tuvieron que enfriar el motor con agua.

**17** Identifica el complemento agente.

- **a** Hemos encontrado las llaves por casualidad.
- **b** El difícil problema fue resuelto por la profesora.
- **c** Me preocupo por las notas de mi hijo.
- **d** Lo hace por mi bien.
- **e** Los gritos fueron oídos hasta por los vecinos.

## 3.6 El complemento predicativo (CPvo)

Complementa al **verbo** y al **sujeto** o al **complemento directo** de la **oración**.

El niño durmió **tranquilo**.
Sujeto — CPvo
Concuerda con *niño* en género y número.
¿Cómo durmió el niño? Modifica también al verbo.

Tienen **sucios** los zapatos.
CPvo — CD

La función de complemento predicativo está desempeñada, fundamentalmente, por **adjetivos**.

María contestó muy **nerviosa**.
Sujeto — CPvo

Nosotros vimos muy **nerviosa** a María.
CPvo — CD

En el primer ejemplo, el adjetivo concuerda en género y número con el sujeto, y en el segundo con el CD.

Para **reconocer** el CPvo, debemos tener en cuenta que:

1 No se debe confundir con el complemento circunstancial porque el complemento predicativo **concuerda** con el sujeto o con el **complemento directo**, mientras que el complemento circunstancial **no concuerda** con ninguna palabra de la oración.
2 No se debe confundir con el atributo, aunque concuerde con el sujeto, porque el CPvo va con **verbos predicativos**:

Ellos están **tranquilos**.
verbo copulativo — Atr

Ellos viven **tranquilos**.
verbo predicativo — CPvo

### ACTIVIDAD

**18** Identifica el atributo, el complemento predicativo y el complemento circunstancial en las siguientes oraciones.

a La actriz parece nerviosa.
b La soprano se comportó de forma muy educada.
c La alumna se mostró muy tranquila en la exposición oral.
d El jurado consideró apta a la concursante.

**!**

También podemos encontrar complementos predicativos en forma de GN:

Han nombrado **secretario a Luis**.
CPvo (GN) — CD

### ACTIVIDADES

**19** Identifica el complemento predicativo del sujeto y el complemento predicativo del CD.

a Vemos muy ilusionada a nuestra hija este curso.
b La delegada vivía muy contenta con su trabajo.
c Me siento mucho más relajada esta mañana.
d Los convecinos se mostraron bastante enfadados a causa de los ruidos del barrio.
e No la creo capaz de una cosa así.

**20** Identifica el complemento de régimen y el complemento circunstancial en las oraciones.

a Juega todos los días al tenis.
b El secretario se refirió a las facturas falsas.
c Se marchó a su casa en silencio.
d Ahora está convencido de su triunfo.
e Colaboró en esa causa con toda su energía.
f Siempre ha contado con buenos colaboradores.
g Juan se dedica a las clases de matemáticas.

**21** En estas oraciones hay grupos preposicionales con **a** que desempeñan funciones de CRV, CI, CD y CC. Identifica estas funciones.

a ¿Has encontrado a Maite?
b Este verano iremos a la costa levantina.
c Ha preparado el desayuno a su hija.
d Ahora ya puede aspirar a un buen trabajo.

**22** Indica los complementos de los verbos marcados en el siguiente texto.

En el hemisferio sur, entre las latitudes 40° y 60°, los vientos **soplan** con fuerza. Los marineros **hablaban** de ellos con temor. Este cinturón **era utilizado** por los barcos de vela, pues les **incrementaba** la velocidad. Hoy, los vientos del Oeste ya no **ejercen** gran influencia sobre los transatlánticos modernos. Solo **son** importantes en los vuelos a larga distancia. Los vuelos transoceánicos en dirección Este **necesitan** menos combustible.

## PRÁCTICA DE REPASO

**23 Los verbos copulativos (*ser, estar* y *parecer*) exigen un sujeto y un atributo.**

Completa las oraciones con los sujetos, verbos y atributos que correspondan.

| Sujeto | Verbo copulativo | Atributo |
|---|---|---|
| Mi abuela | ha sido | profesora |
| Inés | ha llegado a ser | |
| La monitora | | enfadada |
| María | parece | |
| | llegó a ser | |
| | pareceremos | |
| | hemos estado | |

**24 Verbos intransitivos que solo exigen la presencia de un sujeto.**

El sujeto en estos casos aparece generalmente después del verbo. Presta mucha atención a estos verbos especiales, porque puedes creer erróneamente que su sujeto es un complemento directo. Une el verbo con el sujeto que le corresponda.

| Verbos intransitivos que solo exigen sujeto | Sujetos |
|---|---|
| desaparecer | varios acontecimientos |
| ocurrir | las pruebas del crimen |
| comparecer | la lluvia |
| acontecer | el café |
| cumplirse | la luna |
| estallar | dos años |
| cesar | un hecho sorprendente |
| ocultarse | un petardo |
| amargar | el testigo |

a Escribe oraciones con los verbos anteriores, pero con sujetos diferentes.
b ¿Se pueden transformar en pasivas las oraciones formadas con los verbos anteriores? Razónalo.
c Demuestra mediante la prueba de la concordancia que estos verbos llevan sujeto y no CD.

**25 Verbos intransitivos que exigen sujeto y CI.**

Completa las oraciones con los sujetos y complementos que correspondan, como en el ejemplo. No confundas los sujetos de estos verbos con los complementos directos.

| CI | Verbo intransitivo | Sujeto |
|---|---|---|
| Me | duele | la cabeza |
| Nos | sorprendió | |
| | incomodó | |
| | gustaba | |
| | encantó | |

**26 Verbos transitivos que exigen sujeto y CD.**

Completa las oraciones y haz una lista de verbos que tengan un comportamiento sintáctico parecido.

| Sujeto | Verbo transitivo | CD | CI (opcional) |
|---|---|---|---|
| Los alumnos | han entregado | un trabajo | (al profesor) |
| El cerrajero | | la cerradura | |
| Los pescadores | | una tonelada de sardinas | |
| La peluquera | | el pelo | |
| El cocinero | | un plato | |
| Mis amigos | | un pastel | |
| Mi madre | | el coche | |

**27 Verbos pronominales que exigen sujeto y CRV.**

Completa la tabla y haz una lista en tu cuaderno con verbos de este tipo.

| Sujeto | Verbo pronominal | CRV |
|---|---|---|
| El entrenador | se preocupa | por el equipo |
| | se ha olvidado | |
| | se dedicará | |
| | nos enfrentamos | |
| | nos equivocamos | |
| | me encontré | |

# 4. Clasificación de la oración simple

Según la naturaleza del predicado, se distinguen los siguientes tipos de oraciones.

**ATRIBUTIVAS.** Oraciones formadas por un verbo copulativo (*ser*, *estar*, *parecer*) y un atributo.

**Tienen predicado nominal.**

La alimentación **es** la base de la salud.
VC Atr
PN

**PREDICATIVAS.** Oraciones con verbo predicativo y predicado verbal [PV].

El **verbo predicativo determina el tipo de sujeto de la oración y los complementos obligatorios que aparecerán.**

El cocinero nos **preparó** un plato exquisito.
S CI V CD

Pueden ser **activas** o **pasivas**.

**ACTIVAS.** El verbo se conjuga en voz activa. El **sujeto realiza**, experimenta o es la **causa** de la acción.

**Juan** tiró de la cuerda. [agente]
**El corredor** se angustió. [experimentador]
Me asusta **ese ruido**. [causa]

Pueden ser **intransitivas** o **transitivas**.

**PASIVAS.** Oraciones con sujeto paciente.

El sujeto de estas oraciones no realiza la acción, sino que **recibe** la acción del verbo (**sujeto paciente**). Hay dos tipos de pasivas: **perifrásticas** y **reflejas**.

**PASIVAS PERIFRÁSTICAS: verbo ser + PARTICIPIO**

Llevan **sujeto paciente** y **complemento agente**. El complemento agente es un elemento facultativo, que en numerosas pasivas perifrásticas no aparece.

Los escombros **fueron retirados** por los bomberos.
Suj. pac Verbo pasivo CAg

**PASIVAS REFLEJAS: SE + verbo en voz activa**

Tienen significado pasivo y **sujeto paciente**. No llevan complemento agente.

Se restauraron varios edificios.
morf pasiva V activo Suj. pac.

**INTRANSITIVAS.** No tienen CD.

**1** Algunos verbos intransitivos solo necesitan sujeto.
Desaparecieron **las pruebas**. Se movió **la taza**.
S S

**2** Otros exigen, además, un CI obligatorio.
Me duele **la cabeza**.
CI S

**3** Pueden exigir un CRV obligatorio.
Alicia juega **al tenis**.
CRV

**4** O un CC obligatorio.
Se dirigió **al colegio**.
CC

**TRANSITIVAS.** Exigen CD.

1 Tu hermano ha escrito **un cuento**.
CD

**2** Pueden llevar también CI.
Mi padre ha enviado **un correo a mi abuela**.
CD CI

**3** A veces el verbo exige doble complementación: CD y CRV.
He cambiado **mi consola por un ordenador**.
CD CRV

**4** El CD puede estar acompañado de CPvo.
Han nombrado **a María jefa de departamento**.
CD CPvo

**REFLEXIVAS.** El sujeto es, al mismo tiempo, agente y paciente de la acción. Se reconocen porque admiten el refuerzo *a sí mismo, a ti mismo…* Pueden ser **directas** o **indirectas**.

**Directa**
Inés **se**$^{CD}$ lava.[a sí misma]

**Indirecta**
María **se**$^{CI}$ lava la cara.[a sí misma]

**RECÍPROCAS.** Oraciones con sujeto múltiple o en plural en las que cada sujeto realiza la acción y la recibe de otro u otros. Se reconocen porque admiten el refuerzo *uno al otro* o *mutuamente*. Pueden ser **directas** o **indirectas**.

**Directa**
Luis y Bea se$^{CD}$ aman.[mutuamente]

**Indirecta**
Teo e Isa se$^{CI}$ escriben cartas.[uno al otro]

En la siguiente unidad estas oraciones se analizarán detalladamente.

## GRÁFICA LINEAL

### PARTIDAS DE *PING-PONG* CONTRA LA CRISIS DE LAS BIBLIOTECAS

MANUEL RODRÍGUEZ RIVERO / 06-02-2013

Las bibliotecas públicas ya no son lo que eran. Afortunadamente. De solemnes y vetustos almacenes de libros, las bibliotecas se han convertido en lugares de participación en los que el saber y el aprendizaje constituyen el telón de fondo de fértiles espacios de socialización ciudadana, en los que se han permeabilizado los compartimentos estancos entre investigadores, lectores y buscadores de información. No creo que haya en el mundo un lugar más radicalmente democrático que una biblioteca pública. Pero la biblioteca es también uno de los pocos lugares del mundo (occidental) en el que los jóvenes aprenden sin dolor un poco de esa disciplina tan necesaria para la vida: allí no pueden comer, ni beber, ni molestar al vecino con voces estentóreas o auriculares con el volumen desbocado. Pero, al mismo tiempo, las bibliotecas son espacios amenazados. Me entero, por no referirme a las de aquí, de que en Gran Bretaña han echado el cierre a más de 200. La crisis (que, como aquí, tiene nombres y apellidos) se ha cebado en ellas, afectando especialmente los recortes presupuestarios al personal y a la adquisición de fondos y mejoras de las instalaciones. Por eso se están organizando por todo el país campañas más o menos festivas para llamar la atención sobre su situación y atraer a la gente. Algunas han organizado campeonatos de *booky table tennis*, es decir, partidas de *ping-pong* en las que los libros hacen la función de palas.

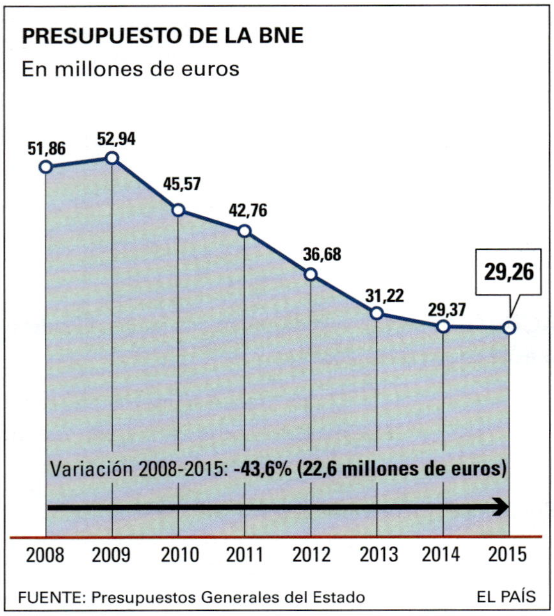


*El País* (texto adaptado)

**1** CL **Comprensión del texto**

- **a** ¿Por qué cree el autor que las bibliotecas son los lugares más democráticos del mundo? ¿Estás de acuerdo con esta afirmación?
- **b** ¿Qué tipo de disciplina aprenden los jóvenes en las bibliotecas?
- **c** Señala las dos partes en que se divide el texto, sin contar la gráfica. ¿Qué información aporta cada una?
- **d** ¿Cuál es la intención del autor: una defensa de las bibliotecas o una llamada de atención sobre la amenaza que estas sufren a causa de los recortes?
- **e** ¿Cómo valoras que en Gran Bretaña se hayan cerrado 200 bibliotecas? Razónalo.
- **f** ¿Te parece bien celebrar actos festivos como jugar al *ping-pong* con libros pala para salvar las bibliotecas?

**2** CS CM CA **Comprensión de la gráfica**

- **a** **Fuentes de documentación.** ¿Cuál es la fuente primaria de documentación que nos ofrece la gráfica: los Presupuestos Generales del Estado o el periódico *El País*? Razona tu respuesta. (Consulta la página 90 de este libro de texto.)
- **b** ¿Aporta la gráfica una información que ya está en el texto? Razona tu respuesta.
- **c** ¿Cuál es la intención de la gráfica: informar o criticar los recortes a la Biblioteca Nacional? Razona tu respuesta.

**3** CM **Interpretación de la gráfica**

- **a** ¿Qué información aportan las crestas de la gráfica: millones de euros o porcentajes?
- **b** ¿Cuál es la idea fundamental que se desprende de dicha gráfica?
- **c** ¿Qué periodo de tiempo cubre?
- **d** ¿Qué dos cifras globales ofrece sobre dicho periodo?

**4** CM **Cálculo.** ¿Qué operación debes realizar para obtener los -22,6 millones de euros menos en inversión?

**5** CC CS ¿Crees que hay una relación de causa-efecto entre la disminución de presupuesto a la Biblioteca Nacional y la crisis económica de esos años en España? Razona tu respuesta.

## LA CIENCIA

ROSA MONTERO / 24-09-2013

No se puede decir que **España sea un país con vocación científica**. Somos ricos en artistas plásticos y escritores, en artes temperamentales e imaginativas. Pero lo de cultivar rigurosamente el intelecto no se nos da bien: pensadores pocos, y científicos poquísimos. Y a los que hay, cantazo en la cabeza y al extranjero. En 2012 **la fundación BBVA publicó un estudio sobre el conocimiento científico** que comparaba a 11 países, 10 europeos, entre ellos España, y Estados Unidos. **Quedamos los últimos**, por supuesto. Un bochornoso 46% de los españoles no supieron nombrar a un solo científico. Vamos, es que no atinaron ni con Einstein. Nuestra sociedad arrastra un miedo cerril a la ciencia que es producto de la ignorancia. De hecho, durante años los intelectuales españoles han hecho gala de su acientifismo, como si fuera un orgullo no tener ni idea de lo que es la entropía. ¡Pero si hasta Unamuno soltó esa frase lamentable del «que inventen ellos»!

Pues bien, sobre esos polvos estamos preparando ahora los lodos de un desastre científico definitivo del que ya no podremos recuperarnos jamás. Hasta que empezó la crisis, nos creíamos una sociedad moderna y rica, e incluso la ciencia empezaba a levantar un poquito la cabeza, aunque nuestro presupuesto en I+D seguía a años luz de la media europea. Pero, desde 2009, esa miseria presupuestaria se ha recortado un 40%. Más aún: el dinero que finalmente han recibido los científicos ¡ha sido menor que el presupuestado! La investigación en España está al borde de la quiebra más absoluta. Y todo esto ante cierta indiferencia general. O sea, no nos movilizamos por este tema como (con razón) por la sanidad pública. Y, sin embargo, perder esta oportunidad de tomar el tren de la ciencia hundirá nuestro futuro durante muchas décadas. Qué responsabilidad ante nuestros hijos.

*El País*

### Análisis y valoración del contenido

**1** **Léxico. a** Escribe el significado de los elementos subrayados. **b** CS CA CD Infórmate sobre el significado de las siglas I+D+i y di cuál fue el incremento real del presupuesto en 2014 en España.

**2** **Recuperación de la información. a** CS ¿Qué países del mundo se comparaban en el informe de 2012 sobre el conocimiento científico? **b** ¿Qué porcentaje de españoles nombraron a algún científico en dicho estudio? **c** ¿A qué se debe, según la autora, el miedo a la ciencia en España? **d** ¿Por qué los intelectuales españoles han hecho gala tradicionalmente del acientifismo?

**3** **Interpretación e inferencias. a** Según la autora, ¿podrá España recuperarse del desastre científico? **b** ¿Por qué afirma la autora que en España hay una indiferencia general de la población ante la falta de inversión en ciencia?

**4** **Síntesis.** Resume el texto en cinco líneas y escribe el tema.

**5** CS CI **Valoración del contenido.** ¿Te parece importante para un país el desarrollo de la ciencia? Razona tu respuesta con dos argumentos.

### Análisis y valoración de la forma

**6** **Tipo de texto. a** ¿Qué estructura tiene esta argumentación: inductiva o deductiva? **b** Subraya la frase que exprese la tesis con más claridad. **c** Identifica un argumento de cifras, otro de porcentajes y otro de causa-efecto. Y una cita de autoridad que sirve como contraargumento. **d** Identifica cuatro conectores. Di de qué tipo es cada uno y explica por qué los usa en cada caso. **e** Identifica dos adjetivos valorativos, dos expresiones coloquiales y una metáfora que manifiestan la subjetividad de esta argumentación. ¿Por qué se utiliza la primera persona del plural? **f** Identifica en el texto el campo léxico relacionado con la ciencia. ¿Qué aporta al texto: adecuación o cohesión léxica?

**7** **Gramática. a** Analiza sintácticamente las oraciones destacadas en negrita. **b** Clasifica las siguientes perífrasis del texto: *puede decir, estamos preparando, empezaba a levantar.*

**8** **Valoración de la forma. a** La autora emplea la expresión: *no podremos recuperarnos jamás*. ¿Te parece una información realista o una hipérbole pesimista? Razona tu respuesta. **b** CS CC ¿Cuál es la intención de la autora al argumentar con tantos coloquialismos y con un tono tan emocional y subjetivo sobre la preocupante situación de la ciencia en España?

# LENGUA

# 6

REPASA LA UNIDAD

## En portada

**Comunicación oral**

**Escuchar**

El reportaje cinematográfico

**Hablar**

La entrevista personal

**Comunicación escrita**

**Leer**

«El síndrome de Blancanieves de los niños refugiados», Rachel Aviv, *The New Yorker*

**Escribir**

**1** Periodismo de información

**2** Periodismo de opinión

**3** La crónica: género mixto

**Taller de escritura**

Escribir una crónica deportiva

**Elaboración de textos**

**1** Propiedades del texto: las claves del género

**2** Los conectores: relaciones lógicas del texto

**3** Los conectores: la organización del texto

**4** La cohesión léxica del texto: hiperonimia e hiponimia, campo léxico, familia de palabras, tabú y eufemismo

**Conocimiento de la lengua [Gramática]**

**1** Oraciones atributivas

**2** Oraciones transitivas

**3** Oraciones intransitivas

**4** Oraciones reflexivas

**5** Oraciones recíprocas

**6** Oraciones pasivas

**7** Oraciones impersonales

**Practica tus competencias**

**Texto informativo: mapa conceptual**

El periodismo literario

**Texto informativo-valorativo**

«Una luz al final de la noche», Javier Vallejo



## Días de cine

**FICHA TÉCNICA:** *Días de cine*, RTVE (16-01-2015)
**TIPOLOGÍA ORAL:** Reportaje cinematográfico.
**SITUACIÓN COMUNICATIVA:** Reportaje sobre el estreno de la película *La teoría del todo* (2014, de James Marsh), una biografía sobre la vida del astrofísico Stephen Hawking.

### ACTIVIDADES

**1** Completa la tabla con los datos de la película.

| | |
|---|---|
| Director | |
| Protagonista | |
| Año de estreno de la película | |
| Argumento de la película | |
| Fuente donde se inspira la película | |

**2** ¿Por qué dice el narrador estas palabras sobre Stephen Hawking: *es un personaje singular, de altísima talla intelectual y con un titánico impulso de superación frente a las peores adversidades*? ¿Qué significan?

**3** ¿En este vídeo se ofrece información u opinión? Recuerda estas palabras del narrador: *como ficción, la película resulta más bien convencional, una biografía en toda regla.*

**4** CM ¿Qué quería demostrar Stephen Hawking en una ecuación, según la película? ¿Sobre qué investigó?

**5** Según el reportaje, ¿es verdad que la película *La teoría del todo* resulta de la suma de *Una mente maravillosa* (2001, Ron Howard) y de *Mi pie izquierdo* (1989, Jim Sheridan)?

# La entrevista personal

Consiste en un diálogo entre un periodista o reportero y un interlocutor, con el fin de abordar un **tema de actualidad** o de indagar en la **evolución personal y profesional** del entrevistado. El periodista se enfrenta a este reto con un cuestionario **planificado y organizado.** Sin duda, el buen resultado de una entrevista depende de la conexión que se establezca entre ambas partes.

*Entrevista a la carta* (RTVE, 04-06-2012): la periodista Julia Otero entrevista al escritor y premio Nobel de Literatura en 2010 Mario Vargas Llosa.

## ACTIVIDAD

**1** CS Entre todos vamos a organizar una o varias ediciones de un programa de entrevistas para la televisión. Nuestro objetivo es doble:

- Ofrecer una información veraz e interesante para los alumnos y alumnas que representen el papel de público.
- Conseguir que la entrevista fluya con la máxima espontaneidad y naturalidad.

**a** Para ello, elegid a cinco personajes para entrevistar. Os ofrecemos una lista: un científico reconocido, una médica que pertenezca a la organización Médicos Sin Fronteras, un especialista de cine de acción, una abogada criminalista, una actriz recientemente premiada, un reportero de conflictos bélicos y una voluntaria de Greenpeace.

**b** A continuación, formad parejas. Uno será el entrevistador; el otro, el entrevistado. Estableced un orden en las entrevistas, de modo que no se repitan dos en las que los entrevistados representen al mismo personaje.

**c** Preparad la entrevista. Poned en común un esquema sencillo sobre su estructura:

- Cómo se presentará al personaje.
- Qué bloques de preguntas se realizarán: profesión, aspectos personales, anécdotas...
- Cómo concluirá la entrevista.

**d** Con la ayuda del profesor o profesora, considerad también otros aspectos importantes para conseguir una buena simulación:

- Espacio físico donde se desarrolla la entrevista y materiales que necesitáis (recreación de un plató).
- Materiales de apoyo (proyección de imágenes, objetos relacionados con el tema, etc.).

**e** Una vez finalizadas las entrevistas, organizad una puesta en común donde se destaquen los aspectos positivos de la experiencia, las dificultades con las que os habéis encontrado... Sobre todo, valorad si las parejas han conseguido los objetivos marcados inicialmente.

### notas

- Es aconsejable que no escojáis a personajes mediáticos muy conocidos: vuestra entrevista perdería interés y sorprendería muy poco a los posibles oyentes.
- Necesitaréis tiempo para preparar preguntas y respuestas.
- Antes de la sesión, observad atentamente cómo se desarrolla una entrevista en televisión.
- Un compañero o compañera puede grabar las entrevistas en vídeo para su posterior valoración.

# «El síndrome de Blancanieves de los niños refugiados»

Fotografía de Magnus Wennman para *The New Yorker.*

Rachel Aviv es reportera de investigación de la revista *The New Yorker* y escribe narraciones comprometidas con historias que muestran el lado humano de las tragedias personales.

*En Suecia, cientos de niños refugiados han caído inconscientes después de ser informados de que su familia sería expulsada del país.*

Al parecer, el llamado «síndrome de resignación» solo se produce en Suecia y únicamente afecta a los niños refugiados. Estos pierden la voluntad de vivir y enferman. «Son como Blancanieves», afirman los médicos, «Simplemente, se alejan del mundo».

Georgi, un refugiado ruso que llegó a Suecia con su familia cuando tenía cinco años, se integró tanto en la sociedad sueca que podía pasarse horas hablando sobre las virtudes de la marca de coches Volvo. Su médico lo describía como «el que se había vuelto más sueco de su familia». A los trece años era uno de los muchachos más populares de su clase. Sus compañeros lo describían como enérgico, divertido, siempre feliz, listo, buena persona, extraordinariamente amable y un as del fútbol.

Soslan, el padre de Georgi, había huido de Rusia con su esposa y sus dos hijos, porque en 2007 las fuerzas de seguridad de su país lo habían amenazado de muerte por haber criticado la falta de separación entre la Iglesia ortodoxa y el Estado ruso. Pero su petición de asilo fue denegada, porque la Junta de Migración sueca dijo que no había podido demostrar que sería perseguido si regresaba a Rusia.

En el verano de 2015, poco antes de ingresar en el séptimo curso, Georgi se enteró de que la Junta de Migración había rechazado de nuevo la solicitud de su familia. Las noticias llegaron en una carta que tradujo para sus padres, que no sabían leer en sueco.

Soslan volvió a solicitar asilo de nuevo. La familia ya llevaba escondida en Suecia seis años. Argumentaron que ahora había «circunstancias particularmente angustiantes», porque la expulsión afectaría dramáticamente a la salud psicológica de su hijo. «Sería devastador si Georgi se viera obligado a abandonar su comunidad, sus amigos, su escuela y su vida», escribió el director de la escuela en una carta a la junta. Describió a Georgi como «un ejemplo para todos los compañeros de clase». Mientras la Junta de Migración resolvía la apelación, Georgi trató de concentrarse en los estudios. Poco después, un amigo de su equipo de *hockey* dejó de ir a entrenar. Georgi se angustió cuando se enteró de que su compañero, un refugiado de Afganistán, había sido expulsado con su familia, «como si fueran criminales». A partir de entonces, Georgi se volvió hosco y distante, y dejó de hablar en ruso. Dijo que las palabras de la que había sido su lengua materna eran solo sonidos cuyo significado ya no podía descifrar. Reprochó en sueco a sus padres que no se hubieran integrado suficientemente. Su hermano de nueve años, Savl, actuó como intérprete: «¿Por qué no habéis aprendido el idioma de este país?», preguntó Georgi en sueco a Savl para que este se lo tradujera a sus padres al ruso.

En diciembre de 2015, la Junta de Migración rechazó la apelación final y le comunicaron a la familia por carta: «Debéis abandonar Suecia». Su expulsión a Rusia estaba programada para abril. Soslan dijo que volver a Rusia era para sus hijos como pedirles que «se marcharan a la luna». Georgi leyó la carta en silencio, la dejó caer al suelo, subió a su habitación y se tumbó en la cama. Comenzó a sentir que su cuerpo era puro líquido. Solo quería cerrar los ojos. El simple acto de tragar le suponía un esfuerzo ímprobo. Sentía una gran presión en la cabeza y en los oídos. Se volvió hacia la pared y la golpeó con el puño. Por la mañana, se sentía incapaz de levantarse de la cama y de comer. Era como si estuviera encerrado en una jaula de vidrio dentro del agua. Su hermano Savl le sirvió Coca-Cola a pequeños sorbos con una cucharilla. El refresco empezó a gotear por su barbilla.

Por recomendación de los vecinos, los padres de Georgi llamaron a Elisabeth Hultcrantz, una otorrina que trabajaba como voluntaria para la organización sin ánimo de lucro Médicos del Mundo. Tres días después de que Georgi se metiera en la cama, Hultcrantz se dirigió a su casa, una cabaña de madera roja con molduras blancas situada en las tierras de cultivo de un pueblo a unos doscientos kilómetros al noroeste de Estocolmo. Georgi llevaba calzoncillos y medias atléticas cortas. Parecía estar dormido. Una manta con estampado de tulipanes lo tapaba hasta la barbilla. Cuando Hultcrantz lo tocó, sus párpados temblaron, pero no se movió. Intentó levantarle la cabeza poniéndole una almohada debajo, pero no pudo sostenerla y cayó hacia un lado. «El chico no reacciona», escribió la médica.

Después de una semana, Georgi había perdido unos seis kilos. Instaron a la familia a llevarlo a las urgencias del hospital de Falun, una ciudad a sesenta y cinco kilómetros de distancia. Llevaba sin comer cuatro días y no había pronunciado una frase completa en una semana.

Un médico del hospital escribió que Georgi «yace completamente inmóvil sobre la mesa de exploración». Sus reflejos estaban intactos, y su pulso y presión arterial eran normales. El doctor levantó las muñecas de Georgi unos centímetros por encima de su frente y luego las dejó caer. «Como muertas», escribió en su informe. Una enfermera anotó que el niño «no reaccionaba a los cuidados».

Al día siguiente, el médico insertó un tubo de alimentación a través de las fosas nasales de Georgi. «No mostró resistencia», dijo Soslan. «Nada». A Georgi se le diagnosticó el síndrome de resignación, una enfermedad que parece darse solo en Suecia y solo entre los refugiados, aunque quizá no se ha estudiado en otros lugares. Estos pacientes no tienen una enfermedad física ni neurológica, pero parecen haber perdido la voluntad de vivir. Los suecos se refieren a ellos como «los apáticos». «Creo que este coma es una forma de protegerse», dijo Hultcrantz: «Son como Blancanieves. Simplemente, se alejan del mundo». Los niños apáticos comenzaron a aparecer en las salas de emergencia suecas a principios de los dos mil. Sus padres estaban convencidos de que se estaban muriendo sin saber de qué. Pronto los pacientes con esta afección llenaron todas las camas en la única unidad de internación psiquiátrica de Estocolmo para niños, en el Hospital Universitario Karolinska. Göran Bodegård, el director de la unidad, me dijo que sintió

magen de Georgi, ya recuperado, después de que a su familia se le concediera asilo en Suecia. Fotografía de Magnus Wennman para *The New Yorker*.

claustrofobia cuando entró en las habitaciones: «Una atmósfera de la *Piedad* de Miguel Ángel permanecía alrededor de los niños». Las persianas estaban corridas y las luces, apagadas. Las madres susurraban, rara vez hablaban con sus hijos enfermos. Solo permanecían absortas en la oscuridad.

En 2005, más de cuatrocientos niños, la mayoría de entre ocho y quince años, padecían este síndrome. Los informativos suecos emitían imágenes de ellos mientras eran embarcados en camillas en aviones y expulsados del país. Ciento sesenta mil suecos firmaron una petición para frenar las expulsiones de niños apáticos y otros solicitantes de asilo.

En una prestigiosa revista médica, el profesor Bodegård describió a estos jóvenes enfermos como «totalmente pasivos, inmóviles, carentes de tono, retraídos, mudos, incapaces de comer y beber, incontinentes y sin capacidad de reacción ante los estímulos físicos o el dolor».

El informe del gobierno sueco dictaminó que los niños apáticos pertenecían a «culturas holísticas», donde es «difícil establecer límites entre la esfera privada del individuo y el dominio colectivo». La comunidad médica opina que esta enfermedad es una reacción a dos traumas: el acoso en el país de origen de los niños y el temor a regresar después de haberse integrado en la sociedad.

Rachel Aviv, *The New Yorker*
(texto adaptado)

## ACTIVIDADES

### Recuperación de la información

**1** **a** ¿Cómo se llaman los hijos de Soslan?
**b** ¿En qué año denegaron la petición de asilo a la familia de Georgi?
**c** ¿Qué nombre reciben los niños refugiados que padecen el «síndrome de resignación»?
**d** ¿Cuál es el país de procedencia de la familia de Savl?
**e** ¿Qué deporte practicaba Georgi con el niño afgano?

**2** **a** CS ¿Qué organismo sueco decide sobre las peticiones de asilo político?
**b** ¿A qué ONG pertenece la médica que visitó a Georgi?

**3** **a** CC ¿A qué escultura renacentista se hace referencia en el texto?

### Interpretación e inferencias del texto

**4** **a** CS Explica en dos líneas en qué consiste el síndrome de resignación que sufren los niños refugiados.
**b** ¿Por qué crees que Georgi tenía tanta formación y alababa tanto la marca de coches Volvo?
**c** ¿Por qué Georgi reprochaba a sus padres que no hubieran aprendido sueco?

**5** CC Observa la *Piedad* de Miguel Ángel y responde: ¿Por qué crees que el médico compara a los niños apáticos y a sus madres con esta escultura cuando entra en las habitaciones del hospital?

**6** **a** CA CD CS ¿El caso de Georgi es una excepción? Argumenta tu respuesta con datos numéricos del texto.
**b** ¿Georgi estaba integrado en la sociedad sueca?
**c** Consulta en el diccionario de la RAE el significado de *holística / holismo* y explica con tus palabras el fragmento subrayado del texto.

**7** **a** CA CD CS CI Consulta el enlace y explica si la definición de *asilo* se ajusta al significado que se da a esta palabra en el texto.
**b** ¿Qué razones da la Junta de Migración de Suecia para negar el asilo a la familia de Georgi?
**c** ¿Qué explicación dan los médicos al síndrome de Blancanieves que padecen los niños refugiados? ¿Cómo lo explicas tú?

**8** Resume el texto en ocho líneas y escribe el tema.

### Reflexión y valoración de la forma y el contenido

**9** **a** CC ¿Por qué se utiliza la metáfora de Blancanieves para nombrar el trastorno de salud que sufren los niños refugiados? ¿Te parece adecuada?
**b** CS ¿Crees que son fiables las fuentes y los testimonios que utiliza la autora de este reportaje?

**10** CI CS Infórmate en el enlace sobre la diferencia que hay entre refugiados e inmigrantes, y responde. ¿Crees que Georgi y su familia eran refugiados o inmigrantes? Razona tu respuesta y explica si tú los hubieras protegido concediéndoles asilo político en España.

### AUTOEVALUACIÓN DE LA COMPRENSIÓN LECTORA

Comprueba las soluciones con la ayuda de tu profesor o profesora, y completa la tabla en tu cuaderno con la puntuación que te proporcione de cada pregunta.

| | ACTIVIDAD | | | | | | | | | | TOTAL | | |
|---|---|---|---|---|---|---|---|---|---|---|---|---|---|
| | 1 | 2 | 3 | 4 | 5 | 6 | 7 | 8 | 9 | 10 | | | |
| **PUNTUACIÓN** | | | | | | | | | | | | | |
| **1.** Recuperación de la información | | | | | | | | | | | | · 3,33 = | |
| **2.** Interpretación e inferencias | | | | | | | | | | | | · 2 = | |
| **3.** Reflexión y valoración de la forma y el contenido | | | | | | | | | | | | · 5 = | |

# 1. Periodismo de información

En el periodismo de información se informa de manera **impersonal** y **objetiva** sobre sucesos **recientes de interés general** ocurridos en el ámbito local, nacional o internacional.

Los géneros fundamentales del periodismo de información son la **noticia** y el **reportaje.** El curso pasado nos centramos en la noticia. En este vamos a estudiar el reportaje.

## 1.1 El reportaje

**CARACTERÍSTICAS**

Como hemos visto, es un género periodístico donde se informa **extensa** y **profundamente** sobre una noticia ya conocida por el público. Un buen reportaje exige que el reportero **se documente** y **se traslade** al lugar de los hechos donde pueda seguir los acontecimientos **en vivo.**

En un reportaje el lector espera que se le informe sobre los **antecedentes**, **detalles** y **consecuencias** de la noticia que ya conoce de manera superficial. El reportero **no valora** la información.

Observa las características del reportaje en la siguiente tabla.

| | |
|---|---|
| **Tipo de narrador** | El reportero narra en **3.ª persona,** de forma objetiva, aunque también puede hacerlo en 1.ª. Siempre firma su trabajo. |
| **Propósito** | **Profundizar** en la noticia de forma objetiva, analizando los **antecedentes** y las **consecuencias** de la misma: periodismo de «fondo». |
| **Método de trabajo** | El reportero se **documenta, investiga y contrasta sus fuentes de información.** Se **traslada** al lugar de los hechos para entrevistar a los protagonistas y testigos. El reportaje escrito se acompaña de fotografías, entrevistas y anécdotas con el fin de «dramatizar» la noticia. |
| **Tipo de texto** | **Texto expositivo**, en el que caben la **narración**, la argumentación, la **descripción** y la **entrevista.** |
| **Características lingüísticas** | El estilo es claro, conciso y objetivo: **lengua estándar**, es decir, el registro medio culto. A veces, incorpora recursos de la lengua literaria. |

**TIPOS DE REPORTAJE**

a De **acontecimiento:** narrador externo (expone los hechos desde fuera, sin implicarse en ellos).
b De **acción:** narrador interno (cuenta los hechos desde dentro, como un testigo, de manera dinámica, dramatizando la noticia).
c De **entrevista:** se combinan las palabras del reportero con las del entrevistado.

**ESTRUCTURA DEL REPORTAJE**

a **Título:** puede ser literal (expresión corriente) o figurado (literario).
b **Entrada (*lead*):** por lo general no es un elemento informativo importante, sino un detalle o anécdota que capte la atención del lector para que este se adentre en el tema que se desarrollará en el cuerpo del reportaje.
c **Cuerpo del reportaje:** la parte más extensa.

**!**

**¿Qué es una noticia?**

- La noticia nos informa objetiva, sucinta y claramente sobre sucesos de interés centrándose en las 6W: *qué*, *quién(es)*, *dónde*, *cuándo*, *cómo* y *por qué* han ocurridos los hechos.
- Su lenguaje es impersonal (3.ª persona) y denotativo.
- Tiene una estructura fija, por lo general de **pirámide invertida**: de lo más importante a lo menos importante.

El periodista Jon Sistiaga en su reportaje «No es país para mujeres» de Canal + (19-03-2015), donde analiza la pésima situación en la que viven las mujeres en la India.

## 1.2 Características lingüísticas del periodismo de información

| | |
|---|---|
| • **LENGUAJE DENOTATIVO: SIGNIFICADO OBJETIVO**<br>**1 GN: el sustantivo recibe determinantes y complementos que precisan la información sobre el QUÉ y el QUIÉN de la noticia.**<br>• Demostrativos, posesivos.<br>• CN: adjetivos descriptivos, complementos preposicionales, aposiciones.<br>• Oraciones introducidas por pronombres relativos.<br>• Uso de **siglas**. | **3 ORACIÓN**<br>• Oraciones impersonales, pasivas y pasivas reflejas para expresar objetividad.<br>• Desorden de la frase para dar prioridad a una información que no sea el sujeto oracional.<br> |
| **2 GV**<br>• Uso del **pretérito perfecto simple** con valor narrativo.<br>• Verbos predicativos con complemento circunstancial de tiempo, lugar y modo para informar sobre el **dónde**, el **cómo** y el **porqué** de los hechos. | • **LENGUAJE ÉPICO**<br>Expresiones bélicas: sustantivos y verbos del **campo léxico de la guerra** para transmitir la información en clave de choque o conflicto (***Explota** la burbuja inmobiliaria, El Betis llega **herido** a su **duelo** con el Valladolid…*). |

### ACTIVIDADES

**1** Vuelve a leer el reportaje de la lectura inicial «El síndrome de Blancanieves de los niños refugiados».

- **a** Cuenta en dos líneas la noticia en la que se basa este reportaje.
- **b** ¿Qué persona gramatical utiliza la reportera?
- **c** Localiza un fragmento de cada tipo de texto: **1** exposición, **2** narración, **3** descripción, **4** diálogo.
- **d** Identifica en el texto las características lingüísticas de la información objetiva.
- **e** Explica si la reportera emplea elementos lingüísticos subjetivos. ¿Con qué propósito?

**2** CC CI **Composición de un relato realista sobre acontecimientos de actualidad.** Inventa un relato en 3.ª persona omnisciente a partir de la noticia del enlace y del vídeo: «Un vendedor de pañuelos entrega a la Policía una cartera con 3.150 euros». Debes desarrollar fundamentalmente los aspectos humanos que no se recogen en la noticia. Te ofrecemos las siguientes sugerencias:

- **a** Describe en cuatro líneas el retrato del protagonista: nombre, rasgos físicos, procedencia, profesión, situación económica, etc.
- **b** Escribe un monólogo interior de tres líneas sobre lo que estaba pensando el protagonista antes de encontrar la bolsa de dinero.
- **c** Narra en cinco líneas los hechos objetivos de los que informa la noticia.
- **d** Describe en dos líneas la sorpresa del protagonista cuando abre la bolsa y encuentra el dinero y los cheques.
- **e** Inventa un diálogo de 4 líneas a través del móvil entre el protagonista y un familiar sobre lo que acaba de ocurrirle y la decisión que tomará.
- **f** Narra en 4 líneas cómo el protagonista se acerca a un policía y le entrega la bolsa de dinero y el diálogo que mantiene con él contándole lo sucedido.
- **g** Inventa un final realista para esta narración (4 líneas).

**3** CC CI **Composición de un relato fantástico sobre acontecimientos de actualidad.** Inventa un relato fantastico en 1.ª persona a partir de la noticia del vídeo: «Pensé en salir a acariciar al osezno».

- **a** Describe el pueblo y el temporal de nieve (4 líneas).
- **b** Narra la llegada a la casa del osezno y descríbelo (3 líneas).
- **c** Describe los sentimientos que despierta en el protagonista este acontecimiento insólito (3 líneas).
- **d** Inventa un final fantástico para esta noticia (8 líneas).

# 2. Periodismo de opinión

Aparte de **informar objetivamente** a los lectores con noticias y reportajes, en los periódicos también se **interpretan** y **valoran** los sucesos que ocurren en el ámbito local, nacional e internacional mediante unos géneros denominados de **opinión.**

En las sociedades democráticas, la opinión es tan importante como la información, pero es imprescindible que no se confundan; por eso en los periódicos hay **secciones diferenciadas** para que el lector distinga la información de la opinión.

Los géneros de opinión más importantes son el **editorial,** la **columna** y la **carta al director.**

## 2.1. La carta al director

Se trata de una sección de un periódico en la que los **lectores** expresan su **opinión** sobre un **tema de su interés.** También pueden opinar sobre el tratamiento que el periódico ha dado, con anterioridad, a un asunto concreto. Lee el recuadro de *Recomendaciones para escribir una carta al director.*

### ACTIVIDAD

**4** Lee el siguiente texto y realiza las actividades.

**Bienestar animal**

A raíz de lo publicado últimamente sobre las condiciones en las que están los perros en el Centro de Acogida (Caacb), decidí ofrecerme como voluntaria con mi hija pequeña para pasear a los perros.

Siempre hemos tenido perro en casa y tanto mis hijos como yo queremos a los animales y somos sensibles a su cuidado y bienestar. Llegamos a la oficina, preguntamos y nos atendió la encargada de voluntarios. Nos puso mil pegas, como por ejemplo que teníamos que hacer un curso de cuarenta horas. Pedimos subir a ver a los animales y nos dijeron que no era posible. Insistimos y finalmente pudimos hacerlo. Los perros están en unas condiciones pésimas, dentro de jaulas minúsculas, sucias y sin luz. Lo peor es que apenas salen a pasear y se podía ver que estaban muy estresados. Además, las jaulas quedan expuestas a la lluvia y al frío. Salimos de allí completamente desanimadas.

Irene Serrat, lavanguardia.com (26-02-2015) (texto adaptado)

- **a** Escribe el tema del texto y la intención de la ciudadana que ha escrito esta carta.
- **b** Demuestra que es un texto periodístico de opinión y que presenta las características de una carta al director.
- **c** ¿Hay algún rasgo del lenguaje coloquial o palabras connotativas? Razona la respuesta.
- **d** Transforma esta carta en una noticia, eliminando todos los aspectos subjetivos o valorativos.
- **e** CC CS CI Escribe una carta al director sobre un asunto relacionado con tu ciudad que quieras mejorar. Sigue las recomendaciones del lateral.

### Características del periodismo de opinión

- Importa más la **opinión** del autor que la información.
- La opinión se defiende con **argumentos**: datos, ejemplos, citas de autoridad…
- Se pretende **persuadir** o **convencer** al lector de una determinada tesis o visión del mundo, utilizando **expresiones** y **adjetivos valorativos**.
- Contribuye a crear un estado de opinión en la sociedad sobre un determinado tema.
- Los géneros de opinión se publican en **páginas** o **secciones fijas** que se identifican fácilmente.
- **Sirven para reforzar la línea editorial**, es decir, la ideología que defiende un determinado medio de comunicación.

### Recomendaciones para escribir una carta al director

1. Encabeza tu carta con un título sugerente.
2. Escribe sobre un solo tema (y que este sea de actualidad).
3. El texto debe ser breve y preciso (desde un comentario de ocho o diez líneas a una argumentación de un folio a doble espacio, como máximo).
4. Exprésate en primera persona.
5. Adopta un tono crítico, pero también aporta soluciones.
6. Defiende tu opinión con argumentos.
7. Utiliza un tono convincente y sincero.
8. Incluye en la carta tus datos personales.

## Características lingüísticas de la crónica

- Libertad de estilo.
- Función expresiva del lenguaje.
- Uso de la 1.ª persona.
- Adjetivos valorativos.
- Coloquialismos.
- Léxico especializado (jerga), relacionado con el acontecimiento en el que se centra la crónica: deporte, cine, teatro, moda, etc.
- Figuras literarias: símil, metáfora, enumeraciones, etopeya, prosopografía, hipérboles...

# 3. La crónica: género mixto

La crónica es un género periodístico en el que se combina la **información** y la **opinión.** Veamos sus características.

| | |
|---|---|
| **Punto de vista** | El cronista utiliza la 1.ª persona. El punto de vista es **subjetivo**: el autor aporta su **opinión personal** y **firma** su trabajo. Su objetivo es **narrar, interpretar** y **valorar** un determinado acontecimiento. |
| **Método de trabajo** | **Narración «en vivo»** de un acontecimiento de **actualidad.** El periodista **observa** atentamente el **ambiente** donde se desarrolla el acontecimiento y así obtiene **información,** pero también **anécdotas** y **detalles** que dan vida a la crónica. En su narración respeta el orden temporal de los hechos. |
| **Temas** | **Muy variados:** crónica social, estrenos de películas, de obras de teatro, competiciones deportivas. También hay crónicas de guerra, desastres naturales, etc.; lugares a los que el periodista acude como enviado especial. |
| **Tipo de texto** | Abundan la **narración** y la **descripción valorativa.** |

## ACTIVIDAD

**5** Lee el texto y realiza las actividades.

***Twin Peaks. Fuego, camina conmigo***

La noche del martes 9 de diciembre del año que acaba de terminar tuvo lugar en la *Casa del Llibre* de Barcelona la presentación de un libro muy especial: *Twin Peaks. Fuego, camina conmigo* (Quarentena Ediciones, 2014). Lleno hasta la bandera, la ocasión se antojaba ideal para seguir ampliando los horizontes que su autora, la genial Carmen Viñolo, ha sabido mostrar desde sus casi 300 páginas de puro vértigo narrativo. Esta es una obra de referencia desde su misma publicación. Para profundizar en la esencia de este fascinante libro-laberinto, la autora del mismo y la doctora en filosofía, y experta en David Lynch, Montse Crespín, nos dieron con contagiosa soltura las claves de la obra. Imbuidas en un tremendo ritmo vivaz y con puntuales guiños humorísticos, durante algo más de media hora Viñolo y Crespín trasladaron a los presentes al nacimiento y desarrollo de *Twin Peaks*, rascando sobre la superficie con el fin de mostrarnos una profunda radiografía, tanto de la serie como de la película. Respecto a esta última, hasta la última esquina del salón de actos se contagió de pura ambrosía gracias al apasionante duelo de perspectivas que defendieron a capa y espada la gran protagonista, Carmen Viñolo, y su invitada de lujo.

La audiencia pudo volver a sus casas con la sensación de haber asistido a una presentación superlativa, diferente, que hizo honor a las excelencias que guarda en su interior este maravilloso libro.

davidlynch.es (texto adaptado)

**a** ¿Qué acontecimiento se cuenta en esta crónica? ¿En qué persona gramatical se narra?

**b** ¿Adónde se ha trasladado la periodista para realizar la crónica? ¿Qué ambiente refleja?

**c** ¿Qué predomina en el texto: la información o la opinión? Razona tu respuesta.

**d** Identifica un enunciado que contenga solo información y otro que refleje la opinión de la cronista.

**e** Identifica un fragmento narrativo y otro descriptivo.

**f** Identifica en las expresiones subrayadas: dos expresiones valorativas, dos expresiones características del lenguaje épico, una metáfora y un coloquialismo.

**g** CC **Imitación de modelos.** Redacta una crónica. Inspírate en este texto y elabora una crónica de diez líneas sobre algún acontecimiento sucedido en tu centro escolar que te haya llamado la atención:

1 Narra el acontecimiento.
2 Describe el ambiente.
3 Recoge la opinión de un compañero.
4 Valora lo sucedido: emplea algún coloquialismo, tres adjetivos valorativos y dos figuras literarias.

## ACTIVIDAD

**6** Lee la siguiente crónica deportiva y realiza las actividades.

a Guíate por los colores y selecciona la respuesta correcta, según las características lingüísticas de la crónica.
b Localiza en el texto los elementos que marcan el orden cronológico del desarrollo del partido.

### El Madrid gana, pero no es **feliz**

No, no fue como se esperaba. El Madrid ganó, pero sin convencer. Tuvo un cuarto de hora **bueno**, en la primera parte, casi **me** atrevería a decir que excelente, y lo plasmó en dos tiros al larguero y en el espléndido gol de Isco. Pero eso fue todo. La segunda mitad la **controló** el Depor, un ejemplo más de lo bien que se juega en nuestro fútbol. Aprovechó los defectos del Madrid, que con su 4-3-3 volvió a hacerse largo y a replegarse muy rápido, sin obstruir en el medio campo, donde cae en inferioridad. Recula, da metros, pero tampoco tiene una seguridad en el área que le aconseje parapetarse.
Su segunda parte **se quedó** en el gol y muy poco más. Fue una jugada fugaz, con gran inicio en Arbeloa, buena prolongación de Cristiano y finalización limpia de Benzema. Su remate tocó el palo izquierdo y entró. Me hizo pensar en el de Borges, al inicio del segundo tiempo, que dio en el palo y volvió al campo. El fútbol es un juego de instantes, y también un poco un juego de suerte. Claro que es, sobre todo, un juego de futbolistas. Teniendo mejores futbolistas es más fácil resolver en esos instantes cruciales de las áreas. **Por eso gana el Madrid tantos partidos sin que parezca haberlo merecido**.
Pero el **ambiente está fastidioso**. El público se volvió contra Casillas desde el principio, y eso solo se aplacó tras una gran parada con el 1-0 todavía. A Cristiano se le ve corto de físico y de ánimo, sin atreverse a cosas que antes prodigaba. Dejó detalles de superclase (**una cola de vaca**, un gran tiro al larguero) pero no está. Bale agitó el partido en la primera parte con **sus cabalgadas**, pero rara vez se acordó de bajar. Salió Lucas Silva y casi ni la tocó. Como siempre, el brillo y la intensidad corrieron por parte de Isco, que marcó un **golazo** y se marchó entre una ovación **atronadora, taurina, merecidísima**.

**Alfredo Relaño**, as.com (14-2-2015)

- **Adjetivo descriptivo**
- **Adjetivo determinativo**
- **Adjetivo valorativo**

- **1.ª persona**
- **2.ª persona**
- **3.ª persona**

- **Pretérito perfecto simple descriptivo**
- **Pretérito perfecto simple narrativo**
- **Pretérito imperfecto**

- **Información**
- **Instrucción**
- **Interpretación**

- **Información en diferido**
- **Información en directo**
- **Información en vivo**

- **Metáfora**
- **Hipérbole coloquial**
- **Anáfora**

- **Metonimia y enumeración**
- **Metáfora y enumeración**
- **Hipérbole y enumeración**

- **Nombre del reportero**
- **Nombre del redactor**
- **Nombre del cronista**

**!**

La crónica es un género **periodístico mixto** donde se combinan la **información** y la **opinión**. El cronista narra en 1.ª persona unos hechos que él ha presenciado en vivo y, desde esa experiencia personal, los valora e interpreta con un lenguaje expresivo, transmitiéndonos, además, el ambiente en que se han desarrollado.

# Taller de escritura

## CD CA CC PROYECTO: CRÓNICA DE UN PARTIDO DE BALONMANO (20 líneas)

### FASES DEL PROYECTO

**1 Objetivo**

Visiona un fragmento del partido Dinamarca-España. Tu objetivo es recoger **algunos datos** que te parezcan interesantes y captar el **ambiente** que se vive en el partido.

**2 Obtención de información**

A partir de la información del vídeo anterior debes realizar la siguiente actividad para obtener los datos fundamentales que utilizarás en tu crónica.

**Actividad a**. Completa la tabla con los siguientes datos: *seleccionador, evolución del partido, trofeo, mejores jugadoras, marcador final, campeonato, partido*.

| DATOS DEL PARTIDO | |
|---|---|
| | Mundial de balonmano femenino de Brasil |
| | Dinamarca-España |
| | Jorge Dueñas |
| | Silvia Navarro (portera): 12 paradas |
| | Carmen Martín: 10 goles |
| | Nerea Peña: 4 goles |
| | • **Primera parte:** ventaja para Dinamarca y acaba en empate.<br>• **Segunda parte:** Nerea Peña pone por delante a España. |
| | 18-24 |
| | 1.ª medalla de bronce en un mundial |

**3 Aprende a valorar los hechos con lenguaje expresivo**

Fíjate en los siguientes adjetivos valorativos, metáforas deportivas y coloquialismos, y realiza la actividad **b**, teniendo en cuenta los datos del partido.

| Adjetivos valorativos | Metáforas deportivas |
|---|---|
| • clave<br>• máxima<br>• histórico<br>• aplastante<br>• magnífico<br>• frío<br>• excepcional | • duelo<br>• sed goleadora<br>• recital de paradas<br>• sequía goleadora<br><br>**Coloquialismos**<br>• no dar pie con bola<br>• venirse arriba |

**Actividad b.** Completa los siguientes enunciados con los adjetivos, metáforas y coloquialismos de la tabla anterior (guíate por los colores).

1 La conquista de la primera medalla de bronce en un mundial por la selección femenina de balonmano es un hecho ▲.
2 La actuación de la portera de la selección fue ▲.
3 Jorge Dueñas es un seleccionador ▲.
4 El resultado del partido fue ▲.
5 Nerea Peña fue la jugadora ▲.
6 En la primera parte del partido los aficionados españoles tuvieron un comportamiento ▲.
7 Silvia Navarro fue la goleadora ▲.
8 La primera parte del partido se caracterizó por una ▲.
9 El ▲ Dinamarca-España se saldó con el triunfo de la selección española.
10 Durante la segunda parte del encuentro, el equipo ▲ y las jugadoras mostraron su ▲.
11 El ▲ de la portera emocionó al público.
12 Las danesas no ▲ durante la segunda mitad.

**4 Realización de un esquema**

Tu objetivo es elaborar un **esquema numérico** con todos los datos y las valoraciones que has trabajado en las tres fases anteriores e inventar un título sugerente para tu crónica. (Imita el esquema numérico de la página 90 de este libro de texto.)

**5 Borrador de una crónica**

Tu objetivo es escribir un borrador organizando la información en **tres párrafos**: presentación del partido (5 líneas), desarrollo de este (12 líneas) y conclusión (3 líneas). Cuando lo hayas terminado, revisa y corrige las faltas de ortografía, acentuación, puntuación, concordancia sujeto-verbo y las repeticiones innecesarias de palabras.

**6 Redacción final**

Pasa a limpio tu crónica. Tu objetivo es conseguir una buena presentación de tu escrito: caligrafía, márgenes, sangrías, párrafos, etc.

# 1. Propiedades del texto: las claves del género

## 1.1 Las expectativas del lector

Si leemos una historia de extraterrestres, de viajes espaciales a los confines del universo o de malvados científicos que inventan máquinas para controlar el tiempo o la voluntad de los seres humanos, entramos en un **marco de referencias** muy diferente del que tienen los relatos realistas.

El lector de novelas de ciencia ficción acepta de buena gana una serie de infracciones de la lógica y de las leyes que rigen el funcionamiento de la naturaleza tal como la conocemos. Fuera de este marco de referencia ficticio, y a veces disparatado, este tipo de novelas resulta **incoherente**.

Sabemos, por ejemplo, que la descarga eléctrica de un rayo no puede dar la vida a Frankenstein, pero como lectores de ciencia ficción aceptamos, de antemano, ese despropósito en beneficio del placer de la lectura.

Cuando se lee poesía, novelas policiacas o históricas, el lector es consciente también de que el significado del texto que está leyendo depende de las **características del género al que este pertenece**. Cada género tiene sus reglas, y el lector las conoce. Leer consiste en aceptar las diferentes reglas que establece la literatura y disfrutar esperando que se cumplan.

### ACTIVIDAD

**1** Lee el siguiente texto. La **situación** es la siguiente: el protagonista, muy emocionado, se presenta ante un grupo de hombres cultos y científicos cómodamente sentados para convencerlos de que ha inventando una máquina del tiempo en la que ha realizado un extraordinario viaje.

> Ya les he narrado las náuseas y la confusión que produce el viajar a través del tiempo. Y ahora no estaba yo bien sentado en el sillín, sino puesto de lado y de un modo inestable. Durante un tiempo indefinido me agarré a la máquina que oscilaba y vibraba sin preocuparme en absoluto cómo iba, y cuando quise mirar los cuadrantes de nuevo, me dejó asombrado ver adónde había llegado. Uno de los cuadrantes señala los días; otro, los millares de días; otro, los millones de días; y otro, los miles de millones. Ahora, en lugar de poner las palancas en marcha atrás las había puesto en posición de marcha hacia delante, y cuando consulté aquellos indicadores vi que la aguja de los millares se movía tan deprisa como la del segundero de un reloj giraba hacia el futuro.
>
> H. G. Wells, *La máquina del tiempo*

**Adecuación a la situación**

- **a** Señala el pronombre deíctico que hace referencia a los receptores del texto.
- **b** ¿Cuál es la intención del emisor?
- **c** ¿Qué información da el emisor a los receptores para hacer creíble que ha viajado en el tiempo? Si alguien pretendiera convencerte de que ha realizado un viaje así con los datos que aparecen en el texto, ¿te lo creerías? ¿Por qué?
- **d** CM ¿Crees que el texto refleja la tecnología actual? Razona tu respuesta.
- **e** ¿El adverbio *ahora* hace referencia al momento en que el protagonista narra su historia? ¿Por qué?

**Coherencia: ¿tiene unidad interna?**

- **f** Escribe el tema del texto.
- **g** Divide el texto en tres partes y relaciona cada una de ellas con el tema.

**Cohesión: ¿hay marcas lingüísticas en el texto que expresan que hay un solo tema y que todos los enunciados están relacionados entre sí?**

- **h** Señala los verbos en 3.ª persona que hacen referencia a la máquina.
- **i** Explica el valor anafórico del pronombre *otro* en el texto.
- **j** El sustantivo *indicadores* funciona en el texto como un hiperónimo: señala los hipónimos de esta palabra que aparecen en el propio texto.
- **k** Señala las repeticiones de palabras que dan cohesión al texto.

# 2. Los conectores: relaciones lógicas del texto

### CONECTORES LÓGICOS: ¿QUÉ SON?

Los **conectores** son marcas lingüísticas que usa el emisor para que el receptor comprenda mejor las **relaciones lógicas** entre los enunciados y párrafos del texto. La información resulta, así, más **cohesionada** (repasa la página 128).

### ¿CUÁLES SON LOS CONECTORES LÓGICOS MÁS FRECUENTES?

Son las conjunciones (*pero, porque…*) y las locuciones conjuntivas (*sin embargo, por lo tanto…*). Obsérvalas en esta tabla.

| ADVERSATIVOS | CONSECUTIVOS | CAUSALES |
|---|---|---|
| ***Sin embargo***: se usa para aceptar algo que se ha dicho anteriormente, y decir acto seguido que no se actuará en consecuencia (tipo: locución adversativa). | ***Por lo tanto***: se usa para extraer una consecuencia de un hecho enunciado con anterioridad (tipo: locución consecutiva). | ***Porque***: expresa la causa de lo que se ha dicho antes (tipo: conjunción causal). |
| *Tengo sueño; sin embargo, cogeré el coche para irme de viaje.* | *Tengo sueño; por lo tanto, no cogeré el coche para irme de viaje.* | *No cogeré el coche para irme de viaje, porque tengo sueño.* |
| **CONCESIVOS** | **CONDICIONALES** | **FINALES** |
| ***Aunque:*** sirve para presentar un inconveniente, pero para afirmar acto seguido que eso no va a impedir hacer lo que se quiere (tipo: conjunción concesiva). | ***Si***: introduce una condición para que algo se pueda cumplir (tipo: conjunción condicional). | ***Para***: expresa el propósito o la intención con que se hace una acción (tipo: conjunción de finalidad). |
| *Aunque tengo sueño, cogeré el coche para irme de viaje.* | *Si tengo sueño, no cogeré el coche para irme de viaje.* | *Tengo que quitarme el sueño para coger el coche e irme de viaje.* |

## ACTIVIDADES

**2** Completa las oraciones con el conector adecuado y di de qué tipo es en cada caso.

- **a** La población española ha disminuido en los últimos años, **porque** un gran número de jóvenes se ha trasladado al extranjero para buscar trabajo. **(tipo: causal)**
- **b** ▲ la temperatura se ha elevado, la emisión de gases contaminantes a la atmósfera no se ha reducido significativamente. (tipo: ▲)
- **c** Alejandro suspendió tres asignaturas en junio, ▲deberá esforzarse durante el verano. (tipo: ▲)
- **d** El médico le ha recomendado que coma frutas y verduras ▲ desarrollar más defensas. (tipo: ▲)
- **e** Estoy casi seguro de que hoy no va a venir a casa, ▲ pondré en la mesa un cubierto más, por si acaso. (tipo: ▲)
- **f** Tendré que ahorrar bastante este mes, ▲ es que quiero irme de viaje. (tipo: ▲)

**3** Transforma oraciones. Une cada par de enunciados con cada uno de los conectores lógicos de la tabla, de forma que resulten varios textos diferentes de cada par.

- **a** [Hacía frío.] + [Inés no se puso el abrigo.] → Hacía frío; **sin embargo**, Inés no se puso el abrigo.
- **b** [No ha llovido.] + [Hay una gran sequía en el campo.]

**4** Cohesiona más el texto. Este fragmento tiene una coherencia total en el contexto de la novela a la que pertenece. Sin embargo, su autora ha utilizado deliberadamente pocos conectores lógicos. Coloca en cada lugar marcado el conector que te parezca más conveniente, según entiendas el fragmento. Así, resultará más cohesionado.

No era necesaria. ▲ Notorius no tenía ninguna intención de entregarse a Arginal. Jamás, jamás volvería a Proteo aunque tuviese que convivir el resto de su vida con las bestias del poblado. ▲ no olvidaba que ellos sabían algo de su hermana. ▲ no descansaría hasta descubrirlo.

Milagros Oya,
*Fuga de Proteo 100-D-22*

# 3. Los conectores: la organización del texto

### ORGANIZADORES DEL TEXTO: ¿QUÉ SON?

Los **organizadores del texto** son marcas lingüísticas que usa el emisor para informar al receptor de cómo se va **organizando** la información en el texto desde que este empieza hasta que se termina (repasa la página 128).

### SIGNIFICADO DE ESTOS CONECTORES

Los conectores que organizan la información del texto hacen referencia al **comienzo**, **desarrollo** y **término** del tema.

**Comienzo**

*en primer lugar, para empezar, antes que nada*

**Desarrollo**

**Organizadores temáticos** que distribuyen, ordenan y ejemplifican la información.

- **Distribuidores:** *por una parte, por otra parte, respecto a, en relación con…*
- **Ordenadores:** *en primer/segundo/tercer lugar…*
- **Acumulativos y ejemplificadores:** *además, asimismo, por ejemplo…*

**Recuperadores y presentadores del tema:** estos conectores resumen la información dada y presentan la nueva. Facilitan la fijación y **progresión del tema.**

- **Anáforas (lo dicho antes):** *anteriormente, más arriba, hasta ahora, hasta el momento, hasta aquí, en resumen…*
- **Catáforas (lo que se va a decir):** *seguidamente, a continuación, más abajo…*

**Fin**

*para terminar, en definitiva, en conclusión, por último*

## ACTIVIDAD

**5** CM Redacta un texto cohesionado que tenga como tema el avance de la desertización. Utiliza la información que aparece en los recuadros numerados y organízala con los conectores que se indican.

| **1 Datos previos** | **Conectores** | **4 Recapitulación** | **Conectores** |
|---|---|---|---|
| • 30 millones de kilómetros cuadrados (casi un continente como América) están en riesgo de desertización.<br>• Definición de desertización: transformación de las tierras de cultivo y pastoreo en desierto. | *antes que nada...*<br>*respecto a...* | Se trata de un problema mundial que afecta gravemente al sur de España. | *en resumen...*<br> |
| **2 Distinción de dos tipos de desertización** | | **5 Sugerencias para mejorar la situación** | |
| • Desertización natural (causada por el clima: lluvia escasa).<br>• Desertización provocada por la actividad humana (causas: incendios, talas...). | *por una parte...*<br>*por otra parte...*<br>*como por ejemplo...* | • Las **autoridades** deben velar por que no se produzcan incendios.<br>• Los **madereros** deben reducir la tala de los bosques.<br>• Es importante también que la **población** tome conciencia. | *a continuación...*<br>*en primer lugar...*<br>*en segundo lugar...*<br>*asimismo...* |
| **3 Situación en España** | | **6 Ideas finales** | |
| • España es el país de Europa con más riesgo de desertización.<br>• En Almería, Murcia y Granada la situación es muy grave.<br>• No ocurre lo mismo en la España húmeda (norte). | *en relación con...*<br>*respecto a...*<br>*seguidamente...* | Situación grave que puede mejorar con medidas responsables de los gobiernos y de cada ciudadano en particular. | *en definitiva...*<br> |

# 4. La cohesión léxica del texto

## 4.1 Hiperonimia e hiponimia

El uso de hiperónimos puede reflejar **pobreza léxica** cuando desconocemos el **término exacto** de lo que queremos nombrar. Sucede esto, por ejemplo, si empleamos el sustantivo genérico *árbol* para designar un *sauce* o una *catalpa*.

Sin embargo, cuando se usan para **no repetir** un mismo hipónimo, los hiperónimos contribuyen a la belleza de la escritura y a la **cohesión léxica** del texto.

Como vimos en la página 78, un **hiperónimo** es un término con un significado muy amplio que incluye dentro de sí el de otros que poseen significados más concretos y especializados, llamados **hipónimos**. Por ejemplo, el término *mueble* es un hiperónimo que incluye los hipónimos *silla, mesa, armario, sillón, sofá…*

Los hiperónimos funcionan en el texto como **comodines** léxicos, ya que pueden sustituir a cualquiera de sus hipónimos. Obsérvalo en el siguiente ejemplo.

hipónimo

Compramos un **armario** en el mercadillo. Mientras lo estábamos restaurando, descubrimos que este **mueble** tenía un gran valor artístico.

hiperónimo

## ACTIVIDADES

**6** Observa las imágenes y completa con el hiperónimo y los hipónimos correspondientes.

**hiperónimo:** ▲

Hipónimo: ▲

Hipónimo: ▲

Hipónimo: ▲

Hipónimo: ▲

**7** Escribe el hiperónimo de *cuadro*, *escultura* y *novela*.

**8** Completa con los hiperónimos o hipónimos que correspondan.

- **a** Llamamos al servicio técnico para que repararan el **televisor**. Se lo llevaron y no nos trajeron el ▲ hasta la semana siguiente.
- **b** La ▲ ha subido cincuenta céntimos por litro. Si este ▲ continúa encareciéndose, los compradores optarán por el coche eléctrico.

**9** Escribe cinco hipónimos del hiperónimo *parte*.

**10** ¿Cuáles son los hiperónimos de *gato, delfín, rosa, bota, sauce, limón, corazón* y *zumo*?

**11** Localiza el intruso de cada serie. Razónalo.

- **a** revista, periódico, foto, semanario
- **b** ancla, vela, timón, saeta, mástil
- **c** cordero, oveja, carnero, cordel, recental
- **d** escudo, coraza, adarga, pistola, peto
- **e** alegría, nostalgia, pensamiento, pena, melancolía

**12** Completa con los dos hiperónimos que se han omitido. Luego, identifica en el texto sus respectivos hipónimos.

Que comer manzanas, brócoli, zanahorias, tomates, plátanos, uvas, acelgas, naranjas o sandías beneficia la salud es indiscutible. Pero no está tan clara la dosis diaria que necesitamos para percibir efectos positivos en nuestro ánimo. Tras estudiar la dieta y el estado psicológico de doce mil adultos, científicos de la Universidad de Warwick (Reino Unido) han concluido que hacen falta, al menos, ocho porciones o piezas diarias de ▲ y ▲ de unos 80 gramos de peso –y no cinco, como se suele aconsejar– para que nos sintamos más satisfechos.

*Muy interesante*, n.º 42

## 4.2 Campo léxico

Es una **agrupación ilimitada** de palabras, de **igual o diferente clase gramatical, relacionadas** con un determinado **tema** o **área del saber**. Por ejemplo, el campo léxico de la música puede estar formado, entre otras muchas palabras, por los siguientes sustantivos, adjetivos y verbos:

**música**

→ **orquesta, canción, piano, tenor, partitura, voz, cantar, tambor, armónico, afinar, cantante, ópera, teatro...**

Esta lista se podría **ampliar** con más vocablos mediante **asociaciones psicológicas**. Los campos léxicos (al igual que los campos semánticos que has trabajado en la unidad anterior) contribuyen a la **cohesión** del texto.

## 4.3 Familia de palabras

Es un conjunto de vocablos que **comparten un mismo lexema**.

**flor, flora, aflorar, florecer, florecimiento, floración, florido, floristería, florero...**

## 4.4 Tabú y eufemismo

El tabú es un **término** que **se evita pronunciar** por prejuicio, miedo o pudor. Los tabúes están relacionados, generalmente, con el sexo, la muerte, la enfermedad, la pobreza, la vejez, la guerra, etc.

La forma más frecuente de eludir o **censurar** una palabra tabú es sustituirla por otra que tenga un significado neutro o positivo, y que recibe el nombre de **eufemismo**. Decimos, por ejemplo, *persona de la tercera edad* en lugar de *viejo*, *ajuste de plantilla* en lugar de *despido de obreros* o *teatro de operaciones* en lugar de *campo de batalla*. Generalmente, los eufemismos se utilizan para disimular u ocultar la verdad.

## ACTIVIDADES

**13** Forma los campos léxico y semántico de la ropa.

**14** Escribe las familias léxicas de las siguientes palabras: *boca, raíz, barco*.

**15** Señala los eufemismos contenidos en los siguientes enunciados y explícalos.

- **a** Han aprobado ayudas para los países emergentes.
- **b** Faltas a la verdad cuando dices eso.
- **c** ¿Crees que nos ocupamos de nuestros mayores?
- **d** El radiador está caliente. ¡Cuidado con el trasero!
- **e** Este año se ha registrado un incremento negativo del desempleo.
- **f** La compañía ha anunciado un ajuste de precios en las facturas de la electricidad.

**16** Explica la relación que mantienen entre sí los vocablos siguientes. (Repasa, si es necesario, la unidad anterior.)

- **a** catedral / monumento
- **b** inocuo / nocivo
- **c** salero / salero
- **d** adición / adicción
- **e** amor / sentimiento
- **f** haya / aya
- **g** canelones / canalones
- **h** asta / hasta
- **i** oro / metal
- **j** proveer / prever

**17** Lee este fragmento y realiza las actividades.

> Apenas había salido el buque el río Humber, cuando arreció el viento, y el mar se encrespó de una manera terrible. Como navegaba por primera vez, me mareé mucho, siendo presa, además, de la pena y del terror. En efecto, el mar se agitaba cada vez más y la tempestad era tan furiosa que temí pasar a mejor vida. Aquello era suficiente para asustar a cualquier marino en sus comienzos, aunque más tarde tuve que sufrir tormentas aún más terribles.
>
> Se calmó el viento y, apaciguadas las olas, empecé a acostumbrarme a la navegación; sin embargo, estuve serio todo el día porque aún estaba mareado. Pero, al atardecer, el tiempo se serenó, las nubes se disiparon y la noche fue muy agradable.
>
> Daniel Defoe, *Robinson Crusoe* (texto adaptado)

- **a** Identifica el campo léxico que aparece en el texto. Escribe diez palabras que estén relacionados con él.
- **b** El autor del texto emplea un eufemismo. Localízalo y escribe la palabra tabú a la que sustituye.
- **c** Busca dos sinónimos y dos antónimos.
- **d** Identifica en el texto una familia léxica.
- **e** Localiza una anáfora.
- **f** Razona por qué este texto tiene cohesión léxica.

**Formas del atributo**

**GN:** Alejandro es un gran abogado.
Atr / GN

**GAdj:** Luisa parece muy generosa.
Atr / GAdj

**GPrep:** Mi abuelo es de Córdoba.
Atr / GPrep

**GAdv:** Víctor no está bien de salud.
Atr / GAdv

El **atributo** se puede **sustituir** por el pronombre neutro **lo** (aunque el núcleo del atributo sea de género femenino): *Luisa **lo** parece* (muy generosa).

A veces los verbos *ser* y *estar* se comportan como **verbos predicativos y no llevan atributo**:

- La reunión **será** a las seis. (= se celebrará) CCT
- El coche **está** en el garaje. (= se halla) CCL

# Clasificación de la oración según su predicado

## 1. Oraciones atributivas

Son oraciones formadas por un **verbo copulativo** (*ser, estar* y *parecer*) y un **atributo**. Estas oraciones tienen **predicado nominal**.

María es profesora.
Suj / GN — VC Atr — PN / GV

Juan está contento.
Suj / GN — VC Atr — PN / GV

Este problema parece fácil.
Suj / GN — VC Atr — PN / GV

Los verbos copulativos (*ser, estar* y *parecer*) exigen un **sujeto** y un **atributo,** pero pueden llevar además opcionalmente **complementos circunstanciales.** El verbo *parecer* frecuentemente lleva **atributo** y **CI.**

Esa película le parece aburrida.
Sujeto **CI** VC **Atr**

Soy muy feliz durante las vacaciones de verano.
**VC** **Atr** **CCT**

## ACTIVIDADES

**1** Identifica los grupos subrayados y transfórmalos en atributos.

**a** mesa de cristal → *la mesa es de cristal*
**b** examen fácil
**c** enferma del riñón
**d** libro de inglés
**e** azafata de Iberia
**f** mal de la cabeza
**g** de Valencia

**2** Identifica los atributos y di qué tipo de grupo es cada uno.

**a** A María le parece muy feo ese comportamiento.
**b** ¿A ti no te lo parece?
**c** Estamos hartos de ese ruido.
**d** ¿No te parece eso una bobada?
**e** La nueva alumna es de Murcia.
**f** Diego estuvo ayer muy alegre todo el día.
**g** Inés, tu amiga, parece una magnífica actriz.

**3** Sustituye los atributos de las oraciones anteriores por el pronombre neutro **lo**.

**4** Completa la tabla con los sujetos, verbos copulativos y atributos que correspondan.

| Sujeto | Verbo copulativo | Atributo |
|---|---|---|
| | ha estado | |
| | | guapa de cara |
| | debe de ser | |
| | parece | |
| | | mal de dinero |
| | | pelirrojo |
| | llegará a ser | |

**5** Transforma las oraciones predicativas en atributivas.

**a** Tiene los ojos azules. → *Sus ojos son azules.*
**b** Juan tiene los zapatos rotos.
**c** Los alumnos se sienten muy contentos.
**d** Mis abuelos andan algo pachuchos.
**e** A Quique lo consideramos el mejor jugador del equipo.
**f** El policía se mostró inflexible con el infractor.

## ACTIVIDADES

**6** Completa el siguiente análisis con las funciones sintácticas que faltan. Clasifica la oración, según el núcleo del predicado.

**a**

| Marisa, | tu | amiga, | es | muy | buena | actriz. |
|---|---|---|---|---|---|---|
| ▲ | Det | ▲ | ▲ | ▲ | ▲ | ▲ |
| | ▲ / GN | | | ▲ / GN | | |
| ▲ / GN | | | ▲ / GV | | | |

Clasificación: oración simple ▲

**b**

| No | me | parece | correcta | la | solución | de | ese | problema. |
|---|---|---|---|---|---|---|---|---|
| ___ | ___ | N | ▲ | ___ | ___ | E | Det | N |
| CO | ▲ | ▲ | ▲ / GAdj | Det | ▲ | ▲ / GPrep | | |
| ▲ / GV | | | | ▲ / GN | | | | |

Clasificación: oración simple ▲

La actriz Nerea Barros, con el Goya a la Actriz Revelación. Premios Goya 2015.

**7** Distingue los usos atributivos y predicativos de los verbos *ser*, *estar*.

- **a** La caja de galletas está en el armario.
- **b** Los pasteles están bastante dulces.
- **c** La consulta del médico es a la seis de la tarde.
- **d** La enfermera es de Valladolid.
- **e** Nuria, tu vecina, está en Soria.
- **f** Estaremos muy pronto de vacaciones.

**8** Identifica los atributos.

- **a** Salieron del aula muy contentos.
- **b** Algunas hojas verdes se han secado.
- **c** No es una persona demasiado responsable.
- **d** Estos productos son de Alemania
- **e** Están en un teatro muy conocido.

**9** Distingue la función sintáctica de los adjetivos en los siguientes ejemplos (CN / CPvo / Atr).

- **a** María es considerada una <u>buena</u> abogada.
- **b** A Nuria la veo muy <u>triste</u>.
- **c** No estoy tan <u>cansado</u>.
- **d** ¿Os parece <u>cómodo</u> este sofá <u>rojo</u>?

**10** Agrupa los siguientes adjetivos según sirvan para la etopeya o la prosopografía. Escribe una oración atributiva con cada uno de ellos.

> vehemente, oval, juntas, abúlico, sonrosadas, arisco, torcida

**11** Lee el texto y realiza las actividades.

> Berenice y yo éramos primos, y crecimos juntos en la casa solariega. Sin embargo, parecíamos muy diferentes. Yo era mísero de salud y siempre estaba sepultado en la tristeza; ella, ágil, graciosa y desbordante de energía.
>
> Edgar Allan Poe, *Berenice*

- **a** Identifica los atributos que aparecen.
- **b** Describe a un compañero utilizando tres oraciones atributivas en las que uses los verbos *ser, estar* y *parecer*. Subraya los atributos que aparezcan en tus oraciones.

**12** Analiza sintácticamente estas oraciones.

- **a** María, la actriz principal, está afónica.
- **b** Los días invernales me parecen muy tristes.
- **c** Tu amiga Susana es una de las alumnas más simpáticas.
- **d** Álvaro, esa lámpara está sucia.
- **e** Hartos están de tanto ruido en la calle.
- **f** Son todos del sur de Argentina.
- **g** Tu padre es un médico muy bueno.
- **h** ¿Qué es tu hermano?
- **i** ¿Cómo está tu hija, Pedro?
- **j** ¿De dónde era tu abuelo paterno?

### Oraciones predicativas

Están formadas por un GV cuyo núcleo es un **verbo predicativo**, es decir, un verbo diferente a *ser*, *estar* y *parecer*:

- Ha salido el sol.
- Mis amigos me han regalado un libro.
- María se alegró de mi aprobado.
- El examen fue corregido por el profesor.

**Clasificación**

- **Pasivas:** oraciones cuyo sujeto **recibe** la acción del verbo.
  Andrés fue multado por el policía.
  [Andrés recibe la acción.]
- **Activas:** oraciones cuyo sujeto **realiza**, **experimenta** o es **causa** de la acción.
  Juan lanzó la pelota.
  [Juan realiza la acción.]
  María se asustó mucho.
  [María experimenta la acción.]
  Los ruidos me desagradan.
  [Los ruidos son la causa de la acción.]

Las oraciones activas pueden ser **transitivas** o **intransitivas**.

# 2. Oraciones transitivas

Son oraciones formadas por verbos transitivos, es decir, verbos con significado **incompleto** que exigen un **complemento obligatorio** que los llene de significado (el **CD**). Son **verbos transitivos:** *hacer, dar, encontrar, buscar…*

Los alumnos **han hecho** los deberes (CD). / Los alumnos **han salido**.

- El verbo *hacer* es **transitivo** porque tiene un significado **incompleto.** No es gramatical decir: **Los alumnos han hecho.*
- Complemento obligatorio
- El verbo *salir* no necesita CD obligatorio, porque tiene significado **completo** (**intransitivo**).

**COMPLEMENTOS DE LOS VERBOS TRANSITIVOS**

1 Complemento directo de persona: **a + GN**.

El policía multó **al conductor** (CD de persona).

2 Complemento directo de cosa: **GN**.

El jardinero ha podado **los árboles** (CD de cosa).

3 Las oraciones transitivas pueden llevar también **CI**.

Mis abuelos han regalado una bicicleta (CD de cosa) **a mi hermana** (CI).

4 Algunos verbos transitivos exigen doble complementación: **CD** y **CRV**.

Mi abuela ha confundido un eBook (CD) con un iPad (CRV).

5 En las oraciones transitivas podemos encontrar **complementos opcionales** (adjuntos): **CC** y **CPvo**.

He visto a María (CD) preocupada (CPvo) esta mañana (CCT).

## ACTIVIDADES

**13** Identifica el CD y di si es de persona o de cosa.

a Todos los días compran el pan en el colmado.
b Jamás lo volvieron a ver.
c Los repuestos los han comprado en el taller.
d A nosotros nos apreciaban más en la otra empresa.
e Hoy te noto desmejorado, Iñaki.
f ¿A quién han nombrado delegado?
g ¿A quién han entregado la pelota?
h No han comunicado a Juan su despido.
i Ayer despidieron a Juan sin previo aviso.
j La ventana la han abierto por el calor.
k Prefiero el fútbol al tenis.
l Le han visto en el patio del colegio.

**14** Sustituye los CD anteriores por los pronombres personales correspondientes.

**15** Completa la tabla para formar oraciones transitivas coherentes. Tacha el CI cuando el verbo no lo admita.

| Sujeto | Verbo transitivo | CD | CI |
|---|---|---|---|
| Los relámpagos | | al gato | |
| Los aficionados | | a los jugadores | |
| La organización | | | a los corredores |
| La mesa | | dos metros | |
| El mensajero | | | al director |
| El jefe | entregó | | |

## ACTIVIDADES

**16** Completa los siguientes análisis con las funciones sintácticas que faltan. Clasifica las oraciones según la estructura del predicado.

**a**

| El | entrenador | animó | mucho | a | las | jugadoras. |
|---|---|---|---|---|---|---|
| Det | N | N | N | E | Det | N |
| | | | ▲ / GAdv | ▲ / GPrep | | |
| ▲ / GN | | ▲ / GV | | | | |

Clasificación: oración simple ▲, ▲, ▲

**b**

| (Ellos) | Ayer | entregaron | un | certificado | urgente | a | mi | padre. |
|---|---|---|---|---|---|---|---|---|
| Sujeto omitido | N | N | Det | N | ▲ | E | ▲ | ▲ |
| | | | | | | | ▲ / GN | |
| | ▲ / GAdv | | ▲ / GN | | | ▲ / GPrep | | |
| | ▲ / GV | | | | | | | |

Clasificación: oración simple ▲, ▲, ▲

> **!** Cuando el CD se reduplica, el CD léxico aparece al principio de la oración seguido de un pronombre con la misma función.
>
> El pan lo he comprado.
> CD CD

**17** Escribe oraciones transitivas con estos verbos. Subraya los CD de tus oraciones, especificando en cada caso si son de persona o de cosa. (Señala los dos verbos intrusos y explica por qué lo son.)

- **a** decir
- **b** amar
- **c** encontrar
- **d** gustar
- **e** comprar
- **f** cortar
- **g** desaparecer
- **h** contar
- **i** ver
- **j** enviar

**18** Identifica el sujeto y el CD.

- **a** Me preocupa mucho tu viaje.
- **b** Me han regalado un viaje a Tenerife.
- **c** Ya ha cesado la lluvia.
- **d** Han recogido mucha agua en el embalse.

**19** Distingue el CD y el CI.

- **a** Vamos a regalar a los jugadores una pelota.
- **b** Hemos localizado a los jugadores en la cafetería.
- **c** A la dependienta le han renovado el contrato.
- **d** A la dependienta la vimos detrás del mostrador.

**20** Identifica el CD y el CRV.

- **a** He cambiado una canica por un cromo.
- **b** Miguel ha confundido la **b** con la **v**.
- **c** Se dedica a la cría de caballos.
- **d** Mi padre dedica al cuidado de mi abuela mucho tiempo después del trabajo.

**21** Identifica el CPvo del sujeto y el CPvo del CD.

- **a** Los alumnos salieron muy contentos del examen.
- **b** La profesora encontró muy contentos a los alumnos.

**22** Di la función sintáctica de los elementos subrayados.

> El rey Midas era <u>un gran despilfarrador</u>; todas las noches daba <u>fiestas y bailes</u>, hasta que se quedó sin un céntimo. Entonces fue a ver <u>al mago Apolo</u>, le contó <u>sus penas</u>, y Apolo <u>le</u> hizo <u>este encantamiento</u>:
> –Todo lo que toquen tus manos se convertirá en oro.
> El rey Midas dio <u>un salto</u> de contento y regresó corriendo a su automóvil. Apenas había tocado <u>la manecilla de la portezuela</u> cuando el coche se volvió completamente de oro.
>
> Gianni Rodari,
> *Cuentos por teléfono*

**23** Analiza sintácticamente las siguientes oraciones.

- **a** Los bomberos avisaron a los vecinos con megáfonos.
- **b** Los clientes afectados han reclamado al banco una indemnización mediante una denuncia.
- **c** Las botas las hemos limpiado con grasa de caballo.
- **d** A los ganadores les han entregado hoy una medalla.
- **e** Me ha indicado la dirección un policía del barrio.
- **f** Me han elegido delegado todos mis compañeros.
- **g** Mi prima Amalia padeció este verano una leve enfermedad de la piel.

**¡No confundas los sujetos de causa con los CD!**

A Laura le encanta <u>esa película</u>.
Sujeto de causa

Laura ve siempre <u>esa película</u>.
CD

Para identificar el CD **NO** preguntes al verbo *¿qué es lo que le encanta* o *qué es lo que ve Laura*? La respuesta te llevará al error en el primer caso. Aplica solo la regla de la concordancia. Será sujeto el GN que se vea arrastrado por un cambio de número y/o persona del verbo.

Si cambiamos el número del verbo de singular a plural, el sujeto cambia también.

A Laura le encanta <u>esa película</u>.
Sujeto de causa

A Laura le encantan <u>esas películas</u>.
Sujeto de causa

# 3. Oraciones intransitivas

Son oraciones formadas con verbos intransitivos, es decir, verbos con significado **completo** y que, por lo tanto, no necesitan de un **CD obligatorio** que los dote de significado. Son **verbos intransitivos:** *salir, llegar, doler, desaparecer, gustar, caer, suceder…*

Según el tipo de complementos que pueden llevar, los verbos intransitivos se agrupan en:

1 Verbos que **solo exigen sujeto** y un **CC opcional** u **obligatorio.**

<u>Ha salido</u> <u>el sol</u> <u>con mucha fuerza</u>.
V Sujeto **CCM opcional**

<u>Juan</u> <u>se dirigió</u> <u>a la oficina</u> <u>muy temprano</u>.
Sujeto V **CCL oblig.** **CCT opcional**

2 Verbos intransitivos que exigen un **CI** y un **sujeto de causa** que **se puede confundir con el CD,** porque responde a la pregunta «¿qué es lo que?» y aparece pospuesto.

<u>A Noelia</u> <u>le</u> <u>molestó</u> <u>mi comportamiento</u>.
CI CI V Sujeto

3 Verbos que exigen un **CRV obligatorio:** pueden ser pronominales (*preocuparse de, alegrarse por*) o no (*hablar de, contar con…*).

<u>Juan</u> <u>se ocupa</u> <u>de las tareas domésticas</u>.
Sujeto V CRV

## ACTIVIDADES

**24** Identifica el sujeto y el CD.

- **a** El helado lo han metido en el congelador.
- **b** A mi tía le encanta la sopa de tomate.
- **c** Pedro, en el horizonte ha aparecido un avión.

**25** Distingue el CD, el CI y el CRV.

- **a** No te avergüences nunca de tus limitaciones.
- **b** A Laura la vi ayer con su nuevo coche.
- **c** ¿A qué te dedicas, Esmeralda?
- **d** A Juan se lo hemos dicho claramente.
- **e** No me gustan los viajes muy programados.
- **f** A nuestro equipo le interesa un empate.
- **g** Se disgusta demasiado por bobadas.
- **h** No han hablado en la reunión de la huelga.

**26** Identifica el CRV y el CC.

- **a** Se ha opuesto a las decisiones de los vecinos.
- **b** Se marchó a su casa muy pronto.
- **c** Se dedica a la venta a domicilio.

**27** Escribe en la tabla las siguientes oraciones colocando en cada casilla las palabras según su función sintáctica. Observa el ejemplo.

- **a** Antonio se ha dirigido a la oficina.
- **b** El detenido informó detalladamente al juez de lo sucedido.
- **c** Puedes contar conmigo para ese viaje.
- **d** A Inés le gusta el helado una barbaridad.
- **e** A nadie le importa eso.
- **f** Juan prefiere la paella al cocido.
- **g** Nos preocupamos mucho por el medio ambiente.
- **h** Ha caído un meteorito en una zona desierta.
- **i** A todos nosotros nos encantan los deportes de montaña.
- **j** Todos jugamos a la pelota durante un buen rato.

| Sujeto | Verbo intransitivo | CD | CRV | CI | CC |
|---|---|---|---|---|---|
| Antonio | se ha dirigido | | | | a la oficina. |

## ACTIVIDADES

**28** Completa los siguientes análisis con las funciones sintácticas que faltan. Clasifica las oraciones según la estructura del predicado.

**a**

| | | | | | | | |
|---|---|---|---|---|---|---|---|
| A | Alicia | le | gusta | mucho | la | música | clásica. |
| E | N | ▲ | N | N | Det | ▲ | ▲ |
| ▲ / GPrep | | | | ▲ / GAdv | | | |
| ▲ / GV | | | | | ▲ / GN | | |

Clasificación: oración simple ▲, ▲, ▲

**b**

| | | | | | | | |
|---|---|---|---|---|---|---|---|
| Todos | nos hemos alegrado | una | barbaridad | de | tus | éxitos | deportivos. |
| ▲ | N | Det | ▲ | E | Det | N | ▲ |
| | | | | | ▲ / GN | | |
| | | ▲ / GN | | ▲ / GPrep | | | |
| ▲ / SN | ▲ / GV | | | | | | |

Clasificación: oración simple ▲, ▲, ▲

**No confundas estos dos tipos de oraciones:**

A María le preocupa el futuro.
CI CI V Sujeto de causa

María se preocupa por su futuro.
Sujeto V CRV

En el primer caso, el verbo es *preocupar* y en el segundo *preocuparse por.*

**29** Escribe oraciones simples con los siguientes verbos e identifica los complementos del verbo.

- **a** aspirar a
- **b** ocurrir
- **c** acordarse de
- **d** correr
- **e** preocupar
- **f** nadar
- **g** doler
- **h** preguntar por
- **i** enfadar
- **j** vivir
- **k** hablar de
- **l** jugar a

**30** Transforma las oraciones siguiendo el ejemplo y explica las diferencias sintácticas que hay entre ellas.

- **a** Me preocupa tu salud. → *Yo me preocupo por tu salud.*
- **b** Me alegra tu éxito.
- **c** Te asustan las películas de terror.

**31** Explica en qué se diferencian sintácticamente estas dos oraciones. ¿Tiene el verbo *esperar* el mismo significado en ambas? Razona tu respuesta.

- **a** A Luisa la espera su novio en la calle.
- **b** A Luisa le espera un día muy malo.

**32** Explica la diferencia de significado del verbo *preguntar* en estas dos oraciones. Di la función sintáctica de los elementos subrayados.

- **a** He preguntado al profesor la fecha del examen.
- **b** He preguntado por el profesor.

**33** Di la función sintáctica de los elementos subrayados.

Víctor levantó los ojos del libro. Era de aventuras. La voz de su madre sonaba próxima. Lo llamaba para la cena. Leyó la última línea. Puso cuidadosamente el punto en la última página leída y lo dejó en la mesilla de noche. Se quitó las gafas y las colocó encima del libro. Pensó en ellas y las miró de reojo. No le gustaban aquellas gafas. Pero su madre decía que eran como un tanque de guerra. ¡Indestructibles!

Nuria Pradas, *Heka, un viaje mágico a Egipto*

**34** Analiza sintácticamente las siguientes oraciones.

- **a** Hoy me duele bastante la cabeza.
- **b** Este lunes llegará el temporal.
- **c** Esta mañana ha ocurrido un accidente muy grave.
- **d** A María le tocó ayer la lotería.
- **e** Por la mañana desapareció la bicicleta de su jardín.
- **f** A mi hermana le gusta mucho la música clásica.
- **g** Al olmo seco, con las lluvias de abril, una ramita verde le ha salido.
- **h** No le dediques más tiempo al fútbol.
- **i** A mi padre no le ha gustado nada esa película.
- **j** Ya se ha cumplido el plazo establecido.
- **k** Ha aparecido un objeto muy valioso en la trastienda de la librería.
- **l** ¿No os preocupa lo ocurrido en el patio del colegio?
- **m** A nosotros nos cae muy bien la vecina del quinto.
- **n** ¿Qué sucedió ayer en la plaza del pueblo?

**Pronombres reflexivos reforzados (CD/CI)**

me [a mí mismo]
te [a ti mismo]
se [a sí mismo]
nos [a nosotros mismos]
os [a vosotros mismos]
se [a sí mismos]

**ACTIVIDADES**

**35** Identifica las oraciones reflexivas y recíprocas, y explica si son directas o indirectas.

- **a** Juan se defendió con uñas y dientes.
- **b** María y yo nos hemos buscado durante días.
- **c** La enfermera se lava las manos con frecuencia.
- **d** Los alumnos se marcharon en compañía del director.
- **e** Juan y Luisa se escriben desde la adolescencia cartas de amor.
- **f** El jefe de la oficina se quitó la corbata.

**36** Realiza el análisis sintáctico completo de estas oraciones.

- **a** Juan y tú os tuteáis.
- **b** María se baña dos veces al día.
- **c** Micaela y su novio se envían regalos.
- **d** Alicia y yo nos tenemos mucho afecto.
- **e** Ellos se alegraron mucho de mi aprobado.
- **f** Se ha teñido el pelo ayer por la mañana.
- **g** Los excursionistas se lavaron la cara en el río.
- **h** El polo negativo y el polo positivo se atraen.
- **i** Ana y Carla se están ayudando en los estudios.

# 4. Oraciones reflexivas

Son oraciones transitivas en las que el **sujeto realiza la acción y**, al mismo tiempo, **la recibe.**

Oración reflexiva: Juan (Sujeto) **se** (CI) lava (V) las manos (CD).

Oración no reflexiva: María (Sujeto) regaló (V) un espejo (CD) a Juan (CI).

**¿CÓMO SE IDENTIFICAN?**

En primer lugar, debemos localizar los pronombres reflexivos *me, se, te, nos, os, se*. En segundo lugar, comprobaremos si estos pronombres **admiten el refuerzo:** *a mí mismo, a ti mismo, a sí mismo,* etc. Si no admiten este refuerzo, concluiremos que no es reflexiva:

Raquel **se** mira [a sí misma] en el espejo. **[Reflexiva.]**
Raquel **se** resfrió [no admite el refuerzo *a sí misma*] en el patio. **[No es reflexiva.]**

**¿CÓMO SE CLASIFICAN?**

- **Directas:** el pronombre reflexivo es CD.

  Rosa **se** (CD) ha peinado. [a sí misma]

- **Indirectas:** el pronombre reflexivo es CI.

  Luis **se** (CI) ha teñido **el pelo** (CD). [a sí mismo]

# 5. Oraciones recíprocas

Son oraciones transitivas con el sujeto **múltiple o en plural,** en las que **cada sujeto realiza la acción y,** al mismo tiempo, **la recibe de otro u otros.** Si *Enrique escribe cartas a Lucía* y *Lucía escribe cartas a Enrique*, podemos afirmar que:

Enrique y Lucía (Sujeto plural) **se** (CI) escriben (V) cartas (CD). **[Recíproca.]**

**¿CÓMO SE IDENTIFICAN?**

En primer lugar, debemos localizar los pronombres recíprocos en plural *nos, os, se*. En segundo lugar, se debe comprobar si estos pronombres **admiten el refuerzo:** *mutuamente* o *uno al otro.* Si no admiten este refuerzo, concluiremos que la oración no es recíproca:

Teresa y Elena **se** respetan.[mutuamente] **[Recíproca.]**
Teresa y Elena **se** fueron.[*no admite el refuerzo *mutuamente*] **[No es recíproca.]**

**¿CÓMO SE CLASIFICAN?**

- **Directas**: el pronombre recíproco es CD.

  Inés y Juan **se** (CD) abrazan. [mutuamente]

- **Indirectas:** el pronombre reflexivo es CI.

  Inés y Juan **se** (CI) escriben **cartas** (CD). [mutuamente]

# 6. Oraciones pasivas

Son oraciones en las que el sujeto no realiza la acción del verbo, sino que **la recibe** (sujeto paciente).

Este edificio fue rehabilitado por el Ayuntamiento.
Esta empanada ha sido cocinada por Carmen.

¿CÓMO SE CLASIFICAN?

- **Perifrástica**
  - **a** El sujeto de la oración pasiva (**sujeto paciente**) proviene del CD de la oración activa.
  - **b** El verbo en voz **pasiva** debe concordar en número y persona con el sujeto paciente.
  - **c** El complemento agente (CAg) es el sujeto de la oración activa, precedido de la preposición **por**. (No confundas el CAg con el CC de causa ni con el CRV.)

**Oración activa**

| Sara | ha creado | dos blogs. |
|---|---|---|
| (sujeto agente en singular) | (verbo en singular, en voz activa) | (complemento directo, plural) |

concordancia en singular

**Oración pasiva**

| Dos blogs | han sido creados | por Sara. |
|---|---|---|
| (sujeto paciente en plural) | (verbo plural en voz pasiva) | (complemento agente) |

concordancia en plural

Verbo en voz activa → Verbo en voz pasiva

Sujeto → Complemento agente

- **Refleja**
  - **a Se** sirve como «marca» o morfema de la oración refleja.
  - **b** El verbo está **en voz activa**.
  - **c** El **sujeto paciente** concuerda con el verbo en número y persona.
  - **d** No hay complemento agente.

| Se | han creado | dos blogs. |
|---|---|---|
| Morfema | V voz activa | Sujeto paciente |

## ACTIVIDAD

**37** Completa el análisis de la siguiente oración.

| Unas | borrascas | han sido anunciadas | por | el | meteorólogo. |
|---|---|---|---|---|---|
| Det | N | N (voz pasiva) | E | Det | N |
| | | | | ▲ / GN | |
| | | | ▲ / GPrep | | |
| ▲ / GN | | ▲ / PV | | | |

## ACTIVIDADES

**38** Transforma las oraciones activas en pasivas perifrásticas y en pasivas reflejas.

- **a** El jefe de personal tomará hoy una decisión.
- **b** El técnico supervisó ayer todos los ordenadores.
- **c** El guía nos ha mostrado todos los fósiles de la cueva.

**39** Transforma en oraciones activas y pasivas las siguientes frases nominales. Ejemplo: *La rehabilitación del edificio por el Ayuntamiento.* → *El Ayuntamiento ha rehabilitado el edificio.* → *El edificio ha sido rehabilitado por el Ayuntamiento.*

- **a** El robo del tesoro por una banda de ladrones.
- **b** La custodia del tesoro por la policía.

**40** Transforma las oraciones pasivas en activas.

- **a** Esos libros han sido restaurados por el encuadernador.
- **b** La biografía del célebre matemático será escrita por un famoso periodista.

**41** Distingue el CAg, el CC de causa y el CRV.

- **a** Se han cerrado algunos teatros por reforma.
- **b** Hemos sido premiados por nuestro trabajo.
- **c** Nos hemos preocupado demasiado por ese asunto.
- **d** Ese partido político ha sido votado por los ciudadanos.

**42** Analiza la siguiente oración: *Una nueva especie animal ha sido descubierta por un joven biólogo.*

# 7. Oraciones impersonales

Son oraciones que **carecen de sujeto léxico,** no porque se omita deliberadamente, sino porque **gramatical o semánticamente no pueden llevar sujeto.**

**¿CÓMO SE CLASIFICAN?**

| | | |
|---|---|---|
| **Verbos defectivos unipersonales** | Verbos que expresan fenómenos **meteorológicos:** *nevar, tronar, llover…* | *Durante la primavera llueve mucho.*<br>*Este invierno no ha nevado casi nada.*<br>*Ha estado tronando toda la noche.* |
| **Verbos gramaticalizados en 3.ª persona del singular** | Verbo **hacer.** | *Hace un tiempo espléndido.*<br>*Hace dos años de aquel suceso.* |
| | Verbo **haber** como verbo **principal** y en **perífrasis de obligación.** | *No hay comida en el frigorífico.*<br>*Hubo varios robos en el barrio.*<br>*Hay que esforzarse más en el estudio.* |
| **Oraciones con el morfema SE de impersonalidad** | **SE + verbo intransitivo** | *En esta pista se patina mejor.* |
| | **SE + verbo transitivo + CD de persona** | *Mañana se presentará en el estadio al nuevo jugador.* |
| | **SE + verbo transitivo sin CD** | *Desde este balcón se ve muy bien.* |

## ACTIVIDADES

**43** Completa el análisis con las funciones sintácticas. Clasifica la oración según la estructura del predicado.

Mañana (N) — se (▲) — presentará (N) — en (E) el (Det) estadio (▲) — al [a + el] (E ▲) nuevo (▲) jugador (▲).

- el estadio: ▲ / GN
- nuevo jugador: ▲ / GN
- Mañana: ▲ / GAdv
- en el estadio: ▲ / GPrep
- al nuevo jugador: ▲ / GPrep
- ▲ / GV

Clasificación: oración simple ▲, ▲, ▲, ▲

**44** Transforma estas oraciones personales en impersonales.

- **a** Tenemos un día muy bueno.
- **b** Las lluvias llegarán mañana.
- **c** El año pasado cayó mucha nieve.
- **d** Debemos poner más atención en los ejercicios.
- **e** No queda comida en la despensa.
- **f** Los coches aceleran mucho en este tramo.
- **g** Ayer presentaron este libro en la biblioteca.

**45** ¿A qué grupo de impersonales pertenecen estas oraciones?

- **a** Se ha elegido a la persona más joven para ese cargo.
- **b** Hay que achicar el agua del sótano.
- **c** En este restaurante se come muy bien.
- **d** Hace tres días del accidente.

**46** Sustituye las oraciones impersonales de esta receta por oraciones imperativas de registro formal.

> **Receta:** *Gulas al ajillo*
> Se pelan y cortan los ajos en rodajas. Se cortan las guindillas a rodajitas. En una cazuela de barro se echa un buen chorro de aceite de oliva y cuando esté caliente se añaden los ajos, las gambas y las guindillas. Cuando los ajos estén dorados, se añaden inmediatamente las gulas, se sazonan con sal y se remueven durante unos 2 o 3 minutos a fuego fuerte.

**47** Analiza sintácticamente estas oraciones.

- **a** Hay bastante comida de ayer en el frigorífico.
- **b** Se ha recibido esta mañana con mucha desconfianza al representante del equipo.

## PRÁCTICA DE REPASO

### Morfología y sintaxis

**48** Lee el texto y realiza las actividades.

> –Bien, señor, fue todo tan rápido y aquella criatura estaba tan doblada sobre sí misma, que no lo puedo asegurar. Pero, si lo que quiere decirme es si se trataba del señor Hyde, pues bien, sí, yo creo que era él. Mire usted, su tamaño venía a ser el mismo y aquella forma tan suya de moverse como si se deslizara rápidamente, y además, ¿qué otro podría haber entrado por la puerta del laboratorio? Y eso no es todo. No sé, señor, Utterson, si vio alguna vez a ese señor Hyde.
> –Sí –dijo el abogado–, hablé una vez con él.
> –En ese caso sabrá tan bien como todos nosotros que había algo que le hacía a uno sobresaltarse.
>
> R. L. Stevenson,
> *El extraño caso del doctor Jekyll y Mr. Hyde*

- **a** Clasifica las palabras subrayadas en determinantes, pronombres, adverbios o conjunciones.
- **b** Identifica dos pronombres enclíticos.
- **c** Localiza un pronombre anafórico.
- **d** Identifica qué grupos de palabras son las siguientes expresiones y analízalas sintácticamente: *todos nosotros / tan bien / ese señor Hyde / aquella forma tan suya.*
- **e** Localiza el pronombre de respeto.
- **f** Identifica un sustantivo abstracto y otro concreto.
- **g** Analiza morfológicamente las siguientes formas verbales: *deslizara, vi, sabrá, haber encontrado.*
- **h** Identifica una perífrasis verbal y clasifícala.
- **i** En el primer párrafo hay un vocativo. Localízalo.
- **j** Separa los lexemas y morfemas de las siguientes palabras: *asegurar, rápidamente, laboratorio, puerta, nosotros, deslizara, todos.*

**49** Lee este fragmento y contesta.

> Salió la luna y se volvieron de plata las aguas del Darro. A lo lejos, coronadas de blancos resplandores, se alzaban las altas cumbres de Sierra Nevada. Cantó el ruiseñor y sus trinos eran más claros que las aguas el río.
>
> Concha López Narváez, *La tierra, el sol y la luna* (texto adaptado)

- **a** ¿Qué significa la expresión subrayada?
- **b** Explica la concordancia entre el sustantivo y el adjetivo a partir del grupo *blancos resplandores*.
- **c** Razona si el adjetivo *blancos* es explicativo o especificativo.
- **d** ¿En qué grado está el adjetivo *claros*?
- **e** Localiza el adjetivo epíteto del texto.
- **f** Forma el superlativo de los adjetivos que aparecen en el fragmento.
- **g** Identifica un sujeto pospuesto y otro antepuesto.
- **h** ¿Qué significado tienen en el texto los términos *plata* y *claros*, denotativo o connotativo? Explícalo.

**50** Identifica el sujeto y el complemento directo.

- **a** La bicicleta me la ha regalado mi abuela.
- **b** Lo han leído en el periódico.
- **c** A Esperanza le han dedicado un libro.
- **d** Ha desaparecido la carpeta.
- **e** No hay fruta en la alacena.
- **f** Nos preocupa el pronóstico del tiempo.

**51** Subraya el atributo y rodea el complemento predicativo.

- **a** Los actores están contentos.
- **b** Los espectadores salieron del teatro satisfechos.
- **c** Los profesores consideran muy simpática a Eva.

**52** Distingue el sujeto y el vocativo.

- **a** Paco, el portero no ha llegado aún.
- **b** Paco, el portero, no ha llegado aún.

**53** Identifica el CD y el CI.

- **a** A los participantes les han entregado los dorsales.
- **b** Dáselo, Cristina, ahora mismo.
- **c** Nos gusta bastante la paella valenciana.
- **d** La pelota se la han pasado muy mal.

**54** Diferencia el CC y el CRV.

- **a** Nuestros amigos han regresado de la excursión.
- **b** Nos han hablado de la adicción al juego.
- **c** Cuento con todos vosotros.
- **d** Se marcharon con sus amigos.

**55** Distingue el CAg y el CRV.

- **a** Los desechos fueron retirados por los operarios.
- **b** Ese empresario se preocupa por sus trabajadores.

**56** Analiza las siguientes oraciones.

- **a** Tu compañera Ana se ha alegrado de mi ascenso.
- **b** Miguel, los carteles fueron retirados por Paula.
- **c** La canción ganadora me parece muy buena.
- **d** A todos los he visto muy atentos en clase.
- **e** La culpa no la ha tenido nadie.
- **f** ¿A quién le importa eso?

## MAPA CONCEPTUAL

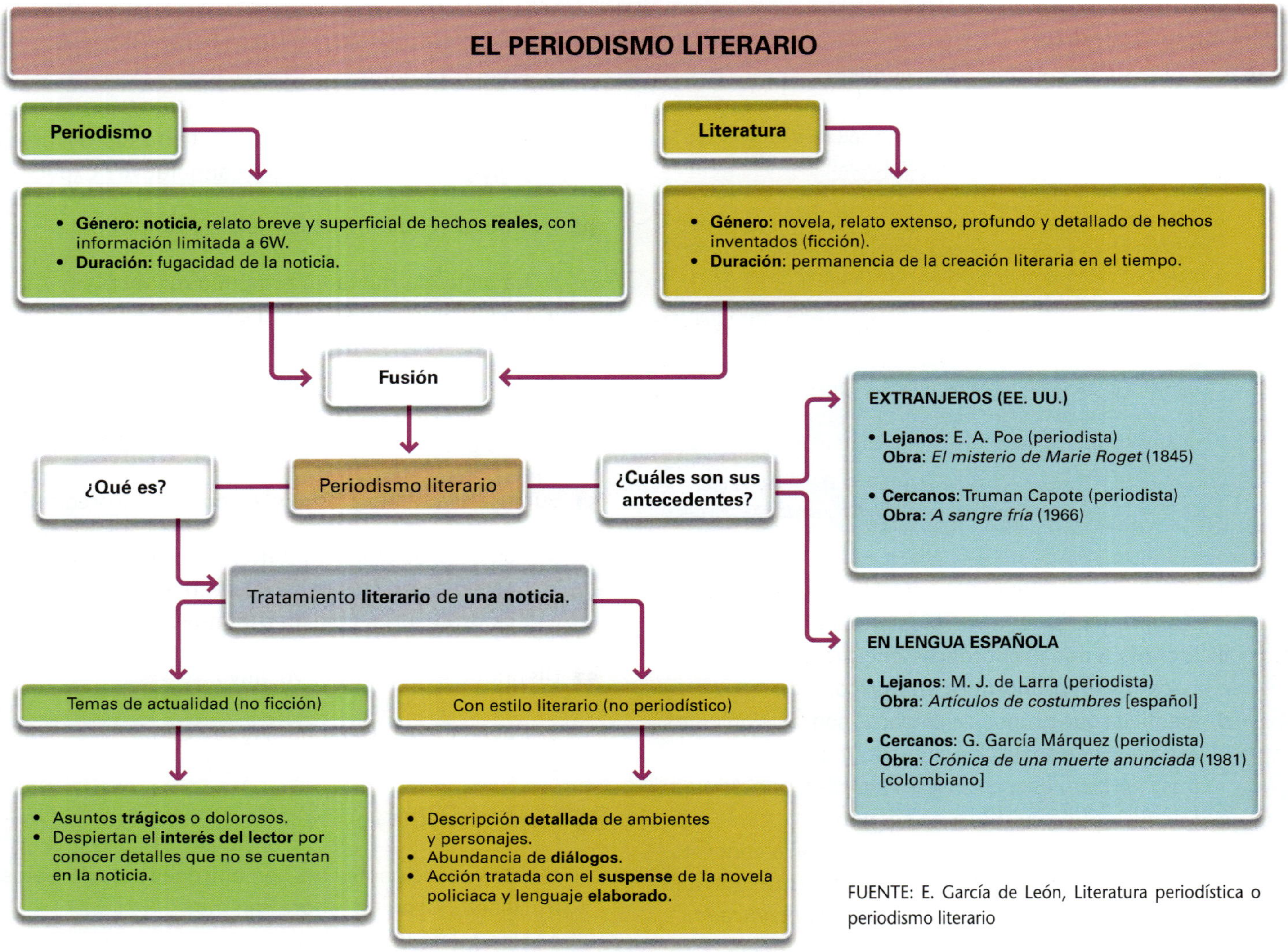


FUENTE: E. García de León, Literatura periodística o periodismo literario

**1** CL **Comprensión**

a ¿Cuál es el resultado de fusionar el periodismo y la literatura?

b Define qué es el periodismo literario.

c ¿Crees que el lector que siente interés por una determinada noticia puede saciar su curiosidad con la información que le ofrece el periódico?

d ¿Por qué las noticias pierden pronto su actualidad y las novelas no?

e ¿Qué temas son los que trata habitualmente el periodismo literario? ¿Por qué?

f Escribe tres características del estilo del periodismo literario que sean propias de las novelas.

g ¿Cuáles son los escritores precursores (más lejanos) del periodismo literario? Escribe la obra de cada uno de ellos.

**2** CC CD CA **Interpretación e inferencias**

a ¿Por qué es importante, según el esquema del periodismo literario, el autor Truman Capote? Infórmate en el enlace sobre este escritor y responde: ¿crees que la noticia en la que se basó este autor para escribir su obra *A sangre fría* es propia del periodismo literario? Razona la respuesta y resume dicha noticia en cuatro líneas.

b Infórmate en el vídeo y contesta: ¿En qué noticia se inspiró Gabriel García Márquez para escribir su novela *Crónica de una muerte anunciada*? Resume en ocho líneas la noticia con la información del vídeo.

**3** CC **Elaboración de textos.** Consulta el enlace que te ofrecemos y lee la noticia sobre un crimen sin resolver. Escribe un relato de 12 líneas basándote en ella. Debes elaborarlo como si fuera un cuento e inventándote detalles que no se recogen en el texto periodístico.

## UNA LUZ AL FINAL DE LA NOCHE

JAVIER VALLEJO / 21-01-2015

Cuando Rafael Álvarez El Brujo entra, el público de Teatros del Canal le recibe a diario con un aplauso, como a los directores de orquesta. **Sus sencillos rituales escénicos** (salir y contar, acompañado por tres músicos que puntúan, subrayan y acompasan el relato solista) **nos devuelven a otras épocas** en las cuales los sucesos reunidos en la *Ilíada* corrían de boca en boca, los romances de gesta se entonaban y se bailaban comunalmente. *El asno de oro*, nos dice su intérprete y adaptador en el prólogo, entre chanzas muy de veras, es una fábula sobre la mutación dolorosa que conduce a su protagonista desde la ignorancia feliz a la iluminación, atravesando una noche oscura del alma. Para engancharnos, El Brujo establece semejanzas entre la actualidad y lo que en la novela latina se nos cuenta, como, por ejemplo, la penuria que atraviesa hoy la España de a pie y el hambre y el apaleamiento crónicos a los que se ve sometido Lucio, el protagonista, desde el momento en que **un hechizo lo convierte en jumento** y entra a servir (cual muchos siglos después el protagonista de *Lazarillo de Tormes*) y comienza a rodar de amo en amo, a cual de ellos peor.

Con la voz una octava más grave, **El Brujo desgrana algunas frases en latín**, que escuchamos con un plus de atención, intentando adivinar su sentido por simpatía, como los feligreses en las misas antiguas.

**La labor divulgativa de El Brujo es insólita**. Ni él mismo acaba de creerse que ande llenando el teatro no con chistes de monologuistas, sino con la adaptación de la novela de un autor del siglo II de nuestra era. ¿Quién dice que no hay público para obras tales? Cuando, dándonos la espalda, tras los aplausos, se retira al fondo del escenario, su balanceo, que recuerda el tan característico de Chaplin, tiende un hilo de plata entre grandes juglares, payasos y pantomimos.

*El País* (texto adaptado)

### Análisis y valoración del contenido

**1 Léxico.** Escribe el significado de las palabras y expresiones subrayadas en el texto.

**2 Recuperación de la información. a** ¿Quién es Rafael Álvarez El Brujo? **b** ¿Qué obra está representando en los Teatros del Canal? **c** ¿Se trata de la obra original o de una adaptación? **d** ¿Cómo se llama el protagonista de *El asno de oro*? **e** ¿En qué siglo y en qué lengua fue escrita esta obra? **f** ¿Por qué se convirtió Lucio en un burro? ¿Lucio sufrió tan solo un cambio físico? **g** ¿Qué relación hay entre Lucio y Lázaro de Tormes?

**3 Interpretación e inferencias. a** CC ¿Cómo consigue El Brujo que una historia del siglo II y escrita en latín enganche al público de hoy? **b** ¿Por qué al ver en escena a El Brujo el autor del texto se acuerda de los romances de gesta y de la *Ilíada*? **c** CC Infórmate en el enlace sobre la figura de Chaplin: ¿Por qué crees que el autor del texto compara a El Brujo con Chaplin?

**4 Síntesis.** Resume el texto en cinco líneas y escribe el tema.

**5** CC **Valoración del contenido.** Tras leer esta crónica, si tuvieras que elegir: ¿irías a ver a El Brujo u optarías por un monólogo de tu cómico favorito?

### Análisis y valoración de la forma

**6 Tipo de texto. a** ¿Por qué este texto es una crónica y no una noticia? **b** Identifica en el texto las características de la crónica: **1** ¿Es una narración *en vivo*? Razónalo. **2** ¿Qué persona gramatical utiliza el autor en el texto para narrar? ¿Por qué? **3** Identifica cuatro datos que aporten información. **4** Identifica tres adjetivos valorativos con los que el autor refleja su opinión. **5** ¿Hay alguna anécdota o alguna impresión personal del autor que no se reflejaría en una noticia? Cuéntala. **6** Localiza un fragmento narrativo y otro descriptivo.

**7 Gramática. a** Analiza sintácticamente y clasifica las oraciones destacadas en negrita. **b** ¿Cuáles de las oraciones anteriores pueden pasar a pasiva y cuáles no? Transfórmalas cuando sea posible.

**8 Valoración de la forma.** Identifica en el texto una interrogación retórica, una metáfora y una comparación. ¿Animan al lector a ir a esta representación?

# MANUAL DE ORTOGRAFÍA Y MORFOLOGÍA

## Ortografía

**Grafías**

1 Uso de **G/J**
2 Uso de **B/V**
3 Uso de **H**
4 Uso de **CC**
5 Palabras de escritura dudosa

**Acentuación**

1 Reglas generales de acentuación
2 Diptongo, triptongo e hiato
3 Tilde diacrítica

**Puntuación**

1 El punto (.)
2 La coma (,)
3 Los dos puntos (:)
4 Los puntos suspensivos (...)
5 El punto y coma (;)
6 La interrogación (¿?) y la exclamación (¡ !)
7 La raya (–)
8 El guion (-)
9 Las comillas (« »)
10 El paréntesis ( )

## Morfología

1 La estructura de las palabras: derivación
2 La estructura de las palabras: composición
3 Otros procedimientos de formación de palabras: acortamientos, siglas y acrónimos. Las locuciones

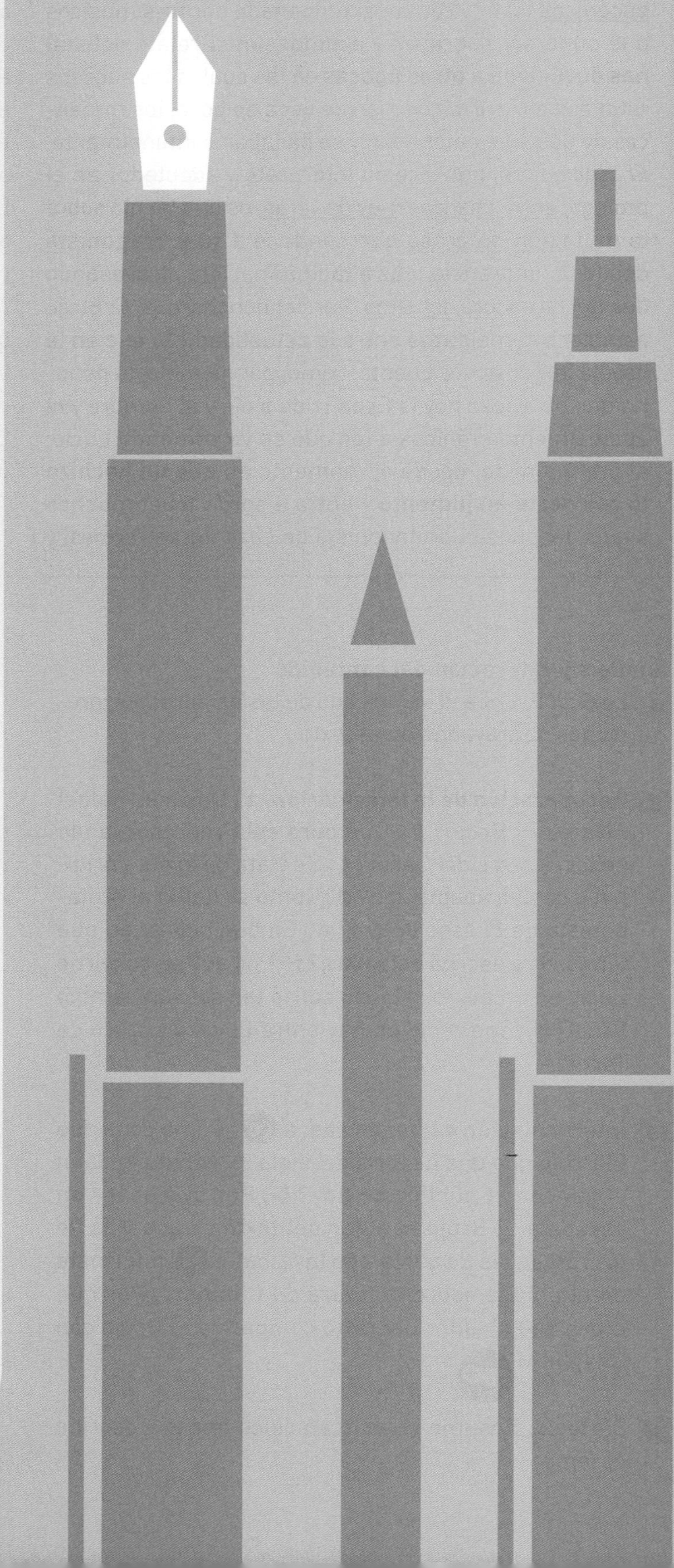

# 1. Uso de G/J

**G**

**gato, golosina, averiguar, guitarra, guerra**
**grito, gnomo, glosa, pingüino, lingüístico**
**gesto, gente, coger, proteger, ligero, ágil**
**elegir, girasol, gimnasia, general, geranio**

**Se escriben con *g*:**

- Las palabras que empiezan por **gest-** y **geo-** ('tierra'): *gesto, gestación, gestión, geografía, geólogo*…
- Los verbos terminados en **-gerar**, **-ger** y **-gir**: *aligerar, proteger, fingir*… Existen algunas excepciones: *tejer* y *crujir*.
- Las palabras acabadas en **-genario**, **-génico**, **-genio**, **-génito**, **-gésimo**: *octogenario, transgénico, ingenio, primogénito, vigésimo*…
- Las que terminan en **-gente**, **-gencia**: *ingente, emergencia*…
- Las que terminan en **-gia**, **-gio**, **-gión**, **-gional**, **-gioso**: *magia, regio, región, regional, religioso*…

Excepciones: las palabras que terminan en **-plejía** o **-plejia**: *paraplejia*.

**J**

**extranjero, bricolaje, garaje, equipaje**
**jinete, jeringuilla, jeroglífico, jeque**
**jilguero, jirón, traje, reloj, canjear**

**Se escriben con *j*:**

- Las formas verbales que en el infinitivo no tienen ni **g** ni **j**: *conduje, traje*…
- Las formas verbales que tienen **j** en el infinitivo: *relajé, encajé*…
- Las palabras terminadas en **-aje**, **-eje**, **-jería**: *equipaje, extranjería*… Excepción: *ambages*.
- Las palabras derivadas de voces que tienen **j**, pues el sonido aparece ante **a**, **o**, **u**: de *caja, cajita;* de *rojo, rojizo*…

## ACTIVIDADES

**1** **Cadena de palabras.** Completa la primera palabra con la sílaba que falta. Después repite esa sílaba para formar la segunda palabra. Continúa así, formando una serie de palabras encadenadas.

te▲ / ▲rra / rama▲ / ▲fa / fa▲ / ▲món / monta▲ /
▲rezana / nave▲ / ▲za / za▲ / ▲go

**2** Completa con **g** o con **j**. Escribe las palabras resultantes, agrupándolas en dos recuadros.

| | | | | |
|---|---|---|---|---|
| a ▲esto | d ▲eta | g ▲erminar | j ▲ersey | m ▲erente |
| b ▲eringa | e ▲eranio | h ▲erarquía | k ▲emelo | n ▲eroglífico |
| c ▲entil | f ▲esuita | i ▲enerar | l ▲efatura | ñ ▲estión |

**!**

La letra **g** ante vocal puede representar dos sonidos distintos:

**a** Cuando va seguida de **e**, **i** tiene el mismo sonido que la **j**: ***j**efe*, ***j**inete*/***g**ente*, ***g**itano*…

**b** Cuando va seguida de **a**, **o**, **u**, el sonido es diferente al de **j**: ***g**ato*, ***g**ota*, ***g**ula*. Este mismo sonido delante de **e**, **i** se representa con la grafía **gu**: ***gu**isante*, ***gu**erra*. En este grupo, cuando se pronuncia la **u**, se debe poner diéresis sobre esta letra: *ci**güe**ña*, *lin**güí**stico*.

Otras posiciones que puede ocupar la **g**:

**a** Final de sílaba o palabra: *i**g**norante*, *pra**g**mático*, *iceber**g***…

**b** Agrupada con otra consonante: ***g**lotón*, ***g**ramo*, ***g**nomo*…

**!**

La letra **j** puede aparecer en diferentes posiciones:

**a** Ante las vocales **a**, **o**, **u**: ***j**aleo*, *jol**g**orio*, ***j**uerga*…

**b** Ante las vocales **e**, **i**. En este caso, **g** y **j** suenan igual: ***j**efes*, ***j**irafa*…

**c** De forma excepcional puede aparecer a final de palabra: *relo**j***, *carca**j***…

## ACTIVIDADES

**3** ¿Por qué no lleva diéresis la palabra **agua** y sí la lleva la palabra **desagüe**?

**4** Descubre las palabras ordenando las fichas siguientes; ten en cuenta que la letra inicial aparece en negrita.

**a**

| | | |
|---|---|---|
| | A | |
| A | **G** | E |
| | J | R |

**b**

| | | |
|---|---|---|
| A | | |
| E | **P** | J |

**c**

| | | | | |
|---|---|---|---|---|
| **P** | I | Ü | G | E |
| | O | E | | D |
| | | Ñ | | |

**d**

| | | |
|---|---|---|
| | E | S |
| **C** | E | J |
| | N | O |
| | | R |

**e**

| | | |
|---|---|---|
| | | A |
| | U | |
| E | **T** | J |
| | A | T |

**f**

| | | |
|---|---|---|
| Y | O | |
| N | E | |
| U | **C** | G |

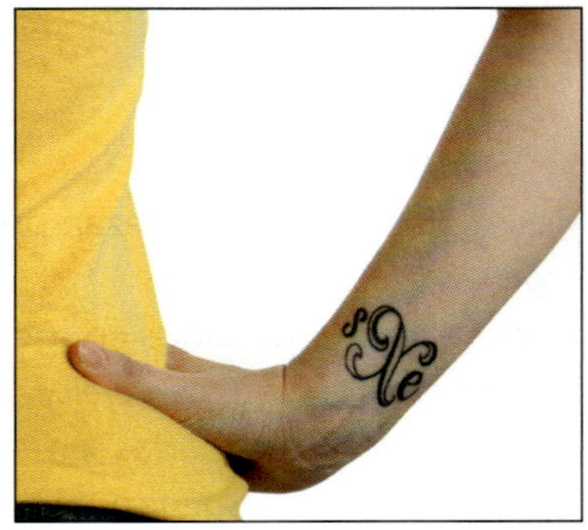

**5** Establece la correspondencia entre cada una de estas palabras y su definición. Añade otra palabra de la misma familia léxica.

gimoteo, guijarro, jeta, juerga, paragüero, mejillón, generación

- **a** Diversión ruidosa y muy animada.
- **b** Conjunto de personas que han nacido en fechas próximas.
- **c** Llanto débil, leve e insistente.
- **d** Molusco marino con dos valvas negras y ovaladas.
- **e** Piedra pequeña y lisa desgastada por la erosión.
- **f** Mueble o recipiente para dejar el paraguas.
- **g** Persona desvergonzada o cínica.

**6** ¿Por qué **cogimos** se escribe con **g** y **trajimos** se escribe con **j**? Compara ahora **pagué** y **pagó**. ¿Por qué en un caso aparece **gu** y en otro **g** si representan el mismo sonido?

**7** Del siguiente texto hemos hecho desaparecer la **g** y la **j**. Escríbelo de nuevo y colócalas tú.

En ▲eneral, la ▲ente i▲nora muchas cosas acerca de las ▲irafas. Estas, pese a su ▲i▲antesca estatura, solo tienen siete vértebras cervicales. Su len▲ua es lar▲a (hasta cuarenta centímetros de lon▲itud) y la utilizan para co▲er ho▲as de las ramas de las acacias, uno de sus alimentos principales. Su pela▲e, con manchas oscuras, es un camufla▲e perfecto entre el con▲unto de luces y sombras frecuente en las re▲iones que habitan. Se comunican mediante ▲emidos muy ba▲os. En el pasado se consi▲uieron pin▲ües beneficios con ellas, pero en la actualidad son una especie prote▲ida.

**8** Escribe en tu cuaderno el pretérito perfecto simple de los siguientes verbos.

**a** traer  **b** conducir  **c** deducir  **d** traducir

**9** Realiza el dictado.

## 2. Uso de B/V

**B** | **deber, haber, caber, saber, aprobar iba (verbo) absorber, combinar, nube sílaba, gobierno**

### Se escriben con *b*:

- Los verbos acabados en **-bir** y **-buir**: *reci**b**ir, atri**b**uir*… Excepciones: *hervir, servir, vivir* y sus derivados.
- Los pretéritos imperfectos de la primera conjugación (formas en *-aba*) y del verbo *ir*: *ama**b**a, escucha**b**a, i**b**a*…
- Las palabras acabadas en **-bundo** y **-bilidad**: *medita**b**undo, ha**b**ilidad*… Excepciones: *civilidad, movilidad*.
- Las palabras que empiezan por **bu-**, **bur-**, **bus-**, por los prefijos **bien-**, **bene-**, **bis-** ('dos') o sus variantes **bi-**, **biz-**: ***b**úsqueda, **b**urlar, **b**enévolo, **b**iznieto*… Excepción: *vudú*.
- Al final de sílaba o de palabra: *o**b**vio, clu**b***. Excepciones: *ovni, molotov*.

**V** | **estuve, anduve, tuve, voy, vas, va vamos… esclavo, evidente, visado nieve, visera, vocal, virtual**

### Se escriben con *v*:

- Pretéritos perfectos de **tener**, **andar** y **estar**, y sus derivados: *tu**v**e, andu**v**e, estu**v**e*…
- Tras los prefijos **ad-**, **sub-**: *ad**v**ertir, sub**v**ención*…
- Las palabras que empiezan por el elemento compositivo **vice-** ('en vez de', 'inmediatamente inferior') y su variante **viz-**: ***v**izconde, **v**icecónsul*…
- También las que empiezan por **eva-**, **eve-**, **evi-**, **evo-**: *e**v**ocar, e**v**itar*. Excepciones: *ébano, ebanistería, ébola*.
- Las palabras que acaban en **-ívoro** y los adjetivos terminados en **-ava**, **-avo**, **-evo**, **-eva**, **-eve**, **-ivo**, **-iva**, cuando la palabra es llana: *herbí**v**oro, octa**v**o, longe**v**o*. Excepciones: *suabo, mancebo*.

## 3. Uso de H

**H** | **haber, hacer, hallar, hierba, hábil hablar, habitar, ahí, hinchar, hambre hincapié, coherencia, horror**

### Se escriben con *h*:

- Las familias léxicas de las palabras que lleven esta letra: ***h**erbáceo, a**h**ondar, **h**orroroso*… Esta regla tiene varias excepciones: *oquedad* (de *hueco*), *orfandad, orfanato*… (de *huérfano*), *óseo, osamenta* (de *hueso*), *óvulo, ovíparo*… (de *huevo*), *oler, olor* (frente a *huele*).
- Las palabras que empiezan por los diptongos **ia**, **ie**, **ue**, **ui**: ***h**iato, **h**ielo, **h**ueso, **h**uida*…
- Las palabras que empiezan por los elementos compositivos **hecto-** ('cien'), **helio-** ('sol'), **hemo-**, **hemato-** ('sangre'), **homo-** ('igual'), **hetero-** ('diferente'), **hidra-** ('agua'), **hiper-** ('superioridad'), **hipo-** ('debajo de' o 'escasez de'), **hemi-** ('medio'), **hepta-** ('siete'): ***h**ematólogo, **h**emiciclo*…

**!**

- Las letras **b** y **v** representan un mismo sonido en castellano.
- La letra **h** no representa ningún sonido en castellano. Puede aparecer en distintas posiciones: al principio de palabra (***h**ueso, **h**echo, **h**ielo*…), en el interior de una palabra –**h** intercalada– (*a**h**orrar, an**h**elo*…) o al final de palabra –en interjecciones– (*¡E**h**!*).

## ACTIVIDADES

**10** **Cadena de palabras.** Completa la primera palabra con la sílaba que falta. Después repite esa sílaba para formar la segunda palabra. Continúa así, formando una serie de palabras encadenadas.

jara▲ / ▲so / so▲ / ▲cha / cha▲ / ▲vula / la▲ / ▲jilla / lla▲ / ▲locidad

**11** Busca en esta sopa de letras cinco palabras con **b** y otras cinco con **v**.

| | | | | | | | | | |
|---|---|---|---|---|---|---|---|---|---|
| A | P | R | O | B | A | D | O | X | O |
| B | O | E | Y | U | M | J | U | A | V |
| S | L | V | L | S | M | I | J | H | A |
| O | V | E | L | Q | B | L | I | P | L |
| R | O | S | F | U | V | A | V | N | C |
| B | A | L | D | E | M | A | E | D | S |
| E | A | V | I | D | E | Z | R | A | E |
| R | R | E | B | A | S | A | R | Z | I |

**12** Escribe el pretérito imperfecto y el pretérito perfecto simple de indicativo de los verbos **estar** y **andar**.

**13** Agrupa las siguientes palabras, que pertenecen a familias léxicas distintas, en la celda correspondiente.

convencionalismo, combinatorio, convertible, combinación, convertidor, conveniencia, converso, convenio, conveniente, combinado, reconversión

| Familia de *convertir* | Familia de *combinar* | Familia de *convenir* |
|---|---|---|
| | | |

**14** Completa correctamente las siguientes afirmaciones.

Hay verbos de uso muy corriente cuya grafía no debemos olvidar. En primer lugar, están todas las formas del verbo **ha▲er**. Este verbo sirve de auxiliar en los tiempos compuestos, por ejemplo ▲, ▲ y ▲.

También se usa mucho el verbo **de▲er**; con él se forman perífrasis de obligación como *yo* ▲ *estudiar*, *nosotros* ▲ *aprender ortografía*.

Muchos errores se cometen con el pretérito imperfecto de indicativo del verbo **ir**, que se escribe con ▲: *yo* ▲, *tú* ▲, *él* ▲, *nosotros* ▲, *vosotros* ▲, *ellos* ▲.

**15** Escribe cinco palabras que empiecen con **h**.

**16** Escribe palabras de la misma familia léxica que: *hierba, hondo, hueso*.

**17** Realiza el dictado.

**18** En el siguiente texto hemos hecho desaparecer la **b**, la **v** y la **h**. En algunos casos, lo hemos señalado; en otros, no. Coloca las letras correctamente.

éctor es un gran éroe troyano de la *Ilíada*. Él protagoniza la escena en la que, tras a▲andonar la ▲atalla, atra▲iesa las altas murallas de Troya y llega al palacio de Príamo portando orribles noticias: los aqueos esta▲an diezmando las filas troyanas y sus fuerzas i▲an de▲ilitándose. Entonces, se dirige a su madre y le pide que reúna a las mujeres más ancianas, ▲usquen el manto más ermoso que puedan encontrar y lo lle▲en como ofrenda al templo de Atenea.

## 4. Uso de CC

**CC** — **redacción, acción, traducción ficción, accidente, acceder, occidente, accesorio**

> En la pronunciación rápida o descuidada se tiende a igualar **-ción** y **-cción**, lo que origina errores ortográficos.

En las palabras terminadas en **-ción** se escribirá **-cc-** cuando en la familia léxica aparezca otra palabra con el grupo **-ct-**: *adicción* (por relación con *adicto*), *dirección* (por relación con *director*). Si no aparece **-ct-**, sino **-t-**, se escriben con una sola **c**: *discreción* (de *discreto*), *relación* (de *relato*), etc.

## 5. Palabras de escritura dudosa

| | | |
|---|---|---|
| **porque** | Hay grandes charcos **porque** ha llovido. | Es una conjunción causal; por tanto, se puede sustituir por otras como **ya que**, **puesto que**… |
| **por qué** | ¿**Por qué** no han tomado medidas contra la sequía?  | Se trata de la preposición **por** seguida del pronombre o adjetivo interrogativo o exclamativo **qué**. |
| **porqué** | Al hombre siempre le ha preocupado el **porqué** de las cosas. | Es siempre sustantivo y puede, por tanto, formar el plural y llevar determinante. |
| **por que** | Se preocupa **por que** todo esté preparado. | Es la preposición **por** seguida de la conjunción completiva. |
| **con qué** | ¿**Con qué** habéis abierto esta latilla? | Preposición **con** y pronombre o adjetivo interrogativo o exclamativo. |
| **con que** | Aquí está el abrelatas **con que** he abierto el bote. | Preposición y pronombre relativo. |
| **conque** | Ya has comido bastante, **conque** deja eso para Isabel. | Conjunción consecutiva. |
| **sino** | Es su **sino**, trabajar y trabajar.<br>No es español, **sino** argentino. | El primero es un sustantivo sinónimo de **destino**; el segundo es una conjunción adversativa que necesita de una negación en la primera proposición. |
| **si no** | **Si no** quieres madrugar mañana, prepáralo ahora. | Conjunción condicional y adverbio de negación. |
| **ha** | **Ha** escuchado la música con atención y **ha** de reconocerla. | Verbo **haber**. |
| **a** | **A** todos les apetece acudir **a** ese concierto. | Preposición. |
| **ah** | ¡**Ah**! ¡Ya sé lo que pasa! | Interjección. |
| **demás** | Los **demás** han llegado ya. | Indefinido como **otros**. |
| **de más** | No me gusta estar **de más** en los sitios. | Preposición y adverbio. |
| **a donde** | **A donde** dice él, sí debemos ir. | Preposición y adverbio de lugar. No lleva antecedente. |
| **adonde** | Ese es el piso **adonde** vamos. | Adverbio relativo con antecedente. |
| **adónde** | ¿**Adónde** vais ahora? | Adverbio interrogativo. |

## ACTIVIDADES

**19** Completa con **cc** (hay un intruso).

afli▲ión / convi▲ión / a▲esorio / a▲ionista / cole▲ión / confe▲ión / contradi▲ión / instru▲ión / jurisdi▲ión / putrefa▲ión / se▲ión / tra▲ión / trai▲ión

**20** Señala el término correspondiente al que te ofrecemos. Se trata de formar parejas del tipo director/dirección o relato/relación.

| | |
|---|---|
| conductor | ▲ |
| ▲ | afección |
| ▲ | reacción |
| concreto | ▲ |
| colector | ▲ |
| ▲ | traducción |
| lector | ▲ |

| | |
|---|---|
| ▲ | adicción |
| ▲ | objeción |
| desvío | ▲ |
| ficticio | ▲ |
| actor | ▲ |
| ▲ | infracción |
| ▲ | sujeción |

**21** Completa con la forma correcta: **porque**, **por qué**, **por que** y **porqué**.

- **a** ¿▲ no regalas a tu novio el nuevo libro de Federico Moccia?
- **b** No han podido recoger setas ▲ no ha llovido nada.
- **c** Ahora entiendo el ▲ de tanta cortesía.
- **d** No sé ▲ tienes que enfadarte por tan poca cosa.
- **e** Se preocupó ▲ a su hijo no le faltara de nada.
- **f** Quizá ▲ es demasiado fácil, le resulte aburrido.
- **g** ¿▲ tienen más dinero que tú te sientes inferior?
- **h** No he entendido nunca el ▲ de sus múltiples quejas.
- **i** Lo hizo todo ▲ quería demostrar su gran valía.

**22** Pasa a interrogativas indirectas las siguientes oraciones. Ejemplo: *¿Por qué no estudias?* → *Dime por qué no estudias*.

- **a** ¿Por qué han suprimido las papeleras en este pasillo?
- **b** ¿Por qué la literatura fantástica tiene tanto éxito entre los más jóvenes?
- **c** ¿Por qué después de tantos años te siguen dando miedo los exámenes?

**23** Completa estas oraciones con la forma correcta y añade otra creada por ti.

- **a** Preposición **con** e interrogativo → ¿▲ plástico forraste los libros el año pasado?
- **b** Preposición **con** y relativo → La bicicleta ▲ hice el recorrido es estupenda.
- **c** Conjunción **consecutiva** → Ya has vagueado mucho, ▲ ahora ponte a estudiar.

**24** En este texto utiliza en cada caso la forma que corresponda de las que te ofrecemos entre paréntesis.

Narrar una historia que (*a*, *ha*, *ah*) sucedido o que (*a*, *ha*, *ah*) sido creada por la imaginación es propio del hombre de todos los tiempos. El placer no solo de escuchar, (*si no*, *sino*) también de contar la vida de otras personas, de trasladarte (*adonde*, *a donde*, *adónde*) no fuiste nunca, visitar esos mundos (*adonde*, *a donde*, *adónde*) solo lleva la imaginación, ya lo conocían nuestros más remotos antepasados. (*A*, *Ha*, *¡Ah!*) ¡Ante una buena historia, todo lo que nos rodea parece (*demás*, *de más*)!

**25** Realiza el dictado.

# 1. Reglas generales de acentuación

Existen tres reglas generales de acentuación:

- Las **palabras agudas** llevan tilde cuando acaban en **vocal**, en **-n** o en **-s**.

  pen**só** ja**món** ar**nés**

- Las **palabras llanas** llevan tilde cuando no acaban ni en **-n**, ni en **-s**, ni en **vocal**.

  **már**mol ca**rác**ter **frá**gil

- Las **palabras esdrújulas** y **sobresdrújulas** llevan tilde siempre.

  **mé**dico **pér**fido be**né**fico

!

Algunas normas que completan las anteriores:

1 Si en una palabra aguda la **-s final** va precedida de otra consonante, no llevará tilde: *ballets, robots*...

2 Las palabras agudas terminadas en **-y** no llevan tilde: *convoy, virrey*...

3 Si una palabra llana lleva consonante delante de **-s**, sí lleva tilde: *bíceps, cómics*...

# 2. Diptongo, triptongo e hiato

Un **diptongo** es el conjunto de dos vocales que se pronuncian en una sílaba. Para que esto se produzca deben darse dos situaciones:

1 Que vayan juntas una **vocal abierta** (**a**, **e**, **o**) y una **cerrada** (**i**, **u**), o viceversa, siempre que la cerrada sea **átona**: *aire, fuerte, piedad, viaje, comáis*...

2 Que se combinen dos **vocales cerradas** (**i**, **u**): *ruido, cuidado*...

Un **triptongo** es el conjunto de tres vocales pronunciadas en la misma sílaba. Están formados por **vocal cerrada** + **vocal abierta** + **vocal cerrada**, siempre que las vocales cerradas no sean tónicas: *apreciáis, averigüéis*...

Un **hiato** es la secuencia de dos vocales que no se pronuncian dentro de una sílaba, sino que forman parte de sílabas consecutivas. Esto se produce en varios casos:

1 Unión de **dos vocales abiertas** (**a**, **e**, **o**): *acaecer, caótico*...

2 Unión de **dos vocales cerradas iguales** (**i**, **u**): *friísima*...

3 Unión de **vocal abierta** + **vocal cerrada**, siempre que la cerrada sea tónica: *día, Raúl*...

!

**Diptongos** y **triptongos** llevan tilde si lo exigen las reglas generales de acentuación:

- *Can-ción*: lleva tilde porque es aguda y acaba en **-n**.
- *Suá-rez*: lleva tilde porque es llana y termina en **-z**.
- *Mur-cié-la-go*: lleva tilde porque es esdrújula.

Como puedes observar, en todos los casos la tilde recae en la abierta. Cuando el diptongo está formado por dos vocales cerradas, la tilde se coloca en la segunda vocal: *cuí-da-te, je-suí-ti-co*...

Los triptongos llevan siempre la tilde sobre la vocal abierta: *despreciéis, estudiáis*.

Los **hiatos** formados por dos vocales abiertas o por dos cerradas iguales se acentúan si lo requieren las reglas generales: *Jaén, caótico, poeta*...

Cuando el hiato se forma por una abierta y otra cerrada siempre lleva tilde en la cerrada: *temía, baúl*...

## ACTIVIDAD

**1** Clasifica las siguientes palabras en agudas, llanas o esdrújulas. Y explica por qué llevan o no llevan tilde.

**a** examen **c** saldréis **e** sinrazón **g** valoraron **i** asomabais
**b** carácter **d** mengüéis **f** léxico **h** húmedo **j** tríptico

## ACTIVIDADES

**2** Señala la sílaba tónica de las siguientes palabras. Pon tilde cuando sea necesaria.

**a** oscuridad
**b** original
**c** torax
**d** silenciador
**e** mastil
**f** preocupacion
**g** patin
**h** resumen
**i** comoda
**j** toldo
**k** margenes
**l** zigzags
**m** pisaron
**n** tesis
**ñ** ojala
**o** biblioteca
**p** asistieron
**q** album
**r** util
**s** examenes

**3** Clasifica las palabras de la actividad anterior.

| Palabras agudas | | Palabras llanas | | Palabras esdrújulas y sobresdrújulas |
|---|---|---|---|---|
| **Con tilde** | **Sin tilde** | **Con tilde** | **Sin tilde** | **Con tilde** |
| | | | | |

**4** Clasifica estas palabras y acentúa las que necesiten tilde.

**a** teneis
**b** salia
**c** perdio
**d** aereo
**e** feisima
**f** pongais
**g** contribui
**h** ruido
**i** coetaneo
**j** columpiais
**k** ganzua
**l** heroe
**m** juez
**n** acariciais
**ñ** proveeis

| Tienen diptongo | Tienen triptongo | Tienen hiato |
|---|---|---|
| | | |

**5** Acentúa correctamente los siguientes textos.

**A**

Los antiguos escribas componian en rollos de papiro llamados *volumen* en latin. Estos *volumen* presentaban muchos inconvenientes; el papiro era muy caro, más bien fragil y solo se podia utilizar por una cara; ademas era muy poco manejable y dificil de consultar. La generalizacion de un nuevo soporte –el pergamino–, modifico completamente el arte de escribir. El primer trabajo que debia afrontar un copista era el de preparar el pergamino: lo pulia pasando sobre él un cuchillo o una piedra pomez. El pergamino adquiria asi una textura granular que absorbia la tinta sin dejar que se extendiera. El pergamino, ademas, permitia doblar y coser las hojas. Nacieron de esta forma los codex, antepasados de nuestros libros. Los podeis contemplar en algunos monasterios.

**B**

Sin pensarlo mucho Ignacio Abel giro a la izquierda y subio la cuesta hacia la Residencia, dejando a un lado el edificio del Museo de Ciencias Naturales y los campos de deportes, de donde le llegaban aplausos debiles y ecos de gritos de jugadores. En un merendero entre los chopos –aún abierto, a pesar de lo tardio de la estacion– la radio encendida a todo volumen emitia una musica de baile, pero no habia casi nadie en las mesas de hierro. En la recepcion alguien le dijo que el señor Moreno Villa estaria probablemente en el salon de actos. Mientras se acercaba a él empezo a oir una musica de piano que venia débilmente del otro lado de la puerta cerrada. Quizas no deberia abrirla.

Antonio Muñoz Molina,
*La noche de los tiempos*

**6** Realiza el dictado.

# 3. Tilde diacrítica

La tilde diacrítica permite distinguir palabras pertenecientes a diferentes categorías gramaticales que tienen, sin embargo, la misma forma.

| | | | | | |
|---|---|---|---|---|---|
| **el** | Artículo masculino. | *El nuevo ordenador es más rápido.* | **él** | Pronombre personal. | *Él no tiene la culpa.* |
| **tu** | Adjetivo determinativo posesivo. | *Tu aportación es muy interesante.* | **tú** | Pronombre personal. | *Tú debes escuchar atentamente mis palabras.* |
| **mi** | Adjetivo determinativo posesivo. | *Mi mejor amigo será siempre Miguel.* | **mí** | Pronombre personal. | *Solo se acuerda de mí cuando le pasa algo.* |
| **te** | Pronombre personal. | *Te dedicó sus mejores poemas.* | **té** | Sustantivo. | *Le gusta tomar su té sentado en un sillón.* |
| **mas** | Conjunción adversativa. | *Quiso ayudarlo, mas no pudo.* | **más** | Adverbio. | *Me gusta mucho más que antes.* |
| **si** | Conjunción condicional. | *Si bebes, no conduzcas.* | **sí** | Adverbio. | *Ahora sí ha acertado.* |
| | Nota musical. | *Compuso la obra en si menor.* | | Pronombre personal. | *Lo dejó para sí.* |
| **de** | Preposición. | *Es un pantalón de seda.* | **dé** | Verbo *dar*. | *Espero que dé tiempo a prepararlo bien.* |
| **se** | Pronombre personal. | *Se lo he comprado.* | **sé** | Verbos *ser* y *saber*. | *Sé más cuidadoso.*<br>*Sé que fuiste tú.* |
| **aun** | Cuando equivale a *hasta, incluso*. | *Aun los ciegos lo ven.* | **aún** | Adverbio de tiempo. | *Aún no han publicado ese título en España.* |

Los monosílabos no llevan tilde en español. Tampoco los que se pronuncian con hiato, como *guion, truhan, fie, fiais* (del verbo *fiar*), *lie, liais* (del verbo *liar*), *pie, pio* (del verbo *piar*), *guie, guio* (del verbo *guiar*), *hui, huis* (del verbo *huir*), etc.

## ACTIVIDADES

**7** Escribe dos oraciones con cada una de las siguientes palabras.

**a** fue
**b** fui
**c** da
**d** fe
**e** huis
**f** guion
**g** da
**h** ti
**i** té

**8** Identifica los monosílabos de la siguiente serie. Pon tilde si es necesaria.

**a** soy
**b** rail
**c** huir
**d** sien
**e** fui
**f** Saez
**g** buen
**h** dia
**i** voy
**j** Sainz
**k** cruel
**l** ahi

### Acentuación de interrogativos y exclamativos

Como vimos en la página 61, los interrogativos y exclamativos son palabras tónicas y llevan tilde. Son los siguientes:

| | |
|---|---|
| **qué** | **quién, quiénes** |
| **cuándo** | **cuánto, cuánta, cuántos, cuántas** |
| **cómo** | **dónde, adónde** |
| **cuál, cuáles** | |

## ACTIVIDADES

**9** Explica la diferencia de significado de las palabras destacadas en las siguientes oraciones.

- **a** Espero que no te **dé** vergüenza hablar en público / Llegó ayer **de** Oviedo.
- **b** Lo trajo para **mí**, hijo. / Lo trajo para **mi** hijo.
- **c** Lo dijo **él**, amigo. / Lo dijo **el** amigo.

**10** En la oración siguiente aparecen varios pronombres personales; unos llevan tilde y otros no: identifícalos y justifica en cada caso la presencia o ausencia de la tilde.

> Él no lo ha traído para ti ni para mí, lo ha traído para sí mismo, pero tú te estabas haciendo ya ilusiones.

**11** Ahora vas a escribir tus propias oraciones usando en cada caso los tres monosílabos propuestos (observa atentamente si llevan o no tilde).

**a** él / aún / se **b** tú / más / si **c** el / dé / mi

**12** Coloca la tilde en el siguiente texto. No te olvides de revisar el título.

Se que el invierno esta aqui,
detras de esa puerta. Se
que si ahora saliese fuera
lo hallaria todo muerto,
luchando por renacer.
Se que si busco una rama
no la encontrare.
Se que si busco una mano
que me salve del olvido
no la encontrare.
Se que si busco al que fui
no lo encontrare.
Pero estoy aqui. Me muevo,
vivo. Me llamo Jose
Hierro. Alegria. (Alegria
que esta caida a mis pies.)
Nada en orden. Todo roto,
a punto de ya no ser.
Pero toco la alegria,
porque aunque todo este muerto
yo aun estoy vivo y lo se.

José Hierro, *Cuanto se de mi*

**13** Pon tilde a los monosílabos que lo necesiten.

- **a** Aunque no de mas de si, debe intentarlo el solo.
- **b** A ti te ha gustado mas que a mi este te con limón.
- **c** Se que el ha hecho una película: tu me lo has dicho.
- **d** Este método puede que te de buenos resultados a ti.
- **e** No lo se bien, aun habiendo indagado sobre ello.

### Acentuación de palabras compuestas

Las palabras compuestas están formadas por dos o más lexemas. A efectos de acentuación gráfica, tenemos varios casos:

1. **Palabras compuestas sin guion.** Si les corresponde tilde, esta se coloca siempre en el segundo componente; el primero, si llevaba tilde, la pierde: *hincapié, decimoséptimo, asimismo.*
2. **Palabras compuestas con guion.** Conservan la tilde de todos sus componentes, si la llevaban previamente: *científico-técnico, búlgaro-alemán.*
3. **Adverbios terminados en *-mente*.** Conservan la tilde del adjetivo del que proceden. Si este no llevaba tilde, tampoco la tendrá el compuesto: *suavemente, fácilmente.*
4. **Formas verbales con pronombres enclíticos.** Estas palabras llevan tilde cuando lo exigen las reglas generales de acentuación: *cayose, mandole, estate, escúchame, dedícalo, alcánzamelo.*
5. **Acentuación de mayúsculas.** Las mayúsculas llevan tilde si lo exigen las reglas generales de acentuación: *Ángeles, Águeda*… La tilde debe conservarse en la inicial de los nombres propios cuando estos aparezcan abreviados: *Ángeles García* > *Á. García.*

**14** Escribe palabras compuestas correctamente acentuadas a partir de los siguientes componentes. Pon tilde cuando sea necesario.

| | |
|---|---|
| lava-, sienta-, historico-, deja-, rapida-, teorico-, busca-, debil-, sin-, diaria-, balon, vigesimo-, sofa-, pasa-, de-, freir- | -lo, -me, -mente, -la, -platos, -practico, -te, -filosofico, -lo, -lo, -fin, -mente, -septimo, -cama, -mente, -cesto |

**15** Pon tilde, si corresponde, en los nombres propios.

- **a** Alava
- **b** Badajoz
- **c** Elias
- **d** Ubeda
- **e** Avila
- **f** Alvaro
- **g** Samuel
- **h** Asturias
- **i** Angel
- **j** Oscar
- **k** Angela
- **l** Caceres

**16** Realiza los dictados.

# Los signos de puntuación

La puntuación de los textos es un capítulo importante en la ortografía de nuestra lengua. De ella va a depender en gran parte la correcta expresión y comprensión de los mensajes escritos.

## 1. El punto (.)

Cierra enunciados que tienen sentido completo: *El recital poético tuvo lugar en el salón de actos. Acudieron todos los alumnos de tercero.*

Hay tres clases de punto:

- **Punto y seguido:** separa enunciados dentro de un mismo párrafo. Se utiliza, por tanto, cuando hay una cierta relación de contenido entre lo que hay antes y después del punto.
- **Punto y aparte:** separa párrafos dentro de un texto. En cada párrafo se desarrollarán ideas distintas.
- **Punto final**, para cerrar un texto.

Después de punto siempre se escribe mayúscula.

## 2. La coma (,)

Separa partes dentro de un enunciado. Representa una pausa breve. Se utiliza coma en los casos siguientes:

- Para separar los miembros de una **enumeración**, salvo los que estén precedidos por las conjunciones **y**, **e**, **o**, **u**: *Asistirán nuestros parientes, amigos, compañeros y vecinos.*
- Para separar el **vocativo** del resto de la oración: *Lucía, apaga el mechero. Escucha, hijo, mi consejo.*
- Para introducir **incisos**, ya sean para **aclarar** o **ampliar** lo dicho: *Isabel, la hija de Alberto, ha sacado unas notas estupendas. Los pescadores, que llevaban varios días sin poder faenar, se hicieron por fin a la mar.*
- Cuando se **omite un verbo** que ha sido mencionado antes: *Los niños han traído estas sillas; los adultos, esas otras.*
- Para separar una **proposición adverbial** cuando aparece al principio de un enunciado: *Cuando a la mitad del curso cambió la profesora, me sentí perdida.*
- Para separar los **conectores** que introducen **explicaciones**, **ejemplos**, etc. (*es decir, o sea, por ejemplo, sin embargo...*): *No ha alcanzado los mínimos exigidos, o sea, ha suspendido.*

## 3. Los dos puntos (:)

Introducen lo que viene a continuación. Se usan en los siguientes casos:

- Para anunciar o cerrar una **enumeración:** *Jaime ha traído varias cosas: bolígrafos, lapiceros, pinturas... Activa, creativa y optimista: así se muestra ella.*
- Preceden a las **citas textuales:** *Cuando el padre se enfadó por los cambios realizados, el hijo le dijo: «No te disgustes, esto atraerá más clientes».*
- Tras las **fórmulas de saludo** en las cartas: *Querido Julio:*
- Para introducir una **explicación:** *Este libro es muy bueno: tiene un argumento interesante y un estilo original.*

## 4. Los puntos suspensivos (...)

Suponen una interrupción de la oración o un final impreciso. Se usan en los siguientes casos:

- Al final de **enumeraciones abiertas** o **incompletas**: *Hay de todo: bolsas, plásticos, papeles...*
- Para reflejar **duda** o **temor**: *No sé... quizá... mañana lo decidiré.*
- Para indicar que se deja algo **inacabado**: *No por mucho madrugar...*

## ACTIVIDADES

**1** Las comas y los puntos han desaparecido en las siguientes oraciones; colócalos.

- **a** Por horas Virginia y su hermana se turnaban en el cuidado de su madre esta agradecía la compañía de sus hijas
- **b** Jaime date prisa en volver en casa todos están alarmados
- **c** Al oír aquellas risas tan alegres el corazón y la memoria me devolvieron el aire de otros tiempos todo lo nuevo y lo viejo podría recuperarse ahora
- **d** El martes explicaron los instrumentos de viento cuerda y percusión así es que no sé qué irán a explicar hoy el profesor dijo que iba a ser una clase especial
- **e** En el jardín tras la pérgola se veía a un grupito de niños vestidos todos con disfraces que danzaban al ritmo de una música muy alegre
- **f** Una vez que supo quién era no hubo ya preguntas comentarios ni protestas todo había quedado aclarado de una vez por todas
- **g** Aquella salida la que hicimos al parque de atracciones fue sin duda la más divertida del curso

**2** Une los enunciados de los siguientes grupos utilizando comas o dos puntos según convenga.

| Grupo A | Grupo B |
|---|---|
| Cuando coge el coche | «No lo quiero ver». |
| No tenía ganas y | los zapatos, las botas y el bolso. |
| Luego le dijo | se pone nervioso. |
| Ya ha comprado todo | sin embargo acudió. |

**3** Los signos de puntuación han desaparecido de estos textos. Colócalos tú.

**A**

La Poinsetia o flor de Pascua símbolo de la Navidad es muy atractiva por varios motivos los colores de sus hojas la bella forma ovalada o elíptica de estas su follaje abundante sin embargo es difícil conseguir que florezcan en casa a partir de plantas de años anteriores ya que requieren unos cuidados especiales.

**B**

El geranio es muy popular en todas sus variedades zonal de hiedra de pensamiento el zonal el de uso más generalizado presenta hojas redondeadas algo lobuladas aterciopeladas y con una mancha marrón circular es una planta erecta y bien ramificada sus apreciadas flores pueden ser de diversos colores blancas rosas rojas la variedad de pensamiento tiene bellas flores matizadas.

**4** Coloca los signos de puntuación que falten en el texto y corrige las mayúsculas y la disposición de los párrafos.

Al rey le agradó la idea de comprobar personalmente cómo iban los trabajos con aquella tela única pero decidió enviar primero a uno de sus ayudantes de cámara sin embargo no le previno de que pudiera ser víctima de algún tipo de engaño el camarero real naturalmente no se atrevió a descubrir el timo atemorizado por lo que decían los sastres y cuando regresó afirmó haber visto la tela lo mismo sucedió con otros que el rey envió después finalmente él en persona se dirigió a ver el famoso tejido.

Don Juan Manuel, *El conde Lucanor*

**5** Justifica el uso de los signos de puntuación que aparecen en el texto.

Había una vez una casa muy antigua llamada «la casa de la mezquita».
Era grande, de treinta y cinco habitaciones, y durante siglos habían vivido en ella familias emparentadas al servicio de la mezquita. [...]
Por aquel entonces la casa estaba habitada por las familias de tres primos: Aga Yan, el vendedor de alfombras, responsable del viejo zoco de la ciudad; Alsaberi, el imán de la mezquita y Aga Shoya, su muecín.

Kader Abdolah, *La casa de la mezquita*

**6** Realiza el dictado.

## 5. El punto y coma (;)

Indica una pausa mayor a la marcada por la coma y menor a la señalada por el punto. Sus usos más importantes son los siguientes:

- Para separar los elementos de una **enumeración** cuando se trata de expresiones amplias que incluyen comas: *Los profesores votaron el lunes; los alumnos, el martes; el personal no docente, hoy.*
- Delante de ciertos **nexos** (sin embargo, no obstante, por consiguiente, o sea...) cuando los periodos que unen son **largos** y, sobre todo, si incluyen **comas**: *Juan, su primo, había sido siempre un muchacho brillante en Matemáticas y Física; sin embargo, nunca destacó en las Humanidades.*

## 6. La interrogación (¿?) y la exclamación (¡!)

En español son siempre dos signos: uno al principio del enunciado y otro al final. Detrás de ellos no debe ponerse punto. El signo de cierre vale como punto y, como tal, la palabra que viene detrás irá con mayúscula: *¿Quieres un café? ¡Qué hermoso día!*

## 7. La raya (–)

Consiste en una línea horizontal de mayor tamaño que el guion. Se utiliza en los siguientes casos:

- Para señalar cada una de las intervenciones de un **diálogo**, sin mencionar el nombre de la persona o personaje al que corresponde:

  *–¿Qué día coges vacaciones?*

  *–El viernes por la tarde.*
- Para delimitar las intervenciones del narrador en un diálogo. Ejemplo:

  *–¿Has hecho el ejercicio? –dijo Isabel.*

  *–Aún no –contestó Felipe–. Me resulta muy complicado.*

  Como ves en los ejemplos, si la intervención cierra la frase, solo lleva raya delante y se termina con un punto. Si la intervención está incluida en el enunciado, se debe poner una raya al principio y otra al final.
- Para encerrar **aclaraciones** o incisos que **interrumpen** el discurso: *El trabajo que habéis presentado –ya sé que realizado sin ayuda de nadie– es muy interesante.*

## 8. El guion (-)

Sus usos principales son los siguientes:

- Para formar algunas **palabras compuestas**: *teórico-práctico.*
- Para **separar las palabras** al final de renglón cuando no caben en él completas. En estos casos no puedes separar en renglones diferentes las vocales de un diptongo ni de un triptongo; el grupo **-cc-** no puede aparecer ni al final ni al principio, debe aparecer una **c** en cada línea; debe evitarse acabar un renglón con la vocal inicial de una palabra o empezarlo con la vocal final de otra.

## 9. Las comillas (« »)

Se utilizan principalmente en los siguientes casos:

- Para reproducir **citas textuales**: *Entonces él dijo: «de acuerdo».*
- Para indicar que una palabra o expresión es **impropia o vulgar**, o que se utiliza irónicamente: *No sé qué extraños «negocios» te tienen tan ocupado.*
- Para enmarcar los títulos de artículos, noticias... Los títulos de libros en textos impresos se escriben en cursiva; en textos manuscritos es frecuente subrayarlos.

## 10. El paréntesis ( )

Son signos que encierran **elementos aclaratorios** dentro de un enunciado: *La carta (esta vez escrita en castellano) daba cuenta de esos datos.* También sirve para **intercalar** algún dato (fechas, lugares, significado de siglas...): *Las ruinas de Sagunto (Valencia) han sido objeto de reconstrucción.*

## ACTIVIDADES

**7** Sustituye, en las siguientes oraciones, las comas por punto y coma cuando sea necesario.

**a** El martes explicaron el aparato digestivo, el miércoles, el respiratorio y hoy, el reproductor.
**b** Unos consideraron que la obra era novedosa e interesante, otros, que era aburrida y sin interés ninguno.
**c** Clara, su madre, había formado parte siempre de los círculos culturales de su ciudad, sin embargo, nunca hasta ahora había publicado libro alguno.
**d** Cuando terminó la proyección, el grupo de actores que había participado en la película tuvo la oportunidad de recibir los aplausos del público, es decir, pudo comprobar ya que iba a ser un éxito.
**e** Han participado todos: Juan Antonio, el padre del alumno, Pilar, la tutora, y Joaquín, el delegado del curso.

**8** Inventa preguntas para las siguientes respuestas.

**a** En la estantería que hay a mano derecha.
**b** Cuando hayas hecho todas las tareas.

**9** Lee el siguiente texto y coloca los signos de exclamación y de interrogación que faltan.

Ay muerte Muerta seas, bien muerta y malandante
Me mataste a mi vieja A mí mataras antes
Enemiga del mundo, no tienes semejante;
de tu recuerdo amargo no sé quién no se espante. [...]
Ay mi Trotaconventos, mi leal recadera
Quien muerta hoy te abandona, viva más te venera.
Dónde te me han llevado Saberlo yo quisiera
No vuelve con noticias quien cruza esta barrera.

Arcipreste de Hita, *Libro de Buen Amor* (texto adaptado)

**10** Convierte las siguientes expresiones en estilo directo. No olvides las comillas. Ejemplo: *Luis dijo que tenía sueño. Luis dijo: «tengo sueño».*

**a** Mi abuela siempre decía que el Madrid de posguerra era una ciudad triste.
**b** Me pareció emocionante cuando dijo que nuestra ayuda había sido esencial.
**c** Creo que te equivocas cuando dices que ese chico no puede cambiar.

**11** Explica el uso de los signos de puntuación en el siguiente texto.

Avisaban de las cazas en las Tierras Soberanas de Sedán, y una doncella llamada Clemence avisó al postillón de los trompeteros diciéndole:
–¡Si encontráis al ciervo lucero, avisadme, que es el hijo de mi señor y mi enamorado!
El ciervo lucero acudió al aviso. [...]
–¿Cómo os desencantaré? –lloraba Clemence.
–No lo sé –dijo el ciervo en buen francés–. Pero, si me amáis, puedo encantaros de cierva y correremos por el bosque.
Accedió Clemence, se tornó cierva lucera, y al galope con su amor entró en el robledal. Por eso en las Tierras Soberanas hay que preguntarle al ciervo si es persona o animal, cuando comienzan las cazas de otoño.

Álvaro Cunqueiro, *Flores del año mil y pico de ave*

**12** Realiza el dictado.

# 1. La estructura de las palabras: derivación

Las palabras derivadas se forman con prefijos y/o sufijos. Recuerda que en los verbos derivados también pueden aparecer desinencias verbales (persona, número, tiempo...).

**PREFIJOS FRECUENTES EN ESPAÑOL**

| Prefijos | Significado | Ejemplos |
|---|---|---|
| **a-, in-, des-** | 'privación, negación' | ***a***-*político*, ***in***-*tocable*, ***des***-*teñido* |
| **sub-, ante-** | 'situación espacio-temporal' | ***sub***-*suelo*, ***ante***-*cámara* |
| **pre-, pos-** | 'situación espacio-temporal' | ***pre***-*decir*, ***pos***-*poner* |
| **co-, con-, com-** | 'asociación, conjunto, compañía' | ***co***-*partícipe*, ***con***-*centrar*, ***com***-*padre* |
| **re-** | 'repetición, intensidad' | ***re***-*leer*, ***re***-*calcar* |
| **extra-** | 'fuera de, superlativo' | ***extra***-*rradio*, ***extra***-*largo* |
| **infra-** | 'inferior, por debajo de' | ***infra***-*valorar*, ***infra***-*mundo* |

**SUFIJOS FRECUENTES EN ESPAÑOL**

| Sufijos | Significado | Ejemplos |
|---|---|---|
| **-ancia, -encia, -ción, -tad, -tud, -mento, -ez, -eza** | Sirven para formar sustantivos abstractos. | *vag-**ancia**, viv-**encia**, anima-**ción**, leal-**tad**, alti-**tud**, jura-**mento**, roj-**ez**, baj-**eza*** |
| **-ario, -or, -dor, -ante** | Indican el agente de una acción. | *emis-**ario**, act-**or**, doma-**dor**, trafic-**ante*** |
| **-ble, -al, -oso/a** | Sirven para formar adjetivos. | *ama-**ble**, nav-**al**, hacend-**oso*** |
| **-ano, -és, -ense, -án, -ego, -eño** | Forman gentilicios. | *rioj-**ano**, aragon-**és**, abul-**ense**, catal-**án**, gall-**ego**, madril-**eño*** |
| **-iz-, -ec-, -ific-** | Forman verbos. | *empat-**izar**, flor-**ecer**, mod-**ificar*** |

## ACTIVIDADES

**1** Escribe los lexemas de las palabras siguientes: *violinista, ciclista, minero, deshilar, corrector, celosa, lechero, mensajero, rosal, desvergonzado, meditación.*

**2** Señala en las siguientes parejas de palabras cuál de ellas lleva sufijo y cuál no. Explica en cada caso el significado que aporta el sufijo: *hermosura / cura, pesaroso / esposo, panal / dental, ciudad / humanidad, vecino / blanquecino, Francia / constancia, tensor / horror, torpedo / hayedo.*

**3** Identifica los prefijos y explica qué significado aportan: *antepasado, descifrar, prejuicio, atípico, condolencia, recreación, inquietud, amoral, subsótano, desconsuelo, extravío, antiestético.*

**4** Explica los diferentes significados de los sufijos polisémicos destacados.

**a1** El alumn**ado** participó en el proceso.
**a2** Fui al consul**ado** a recoger los documentos.
**b1** El botic**ario** está en la puerta de la farmacia.
**b2** En el campan**ario** hay un nido de cigüeñas.
**c1** Este vended**or** ha sido hábil con el cliente.
**c2** Han construido un cenad**or** en el jardín.

**5** Recuerda los significados que pueden aportar los sufijos apreciativos (pág. 32) y señala el valor que aportan al texto los sufijos de las palabras destacadas.

> Un **manotazo** duro, un golpe helado,
> un **hachazo** invisible y homicida,
> un **empujón** brutal te ha derribado.
>
> Miguel Hernández

**6** Distingue en estas parejas de palabras cuándo estamos ante una palabra derivada y cuándo, ante un superlativo: *extrarradio / extraplano, hipercrítico / hipermercado, archiduque / archifamoso, reconcentrar / reguapa, extrafuerte / extramuros.*

**7** Identifica palabras que contengan prefijos y sufijos.

> Poco después del amanecer, el Nini se asomó a la boca de la cueva y contempló la nube de cuervos reunidos en consejo. Los tres chopos desmochados de la ribera cubiertos de pajarracos parecían tres paraguas cerrados con las puntas hacia el cielo. Las tierras bajas de don Antero, el Poderoso, negreaban en la distancia como una extensa tizonera.
>
> Miguel Delibes, *Las ratas*

## 2. La estructura de las palabras: composición

La palabra en castellano está formada por la combinación de unidades menores, los monemas, que pueden ser de distinta naturaleza (lexemas y morfemas de diversos tipos). De acuerdo con esto, existen diferentes procedimientos de creación léxica.

En el apartado anterior vimos la derivación, que permite crear nuevos vocablos añadiendo a la raíz o lexema uno o varios morfemas derivativos. En este apartado y en el siguiente estudiaremos otros procedimientos.

Se llama **palabra compuesta** aquella que se basa en la unión de dos o más lexemas.

Los tipos de combinaciones que se pueden dar son muy variados. He aquí los más frecuentes:

| | |
|---|---|
| **Sustantivo + sustantivo** | bocacalle, telaraña, bocamanga, madreselva… |
| **Verbo + sustantivo** | sacacorchos, rompeolas, pisapapeles, pasatiempo… |
| **Adjetivo + adjetivo** | agridulce, blanquiazul, rojiblanco… |
| **Adverbio + verbo** | maldecir, menospreciar, malformar, malvivir… |

Según el grado de fusión podemos diferenciar tres formas:

- **Compuestos consolidados:** se escriben sin ningún tipo de separación y conservan un solo acento → *pisapapeles*.
- **Compuestos no consolidados:** la fusión no es total y cada uno sigue manteniendo su propio acento → *político-social*.
- **Compuestos sintagmáticos:** sustantivos formados por dos o más palabras que se escriben separadas, pero forman una sola unidad de significado → *ojo de buey, cabello de ángel*…

telaraña

agridulce

## 3. Otros procedimientos de formación de palabras

Existen otros procedimientos de creación de palabras: el **acortamiento**, las **siglas** y los **acrónimos**.

| | |
|---|---|
| **Acortamiento** | Consiste en la reducción de la palabra, por la eliminación bien de los fonemas finales (apócope), bien de los fonemas iniciales (aféresis): *cine, foto, radio, kilo*…, o por la pérdida de **p** en *psicología, bus*... |
| **Sigla** | Palabra formada con la letra inicial de los términos que designan instituciones, empresas…: *ONG (Organización No Gubernamental), AVE (Alta Velocidad Española)*… |
| **Acrónimo** | Palabra nueva creada a partir de fragmentos tomados de otras palabras: ofimática (***ofi****cina infor****mática***), módem (***mo****dulación* y ***dem****odulación*)… |

cine

foto

AVE

ofimática

En ocasiones, dos o más palabras equivalen a una determinada parte de la oración. Hablamos entonces de **locución**. Hay varios tipos de locuciones.

| | |
|---|---|
| **Locución verbal** | Varias palabras que equivalen a un verbo: *llevar a cabo, dar por sentado*… |
| **Locución adverbial** | Equivalen a un adverbio: *a priori, a oscuras, a tientas*… |
| **Locución prepositiva** | Equivalen a una preposición: *por encima de, detrás de*… |
| **Locución conjuntiva** | Equivalen a una conjunción: *puesto que, tan pronto como*… |

## ACTIVIDADES

**8** Analiza la estructura de las siguientes palabras compuestas y explica su significado: *vaivén, quitamiedos, fisicoquímico, malgastar, teórico-práctico, parabién, hierbabuena, videoconferencia, enhorabuena.*

**9** En las siguientes oraciones aparecen locuciones. Señálalas y di de qué tipo son.

- **a** Ahora no debes tirar la toalla, dado que todos están a favor de tus ideas.
- **b** Van a llevar a cabo reformas en el inmueble.
- **c** A priori nada me ha hecho sospechar de él.
- **d** Aunque avanzaban a favor del viento, lo hacían lentamente porque iban a oscuras, casi a tientas.

**10** Explica el significado de las siguientes locuciones adverbiales y escribe una oración con cada una de ellas: *a matacaballo, a posteriori, a sabiendas, a pies juntillas, a duras penas, a diestro y siniestro.*

**11** Lee este poema que Dámaso Alonso dedicó al hijo del poeta Luis Rosales.

- **a** Busca tres palabras que sean morfemas independientes.
- **b** Busca tres palabras formadas por raíz y desinencias, y otras tres solo por la raíz.
- **c** Señala los diminutivos y explica su significado.
- **d** Busca palabras compuestas y explica su estructura.

Haz lo que tengas gana,
Cristobalillo,
lo que te dé la gana
que es lo sencillo.
Llegaste a un mundo donde
manda la chacha,
mandan los mandamases
y hay poca lacha.
Caso nunca les hagas
a los mayores,
los consejos de Dámaso
son los mejores.
Tira, mi niño, tira,
si te da gana
los libros de papito
por la ventana.
Cuélgate de las lámparas
y los manteles,
rompe a mamita el vaso
de los claveles. [...]
Aún hay más divertido:
coge chinillas,
y con tiragomas
¡a las bombillas! [...]

**12** Escribe sustantivos a partir de los siguientes verbos: *silbar, romper, bloquear, coronar, vivir, lanzar, derramar, recorrer, embalar, acechar.*

**13** Escribe adverbios a partir de los siguientes adjetivos: *ágil, rápido, veloz, fatal, implícito, pésimo, inútil, espléndido.*

**14** Forma palabras combinando los siguientes prefijos y sufijos de origen griego. Di el significado de cada una.

| Significado | Prefijo | Sufijo | Significado |
|---|---|---|---|
| vida | *bio-* | *-teca* | conjunto de |
| hígado | *hepato-* | *-logía* | ciencia de |
| mujer | *gineco-* | *-grafía* | descripción |
| alma | *psico-* | *-grama* | descripción |
| libro | *biblio-* | *-patía* | enfermedad |
| población | *demo-* | *-algia* | dolor |
| corazón | *cardio-* | *-itis* | inflamación |
| hueso | *osteo-* | | |
| articulación | *artro-* | | |
| nervio | *neuro-* | | |
| hombre | *antropo-* | | |
| voz | *fono-* | | |
| muerte | *necro-* | | |

**15** Identifica el prefijo culto en estas palabras y escribe su significado, teniendo en cuenta la información de la tabla: *hemisferio, diáspora, anfibio, exoesqueleto, epidermis, acrobacia, endoscopia, ultrasónico, hipopótamo, televisión.*

| Prefijo | Significado | Prefijo | Significado |
|---|---|---|---|
| acro- | en lo alto | exo- | fuera de |
| anfi- | alrededor de | hemi- | medio |
| dia- | separación | hipo- | debajo de |
| endo- | dentro de | tele- | a distancia |
| epi- | encima de | ultra- | más allá |

**16** Escribe palabras que contengan los sufijos cultos que aparecen en la tabla. Deben ajustarse a la definición y el número de letras.

| Sufijo | Significado | Sufijo | Significado |
|---|---|---|---|
| -cida | mata | -paro | engendra |
| -ducción | conduce | -pedo | tiene pies |
| -forme | tiene forma | -sono | suena |
| -fugo | huye | -voro | come |

DEFINICIONES: **a** Que come hierba: ▲ (9). **b** Que tiene dos pies: ▲ (6). **c** Que suena de forma muy estridente: ▲ (9). **d** Que tienen la misma forma: ▲ (8). **e** Que lleva a otra idea: ▲ (9). **f** Que elimina a las ratas: ▲ (8). **g** Que pone huevos: ▲ (7). **h** Que se aleja del centro: ▲ (10).

# LITERATURA

# 1

REPASA LA UNIDAD

## Formas de la lengua literaria





## El club de los poetas muertos

**FICHA TÉCNICA:** Fragmento de *El club de los poetas muertos*, dirigida por Peter Weir en 1989.

**SITUACIÓN COMUNICATIVA:** Un profesor ofrece a sus alumnos un ejemplo de la utilidad de la literatura como expresión personal.

### ACTIVIDADES

**1** CC Durante la clase, el profesor menciona algunos temas frecuentes en la poesía. ¿Cuáles son?

**2** Explica la frase «La poesía surge de cualquier cosa que tenga algo especial». ¿Estás de acuerdo con ella?

**3** Responde si las siguientes afirmaciones son verdaderas (V) o falsas (F).

- **a** El retrato del poeta que aparece en el vídeo corresponde a William Shakespeare.
- **b** El profesor afirma que es imposible escribir poemas sobre cosas sencillas.
- **c** Anderson es un alumno tímido y talentoso.
- **d** Hay alumnos en clase a los que no les gusta la poesía y se toman a broma la escritura.
- **e** El profesor se enfada con los alumnos que no escriben poemas.

**4** ¿Qué es un gañido? ¿Por qué crees que el profesor hace que Anderson emita un «bárbaro gañido»?

- **a** Para divertir al resto de los alumnos.
- **b** Para ayudarlo a superar su timidez.
- **c** Para demostrar a los alumnos que la poesía es una actividad creativa.

**5** CC «La verdad es como una manta que siempre te deja los pies fríos.» ¿Qué crees que significa esta comparación? ¿Puedes inventar algunos ejemplos similares?

# 1. La literatura

**¿QUÉ ES LA LITERATURA?**

Un modo de expresión **verbal** muy elaborado que se **aparta** del lenguaje común con el propósito de **crear belleza** y **sorprender al lector**.

**¿EN QUÉ SE DIFERENCIA LA LENGUA LITERARIA DEL LENGUAJE COMÚN?**

La lengua literaria se diferencia del lenguaje común en el **uso sistemático** que el escritor hace de la **función poética**.

**¿QUÉ ES LA FUNCIÓN POÉTICA?**

Un conjunto de **mecanismos lingüísticos** que sirven para llamar la atención sobre la **forma** del **mensaje**.

**¿DE QUÉ MODO SE LLAMA LA ATENCIÓN SOBRE LA FORMA DEL MENSAJE?**

Hay cinco mecanismos fundamentales para **elaborar** un mensaje con forma artística o literaria. Obsérvalos en el siguiente poema.

1 **RITMO basado en repetición de elementos lingüísticos**: fonemas, número de sílabas, acentos, palabras, estructuras sintácticas, etc.

Este poema tiene **ritmo** porque…

1 En todos los versos (menos en el último) se repite la misma estructura sintáctica:

**Si** + **verbo** + **verbo**

2 Se repite el mismo número de sílabas (**versos octosílabos** y **eneasílabos**):

Si can-to soy un can-tue-so
1 2 3 4 5 6 7 8

Si duer-**moen**[1]-fer-mo de dor-**mir**[2]:
1 2 3 4 5 6 7 8 + 1 = 9

[1] sinalefa; [2] sílaba tónica.

2 **RIQUEZA LÉXICA: máximo aprovechamiento** de las **posibilidades expresivas** que ofrece el idioma, especialmente el uso del **vocabulario medio** y **culto**.

Aparte de las palabras del registro coloquial como *mano* o *humo*, se usan palabras del registro medio y culto: *cantueso*, *emano*…

**Fonemoramas**

Si canto soy un cantueso
Si leo soy un león
Si emano soy una mano
Si amo soy un amasijo
Si lucho soy un serrucho
Si como soy como soy
Si río soy un río de risa
Si duermo enfermo de dormir
Si fumo me fumo hasta el humo
Si hablo me escucha el diablo
Si miento invento una verdad
Si me hundo me Carlos Edmundo

Carlos Edmundo de Ory, *Metanoia*

- **Anáfora**: *Si…* (todos los versos comienzan con la misma palabra).
- **Paronomasia**: *leo/león*; *emano/mano*… (palabras con parecido fonético, pero significado diferente).

3 **USO** de **figuras retóricas** o combinaciones de palabras que, al ser poco habituales, sorprenden al lector.

*Si me hundo me Carlos Edmundo*: Falta el núcleo verbal en la oración principal. No se usan **signos de puntuación**.

4 **INFRACCIÓN de las normas gramaticales** para conseguir determinados **efectos expresivos**.

Todos los versos resultan **ambiguos**, sugerentes. Están llenos de **connotaciones**. Ninguno se puede interpretar literalmente.

5 **MENSAJE CONNOTATIVO Y AMBIGUO**, para que sugiera interpretaciones diferentes. El significado literario es **polisémico**, abierto, y abundan las **connotaciones**, es decir, los **significados emocionales**, subjetivos.

El lector se encarga de interpretar el texto, tarea que forma parte del placer que se obtiene con la lectura.

# 2. El verso. Métrica y rima

Un **verso** es la combinación de palabras organizadas rítmicamente. Los versos están separados por pausas métricas; por eso en la escritura no ocupan todo el renglón.

### CLASIFICACIÓN DE LOS VERSOS SEGÚN SU NÚMERO DE SÍLABAS Y ESTRUCTURA

| | nombre del verso | número de sílabas | |
|---|---|---|---|
| versos simples | **bisílabo:** | **2** | de arte menor |
| | **trisílabo:** | **3** | |
| | **tetrasílabo:** | **4** | |
| | **pentasílabo:** | **5** | |
| | **hexasílabo:** | **6** | |
| | **heptasílabo:** | **7** | |
| | **octosílabo:** | **8** | |
| | **eneasílabo:** | **9** | de arte mayor |
| | **decasílabo:** | **10** | |
| | **endecasílabo:** | **11** | |
| versos compuestos | **dodecasílabo:** | **12** | |
| | **alejandrino:** | **14** | |
| | ... | | |

### ¿CÓMO SE MIDEN LOS VERSOS?

Los versos tienen **sílabas métricas**. A veces, estas no coinciden con las sílabas gramaticales, porque el poeta aplica **licencias** y normas.

| Licencias (optativas) | Normas (obligatorias) |
|---|---|
| **SINALEFA: unión** de la vocal **final** de una palabra y la vocal **inicial** de la palabra siguiente. Se cuentan como una sola sílaba métrica:<br>La lu-**na es**-ta-ba cre-ci-da<br>1 2 3 4 5 6 7 8 | **UNA SÍLABA MÁS**<br>Si la última palabra del verso es **aguda o monosílaba**:<br>¡Ah! ¿No es cier-to, án-gel de a-**mor**...<br>1 2 3 4 5 6 7 + 1 = 8 |
| **SINÉRESIS: unión** en una sola sílaba métrica de dos vocales que forman **hiato** en una palabra. Se cuentan como una sola sílaba métrica:<br>pur-pú-**reas** ro-sas so-bre Ga-la-te-a<br>1 2 3 4 5 6 7 8 9 10 11 | **UNA SÍLABA MENOS**<br>Si la última palabra del verso es **esdrújula**:<br>A-so-ma-ba a sus o-jos u-na **lá**-gri-ma<br>1 2 3 4 5 6 7 8 9 10 11 12 – 1 = 11 |
| **DIÉRESIS: división** de un diptongo en dos sílabas, de forma que se cuenta una sílaba más:<br>Con un man-so **ru-ï**-do<br>1 2 3 4 5 6 7 | **EL MISMO NÚMERO DE SÍLABAS MÉTRICAS QUE GRAMATICALES**<br>Si la última palabra del verso es llana:<br>De los á-la-mos ven-go, **ma**-dre<br>1 2 3 4 5 6 7 8 9 |

### ¿CÓMO SE MIDEN LOS VERSOS COMPUESTOS?

A partir de doce sílabas, los versos son compuestos. Todo verso compuesto consta de **dos partes** o **hemistiquios** separados por una cesura que impide la sinalefa. Al contar las sílabas métricas de cada parte o hemistiquio, debes aplicar las mismas licencias y normas del verso simple:

¿Soy clá-si-**co o** ro-mán-ti-co? / 8 – 1 = 7
primer hemistiquio ↑ cesura

No sé. De-jar qui-**sie**-ra + 7 = 14
segundo hemistiquio

### ¿QUÉ ES LA RIMA?

La **coincidencia completa o incompleta**, entre **dos o más versos, de los fonemas** situados **a partir de la última vocal acentuada**. Tipos:

1 **Rima consonante** (**total**): coincidencia, entre determinados versos, de **todos los fonemas** a partir de la última vocal acentuada.

> Yo voy soñando cam**inos**
> de la tarde. ¡Las col**inas**
> doradas, los verdes p**inos**,
> las polvorientas enc**inas**!...
>
> Antonio Machado, *Soledades*

2 **Rima asonante** (**parcial**): coincidencia, entre determinados versos, de **todas las vocales** a partir de la última vocal acentuada:

> Sobre mi frente de ac**e**r**o**,
> mirando por las barandas,
> caminan mis pensami**e**nt**o**s.
>
> Manuel Altolaguirre, *Poesías*

# 3. La combinación de versos. Tipos de estrofas y poemas

**DOS VERSOS**

**Pareado:** (**AA, aa**). Dos versos que riman entre sí en asonante o consonante y pueden ser de arte mayor o menor. Se usa en refranes y proverbios.

**TRES VERSOS**

**Terceto:** (**ABA**). Versos endecasílabos con rima consonante. Frecuentemente aparecen encadenados (**ABA-BCB-CDC-DCD**). (Es de origen italiano. En la poesía española aparece en el Renacimiento.)

Yo quiero ser llorando el hortelano
de la tierra que ocupas y estercolas,
compañero del alma, tan temprano.

Miguel Hernández

**CUATRO VERSOS**

**Cuarteto:** (**ABBA**). Versos endecasílabos con rima consonante.

Dulce soñar y dulce congojarme,
cuando estaba soñando que soñaba;
dulce gozar con lo que me engañaba,
si un poco más durara el engañarme.

Juan Boscán

**Redondilla:** (**abba**). Versos octosílabos con rima consonante.

**Serventesio:** (**ABAB**). Versos endecasílabos con rima consonante.

Era un aire suave, de pausados giros;
el hada Armonía ritmaba sus vuelos
e iban frases vagas y tenues suspiros
entre los sollozos de los violoncelos.

Rubén Darío

**Cuarteta:** (**abab**). Versos octosílabos con rima consonante.

Dice la monotonía
del agua clara al caer
un día es como otro día;
hoy es lo mismo que ayer.

Antonio Machado

**Cuaderna vía:** (**AAAA**). Versos alejandrinos con rima consonante. (La cuaderna vía fue utilizada principalmente por los poetas cultos del mester de clerecía en los siglos XIII y XIV.)

**CINCO VERSOS**

**Quinteto:** versos de arte mayor con libertad de rima bajo dos condiciones: que no rimen tres versos seguidos y que no terminen en pareado.

Huye, duda; del alma te destierro.
Por la cancela del dorado hierro
vendrá... Pero, Señor, ¿qué la detiene?...
Sus pasos oigo ya. ¡Los ojos cierro,
que no quiero saber por dónde viene!

Ricardo Gil

**Quintilla:** igual que el quinteto, pero de arte menor.

Sé que, corriendo, Lucía,
tras criminales antojos,
has escrito el otro día
una carta que decía:
«Al espejo de mis ojos».

Ramón de Campoamor

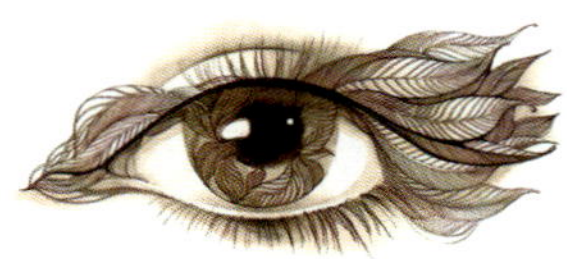

**Lira:** (**7a 11B 7a 7b 11B**). Combinación de dos versos endecasílabos y tres versos heptasílabos, con rima consonante.

Buscando mis amores
iré por esos montes y riberas;
ni cogeré las flores,
ni temeré las fieras,
y pasaré los fuertes y fronteras.

San Juan de la Cruz

**SEIS VERSOS**

**Sextilla:** combinación de versos octosílabos y tetrasílabos con rima consonante. Su esquema suele ser **8a-8b-4c-8a-8b-4c**.

**Copla de pie quebrado o copla manriqueña:** formada por dos sextillas con distinta rima en cada una de ellas. (Fue utilizada por Jorge Manrique en el siglo XV.)

**OCHO VERSOS**

**Octava real:** (**ABABABCC**). Versos endecasílabos con rima consonante.

**DIEZ VERSOS**

**Décima:** (**abbaaccddc**). Versos octosílabos con rima consonante.

Cuentan de un sabio que un día
tan pobre y mísero estaba,
que solo se sustentaba
de unas yerbas que comía.
¿Habrá otro –entre sí decía–
más pobre y triste que yo?
Y cuando el rostro volvió,
halló la respuesta, viendo
que iba otro sabio cogiendo
las hojas que él arrojó.

Calderón de la Barca

**POEMAS ESTRÓFICOS**

Se forman por la combinación de varias estrofas.

**Soneto:** dos cuartetos y dos tercetos, que suman catorce versos. Su esquema más común es **ABBA**, **ABBA**, **CDC**, **DCD**. (Es la estrofa culta más utilizada en la poesía española. Su origen es italiano y se utiliza desde el Renacimiento.)

Miré los muros de la patria mía,
si un tiempo fuertes ya desmoronados,
de la carrera de la edad cansados
por quien caduca ya su valentía.

Salime al campo: vi que el sol bebía
los arroyos del hielo desatados,
y del monte quejosos los ganados
que con sombras hurtó su luz al día.

Entré en mi casa: vi que amancillada
de anciana habitación era despojos,
mi báculo más corvo y menos fuerte.

Vencida de la edad sentí mi espada,
y no hallé cosa en que poner los ojos
que no fuese recuerdo de la muerte.

Francisco de Quevedo

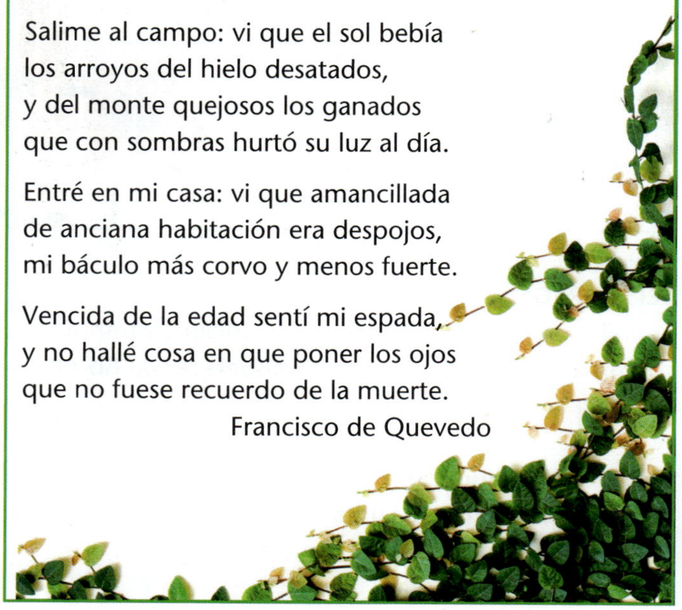

**Canción:** combinación de versos heptasílabos y endecasílabos en estrofas llamadas **estancias**. La distribución de la rima es a gusto del poeta, pero una vez fijada en la primera estrofa, ha de ser respetada hasta el final del poema. (Su origen es italiano, y llegó a la poesía castellana en el Renacimiento.)

**Villancico:** se trata de un poema tradicional. Consta de un estribillo inicial, mudanza y verso de vuelta. Su esquema suele ser: **a-b-b** (estribillo) // **c-d-d-c** (mudanza) // **c-b-b** (enlace, vuelta con los dos últimos versos del estribillo.)

**Letrilla:** versos de arte menor y rima consonante semejante al villancico, aunque el encabezamiento o estribillo suele ser de solo dos versos y la mudanza de mayor extensión. (En el Siglo de Oro, a todos los poemas con estribillo se les llama ***letrillas***, y se usan con tono satírico o burlesco.)

**POEMAS NO ESTRÓFICOS O SERIES**

**Romance:** consta de un número indeterminado de versos octosílabos. La rima es asonante en los versos pares, y libre en los impares. Cuando son heptasílabos se llama **romancillo.**

**Silva:** consta de un número indeterminado de versos heptasílabos y endecasílabos que riman a gusto del poeta. También pueden aparecer versos sueltos.

**Versos sueltos:** mantienen todos los ritmos poéticos, excepto la rima. Suelen intercalarse entre otros versos que sí riman.

**Versos libres:** se basan en ritmos diferentes a los tradicionales de rima, cantidad, intensidad y timbre. (Es el tipo de verso propio de la poesía desde el siglo XX.) Si solo mantienen el ritmo de cantidad, se denominan **versos blancos**.

Ahora, qué armas espléndidas mis manos,
digna su pala de hueso y su lirio de uñas,
y el puesto de mi rostro, y el arriendo de mi alma
están situados en lo justo de la fuerza terrestre.

Pablo Neruda

## ACTIVIDADES

**1** Realiza estas actividades sobre las estrofas. PDF

**2** Escribe un romance de diez versos sobre el siguiente tema: un perro abandonado.

**3** Escribe un breve poema en verso libre sobre este tema: una puesta de sol en las afueras de la ciudad.

# 4. Los géneros literarios

**¿QUÉ SON?**

Modelos que sirven para **clasificar** las diferentes obras literarias según presenten determinadas **formas** y **temas**.

**¿PARA QUÉ SIRVEN?**

Aparte de su función clasificadora, los géneros literarios sirven de **punto de partida** para que los escritores puedan desarrollar su **labor creativa**, unas veces imitándolos y otras renovándolos.

**¿QUÉ VIGENCIA TIENEN?**

En determinados movimientos literarios, como el Renacimiento o el Neoclasicismo, los géneros han sido objeto de **imitación** fiel. En otras épocas, sin embargo, se concede mucho más valor a la originalidad del artista, de forma que los géneros literarios son objeto de **renovación** o **ruptura** (Barroco, Romanticismo, Vanguardias…). Por lo tanto, los géneros literarios no son **modelos fijos**, sino que **evolucionan** a lo largo de la historia.

| Géneros | Características | | | |
|---|---|---|---|---|
| **Clasificación** | **Persona gramatical** | **Función del lenguaje** | **Ritmo** | **Tipo de texto** |
| **LÍRICA**<br>Poesía que expresa los sentimientos del poeta. | 1.ª persona (*yo, me, mi*…).<br>Representa la **voz del autor-poeta**. | Función **expresiva**.<br>Los **sentimientos** del poeta pueden proyectarse sobre las personas, los paisajes y los objetos que este contempla. | **Estático**.<br>El tema no avanza en el tiempo, sino que progresa por asociaciones emocionales. | **Enunciativo**, **desiderativo**, **exclamativo**.<br>Si hay elementos narrativos, descriptivos o diálogos, están subordinados a la expresión de sentimientos. |
| **ÉPICA**<br>Poesía o prosa que narra sucesos. | 1.ª persona (*yo*) o 3.ª persona (*él, ella, ellos*…).<br>El autor se expresa mediante la voz de un **narrador**. | Función **referencial**.<br>Presentación de **hechos** que suceden a unos **personajes** en un **tiempo** y en un **lugar** determinados. | **Dinámico**.<br>Sucesión en el tiempo de diferentes acontecimientos con un orden lógico. | **Narrativo**.<br>Incluye también descripciones y diálogos en estilo directo e indirecto. |
| **DRAMÁTICA**<br>Poesía o prosa que expresa el **diálogo directo** entre **personajes**. | 1.ª y 2.ª personas (*yo, tú, usted*…).<br>**Voz directa de los personajes** (desaparece la voz del autor como presentador). | Funciones **apelativa**, **fática** y **expresiva**. | **Ritmo propio del habla** (se puede hacer más **lento** con los monólogos o más **rápido** con las elipsis propias del estilo coloquial). | **Diálogo**: estilo directo.<br> |
| **DIDÁCTICA**<br>Poesía o prosa cuya intención es comunicar algún tipo de **enseñanza**. | Voz del autor, que puede adoptar la 1.ª persona de singular (*yo*) o plural (*nosotros*) para incluir al lector. | La función **referencial** se puede combinar con las funciones **expresiva** y **apelativa**, mediante las cuales el autor expresa su punto de vista y establece un diálogo con el lector. | **Lento**: reflexivo, lógico.<br>Predominan las oraciones extensas, subordinadas. | **Expositivo** y **argumentativo**.<br>El autor expone información y ofrece argumentos. |

# 5. Los subgéneros literarios

Son cada una de las **formas específicas que puede presentar un género literario**. Los subgéneros se diferencian entre sí por los **temas**, **rasgos formales**, intencionalidad, etc.

| | | | | |
|---|---|---|---|---|
| **LÍRICA** | **CANCIÓN**: género poético para expresar la **queja amorosa**. | **ELEGÍA**: poema que expresa el **lamento** por la muerte de un ser querido o, en general, por cualquier pérdida que implique tristeza emocional. | **ÉGLOGA**: composición que expresa los sentimientos amorosos del poeta, pero **indirectamente**, ya que los pone en boca de **pastores idealizados**. | **ODA**: composición de tono elevado adecuada para la **reflexión** filosófica y moral, y para la **exaltación** de sentimientos, personas y elementos de la naturaleza. |
| **ÉPICA**  | **EPOPEYA**: **poema** épico de carácter **oral**. Narra en **verso** las **acciones extraordinarias** de unos **héroes legendarios** que pertenecen a pueblos antiguos y mantienen una estrecha relación con los **dioses**. | **CANTAR DE GESTA**: **poema** épico de carácter **oral** que narra en **verso** las acciones bélicas de **héroes históricos** de la Edad Media. | **NOVELA**: relato **extenso** de carácter **ficticio** pero generalmente **verosímil**, en el que se cuentan los **sucesos** que ocurren a determinados **personajes** en un **tiempo** y **espacio** determinados. | **CUENTO**: relato **breve**, **fantástico** o **realista**, que se caracteriza por la **selección** y **subordinación** de los elementos narrativos a un **desenlace final** sorprendente. |

## ACTIVIDAD

**4** Identifica los géneros literarios a los que pertenecen los textos de esta página y de la siguiente.

**A**

¡Qué descansada vida
la del que huye del mundanal ruïdo,
y sigue la escondida
senda por donde han ido
los pocos sabios que en el mundo han sido!

Fray Luis de León

**C**

El dulce lamentar de dos pastores,
Salicio juntamente y Nemoroso,
he de contar, sus quejas imitando;
cuyas ovejas al cantar sabroso
estaban muy atentas, los amores
de pacer olvidadas escuchando.

Garcilaso de la Vega

**B**

Al ver aquellos barcos, los dos muchachos suspiraron y un repentino temor les heló la sangre, pues por un momento vislumbraron el negro futuro que les podría aguardar. Rincón y Cortado eran conscientes de que no llevaban buen camino, y ya se veían condenados a galeras de por vida, remando hasta reventar en aquellas naves para pagar sus muchos delitos, junto a criminales y gentes de mal vivir. De pronto, se fijaron en que muchos jóvenes de su edad iban cargados con espuertas.

–¿Qué oficio es el tuyo? –preguntó Rincón a uno de los mozos que pasaba por allí.

–Soy esportillero ¡y asturiano! –respondió el despabilado gañán.

Miguel de Cervantes, *Rinconete y Cortadillo*, Editorial Bambú

**D**

A la madre y a las hijas bien el Cid las abrazaba.
Del gozo que sienten todos, las lágrimas derramaban.
Al ver esto sus guerreros, de alegría rebosaban
y jugando con sus armas, al tablado las lanzaban.
Oíd lo que dijo el que en buena hora ciñó espada:
«Vos, doña Jimena, esposa, mujer querida y honrada,
vosotras dos, hijas mías, mi corazón y mi alma,
entrad conmigo en Valencia, entrad que ya es nuestra casa.
Estas tierras por vosotras yo me las tengo ganadas».
Madre e hijas se emocionan y las manos le besaban;
para mayor honra suya ellas en Valencia entraban.

*Cantar de Mio Cid* (versión adaptada)

| | | | | |
|---|---|---|---|---|
| **DRAMÁTICA** | **TRAGEDIA**: obra de teatro protagonizada por personajes **nobles** que se dejan arrastrar por sus **intensas pasiones**, se enfrentan inútilmente con un destino adverso y, al final, mueren. Pretende provocar una **conmoción** espiritual o moral en el espectador. | **COMEDIA**: obra de teatro protagonizada por **personajes de la vida cotidiana** que se enfrentan a conflictos generados por **vicios y defectos comunes**. Su finalidad es provocar la **risa** en el espectador. | **DRAMA**: obra teatral en la que **se mezclan** elementos de la **comedia** y del **drama**. Se denomina también **tragicomedia**. | **AUTO SACRAMENTAL**: obra religiosa que adopta la forma de **alegoría** (los actores representan figuras simbólicas, como el Bien, el Padre, etc.). Su finalidad es adoctrinar en los fundamentos de la religión católica. |
| **DIDÁCTICA** | **DIÁLOGO**: texto en el que, mediante **el intercambio de reflexiones y preguntas** entre dos o más personajes, el autor expone sus ideas sobre un determinado tema. | **ENSAYO**: texto en prosa en el que se **reflexiona** sobre un tema humanístico o científico desde una **perspectiva subjetiva**, con un **estilo ameno** y voluntad por parte del escritor de **influir en el lector**. | **FÁBULA**: creación literaria (en prosa o verso) protagonizada por **animales** que ejemplifican vicios o malas costumbres, y de la que se desprende una **moraleja** final. | **PROVERBIO**: sentencia **breve** de carácter **culto** que encierra una enseñanza práctica o moral. (Su origen culto lo diferencia del **refrán**, de tradición popular). |

## ACTIVIDADES

**E**

A un panal de rica miel
dos mil moscas acudieron,
que por golosas murieron,
presas de patas en él.
Otra dentro de un pastel
enterró su golosina.
Así, si bien se examina,
los humanos corazones
perecen en las prisiones
del vicio que los domina.

F. M. Samaniego

**F**

CRISTINA: Hola, Manuel, ¿traes cintas de raso para unas camisas?
MOZO 2: ¡Claro que sí, y muy lindas!
CRISTINA: Pues entra, que mi señora las necesita.
SOLDADO: (*Para sí.*) ¡Oh, estrella del norte! ¿Por qué marcas mi perdición en lugar de mi esperanza? (*Al mozo.*) ¡Eh, Cinta-trenzada o como te llames! Dime, ¿conoces a esa doncella que te llamó desde la ventana?
MOZO 2: Sí la conozco, pero, ¿por qué me pregunta eso vuestra merced?
SOLDADO: ¿Y no te parece que tiene una cara muy bonita y mucha gracia?
MOZO 2: Pues sí que me lo parece.
SOLDADO: (*Airado.*) ¡A mí lo que me parece es que tú no vas a entrar en esa casa, porque si no, voto a Dios que te moleré los huesos sin dejarte ninguno sano!
MOZO 2: ¿Cómo dice? ¿Acaso no puedo yo entrar a donde me llamen y vender mi mercancía?

Miguel de Cervantes, *La guarda cuidadosa*, Editorial Bambú

**G**

Ayúdame, esposa mía, a llorar la dolorosa llaga de este final nuestro. (*Hablando a los amigos y notables de la ciudad que van llegando para asistir al duelo.*) ¡Oh, gentes que venís a acompañarme en mi dolor; oh, amigos y señores, ayudadme a sobrellevar mi pena! (*Se dirige al cadáver de Melibea.*) ¡Oh, hija mía y mi bien todo, qué gran crueldad sería que yo te sobreviviera! La gran tristeza que te ha consumido ha alterado el orden de la muerte, porque mis sesenta años eran más merecedores de sepultura que tus veinte.

Fernando de Rojas, *La Celestina*, Editorial Bambú

**5** Señala las características de cada género que se aprecian en cada uno de los textos de la actividad anterior.

**6** ¿En qué subgénero se puede clasificar cada texto? Justifica tu respuesta.

**7** Inventa un texto teatral a partir del texto **D**. Resume parte de la información del narrador en forma de acotaciones.

**8** Transforma el texto **E** en un fragmento narrativo. Debes evitar las recurrencias rítmicas, especialmente la rima.

# 6. Las figuras literarias o retóricas

Son **combinaciones de palabras que aportan un valor expresivo** y que, al ser **poco habituales**, sorprenden al lector.

### INFORMACIÓN INNECESARIA

**Epíteto:** **adjetivo innecesario** que se añade al sustantivo para expresar una cualidad que se sobreentiende en este.

> En tanto que de rosa y azucena
> se muestra la color en vuestro gesto,
> y que vuestro mirar ardiente, honesto
> con **clara** luz la tempestad serena.
> Garcilaso de la Vega

**Pleonasmo:** empleo de **palabras innecesarias** para comprender un determinado mensaje.

> **De los sus ojo** tan tristemente llorando.
> *Cantar de Mio Cid*

### ACUMULACIÓN DE INFORMACIÓN SOBRE UN MISMO TEMA

**Perífrasis:** **rodeo** con el que se expresa una idea en lugar de designarla con el término preciso.

> Allegados son iguales
> **los que viven por sus manos**
> y los ricos.
> Jorge Manrique

**Enumeración:** relación de **diversos elementos** que integran un conjunto de objetos, cualidades o acciones.

> Era mintroso, bebdo, ladrón e mesturero,
> tahúr, peleador, goloso, refertero,
> reñidor e adevino, suzio e agorero,
> nesçio e pereçoso: tal es mi escudero…
> Juan Ruiz, *Libro de buen amor*

**Gradación:** **enumeración** de elementos que sigue un orden **ascendente** o **descendente** en intensidad.

> … guerras, asolamientos, fieros males,
> entre tus brazos cierras.
> Fray Luis de León

### SUPRESIÓN DE INFORMACIÓN

**Asíndeton:** **omisión** de **nexos** sintácticos (conjunciones).

> Acude, acorre, vuela,
> traspasa la alta sierra, ocupa el llano.
> Fray Luis de León

**Elipsis:** **omisión** de alguna **palabra**, que puede ser sobreentendida por el contexto.

> Lo bueno, si breve, dos veces bueno.
> Baltasar Gracián

### REPETICIÓN DEL MISMO ELEMENTO

**Aliteración:** **repetición** de **sonidos**, especialmente consonánticos.

> En el **s**ilencio **s**olo **s**e e**s**cuchaba
> un **s**u**s**urro de abeja**s** que **s**onaba.
> Garcilaso de la Vega

**Anáfora:** **repetición** de la misma **palabra** al **comienzo** de diferentes versos o frases.

> **Temprano** levantó la muerte el vuelo,
> **temprano** madrugó la madrugada,
> **temprano** estás rodando por el suelo.
> Miguel Hernández

**Polisíndeton:** **repetición** de **conjunciones coordinadas**.

> Soy un fue **y** un será **y** un es cansado.
> Francisco de Quevedo

**Paralelismo:** **repetición** de **estructuras sintácticas**.

> a sus suspiros, sorda,
> a sus ruegos, terrible,
> a sus promesas, roca.
> Tirso de Molina

## ENTONACIÓN EXPRESIVA E INTERROGATIVA

**Interrogación retórica:** **pregunta** sobre la que **no se espera respuesta**, dado que el emisor ya sabe cómo se ha de responder.

> ¿Qué se hizo el rey don Juan?
> Los infantes de Aragón,
> ¿qué se hicieron…?
> Jorge Manrique

**Apóstrofe:** **llamada apasionada e impetuosa** que el autor dirige a **personas, seres abstractos o elementos de la naturaleza**.

> ¡Oh, envidia, raíz de infinitos males, y carcoma de las virtudes!
> Miguel de Cervantes

**Exclamación:** **expresión con entonación admirativa** mediante la que se manifiestan **sentimientos** o **emociones**.

> ¡Qué pequeño sobre el río,
> y qué grande sobre el pasto
> la sombra que proyectaba!
> Rafael Alberti

## ORDEN DE LAS PALABRAS

**Hipérbaton:** **alteración** o inversión del **orden lógico** que tienen las palabras en la oración.

> Alma son de mis cantares
> tus hechizos…
> Manuel Machado

**Encabalgamiento:** **interrupción** o ruptura de una estructura sintáctica al coincidir con el final del verso.

El encabalgamiento puede ser **abrupto**, cuando la estructura sintáctica termina en la mitad del verso siguiente, o **suave**, si abarca completamente dicho verso.

> Al borde del abismo estoy clamando
> a Dios. Y su silencio retumbando,
> ahoga mi voz en el vacío inerte.
> Blas de Otero

## JUEGOS CON LA LÓGICA

**Calambur:** **coincidencia de las mismas sílabas en diferente posición gramatical**, de forma que suenan igual pero tienen diferentes significados.

> Si el **rey no** muere, el **reino** muere.

**Paronomasia:** coincidencia en un mismo texto de palabras que se pronuncian y escriben de forma muy parecida, pero con **significados diferentes**.

> ¡**Hola**!, que me lleva la **ola**.
> Lope de Vega

**Ironía:** manera de sugerir algo **diciendo lo contrario de lo que se piensa**, de modo que el receptor capte lo que se quiere comunicar.

> Con muchísimo respeto
> os he de ahorcar, vive Dios.
> Calderón de la Barca

**Personificación:** atribución de cualidades o **rasgos humanos** a un **animal** u **objeto**.

> Sin reglas del arte
> borriquitos hay
> que una vez **aciertan**
> por casualidad.
> Iriarte

**Animalización:** atribución **a un ser humano** de **rasgos** propios de un **animal**.

> Zaratustra, **abichado** y giboso, la cara de **tocino** rancio…
> Ramón M.ª del Valle-Inclán

**Antítesis:** contraposición expresiva de dos palabras o frases que tienen **significados opuestos**.

> Cuando quiero llorar, **no lloro**,
> y a veces **lloro** sin querer.
> Rubén Darío

**Hipérbole:** exageración de cualidades o acciones.

> Tanto dolor se agrupa en mi costado,
> que por doler, **me duele hasta el aliento**.
> Miguel Hernández

## ACTIVIDAD

**9** Localiza las figuras retóricas de estos textos.

**A**

Tú eres
lo que soy, lo que fui, lo que debemos
amparar, el fraternal subsuelo
de América purísima, los sencillos
hombres de los caminos y las calles.

Pablo Neruda

**B**

Con su sol enjuga
sus blancas perlas;
si una flor le quita
dos mil engendra.

Lope de Vega

**C**

¡Caballero errante de los caballeros,
varón de varones, príncipe de fieros,
par entre los pares, maestro, salud!

Rubén Darío

**D**

Por ti la verde hierba, el fresco viento,
el blanco lirio y colorada rosa
y dulce primavera deseaba.

Garcilaso de la Vega

**E**

Cerrar podrá mis ojos la postrera
sombra que me llevare el blanco día
y podrá desatar esta alma mía
hora a su afán ansioso lisonjera.

Francisco de Quevedo

**F**

Vinieras y te fueras dulcemente,
de otro camino
a otro camino. Verte,
y ya otra vez no verte.
Pasar por un puente a otro puente.

Vicente Aleixandre

**G**

Ángel de luz, ardiendo,
¡oh, ven!, y con tu espada
incendia los abismos donde yace
el subterráneo ángel de las nieblas.

Rafael Alberti

**H**

En tierra, en humo, en polvo, en sombra, en nada.

Luis de Góngora

**I**

¡Ah de la vida!... ¿Nadie me responde?
¡Aquí de los antaños que he vivido!

Francisco de Quevedo

**J**

La delicia, el poder, el pensamiento
aquí descansan.

Luis Cernuda

**K**

¡Qué gran torero en la plaza!
¡Qué buen serrano en la sierra!
¡Qué blando con las espigas!
¡Qué duro con las espuelas!

Federico García Lorca

**L**

Y yo me iré. Y se quedarán los pájaros
cantando;
y se quedará mi huerto, con su verde árbol,
y con su pozo blanco.

Juan Ramón Jiménez

**M**

Abenámar, Abenámar,
moro de la morería,
el día que tú naciste
grandes señales había.

**N**

Sombra que me llevare
el blanco día.

Francisco de Quevedo

**Ñ**

Me dijo una tarde
de la primavera:
si buscas caminos
en flor en la tierra,
mata tus palabras
y oye tu alma vieja.

Antonio Machado

**O**

¿Siempre se ha de sentir lo que
se dice?

Francisco de Quevedo

**P**

¡Ah! ¿No es cierto, ángel de amor,
que en esta apartada orilla
más pura la luna brilla
y se respira mejor?

José Zorrilla

## DESCRIPCIÓN DE PERSONAJES

**Prosopografía:** descripción de los **rasgos físicos**.

**Etopeya:** descripción de los **rasgos psíquicos**.

**Retrato:** descripción de los **rasgos físicos** y **psíquicos**.

## ASIGNACIÓN DE NOMBRES IMAGINARIOS: TROPOS

**Metáfora:** manera de designar una **realidad con el nombre de otra** porque se da algún tipo de **semejanza** entre ambas. En toda metáfora debemos distinguir el término real (R) y el término imaginario (I).

**Tipos de metáforas:**

a **Impura**: aparecen expresados ambos elementos.
- **R es I**: nuestras vidas (R) son los ríos (I)
- **I es R**: herramienta (I) es tu risa (R)

b **Pura**: solo aparece expresado el **elemento imaginario** (I). El lector debe averiguar cuál es el término real (R).

> Coged de vuestra alegre (I) **primavera** [juventud (R)]
> (I) **el dulce fruto** [placeres (R)] antes que el tiempo airado
> cubra de (I) **nieve** [canas (R)] **la hermosa** (I) **cumbre** [cabeza (R)]
>
> Garcilaso de la Vega

**Sinestesia:** es un tipo de metáfora que consiste en asociar una sensación a un sentido que no le corresponde: *tranquilidad* ***violeta*** (Juan Ramón Jiménez) → *palabras* ***ásperas*** (lengua coloquial).

**Comparación** o **símil:** **relación de semejanza** que se establece entre dos realidades. Utiliza el nexo ***como*** o **locuciones comparativas**. **No se da la identificación** entre los objetos comparados, lo que sí ocurre en la metáfora.

> **Como pañuelos** blancos de adiós viajan **las nubes**...
>
> Pablo Neruda

**Alegoría:** manera de expresar una información utilizando **varias metáforas seguidas**, de forma que se debe ir descubriendo el significado que verdaderamente se quiere transmitir a partir de lo que se dice (significado literal).

| **Significado literal** | **Significado figurado** |
| --- | --- |
| Pobre **barquilla** mía | vida |
| entre **peñascos** rota | peligros |
| **sin velas** desvelada | desvalida |
| y entre las **olas** sola... | peligros del mundo |

Lope de Vega

## ACTIVIDADES

**10** Identifica las figuras literarias destacadas.

**A**

Los ojos verdes, rasgados; las pestañas luengas; las cejas delgadas e alçadas; la nariz mediana; la boca pequeña; los dientes menudos e blancos; los labios colorados e grosezuelos...

Fernando de Rojas, *La Celestina*

**B**

Y miraba a su amiga de adolescencia, a la gritona y vaga y vivísima Sara Gross...

Francisco Ayala, *Historias de macacos*

**C**

Chico de Madrid era bisojo y autodidacto, sucio y tristón, colillero vicioso y rondador de cuarteles en busca del pre sobrante...

Ignacio Aldecoa, *Cuentos*

**11** Identifica las comparaciones y las metáforas, y di de qué tipo son estas.

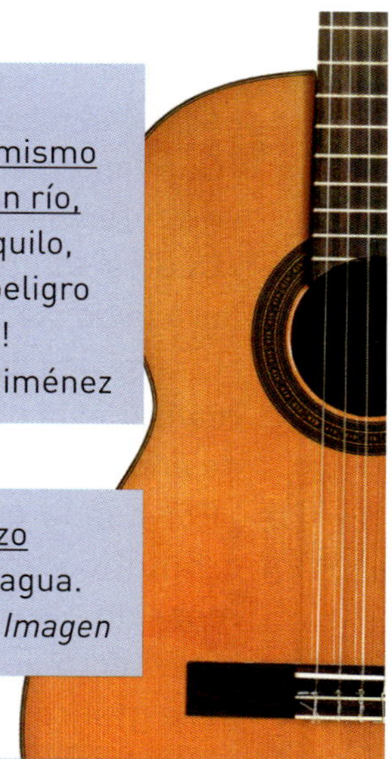

**A**

Tranquilo.
Pero, por dentro, lo mismo
que el remolino de un río,
por encima tan tranquilo,
¡qué martirio! ¡qué peligro
de corazón retorcido!

Juan Ramón Jiménez

**B**

La guitarra es un pozo
con viento en vez de agua.

Gerardo Diego, *Imagen*

**C**

Las barcas de dos en dos,
como sandalias al viento
puestas a secar el sol.
Yo y mi sombra, ángulo recto.
Yo y mi sombra, libro abierto.

Manuel Altolaguirre, *Las islas invitadas*

**12** **Letra y música**. Realiza estas actividades sobre las figuras literarias. PDF

## GRÁFICA

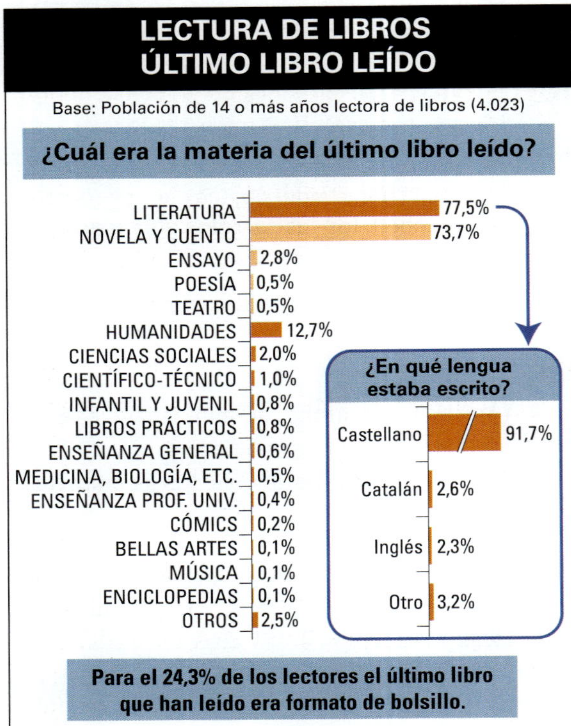


Hábitos de lectura y compra de libros en España 2012

**«¡Leer es un placer!»**
**La lectura de más o menos entretenimiento**

Es la más propia del tiempo de ocio, se asocia a un cierto placer, relajamiento, «desconexión»... que cada persona satisface con un tema o género diferente en función de sus gustos, intereses o aficiones particulares y que pueden ir desde la caza y pesca hasta la cocina, pasando por la novela histórica o la prensa y revistas e, incluso, lecturas de carácter profesional. La asociación de la lectura con el «placer» refiere a un placer sentido de forma personal e individual porque la lectura, dicen algunos, «es para ti». Volviendo a una expresión anterior, la «lectura con mayúsculas», se asocia con aquella que produce una cierta «satisfacción» y este tipo de lectura, otra vez, resulta asociada «mayoritariamente» a la narrativa. También, algunos entrevistados dicen sentir satisfacción o «disfrutar» con la lectura del periódico, de blogs, etc. Esta lectura «por placer» es, además, la considerada lectura por excelencia. Este «placer», también, puede identificarse con diversos aspectos según las personas y sus posibles diferentes circunstancias de, por ejemplo, tranquilidad, aprendizaje, relajación, distracción...

José Antonio Millán,
*La lectura en España, informe 2008*

### 1 CL Comprensión

- **a** Escribe el tema de la gráfica, y el tema del texto. ¿Qué tienen en común ambos temas? ¿En qué se diferencian?
- **b** ¿Cuáles son la materia y la lengua del último libro leído con mayor porcentaje?
- **c** ¿Cuál es la franja de edad que se ha fijado para realizar esta encuesta? ¿Cuál ha sido el número de encuestados?
- **d** ¿Por qué la gráfica presenta en distinto tono cromático los resultados en *literatura*, con respecto a *novela y cuento*?
- **e** ¿Qué información aporta el recuadro azul inferior de la gráfica?
- **f** ¿Qué dato explica que el porcentaje de lectores de literatura infantil y juvenil sea sumamente bajo?
- **g** ¿Qué significa el título del texto? ¿Te parece objetivo o subjetivo?
- **h** ¿Con qué aspectos se identifica el placer de leer?
- **i** ¿A qué género literario se asocia mayoritariamente la lectura placentera? ¿Estás de acuerdo con ello?
- **j** Según el texto, ¿el placer de leer solo se consigue con la lectura de libros?

### 2 CM Cálculo

- **a** CA Infórmate en página 201 y resume en tres líneas qué es un ensayo. Calcula con los datos de la gráfica el número de lectores encuestados cuyo último libro leído ha sido un ensayo.
- **b** Calcula el número de lectores cuyo último libro leído no es de bolsillo.
- **c** CS **Inferencia.** La gráfica refleja unos bajos resultados en la lectura de libros científicos y técnicos. ¿Se deduce necesariamente de ese dato que solo un 1% de los mayores de 14 años lee este tipo de libros en España? Razona tu respuesta.

**3** CS Busca en el enlace y di qué significan las siglas **I+D+i**.

**4** CS **Realización de una encuesta.** Realiza una encuesta a 20 personas con la pregunta «¿Cuál es la materia del último libro que has leído?». Calcula los porcentajes y comprueba si coinciden con los de la gráfica en los datos fundamentales.

**5** CI **Elaboración de una campaña publicitaria.** Dibuja un cartel e inventa un eslogan para promocionar en tu centro escolar la lectura de libros.

**ANTES DE LEER**

En la isla de Ataraxia, situada muy lejos de Europa, todo es felicidad y armonía. Las autoridades han creado una población libre, igual, fraternal y exenta de leyes... El orden es tan perfecto que el Consejo de Gobierno no tiene necesidad de intervenir. Pero algo intolerable para las autoridades comienza a extenderse por el país. Algunos ataraxianos, aburridos de tanto inmovilismo social, empiezan a mostrar inclinaciones literarias y a escribir poesía lírica, novelas y obras de teatro. Alarmado, el Presidente del Gobierno afirma tajantemente: «En Ataraxia no necesitamos ni poetas, ni novelistas ni dramaturgos». Las autoridades consideran que artistas e intelectuales representan el desorden, porque siempre están disconformes con el mundo que les rodea y difunden una nueva manera de ver las cosas; algo peligroso e innecesario, dado que Ataraxia es una sociedad perfecta. Para reprimir a los artistas y escritores, se inventa una máquina extraordinaria. Los miembros del Gobierno se desplazan a casa del inventor para ver cómo funciona.

La sala era amplia, clara, ventilada. El sol entraba por las anchas ventanas. Todos los sutiles, complicados aparatos, se veían allí relucientes, brillantes, como si acabaran de ser fabricados. El principal era el transformador. Este ya funcionaba desde hacía tiempo. Al inventor no le habían levantado una estatua porque en Ataraxia no se usan cosas tan desagradables. Gracias al transformador había podido continuar en la isla la vida sosegada, serena, dulce, dichosa. El aparato era sencillo. Cuando un ataraxiano se sentía acometido de una idea artística, se le llevaba a la ancha y clara sala. En el cerebro de ese ciudadano había surgido la visión genial de una novela, de un poema, de una comedia. Y en el taller donde se hallaba el transformador, toda la fuerza psíquica de esa concepción genial, toda esa energía se iba transformando en otra fuerza, en otra energía. Ahora, una porción de pequeños ingenios y artefactos se movían gracias a esa fuerza mental. Una gran acción representa la fuerza de multitud de pequeñas acciones; pero una idea genial, la concepción de un bello poema, por ejemplo, representa también una fuerza que –gracias al maravilloso transformador– puede ser utilizada industrialmente.

Y así, en Ataraxia, las ideas de un novelista, de un dramaturgo, de un poeta, colocados estos intelectuales en la sala del transformador, hacían moverse pequeñas maquinarias que producían objetos útiles en la vida diaria. Un poema, por ejemplo, se transformaba en peines, o en jabón, o en cepillos. Se libraban así los ataraxianos de un peligro evidente; quedaban a salvo los grandes principios sociales; no se alteraba la paz... y en cambio, tenían, para sus pequeñas industrias, una fuerza antes desconocida.

«Azorín», *Los intelectuales* (texto adaptado)

### Análisis y valoración del contenido

**1** CD Di el significado de las palabras subrayadas.

**2** ¿Por qué las autoridades de la isla de Ataraxia desconfían de los escritores? ¿El invento para reprimir a los literatos está formado solo por un transformador? Razona tu respuesta.

**3** ¿En qué se transforma la energía psíquica de los escritores: en peines o en otra energía?

**4** Escribe el tema del texto. ¿Cuál es la intención del autor?

**5** Divide el texto en tres partes. ¿Qué se dice en ellas?

**6** ¿Qué es una «comedia»? ¿A qué género literario pertenece la novela? ¿Cuáles son los subgéneros fundamentales de la lírica?

**7** ¿Crees que una sociedad puede ser libre y feliz solo con la industria, y reprimiendo a los intelectuales y literatos? Razona tu respuesta.

### Reflexión y valoración de la forma

**8** ¿En qué persona se narra esta historia?

**9** Demuestra con expresiones del texto que el narrador es subjetivo.

**10** En el texto hay dos descripciones. Explica qué se describe en cada caso.

**11** Identifica dos enumeraciones. ¿Por qué las utiliza el autor?

**12** Localiza un adjetivo valorativo, otro descriptivo y un epíteto.

**13** Este fragmento pertenece a un cuento. ¿A qué género literario pertenece el cuento?

**14** ¿Este cuento es realista o alegórico?

**15** CA **Literatura comparada.** Infórmate en Wikipedia sobre la obra de George Orwell titulada *1984* y explica si tiene un tema parecido a este texto.

# 2

REPASA LA UNIDAD

# Tradición oral y narrativa culta

**Educación literaria**

**La Edad Media: contexto histórico y características generales**

**1** La sociedad medieval en la literatura

**Poesía narrativa popular**

**2** Poesía épica: el mester de juglaría (siglo XII). El *Cantar de Mio Cid*

**Poesía narrativa culta**

**3** Poesía narrativa: el mester de clerecía (siglos XIII-XIV)

**4** El mester de clerecía: siglo XIII. Gonzalo de Berceo

**5** El mester de clerecía: siglo XIV. El arcipreste de Hita: *Libro de buen amor*

**Prosa castellana**

**6** La prosa medieval. Orígenes y expansión del castellano

**7** La prosa culta del siglo XIII. Alfonso X el Sabio

**8** La prosa de ficción del siglo XIV. Don Juan Manuel

**Evolución de temas y formas: cuento medieval y microrrelato**

**Literatura comparada. Ayer**

*El libro de Ysopet*

**Literatura comparada. Hoy**

*La sirena viuda*, Mario Benedetti

**Practica tus competencias**

**Texto informativo: pliego técnico**

Mercado medieval *Los Silos*

**Texto literario**

*Cantar de Mio Cid*

**Lectura: seguimiento en el aula y trabajo en grupos**

*El conde Lucanor*, don Juan Manuel

## TE LO CUENTO

*¿Sabes que soy capaz de memorizar dos mil versos con oírlos una sola vez? Los juglares poseemos esta facultad. Reconozco que tenemos nuestros trucos, pero también una memoria prodigiosa. Me dedico a contar emocionantes historias a gente que no sabe leer, y cuando se me acaba el repertorio, me vuelvo bufón. Me llaman Alonso el Bardo, y voy a contaros cómo éramos los europeos en ese periodo histórico tan amplio denominado Edad Media.*

## Mil años de historia entre dos imperios derrotados

La Edad Media es un periodo de casi mil años comprendido entre la caída del Imperio romano (476) a manos de los pueblos germánicos y la conquista de Constantinopla, capital del Imperio bizantino, por los turcos en 1453.

## Sociedad estamental muy rígida

La sociedad medieval estaba organizada en tres estamentos: nobleza, clero y pueblo llano. La nobleza y el clero, que disfrutaban de enormes privilegios, estaban especializados en la guerra y el rezo, respectivamente. Sus símbolos arquitectónicos eran el castillo y el monasterio. Por el contrario, el pueblo llano, que vivía en condiciones miserables, estaba encargado de las tareas agrícolas y artesanales.

## Obediencia a cambio de protección: la ley del feudalismo

La sociedad medieval funcionaba como una pirámide muy compleja de relaciones interpersonales, cuya regla fundamental era que el vasallo obedecía a su señor a cambio de que este lo protegiera. En realidad, todo noble era, a la vez, vasallo y señor.

## Sociedad guerrera

La Edad Media fue una época marcada por las guerras. Los conflictos bélicos más importantes de Europa fueron la invasión árabe de la península Ibérica (711) y la posterior Reconquista llevada a cabo por los reinos cristianos, las Cruzadas y la Guerra de los Cien Años. La guerra era una realidad tan presente en la sociedad medieval que se idealizó la figura de su principal protagonista: el héroe o caballero.

## Mentalidad religiosa

La sociedad medieval estaba impregnada de valores religiosos. La creencia fundamental es que Dios rige el destino de los hombres y determina la forma en que se ordena la sociedad (teocentrismo). Los hombres y las mujeres de la Edad Media creen que el mundo es un lugar de sufrimiento (valle de lágrimas), donde se enfrentan y conviven de manera cotidiana la virtud y el pecado, el placer y el dolor, lo sagrado y lo profano.

# La Edad Media

CARACTERÍSTICAS GENERALES

## La convivencia de tres culturas

### Toledo: un ejemplo de convivencia entre cristianos, árabes y judíos

A pesar de que hubo momentos de tensión social, las relaciones que se establecieron durante la Edad Media entre cristianos, árabes y judíos se basaban en la **tolerancia** mutua, y en numerosos casos asistimos a un **mestizaje cultural y artístico**. Los **mozárabes** (cristianos que vivían en territorio musulmán) influyeron, por ejemplo, en la poesía árabe. Los **mudéjares** (musulmanes que permanecieron en las zonas reconquistadas por los cristianos) dejaron su huella en la arquitectura. Los **judíos** colaboraron con cristianos y árabes en la Escuela de Traductores de Toledo.

Alfonso X con sus escribanos, según una miniatura de las *Cantigas de Santa María*.

### La Reconquista

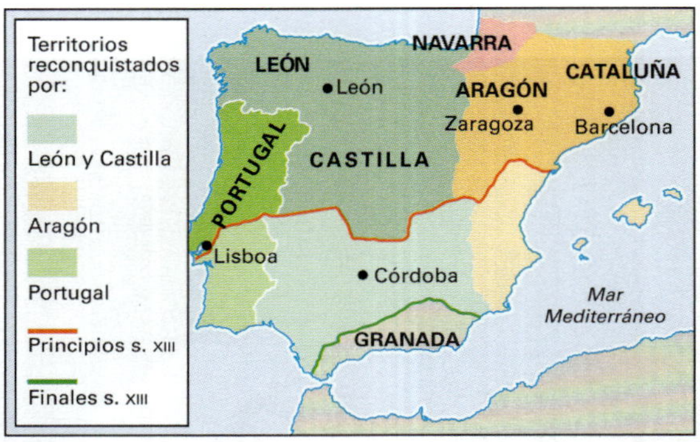


Tras quinientos años de Reconquista, el siglo XIII fue decisivo en el avance de las tropas cristianas. Solo el reino de Granada permaneció bajo soberanía árabe.

### La península Ibérica se fragmenta: nuevos reinos y lenguas

La fragmentación política y lingüística que se produjo en la península Ibérica durante la Edad Media fue resultado de la invasión árabe del año 711, que acabó con la **unidad lingüística y política del reino visigodo de Toledo**.

En efecto, tras la invasión musulmana, los visigodos se replegaron en las zonas montañosas del norte peninsular, donde organizaron diversos focos de resistencia cristianos. Al quedar incomunicados, estos núcleos de población, que hablaban inicialmente **latín**, evolucionaron de formas diferentes, lo cual dio lugar a diversos **reinos y lenguas romances**.

Las nuevas lenguas que se formaron en la Península a partir del latín fueron el **gallego-portugués**, el **asturleonés**, el **castellano**, el **aragonés**, el **catalán** y el **mozárabe**.

### La mentalidad medieval: tópicos

Los escritores medievales reflejan la forma de sentir y pensar de su época mediante temas recurrentes o tópicos:

- **El hombre está de paso en el mundo** (*homo viator*). El ser humano es un peregrino, un **viajero**, que está de paso en el mundo. La experiencia que este extrae de su viaje modifica su visión de la vida.
- **La vida es como un río** (*vita flumen*). La existencia humana se interpreta como el fluir de un río hacia el mar (la muerte).
- **La vida es un valle de lágrimas** (*lacrimarum valle*). El mundo es un lugar de sufrimiento que constituye la prueba que Dios pone al hombre para que este se pueda ganar la vida eterna.
- **Todos los hombres son iguales ante la muerte**. A pesar de las diferencias sociales, la muerte, que no se puede eludir, tiene el poder de igualar a todos los seres humanos.
- **El tiempo hace desaparecer lo más querido** (*ubi sunt?*). Nadie puede vencer el paso del tiempo y la muerte: todo se olvida y desaparece.

*El vendedor ambulante* (1494), El Bosco, obra que representa el *homo viator*.

**Ruta literaria:** Un viaje a los orígenes del castellano y su literatura

La vestimenta medieval

# 1. La sociedad medieval en la literatura

### LA LITERATURA MEDIEVAL ES UN REFLEJO DE LOS ESTAMENTOS SOCIALES

La sociedad medieval se organizaba de forma muy rígida. Cada estamento social tenía asignada una función, entre otras, la de consumir un determinado tipo de literatura con diferentes formas y propósitos.

**Literatura y cine:** Literatura medieval en el cine. Estética medieval: *El señor de los anillos*

| Estamentos sociales | Emisor, géneros y temas | Intencionalidad | Canal | Forma |
|---|---|---|---|---|
| **Nobleza** | poesía amorosa, cortesana, cantada por un trovador<br><br>**lírica culta** | **Difundir** en la corte los valores del amor platónico, basado en la superioridad de la dama y en la renuncia al amor carnal extramatrimonial. | Poemas cultos, escritos para ser cantados o leídos. Se han transmitido en cancioneros. | verso |
| **Clero** | poesía narrativa de temas religiosos escrita por monjes<br><br>**mester de clerecía** | **Moralizar** y adoctrinar a la población en los valores cristianos, de forma amena. | Poemas narrativos cultos escritos para ser leídos o recitados. Se han transmitido en manuscritos. | verso |
| **Pueblo llano** | **poesía lírica tradicional** | **Expresar** sentimientos (quejas de amor, canciones de boda, siega...). | Poemas de **tradición oral** destinados a ser cantados. | verso |
| | **poesía épica narrativa** de temas guerreros recitada por juglares<br><br>**mester de juglaría** | **Exaltar** los valores de la sociedad guerrera (heroísmo, obediencia...). | Poemas narrativos, llamados **cantares de gesta**, de carácter oral destinados a ser recitados. Se trata de poesía **tradicional**, cuyas características fundamentales son: | verso |

### TRANSMISIÓN ORAL

Dado que solo un porcentaje ínfimo de la población medieval sabía leer, las canciones y las leyendas se transmitían oralmente y no de forma escrita. Los artistas tenían en cuenta este hecho y elaboraban sus obras pensando en su auditorio: hacían frecuentes **llamadas a los oyentes para mantener su atención** y daban mucha importancia al ritmo de sus obras, ya que eran recitadas o cantadas.

### AUTOR COLECTIVO Y ANÓNIMO

En su origen, las canciones y leyendas medievales son obras elaboradas por autores individuales, cuyos nombres desconocemos, de ahí su carácter **anónimo**. Durante su posterior proceso de transmisión oral, estas obras experimentan tantas modificaciones, que se consideran de autoría **colectiva**.

Nobles y damas danzando al son de la música tocada por un juglar. Miniatura del siglo XV. Castillo de Chantilly (Francia).

# 2. Poesía épica: el mester de juglaría (siglo XII)

Se denomina **mester de juglaría** u **oficio de juglares** a una corriente literaria de la Edad Media cuya producción fundamental son **poemas narrativos** sobre **héroes épicos**, transmitidos de manera **anónima** y **oral**.

**EL OFICIO DE JUGLAR**

entretener

Los juglares **entretenían** al público con **espectáculos** muy variados basados en la danza, prestidigitación, títeres, música, canto… Algunos **se especializaron** en contar las **hazañas** de los **heroicos guerreros** de la Edad Media en unos relatos en verso que se denominan **cantares de gesta** (véase pág. 200).

informar

**Informaban** con datos **históricos** y **geográficos** muy concretos sobre los hechos bélicos más importantes que acontecían en una sociedad guerrera como fue la de la Edad Media; por eso los cantares de gesta castellanos resultan **tan realistas**.

**TÉCNICAS LITERARIAS**

- **Memorizaban** estos extensos poemas épicos y los recitaban con algún instrumento y valiéndose de la mímica.
- La **transmisión** era **oral**; por eso el estilo de estas obras tiene rasgos lingüísticos propios del habla y recursos como los **epítetos épicos**, que eran fórmulas expresivas de alabanza (*el que en buena hora ciñó espada*).
- La **métrica** es **irregular, aunque predominan los versos de dieciséis sílabas (este es el origen de la métrica de los romances).** Los juglares no se ajustaban tampoco a una estrofa fija, sino que agrupaban un número indeterminado de versos **asonantes** en **series o tiradas**.
- Asimismo, introducían **modificaciones** en sus relatos para adaptarlos al gusto del público o por simples fallos de memoria. Como cada juglar aportaba sus propias variantes, estos poemas, al final, resultan obras **anónimas** y **colectivas**, ya que no se puede atribuir la autoría a ninguno de ellos en particular.

Al ser obras de transmisión oral, casi todos los poemas épicos medievales se han perdido. El único que se conserva casi completo es el *Cantar de Mio Cid*, compuesto en el siglo XII por dos juglares. Si hoy podemos disfrutarlo es gracias a que un copista llamado Per Abat lo recogió en un manuscrito en el siglo XIV.

## ACTIVIDAD

**1** A la derecha te ofrecemos el comienzo del *Cantar de Mio Cid*. Recita el texto adaptado y contesta a las preguntas.

- **a** Di si la rima es asonante o consonante.
- **b** CD Busca en Internet el texto en versión original, y demuestra que hay irregularidad métrica.
- **c** Divide el texto en dos partes: ¿que se dice en cada una de ellas?
- **d** ¿Con qué signos se expresa dramáticamente que en el hogar del Cid ya no vive nadie?
- **e** ¿Resulta realista el texto?
- **f** CA Elabora un resumen de diez líneas sobra la información que te ofrecemos a continuación del *Cantar de Mio Cid*.

El héroe castellano ha sido desterrado por el rey Alfonso VI. Antes de partir para Burgos, el Cid (muy emocionado) vuelve la cabeza para mirar por última vez su casa.

Con lágrimas en los ojos, intensamente llorando,
la cabeza atrás volvía, y se quedaba mirándolos:
abiertas quedan las puertas, que ya no tienen candados,
quedan las perchas vacías, sin las pieles ni los mantos,
ya han volado los halcones y sus azores mudados[1].
Y en esto suspiró el Cid: se siente muy agraviado.
Alzó, no obstante, sus ojos, y dijo tan mesurado:
«¡Hoy gracias te doy, Señor Padre, que vives tan alto!
¡Ya ves qué han hecho conmigo mis enemigos malvados!».

*Cantar de Mio Cid* (texto adaptado)

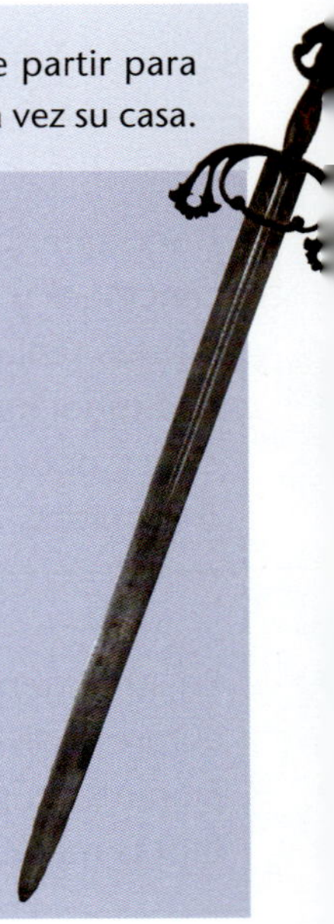

[1] **mudados**: aptos para la caza por haber mudado el plumaje.

LECTURA COMENTADA

## *Cantar de Mio Cid*
## La obra

### AUTORES Y COPISTA

**Autores:** dos juglares (siglo XII)
**Copista:** Per Abat (siglo XIV)

El *Cantar de Mio Cid* fue compuesto, probablemente, de forma oral en torno al año 1140. Intervinieron de manera decisiva en su creación dos juglares nacidos en tierras de Soria: uno de San Esteban de Gormaz y otro de Medinaceli. El primero nos da una visión más **realista** del Cid, quizá porque conoció de primera mano la historia de don Rodrigo Díaz de Vivar, héroe castellano. El segundo, más alejado temporalmente de los hechos, hace hincapié en aspectos más **novelescos**, como la cobardía de los infantes de Carrión o el sorprendente poder del Cid para amansar a un león solo con mirarlo.

### ESTRUCTURA EXTERNA, TEMA Y ESTRUCTURA INTERNA DE LA OBRA

**Estructura externa:** tres cantares
- *Cantar del destierro*
- *Cantar de las bodas*
- *Cantar de la afrenta de Corpes*

**Tema y estructura interna de la obra:** pérdida y recuperación de la honra por parte del héroe castellano. (Lee en orden la siguiente numeración que expresa los altibajos del proceso honra-deshonra del Cid.)

1 *Cantar del destierro*

**DESHONRA**
El Cid es injustamente desterrado de Castilla por el rey Alfonso VI. Don Rodrigo se ve obligado a abandonar su casa y a separarse de su esposa (doña Jimena) e hijas (Elvira y Sol), que quedan recluidas en un monasterio. Solo lo acompaña un puñado de fieles guerreros. Comienza la conquista de territorios a los árabes.

2 *Cantar de las bodas*

**RECUPERACIÓN DE LA HONRA**
- El Cid conquista Valencia a los árabes.
- El rey acepta los regalos del Cid y lo perdona. El héroe se reúne con su familia.
- Las hijas del Cid se casan por voluntad del rey con los condes de Carrión.

3 *Cantar de la afrenta de Corpes*

**NUEVA DESHONRA**
- **Pérdida del honor:** las hijas del Cid son maltratadas en el robledal de Corpes por sus esposos, que se vengan así del Cid porque estaban resentidos por la fama de cobardes que se habían ganado en Valencia.
- **Pérdida económica:** los condes de Carrión escapan, además, con la cuantiosa dote que les ha entregado el Cid por haber contraído matrimonio con sus hijas.

4 *Cantar de la afrenta de Corpes*

**RECUPERACIÓN DEFINITIVA DE LA HONRA**
- Se convocan las Cortes en Toledo para tratar específicamente la humillación sufrida por el Cid.
- Las Cortes obligan a los condes de Carrión a devolver la cuantiosa dote al Cid (**recuperación económica**).
- Tres fieles guerreros del Cid derrotan a los condes de Carrión en unas justas (**recuperación de la honra**).
- Tras anular el matrimonio anterior, el rey casa a las hijas del Cid con los infantes de Navarra y Aragón. Así, la familia del Cid pasa a formar parte de la casa real: **máxima honra**.

LECTURA COMENTADA

## *Cantar de Mio Cid*
## El héroe

**Ruta literaria:** El Cid parte al destierro

### BUEN VASALLO

El retrato que los juglares nos ofrecen del Cid subraya su condición de buen vasallo, buen padre, intachable cristiano, valiente y astuto guerrero. En el siguiente texto, el Cid, teniendo poder para ello, no quiere quebrantar las órdenes del rey. Tras abandonar su casa, llega a Burgos con unos cuantos guerreros fieles. Con ellos se dirige a una posada (es la primera etapa del destierro y necesitan provisiones). Pero encuentran todas las puertas cerradas. El texto comienza cuando sus hombres, a gritos, piden que les franqueen la entrada.

Los guerreros de mio Cid dicen a voces que abran,
pero están dentro con miedo, y no responden palabra.
Aguijó el Cid su caballo y a la puerta se acercaba;
el pie sacó del estribo y la puerta golpeaba.
Nadie la pudo abrir, que estaba muy bien cerrada.
Una niña de nueve años se acercó y así le hablaba:
«¡Oh Campeador, que en buena hora ceñiste la espada!
Abriros lo prohíbe el rey, anoche llegó su carta
con advertencias muy graves, con lacre real sellada:
bajo ninguna razón podremos daros posada;
nos quitarán, si lo hacemos, nuestros bienes y las casas,
e incluso nos sacarán los ojos de nuestras caras.
Si nos causáis este daño, oh Cid, no ganaréis nada.
Mejor que os ayude Dios con toda su gracia santa».
Y cuando acabó de hablar, la niña tornó a su casa.
Comprende el Cid que es del rey de quien ya no tiene gracia.
Y se alejó de la puerta, por Burgos veloz pasaba;
y llegó a Santa María: allí del caballo baja,
allí se hincó de rodillas, y emocionado rezaba.
Terminada su oración, el Cid de nuevo cabalga.

*Cantar del destierro* (texto adaptado)

**2** Responde a las siguientes cuestiones.

**Comprensión**

**a** Enuncia el tema del texto. ¿Está relacionado con la pérdida de la honra del Cid? ¿Por qué?

**Estructura interna**

**b** Divide el texto en tres partes:
**1** llegada a la posada
**2** alocución de la niña
**3** reacción del Cid

**Voz del narrador**

**c** Señala las partes en las que habla el narrador.

**Personaje**

**d** ¿Qué imagen del Cid nos ofrece el narrador en los últimos tres versos?

**Acción**

**e** En los últimos cinco versos la acción se hace más dinámica, es decir, adquiere un ritmo más rápido. ¿Por qué? (Fíjate en los verbos.)

**f** ¿Qué simboliza en el texto la niña de nueve años frente al Cid y sus guerreros?

**g** CS El comportamiento del rey Alfonso VI, ¿es propio de una monarquía parlamentaria o autoritaria? Justifica tu respuesta a partir de la información de este texto.

# 3. Poesía narrativa: el mester de clerecía (siglos XIII-XIV)

Se denomina **mester de clerecía** u **oficio de clérigos** a una corriente literaria de la Edad Media cuya producción fundamental son **poemas narrativos** de **contenido religioso escritos** por **autores individuales** y **cultos**.

Los juglares obtuvieron tanto éxito de público con los cantares de gesta, que los clérigos u hombres cultos del siglo XIII decidieron *competir* con una literatura más **culta**, **elaborada** y de contenido **moral**.

**MESTER DE CLERECÍA**

temas

Los clérigos narraron la **vida heroica de los santos**, los **milagros** de la Virgen María o relatos extraídos de la **Biblia**.

propósito

No se limitaban a crear una literatura para divertir, sino también para **enseñar** o **adoctrinar** en los principios de la religión cristiana (**didactismo**).

estilo

- Más **culto** y **elaborado** que el de los juglares:
  - Versos de arte mayor pero con **rima consonante**, más difícil que la asonante.
  - Inventaron la **cuaderna vía**, una estrofa formada por **cuatro versos monorrimos** de **catorce sílabas** o **alejandrinos**: (AAAA), lo que suponía contar escrupulosamente las sílabas.
- Imitaron algunas técnicas juglarescas para mantener la atención del auditorio.
- Usaron el **castellano** en lugar del latín, como era costumbre, para escribir sus obras.

## Gonzalo de Berceo, primer poeta español de nombre conocido

Los clérigos como Gonzalo de Berceo eran los hombres de cultura de la Edad Media: sabían leer y consultaban fuentes escritas para inspirarse y escribir sus obras. Sin embargo, sus narraciones en verso no estaban destinadas únicamente a ser leídas por un monje en la soledad de un monasterio, sino que se las entregaban a los juglares para que estos las recitaran ante un público amplio. Por eso los clérigos imitan algunas técnicas juglarescas.

Primera página de *La vida de San Millán* (siglo XIII), de Gonzalo de Berceo.

## ACTIVIDAD

**3** Lee los siguientes textos y contesta a las preguntas.

**A**

Hermoso oficio os traigo: no es de juglaría;
oficio es sin pecado, porque es de clerecía.
Mis versos riman como en la cuaderna vía,
contando bien las sílabas: esto es gran maestría.

*Libro de Alexandre* (texto adaptado)

**B**

Hombre que tiene clase, honra y mucho poder
lo que para él no quiere no debe a otros hacer,
pues muy de prisa todo lo podría perder,
y lo que él hizo a otros le pueden devolver.

Juan Ruiz, *Libro de buen amor* (texto adaptado)

- **a** Explica qué novedades literarias aportó el mester de clerecía en relación con el mester de juglaría, a partir del texto del *Libro de Alexandre*.
- **b** Demuestra que el texto **A** es una cuaderna vía.
- **c** ¿Por qué dice que es oficio «sin pecado»?
- **d** Explica a partir del texto **B** por qué el mester de clerecía tiene un propósito didáctico y moralizante.
- **e** CS ¿Qué planteamiento ético se desprende del texto **B**?

### Los monasterios, centros de cultura

Eran las **instituciones culturales** más importantes de la Edad Media. El de San Millán de la Cogolla (La Rioja) es considerado la cuna de la lengua y la literatura castellanas. Entre sus paredes se escribieron algunas de las primeras palabras romances que se conservan (*Glosas Emilianenses*). Allí nació también la literatura culta en lengua castellana (obras de Berceo).

# 4. El mester de clerecía: siglo XIII. Gonzalo de Berceo

Gonzalo de Berceo es el primer escritor en lengua castellana de nombre conocido. Nació a finales del siglo XII en Berceo (La Rioja). Su vida estuvo muy ligada al monasterio de San Millán de la Cogolla, donde se educó y, más tarde, como monje benedictino, desarrolló tareas administrativas. Berceo se identificó tanto con este monasterio que dedicó parte de su obra a **ensalzar** y **difundir** las figuras de los **santos** que habían tenido alguna relación con este importante centro religioso, económico y cultural de la Edad Media: *Vida de San Millán de la Cogolla, Vida de Santo Domingo de Silos* y *Vida de Santa Oria*.

Pero su **fama literaria** se debe fundamentalmente a su obra *Los milagros de Nuestra Señora*. Se trata de una colección de veinticinco relatos tomados de la tradición oral y escrita, que tienen el **propósito** de **despertar** en los fieles cristianos la **devoción** hacia la Virgen María. Esta obra se enmarca dentro de una corriente espiritual que fomentaba el culto mariano y que se generalizó en Europa durante los siglos XII y XIII. Berceo elabora la mayor parte de estos relatos siguiendo un esquema fijo. Veámoslo en el siguiente texto adaptado.

**El ladrón devoto**

Érase un ladrón malo que más quería hurtar
que acudir a la iglesia o los puentes alzar,
mal sabía las cosas de su casa administrar,
vicios tan malos no los podía dejar. [...]

Mucha maldad tenía, también una bondad
que mucho le valió y le pudo salvar:
creía en la Gloriosa con fuerza y voluntad,
la saludaba siempre junto a su Majestad. [...]

Como quien mal anda en mal ha de caer,
lo cogieron robando, y se vio detener;
sin argumentos para poderse defender,
lo juzgaron y en la horca ya lo van a poner. [...]

Lo llevó la justicia hacia una encrucijada,
donde estaba la horca por el concejo alzada;
le taparon los ojos con venda bien atada,
lo alzaron de la tierra con soga bien tensada. [...]

La Madre gloriosa, experta en socorrer
–pues suele a sus siervos sus penas resolver–,
a este condenado lo fue a favorecer,
le agradeció el servicio que él le solía hacer.

Puso bajo los pies donde estaba colgado
sus dos manos preciosas, lo tuvo así aliviado:
y nada hubo ya por que sentirse angustiado,
nunca estuvo tan bien, jamás mejor pagado.

Gonzalo de Berceo, *Los milagros de Nuestra Señora*

1 **Presentación: descripción del personaje como un fiel devoto de la Virgen**. En este caso, se trata de un ladrón que no cumple con sus deberes religiosos (acudir a misa) ni sociales (levantar puentes). A pesar de todo, Berceo nos adelanta que la fe en la Virgen lo salvará.

2 **Desarrollo: efectos negativos del pecado**. Por lo general, el protagonista es víctima de un grave daño, como la muerte o condenación eterna de su alma a causa de sus faltas. En este caso, el ladrón es sorprendido robando. Tras ser juzgado, es condenado a muerte.

3 **Desenlace: intervención de la Virgen, que salva milagrosamente al protagonista**. En este relato, la Virgen sostiene por los pies al ladrón para evitar que muera en la horca.

**Literatura y arte:** La vida de los santos y de la Virgen en el arte

## LECTURA COMENTADA

## *Los milagros de Nuestra Señora*, Gonzalo de Berceo

**4** Lee este texto adaptado y contesta a las preguntas.

**El paraíso de Berceo**

Yo, maestro Gonzalo de Berceo llamado,
yendo en romería, me vi dentro de un prado,
verde y muy sencillo, de flores bien poblado,
lugar muy agradable para un hombre cansado.

Daban mucho aroma las flores bien olientes,
a todo hombre refrescan las caras y las mentes;
de agua en cada esquina manaban claras fuentes,
en verano bien frías, en invierno calientes.

Abundancia había allí de árboles frutales,
higueras y granados, manzanos y perales,
y muchas otras frutas diversas y cabales,
ni agrias ni podridas, libres de estos males.

La verdura del prado, el olor de las flores,
las sombras de los árboles de tempranos sabores
refrescáronme todo y perdí los sudores;
vivir podría un hombre con aquellos olores.

Nunca encontré en el mundo lugar tan delicioso,
ni sombra tan amena, ni olor tan sabroso;
me quité algo de ropa, por yacer más gustoso,
y a la sombra me eché de un árbol muy hermoso.

*Nueve liras de hiedra y un secreto*,
Editorial Bambú

### Estilo literario de Berceo: juglar *a lo divino*

- Recursos apelativos (llamadas para atraer la atención del oyente), como los que empleaban los juglares.
- Lenguaje coloquial (uso de refranes y diminutivos).
- Rasgos humorísticos.
- Metáforas y comparaciones en las que los términos imaginarios son objetos cotidianos (realismo literario).

**a** CD CC Escucha el poema cantado en castellano antiguo.

**b** CC CD En el texto se describe por primera vez en castellano un paisaje ideal (*locus amoenus*), tópico que tendrá mucha importancia en el Renacimiento. Enumera los elementos paisajísticos que aparecen. Dibuja un *locus amoenus* con una aplicación digital.

**c** ¿Qué beneficios encuentra el peregrino al verse en ese lugar tan agradable?

**d** CS ¿Cómo entiendes tú la naturaleza: un bello lugar para descansar, como Berceo o, tal vez, para hacer deportes de riesgo?

**e** CC CD Infórmate en el enlace y resume la leyenda de la casulla de san Ildefonso.

**f** Los versos que leerás a continuación, que están escritos en su versión original, pertenecen a esa leyenda. Mide los versos e indica qué nombre reciben. ¿Qué tipo de rima presentan? ¿Cómo se llama la estrofa?

Mandó a sus ministros la casulla traer
por entrar a la missa, a confessión fazer,
mas non li fo sofrido nin ovo él poder,
ca lo que Dios non quiere nunqua puede seer.

# 5. El mester de clerecía: siglo XIV. El arcipreste de Hita: *Libro de buen amor*

### NARRACIÓN AUTOBIOGRÁFICA: AMOR CASI SIEMPRE FRUSTRADO

El protagonista del *Libro de buen amor*, obra escrita en 1350, es un personaje llamado Juan Ruiz, arcipreste de Hita; pero no hay datos históricos concluyentes para poder afirmar que ese sea el nombre del autor de esta obra.

El *Libro de buen amor* es una **narración ficticia de carácter autobiográfico** (contada en primera persona) cuyo tema fundamental es la **búsqueda del amor**. Está compuesto por episodios muy variados, pero la constante que da unidad a la obra es el deseo del protagonista de emparejarse con las mujeres más características de la sociedad castellana de la Edad Media (damas de la nobleza, doncellas, monjas, serranas, viudas, moras...). Pero, por diferentes motivos, casi siempre **fracasa.**

### EL ARTE DE AMAR: CONSEJOS DE DON AMOR AL ARCIPRESTE DE HITA

Desesperado por sus continuos fracasos amorosos, una noche se le aparece el dios Amor y le explica que debe seguir unas reglas para asegurarse el triunfo en sus aventuras amorosas: mantener la higiene corporal, no beber mucho vino, tocar algún instrumento musical, hablar moderadamente, no ser perezoso, tener dinero... Y, sobre todo, debe servirse de una alcahueta.

### TROTACONVENTOS: ANTECEDENTE DE LA CELESTINA

El arcipreste obedece a don Amor y se hace con los servicios de una alcahueta y hechicera, llamada Trotaconventos. Su condición de vendedora ambulante le abre las puertas de cualquier casa. Dotada de gran astucia, es portadora de mensajes y regalos con los que intenta persuadir a las mujeres que sus clientes solicitaban. Trotaconventos es, pues, un antecedente literario de Celestina, la vieja que ideó Fernando de Rojas a finales del siglo XV.

### PRIMERA CONQUISTA AMOROSA: CASAMIENTO DE DON MELÓN Y DOÑA ENDRINA

Trotaconventos empareja al arcipreste, que en este episodio recibe el nombre de don Melón de la Huerta, con doña Endrina: una joven y bella viuda de la que se ha enamorado. Esta historia, que acaba en boda, es el episodio más extenso del *Libro de buen amor.*

## ACTIVIDADES

**5** Retrato de ella. Lee el texto y realiza las actividades.

¡Ay, Dios! ¡Cuán hermosa viene doña Endrina por la plaza!
¡Qué talle y qué donaire! ¡Qué alto cuello de garza!
¡Qué cabellos, qué boquita, qué color, que buena andanza!
Con saetas de amor hiere cuando sus ojos los alza.

Mas no era sitio la calle para hablarle yo de amores;
enseguida me vinieron muchos miedos y temblores,
sentí que mis pies y manos no eran de sí señores:
perdí seso, perdí fuerza, mudáronse mis colores.

*Libro de buen amor* (texto adaptado)

- **a** Identifica los rasgos de la etopeya y de la prosopografía de doña Endrina.
- **b** CS CC ¿Coincide la belleza de doña Endrina con el canon de belleza de la publicidad actual?
- **c** ¿Cómo valoras la reacción psicológica del arcipreste al ver a doña Endrina?
- **d** Identifica en el texto: metáfora, exclamación, apóstrofe y aliteración.

**6** Retrato de él. Lee el texto y realiza las actividades.

Dueña, –dijo la vieja– yo lo veo a menudo:
es muy ancho de cuerpo, piernas fuertes, membrudo,
cabeza no pequeña, velloso, pescozudo,
el cuello no muy largo, pelinegro, orejudo;

las cejas separadas, negras como el carbón
es erguido su andar, tiene aires de pavón;
muy firmes son sus pasos, y en buena dirección.
Tiene nariz muy larga, le falta proporción. [...]

Sus ojos son pequeños; tirando a morenazo;
pectorales muy fuertes, muy fornido su brazo,
las piernas son perfectas; el pie, chico pedazo.
Señora, no vi más; su amor va en este abrazo.

*Libro de buen amor* (texto adaptado)

- **a** El retrato del arcipreste ¿es una prosopografía o una etopeya? Razona la respuesta.
- **b** CS ¿Representa el arcipreste el canon de belleza masculina que actualmente difunde la publicidad?
- **c** Mide la tercera estrofa y demuestra que es una cuaderna vía.

**MUERTE DE TROTACONVENTOS**

El protagonista del *Libro de buen amor* se sentía tan agradecido por los favores de Trotraconventos que, cuando esta muere, expresa su dolor en una de las **elegías** (planto) más conocidas de la literatura española.

**ESTRUCTURA: EPISODIOS VARIADOS ASOCIADOS AL ARGUMENTO PRINCIPAL**

El *Libro de buen amor* está compuesto por numerosos relatos, fábulas y composiciones poéticas que se asocian al argumento principal de la obra, constituido por las **aventuras amorosas del arcipreste con diversas damas**.

Los tres episodios más destacados son el relato en el que se nos cuentan las relaciones de don Melón con doña Endrina, y **dos peleas alegóricas**: la que enfrenta al arcipreste con don Amor y la batalla entre don Carnal y doña Cuaresma.

**PELEA ENTRE DON CARNAL Y DOÑA CUARESMA**

Tras sus aventuras con unas rudas vaqueras de la sierra, el arcipreste vuelve a su casa a descansar. Es tiempo de Cuaresma, es decir, de ayuno y penitencia, y hay que poner freno a los placeres. Se produce, entonces, una batalla alegórica de carácter humorístico. Veámoslo.

Doña Cuaresma (abstinencia) reúne un ejército de hortalizas y peces dispuesto a enfrentarse con las tropas de don Carnal (los placeres), en cuyas filas están los corderos lechales, los faisanes y –cómo no– el tocino. Es de noche y ambos ejércitos instalan sus tiendas de campaña a la espera de que amanezca para iniciar la batalla. Pero la tropa de don Carnal, en lugar de dormir, se pasa la noche de juerga, bebiendo vino y atiborrándose de comida. Lee el texto de la actividad 7.

**INTENCIÓN DEL AUTOR: ¿LOCO AMOR O BUEN AMOR?**

El autor muestra una actitud deliberadamente ambigua o equívoca cuando explica la intención con la que ha escrito su obra. En la introducción afirma que pretende advertir a hombres y mujeres de que se aparten del *loco amor* y se inclinen hacia el *buen amor* o amor a Dios. Sin embargo, y aquí está la ambigüedad, añade que «como pecar es cosa humana, si algunos, lo que no les aconsejo, quisieran servirse del loco amor, aquí [en el libro] hallarán algunas maneras para ello».

**ACTIVIDAD**

**7** Lee el siguiente texto y realiza las actividades.

- **a** Enumera los soldados de don Carnal y los de doña Cuaresma. ¿Cómo termina la batalla?
- **b** Este texto está escrito en verso, pero ¿es narrativo o lírico? ¿Por qué?
- **c** Explica por qué este relato es una alegoría.
- **d** Señala los elementos burlescos o humorísticos que más te han gustado.
- **e** CS ¿Ves alguna relación entre don Carnal y su tropa con los carnavales de hoy en día? ¿Por qué?
- **f** **Imitación de modelos literarios.** Inventa un final en verso o en prosa para este texto.

Todos amodorrados fueron a la pelea;
formadas ya las filas, ninguno se mosquea.
La tropa de la mar sus armas ya menea:
atacaron sin cuento gritando todos «¡Ea!».

El primero de todos que atacó a don Carnal
fue el puerro cuelliblanco, y lo dejó muy mal,
pues le hizo escupir flema, que es terrible señal.
Pensó doña Cuaresma: «Mi poder es total».

Vino luego en su ayuda la salada sardina,
que implacable atacó a la gorda gallina,
se atravesó en su pico, la ahogó con su espina,
y a don Carnal rompió el casco con inquina.

Llegan los tiburones, cogen la delantera;
las caballas, las sepias se ponen de barrera.
Muy dura es la pelea, ¡y de qué manera!
Rueda por ambos bandos de muchos la sesera.

*Libro de buen amor* (texto adaptado)

# 6. La prosa medieval. Orígenes y expansión del castellano

El castellano es una **lengua romance** que se formó por evolución a partir del latín. Surgió en un pequeño territorio situado entre Cantabria, el País Vasco, La Rioja y Burgos. Inicialmente este territorio (Condado de Castilla) pertenecía al antiguo reino de León, pero se independizó primero como condado y luego como reino.

La expansión de la lengua castellana por la península Ibérica siguió los mismos pasos que el avance territorial de la Corona de Castilla, que fue ampliando sus fronteras con las tierras ganadas a los árabes durante la **Reconquista** hasta el siglo xv. Como puedes observar en el mapa, el castellano se expandió en forma de cuña invertida. En su avance, absorbió el antiguo romance asturleonés y el navarroaragonés. Solo el gallego-portugués y el catalán permanecieron formando, junto al castellano, zonas bilingües.

El castellano es el romance peninsular que más se apartó, fonéticamente, del latín. Surgieron en él **sonidos novedosos** como la /**j**/, la /**z**/ y la /**ch**/, y **desaparecieron otros** como la **f**- inicial latina. El sistema vocálico quedó reducido a cinco fonemas, por influencia de la lengua vasca. Los últimos cambios fonéticos se produjeron en el siglo xvi. El léxico castellano, aunque de procedencia fundamentalmente latina, se enriqueció, además, con palabras de origen árabe y germánico.

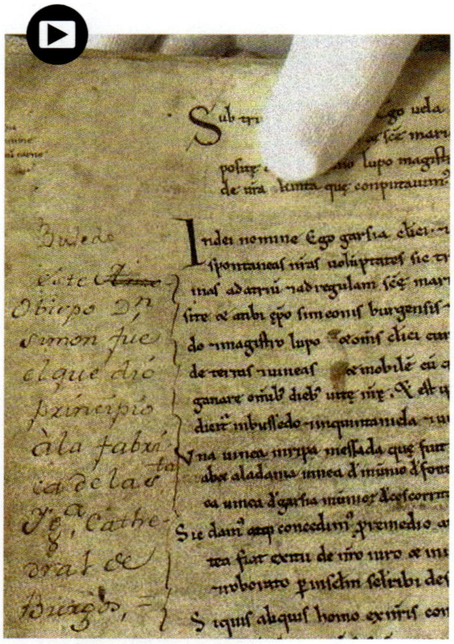

Original del cartulario de Valpuesta (siglo ix) en el Archivo Histórico Nacional.

### LAS PRIMERAS PALABRAS ESCRITAS EN CASTELLANO

Según reconoció la RAE en 2010, las primeras manifestaciones en prosa castellana se remontan al **siglo ix** y aparecen en unos manuscritos conocidos como ***Cartularios de Valpuesta*** (Burgos). Tradicionalmente, sin embargo, se consideraba que los primeros testimonios escritos en castellano eran unas **palabras anotadas entre líneas** o en los **márgenes** de unos documentos redactados en latín. Estas anotaciones se conocen con el nombre de *Glosas Emilianenses* (siglo x) y *Glosas Silenses* (siglo xi). Las primeras se hallaron en el monasterio de San Millán de la Cogolla (en la provincia de La Rioja) y las segundas en el de Santo Domingo de Silos (en la provincia de Burgos).

Las glosas son **explicaciones** o **aclaraciones** realizadas, probablemente, por un monje que no entendía demasiado bien la lengua latina, y que, para asegurarse la comprensión de un texto, lo traducía al castellano. Es probable que este monje fuera, al menos, bilingüe, porque, aparte de escribir en castellano, utilizaba palabras del euskera y del mozárabe.

| Fuentes no latinas del léxico castellano | |
|---|---|
| **Arabismos**<br>(palabras en lengua árabe) | álgebra<br>jaqueca<br>alcohol<br>jarabe… |
| **Germanismos**<br>(palabras del antiguo alemán) | albergue<br>espía<br>guardia<br>blanco… |

| Transformación de algunos fonemas latinos | | | |
|---|---|---|---|
| **Latín** | **Castellano** | **Catalán** | **Gallego** |
| **f**- inicial:<br>*facer* | desaparece:<br>*hacer* | se conserva:<br>*fer* | se conserva:<br>*facer* |
| grupo -**ct**-:<br>*lacte* | da /**ch**/:<br>*leche* | da /**t**/:<br>*llet* | da /**it**/:<br>*leite* |
| grupo **li** + vocal:<br>*filium* | da /**j**/:<br>*hijo* | da /**ll**/:<br>*fill* | da /**ll**/:<br>*fillo* |

# 7. La prosa culta del siglo XIII. Alfonso X el Sabio

La prosa en lengua castellana tardó bastante tiempo en aparecer, porque los narradores medievales utilizaban el verso para elaborar sus relatos. Los hombres de leyes, historiadores y científicos tampoco redactaban sus obras en prosa castellana, sino en **latín**. La razón es que esta lengua tenía más prestigio que el romance hablado por el pueblo.

En conclusión, la preferencia por el verso y por la lengua latina motivó que los primeros documentos y libros escritos en prosa castellana no aparecieran hasta bien entrado el siglo XIII, en el reinado de Alfonso X el Sabio.

**Alfonso X el Sabio** (que reinó entre 1252 y 1284) tuvo, en efecto, un papel decisivo para el **desarrollo** y la **consolidación** de la prosa romance, ya que ordenó que todos los documentos de su reino se redactaran en castellano. Este rey ilustrado tomó otra importante decisión: encomendó a los sabios más destacados de su tiempo (judíos, árabes y cristianos), que convivían en la Escuela de Traductores de Toledo, que tradujeran al castellano las obras filosóficas, históricas, científicas y jurídicas que estaban escritas en árabe, griego, etc. Esta labor, que supervisaba el propio rey, ayudó a establecer la **norma ortográfica** del castellano; se incorporaron **términos científicos**, **cultismos** y se perfeccionó la **sintaxis**. La prosa castellana estaba ya preparada para la ciencia y la cultura.

### La Escuela de Traductores de Toledo

Fue la institución cultural europea más importante de la Edad Media. Se considera un ejemplo de convivencia y colaboración entre sabios que pertenecían a las tres religiones monoteístas (judíos, árabes y cristianos).

La prosa castellana se desarrolló gracias a las numerosas traducciones que en esta escuela se realizaron de las obras más importantes de la antigüedad (indias, persas, griegas y árabes).

El rey Alfonso X el Sabio dictándole un texto a un escribano.

## ACTIVIDAD

**8** En este fragmento se nos describe cómo deben ser las caras de un dado y cómo hay que distribuir los puntos.

- **a** Traslada este texto al castellano actual. ¿Es el español de hoy muy diferente del antiguo romance castellano de la Edad Media? Razona la respuesta a partir de las palabras del texto, poniendo ejemplos concretos.
- **b** CM ¿Cuántos puntos suman seis dados si restamos en cada uno una cara de puntos diferente?

> E decimos que han de seer tres figuras cuadradas de seis cantos eguales, tamaño ell uno como ell otro en grandez e en egualdad de la cuadra, ca si en otra manera fuese no caerie tan bien duna parte como dotra, e seríe engaño más que ventura [...] e ha de haber en estas seis cuadras en cada una de ellas puntos puestos en esta guisa: e en la una seis, e en la otra cinco, en la otra cuatro, en la otra tres, en la otra dos e en la otra uno, así que vengan en cada dado veintiún puntos, de manera que vengan en los tres dados sesenta y tres puntos.
>
> Alfonso X, *El libro de los juegos*

Miniatura perteneciente a *El libro de los juegos*.

# 8. La prosa de ficción del siglo XIV. Don Juan Manuel

Don Juan Manuel (1282-1348) es el primer narrador que utilizó la **prosa castellana** para escribir relatos: con él nació la **prosa literaria de ficción**. Era sobrino de Alfonso X el Sabio y uno de los nobles más influyentes de su época.

Don Juan Manuel no se sentía juglar como algunos escritores cultos anteriores, sino que tenía conciencia de ser un **autor individual** responsable de su obra; por eso se preocupó de que las copias manuscritas no sufrieran alteraciones respecto al texto original. Su obra más importante es *El conde Lucanor*: una colección de 51 cuentos influidos por relatos de transmisión oral y de la tradición culta, sobre todo árabe e india.

Los cuentos de *El conde Lucanor* presentan una estructura fija, que consta de varias partes, como se refleja a continuación.

**ESTRUCTURA DE LOS CUENTOS**

1. El conde Lucanor plantea un **problema** a Patronio, su servidor, y le pide que lo aconseje.
2. Patronio establece una **semejanza** entre el caso que plantea el conde y un cuento.
3. Patronio narra el **cuento**.
4. **Consejo** de Patronio.
5. Al conde le parece **apropiado** el consejo y **lo pone en práctica** con buenos resultados.
6. Don Juan Manuel resume la enseñanza del cuento en dos **versos pareados**, a modo de **moraleja**.

**Lo que sucedió a un hombre que cazaba perdices**

[1] Estaba en otra ocasión el conde Lucanor hablando con Patronio, su consejero, y le dijo:

–Patronio, algunas personas importantes y otras que no lo son tanto a veces dañan mi hacienda o a mis vasallos y, cuando me ven, me dicen que lo sienten mucho y que lo hicieron porque en ese momento se habían visto obligados a ello. Me gustaría saber qué debo hacer cuando alguien vuelva a comportarse de esa manera conmigo, así que os ruego me digáis qué pensáis de esto.

[2] –Señor conde Lucanor –respondió Patronio–, esto que os ocurre y que tanto os preocupa se parece mucho a lo que le sucedió a un hombre que cazaba perdices.

El conde le rogó que se lo contara.

[3] –Señor conde –dijo Patronio–, un hombre puso redes a las perdices y, cuando cayeron en ellas, él regresó allí y las fue matando una a una y sacándolas de la red. Al tiempo que las mataba, el fuerte viento le arañaba los ojos y le hacía llorar. Viendo esto una de las perdices que aún estaba viva, dijo a las que quedaban dentro de la red:

–Mirad, amigas, lo que le ocurre a este hombre que, aunque nos mata, nos compadece y por eso está llorando.

Otra perdiz, que por ser más sabia que la que hablaba no había caído en la trampa, le respondió desde fuera:

–Amiga, mucho le agradezco a Dios el haberme protegido, como le ruego siga haciéndolo en adelante –no solo conmigo, sino con todas mis amigas– de todo aquel que quiera matarme o hacerme daño y aparenta sentirlo.

[4] Así que Vos, señor conde Lucanor, debéis guardaros siempre de aquel que os perjudica y después dice que lo siente. Ahora bien, si alguien daña vuestros intereses sin querer, pero la pérdida no es de mucho valor y esa persona os ha ayudado en alguna otra ocasión o bien os ha hecho algún servicio, y demuestra además que lo siente mucho, entonces yo os aconsejo que en ese caso disimuléis, siempre que ello no se repita tan a menudo que os desprestigie o lesione gravemente vuestros intereses. Si no es así, debéis reprochárselo con total firmeza para que vuestra hacienda y vuestra honra queden a salvo.

[5] El conde consideró que era bueno el consejo que le daba Patronio, así que lo puso en práctica y le fue muy bien.

[6] Como don Juan vio que este cuento era muy bueno, lo mandó poner en este libro y escribió unos versos que dicen así:

*Quien se lamenta tras daño causar*
*de tu vida procúralo apartar.*

Don Juan Manuel, *El conde Lucanor* (texto adaptado)

## ACTIVIDAD

**9** Lee el texto adaptado y contesta a las preguntas.

### Lo que sucedió a un hombre con otro que lo convidó a comer

Un día, conversando el conde Lucanor con su consejero, le dijo:

–Patronio, un hombre de mi confianza me ha asegurado que, si yo se lo pido, me ayudará en un asunto que me interesa mucho. Sin embargo, lo veo tan poco convencido que sé que preferiría no hacerlo. Yo, por una parte, reconozco que me convendría aceptar su colaboración, pero, por otra, me da apuro pedírsela, a la vista de su escaso entusiasmo. Como sé que vos discernís muy bien, os ruego que me deis algún consejo para saber cómo actuar.

–Señor conde –respondió Patronio–, para que entendáis mejor lo que yo creo más oportuno en este caso, me gustaría contaros una pequeña historia.

El conde se dispuso a escucharlo.

–Señor –continuó el consejero–, hubo una vez un buen hombre que había sido muy rico, pero que perdió toda su fortuna, hasta el punto de caer en la más extrema pobreza. A este hombre le daba mucha vergüenza mendigar para poder subsistir; por esa razón sufría mucha hambre y miseria.

Un día en que se sentía muy atormentado por el ayuno, pasó frente a la casa de un antiguo conocido suyo, que en ese momento se disponía a comer. Este le preguntó, por pura cortesía, si le apetecía compartir su mesa, y el hombre que tanto había empobrecido se lavó inmediatamente las manos y respondió: «Amigo mío, te acepto la invitación por lo mucho que insistes, y por no contrariarte».

Se sentó, pues, y comió a dos carrillos, y gracias a ello se recuperó de la debilidad que lo estaba consumiendo. A partir de ese día, Dios lo ayudó y le mostró el modo de salir de aquella miseria en la que se encontraba.

Y vos, señor conde, ya que os resulta imprescindible la colaboración de ese hombre, debéis aceptársela diciéndole además que lo hacéis por no contrariarlo. Y si os habéis percatado de que él se ha ofrecido sin demasiada convicción, no esperéis a que insista en ayudaros, pues es probable que no lo haga, y entonces os veríais en la situación de tener que pedírselo por favor.

El conde consideró aquel consejo muy acertado, lo siguió y le fue bien.

A don Juan también le gustó esta enseñanza. Por eso la mandó escribir en este libro, y le añadió unos versos que dicen:

*No te hagas mucho de rogar*
*si está en juego tu bienestar.*

Don Juan Manuel, *El conde Lucanor* (texto adaptado)

**Síntesis**

**a** Resume el texto y escribe el tema.

**Estructura interna**

**b** Divide el texto en seis partes, según la organización característica de los cuentos de *El conde Lucanor*.

**Taller literario**

**c** CC CS **Imitación de modelos literarios.** Escribe un cuento siguiendo la técnica de don Juan Manuel para aconsejar a una persona que, consciente de que fumar es perjudicial, no sabe cómo abandonar este hábito.

### Intención del autor

Don Juan Manuel escribió *El conde Lucanor* con un propósito **didáctico** y **moral**.

Pretende advertir a los lectores de ciertos **defectos morales**, simbolizados a veces por animales, como la codicia o la vanidad. Pero también hay **enseñanzas prácticas** con las que pretende orientar a los nobles de la sociedad castellana de su época para que conserven la fama, la honra y el patrimonio.

# Literatura comparada. Ayer

**EL PERRO QUE NO APRENDIÓ A COMPARTIR**

Hay hombres tan envidiosos que sienten envidia de otros incluso por cosas que no pueden obtener; y, aunque no les reporte ningún beneficio, los estorban y molestan, según se demuestra en esta fábula:

Un perro dormía en un pesebre que estaba lleno de heno. Allí quisieron entrar unos bueyes para comer, pero él no se lo permitió, ladrando y mostrando los dientes con mucha fiereza.

Entonces le dijeron los bueyes:

–Mira, amigo, haces mal dando a entender que nos tienes envidia por ser nosotros bueyes y tú no. Comprende que para ti no es de provecho el heno, porque no es un alimento que corresponda a tu condición de perro, y que sin embargo para nosotros es la comida que la Naturaleza ha dispuesto. Y tú nos estás impidiendo que comamos.

Y ocurrió también que aquel mismo perro consiguió un día un hueso tan seco de carne que ya no lo podía roer; y sin embargo, no dejaba que otro perro más hambriento que él lo royese y aprovechase.

Esta fábula quiere decir que la envidia no es fácil de eliminar del ánimo, sino que hay que reducirla poco a poco y con mucha voluntad, pues quien la padece no descansa ni es feliz.

*El libro de Ysopet* (siglo XV, basado en las fábulas de Esopo del siglo VI a. de C.) (texto adaptado)

**LOS CUENTOS MEDIEVALES**

Se conocían con el nombre de *exemplum* o *enxiemplo.* Eran breves relatos de ficción que contenían una enseñanza. Frecuentemente se utilizaba para ello la fábula de animales.

La más famosa colección de cuentos medievales en España es *El conde Lucanor,* del infante **don Juan Manuel** (1282-1348). En Europa destacaron el italiano Giovanni **Boccaccio** (1313-1375), autor del *Decamerón*; y el inglés Geoffrey **Chaucer** (1340-1400), que escribió los *Cuentos de Canterbury.*

Muchos de los relatos de estos autores medievales se remontaban a las tradiciones grecolatina, hindú y persa.

**1** Escribe el tema de cada texto.

**2** Explica la personificación y la animalización que se dan en estos relatos.

**3** ¿Qué simboliza el perro en cada uno de estos cuentos?

**4** Define la envidia a partir del primer relato.

**5** ¿Por qué Raimundo siente la necesidad de comunicarse con su perro?

**6** ¿Qué significa la expresión *ladro por no llorar*?

**7** ¿Cuál es la intención del autor al hacer que el perro hable en el primer cuento? ¿Y cuál es el propósito del autor al hacer que el hombre ladre en el segundo?

**8** ¿En cuál de los dos relatos tiene el lector un papel más activo para interpretarlo? Razona tu respuesta.

**9** En las fábulas tradicionales, los animales hablan. ¿Se puede considerar una fábula el cuento de Benedetti? Razona tu respuesta.

# Literatura comparada. Hoy

**EL HOMBRE QUE APRENDIÓ A LADRAR**

Lo cierto es que fueron años de arduo y pragmático aprendizaje, con lapsos de desaliento en los que estuvo a punto de desistir. Pero al fin triunfó la perseverancia y Raimundo aprendió a ladrar. No a imitar ladridos, como suelen hacer algunos chistosos o que se creen tales, sino verdaderamente a ladrar. ¿Qué lo había impulsado a ese adiestramiento? Ante sus amigos se autoflagelaba con humor: «La verdad es que ladro por no llorar». Sin embargo, la razón más valedera era su amor casi franciscano hacia sus hermanos perros. Amor es comunicación. ¿Cómo amar entonces sin comunicarse?

Para Raimundo representó un día de gloria cuando su ladrido fue por fin comprendido por Leo, su hermano perro, y (algo más extraordinario aún) él comprendió el ladrido de Leo. A partir de ese día Raimundo y Leo se tendían, por lo general en los atardeceres, bajo la glorieta y dialogaban sobre temas generales. A pesar de su amor por los hermanos perros, Raimundo nunca había imaginado que Leo tuviera una tan sagaz visión del mundo. Por fin, una tarde se animó a preguntarle, en varios sobrios ladridos: «Dime, Leo, con toda franqueza: ¿qué opinas de mi forma de ladrar?». La respuesta de Leo fue bastante escueta y sincera: «Yo diría que lo haces bastante bien, pero tendrás que mejorar. Cuando ladras, todavía se te nota el acento humano».

Mario Benedetti, *La sirena viuda* (siglo XX)

**EL MICRORRELATO**

Es el término con el que se denomina hoy a los relatos muy breves, que comienzan con una situación ya iniciada (*in medias res*) y acaban de forma **sorprendente**. En los microrrelatos es frecuente el uso de la ironía, el doble sentido, el absurdo y el humor. El lector es quien interpreta el significado o **sentido implícito** del microrrelato, para cuya comprensión es más importante lo **que no se dice** que lo que se cuenta. El escritor da por hecho que comparte con el lector determinadas **claves culturales** sin las cuales no se puede comprender plenamente el microrrelato.

**10** Explica la moraleja que se desprende del comportamiento del perro en el primer relato. ¿Se desprende alguna enseñanza del comportamiento de Leo en el segundo? ¿Cuál?

**11** CS ¿Cómo se refleja en estos cuentos la evolución que se ha producido en la sociedad occidental al tratar literariamente el tema del perro?

**12** CC En el texto de Benedetti se dice que Raimundo sentía un «amor casi franciscano». Para comprender este microrrelato el lector debe conocer esta **clave** o **referencia cultural**. Infórmate acerca de la figura de san Francisco de Asís, y explica por qué en el texto se habla de «hermano perro». Lee el *Cántico de las criaturas* en el enlace y oye la versión del grupo Mecano en el vídeo.

**13** Explica en qué consiste la antigüedad del primer relato y la modernidad del segundo.

**14** ¿Refleja el cuento de Benedetti la soledad del hombre moderno y su afán frustrado de comunicación? Razona tu respuesta.

**15** Razona si es la envidia un defecto de una época concreta o va asociada a la condición humana.

**16** ¿Qué texto presenta una estructura más cerrada? ¿Por qué?

## PLIEGO TÉCNICO

**MERCADO MEDIEVAL *LOS SILOS***

El INSTITUTO MUNICIPAL DE CULTURA Y JUVENTUD DE BURJASSOT incluye, dentro de su programación, el proyecto Mercado Medieval *Los Silos* en su XII edición, con el fin de impulsar el comercio y la artesanía del municipio desde una perspectiva de promoción económica, cultural y social.

El tipo de contrato que se desarrollará para la gestión y organización del proyecto Mercado Medieval *Los Silos* tiene la modalidad de contrato de servicios y está sujeto a las condiciones estipuladas en el presente documento.

**PRIMERO.** Será objeto de este contrato la gestión, organización y ejecución del Mercado Medieval *Los Silos* de Burjassot. Está dirigido exclusivamente a empresas del sector que tengan experiencia en la ejecución de mercados medievales, con experiencia y capacidad de garantizar las normas en materia de mercados medievales, y que en ningún caso serán confundidas con otras especialidades de mercados o mercadillos.

**SEGUNDO.** La empresa adjudicataria presentará una propuesta de los artesanos y comerciantes que participarán en el Mercado y será responsable de los materiales, el montaje y desmontaje de la decoración, así como de la contratación del personal necesario.

**TERCERO.** Se adjudicarán tres puestos de cada uno de los siguientes módulos: 80, 110 y 150 m$^2$, a razón de 1,44 € por m$^2$ y día.

**CUARTO.** El precio máximo de licitación del contrato no podrá ser sobrepasado por ninguna de las proposiciones y será de DOCE MIL EUROS, de los cuales son netos 9.917,36 €, y 2.082,64 € correspondientes al IVA.

(texto adaptado)

**1** CL **Comprensión**

- **a** ¿Cuántos días durará este mercado medieval? Explica si es la primera vez que se celebra.
- **b** ¿Cuál es el objetivo que se pretende conseguir?
- **c** ¿Cuántos puestos se adjudicarán?
- **d** ¿Pueden solicitar los comerciantes que hayan participado en mercadillos callejeros un puesto de venta en este mercado? Razona tu respuesta.
- **e** Si un artesano quiere instalar un puesto en este mercado, ¿a quién debe dirigirse: al Instituto Municipal de Cultura y Juventud de Burjassot o a la Empresa que haya ganado la licitación? ¿Por qué?

**2** CA CS **Elaboración de una tabla.** Elabora una tabla donde reflejes la siguiente información: **a** entidad que convoca, **b** objetivo del mercado medieval, **c** modalidad de contrato, **d** duración del mercado, **e** tipo de empresas a las que va dirigido el contrato, **f** obligaciones de la empresa adjudicataria, **g** número de puestos, **h** coste por m$^2$ y **i** precio máximo de la licitación.

**3** CM **Cálculo.** ¿Qué porcentaje de IVA se le ha aplicado a 12.000 € para que el neto sea 9.917,36 €?

**4** CS Consulta el enlace y explica qué es una licitación.

**5** CS CI **Tipos de contrato.** Infórmate en Wikipedia sobre qué es un contrato de servicios. Consulta la página web de tu ayuntamiento o llama por teléfono, y averigua el nombre de alguna empresa a la que se le haya adjudicado alguna contrata y por qué montante económico.

**6** CS **Estudio de mercado.** Consulta el enlace y haz una lista de diez productos que pondrías a la venta en este mercado. Realiza un breve estudio de mercado encuestando a compañeros, profesores y familiares sobre cuál de tus productos medievales les podría interesar más.

**7** CS CI **Elaboración de un programa de mano de un acto cultural de 45 minutos.** Elabora un programa de mano en el que aparezcan: **a** el título del evento poético, **b** el nombre del presentador del recital, **c** los títulos de los textos que se van a leer y los nombres de sus autores, **d** los nombres de tus compañeros de clase que van a leer, y el tiempo aproximado que llevará la lectura de cada texto.

### LA BATALLA DE ALCOCER

Acampado lleva el Cid ya quince largas semanas,
y los moros de Alcocer tributos no le pagaban.
Un ardid se le ocurrió y al momento lo prepara:
deja en pie solo una tienda y las otras levantaba.
Cabalgó Jalón abajo con su bandera bien alta,
sus hombres con armaduras y envainadas las espadas.
Era todo disimulo para que en la trampa caigan.
Al verlo los de Alcocer, ¡oh Dios, cómo se alegraban!
Exclaman que huye Mio Cid y va a la desesperada.
«Si lo asaltamos ahora, mucha será la ganancia.»
Y salieron del castillo a marchas apresuradas.
Cuando el Cid fuera los vio, hizo como si escapara.
Y aunque huía río abajo, la vuelta tiene pensada.
Ya claman los de Alcocer: «¡Que se nos va la ganancia!».
Tanto grandes como chicos atrás dejan las murallas;
las puertas dejan abiertas, que ya nadie las guardaba.
Y en esto el buen Campeador volvió para atrás la cara;
vio que entre ellos y el castillo un gran espacio quedaba;
al punto ordenó el ataque y veloces cabalgaban:
«¡A por ellos mis guerreros! ¡Id sin miedo a la batalla!
¡Si Dios lo quiere hoy tendremos la victoria asegurada!».
Con los moros se enfrentaron en medio de la explanada.
¡Oh Dios, qué emoción tan grande sintieron esa mañana!
Don Rodrigo y Álvar Fáñez los primeros cabalgaban.
¡Y sabed que sus caballos hacen lo que ellos mandaban!
Entre el castillo y los moros los del Cid se situaban.
Implacables se mostraron sus vasallos con la espada.

*Cantar de Mio Cid*, Anónimo (texto adaptado)

### Análisis del contenido

**1** ¿Por qué razón el Cid Campeador se enfrentó con los moros de Alcocer?

**2** ¿Qué pretendía el Cid dejando en pie una tienda de su campamento y levantando las restantes?

**3** ¿Fueron prudentes los árabes de Alcocer saliendo apresuradamente de su castillo para atacar al Cid?

**4** Explica en qué consistió el engaño del Campeador.

**5** ¿En qué verso se nos informa de que la verdadera intención del Cid no era huir río abajo?

**6** Resume el texto en cuatro líneas y escribe el tema.

**7** Divide el texto en tres partes según su contenido.

### Valoración del contenido

**8** CS Busca en el diccionario el significado de *estrategia* y *táctica*, y explica si el ardid del Cid es estrategia o táctica militar.

**9** Según el carácter épico del texto, ¿cuál es la intención del autor: informar, entretener o adoctrinar?

**10** CC **Literatura comparada.** Infórmate en este vídeo y explica qué semejanza hay entre el Cid y Ulises con relación a su astucia militar.

### Análisis de la forma

**11** **Narrador.** Di si el narrador es omnisciente.

**12** **Acción.** Subraya los verbos de acción y movimiento en pretérito perfecto simple.

**13** **Personajes. a** Identifica los personajes que aparecen en el texto y clasifícalos según la tabla de la página 47 de este libro de texto. **b** ¿Qué aspecto se resalta en la etopeya del Cid? **c** Identifica algunos rasgos de la etopeya y la prosopografía de los guerreros del Cid.

**14** **Diálogo.** Identifica el estilo directo y el indirecto.

**15** **Espacio.** Describe los tres espacios que aparecen en el texto. Razona si son realistas o fantásticos.

### Contexto literario

**16** **Receptor.** ¿En qué verso se dirige el juglar a los oyentes? Razona si es una característica de la literatura oral.

**17** Analiza la métrica, la rima y la estrofa del texto. Explica si corresponden a la épica medieval.

**18** Identifica un epíteto épico.

### Valoración de la forma

**19** Este texto está escrito en verso. ¿Quiere decir esto que es lírico? Razona tu respuesta.

### Contexto histórico

**20** CS Explica cómo se reflejan en el texto la Reconquista, la sociedad guerrera, la relación de vasallaje y el teocentrismo cristiano de la Edad Media.

# *El conde Lucanor*, don Juan Manuel

## PRIMERA SESIÓN: El guerrero

- *El hombre del sultán* (XXV): ¿Cómo demostró el yerno del conde de Provenza que era un hombre?
- *Los caballeros de la arqueta* (XLIV): ¿Por qué uno de los caballeros participa en un combate en Tolosa?
- *El salto del rey Ricardo* (III): ¿Cómo demostró el rey Ricardo su heroísmo al llegar a Tierra Santa?
- *El caballero de la hostia posada* (XXVIII): Explica en qué consintió el milagro y por qué.
- *Los cuatro vuelos del halcón sacre* (XXIII): ¿Cómo se liberó el halcón del acoso del águila?
- *Por las heridas no lo dejemos* (XXXVII): ¿Qué debe hacer el conde al regresar de una batalla, según Patronio?
- *Inventor de naderías* (XLI): ¿Por qué razón el conde Lucanor piensa que se ríen de él?

**Ejercicio de síntesis.** Realiza a partir de los cuentos anteriores el retrato del caballero medieval.

## SEGUNDA SESIÓN: Tácticas y alianzas

- *Una apuesta peligrosa* (XV): ¿Por qué se consideró a don Lorenzo Suárez el más valiente?
- *Pacto de conveniencia* (IX): ¿Por qué los dos caballos se hicieron amigos?
- *El gallo miedoso* (XII): ¿Qué error cometió el gallo ante el acoso del zorro?
- *Astuta golondrina* (VI): ¿Por qué todas las aves fueron cazadas excepto la golondrina?
- *El infiltrado* (XIX): ¿Por qué los búhos tenían que haber desconfiado del cuervo?

**Ejercicio de síntesis.** Explica algunas tácticas del libro para no ser engañados que se puedan aplicar hoy.

## TERCERA SESIÓN: El cofre

- *Hormigas* (XXIII): ¿Cómo convence Patronio al conde de que este no malgaste su patrimonio?
- *Madrugadores* (XXXI): ¿Qué pretende enseñar Patronio al conde con el cuento de los frailes?
- *El corazón en el cofre* (XIV): ¿Por qué santo Domingo realizó un milagro? ¿En qué consistió?
- *Un regalo envenenado* (I): ¿Cómo demostró el ministro su fidelidad al rey?
- *El hombre que habló con su alma* (IV): ¿Qué le dijo este hombre a su alma poco antes de morir?
- *Doña Truhana* (VII): ¿Por qué Patronio critica las ilusiones de doña Truhana?
- *Cáscaras y altramuces* (X): ¿De qué se sorprendió el hombre que comía altramuces?

**Ejercicio de síntesis.** ¿Cómo se resume la relación que debemos tener con los bienes materiales, según el autor?

## CUARTA SESIÓN: Ingratos y timadores

- *Falsos amigos* (XLIII): ¿Cómo le demostró el Bien al Mal que el comportamiento de este era ruin?
- *Amigo y medio* (XLVIII): ¿Cómo ayudó al joven el mejor amigo de su padre?
- *Lágrimas de perdiz* (XIII): ¿Cómo se manifiesta la hipocresía en este cuento?
- *La reina caprichosa* (XXX): ¿Qué mandó hacer el rey Abenabet para agradar a la reina?
- *Ya están asadas las perdices* (XI): ¿Cómo supo don Illán que el deán de Santiago era un ingrato?
- *La verdad engañosa* (V): ¿Qué quiere demostrar Patronio con el cuento del zorro y el cuervo?
- *Las bolas de tabardíe* (XX): ¿En qué consistió el engaño del pícaro?
- *El rey desnudo* (XXXII): Según los estafadores, ¿quiénes no podrían ver su mágica tela?
- *El árbol de la mentira* (XXXVI): Según Patronio, ¿cuál es la peor de las mentiras?
- *El ladrón de cadáveres* (XLVII): ¿De qué se sorprendió el hermano de la muchacha?
- *Acosadores* (XXIX): ¿Qué decisión tomó el zorro cuando creyó verse sorprendido?
- *La mujer brava* (XXXV): ¿Qué estrategia sugiere Patronio para tratar con personas de mal carácter?

**Ejercicio de síntesis.** Resume los consejos de Patronio para defendernos de ingratos y timadores.

## QUINTA SESIÓN: El espejo

- *El rey adolescente* (XXI): ¿Qué enseñó el sabio al joven rey acerca de cómo debía comportarse?
- *El mejor heredero del rey* (XXIV): ¿Cómo demostró el tercer hijo del rey moro que él debía ser el heredero?
- *El mendigo vergonzoso* (XVII): ¿Qué impedía al mendigo pedir ayuda? ¿Cómo lo resolvió?
- *El rey que ordenó cambiar un verso* (LI): ¿Cómo se manifiesta en el cuento el poder absoluto y osado del rey?
- *El guía ciego* (XXXIV): ¿Qué error cometió el ciego?
- *La soga del diablo* (XLV): ¿Qué le sucedió al hombre que confió en el diablo?
- *El mercader que compró un consejo* (XXXVI): ¿Para qué le sirvió al mercader el consejo que compró a un sabio?
- *Dos mujeres muy diferentes* (XXVII): ¿Cuál es la principal diferencia entre estas dos mujeres?
- *El sultán que se hizo juglar* (L): ¿Por qué el sultán hizo un viaje tan largo?

**Ejercicio de síntesis.** Selecciona los tres consejos que consideras más importantes para conducirnos en la vida.

## 1 EL AUTOR Y SU ÉPOCA

**a Biografía del autor.** Lee la vida de don Juan Manuel en las dos primeras páginas del *Cuaderno documental* (CDoc): **1** ¿Qué parentesco tenía con Fernando III, Alfonso X y el infante Manuel? **2** Localiza el cuento donde se menciona al rey Fernando en *Tácticas y alianzas* (2.º bloque). Y un cuento donde se menciona al infante don Manuel en *El guerrero* (1.er bloque).

**b** CA **La nobleza medieval.** En la Edad Media eran frecuentes los combates entre caballeros. Resume la información de la página 285 del CDoc, y visualiza este vídeo para añadir información a tu resumen. Localiza en el 2.º bloque un cuento donde un caballero resulta herido en un combate.

**c Cristianismo: teocentrismo.** A partir de *El caballero de la hostia posada* (XXVIII) y *El regalo de la pierna rota* (XVIII) explica cómo Dios interviene directamente en la vida de los personajes.

**d Vasallaje.** Lee y resume la página 277 del CDoc: *La ceremonia del vasallaje.* Después explica cómo se trata este tema en *Los caballeros de la arqueta* (XLIV).

**e Reconquista.** Resume la información de la página 282 del CDoc, y di cómo se refleja el tema de la Reconquista en *Una apuesta peligrosa* (XV).

**f Las cruzadas.** **1** Resume la información de las páginas 280 y 281 del CDoc. Visualiza dicha información en el siguiente vídeo. **2** Di el título del cuento en el que Ricardo participa en esa batalla contra Saladino, y escribe cómo termina esta batalla.

## 2 GÉNERO

¿Podemos considerar *El conde Lucanor* como un libro de autoayuda? Infórmate en el enlace.

## 3 ESTRUCTURA Y TEMAS

**a** Infórmate en este libro de texto (pág. 222) y explica cómo es la estructura de estos cuentos. Usa los términos *marco narrativo, narración insertada, moraleja.*

**b** Escribe el título de algunos cuentos que expresen los siguientes subtemas: *la educación de los jóvenes, los defectos del rey, misoginia medieval, matrimonio concertado, la presencia de Dios.*

## 4 NARRADOR

**a** Explica quién es el narrador del cuento, quién es el narrador del *exemplum* (narración insertada) y quién manda escribir la moraleja en el libro.

**b** Identifica las valoraciones subjetivas del narrador Patronio en el cuento XXXVIII. Y demuestra que es omnisciente en el cuento XLV.

## 5 PERSONAJES

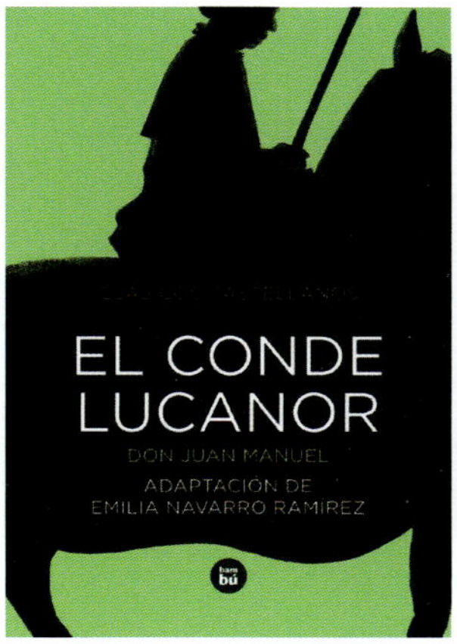


**a Cuentacuentos y consejero.** Patronio da buenos consejos mediante la narración de cuentos. ¿Qué consejo da en *Amigo y medio* (XLVIII)?

**b Personajes históricos.** Elabora la etopeya de Fernán González a partir de los cuentos en los que aparece.

**c Personajes tipo.** La hipocresía es un defecto muy criticado en esta obra. Explica cómo se expresa en *La falsa beata* (XLII) y *Lágrimas de perdiz* (XIII).

**d Personajes de los tres estamentos medievales.** Clasifica a los personajes de *El cofre* (bloque 3) según la pirámide social de la Edad Media (CDoc, página 276).

## 6 LA ACCIÓN

La acción narrativa de estos cuentos se desarrolla según la relación causa-efecto. Demuéstralo en *Pacto de conveniencia* (IX), contestando a esta pregunta: ¿Por qué dos caballos que se odiaban colaboraron juntos?

## 7 TIEMPO NARRATIVO

**a** Di en qué tiempos verbales se expresan: **1** la duda del conde a su consejero, **2** la conversación del conde y Patronio, **3** la narración insertada (*exemplum*).

**b** **1** Identifica la analepsis (*flashback*) en el cuento *Cáscaras y altramuces* (X), **2** la prolepsis (*flashforward*) en *Un regalo envenenado* (I, página 108) y **3** la elipsis en *Las bolas de tabardíe* (XX, página 159).

## 8 ESPACIO NARRATIVO

**a** Elige un cuento para cada uno de los siguientes espacios: urbano, rural, exterior, interior.

**b** Describe el lugar secreto donde el mago de Toledo sugestiona al deán de Santiago en el cuento *Ya están asadas las perdices* (XI). Visualiza el vídeo y explica su relación con este cuento. ¿Es realista este relato?

## 9 VALORACIÓN PERSONAL

CS En el cuento *El sultán que se hizo juglar* (L), Saladino aprendió una importante lección. Explica cuál es. ¿Crees que ese consejo es válido para un rey o un gobernante de la sociedad actual? Ilústralo con algún ejemplo.

## 10 TALLER LITERARIO

CC CA **Imitación de modelos.** Escribe un cuento sobre las personas egoístas y caprichosas con personajes actuales, siguiendo como modelo *La reina caprichosa* (XXX).

# 3

REPASA LA UNIDAD

# Nacimiento de los géneros literarios

**Educación literaria**

**El siglo XV: contexto histórico y características generales**

**1** Novedades literarias del siglo XV

**Lírica tradicional**

**2** Lírica tradicional de la Edad Media: siglos XII-XIV

**Poesía lírico-narrativa**

**3** La literatura oral en el siglo XV: el *Romancero*

**Lectura: trabajo en grupos**

El *Romancero*

**Lírica culta**

**4** La poesía culta del siglo XV: los *Cancioneros*

**5** La mujer en la Edad Media: autoría femenina

**Teatro**

**6** *La Celestina:* entre la Edad Media y el Renacimiento

**Evolución de temas y formas: *Ubi sunt*?**

**Literatura comparada. Ayer**

«Tiempo bueno», Anónimo

**Literatura comparada. Hoy**

«*Ubi sunt*», Carlos Marzal

**Practica tus competencias**

**Texto informativo: mapa temático**

Sefardíes en la actualidad

**Texto literario**

*Romance de Valdovinos*

## TE LO CUENTO

*Me llamo Elio Antonio de Nebrija. Publiqué en el año 1492 la primera gramática del castellano. Desde entonces vivo en todos los libros de lengua y literatura luchando para que los voraces ácaros del papel no destruyan las palabras. El mismo año que yo publiqué mi gramática ocurrieron acontecimientos muy importantes. Algunos muy tristes. Yo fui testigo de cómo muchos amigos míos judíos se vieron obligados a abandonar sus casas en tan solo tres días… Te explicaré por qué el final del siglo* XV *fue clave para la historia de España y Europa.*

## Los mares y el mundo

Cristóbal Colón hizo más grande el mundo por el océano Atlántico al descubrir América en 1492; pero el viejo Mediterráneo se volvió más inseguro cuando, en 1453, los turcos se apoderaron de Constantinopla, la capital del Imperio bizantino.

## Fin del feudalismo. España como estado-nación

En 1469 contrajeron matrimonio Isabel de Castilla y Fernando de Aragón (los Reyes Católicos). Por primera vez se unieron bajo unos mismos reyes la Corona de Castilla y la Corona de Aragón, pero fue solo una unión dinástica no institucional, pues cada territorio conservó sus propias leyes e instituciones.

Con los Reyes Católicos se sometió a la nobleza y se reforzó el poder del rey, pasando así de una monarquía feudal a una monarquía autoritaria.

## Fin de la Reconquista

En 1492 los reinos de Castilla y de Aragón conquistaron Granada, último reducto árabe en la Península. Después de ocho siglos, la Reconquista había terminado, pero centenares de miles de árabes quedaron en una difícil situación y muchos no llegarían a integrarse en la sociedad cristiana, hasta su expulsión en siglo XVII.

## Fin de la convivencia

Los Reyes Católicos promulgaron en 1492 un decreto para expulsar a los judíos que no quisieran convertirse al catolicismo. Se puso en marcha, además, la Inquisición, un tribunal que tenía la misión de vigilar y castigar a los judíos conversos que seguían, supuestamente, practicando en secreto su antigua religión. Los españoles de origen judío constituyeron una minoría discriminada durante los dos siglos siguientes.

## Una nueva clase social

A pesar de que la nobleza (los caballeros) era el estamento social con más poder económico del siglo XV, comenzó a despuntar una nueva clase social: la burguesía. Con la burguesía llegó el trajín del comercio a las ciudades, que se hicieron más dinámicas.

# El siglo XV

CARACTERÍSTICAS GENERALES

## Una época de transición y de crisis

La Edad Media llega a su fin. En el siglo XV comienzan a **desmoronarse** los pilares sobre los que se había organizado la sociedad medieval: el **cristianismo** y el **feudalismo**.

Es este un periodo de **transición** entre la Edad Media y el Renacimiento que trajo profundos **cambios** a la sociedad.

Pero fue también un tiempo de **crisis**, porque en esta época chocaron las ideas medievales con la mentalidad moderna.

En efecto, estaban desapareciendo de la sociedad los valores de la Edad Media, pero aún no se habían implantado totalmente los de la nueva época: el Renacimiento. Estas contradicciones y, sobre todo, la ausencia de valores estables, produjeron en los hombres y mujeres del siglo XV una sensación de **inseguridad** y **pesimismo**. Como consecuencia, muchos escritores percibieron el mundo como un caos cuya única ley era el **azar**, representado simbólicamente por la diosa Fortuna.

En el siglo XV perduraba aún la mentalidad pesimista de la Edad Media. En la imagen, una danza macabra. En la memoria colectiva aún permanecía grabada la terrible experiencia de la peste negra de 1348, que acabó con un tercio de la población europea.

### Un nuevo ambiente cultural

En el siglo XV se puso de moda la cultura. Mucha gente aprendió a leer y no necesitaba ya de los juglares para que les contasen historias. Aparecieron los **mecenas**, que patrocinaban a los artistas. Los palacios se llenaron de escritores humanistas, amantes de todo lo que venía de Italia. La **invención de la imprenta** dio lugar al primer sistema masivo de comunicación: el libro.

### Las nuevas ideas de la burguesía: el Prerrenacimiento

La influencia en el siglo XV de una nueva clase social (la burguesía) trajo una visión del mundo diferente de la de los nobles medievales. Para los burgueses, el mundo no es ya un lugar de sufrimiento (*valle de lágrimas*), sino un paraíso digno de ser disfrutado (**vitalismo**) que debe ponerse al servicio del hombre (**antropocentrismo**).

La religiosidad medieval entró en crisis. Se denuncia el excesivo poder económico y político de la Iglesia en la sociedad, y las manifestaciones poco piadosas del culto. Surgieron corrientes religiosas que daban más importancia a la **espiritualidad interior** que al culto externo.

En educación se valora no solo la habilidad para la guerra, sino que se considera que la **cultura** es una virtud imprescindible del hombre moderno, especialmente el conocimiento de los autores clásicos (**humanismo**).

En definitiva, empiezan a adquirir importancia **valores mundanos** e **individualistas** como el afán por la riqueza o la aspiración a la fama.

Estas nuevas ideas, que constituyeron la mentalidad del Prerrenacimiento, procedían fundamentalmente de Italia y **se difundieron** rápidamente gracias a una serie de factores que analizaremos a continuación.

### La difusión del humanismo en el Prerrenacimiento

Los principales factores que permitieron la difusión de las nuevas ideas procedentes de Italia fueron:

- **a** La **creación de nuevas universidades**, como la de Alcalá de Henares, donde se acogieron y enseñaron las ideas humanistas.
- **b** Los **mecenas**, burgueses o nobles ricos, que convirtieron sus palacios en centros de cultura y patrocinaron la labor de los artistas y el estudio de los **letrados** u hombres cultos.
- **c** El uso del **castellano** como vehículo de cultura facilitó el acceso a las nuevas ideas. En 1492 el humanista Antonio de Nebrija escribió la primera *Gramática castellana*.
- **d** La invención de la **imprenta** en 1450 por Gutenberg permitió la difusión masiva de las obras clásicas y modernas.

# 1. Novedades literarias del siglo XV

Los autores prerrenacentistas ya no son clérigos como en la Edad Media, sino hombres **letrados** que quieren alcanzar la **fama** a través de la literatura; por eso **firman** sus obras, a diferencia de los escritores **anónimos** de los siglos anteriores.

Escena del códice Manesse (hacia el año 1300) en la que se representa a un poeta entregando un mensaje de amor a su amada.

## NACE LA POESÍA CULTA CASTELLANA

El siglo XV trajo dos novedades importantes en el género de la poesía:

1 Aparece por primera vez la **poesía culta** en lengua castellana, denominada también poesía **cortesana**. Podemos distinguir dos corrientes:
   a **Poesía cancioneril**, que imita la lírica provenzal (sur de Francia) del siglo XII. Se trata de una poesía amorosa destinada al canto.
   b **Poesía alegórica**, influida por la literatura clásica latina y por la obra de dos autores italianos: Dante y Petrarca. Es una poesía filosófica y moralizante que reflexiona sobre los temas que más preocupaban al hombre del siglo XV: la fama, la fortuna y la muerte. Para el lector actual resulta demasiado recargada y culturalista, debido a que usa la **alegoría**, hace alusiones a la **mitología** grecolatina y se vale de un lenguaje plagado de **cultismos latinos**. Esta corriente está representada por Juan de Mena.

2 Surge un nuevo género poético, de naturaleza oral o popular: el **romance**.

## NACE LA NOVELA DE GÉNERO

En el siglo XV comienza también la andadura del género de la novela en lengua castellana, que culminará en el siglo XVII con la creación de *El Quijote*, considerada la primera gran novela moderna. Los dos subgéneros más importantes de novela en esta centuria fueron los siguientes:

- **Novela de caballerías**. Son obras idealistas e inverosímiles que cuentan las fantásticas aventuras de un caballero andante que, movido por el amor, se enfrenta a colosales peligros, de los que resulta siempre triunfador. La obra más representativa es *Amadís de Gaula* (este género de novela será estudiado más detenidamente en la siguiente unidad).
- **Novela sentimental**. Se mezclan en este género los tópicos de la poesía cancioneril (se diviniza a la dama) y los de las novelas de caballerías. El amor frustrado lleva al amante a apartarse del mundo y a actuar como un héroe trágico. Destaca *Cárcel de amor* (1492), de Diego San Pedro.

## EL DIFÍCIL NACIMIENTO DEL TEATRO

Durante la Edad Media, el teatro se había limitado a sencillas representaciones dialogadas de pasajes del Evangelio (denominadas **tropos**), que se escenificaban en el interior de las iglesias durante la celebración de la misa. La única obra que se conserva es el *Auto de los Reyes Magos* (siglo XII).

También contamos con un texto del siglo XIV que, probablemente, era representado y bailado: *La danza general de la muerte*. En esta obra, la muerte aparece como un poder abstracto y macabro.

El gran intento del siglo XV para dar a luz al teatro moderno en lengua castellana es *La Celestina*: una obra maestra de la literatura española, pero irrepresentable por su gran extensión.

En la iglesia de Elche se representa desde el siglo XV la muerte, asunción y coronación de la Virgen. Es un ejemplo de teatro litúrgico medieval en valenciano.

# 2. Lírica tradicional de la Edad Media: siglos XII-XIV

## Temas de la lírica popular

La lírica tradicional expresa a través de canciones las experiencias esenciales de la actividad humana: el amor, la muerte, el trabajo y la fiesta.

La siguiente canción popular festeja la entrada de la primavera, símbolo del amor.

Entra mayo y sale abril:
¡tan garridico le vi venir!
Entra mayo con sus flores,
sale abril con sus amores,
y los dulces amadores
comienzan a bien servir.

*Cancionero Musical de Palacio*

Las manifestaciones más antiguas de la lírica medieval son unas canciones populares en las que una mujer expresa su **queja** o **lamento** por la **ausencia de su amado**. Se denominan **jarchas**.

Estas canciones están elaboradas en verso y en lengua **mozárabe**, un dialecto del latín que hablaban los cristianos que vivían en territorio árabe. Se transmitían de forma **oral**, así que la mayoría se ha perdido. Si hoy aún las conservamos es porque algunos poetas cultos árabes o hebreos de los siglos XI, XII y XIII se percataron de su belleza y exotismo y las trasladaron a la lengua escrita. Su propósito era **inspirarse** en ellas para hacer sus propios poemas de amor (**moaxajas**).

En otras zonas de la Península se cantaban canciones muy parecidas a las jarchas. Nos referimos a las **cantigas de amigo gallegas** y a los **villancicos castellanos**.

### CARACTERÍSTICAS COMUNES

- Canciones de la **lírica tradicional** (popular).
- Medievales.
- Anónimas.
- De transmisión **oral.**
- Expresan el sentimiento de **dolor** de una muchacha por la ausencia de su amado.
- Están dirigidas **confidencialmente** a su madre, hermanas o a algún elemento de la naturaleza (olas del mar, por ejemplo en las cantigas de amigo).

### DIFERENCIAS

| | Jarchas | Cantigas de amigo | Villancicos |
|---|---|---|---|
| **Área geográfica** | Al-Ándalus. | Galicia y norte de Portugal. | Castilla. |
| **Época en que se recogen por escrito** | Siglos XI al XIII (constituyen los textos escritos en lengua romance **más antiguos** de toda Europa). | Finales del siglo XII al XIV. | Siglos XV y XVI. |
| **Lengua romance** | Mozárabe. | Gallego-portugués. | Castellano. |
| **Estructura** | • Poemas muy breves (dos o cuatro versos).<br>• De medida y rima variables. | • Composiciones más extensas.<br>• Con regularidad métrica y de rima.<br>• Estructura **paralelística** (se repiten determinados versos, a veces con pequeñas variaciones). | Formas variadas:<br>• Paralelística (con el **ritmo lento** y repetitivo de las cantigas).<br>• Estrófica (al no repetirse tanto los versos, tienen **ritmo dinámico**). |

## LECTURA COMENTADA

**1** Lee las siguientes composiciones adaptadas y responde a las preguntas.

**A** **Jarcha**

¡Hermanitas, decidme a mí
cómo soportar este dolor!
No podré sin mi amado vivir:
¿adónde iré a buscarlo yo?

**B** **Cantiga de amigo**

–Dime, hermosa hija mía,
¿por qué has tardado tanto
en la fuente fría?
*Amores tengo.*
–Dime, niña lozana,
¿por qué has tardado tanto
en la fría fontana?
*Amores tengo.*
–Hoy tardé tanto, madre,
en volver de la fuente fría
porque ciervos del monte
el agua clara revolvían.
*Amores tengo.*
–Por tu amado estás mintiendo.
Mentiras son, hija mía:
nunca he visto que los ciervos
enturbien el agua fría.
*Amores tengo.*

**C** **Villancico castellano**

Aquellas sierras, madre,
altas son de subir;
corrían los caños,
daban en un toronjil.

Madre, aquellas sierras
llenas son de flores;
encima de ellas
tengo mis amores.
Corrían los caños,
daban en un toronjil.

**zona tac**

En la web de la editorial dispones de la **webquest 1** para trabajar los aspectos de la lírica tradicional de la Edad Media.

### Texto A

**a** ¿Quién es el receptor de la jarcha? ¿Es una característica de la lírica tradicional?

**b** La jarcha que has leído ¿es original o está adaptada? Razónalo.

**c** ¿Cuál es el tema?

**d** ¿En qué lengua se compusieron las jarchas?

### Texto B

**a** Identifica el emisor y el receptor de la cantiga en versión castellana. ¿Tiene algo en común con las jarchas?

**b** ¿Qué le pregunta la madre a su hija? ¿Tiene alguna excusa la joven? Explica por qué la madre no se cree la justificación que le da la joven de su tardanza.

**c** ¿Crees que el hecho de que el agua de la fuente esté removida o turbia puede significar pena? ¿Por qué?

**d** Enuncia el tema del texto.

**e** Explica por qué el ritmo de esta cantiga es lento.

**f** Busca en Internet la letra de una canción moderna cuyo tema sea la ausencia del amado o amada.

### Texto C

**a** Compara este villancico castellano con la jarcha y la cantiga anteriores, y explica si en los tres poemas está presente la naturaleza. ¿Qué elementos del paisaje se recogen en ellos?

**b** Mide los versos de este poemilla castellano y demuestra si hay o no regularidad métrica.

**c** El toronjil es una planta cuyo olor recuerda a la toronja, mezcla de limón y naranja. Explica qué simbolismo puede tener en el poema.

**d** **Imitación de modelos.** Elabora un texto imitando la métrica de este villancico castellano (puedes modificar el receptor y los elementos del paisaje).

**e** CM CD Infórmate en el enlace sobre las propiedades medicinales del toronjil. Dibuja una hoja de esta planta y clasifícala según su forma. Teniendo en cuenta que el toronjil de olor se denominaba en la Edad Media *toronjil para la pena*, ¿cómo puede influir en la interpretación del villancico?

# 3. La poesía oral en el siglo XV: el *Romancero*

### EL ORIGEN DEL ROMANCE

La lírica popular de la Edad Media tuvo continuación en el siglo XV con los romances. La preferencia del público por las partes más **emocionantes** y **dramáticas** de los cantares de gesta llevó a que los juglares seleccionaran algunos **fragmentos**, que empezaron a recitar aislados del resto.

Estos fragmentos se transformaron en **poemas independientes** y recibieron el nombre de **romances**. Al ser más breves que los cantares, los oyentes los memorizaban con facilidad, de forma que se han transmitido **oralmente** de generación en generación hasta nuestros días.

### LA DEFINICIÓN DE ROMANCE

Es una composición **épico-lírica**; es decir, un poema que nos cuenta brevemente una **historia** con una gran **carga sentimental**.

Está formado por una **serie** de versos **octosílabos**, con rima **asonante** en los **pares** y sin rima en los impares.

**cantar de gesta**
-------- / -------- 16 A
-------- / -------- 16 A
cesura
**romance**
-------- 8 –
-------- 8 a
-------- 8 –
-------- 8 a

Observa la rima asonante en **í-o** de los versos pares de este romance.

Nunca fuera caballero
de damas tan bien serv**ido**
como fuera Lanzarote
cuando de Bretaña v**ino**;
que dueñas curaban de él,
doncellas de su roc**ino**;
esa dueña Quintañona,
esa le escanciaba el v**ino**;
la linda reina Ginebra
se lo acostaba cons**igo**.

### ESTILO: RITMO Y DRAMATISMO

Los romances contienen las **repeticiones**, **paralelismos** y las **llamadas al oyente** del estilo oral característico de los cantares de gesta. Son frecuentes también los **diálogos**.

Al concentrarse estos recursos en un poema breve, consiguen una gran intensidad, dramatismo y ritmo musical. Veámoslo en este romance.

**repeticiones**

**apelación al oyente**

**alternancia de tiempos verbales**

**diálogo en estilo directo**

Allí habló el rey **don Juan**,
**bien oiréis** lo que decía:
–Si tu quisieses, Granada,
contigo me casaría;
darete en arras y dote
a Córdoba y a Sevilla.
–**Casada soy, rey don Juan.**
**Casada soy** que no viuda;
el moro que a mí me **tiene**
muy grande bien me **quería**.

### CRONOLOGÍA: ROMANCES VIEJOS Y NUEVOS

Los más antiguos son los **romances viejos**, que se remontan a los siglos XIV y XV. Más tarde, durante los siglos XVI y XVII, los poetas cultos (Cervantes, Lope de Vega, Góngora, Quevedo…) comenzaron a imitarlos dando lugar al ***romancero nuevo***.

El gusto por los romances llegará hasta nuestros días. Los cultivaron los románticos en el siglo XIX, y en el siglo XX grandes autores como Antonio Machado y Federico García Lorca escribieron bellísimos romances.

### CLASIFICACIÓN DE LOS ROMANCES

**1 Romances históricos**

Narran hechos inspirados en la vida de héroes conocidos.

- Héroes **castellanos**: don Rodrigo, el Cid…
- Héroes **franceses**: Carlomagno, Roldán…
- Héroes **bretones**: el rey Arturo, Lanzarote…
- Personajes **árabes**: cuentan historias de la Reconquista desde el punto de vista cristiano (reyes vencidos, mujeres engañadas, guerreros perdonados…). Se denominan romances ***fronterizos*** y ***moriscos***.

**2 Romances de invención: novelescos y líricos**

Cuentan historias inventadas.

- **Novelescos:** aventuras con una gran carga sentimental.
- **Líricos:** algunos romances reducen la anécdota narrativa y se centran más en la **expresión del sentimiento amoroso.**

**Literatura y música:**
El *Romancero*

## ACTIVIDADES

**2** Infórmate en el enlace sobre la leyenda del siguiente romance. Léelo y contesta a las preguntas.

**Romance de cerco de Zamora**

–Rey don Sancho, rey don Sancho,
no digas que no te aviso
que de dentro de Zamora
un alevoso ha salido:
llámase Vellido Dolfos,
hijo de Dolfos Vellido,
cuatro traiciones ha hecho,
y con esta serán cinco.
¡Si gran traidor fue su padre,
mayor traidor es el hijo!
Gritos dan en el real:
–¡A don Sancho han malherido!
Muerto le ha Vellido Dolfos,
¡gran traición ha cometido!

**a** Recita el romance. ¿Es histórico o lírico?

**b** Escríbelo en tu cuaderno de manera que parezca el fragmento de un cantar de gesta (AAAAA...).

**c** CC **Literatura comparada.** Lee el romance de don Sancho completo en el primer enlace. Di qué coincidencias tiene con la versión de un poeta actual del segundo enlace.

**d** ¿Te parece que este romance tiene un planteamiento o comienza de forma abrupta? ¿Extraes alguna conclusión de este tipo de estructura en relación con el origen de los romances?

**e** CS ¿Qué se entiende por traición en tu círculo de amigos? Pon un ejemplo.

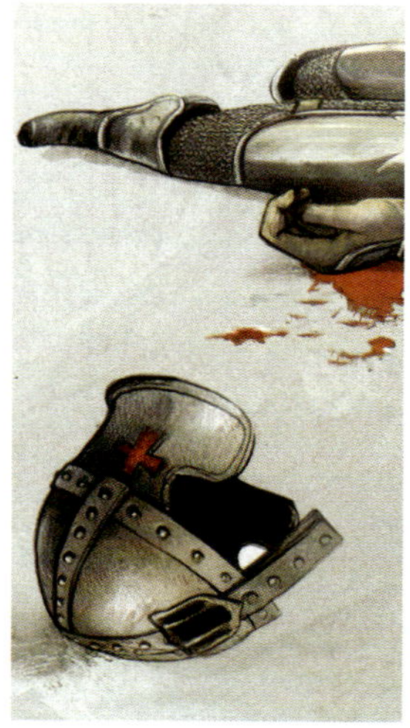

**3** Lee el siguiente romance y contesta a las preguntas.

**Romance de Fonte Frida**

Fonte Frida, Fonte Frida,
Fonte Frida y con amor,
do[1] todas las avecicas
van tomar consolación,
si no[2] es la tortolica
que está viuda y con dolor.
Por ahí fuera pasar
el traidor del ruiseñor;
las palabras que él decía
llenas son de traición:
–Si tú quisieses, señora,
yo sería tu servidor.
–Vete de ahí, enemigo,
malo, falso, engañador,
que ni poso en ramo verde
ni en prado que tenga flor;
que si hallo el agua clara,
turbia la bebía yo;
que no quiero haber marido
porque hijos no haya, no.
No quiero placer con ellos
ni menos consolación.
¡Déjame, triste enemigo,
malo, falso, mal traidor,
que no quiero ser tu amiga
ni casar contigo, no!

**1 do**: donde.
**2 si no**: a excepción de.

### Dramatización del texto

**a** CC Tres alumnos interpretarán respectivamente las tres voces que aparecen en este romance (voz del narrador, ruiseñor y tórtola).

### Género literario

**b** Explica si este romance es histórico o lírico.

**c** ¿De parte de quién está el narrador: de la tórtola o del ruiseñor? ¿Por qué?

**d** Señala los elementos dramáticos del texto (el diálogo). ¿Es estilo directo o indirecto? ¿Por qué?

### Contenido

**e** Resume el significado del texto.

**f** Escribe el tema.

### Estructura interna

**g** Divide el texto en tres partes: **1** presentación que hace el narrador de la escena (fuente y aves), **2** ofrecimiento amoroso del ruiseñor, **3** rechazo de la tórtola.

### Características literarias

**h** CC En el texto aparecen dos parejas de símbolos contrapuestos: **1** La fidelidad frente a la frivolidad en el amor. **2** El agua de la fertilidad frente al agua de la amargura. Identifica los elementos de la naturaleza que representan cada uno de los cuatro símbolos anteriores.

**i** Señala las repeticiones, las anáforas y los paralelismos. ¿Crees que son innecesarios o cumplen alguna función en el texto?

**j** CC **Literatura comparada.** Lee la poesía de Federico García Lorca del enlace. ¿Qué diferente significado crees que tiene el color verde en el poema de Lorca y en este romance?

## ACTIVIDADES

**4** Lee los siguientes romances novelescos y contesta a las preguntas.

MIRA QUIÉN CANTA

CONDE QUE CANTA

CONDE QUE ESCUCHA

A

**Romance del conde Olinos**

Madrugaba el conde Olinos,
mañanitas de San Juan,
a dar agua a su caballo
a las orillas del mar.
Mientras el caballo bebe,
se oye un hermoso cantar;
las aves que iban volando
se paraban a escuchar.
Desde las torres más altas
la Reina le oyó cantar.
–Mira, hija, cómo canta
la sirenita del mar.
–No es la sirenita, madre,
que esta tiene otro cantar;
es la voz del conde Olinos
que por mí penando está.
–Si es la voz del conde Olinos
yo le mandaré matar;
que para casar contigo
le falta sangre real.
–No le mande matar, madre,
no le mande usted matar;
que si mata al conde Olinos
a mí la muerte me da.
Guardias mandaba la Reina
al conde Olinos buscar,
que le maten a lanzadas
y echen su cuerpo a la mar.
La infantina, con gran pena,
no cesaba de llorar.
Él murió a la media noche
y ella, a los gallos cantar.

**Texto A**

**a** ¿Qué efecto provoca en la naturaleza la canción del conde Olinos?

**b** ¿Quién cree la reina que está cantando? ¿Por qué crees que tiene esa ocurrencia?

**c** CC ¿Por qué no quiere la reina que su hija se case con Olinos?

**d** Explica el fin trágico de este romance.

**e** CM Di en términos horarios a qué hora mueren la infanta y el conde.

**Texto B**

**a** ¿Quién canta en este romance?

**b** ¿Qué efecto provoca en la naturaleza la canción que escucha el conde Arnaldos?

**c** ¿Qué le pide Arnaldos al extraño cantor?

**d** CC ¿Qué excusa da el marinero al conde Arnaldos para no darle su canción?

**e** CC Imagina quién puede ser el extraño marinero: ¿un mago, el diablo o tal vez Jesucristo? Razónalo.

**f** Explica en qué consiste para ti el misterio de este romance.

**g** CC CD Busca en Internet información acerca del barco llamado *galera* y dibuja mediante un programa informático cómo sería la embarcación que observa el conde Arnaldos.

B

**Romance del conde Arnaldos**

¡Quién hubiera tal ventura
sobre las aguas del mar,
como hubo el conde Arnaldos
la mañana de San Juan!
Con un halcón en la mano,
la caza iba a cazar,
vio venir una galera
que a tierra quiere llegar;
las velas traía de seda,
la ejercia[1] de un cendal,[2]
marinero que la manda
diciendo viene un cantar
que la mar hacía en calma,
los vientos hace amainar,
los peces que andan nel[3] hondo
arriba los hace andar,
las aves que andan volando
nel mástil las hace posar.
Allí habló el conde Arnaldos,
bien oiréis lo que dirá:
–Por Dios te ruego, marino,
dígasme ora ese cantar.
Respondiole el marinero,
tal respuesta le fue a dar:
–Yo no digo esta canción
sino a quien conmigo va.

**1 ejercia**: aparejos de un barco.
**2 cendal**: tela de seda o lino.
**3 nel**: en lo (hondo).

**5** Compara estos dos romances y explica sus semejanzas: motivo principal, hora del día, época del año, elementos de la naturaleza, personajes y estructura.

# El *Romancero*

PDF En este documento dispones de los romances necesarios para realizar las actividades.

## 1 ¿QUÉ ES UN ROMANCE?

a Explica por qué los romances se definen como composiciones poéticas de carácter **épico-lírico**. Localiza el romance titulado *La pérdida de Alhama*. Léelo atentamente y escribe en qué consiste la parte épica o narrativa del texto y cuáles son los aspectos líricos.

b Lee el *Romance del prisionero*, mide sus versos y fíjate en su rima. A partir de esta información escribe las características formales de los romances.

c Lee el *Romance de doña Alda*. Mide el último verso (*en la caza de Roncesvalles*). ¿Cuántas sílabas tiene? ¿Se te ocurre alguna explicación para justificar esta anomalía?

d **Taller literario. Imitación de modelos literarios.** Imagina el contenido de la carta que recibe doña Alda. Escribe un romance de unos diez versos en el que se cuente que Roldán ha muerto en una emboscada al cruzar los Pirineos.

## 2 ¿CUÁL ES EL ORIGEN DE LOS ROMANCES?

a ¿Por qué los romances **se desgajaron** de los cantares de gesta? ¿Con qué cantar de gesta relacionas tú el *Romance de la Jura de Santa Gadea*? ¿Qué aspectos de este romance pudieron resultar tan emocionantes al público de la Edad Media como para memorizarlos como un texto independiente de su cantar?

b Lee el *Romance de Fonte Frida*. ¿Te resulta fácil imaginar el argumento del cantar de gesta al que podría pertenecer este romance? ¿Por qué?

## 3 ¿QUIÉNES SON LOS AUTORES DE LOS ROMANCES?

a ¿Crees que es posible que alguna vez se pueda descubrir el nombre del autor de un **romance viejo**? ¿Por qué?

b CD Localiza y escribe el título de un romance de cada uno de los siguientes autores: Gustavo Adolfo Bécquer, Antonio Machado y Federico García Lorca. ¿Qué conclusión puedes extraer de este ejercicio en relación con la cuestión anterior?

## 4 LOS ROMANCES MEDIEVALES ¿PERTENECEN A LA LITERATURA ORAL O ESCRITA?

CD CA Busca en la biblioteca o en Internet **dos versiones** diferentes del *Romance del prisionero*. Escribe algunos versos que demuestren las diferencias que hay entre ambas versiones. ¿Estas variaciones son propias de la literatura oral? ¿O más bien de la escrita? Argumenta tu respuesta.

## 5 ¿CÓMO SE CLASIFICAN LOS ROMANCES?

a ¿Qué es un romance **histórico**? Lee el *Romance de Fernán González* y explica por qué es histórico. Para responder a esta pregunta, infórmate de la importancia de este noble para la historia de Castilla. ¿Por qué en este romance Fernán González no quiere acudir a las cortes de León ni recibir los regalos del rey?

b ¿Qué es un romance **fronterizo**? Lee el *Romance de Abenámar* y explica por qué es fronterizo. Además de hablar con Abenámar, ¿con quién dialoga el rey don Juan? ¿Cuál es el tema de este último diálogo?

c ¿Qué es un romance **novelesco**? Busca el *Romance de la Infantina*, y explica por qué es novelesco. ¿Por qué está la niña sola en la montaña? ¿Qué plazo va a cumplir? ¿Qué le pide al caballero? ¿Por qué se quiere autocastigar el caballero? Escribe el tema.

d ¿Qué es un romance **lírico**? Lee el *Romance de Rosafresca* y demuestra que es lírico. ¿Cuál es su tema? ¿Por qué discuten el amante y la amada? ¿Quién es el responsable de la ruptura de la pareja?

## 6 ¿QUÉ ESTILO TIENEN LOS ROMANCES?

Localiza al menos tres romances diferentes de los comentados anteriormente en los que se utilicen **anáforas, paralelismos, apelaciones al oyente** y **diálogos**. Explica qué efecto producen en ti estas repeticiones.

**Serranilla: descripción idealizadora**

El poeta, Santillana, se ha perdido: va con sueño y se sale del camino, momento en el que se encuentra con la bella vaquera de la Finojosa. Esta le da la bienvenida, pero rechaza mantener relaciones amorosas con él.

Non creo las rosas
de la primavera
sean tan fermosas
nin de tal manera;
fablando sin glosa,
si antes supiera
de aquella vaquera
de la Finojosa. [...]
Bien como riendo,
dixo: «Bien vengades,
que ya bien entiendo
lo que demandades:
non es desseosa
de amar, nin lo espera,
aquessa vaquera
de la Finojosa».

**Serranilla: descripción degradante**

El arcipreste de Hita se ha perdido en la sierra. No tiene comida y está nevando. En ese momento se encuentra con la chata de Malangosto, una tosca vaquera que le impide pasar, a menos que le pague sus servicios. La chata lo lleva a cuestas hasta su refugio en la sierra...

Se me plantó en el sendero
la deforme, ruin y fea:
«Por mi fe –dijo–, escudero,
aquí me estaré yo quieta
hasta que algo me prometas;
y por mucho que arremetas
no pasarás la vereda». [...]
Me agarró fuerte la mano;
al pescuezo me subió
como un zurrón liviano,
cuesta abajo me llevó.

(texto adaptado)

# 4. La poesía culta del siglo XV: los *Cancioneros*

En el siglo XV surge una nueva figura, muy diferente a la del juglar y el clérigo: el **poeta cortesano**, que deberá satisfacer la demanda de unos nuevos lectores (muchos de ellos, burgueses) que deseaban no solo **escuchar**, sino también **leer canciones cultas** en **lengua castellana**.

Sus composiciones se reunieron en unos manuscritos, que más tarde se imprimieron con el nombre de *Cancioneros*. Es una lírica que imita la **poesía trovadoresca** o del **amor cortés**, desarrollada en el sur de Francia durante los siglos XII-XIII, y que luego pasó a Italia, influyendo en la obra de Dante y Petrarca.

El tema más frecuente de la poesía cancioneril es la **queja amorosa** del poeta al sentirse rechazado por una dama, de la que él se considera su vasallo sentimental. El poeta nunca hace un retrato físico de la dama, para no comprometerla públicamente; pero sí se lamenta de la crueldad emocional con que esta le trata; de ahí su condición de *amada-enemiga*. Este tipo de poesía resulta abstracta y artificiosa para el lector actual.

Formalmente, son canciones muy **breves**, con un **ritmo marcado**, **versos octosílabos**, de **rima consonante** y **acento** frecuentemente **agudo**.

**EL MARQUÉS DE SANTILLANA, EL POETA DE LAS SERRANILLAS**

Íñigo López de Mendoza (1398-1458), marqués de Santillana, fue uno de los humanistas (hombres de letras) más importantes de su época: poseía una gran biblioteca personal, encargó la traducción al castellano de algunas obras clásicas y estuvo al tanto de las novedades del Renacimiento italiano.

Es el primer poeta que escribió sonetos imitando el estilo de Petrarca, por lo que se le considera un escritor prerrenacentista. Su fama se debe, sin embargo, a sus poemas de inspiración popular, denominados **serranillas**. En ellos se nos describe el encuentro del poeta con unas pastoras refinadas, muy diferentes de las rudas vaqueras que retrató el arcipreste de Hita en el *Libro de buen amor*.

## ACTIVIDAD

**6** **Literatura comparada.** Lee los textos del margen y contesta.

- **a** ¿Es idealizadora la descripción que el marqués de Santillana hace de la vaquera de la Finojosa? Razona la respuesta.
- **b** ¿Por qué la descripción que hace el arcipreste de la chata de Malangosto es degradante?
- **c** CA Localiza en el poema del arcipreste las expresiones antónimas o contrarias a las que están resaltadas en el texto de Santillana.

## JORGE MANRIQUE, EL POETA DE LA ELEGÍA

Nació en Paredes de Nava (Palencia). Jorge Manrique (1440-1479) representa el ideal de caballero de la época: soldado y poeta. Aparte de sus poesías cancioneriles, su fama como poeta se debe a las *Coplas*, obra escrita a partir de la reflexión y los sentimientos que provocó en él la **muerte** de su padre, Rodrigo Manrique, en 1476.

Las *Coplas* no son un mero ejercicio poético elaborado a base de tópicos, como acostumbraban los poetas cancioneriles; por el contrario, es una reflexión sincera nacida de su honda **experiencia personal** (el sentimiento de un hijo que ve morir de cáncer a su padre). Su reflexión es un intento de dar sentido a la vida y a la muerte en una época en la que se cruzan dos mentalidades muy diferentes: la **cristiano-medieval** y los valores del **humanismo renacentista**. Su logro poético más importante es hacernos sentir cómo pasa el **tiempo**.

**COPLAS**

**¿A QUÉ GÉNERO LITERARIO PERTENECEN?**
Pertenecen al subgénero lírico de la **elegía**, porque expresan un **sentimiento** de dolor por la **muerte de un ser querido**: don Rodrigo Manrique, padre del poeta.

**¿QUÉ ESTROFA UTILIZA MANRIQUE?**
Las coplas manriqueñas o **coplas de pie quebrado** son estrofas compuestas por dos sextillas, cuyos versos se organizan según este esquema:

**8a-8b-4c-8a-8b-4c // 8d-8e-4f-8d-8e-4f**

**¿QUÉ RELACIÓN ESTABLECE EL AUTOR CON EL LECTOR?**
Manrique sabe que comparte con el lector de su época muchas ideas (sociales, históricas y religiosas) y, a partir de ahí, se dirige a este para hacerlo **partícipe** de su reflexión sobre la muerte y la fugacidad de la vida.

## ACTIVIDADES

**7** En la siguiente copla, el poeta se refiere a su padre fallecido. ¿Cómo se comportaba don Rodrigo con los demás? ¿Consideras que forma parte de una elegía? ¿Por qué?

Amigo de sus amigos,
¡qué señor para criados
y parientes!
¡Qué enemigo de enemigos!
¡Qué maestro de esforzados
y valientes!
¡Qué seso para discretos!
¡Qué gracia para donosos!
¡Qué razón!
¡Qué benigno a los sujetos!
¡A los bravos e dañosos,
qué león!

**8** Identifica en esta copla la estructura de las dos sextillas, tal como se ha establecido anteriormente. Presta atención a los versos que terminan en sílaba aguda.

Ved de cuán poco valor
son las cosas tras que andamos
y corremos,
que, en este mundo traidor,
aun primero que muramos
las perdemos.
De ellas deshace la edad,
de ellas casos desastrados
que acaecen,
de ellas, por su calidad,
en los más altos estados
desfallecen.

**9** Señala los elementos lingüísticos con los que quiere incorporar al lector a su reflexión sobre la fugacidad y el sentido de la vida. (Fíjate en los verbos y determinantes del texto anterior y de este.)

Recuerde el alma dormida,
avive el seso y despierte
contemplando
cómo se pasa la vida,
cómo se viene la muerte
tan callando;
cuán presto se va el placer,
cómo, después de acordado,
da dolor;
cómo, a nuestro parecer,
cualquiera tiempo pasado
fue mejor.

LECTURA COMENTADA

## Las *Coplas*, Jorge Manrique

**ESTRUCTURA: TRES MUERTES**

Jorge Manrique reflexiona sobre la muerte utilizando la técnica del zum, es decir, una perspectiva que va de lo general a lo particular:

1 **Plano general** o abstracto: nos muestra la muerte como el fin de todos los seres humanos.

2 **Plano medio**: la muerte aparece como el fin de los grandes hombres de la historia, especialmente la de Castilla.

3 **Primer plano**: la muerte de un hombre concreto llamado Rodrigo Manrique.

| PRIMERA PARTE | SEGUNDA PARTE | TERCERA PARTE |
|---|---|---|
| **MUERTE EN ABSTRACTO** | **MUERTE DE PERSONAJES HISTÓRICOS** | **MUERTE INDIVIDUAL** |
| **Coplas 1-13:** la muerte llama a todos los seres humanos. | **Coplas 14-24:** la muerte llama a los hombres poderosos y a las bellas damas de la corte. | **Coplas 25-40:** la muerte llama a un padre de familia. |
| **La muerte iguala a todos los seres humanos**, porque no tiene en cuenta las diferencias sociales y económicas que hay entre las personas. | ¿Dónde están los **reyes y nobles** más poderosos de Castilla? (tópico del *ubi sunt*, pregunta que implica la desaparición de algo/alguien por efecto del tiempo o la muerte). | La muerte llama a la puerta de **don Rodrigo Manrique** (el padre del autor). |

**10** ¿Qué significa *ríos caudales*, *medianos* y *chicos*? Explica por qué son metáforas.

Nuestras vidas son los ríos
que van a dar en la mar,
que es el morir;
allí van los señoríos
derechos a se acabar
y consumir;
allí los ríos caudales,[1]
allí los otros medianos
y más chicos,
allegados,[2] son iguales
los que viven por sus manos
y los ricos.

**1 caudales**: caudalosos (que llevan mucha agua).

**2 allegados**: una vez que ya llegan.

**11** Subraya las preguntas del *ubi sunt*. ¿Con qué metáfora se expresa que los que fueron jóvenes admirados ya están muertos?

¿Qué se hizo el rey don Juan?
Los infantes de Aragón,
¿qué se hicieron?
¿Qué fue de tanto galán,
qué de tanta invención
como trajeron?
¿Fueron sino devaneos,
qué fueron sino verduras
de las eras,
las justas y los torneos,
paramentos,[3] bordaduras
y cimeras?[4]

**3 paramentos**: ricos paños de adorno con que se cubre el lomo de los caballos.

**4 cimeras**: parte alta del yelmo o casco que se adorna con plumas.

**12** Señala los versos donde aparece la muerte individualizada. Identifica también la hipérbole del texto.

Después de puesta la vida
tantas veces por su ley
al tablero;[5]
después de tan bien servida
la corona de su rey
verdadero;
después de tanta hazaña
a que no puede bastar
cuenta cierta,
en la su villa de Ocaña
vino la Muerte a llamar
a su puerta.

**5 al tablero**: a los peligros de la guerra.

## LECTURA COMENTADA

### CONTRAPUNTO: TRES VIDAS

Según la mentalidad cristiano-medieval, Manrique nos habla de dos tipos de vidas:

1 La **vida terrena**, caracterizada por los placeres y ambiciones humanos. Tiene corta duración, ya que acaban con ella la vejez y la muerte.

2 La vida **eterna**, **inmortal** y, por eso, la única vida verdadera.

Sin embargo, Manrique, influido por la mentalidad del humanismo renacentista, habla también de la **vida de la fama**, es decir, una forma de vida que no finaliza con la muerte de la persona, dado que es el recuerdo duradero que dejan en los demás sus nobles y gloriosas acciones. Veámoslo en el siguiente esquema.

| CORTA DURACIÓN | LARGA DURACIÓN | VIDA IMPERECEDERA |
|---|---|---|
| **LA VIDA TERRENA** | **LA VIDA DE LA FAMA** | **LA VIDA ETERNA** |
| Para la mentalidad medieval, la belleza y la fuerza juveniles carecen de valor porque el paso del tiempo las destruye (*tempus fugit*). Es la antítesis del *carpe diem* (aprovecha lo bueno mientras dura) del Renacimiento. | La muerte llama a la puerta de don Rodrigo Manrique. No se presenta de manera macabra con una guadaña, como en *Las danzas de la muerte*. No tiene cuerpo, pero sí se la oye cuando habla con don Rodrigo. | La sociedad medieval estaba formada por tres estamentos: la nobleza, el clero y el pueblo. Según la mentalidad cristiana de la Edad Media, los nobles se ganaban el cielo luchando contra los infieles. |

**13** Lee la siguiente copla. ¿Cuál es la pregunta y a quién va dirigida? ¿Cuál es la respuesta? ¿Qué connotaciones tiene la palabra *arrabal*?

**14** Dibuja una tabla y escribe en la columna izquierda los rasgos de la juventud que aparecen en el texto y en la derecha sus antónimos.

Decidme: La hermosura,
la gentil frescura y tez
de la cara,
la color y la blancura,
cuando viene la vejez,
¿cuál se para?[6]
Las mañas y ligereza
y la fuerza corporal
de juventud,
todo se torna graveza[7]
cuando llega el arrabal
de senectud.

**6 cuál se para**: en qué queda.
**7 graveza**: decadencia, enfermedad.

**15** ¿Qué argumentos da la muerte a don Rodrigo en la siguiente copla para que no se resista? ¿En qué verso se hace referencia a la vida de la fama?

«No se os haga tan amarga
la batalla temerosa
que esperáis,
pues otra vida más larga
de la fama gloriosa
acá dejáis.
Aunque esta vida de honor
tampoco no es eternal
ni verdadera;
mas, con todo, es muy mejor
que la otra temporal,
perecedera.»

**16** A partir de esta copla explica de qué forma se ganaban los nobles la vida eterna, según la mentalidad medieval. ¿Con qué grupo de palabras se alude a dicha vida?

«Y pues vos, claro varón,
tanta sangre derramaste
de paganos,
esperad el galardón
que en este mundo ganaste
por las manos;
y con esta confianza
y con la fe tan entera
que tenéis,
partid con buena esperanza,
que esta otra vida tercera
ganaréis.»

**17** En la copla anterior se premia con el cielo al soldado que luchaba en la guerra de religión. ¿Qué actualidad tiene este tema? ¿Qué opinas de ello?

## La mujer como tema literario

Hemos visto en esta unidad que en la Edad Media los poetas representaron literariamente la figura de la mujer de dos formas: idealizándola o degradándola.

**RETRATO IDEALIZADO**
Algunos escritores describieron a las mujeres de manera **idealizada**, representándolas como **seres angelicales** y llenos de virtudes (Petrarca, el Marqués de Santillana...).

**RETRATO DEGRADANTE**
No obstante, también se desarrolló una tendencia contraria basada en la **degradación** de las mujeres: la **literatura misógina**. Autores, como el arcipreste de Hita (*Libro de buen amor*), Alfonso Martínez de Toledo, arcipreste de Talavera (*Corbacho*) o Jean de Meung (*Roman de la Rose*) recogieron todo tipo de prejuicios en torno a las mujeres, burlándose, en ocasiones, de su aspecto físico y describiéndolas, en general, como seres llenos de defectos e inferiores a los hombres.

# 5. La mujer en la Edad Media: autoría femenina

A lo largo de los siglos las mujeres han sufrido todo tipo de descalificaciones acerca de sus capacidades intelectuales. En consecuencia, el canon oficial de la literatura se ha construido en torno a la tradición masculina, olvidando, en la mayoría de casos, a mujeres que en su época tuvieron un papel de relevancia para la historia y el desarrollo de las artes.

Hoy en día sabemos que durante la Edad Media hubo **mujeres cultas** que se sobrepusieron a los **tópicos** de su época y fueron reconocidas por su **talento, ingenio** y **sensibilidad** para las artes, la política o la historia:

- La reina **Leonor de Aquitania** (1122-1204) fue una líder política excepcional. Como amante de las artes y las letras se convirtió en mecenas de numerosos trovadores, transformando su corte en uno de los principales focos de influencia de la poesía de amor cortés.
- **Leonor López de Córdoba** (1363-1412) destacó como política e historiadora. Es reconocida por haber escrito una de las primeras autobiografías en castellano.

### LA QUERELLA DE LAS MUJERES

A finales del siglo XIV, comenzó un debate intelectual para defender la dignidad y capacidad de las mujeres, combatiendo los tópicos misóginos que se habían extendido por toda Europa.

La iniciadora de este debate fue **Cristina de Pizán** (1364-1430), una de las mayores humanistas de la Edad Media. Escribió *La ciudad de las damas*, un alegato en favor de las mujeres donde desmiente las falacias acerca de la inferioridad femenina y presenta a un gran número de damas heroicas que, a lo largo de la historia, ostentaron cargos de relevancia política y demostraron su valía física e intelectual.

Ya en el siglo XV, las españolas **Teresa de Cartagena** (1420-¿?) e **Isabel de Villena** (1430-1490) también participaron en este debate con obras como *Admiración de las obras de Dios* y *Vita Cristie*, respectivamente.

## ACTIVIDAD

**18** CS Lee el texto y realiza las actividades.

a ¿Qué método utiliza Pizán para combatir las ideas misóginas?
b Piensa en una mujer a la que admires y explica por qué.

Me preguntaba cuáles podían ser las razones que llevan a tantos hombres a vituperar a las mujeres, criticándolas bien de palabra bien en escritos y tratados. Yo, que he nacido mujer, me puse a examinar mi carácter y mi conducta y también la de otras muchas mujeres que he tenido ocasión de frecuentar. Me propuse decidir, en conciencia, si el testimonio reunido por tantos varones ilustres podría estar equivocado.

Cristina de Pizán, *La ciudad de las damas*

**TAMBIÉN ELLAS CANTABAN:**
**LAS PRIMERAS TROVADORAS (SIGLOS XII-XIV)**

En la Edad Media los trovadores provenzales (poetas cultos que componían letras acompañadas de elaboradas piezas musicales) pusieron de moda en las cortes europeas la **poesía de amor cortés**. Sin embargo, también hubo mujeres trovadoras (llamadas ***trobairitz***) que desempeñaron este oficio.

Una de las compositoras más reconocidas fue **Beatriz, Condesa de Día** (1140-1212). Su canción *Debo cantar de lo que no querría* es el único poema trovadoresco escrito por una mujer del que aún se conserva la música.

**EN VOZ DE MUJER:**
**AUTORAS DE CANCIONERO (SIGLO XV)**

Aunque la poesía de cancionero fue realizada mayoritariamente por hombres, también hubo mujeres autoras que, con voz propia, compusieron sus poesías y canciones. Entre ellas destacan:

- **Florencia Pinar** (1470-1530) es una de las poetas castellanas más conocidas. Sus poemas se incluyeron en el *Cancionero general* y fue una de las primeras mujeres que participó en las justas poéticas medievales, un tipo de festival literario donde varios autores competían por presentar la composición más ingeniosa.
- **Catalina Manrique**, dama de la reina Isabel I de Castilla, también fue poeta de cancionero como compositora de *motes,* es decir, sentencias breves de carácter simbólico que, en ocasiones, servían de inspiración a otros poetas para construir composiciones más extensas: *Nunca mucho costó poco.*

También fueron mujeres poetas de cancionero **doña Juana** y **La Vayona**. A otras no las conocemos porque ocultaban su nombre en los poemas bajo la firma genérica de «una dama».

## ACTIVIDADES

**19** En el siguiente poema Florencia Pinar habla sobre la pena que le produce contemplar unas perdices encerradas en jaulas. Lee el texto y realiza las actividades.

- a Analiza la métrica y rima de los versos que componen el poema.
- b ¿Qué crees que simbolizan para la autora las aves encerradas?
- c En este poema hay un hipérbaton. Localízalo y reordena el verso.
- d CS ¿Crees que hoy en día sigue habiendo mujeres que pueden sentirse como Florencia Pinar? ¿En qué contextos?

**20** Piensa en un objeto que te guste y escribe un verso para acompañarlo.

De estas aves su nación
es cantar con alegría,
y de verlas en prisión
siento yo grave pasión,
*sin sentir nadie la mía.*

Ellas lloran que se vieron
sin temor de ser cautivas,
y a quien eran más esquivas
esos mismos las prendieron.
Sus nombres mi vida son
que va perdiendo alegría,
y de verlas en prisión
siento yo grave pasión,
*sin sentir nadie la mía.*

# 6. *La Celestina*: entre la Edad Media y el Renacimiento

**¿UN AUTOR O DOS AUTORES?**

El autor principal de *La Celestina* es **Fernando de Rojas** (1476-1541). Nació en la Puebla de Montalbán (Toledo) en una familia de judíos conversos. Estudió la carrera de Leyes en Salamanca y llegó a ser alcalde de Talavera de la Reina.

Pero no es el único autor de *La Celestina*. En el prólogo de la obra, el propio Rojas asegura que se encontró el **primer acto ya escrito** y sin la firma de su autor. Su labor consistió, por lo tanto, en completar la obra a partir de ese primer acto hasta los veintiún actos definitivos.

**¿NOVELA O TEATRO?**

*La Celestina* es una obra **dialogada**. No es una novela porque carece de **narrador**. Sin embargo, como obra teatral resulta demasiado extensa, ya que no puede ser representada en el tiempo que habitualmente duran las obras de teatro (unas dos horas); además, carece de **acotaciones**.

Pero el autor no cometió en realidad ningún fallo, porque su intención fue escribir una **comedia humanística**, es decir, un género de teatro que se hacía para **ser leído**, y no para ser representado en los escenarios.

**¿TRAGEDIA O COMEDIA?**

La obra contiene muchos elementos trágicos: asesinato de Celestina, decapitación de Sempronio y Pármeno, muerte por accidente de Calisto y suicidio de Melibea. Pero también hay momentos cómicos: equívocos verbales, burlas, insultos, carácter alocado de Calisto… Por esta razón, Fernando de Rojas la definió como **tragicomedia**.

Representación en 2013 de *La Celestina* por la compañía de teatro Atalaya. En la imagen, el personaje de la alcahueta representado por Carmen Gallardo.

**DOS VERSIONES DE LA OBRA**

*La Celestina* se publicó por primera vez en 1499 con el título de *Comedia de Calisto y Melibea.* Esta **primera versión** estaba compuesta de dieciséis actos. Pero en 1502 apareció una **segunda versión**: el autor añadió cinco actos más y modificó el título, con lo que la obra pasó a llamarse *Tragicomedia de Calisto y Melibea.*

El importante papel que desempeña el personaje de la alcahueta hizo que esta comedia se popularizara muy pronto (1509) con el título de *La Celestina*, por el que es conocida hoy universalmente.

**LOS TEMAS: DE LA EDAD MEDIA AL RENACIMIENTO**

El tema fundamental de la obra es el **amor** entre Calisto y Melibea. Al comienzo de la obra se presenta como un amor espiritual (platónico), pero progresivamente se transforma en una fuerza ciega e incontrolable que conduce a la búsqueda del placer sexual (vitalismo renacentista). Según el pensamiento medieval se trata de un amor **ilícito** y clandestino que se vale de las malas artes de las alcahuetas, incluida la magia negra.

Este tipo de amor da lugar a que se desarrollen en la obra otros temas como la **codicia** o afán de lucro de la Celestina y de los criados de Calisto, personajes que se aprovechan de los sentimientos de este joven con el propósito de enriquecerse.

La relación de **fidelidad** y **protección** entre señor y criado (uno de los valores fundamentales de la Edad Media) desaparece en esta obra. Calisto y sus criados no se sienten unidos por ningún vínculo personal, sino que cada uno busca su propio interés (individualismo y afán de riqueza propios del Renacimiento). La codicia y la búsqueda ilícita del placer desembocan en una espiral de **venganzas**, **castigos** y **mala suerte** (destino fatal) que da lugar a otro de los temas más importantes de la obra: la **muerte** de Calisto y Melibea, y de cuantos les han facilitado su pasión amorosa.

**SEMPRONIO TIENE LA SOLUCIÓN PARA LOS PROBLEMAS AMOROSOS DE SU AMO: LA VIEJA CELESTINA**

Calisto enferma de amor. Sempronio, su criado, le recomienda que contrate los servicios de Celestina y piensa ya en los **beneficios económicos** que podrá obtener de la desesperada situación emocional de su amo. Sempronio explica a Calisto que Celestina tiene poder para lograr que Melibea se rinda de amor ante él, porque es capaz de despertar el deseo hasta en las piedras.

## ACTIVIDAD

**21** Lee el texto y responde a las cuestiones.

Calisto entra en un huerto para coger un halcón que se le ha escapado. Allí ve a la hermosa Melibea. El joven está tan locamente enamorado de ella que la convierte en su diosa y objeto único de adoración: «Melibea soy y a Melibea adoro y en Melibea creo y a Melibea amo». En el siguiente texto, Calisto se ve por primera vez a solas con la joven y le confiesa sus sentimientos.

CALISTO: En esto veo, Melibea, la grandeza de Dios.

MELIBEA: ¿En qué, Calisto?

CALISTO: En haber dado a la naturaleza poder para hacerte tan bella, y a mí el inmerecido regalo de haber llegado a verte, en este jardín y a solas, donde poder comunicarte mi secreto dolor. Sin duda, es este un galardón mucho más grande que cuantos sacrificios y oraciones he ofrecido a Dios, rogándole que me permitiera entrar en tan apacible lugar. (*Embelesado.*) ¿Qué hombre ha alcanzado en vida la divina gloria que yo estoy sintiendo ahora? ¡Oh, Melibea, no hay alma en el cielo que pueda gozar más que yo en este instante. (*Repentinamente entristecido.*) Sin embargo, en algo me ganan las almas de los santos, pues ellos, al ser puro espíritu, no temen perder la eterna visión de Dios. Pero yo soy de carne y hueso y, junto a esta alegría incomparable de poder contemplarte, siento también el cruel tormento que me ocasionará tu ausencia.

MELIBEA: ¿Tanto placer te causa el verme?

CALISTO: Más que si Dios me diese el cielo y la silla más alta entre sus santos.

MELIBEA: (*Con ironía.*) Pues sigue insistiendo, Calisto, que yo te daré algo mucho mejor...

CALISTO: (*Confiado.*) ¡Oh, bienaventuradas orejas mías, que me permiten oír de tus labios el dulce galardón que ya imagino...!

MELIBEA: (*Furiosa.*) ¡Di mejor «desventuradas orejas»! ¡Escucha, desvergonzado! ¡Seré tan fiera contigo como merece tu loco atrevimiento! [...] ¡Vete de aquí, grosero, vete!

Fernando de Rojas, *La Celestina* (texto adaptado)

**a** ¿En qué frase Calisto afirma que la contemplación de Melibea le produce más placer espiritual que la contemplación de Dios?

**b** Calisto cree por unos segundos que Melibea corresponderá a su amor. ¿Por qué?

**c** CC Se asemeja Melibea a la imagen de la dama en el amor cortés? ¿Por qué?

### Unos personajes poco ejemplares

**MELIBEA.** Tras ser objeto de un hechizo, abre su corazón al amor de Calisto. Se muestra sensible, resuelta y con más madurez psicológica y sentimental que su amante. Al final de la obra, sin embargo, aparece frágil y depresiva.

**CALISTO.** Es un joven enamorado, ocioso, egoísta, pasivo y bastante torpe. En los momentos íntimos con Melibea, se muestra obsesionado por el sexo, basto y con escasa madurez sentimental (es una caricatura del *amor cortés*).

**CELESTINA.** Es retratada como una alcahueta codiciosa, avara, muy hábil con la palabra para convencer a los demás de sus propósitos, carente de escrúpulos y aliada del demonio, ya que lo invoca y hace magia negra.

**PADRES DE MELIBEA.** Muy cariñosos con su hija pero irresponsables, especialmente Alisa, que permite la entrada de Celestina en su casa sabiendo a qué se dedica la alcahueta. Cuando Pleberio se entera de todo lo que ha estado ocurriendo bajo su techo, ya es tarde.

**CRIADOS: SEMPRONIO Y PÁRMENO.** No mantienen un vínculo de lealtad con su amo (Calisto), porque este se comporta con ellos de manera egoísta y poco afectiva, así que se aprovechan de él para obtener beneficio económico.

**AREÚSA Y ELICIA**, prostitutas al servicio de Celestina, no se sienten moralmente inferiores a Melibea y dan muestras de sinceros sentimientos. Al final de la obra, las mueve el odio y la venganza.

## Lenguaje coloquial y culto

Los personajes de *La Celestina* no guardan el **decoro** clásico a la hora de hablar, es decir, no reflejan lingüísticamente la clase social a la que pertenecen. El decoro exige que los nobles se expresen con un vocabulario culto y los criados con el lenguaje de la calle.

Sin embargo, en la obra de Rojas tanto los señores como los criados **mezclan** expresiones de la lengua **culta** con los registros coloquial y **vulgar** del castellano.

**CELESTINA PREPARA SUS ARMAS: UN CONJURO DIABÓLICO**

Calisto se entrevista con Celestina y le pide ayuda para que interceda ante Melibea. Celestina invoca a Plutón (el demonio) y elabora una pócima diabólica con la que impregna un ovillo de hilo. Cuando Melibea roce con sus manos esta madeja, se despertará en ella un deseo irresistible por Calisto. Lee el texto de la actividad 20.

**AFÁN DE LUCRO. TODOS QUIEREN BENEFICIARSE ECONÓMICAMENTE DEL AMOR DE CALISTO**

El apasionado amor de Calisto se convierte en un negocio para quienes lo rodean. En el siguiente fragmento, Sempronio piensa en su ganancia si Melibea cae rendida de amor ante su amo.

> CELESTINA: [...] Que, aunque hayas de tener alguna partecilla del provecho, quiero yo todas las gracias del trabajo.
> SEMPRONIO: ¿Partecilla, Celestina? Mal me parece eso que dices.
> CELESTINA: Calla, loquillo, que parte o partecilla, cuanto tú quisieres te daré. Todo lo mío es tuyo. Gocemos y aprovechémonos, que sobre el partir nunca reñiremos. Y también sabes tú cuánta más necesidad tienen los viejos que los mozos, mayormente tú que vas a mesa puesta.
> SEMPRONIO: Otras cosas he menester más de comer.
>
> Fernando de Rojas, *La Celestina*

## ACTIVIDADES

**22** Lee el texto anterior sobre el afán de lucro y responde a las cuestiones.

- **a** ¿Qué personaje se muestra más codicioso y avaro en el texto: Celestina o Sempronio? ¿Por qué?
- **b** Nada de lo que dice Celestina a Sempronio se cumplirá. Explica esos incumplimientos.
- **c** Explica con qué intención utiliza la alcahueta los morfemas diminutivos de *loq**uillo*** y *parte**cilla***. Di si Sempronio capta dicha intención.

**23** Lee el texto sobre el conjuro y responde.

**Estructura interna**

- **a** Divide el texto en dos partes: **1** invocación; **2** orden que Celestina dirige al diablo.

**Características lingüísticas y literarias**

- **b** Señala las oraciones exhortativas (función apelativa del lenguaje) con las que Celestina elabora su conjuro.
- **c** La alcahueta utiliza el adjetivo *crudo* para calificar la clase de amor que ha de despertar su hechizo en Melibea. ¿Qué significado tiene el adjetivo en el texto? ¿De qué figura literaria se trata? (Consulta la unidad 1 de literatura en caso necesario.)
- **d** Explica el significado de los siguientes sustantivos: *bermejas*, *signos*, *ponzoña*. ¿Habla Celestina según el decoro clásico?

**Opinión**

- **e** CS ¿Crees que los hechizos pueden influir en las personas? Argumenta tu respuesta.

> ... te conjuro por la virtud y fuerza de estas bermejas letras; por la sangre de aquella nocturna ave con que están escritas; por la gravedad de estos nombres y signos, que en este papel se contienen; por la áspera ponzoña de las víboras con que este aceite fue hecho y con el cual unto este hilado: vengas sin tardanza a obedecer mi voluntad y en este tejido te envuelvas y estés sin apartarte un solo instante de él, hasta que yo consiga que Melibea lo compre, y de tal manera quede enredada en él que, cuanto más lo mirare, tanto más su corazón se ablande a conceder mi petición, y le despiertes y lastimes de crudo y fuerte amor de Calisto.
>
> Fernando de Rojas, *La Celestina* (texto adaptado)

**EL TRIUNFO DE CELESTINA. MELIBEA CAMBIA DE SENTIMIENTOS Y SE ENAMORA DE CALISTO**

La alcahueta ha logrado entrar en casa de Melibea. La magia y, sobre todo, las dotes retóricas de Celestina han conseguido que Melibea, tras resistirse para defender su honra, reconozca finalmente su amor por Calisto.

## ACTIVIDAD

**24** Lee el texto y contesta a las preguntas.

CELESTINA: Sin romper tus vestiduras se metió en tu pecho el amor: no rasgaré yo tus carnes para curarlo.
MELIBEA: ¿Cómo dices que llaman a este mi dolor, que así se ha enseñoreado en lo mejor de mi cuerpo?
CELESTINA: Amor dulce.
MELIBEA: Dime qué es eso, que con solo oír su nombre me alegro.
CELESTINA: Es un fuego escondido, una agradable llaga, un sabroso veneno, una dulce amargura, una deleitable dolencia, un alegre tormento, una dulce y fiera herida, una blanda muerte. [...]
MELIBEA: ¡Oh mi Calisto, mi señor! ¡Mi dulce y suave alegría! Si tu corazón siente lo que ahora el mío, maravillada estoy de cómo la ausencia te consiente vivir. ¡O mi madre, mi señora, haz de manera que le pueda ver cuanto antes, si mi vida quieres!
CELESTINA: Ver y hasta hablarle.
MELIBEA: ¿Hablarle? Es imposible.
CELESTINA: Ninguna cosa les resulta imposible a los hombres, cuando deciden hacerla.
MELIBEA: Dime cómo.
CELESTINA: Yo lo tengo pensado, yo te lo diré: por entre las puertas de tu casa.
MELIBEA: ¿Cuándo?
CELESTINA: Esta noche.
MELIBEA: Serás mi gloria, si lo cumples. Di a qué hora.
CELESTINA: A las doce.
MELIBEA: Pues ve, mi leal amiga, y habla con mi señor y que venga con mucho cuidado a la hora que has ordenado.
CELESTINA: Adiós, que viene hacia acá tu madre.

Fernando de Rojas, *La Celestina* (texto adaptado)

### Localización del texto

**a** ¿A qué época pertenece el texto?

**b** Explica cuál es su género literario.

**c** ¿En qué parte del argumento de *La Celestina* se puede ubicar? ¿Antes o después del primer encuentro amoroso entre Calisto y Melibea?

### Síntesis del significado

**d** Resume el significado del texto.

**e** Escribe el tema.

### Estructura dramática

**f** Señala en el texto las dos partes en las que se organiza el diálogo de los dos personajes:

1 Celestina da respuesta a una pregunta de Melibea sobre su estado emocional.

2 Celestina colma los deseos de Melibea con un plan para estar cerca de Calisto.

### Análisis de los personajes

**g** ¿Por qué Melibea está angustiada? ¿De qué forma le explica Celestina lo que le pasa a la joven?

**h** CC El texto muestra cómo Celestina parece tener la respuesta a los males de la joven. ¿Qué relación de dependencia se establece entre las dos mujeres? Razona si es bueno para la salud mental de las personas depender total y emocionalmente de otras.

### Características lingüísticas y literarias

**i** Explica los dos significados (polisemia) con que se utiliza la palabra *madre* en el texto.

**j** Señala los pronombres, determinantes y verbos de la primera y segunda personas gramaticales con que se hacen presentes el receptor y el emisor en el texto.

**k** La figura literaria que utiliza Celestina para definir el amor, ¿es un oxímoron? Explica en qué consiste. ¿Por qué crees que ese recurso retórico es adecuado para expresar la angustia amorosa de Melibea?

## Propósito y significado de la obra

Rojas escribió *La Celestina* con un propósito **moralizante**: advertir a los jóvenes enamorados para que sean responsables y no se dejen llevar por los impulsos irracionales y egoístas en sus relaciones amorosas.

Pero esta obra nos ofrece, además, una **visión pesimista** del mundo y de la condición humana. Según Rojas, la naturaleza y la vida de los seres humanos son una fuente de sufrimientos, ya que están gobernadas por una fuerza ciega y sin sentido: la **violencia** o lucha de elementos contrarios (el choque de las estrellas, las sensaciones de calor y frío, la bravura de las olas, los animales depredadores o la guerra en las sociedades humanas).

## Temas de *La Celestina*

- **El amor**. La mayoría de los personajes son víctimas del amor «ilícito», que unas veces se manifiesta como parodia del amor cortés (amor idealizado) y otras como amor carnal (*amor ferus*) y prostibulario.
- **Decadencia de la nobleza**. Calisto es cobarde, perezoso, derrochador y caprichoso. Su actitud egoísta e infantil con respecto a Pármeno y Sempronio responde a la degradación de las relaciones amo-criado en el siglo XV.
- **La codicia**. Los criados aspiran a enriquecerse a costa de su amo Calisto, y Celestina se niega a repartir la ganancia.
- **La muerte**. Muchos de los personajes mueren por «justicia poética», como consecuencia de sus acciones inmorales.
- **La magia y la hechicería**. Celestina invoca al diablo, que ejerce su influencia sobre Melibea y otros personajes.
- **El paso del tiempo**. Cada personaje vive el paso del tiempo de forma diferente: tiempo fugaz (*tempus fugit*), nostalgia por el pasado (*ubi sunt?*), acción a destiempo, etc. Para contrarrestar el paso del tiempo, se da una exaltación del *carpe diem*.

### LA CODICIA MATA A LOS QUE COMERCIAN CON EL AMOR

Calisto ha regalado una cadena de oro a Celestina por los servicios prestados. Sempronio y Pármeno exigen su parte, pero Celestina se niega a ello y la matan.

SEMPRONIO: ¡Oh vieja avarienta, garganta muerta de sed por dinero!, ¿no te quedarás contenta con la tercera parte de lo ganado?

CELESTINA: ¿Qué tercera parte? Vete con Dios de mi casa tú. Y ese otro no dé voces, no vayan a venir los vecinos. No me hagáis perder los nervios. No queréis que todos se enteren de las cosas de Calisto y de las vuestras.

SEMPRONIO: Da las voces o gritos que quieras, que tú cumplirás lo que prometiste o se acabarán hoy tus días.

ELICIA: Guarda la espada, por Dios. Detenlo, Pármeno, detenlo, no la mate ese loco.

CELESTINA: ¡Justicia!, ¡justicia!, ¡señores vecinos! ¡Justicia!, ¡que me matan en mi casa estos rufianes!

SEMPRONIO: ¿Rufianes? Esperad, doña hechicera, que yo te haré ir al infierno con recomendaciones.

CELESTINA: ¡Ay, que me han matado! ¡Ay, ay! ¡Confesión, confesión!

Fernando de Rojas, *La Celestina* (texto adaptado)

Los personajes de *La Celestina* no son **tipos planos**, sino individualizados psicológicamente.

### EL PLACER: MINUTOS ANTES DE QUE LLEGUE LA MUERTE

Calisto y Melibea gozan ya de su amor. Lucrecia es testigo, algo hastiada, de la felicidad de la pareja. Según Rojas, se trata de un placer ilícito; por eso hace que esta historia de amor acabe en tragedia. Después de esta escena, Calisto oye voces en la calle; abandona precipitadamente a Melibea y, sin ponerse su armadura, empieza a bajar la escalera de la que se ha provisto para saltar sobre el muro del jardín. Pero la precipitación y la mala suerte hacen que se resbale y caiga al vacío. Calisto muere. Melibea no podrá soportar la muerte de su amado y se suicida.

#### ACTIVIDAD

**25** Transforma el texto anterior en una narración. La historia debe ser contada desde el punto de vista de Lucrecia (testigo de la escena). Empieza tu texto escribiendo: *Celestina dijo que...*

### EL LLANTO DESESPERADO DE PLEBERIO

Melibea ha sido testigo del mortal accidente que ha sufrido Calisto al caerse de la escalera. La joven cuenta a su padre, Pleberio, todo cuanto ha ocurrido. Durante la obra, los padres de Melibea han permanecido ajenos a lo que estaba sucediendo en su casa. Incluso Lucrecia, la criada, reprocha la irresponsabilidad de la madre de la muchacha al permitir que Celestina entre en la intimidad de su hija. El hecho es que la desesperación de la joven es tan grande que se suicida arrojándose al vacío. Pleberio presencia la horrible escena. Padre e hija se dejan llevar por la desesperación, sin la menor resignación cristiana.

En el texto de la actividad 26 el anciano hace partícipe a su mujer, Alisa, de su desesperación.

## ACTIVIDAD

**26** Lee el texto y contesta a las preguntas.

¡Ay, ay, noble mujer! Nuestro gozo en el pozo. Nuestro bien todo es perdido. ¡No queramos vivir más! Mira allí a la que tú pariste y yo engendré, hecha pedazos. Horribles días me quedan por vivir. ¿Para quién edifiqué torres? ¿Para quién adquirí honras? ¿Para quién planté árboles? ¡O mundo, mundo! Yo pensaba en mi más tierna edad que tus hechos estaban regidos por algún orden; ahora, me pareces un laberinto de errores, juego de hombres que andan en corro, laguna llena de cieno. Prometes mucho, nada cumples. ¡Qué solo estoy, Melibea, flor que fuiste de mi vida! ¿Qué haré, cuando entre en tu habitación y la halle sola? ¿Qué haré cuando no me respondas, si te llamo? ¡O amor, amor! Haces que feo amen y hermoso les parezca. ¿Quién te dio tanto poder? ¿Quién te puso nombre, que no te conviene? ¿En qué pararon cuantos te sirven y celebran? La falsa alcahueta Celestina murió a manos de sus más fieles compañeros. Ellos murieron degollados. Calisto, despeñado. Mi triste hija quiso tomar la misma muerte por seguirle. Esto es lo que causas. Dulce nombre te dieron; amargos hechos haces. Del mundo me quejo, porque en sí me crió, porque si no me hubiera dado vida, no hubiese engendrado a Melibea, y no naciendo ella no la hubiese amado. ¡O mi hija ahí destrozada! ¿Por qué no tuviste lástima de tu amada madre? ¿Por qué me dejaste triste y solo en este valle de lágrimas?

Fernando de Rojas, *La Celestina* (texto adaptado)

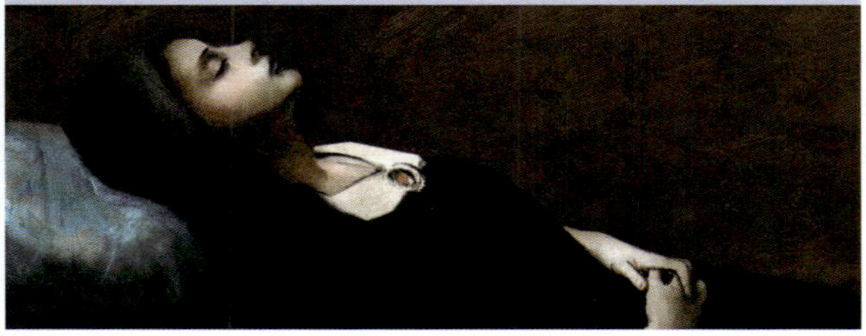

**Lectura expresiva**

a Lee en voz alta el texto, con el dramatismo y pausas que requiere la dolorosa situación que vive el padre de Melibea.

**Comunicación**

b ¿Quién es el emisor del texto?

c ¿Y el receptor?

d Además de a su esposa, ¿a quiénes se dirige Pleberio?

**Género**

e CC El texto expresa el dolor de Pleberio por la muerte de su hija. ¿Cómo se llama ese subgénero? ¿Conoces otros textos similares de la Edad Media y Prerrenacimiento? ¿Cuáles?

**Síntesis del significado**

f Resume el texto (ideas principales).

g Escribe el tema.

**Mentalidad**

h Explica si Pleberio se resigna ante la desgracia. ¿Tiene algún consuelo religioso? Razona tu respuesta.

i ¿Tiene el mundo sentido para este personaje? ¿Por qué?

j CC ¿Qué opinión le merece a este personaje el amor humano basado en el placer y la pasión? Argumenta tu respuesta y explica tu opinión sobre este asunto.

k CC ¿Cuál es la frase de Pleberio que más te ha impresionado por su realismo psicológico para expresar el doloroso sentimiento de haber perdido a su hija?

# Literatura comparada. Ayer

**Autor:** anónimo.
**Época:** siglo XV (texto recogido por Cristóbal de Castillejo a principios de siglo XVI).

### TIEMPO BUENO

*Tiempo bueno, tiempo bueno,*
*¿quién te me apartó de mí,*
*que en acordarme de ti*
*todo placer me es ajeno?*

¿Quién no llora lo pasado
viendo cuál va lo presente?,
¿quién es aquel que no siente
lo que ventura[1] ha quitado?

Yo me vi ser bien amado,
mi deseo en alta cima,[2]
contemplar en lo pasado
la memoria me lastima.

Y pues todo me es ausente,
no sé cuál remedio escoja,
bien y mal todo me enoja,
¡cuitado[3] de quien lo siente!

Tiempo fue y horas ufanas[4]
las que mi vida gozaron,
donde, tristes, se sembraron
las simientes de mis canas.

Y pues se tiene por bueno,
bien puedo decir así:
*tiempo bueno, tiempo bueno,*
*¿quién te me apartó de mí?*

1 **ventura:** los vaivenes de la vida que arrebatan la felicidad.
2 Se refiere a que hubo un tiempo en que sus deseos de felicidad se cumplieron de forma plena.
3 **cuitado:** desdichado.
4 **ufanas:** alegres.

**1 Análisis y valoración del contenido**

- **a** Explica el significado de cada poema.
- **b** Escribe el tema de cada uno de los dos textos.
- **c** Localiza en cada poema el verso que mejor expresa el tópico del *ubi sunt.*
- **d** Identifica el poema en el que el autor expresa su tristeza debido a que el tiempo es como un río que avanza hacia la vejez y la muerte, de forma que el pasado no se puede recuperar (visión lineal del tiempo). Razona tu respuesta.
- **e** ¿Cuál es el poema en el que el autor cree que el tiempo no fluye a pesar de los aparentes cambios? Razona tu respuesta.

# Literatura comparada. Hoy

### *UBI SUNT*

Todo está en donde estuvo, todo late
en el primer latir
de la primera aurora cautivada,
y en su cautivo corazón en pálpito.
Todo fluye
en el mismo fluir de un mismo río,
por el agua tenaz de un cauce idéntico.

¿Acaso es que no sientes en tu piel
la salvaguardia de otra piel pretérita,
las sangres centinelas de tu sangre,
las sombras que fecundan a tu sombra?

¿No sabes escuchar bajo la voz
los coros primordiales de las voces,
ni el ser de la palabra en cuanto somos,
ni el eco de vivir en lo que hablamos?

Lo que antes eran hombres hoy es tiempo,
las mujeres que han sido son del aire,
la arena vagabunda, nuestros hijos.

¿En el volar, no ves el vuelo inmune?
¿No amas, en el amar, el amor único?

A fuerza de mudarse, nada cambia;
de tanto discurrir, todo está inmóvil.
Hay una sola frente pensativa
que entiende la hermandad de cuanto existe
y en cuanto ha muerto ve lo que no muere.

¿Qué se fizieron, pues? ¿Dó los escondes?

Cierra los ojos para ver más claro
y sal fuera de ti para morar contigo.

Carlos Marzal

**Carlos Marzal** (Valencia, 1961) pertenece a una corriente poética de las dos últimas décadas del siglo XX llamada «poesía de la experiencia». Su obra más conocida es *Metales pesados,* que consiguió los premios Nacional de Poesía y de la Crítica (2002).

Los temas de la poesía de la experiencia son de carácter universal –el paso del tiempo, el amor, la muerte, los recuerdos...– desarrollados en un ambiente de realismo cotidiano.

**2 Análisis y valoración de la forma**

**a** Explica la rima, métrica y estrofa del primer poema.

**b** Demuestra que el segundo poema presenta verso libre.

**c** ¿Qué poema te gusta más y por qué?

**d** ¿En qué verso del segundo poema se imita un verso de Jorge Marique sobre el *ubi sunt?* (Búscalo en la página 242 de este libro de texto.)

**e** **Evolución de temas y formas.** Explica cómo ha evolucionado la forma de entender el tiempo desde la Edad Media hasta nuestros días y las técnicas del verso.

**f** CC **Poemas y canciones.** Escucha esta canción de Funambulista y Andrés Suárez. Explica qué idea del tiempo se expresa y con cuál de los poemas anteriores está relacionada.

**g** CD CI **Exposición sobre el paso del tiempo.** Realiza fotografías y/o descarga imágenes de Internet en las que captes el paso del tiempo sobre los objetos: edificios, muebles, libros, etc. Compártelas con un grupo de trabajo para seleccionar las que más os gusten. Ponedle un título a cada una, según lo que os sugiera. Junto a las de otros grupos haced una exposición titulada «El fluir del tiempo», que podréis exhibir en el aula.

## MAPA TEMÁTICO

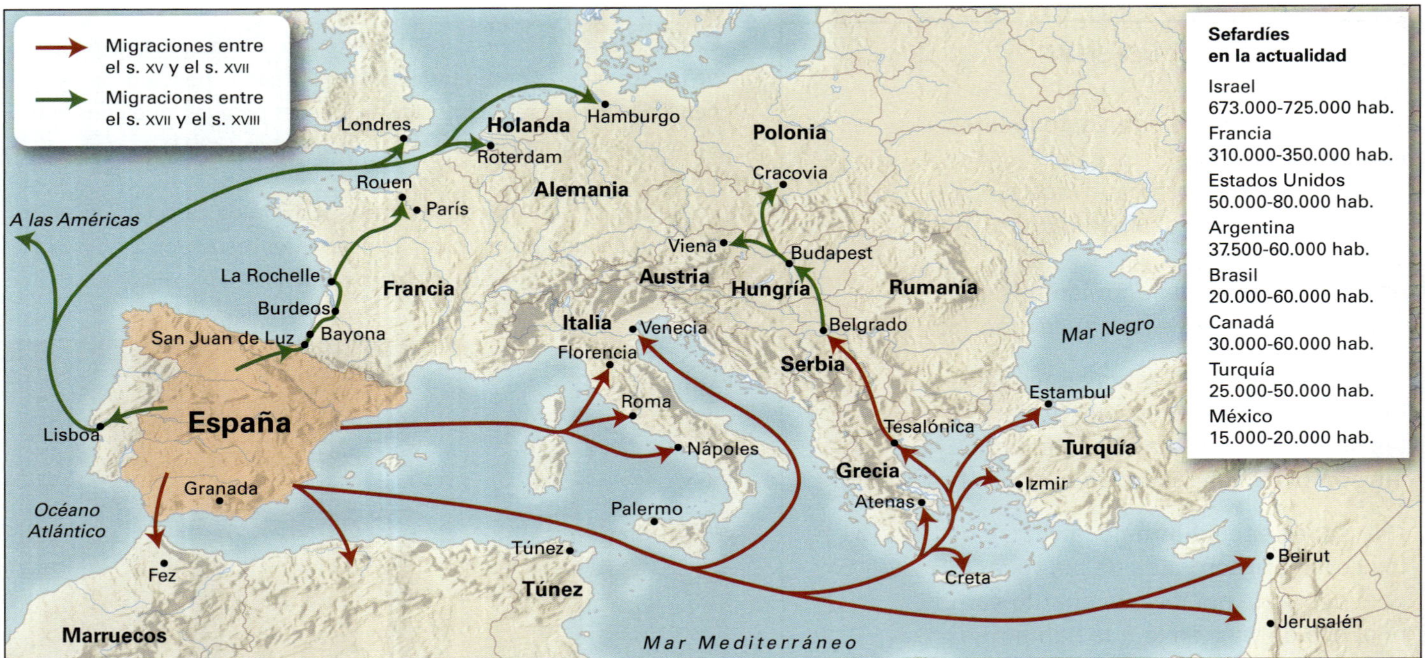


**El Congreso aprueba hoy la ley de nacionalidad para los sefardíes**

El nuevo proyecto que facilita la obtención de la nacionalidad a los sefardíes superará hoy el último trámite en el Congreso, en una nueva versión que trata de simplificar la adquisición del pasaporte español. La ley concede la nacionalidad española a los descendientes de los judíos expulsados en 1492, siempre que tengan una «especial vinculación con España». Quienes quieran acreditar su condición de sefardí deberán superar unas pruebas de idioma diseñadas por el Instituto Cervantes –salvo para los países de habla hispana– y un test de integración. Asimismo, acreditará la vinculación a España el conocimiento del ladino.

*El País* (24-3-2015) (texto adaptado)

**1** CL **Recuperación de información e inferencias**

- **a** ¿Quiénes son los sefardíes? ¿Qué es el ladino?
- **b** ¿Qué dos informaciones fundamentales aporta el mapa a la noticia?
- **c** CA Asocia las dos etapas de migración a las coordenadas geográficas Este/Oeste/Norte/Sur.
- **d** CS ¿Cuál es el país europeo con más sefardíes?
- **e** CS Identifica los países que se mencionan en el mapa que no pertenecen a la Unión Europea (UE).
- **f** CS Escribe las ciudades del norte de África y Oriente Medio y di a qué países pertenecen.
- **g** ¿Qué pruebas se pueden aportar para acreditar la condición de sefardí y obtener la nacionalidad española?
- **h** Responde a las seis W de toda noticia (qué, quién, cuándo, dónde, cómo, por qué).

**2** CM **Cálculo**

- **a** ¿Qué porcentaje de sefardíes vive en Argentina en la estimación máxima?
- **b** ¿Cuántos años han transcurrido desde la expulsión de los judíos hasta la fecha de la noticia?

**3** CS Infórmate en Internet y responde.

- **a** ¿Qué es el Congreso?
- **b** ¿Qué es un Proyecto de Ley y quiénes son los beneficiarios en este caso?

**4** Explica en cuatro líneas qué es el Instituto Cervantes. Infórmate en el enlace.

**5** CD CA Busca en el enlace la letra de la canción *Árboles lloran por lluvias*. Luego escúchala en el audio y contesta a las preguntas.

- **a** ¿En qué lengua está escrita esta canción?
- **b** Escribe el verso en que los sefardíes expresan el tema del exilio de España.

**6** CS Define qué son los alimentos *Halal* para los islamistas y en qué consisten los productos *Kosher* para los judíos. Infórmate en el enlace y explica por qué los productos *Halal* constituyen una importante industria para las empresas españolas.

**ANTES DE LEER**

**El caballero y la mora**

El nombre de *Valdovinos* es una deformación de *Balduino*, hermano de Roldán y, por lo tanto, sobrino del emperador francés Carlomagno. En el romance que vas a leer, Valdovinos está enamorado de una mora sevillana.

**Caños de Carmona**

Último tramo del acueducto-viaducto que, procedente de los manantiales de Alcalá de Guadaíra, suministraba agua a Sevilla. Infórmate en esta dirección sobre las causas de la desaparición de esta importante construcción.

**ROMANCE DE VALDOVINOS**

Por los caños de Carmona,
por do va el agua a Sevilla.
por ahí iba Valdovinos
y con él su linda amiga.
Los pies lleva por el agua
y la mano en la loriga,
con el temor de los moros
no le tuviesen espía.
Júntanse boca con boca,
nadie no los impedía.
Valdovinos, con angustia,
un suspiro dado había.
–¿Por qué suspiráis, señor,
corazón y vida mía?
O tenéis miedo a los moros,
o en Francia tenéis amiga.
–No tengo miedo a los moros,
ni en Francia tengo amiga;
mas vos mora y yo cristiano
hacemos muy mala vida:
comemos la carne en viernes,
lo que mi ley defendía,
siete años había, siete,
que yo misa no la oía;
si el emperador lo sabe
la vida me costaría.
–Por tus amores, Valdovinos,
cristiana me tornaría.
–Yo, señora, por los vuestros,
moro de la morería.

### Análisis de contenido

**1** Consulta en el enlace el significado de las palabras subrayadas.

**2** ¿Por qué camina Valdovinos con los pies en el agua? ¿De quién se oculta?

**3** ¿Por qué suspira Valdovinos: por amor o por un problema religioso?

**4** ¿A qué ley se refiere Valdovinos? ¿Qué dos preceptos cristianos incumple el caballero?

**5** ¿Por qué se trata de un amor prohibido?

**6** ¿Quién es el emperador y por qué lo teme Valdovinos?

**7** ¿Qué sacrificio están dispuestos a realizar ambos amantes por su amor?

**8** Explica el contenido del texto en cuatro líneas.

**9** Escribe el tema en una línea.

**10** Divide el texto en dos partes. Explica qué se dice en cada una de ellas.

### Valoración del contenido

**11** Según los personajes de este romance, ¿qué influye más en ellos: el amor o la fe religiosa? ¿Estás de acuerdo con su postura? Arguméntalo.

**12** CS Relaciona los preceptos alimentarios de Valdovinos, que es cristiano, con los del *Halal* y *Kosher*.

**13** ¿En qué grupo de romances incluyes el de Valdovinos? Razona tu respuesta.

**14** Explica la métrica, la rima y la norma que se aplica para medir el verso 13. Localiza un verso irregular y relaciona este fenómeno con la literatura oral.

**15** Identifica la narración y el diálogo.

**16** Localiza la anáfora y señala la elipsis verbal que se da en los dos últimos versos.

**17** Reescribe el verso 10 según el castellano actual.

**18** Explica por qué el narrador utiliza el presente de indicativo en lugar del pasado simple.

### Valoración de la forma

**19** ¿Crees que es épico o lírico este poema?

### Contexto histórico-literario

**20** Identifica en el texto los elementos históricos y literarios que nos permiten situarlo en la Edad Media.

**21** CC ¿En qué verso se hace alusión al amor cortés?

**22** **Imitación de modelos literarios.** Inventa un final para este romance contado por el narrador.

# LITERATURA

# 4

REPASA LA UNIDAD

# Idealismo y realismo literarios



## TE LO CUENTO

*Soy el emperador Carlos V. Hoy comunicaré a mi hijo, el príncipe Felipe, que renuncio a la corona. Estoy cansado de viajar… y de tantas guerras. Me eduqué en las nuevas ideas de esta época, que ya llaman Renacimiento. Quizá yo haya pecado de idealista, como muchos de mis contemporáneos. Y es que mi sueño fue unir en un solo imperio a todas las naciones cristianas de Europa. Pero fracasé en mi proyecto. No quiero culpar a cuantos se opusieron a mi objetivo de una Europa unida. Ahora comprendo que mi sueño no iba con los tiempos… Un solo hombre no puede ir contra la voluntad de todos. Esta fue la historia.*

## España se convierte en potencia europea

Dos circunstancias convirtieron a España en cabeza de un imperio: el descubrimiento de América y el nombramiento del heredero de la Corona española (Carlos I, nieto de los Reyes Católicos) como emperador de Alemania con el nombre de Carlos V.

## Los adversarios de Carlos V

La vocación europeísta de Carlos V abrió las puertas de la cultura española a las nuevas ideas del Renacimiento. Sin embargo, la situación política se le volvió tan complicada que no dudó en utilizar la guerra en su largo reinado (1516-1556) para conseguir sus tres objetivos fundamentales: **a** fortalecer el poder del Imperio alemán en Europa frente a los estados, **b** defender el catolicismo y la autoridad del Papa frente a los protestantes y **c** mantener la seguridad en el Mediterráneo frente a los turcos. Carlos V no culminó con éxito ninguno de estos objetivos.

## Felipe II

Ante el fracaso de Carlos V, Felipe II cerró las fronteras españolas a la influencia europea por temor a que las ideas protestantes arraigaran en la península Ibérica. La cultura y, en particular, la literatura españolas se impregnaron de ideas católicas: las surgidas del Concilio de Trento, convocado expresamente para contrarrestar la Reforma de Lutero. El reinado de Felipe II tuvo altibajos. Destacan la derrota naval de la Armada Invencible, frente a los ingleses, y el éxito conseguido en la batalla de Lepanto contra los turcos.

## Una economía deficiente

Las numerosas guerras en las que España participó para mantener su hegemonía en Europa fueron sufragadas principalmente por los impuestos castellanos y las riquezas (oro y plata) procedentes de América. Esta economía poco productiva limitó el desarrollo de la burguesía en España. Los sucesivos gobiernos de Carlos V y Felipe II esquilmaron las arcas del país y se endeudaron tanto que la economía española entró en crisis: inflación, pobreza, mendicidad…

# El Renacimiento

CARACTERÍSTICAS GENERALES

## Siglo XVI: surge un nuevo movimiento cultural y artístico

El Renacimiento fue un gran **movimiento cultural** y artístico que se desarrolló en Europa durante el siglo XVI. Significó un **cambio radical de mentalidad** en relación con la Edad Media.

### La imitación de escritores y artistas clásicos

Los pensadores y artistas del Renacimiento valoraron negativamente la Edad Media, porque la consideraban una **época de oscuridad** que había provocado un **retroceso en la cultura** respecto a la civilización grecolatina. En efecto, los jóvenes renacentistas creían que los escritores y artistas de las antiguas Grecia y Roma (los clásicos) habían logrado la máxima **perfección** que puede concebir la mente humana, tanto por la profundidad de su pensamiento como por su extraordinaria capacidad para plasmar la **belleza**; así que decidieron que la única forma de que la cultura **renaciera**, después de tantos «siglos oscuros», era volver a ellos e **imitarlos**.

### Actitud vitalista

Según la mentalidad medieval, el mundo era un lugar de paso y un **valle de lágrimas**. Era visto como el origen del sufrimiento y del pecado, y la prueba que Dios pone al hombre para que este pueda ganar la vida eterna. El Renacimiento, sin embargo, **exalta los sentidos y la capacidad del ser humano para amar y gozar de la vida**, sin que ello sea fuente de dolor, sino de perfección.

### Defensa de la razón y del espíritu crítico

Mientras que en la Edad Media las fuentes de la sabiduría eran las Sagradas Escrituras y la fe, el Renacimiento establece que el conocimiento se obtiene mediante la **razón** y la **experimentación**. Los frutos de esta nueva actitud científica fueron los grandes descubrimientos con los que se inicia la Edad Moderna: constatación de la redondez de la Tierra, hallazgo de nuevos continentes, funcionamiento del sistema solar, circulación de la sangre, invención de la brújula, etc. Los pensadores renacentistas mostraron, además, una **actitud crítica** ante las ideas que la costumbre o la tradición daban como verdaderas sin haber sido demostradas (dogmas).

### El hombre, centro del universo: antropocentrismo

La nueva mentalidad renacentista rechazó la visión **teocéntrica** de la Edad Media, según la cual Dios controla el universo y el destino del hombre. Los intelectuales del Renacimiento defendieron, por el contrario, el **antropocentrismo**, es decir, una forma de pensamiento que sitúa al hombre en el **centro de la naturaleza**, con la que este debe relacionarse armónicamente. La mentalidad antropocentrista establece, además, que la dignidad, la libertad, la educación, la belleza y el bienestar del ser humano están por encima de cualquier otro valor. En resumidas cuentas: el hombre es la medida de todas las cosas.

Ábside de la iglesia de Sant Climent de Taüll.

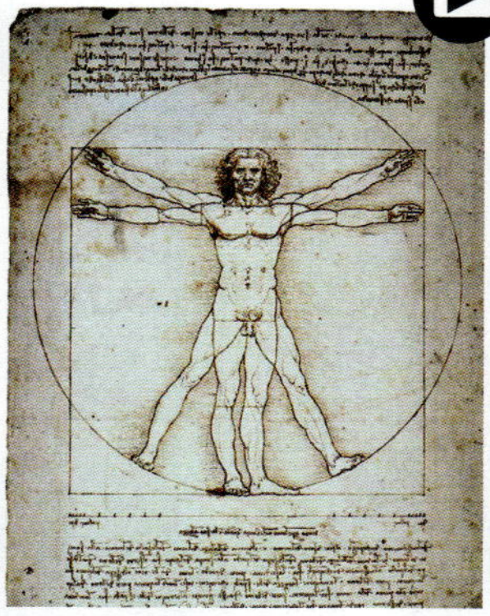

El hombre de Vitruvio, de Leonardo da Vinci.

En la primera imagen, **Cristo aparece representado como centro del universo**. Su tamaño es sobrehumano. La mano derecha expresa poder y autoridad. Su mano izquierda sostiene un libro que encierra la sabiduría de Dios. Está sentado sobre un arco (el universo) y sus pies descansan sobre la Tierra. Es la Edad Media.
En la segunda imagen, es **el hombre quien aparece como centro del universo** (círculo). Las dimensiones del cuerpo se corresponden con una proporción ideal que se conoce como *medida áurea* (derivadas del rectángulo). Es el Renacimiento.

# 1. Influencias del Renacimiento

## HUMANISMO

Fue un **movimiento cultural** que surgió en **Italia** en el siglo XIV. Tras extenderse al resto de Europa, se prolongó hasta finales del siglo XVI. Estas son sus principales **características**:

- Valoración del yo individual: búsqueda personal de la fama y la gloria.
- Afán por la educación intelectual y física de los jóvenes.
- Lectura e imitación de los autores clásicos grecolatinos.
- Amor por los libros antiguos, especialmente por los textos originales.
- Anhelo de una religiosidad más íntima, basada en la lectura personal de la Biblia y en la oración individual.
- Aspiración a un estilo literario claro y sencillo, sin recargar la expresión.

Uno de los humanistas más importantes fue el holandés Erasmo de Rotterdam (1466-1536), cuyas ideas dieron lugar a un movimiento denominado **erasmismo**, que tuvo bastantes seguidores en España durante el reinado de Carlos V. Entre los humanistas españoles, destacan Juan Luis Vives, Antonio de Nebrija, creador de la primera gramática castellana, y el fraile dominico Bartolomé de las Casas, defensor de los derechos de los indios americanos.

## NEOPLATONISMO

Es una **corriente filosófica** según la cual **la belleza de la mujer y de la naturaleza es un reflejo o emanación de la luz divina**.

La influencia del neoplatonismo dio lugar a una literatura aristocrática, muy refinada, que idealizaba la realidad mostrándola siempre en su más alto grado de perfección. Esta corriente no reflejó los aspectos más penosos de la vida del siglo XVI: hambre, guerras de religión, tensiones políticas y sociales...

El escritor neoplatónico que más influyó en los poetas renacentistas fue el italiano Francesco Petrarca (1304-1374). Su obra lírica, el *Cancionero*, dio lugar a un movimiento denominado petrarquismo, que sentó las bases de la poesía amorosa occidental. Nos detendremos en dos características fundamentales de su lírica:

- **Idealización del amor**. El amor físico o erótico hacia la mujer no llega a consumarse, porque esta se muestra esquiva. Tal situación da lugar a un tema muy común en la literatura occidental: el **amor imposible**. Se produce, entonces, un proceso de **espiritualización del amor**, en el que la dama es solo objeto de contemplación. Dotada de cualidades sobrehumanas, transforma y perfecciona el alma del poeta.
- **Tendencia a la introspección psicológica**. Petrarca analiza y describe detalladamente los sentimientos contradictorios de placer y sufrimiento que se producen en la experiencia amorosa. Este afán por autoanalizarse y reflexionar de manera objetiva sobre los efectos psicológicos del amor alcanza a Garcilaso de la Vega y a poetas contemporáneos.

**Literatura y cine:** El amor como tema literario. Evolución del amor en el cine

### Tópicos renacentistas

**LA MUJER IDEAL**

*El nacimiento de Venus*, de Botticelli (detalle).

Su belleza física es un reflejo de su belleza interior y espiritual.

- **Cabellos** rubios, como el oro o los rayos del sol, expresan la luz de Dios.
- **Piel** blanca, como la azucena para indicar pureza, o como la nieve o el mármol para expresar que responde fríamente a las llamadas de amor que le hace el poeta.
- **Mejillas** sonrosadas.
- **Labios** rojos, como el clavel o el rubí.
- **Dientes** blancos como perlas.
- **Cuello** largo y blanco como el cisne.

**EL HOMBRE IDEAL**

- **Experto en armas**, condición que requería un riguroso entrenamiento físico.
- **Experto en letras**, es decir, debía ser educado en el conocimiento profundo de las humanidades.

Detalle del *David* de Miguel Ángel, representación de la mirada, llena de seguridad y energía, del hombre renacentista.

# 2. El Renacimiento español

*Carlos I venciendo al Furor* (1555), de Leone Leoni. Carlos I se muestra con una majestuosa gravedad, respondiendo al afán de exaltación de la monarquía hispana como cabeza del mayor imperio del mundo en ese momento. Contrasta con la figura del Furor, símbolo de los enemigos derrotados.

La literatura y, en general, la cultura española del siglo XVI, **se impregnó ampliamente de la nueva mentalidad** procedente de Europa. Sin embargo, el Renacimiento español presenta algunos rasgos diferenciadores:

- **No hubo una ruptura radical con el siglo** XV, ya que la poesía de los cancioneros siguió influyendo en los autores renacentistas españoles (se siguieron usando, por ejemplo, el verso octosílabo y el tópico de la amada enemiga, es decir, la mujer que no responde al amor que le ofrece el poeta). Continuaron cultivándose estrofas medievales de la tradición oral como el **villancico** y el **romance**. Incluso el poeta valenciano del siglo XV Ausiàs March influyó en la obra de importantes líricos como Garcilaso de la Vega.
- **Se dio una evolución ideológica considerable a lo largo del siglo** XVI. En la primera mitad, que coincide con el reinado de Carlos V, se desarrolló un **Renacimiento humanista, italianizante** y **pagano**. En cambio, en la segunda mitad del siglo XVI, que coincide con el reinado de Felipe II, se produjo una **cristianización** de la mentalidad renacentista, que se manifestó en el desarrollo de una literatura religiosa y mística.
- **El Renacimiento español no se limitó a idealizar la realidad**. En efecto, hubo escritores, como Fernando de Herrera, cuya mentalidad clasicista los llevó a **idealizar el mundo**. Mostraban la realidad no como era, sino como debía ser. Por ejemplo, la belleza femenina, el sentimiento del amor y la naturaleza resultaban a sus ojos tan perfectos, que podían considerarse un reflejo de la divinidad (neoplatonismo). Sin embargo, hubo otros escritores, como el anónimo autor del *Lazarillo de Tormes,* que **reflejaron la realidad de su tiempo tal como era**: hambre, crueldad con los débiles, hipocresía, injusticia o degradación moral y religiosa. En la literatura española renacentista hay, en efecto, ejemplos de un realismo crítico, a veces «feísta», que se apartó de la belleza neoplatónica.

## Tópicos renacentistas

**EL PAISAJE IDEAL: *LOCUS AMOENUS***

Se trata de un lugar idílico para el encuentro amoroso, pero también para recobrar la serenidad tras el sufrimiento que provoca el amor no correspondido. Los elementos paisajísticos son árboles, prado, hiedra, sombra, brisa, arroyo y el trino de los pájaros.

**ÉPOCA IDEAL: LA EDAD DE ORO**

Se trata de un mito que hace referencia a una época remota en la que la humanidad vivía en paz y armonía absolutas, y los alimentos eran producidos abundante y espontáneamente por la naturaleza. Una época, en fin, en la que los seres humanos eran inocentes e inmortales (Arcadia feliz).

## ACTIVIDAD

**1** Compara el Renacimiento de influencia pagana o clásica con el Renacimiento de influencia cristiana.

**A**

**AMOR NO CORRESPONDIDO**
Los personajes que protagonizan esta historia son **Apolo** (dios del amor) y **Dafne** (ninfa, que odiaba a Apolo).

A Dafne ya los brazos le crecían,
y en luengos ramos vueltos se mostraban;
en verdes hojas vi que se tornaban
los cabellos que al oro escurecían.

De áspera corteza se cubrían
los tiernos miembros, que aún bullendo estaban:
los blancos pies en tierra se hincaban,
y en torcidas raíces se volvían.

Aquel que fue la causa de tal daño,
a fuerza de llorar, crecer hacía
el árbol que con lágrimas regaba.

¡Oh miserable estado!; ¡oh mal tamaño!,
¡que con llorarla crezca cada día
la causa y la razón por que lloraba!

Garcilaso de la Vega, soneto XIII

**B**

**AMOR CORRESPONDIDO**
Los personajes que protagonizan esta historia son el **Amado** (Cristo, símbolo del amor) y una **pastora** (el alma, enamorada de Cristo).

En la interior bodega
de mi amado bebí, y cuando salía,
por toda aquesta vega,
ya cosa no sabía
y el ganado perdí que antes seguía.

Allí me dio su pecho,
allí me enseñó ciencia muy sabrosa,
y yo le di de hecho
a mí, sin dejar cosa;
allí le prometí de ser su esposa.

San Juan de la Cruz, *Cántico espiritual*

### Texto A

#### Análisis del contenido

**a** ¿A quién corresponde la voz del poema?
**b** ¿En qué se transforma Dafne cuando Apolo está a punto de alcanzarla? ¿Es agradable esa transformación? ¿Por qué?
**c** CC Observa el cuadro y la escultura de las imágenes. Explica cuál de las dos obras se parece más a la transformación de Dafne que describe Garcilaso en su soneto.
**d** ¿Dafne entrega su amor a Apolo? ¿Cuál es la reacción de Apolo? ¿Resuelve esa reacción el problema?

#### Época e influencia

**e** CC ¿Por qué se puede afirmar que este texto pertenece al Renacimiento clasicista?
**f** CC Según su forma de tratar el tema del amor, ¿el texto está influido por el petrarquismo? ¿Por qué?

#### Forma literaria

**g** ¿Crees que todos los versos son endecasílabos menos el séptimo, que tiene diez sílabas? ¿Por qué?
**h** Identifica los adjetivos epítetos del texto. ¿Por qué crees que los usa el autor?
**i** Señala las antítesis del texto y explica el efecto que producen en el lector.

### Texto B

#### Análisis del contenido

**a** ¿A quién corresponde la voz del poema?
**b** ¿Experimenta la pastora algún tipo de efecto o transformación cuando sale de la bodega del Amado? ¿Cuál?
**c** ¿En qué grado la pastora entrega su amor al Amado?
**d** ¿Qué le da el Amado a la pastora?

#### Época e influencia

**e** CC ¿Por qué se puede afirmar que este texto pertenece al Renacimiento de la segunda parte del siglo XVI?
**f** CC Según la manera en que se trata el tema del amor, ¿el texto está influido por el petrarquismo? ¿Por qué?

#### Forma literaria

**g** ¿Crees que la combinación de versos heptasílabos y endecasílabos que presenta el texto forman una silva?
**h** La expresión *ciencia muy sabrosa* es una sinestesia. Intenta explicar esta figura.
**i** En el texto aparecen deícticos de persona y lugar. Señálalos y explica a qué sitios y personas se refieren.

# 3. Renovación de la lírica castellana

Durante las dos primeras décadas del siglo XVI, la poesía en lengua española es una mera continuación de la lírica del siglo XV. Su estilo era artificioso y trataba de forma muy abstracta el sentimiento del amor y el tema de la naturaleza. Sin embargo, entre los años 1526-1536 **Juan Boscán** y **Garcilaso de la Vega** revolucionaron el panorama de la lírica castellana. La razón fue que empezaron a escribir sus poemas siguiendo la moda italiana. Imitaron especialmente la poesía amorosa de Petrarca y recuperaron los temas y mitos de la cultura clásica grecolatina.

## TEMAS

- **Nuevo concepto de amor.** El deseo apasionado se transforma en amor platónico, es decir, el poeta contempla la belleza femenina como una fuente de perfeccionamiento espiritual, ya que es reflejo de la divinidad. La mujer amada, aunque experimenta un proceso de idealización, responde a un retrato y nombre concretos (Laura, Elisa…).
- **Nueva forma de relación con la naturaleza.** La naturaleza se idealiza hasta el punto de ser reflejo de la belleza divina (*locus amoenus*). No obstante, deja de ser algo abstracto y se convierte en una realidad más cercana y asociada a la experiencia vivida; incluso refleja los sentimientos del poeta como testigo de su sufrimiento amoroso.

Retrato de Simonetta Vespucci, mujer que con su encanto deslumbró a la Florencia renacentista, por Botticelli.

- **Mitos clásicos.** La referencia a la mitología clásica significa la sustitución de los motivos medievales de origen cristiano por una visión pagana del mundo: Apolo, Dafne, ninfas…
- **Tópicos.** Son motivos literarios acuñados por los escritores clásicos que expresan ideales y actitudes ante la vida: *locus amoenus;* la edad de oro; *carpe diem; collige, virgo, rosas; tempus fugit; beatus ille*; etc., analizados ya a lo largo de esta unidad.

## FORMAS MÉTRICAS

- **Verso más extenso.** Predominio de los heptasílabos y endecasílabos. Los versos de once sílabas resultaban más amplios para expresar el análisis de los sentimientos que el octosílabo del siglo XV, demasiado breve y musical.
- **Rima suave.** En los poemas renacentistas predomina la rima llana y sencilla, en lugar de la rima aguda y complicada de la poesía de los cancioneros.
- **Nuevas estrofas y poemas.** Se adoptan estrofas y poemas estróficos de origen italiano: soneto, lira, estancias, tercetos y octava real.

## GÉNEROS LITERARIOS

- **Égloga.** A través de esta forma literaria, el poeta expresa sus sentimientos amorosos, pero indirectamente, ya que los pone en boca de pastores idealizados que viven en un paraje idílico.
- **Oda.** Composición de tono elevado adecuada para la reflexión filosófica y moral, y la exaltación de la naturaleza.
- **Elegía.** Subgénero lírico que expresa el lamento por la muerte de un ser querido o, en general, por cualquier pérdida que implique tristeza emocional.
- **Canción.** Género apropiado para expresar la queja amorosa.
- **Epístola.** Composición idónea para tratar temas domésticos y familiares.

### Tópicos renacentistas

***CARPE DIEM***

Literalmente significa ‘aprovecha el día’. Constituye una invitación a disfrutar del momento presente sin preocupación alguna por el futuro. Una variante de este tópico es *collige, virgo, rosas*, es decir, ‘coge las rosas’, entendidas estas como los placeres fugaces de la vida que el tiempo arrebata. Representa la tendencia vitalista del Renacimiento.

***BEATUS ILLE***

La traducción literal es ‘feliz aquel…’. Mediante este tópico se exalta una forma de vida que consiste en abandonar la gran ciudad, y todo lo que esta conlleva de lujos, preocupaciones y ambiciones, e irse a vivir al campo para disfrutar de los pequeños placeres de la naturaleza y de la reflexión en paz con uno mismo.

Representa la tendencia más ascética y bucólica del Renacimiento.

## ACTIVIDADES

**2** Lee el siguiente texto sobre el tema de la naturaleza en el Renacimiento y responde a las preguntas.

Con mi llorar las piedras enternecen
su natural dureza y la quebrantan;
los árboles parece que se inclinan;
las aves que me escuchan, cuando cantan,
con diferente voz se condolecen,
y mi morir cantando me adivinan.
Las fieras que reclinan
su cuerpo fatigado
dejan el sosegado
sueño por escuchar mi llanto triste.
Tú sola contra mí te endureciste,
los ojos aun siquiera no volviendo
a lo que tú hiciste.
Salid, sin duelo, lágrimas corriendo.

Garcilaso de la Vega, *Égloga I*

### Análisis del contenido

- **a** Escribe el tema del texto.
- **b** Identifica en el texto los elementos de la naturaleza y explica cómo estos reaccionan al oír el llanto del poeta.
- **c** CM ¿Crees, como Garcilaso, que el sonido provocado por el llanto de una persona puede influir en el medio ambiente? Consulta el enlace y resume en ocho líneas cómo pueden afectar a las plantas y a las aves, según los estudios científicos, los ruidos producidos por el hombre.
- **d** ¿Reacciona la mujer amada de la misma forma que la naturaleza? ¿Por qué?
- **e** CA Relaciona este texto con el romance del conde Arnaldos (pág. 238) en cuanto a la capacidad que tienen ciertas personas de influir en la naturaleza.

### Estructura interna

- **f** ¿En cuántas partes puede dividirse el texto atendiendo a su contenido? Explica por qué.

### Estructura externa

- **g** Demuestra que esta estrofa es una estancia.

**3** Lee el siguiente texto sobre el tema del amor en el Renacimiento y responde a las preguntas.

Dulce reposo de mi entendimiento;
dulce placer fundado sobre bueno;
dulce saber, que de saber soy lleno,
pues tengo de mi bien conocimiento.

Dulce gozar de un dulce sentimiento,
viendo mi cielo estar claro y sereno,
y dulce revolver sobre mi seno,
mi dulce concluir, que estoy contento.

Dulce gustar de un no sé qué sin nombre,
que Amor dentro en mi alma poner quiso,
cuando mi mal sanó con gran renombre.

Dulce pensar que estoy en paraíso,
sino que, en fin, me acuerdo que soy hombre,
y en las cosas del mundo tomo aviso.

Juan Boscán, soneto LXVII

### Análisis del contenido

- **a** Escribe el tema del texto.
- **b** El poeta expresa un gran bienestar emocional. ¿Por qué?
- **c** ¿Hay algo que limita su sensación de estar en el paraíso, es decir, de felicidad total? ¿Qué es?

### Estructura externa

- **d** ¿El poema es una estrofa o un poema estrófico? ¿Por qué? ¿Cómo se llama?

### Lengua literaria

- **e** La expresión *dulce pensar* es una sinestesia porque: **1** aparece muchas veces al comienzo del verso; **2** le atribuye al pensamiento una cualidad que no le corresponde, ya que la sensación de lo dulce se percibe por el sentido del gusto y no por la inteligencia.

### Experiencia personal

- **f** El autor del texto manifiesta un intenso sentimiento de felicidad. ¿Crees que la felicidad depende exclusivamente del amor?

# 4. Primer Renacimiento: Garcilaso de la Vega

Retrato de Garcilaso de la Vega.

### LA ESPADA

Garcilaso de la Vega (Toledo, 1501-Niza, 1536) representó el ideal de **hombre renacentista**, ya que tomaba ora la espada, ora la pluma, es decir, era un experto militar y poeta.

Luchó en numerosas batallas al servicio del emperador Carlos V. En el asalto a un pequeño castillo francés fue el primero que subió por la escala sin protegerse siquiera con un escudo. A consecuencia de las heridas recibidas murió en Niza pocos días después.

### LA PLUMA

Fue cortesano de confianza del emperador Carlos V, a quien enseñó a escribir cartas en castellano. Amigo del poeta Juan Boscán, a Garcilaso le corresponde el mérito de **haber renovado la poesía española del siglo** XVI.

A pesar de que imitó a Petrarca y a los clásicos, Garcilaso **revitalizó el tópico del amor renacentista** debido a la sinceridad de sus sentimientos, que eran reflejo de una experiencia vivida y no de un simple ejercicio de imitación. La belleza de la naturaleza que, como la vega del río Tajo él tan bien conocía, resulta, igualmente, más cercana que el clásico *locus amoenus*.

Su **estilo** se caracteriza por la sencillez formal y por la digna contención de sus sentimientos.

Escribió la mejor poesía lírica de su época, aunque no fue publicada en vida del poeta. Su breve **producción literaria** consta de treinta y ocho sonetos, cinco canciones, dos elegías, tres églogas, una oda, una epístola y siete coplas en versos octosílabos. Sus influencias literarias fueron, por este orden, la poesía de cancioneros, el petrarquismo y el clasicismo.

### EL AMOR

El amor desempeñó un papel importante en la vida de Garcilaso:

- Fue condenado a tres meses de destierro en una isla del Danubio por defender los amores de un sobrino suyo, que no era bien visto por el emperador a causa de sus ideas políticas (era comunero).
- Estuvo casado con doña Elena de Zúñiga, con la que tuvo seis hijos.
- Se enamoró profundamente de **Isabel Freire**, una dama portuguesa que no le correspondió. A ella dedicó la mayoría de sus poemas, tanto en vida como después de su muerte.

Isabel de Portugal (esposa de Carlos V), de Tiziano. Isabel Freire, la amada de Garcilaso, era una dama del séquito de la emperatriz Isabel.

### ACTIVIDAD

**4** El siguiente poema ha dado nombre a una estrofa de la literatura española. ¿Cuál? Mide los versos y explica su rima.

Si de mi baja lira
tanto pudiese el son, que en un momento
aplacase la ira
del animoso viento
y la furia del mar y el movimiento,

y en ásperas montañas
con el süave canto enterneciese
las fieras alimañas,
los árboles moviese
y al son confusamente los trajese;

no pienses que cantado
sería de mí, hermosa flor de Gnido,
el fiero Marte airado,
a muerte convertido,
de polvo y sangre y de sudor teñido. [...]

Garcilaso de la Vega, canción V

## LECTURA COMENTADA

**5** Lee el siguiente texto sobre el tópico del *carpe diem*. Responde a las cuestiones.

En tanto que de rosa y azucena
se muestra la color en vuestro gesto,
y que vuestro mirar ardiente, honesto,
enciende el corazón y lo refrena;

y en tanto que el cabello, que en la vena
del oro se escogió, con vuelo presto,
por el hermoso cuello blanco, enhiesto,
el viento mueve, esparce y desordena;

coged de vuestra alegre primavera
el dulce fruto, antes que el tiempo airado
cubra de nieve la hermosa cumbre.

Marchitará la rosa el viento helado,
todo lo mudará la edad ligera,
por no hacer mudanza en su costumbre.

Garcilaso de la Vega, soneto XXIII

### Análisis del contenido

**a** Señala los rasgos físicos (prosopografía) que se corresponden con el retrato de la mujer ideal en el Renacimiento.

**b** Identifica la principal cualidad moral de la dama (etopeya).

**c** Localiza en qué versos se hace referencia expresa a los tópicos del *carpe diem* y *tempus fugit*.

**d** Resume el significado del texto en un tema.

### Estructura interna y externa

**e** Divide el contenido del texto en tres partes y justifica esa división.

**f** ¿De qué estrofa se trata? Mide los versos 11 y 14. ¿Presentan alguna anomalía? ¿Por qué? ¿Qué licencia poética aplica el poeta?

### Características literarias

**g** Señala las dos antítesis que aparecen en el primer cuarteto. ¿Por qué las utiliza el autor? Explica la gradación en el segundo cuarteto.

**h** En el primer terceto hay varias metáforas. Señala los términos real e imaginario de cada una.

**i** Localiza el hipérbaton que aparece en el segundo terceto. ¿Qué efecto produce?

### Experiencia personal

**j** Teniendo en cuenta que hoy en día las personas con 35 años son consideradas jóvenes, ¿crees que la juventud es una etapa de la vida tan fugaz como se concebía en el Renacimiento? ¿Qué consecuencias tiene eso en la vida de las personas? Razona tu respuesta.

### Taller literario

**k** CM Escribe en prosa y en forma de carta el siguiente fragmento de Garcilaso. Aporta, además, alguna idea personal.

¿Quién me dijera, Elisa, vida mía,
cuando en aqueste valle al fresco viento
andábamos cogiendo tiernas flores,
que había de ver, con largo apartamiento,
venir el triste y solitario día
que diese amargo fin a mis amores?

Garcilaso de la Vega, *Égloga I*

# 5. Segundo Renacimiento: fray Luis de León

## VIDA

Fray Luis de León (Belmonte, Cuenca, 1527-Ávila, 1591) fue monje agustino y catedrático de la Universidad de Salamanca. Su condición de **intelectual apasionado** e **independiente** le granjeó un buen número de enemigos, los cuales utilizaron su ascendencia judía como pretexto para combatir su pensamiento.

Fue encarcelado durante cinco años, acusado de traducir del hebreo al castellano un libro bíblico llamado *El cantar de los cantares* (el Concilio de Trento había prohibido traducir la Biblia a lengua vulgar). Cuando, tras ser absuelto en 1572, volvió a sus clases en la Universidad, comenzó la lección como si no hubiese pasado el tiempo, con su célebre frase: «Decíamos ayer...».

## PENSAMIENTO

Sus ideas provienen de la **filosofía griega** y del **cristianismo**:

- La **perfección espiritual** se consigue mediante el estudio y la austeridad en la forma de vivir.
- La **paz interior** es la mayor aspiración a la que puede aspirar un ser humano. Esta paz solo se puede obtener si se vive de acuerdo con la **naturaleza** y la **razón**.
- El alma puede conectarse con la armonía divina por la que se rige el universo mediante la poesía, la música o la contemplación de la naturaleza que posibilita la **vida retirada**.

Los **temas** preferidos por fray Luis de León también nos interesan en la actualidad: la amistad, el estrés de la vida urbana, el amor a la naturaleza y la música.

## OBRAS MÁS IMPORTANTES Y ESTILO

### Poesía

- *Vida retirada*: poema en el que expresa el ideal ascético de apartarse del mundo para encontrar la sabiduría. Está influido por el *beatus ille* de Horacio.
- *Oda a Salinas*: en esta obra el autor manifiesta su admiración hacia un músico ciego, amigo suyo. La música de su guitarra es tan bella, que eleva espiritualmente a quien la oye.
- *Noche serena*: obra en la que se invita al lector a contemplar atentamente la belleza de la naturaleza y la perfección del universo para que el alma despierte.

### Prosa

- *De los nombres de Cristo*: obra teológica con forma dialogada en la que se reflexiona sobre el significado de los diferentes nombres con que se denomina a Cristo (Amado, Pastor, Paz, etc.).
- *La perfecta casada*: expresa el ideal cristiano de la mujer casada, acompañado de descripciones costumbristas que reflejan el mundo femenino de la época.

### Estilo

Su oficio de escritor se caracterizó por la búsqueda de la palabra precisa, la musicalidad de la frase, la estrecha relación entre el fondo y la forma, y la imitación de la lengua latina.

## ACTIVIDAD

**6** Esta imagen representa el universo, al que hace referencia fray Luis de León en las siguientes estrofas pertenecientes al poema *Noche serena*.

¡Ay, levantad los ojos
a aquesta celestial eterna esfera!
Burlaréis los antojos
de aquesta lisonjera
vida, con cuanto teme y cuanto espera.

¿Es más que un breve punto
el bajo y torpe suelo, comparado
con ese gran trasunto,
do vive mejorado
lo que es, lo que será, lo que ha pasado?

**a** Explica qué dos elementos se contraponen en estas estrofas.

**b** CM ¿Qué capas de la atmósfera terrestre estarían implicadas en este texto? Explica por qué.

**c** CM Consulta este enlace y di, según Einstein, cómo es el universo: ¿curvo o plano? ¿Tendría entonces razón fray Luis al concebir el universo como una esfera o estaría equivocado?

## LECTURA COMENTADA

**7** En el siguiente texto aparece el tópico del *beatus ille*. Léelo con atención y responde a las preguntas.

¡Qué descansada vida
la del que huye el mundanal rüido,
y sigue la escondida
senda por donde han ido
los pocos sabios que en el mundo han sido!

Que no le enturbia el pecho
de los soberbios grandes el estado,
ni del dorado techo
se admira, fabricado
del sabio moro, en jaspes sustentado. [...]

Un no rompido sueño,
un día puro, alegre, libre quiero;
no quiero ver el ceño
vanamente severo
de a quien la sangre ensalza o el dinero. [...]

A mí una pobrecilla
mesa, de amable paz bien abastada,
me baste; y la vajilla
de fino oro labrada
sea de quien la mar no teme airada.

Fray Luis de León, *Vida retirada*

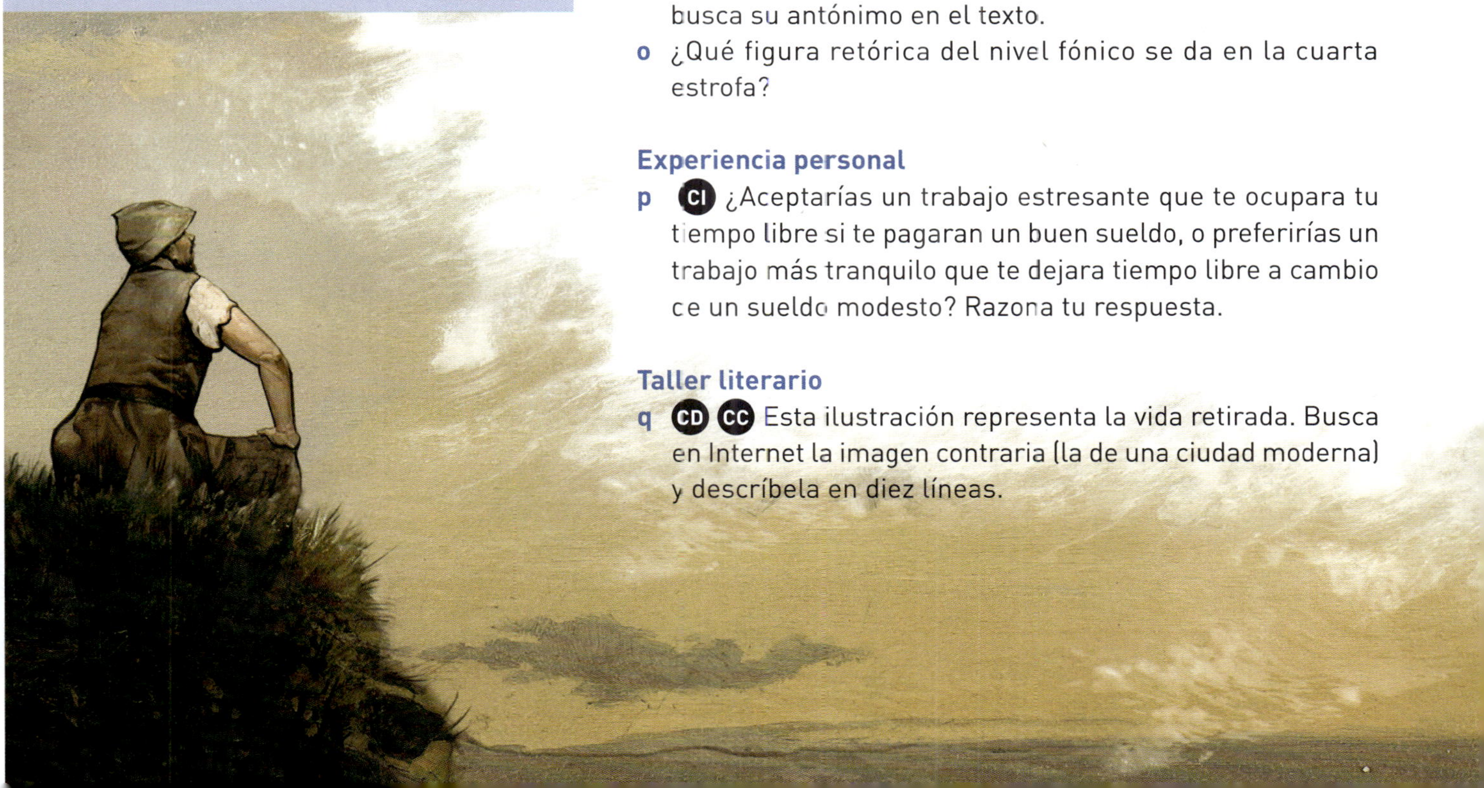

### Análisis del contenido

**a** ¿Qué significa el grupo de palabras el *mundanal rüido*?
**b** ¿El camino de la sabiduría es fácil? ¿Por qué?
**c** ¿En qué consiste para el poeta la *descansada vida*?
**d** CS ¿Cómo se diría hoy la expresión *Que no le enturbia el pecho* para expresar la angustia que sufren las personas que desempeñan cargos políticos de gran responsabilidad?
**e** ¿En qué versos se hace referencia a elementos decorativos, lujosos?
**f** ¿En qué versos se menosprecian la nobleza y la riqueza?
**g** ¿Qué significa el grupo de palabras *de amable paz bien abastada*?
**h** ¿Tiene la palabra *mar* un significado positivo en el texto?
**i** Sintetiza el significado de las estrofas en un tema.

### Estructura externa

**j** Mide los versos de la primera estrofa. ¿Qué nombre reciben según su número de sílabas? ¿Qué licencias métricas ha utilizado el autor?
**k** Explica el tipo de rima. ¿De qué estrofa se trata?

### Lengua literaria

**l** Señala los adjetivos epítetos que aparecen en la primera estrofa y explica qué efectos producen en el lector.
**m** Identifica las antítesis del texto.
**n** Explica las dos figuras retóricas que se utilizan en el verso segundo de la segunda estrofa.
**ñ** Señala el diminutivo que aparece en la cuarta estrofa y busca su antónimo en el texto.
**o** ¿Qué figura retórica del nivel fónico se da en la cuarta estrofa?

### Experiencia personal

**p** CI ¿Aceptarías un trabajo estresante que te ocupara tu tiempo libre si te pagaran un buen sueldo, o preferirías un trabajo más tranquilo que te dejara tiempo libre a cambio de un sueldo modesto? Razona tu respuesta.

### Taller literario

**q** CD CC Esta ilustración representa la vida retirada. Busca en Internet la imagen contraria (la de una ciudad moderna) y descríbela en diez líneas.

### La crisis religiosa en el siglo XVI

En este periodo se desarrolló una tendencia dentro del cristianismo cuyo objetivo fue la **renovación** de las costumbres y de la espiritualidad de la Iglesia. Se denominó **erasmismo**.

Pretendió acabar, sin romper con el catolicismo, con la corrupción eclesiástica, al tiempo que defendía un cristianismo basado en la **piedad** y la **oración**.

El monje alemán Martín Lutero (1483-1546) llevó a cabo una crítica más radical que dio lugar a la Reforma protesante. Sus ideas fueron condenadas por el Papa y la Iglesia se dividió.

Para combatir el protestantismo, el papado convocó el **Concilio de Trento**, de donde surgió la llamada Contrarreforma. Las consecuencias más importantes fueron la defensa de los dogmas católicos, la creación de un índice de libros prohibidos, la censura y el fortalecimiento de la Inquisición para perseguir a los herejes.

## 6. Literatura religiosa: santa Teresa de Jesús

### ¿CÓMO REFLEJÓ SU ÉPOCA?

Teresa de Cepeda y Ahumada (Ávila, 1515-Alba de Tormes, Salamanca, 1582) participó en el proceso de profunda renovación del cristianismo de su época como **reformadora**: modificó las reglas por las que se regían las monjas del Carmelo para que tuvieran una vida más ascética, fundó numerosos conventos y desarrolló una profunda experiencia espiritual que se conoce con el nombre de **mística**. Se encontró con muchos obstáculos para plasmar sus ideas. La jerarquía eclesiástica del siglo XVI y la Inquisición desconfiaban de ella porque era mujer y tenía orígenes judíos.

### OBRAS MÁS IMPORTANTES

En *El castillo interior* o *Las Moradas*, expone su doctrina mística mediante el simbolismo de un castillo con siete habitaciones por las que tiene que pasar el alma hasta unirse con Dios. Esas habitaciones o moradas representan las tres etapas de la mística: **purificación**, **iluminación** y **unión** o **conocimiento directo de la divinidad**. En *Camino de perfección* habla de la importancia de la oración.

### ¿QUÉ NOVEDADES LITERARIAS APORTÓ?

El estilo de su prosa sigue la **norma** renacentista de la naturalidad y la sencillez. Pero bajo su aparente espontaneidad, hay una voluntad de hacer comprensible la experiencia mística, inefable por naturaleza, utilizando coloquialismos, metáforas y comparaciones sencillas. Su **afán didáctico** la lleva a utilizar palabras como *castillo, jardín, fuente, abeja, agua* o *vino* para hacer más visuales sus experiencias espirituales.

### ¿CUÁL ES LA VIGENCIA DE SU OBRA?

Santa Teresa se adelantó a su tiempo en la defensa de los **derechos de las mujeres** en el campo de la espiritualidad, entonces reservada a los hombres, y se opuso con coraje a cualquier tipo de **discriminación**, sin pensar en los peligros que corría.

### ACTIVIDAD

**8** Teniendo en cuenta que la autora vivía en un convento, ¿a quién crees que va dirigido el texto? Localiza las palabras relacionadas con el juego del ajedrez y explica el valor simbólico que les da la autora. Justifica las palabras de la autora a partir de la información del enlace.

> Pues creed que quien no sabe concertar las piezas en el juego de ajedrez, que sabrá mal jugar, y si no sabe dar jaque, no sabrá dar mate. Así me habéis de reprender porque hablo en cosa de juego, no le habiendo en esta casa ni habiéndole de haber. Aquí veréis la madre que os dio Dios, que hasta esta vanidad sabía; mas dicen que es lícito algunas veces. Y cuán lícito será para nosotras esta manera de jugar, y cuán presto, si mucho lo usamos, daremos mate a este Rey divino, que no se nos podrá ir de las manos ni querrá.
>
> La dama es la que más guerra le puede hacer en este juego, y todas las otras piezas ayudan. No hay dama que así le haga rendir como la humildad.
>
> Santa Teresa de Jesús, *Camino de perfección*

# 7. Literatura religiosa: san Juan de la Cruz

### ¿CÓMO REFLEJÓ SU ÉPOCA?

San Juan de la Cruz (Fontiveros, Ávila, 1542-Úbeda, Jaén, 1591), tras conocer personalmente a Teresa de Jesús, emprendió la reforma de la orden carmelita, con el fin de que los monjes volvieran a un modo de vida más austero y contemplativo. Su voluntad renovadora le costó la cárcel.

### OBRAS Y NOVEDADES LITERARIAS

Con solo tres poemas –*Noche oscura, Cántico espiritual* y *Llama de amor viva*– se ha situado en la cima de la lírica en lengua castellana. Su estilo literario está influido por la **métrica italiana** (lira) y por textos bíblicos como *El cantar de los cantares*.

Expresó literariamente la **unión del alma con Dios como una forma de relación amorosa**, en la que el alma es la amada que sale en busca de Cristo, su amado. San Juan se valió, pues, del código propio del amor en pareja para expresar su experiencia espiritual (amor a lo divino). Utilizó **símbolos**, es decir, elementos de la naturaleza como la noche, el fuego, el ciervo, las montañas, etc., que se cargan de significado poético a partir de las emociones y los sentimientos que despiertan en el lector.

### ¿CUÁL ES LA VIGENCIA DE SU OBRA?

Siglos más tarde, se creó una corriente poética llamada **simbolismo**, que tiene a san Juan de la Cruz como importante **precursor**. El tono de su poesía resulta moderno debido al misterio y sensibilidad amorosa que transmiten sus versos.

### Mística y ascética

La mística es la etapa final de un proceso espiritual que conduce a la unión del alma con Dios. Consta de tres estados o vías:

- **Vía purgativa:** el alma se purifica mediante la renuncia al mundo, el sacrificio y la oración.
- **Vía iluminativa**: el alma recibe la luz del conocimiento de Dios.
- **Vía unitiva**: el alma se une a Dios (conocimiento o experiencia directa de la divinidad): éxtasis amoroso.

Sin embargo, esta unión no siempre se alcanza. Entonces hablamos de una **vida ascética** (solo las dos primeras vías). Se considera asceta a fray Luis de León; y a san Juan de la Cruz y santa Teresa, místicos.

## ACTIVIDAD

**9** Lee el texto y responde a las preguntas.

**Análisis del contenido**

- **a** ¿Qué es lo que hiere la llama de amor?
- **b** ¿Qué significa *pues ya no eres esquiva*? Busca un sinónimo de *esquiva*.
- **c** ¿Qué clase de permiso le da el poeta a esa llama de amor?
- **d** ¿Cómo es el «querido»? ¿Dónde está? ¿Cómo es su aliento? ¿A quién enamora?
- **e** Enuncia el tema del poema.

**Estructura externa**

- **f** Identifica la primera estrofa por su métrica y rima. ¿Quién fue el primero que la utilizó en el siglo XVI? ¿Por qué este poema es místico?

¡Oh llama de amor viva,
que tiernamente hieres
de mi alma en el más profundo centro!
Pues ya no eres esquiva,
acaba ya si quieres;
rompe la tela de este dulce encuentro.
[...]

¡Oh lámparas de fuego,
en cuyos resplandores
las profundas cavernas del sentido,
que estaba oscuro y ciego,
con extraños primores
calor y luz dan junto a su querido!

¡Cuán manso y amoroso
recuerdas en mi seno,
donde secretamente solo moras;
y en tu aspirar sabroso
de bien y gloria lleno
cuán delicadamente me enamoras!

San Juan de la Cruz,
*Llama de amor viva*

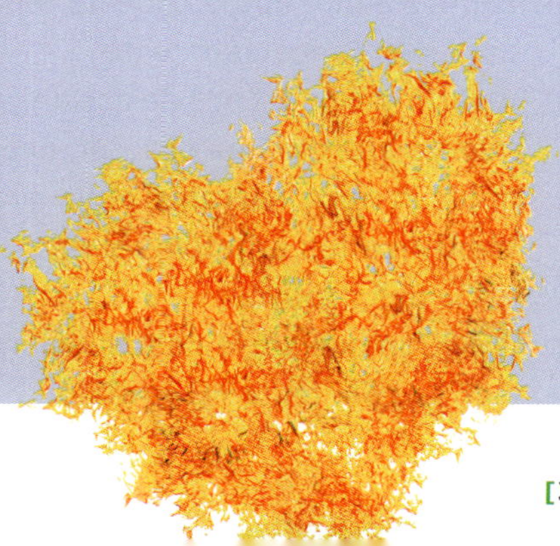

### ¿Por qué tanto éxito?

Con estas obras de entretenimiento, los lectores escapaban de su realidad cotidiana y se entregaban a unas lecturas que les mostraban una realidad moral y estéticamente perfecta, en la que triunfaban el **heroísmo**, el **amor puro** o la **convivencia armónica entre razas** y **religiones**. En la psicología del hombre y la mujer renacentistas había arraigado la aspiración a un mundo ideal.

# 8. Las novelas idealistas del Renacimiento

El género literario que tuvo más éxito en el siglo XVI fue la **novela idealista**. Aunque hubo una narrativa **realista** y **crítica** a la que corresponden obras como el *Lazarillo de Tormes*, el público, en general, prefería las novelas que contaban **aventuras fantásticas** y complicados **enredos amorosos**, casi siempre inverosímiles: las novelas de caballerías, pastoril, morisca y bizantina.

## NOVELA DE CABALLERÍAS: EL HEROÍSMO COMO IDEAL

En estas obras se idealiza la figura del **caballero medieval**. Se le presenta como un perfecto cortesano, amante apasionado, guerrero y devoto cristiano. Su misión es defender a los débiles en peligrosas y fantásticas hazañas, en las que el protagonista llega a enfrentarse con magos y gigantes. El heroísmo de estos caballeros encajaba bien con las aspiraciones imperiales de España en el siglo XVI, y en general, con el individualismo del hombre renacentista, que buscaba la fama y la gloria como forma de exaltar el «yo».

Su éxito se mantuvo hasta finales del siglo XVI. Pero la decadencia del Imperio español, simbolizada en la derrota de la Armada Invencible, y la burla que se hizo desde la literatura de hidalgos y escuderos empobrecidos o locos (el *Lazarillo, El Quijote*), acabaron con el ideal caballeresco. La obra más representativa es *Amadís de Gaula* (1508).

## NOVELA PASTORIL: EL AMOR IDEAL

En estas novelas se idealiza la figura del **pastor**. La mentalidad renacentista consideraba que los pastores tenían más sensibilidad que el hombre de la ciudad para descubrir la belleza de la naturaleza y reflexionar de manera refinada sobre el sentimiento del amor: sufrimientos, enredos... En estos relatos no aparece el erotismo de las novelas de caballerías, sino un **amor espiritualizado**, casto, en medio de un **paisaje idílico** (*locus amoenus*). El éxito del género pastoril fue decayendo porque los autores trataban el tema del amor de manera muy abstracta y cada vez más alejada de la realidad. Destacan la *Diana* (1559), de Jorge de Montemayor; la *Diana enamorada* (1564), *La Galatea* (1585), de Cervantes, y *La Arcadia* (1598), de Lope de Vega.

## ACTIVIDAD

**10** Lee el texto y responde a las cuestiones.

- **a** Explica a qué tipo de novela renacentista pertenece este texto.
- **b** A partir de los verbos de acción y movimiento que emplea el autor, explica si tiene un ritmo narrativo lento o rápido. Identifica los adjetivos y verbos con valor descriptivo.
- **c** CC ¿Con qué serie de televisión relacionas este texto? Razónalo.

> Se acometieron a todo el correr de los caballos. Quebraron las lanzas, y los caballos se juntaron con tanta violencia, que los dos caballeros cayeron al suelo, y todos creyeron que habían muerto. Tenían trozos de lanza metidos por los escudos y hasta por las carnes. Mas como ambos eran ligeros y vivos de corazón, se levantaron en seguida, se arrancaron el hierro de la lanza, y echando mano a la espada fueron uno contra el otro. La lucha parecía desigual, porque el rey Abies llevaba un palmo de estatura a cualquier caballero, y sus brazos parecían de gigante. Los golpes de espada eran tan vivos y repetidos, que parecía que luchaban veinte caballeros.
>
> *Amadís de Gaula*

## NOVELA MORISCA: LA CONVIVENCIA ENTRE CULTURAS, UN IDEAL

La novela morisca, que se inspira en historias del *Romancero*, presenta una imagen ennoblecida de los árabes a partir de la exaltación de sus tradiciones e historia legendaria. Con ello se pretendía **dignificar la imagen de la minoría morisca y de los moros conversos**, en una época de gran tensión social en la que los españoles de origen judío o árabe estaban bajo permanente sospecha.

Estos relatos mostraban un ideal: la **convivencia cordial entre moros y cristianos** era posible porque, al margen de las diferencias religiosas y culturales, unos y otros compartían un **código de honor:** nobleza y caballerosidad. Esta novela declinó al frustrarse este ideal de convivencia debido a la persecución inquisitorial, las insurrecciones de Granada y la expulsión de los moriscos en 1609. La exaltación de la cultura árabe se volvió a poner de moda en el Romanticismo. La obra más representativa es *La historia del Abencerraje y de la hermosa Jarifa* (1551).

## NOVELA BIZANTINA: EL VIAJE COMO ALEGORÍA DE LA VIDA HUMANA

La novela bizantina utiliza el viaje como símbolo de la vida humana para expresar que la **libertad del hombre y los sentimientos puros se imponen al destino adverso.** Una pareja de enamorados emprende un largo viaje que los separa. Ambos se enfrentarán a innumerables peligros y aventuras hasta volver a encontrarse. La primera obra de este género es *Historia de los amores de Clareo y Florisea* (1552), de Alonso Núñez de Reinoso.

## ¿Cómo son las novelas idealistas?

- Los personajes son **planos**, es decir, su comportamiento no evoluciona con la experiencia.
- El **ritmo** de la acción resulta **lento** debido a que la trama principal se interrumpe con frecuencia con relatos secundarios, poemas o largas descripciones.
- No reflejan la realidad cotidiana de su época, **sino un tiempo indefinido**, **irreal** o **mítico**.
- Transcurren en **paisajes ideales**, **lugares exóticos** o **legendarios**.
- El argumento de estas obras gira en torno a **lances caballerescos**, **idilios amorosos** y **aventuras fantásticas**. La trama resulta a veces tan complicada que el autor recurre a soluciones «mágicas» para resolverla.
- La esmerada elaboración del lenguaje, las frecuentes digresiones, la indefinición del espacio y del tiempo, así como la mezcla de realidad y fantasía, adelantan algunas características de la **novela experimental del siglo XX**.

## ACTIVIDAD

**11** CS En el siguiente texto, el capitán cristiano Rodrigo de Narváez deja en libertad al caballero moro Abindarráez para que este pueda casarse con la bella Jarifa. ¿En qué se basa Narváez para pensar que, tras dejar en libertad al joven árabe, este regresará a la cárcel por propia voluntad? ¿Qué ideal ético y social representa esa actitud?

> –Abindarráez, quiero que veas que puede más mi virtud que tu ruin fortuna. Si tú me prometes como caballero de volver a mi prisión dentro de tercero día, yo te daré libertad para que sigas tu camino, porque me pesaría de atajarte tan buena empresa.
> El moro, cuando lo oyó, se quiso de contento de echar a sus pies y le dijo:
> –Rodrigo de Narváez, si vos eso hacéis, habréis hecho la mayor gentileza de corazón que nunca hombre hizo, y a mí me daréis vida. Y para lo que pedís, tomad de mí la seguridad que quisierais, que yo lo cumpliré.
> El alcalde llamó a sus escuderos y les dijo:
> –Señores, fiad de mí este prisionero, que yo salgo fiador de su rescate.
>
> *La historia del Abencerraje y de la hermosa Jarifa*

# 9. La novela picaresca: *Lazarillo de Tormes*

## Características del pícaro

**¿QUÉ ES UN PÍCARO?**

El pícaro como personaje literario aparece por primera vez en la novela *Lazarillo de Tormes* (1554), de autor anónimo. La biografía de su protagonista (Lázaro) sirvió de base para crear el **personaje tipo** de un pícaro, cuyas características son las siguientes:

1. Hijo de padres sin honra (marginado social).
2. Marcado psicológicamente por el hambre.
3. Se tiene que valer en la vida por sí mismo.
4. Sirve de mozo a muchos amos.
5. Tiene astucia para sobrevivir con engaños.
6. Afán por progresar socialmente.
7. Capacidad para aprender de la vida y actuar en consecuencia.
8. Cree que la sociedad en su conjunto es inmoral, por eso pretende justificar sus actos inmorales.
9. Progresa socialmente, a la par que aumenta su deshonra personal (aunque se esfuerza por aparentar honra).
10. Nos cuenta su vida en 1.ª persona desde su humilde nacimiento para que valoremos el mérito que ha tenido su ascenso social.

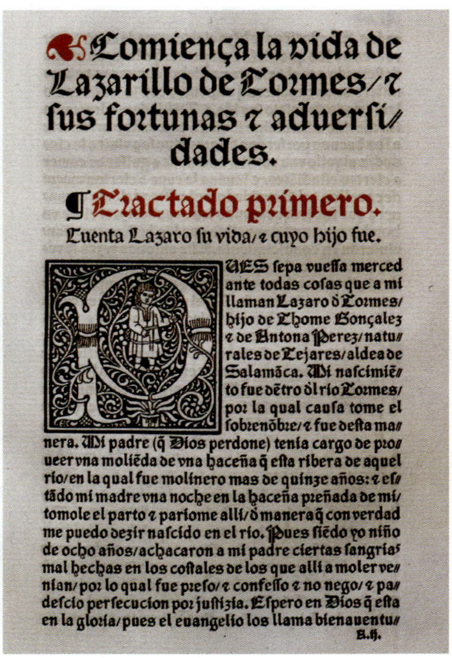
Comiença la vida de Lazarillo de Tormes / ⁊ sus fortunas ⁊ aduersidades.

Tractado primero.

Cuenta Lazaro su vida / ⁊ cuyo hijo fue.

PUES sepa vuessa merced ante todas cosas que a mi llaman Lazaro de Tormes / hijo de Thome Gonçalez ⁊ de Antona Perez / naturales de Tejares / aldea de Salamãca. Mi nascimiẽto fue dẽtro del rio Tormes / por la qual causa tome el sobrenõbre / ⁊ fue desta manera. Mi padre (q̃ Dios perdone) tenia cargo de proueer vna moliẽda de vna haceña q̃ esta ribera de aquel rio / en la qual fue molinero mas de quinze años: ⁊ estãdo mi madre vna noche en la haceña preñada de mi / tomole el parto ⁊ pariome alli / de manera q̃ con verdad me puedo dezir nascido en el rio. Pues siẽdo yo niño de ocho años / achacaron a mi padre ciertas sangrias mal hechas en los costales de los que alli a moler venian / por lo qual fue preso / ⁊ confesso ⁊ no nego / ⁊ padescio persecucion por justizia. Espero en Dios q̃ esta en la gloria / pues el euangelio los llama bienauentu-

A.ij.

Inicio del *Lazarillo de Tormes*, en una edición de 1620.

### LA PRIMERA NOVELA MODERNA

En 1554 se publica en las ciudades de Burgos, Alcalá de Henares y Amberes *La vida de Lazarillo de Tormes, y de sus fortunas y adversidades*. En 1995 se encontró en Barcarrota (Badajoz) una nueva edición: la de Medina del Campo, también de 1554. Esta novela inaugura un nuevo género narrativo: la **picaresca**. Contiene, además, novedades literarias tan importantes que es considerada la primera novela moderna. Su modernidad radica en el **realismo** con el que se refleja por primera vez la **vida cotidiana de una época**, haciendo que la **acción se desarrolle en un tiempo y espacio concretos** y, sobre todo, en la existencia de un protagonista que **evoluciona psicológicamente**, es decir, modifica su carácter según la experiencia vivida.

### EL PROTAGONISTA ES UN ANTIHÉROE: EL PÍCARO

A diferencia de los héroes idealizados de las novelas idealistas, el protagonista de esta obra es un **pícaro** llamado Lázaro de Tormes. Como todo pícaro, Lázaro es un **personaje de baja extracción social** (hijo de padres sin honra) que se ve obligado a valerse por sí mismo desde niño como **mozo o criado de muchos amos.**

Su **evolución psicológica** es el resultado de ir poniendo en práctica con astucia aquello que la experiencia le enseña. Marcado por el hambre, Lázaro está obsesionado por **ascender en la escala social** y cuando, ya adulto, lo consigue, lo hace a costa de su **degradación moral**, ya que consiente que su mujer mantenga relaciones íntimas con el arcipreste de la iglesia de San Salvador de Toledo a cambio de recibir de él favores económicos. El proceso vital de Lázaro pasa, pues, por **tres fases**: pérdida de la inocencia infantil, adquisición de las habilidades propias de un pequeño truhan para poder sobrevivir y la integración en la sociedad sobre la base del deshonor.

### DUDOSA JUSTIFICACIÓN MORAL

Lázaro pretende **justificar su comportamiento** en el hecho de que, partiendo de un bajo origen social, ha logrado triunfar socialmente. En realidad, para medrar, el pícaro no ha hecho otra cosa sino imitar a los demás. No es un ejemplo moral para nadie, pero siente que no es mucho peor que cualquiera de sus contemporáneos, quienes acostumbran a valerse cotidianamente del engaño, la hipocresía, las falsas apariencias...

### ARGUMENTO REALISTA

*Lazarillo de Tormes* es la historia **verosímil**, creíble, de un **marginado social** de la primera mitad del siglo XVI que actúa con extraordinario ingenio para superar las adversidades que se cruzan en su vida. Tras servir a varios amos con los que casi muere de hambre, consigue su objetivo vital: salir de la mendicidad y alcanzar, finalmente, un puesto en la sociedad: pregonero de Toledo (su trabajo consiste en difundir a voces los delitos de los delincuentes ajusticiados y vender vino).

### PUNTO DE VISTA: NARRACIÓN AUTOBIOGRÁFICA

La obra está narrada en **primera persona**. Adopta, por lo tanto, la forma de una autobiografía en la que se impone la **perspectiva subjetiva** y los intereses del pícaro, que cuenta su vida seleccionando solo aquellos episodios de su pasado que le interesan para justificar su presente problemático (los rumores sobre la dudosa honorabilidad de su mujer, un delicado asunto al que se alude en la obra con el eufemismo de «el caso»).

### ESTRUCTURA EPISTOLAR Y EPISÓDICA

*Lazarillo de Tormes* presenta la estructura de una carta. Por el **prólogo** sabemos que va dirigida a un tal Vuestra Merced, quien ocupa una posición social elevada y es amigo del arcipreste de la iglesia de San Salvador. El hecho es que desea que Lázaro le informe de primera mano sobre «el caso». Pero al pícaro no le interesa hablar directamente de ese espinoso asunto, sino que se remonta a su origen familiar, nacimiento e infancia para poder justificarse.

La historia de su vida se desarrolla en **siete tratados**, en los que Lázaro sirve a varios amos; entre ellos destacan el cruel ciego, el clérigo avaro y el hidalgo empobrecido. Aunque esta novela está compuesta de **episodios muy diferentes** (algunos de los cuales están basados en cuentos tradicionales), tiene una indudable unidad interna, ya que en todos está presente el personaje de Lázaro y en el tratado final se cumplen algunas profecías anunciadas al principio de la obra por el ciego sobre el futuro del joven pícaro.

### PROPÓSITO:
### CRÍTICA A LA SOCIEDAD ESPAÑOLA DEL SIGLO XVI

Con ironía y humor, el autor del *Lazarillo de Tormes* hace una profunda **crítica a la sociedad de su tiempo**, caracterizada por la **ausencia de valores morales y religiosos**, especialmente la hipocresía: crueles mendigos que no responden a la imagen evangélica del pobre, curas faltos de caridad y de moral, hidalgos empobrecidos que prefieren morir de hambre antes que trabajar, con tal de mantener la imagen pública de su honra y limpieza de sangre, y en general todos aquellos que utilizan lo sagrado (como las bulas o el matrimonio) para sacar provecho económico.

### AUTOR ANÓNIMO

El autor del *Lazarillo* no firmó la obra con su nombre, de ahí el carácter anónimo de esta novela. Sin embargo, ha dejado importantes pistas sobre su personalidad:

- Si tenemos en cuenta que los dardos de su **crítica** van dirigidos fundamentalmente al **estamento clerical**, podemos afirmar que se trataba de un erasmista, preocupado por la urgente reforma de la Iglesia.
- Si nos fijamos en la **sátira** que hace del representante del **estamento nobiliario** (el escudero y cristiano viejo que presume de honra mientras se muere de hambre), podemos aventurar que el anónimo autor fue un judío converso o cristiano nuevo. Esa fue su forma de denunciar la existencia de una sociedad hipócrita, obsesionada por el linaje.

*Lazarillo de Tormes*, óleo de Goya. En él, el pintor aragonés representa uno de los episodios de Lázaro y el ciego. Este sospecha que el niño se ha comido una longaniza, y Lázaro lo niega. El ciego, furioso porque deseaba comérsela él, le obliga a vomitarla.

## La educación de los jóvenes

El humanismo renacentista tenía como principal objetivo la educación de los jóvenes, que debían ser instruidos en el estudio de los clásicos. Pero el Lazarillo de Tormes no aprende en la escuela, sino en la calle. De ahí los efectos de la mala educación recibida: el niño aprende a vengarse haciendo que el ciego se estrelle contra un poste. El pícaro responde con la misma crueldad con que ha sido tratado por su amo cuando este le golpeó la cabeza contra un toro de piedra o le destrozó la cara con una jarra de vino.

# Literatura comparada. Ayer

**ANTES DE LEER**

Visiona este vídeo y explica qué es el *carpe diem.*

**SONETO A HELENA**

Cuando en ti la vejez hunda su huella
y ante un candil hilando estés sentada,
canturrearás mis versos y, asombrada,
dirás: «Ronsard me amó cuando fui bella».

Ya no tendrás criada ni doncella
que de noche te escuche adormilada,
y, al oír de mí, despierte arrebatada,
loando tu nombre de inmortal estrella.

De mí no quedarán ya ni los huesos:
seré un fantasma. Y tú recordarás
tus feroces desdenes y mis besos,

al calor de tu fuego encanecida.
Vive, créeme, no esperes a mañana.
Las rosas coge ahora de la vida.

Pierre de Ronsard
(versión de Alfredo Reina León)

**Pierre de Ronsard** (1524-1585) fue un escritor y poeta del Renacimiento francés, influido por el Humanismo. Sus primeras obras imitaban a Píndaro, Horacio y al italiano Petrarca. Su obra más importante es *Himnos,* de 1555.

Formó parte del grupo poético *Pléyade,* que contribuyó a la *Defensa e Ilustración de la lengua francesa.*

**1** **a** ¿En qué verso del poema de Ronsard se expresa el *carpe diem*? **b** ¿Y en qué verso del poema de Brines?

**2** ¿En qué lengua está escrito el título del poema de Brines? ¿Qué significa? ¿A qué verso de Ronsard alude dicho título?

**3** Identifica los versos en los que se expresan el paso del tiempo y la muerte en ambos poemas.

**4** Ronsard y Brines plantean situaciones diferentes para convencer a su joven amada para que disfrute de la vida. Explica cada una de esas situaciones.

**5** ¿Qué modo verbal utilizan estos dos poetas para invitar a disfrutar de la vida? Escribe esas formas verbales.

**6** ¿Qué poema resulta más simbólico y cuál más realista? Justifica tu respuesta.

**7** Analiza la rima, la métrica y la estrofa del poema de Ronsard. ¿Se ajusta la poesía de Brines a alguna estrofa? Razona tu respuesta.

**8** **Evolución de las formas.** ¿Cómo ha evolucionado la técnica del verso desde el siglo XVI a nuestros días: hacia una mayor o menor libertad creadora? Razona tu respuesta.

**9** CD **Imitación de modelos literarios.** Escucha a Joan Manuel Serrat en el siguiente vídeo y escribe la letra de una canción con el tema del *carpe diem*, inspirándote en la de Serrat. Edita tu canción cantada en una app.

# Literatura comparada. Hoy

***COLLIGE, VIRGO, ROSAS***

Estás ya con quien quieres. Ríete y goza. Ama.
Y enciéndete en la noche que ahora empieza,
y entre tantos amigos (y conmigo)
abre los grandes ojos a la vida
con la avidez preciosa de tus años.
La noche, larga, ha de acabar al alba,
y vendrán escuadrones de espías con la luz,
se borrarán los astros, y también el recuerdo,
y la alegría acabará en su nada.

Francisco Brines, *El otoño de las rosas*

**Francisco Brines** (Valencia, 1934) es un poeta actual perteneciente a la segunda generación de la posguerra («generación de los 50»).

La poesía de Brines es intimista y sus temas son el paso del tiempo y el recuerdo de la infancia. Ha recibido, entre otros, el Premio Nacional de la Letras Españolas y el Premio Nacional de Literatura. Su última obra es *Aún no* (2012).

**10** CC Compara el primer cuadro, titulado *La primavera*, de Botticelli (1445-1510), con el segundo, llamado *La alegría de vivir*, de Matisse (1869-1954). Explica cómo han evolucionado las figuras humanas y los colores para expresar el gozo de vivir o *carpe diem* desde el Renacimiento hasta el siglo XX.

## PICTOGRAMA

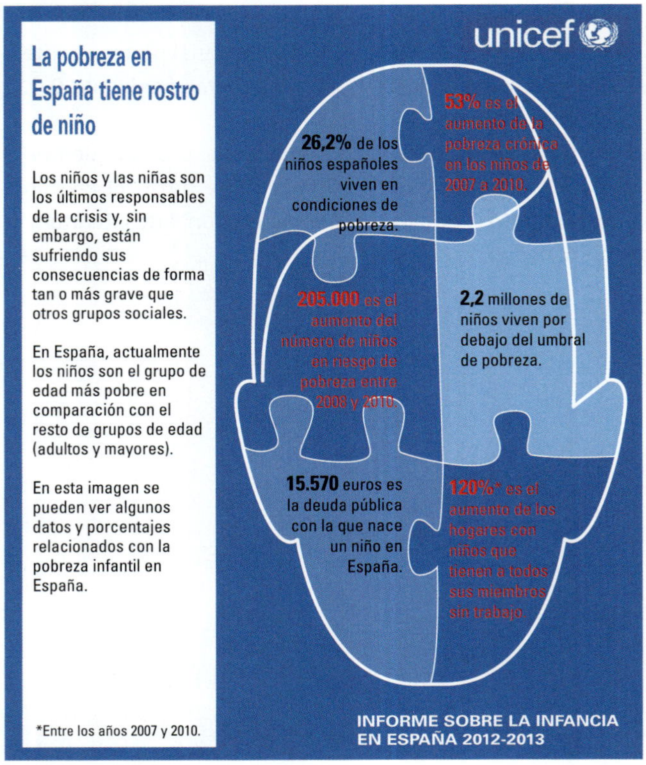


## VIÑETA CÓMICA

elroto@inicia.es

**1** CL **Análisis del contenido**

- **a** ¿Quién es el emisor de cada texto?
- **b** ¿Cuál es la intención del autor al decir que «La pobreza en España tiene rostro de niño»?
- **c** ¿Cuál es el grupo de edad más pobre en España?
- **d** CS ¿Qué significan las expresiones *umbral de la pobreza* y *pobreza crónica*? Escribe los datos del pictograma sobre estas situaciones.
- **e** CM Señala los cinco datos del pictograma que hacen referencia al periodo 2012-2013, y el que nos informa sobre el periodo 2007-2010. ¿Con qué signo se distinguen estos dos periodos?
- **f** CS Consulta el enlace y explica qué es la *deuda pública* y en qué se diferencia esta del *déficit público*.
- **g** CM **Cálculo.** ¿Qué dato necesitas saber para calcular la deuda pública española, si cada niño que nace en España debe 15.570 euros: el número de niños o el número de habitantes del país? Realiza la operación.
- **h** CS Infórmate en el enlace. Compara los datos de pobreza infantil en España de 2014-2015 con los que nos ofrece el pictograma sobre el periodo 2012-2013. ¿Ha mejorado la situación? Razona tu respuesta.

**2** **Valoración del contenido.** Explica qué texto resulta más emotivo y crítico, y cuál más informativo y preciso. Razona tu respuesta.

**3** **Análisis de la forma**

- **a** Identifica los signos verbales y no verbales en cada texto.
- **b** Indica el tipo de texto que corresponde, respectivamente, al pictograma y a la viñeta: expositivo, argumentativo, diálogo, instructivo.
- **c** ¿Qué figura literaria hay en la expresión *La pobreza en España tiene rostro de niño*? ¿Por qué?
- **d** Identifica la interjección de la viñeta y explica con tus palabras qué quiere decir el niño.

**4** **Valoración de la forma**

- **a** ¿Por qué en la viñeta las palabras del padre no respetan el principio de adecuación de los textos?
- **b** Relaciona las palabras del padre de la viñeta con las que le dijo a Lázaro su madre cuando esta se lo entregó al ciego. Infórmate en el enlace.
- **c** ¿Qué texto te parece más eficaz para transmitir y concienciar a la sociedad sobre el grave problema de la pobreza infantil: la viñeta o el pictograma? Razona tu respuesta.

**DESAHUCIO**

En esto entraron por la puerta un hombre y una vieja. El hombre le pidió el alquiler de la casa y la vieja el de la cama. Hicieron cuentas, y por el alquiler de las dos cosas durante dos meses, la suma alcanzaba una cantidad que mi amo no podría alcanzar a ganar durante todo un año. Calculo que fueron doce o trece reales. Él les dio una respuesta muy buena: «Saldré a cambiar una moneda de oro de treinta reales, así que vuelvan por la tarde». Y por la tarde, en efecto, volvieron los dos acreedores, pero tarde fue ya para cobrar, porque su salida fue sin vuelta. Cuando les dije que el hidalgo aún no había regresado, el hombre y la vieja se marcharon. [...]

Venida la mañana, los acreedores volvieron [...]. Ellos me preguntaron por él, y les contesté que no sabía dónde estaba, y que tampoco había vuelto a casa desde que salió a cambiar la moneda, y terminé por decirles: «Yo creo que ha huido de mí y de Vuestras Mercedes y que se ha largado con el cambio». Al oír esto, se fueron a buscar a un alguacil y un escribano.

Volvieron enseguida con ellos. Me pidieron la llave y me dijeron que los acompañara. Después de llamar a unos testigos, abrieron la puerta y entraron a embargar los bienes de mi amo con la intención de cobrarse su deuda. Anduvieron buscando por toda la casa y la encontraron vacía, como ya he explicado, y me dijeron:

–¿Dónde están las pertenencias de tu amo, sus arcas y tapices y los muebles de la casa?

–No sé nada de eso –les respondí.

–Sin duda –dijeron ellos– esta noche han debido de realizar un alzamiento de bienes y se los han llevado a algún sitio para esconderlos. ¡Señor alguacil, detened a este mozo, que él sabe dónde está todo!

*Lazarillo de Tormes* (texto adaptado)

## Análisis del contenido

**1** Escribe el significado de las palabras subrayadas.

**2** CS Consulta en el enlace en qué consiste un alzamiento de bienes y explica por qué es un delito penal.

**3** **a** ¿Por qué dos conceptos debía pagar alquiler el hidalgo? **b** ¿Por qué el amo de Lázaro no puede pagar el alquiler? ¿Vivía por encima de sus posibilidades? **c** ¿Por qué buscan los acreedores unos testigos? **d** ¿Por qué pretenden apresar a Lázaro?

**4** Resume el contenido en cuatro líneas y escribe el tema en una línea.

**5** Señala el planteamiento, nudo y desenlace de esta secuencia narrativa.

**6** CS **Valoración del contenido.** Elabora una argumentación (con tesis, tres argumentos y conclusión) sobre los desahucios de que son víctimas muchas personas que, en época de crisis, no pueden pagar la hipoteca de sus casas.

## Análisis de la forma

**7** Señala en el texto la narración y el diálogo.

**8** Identifica el tipo de narrador.

**9** Identifica el espacio y el tiempo narrativos. Señala la elipsis temporal del segundo párrafo.

**10** Explica qué es un pícaro. ¿Quién es el pícaro en este fragmento: Lázaro o el hidalgo? Razona tu respuesta.

**11** ¿Qué personajes simbolizan la policía y la justicia?

**12** Identifica el estilo directo e indirecto.

**13** Razona por qué *anduvieron buscando* es una perífrasis y clasifícala.

**14** En la línea 4 se usa el verbo *alcanzar* con dos acepciones. Explícalas. ¿Qué figura literaria se da en este caso?

**15** **Valoración de la forma.** ¿Te resulta realista o fantástico este fragmento? Razónalo. Explica si Lázaro es un héroe o un antihéroe.

**16** CS CC **Contexto histórico y literario. a** ¿A qué tratado de esta novela pertenece este fragmento? Escribe las características de la novela picaresca, que surgió con la publicación del *Lazarillo.* **b** Sitúa el texto en la época y el movimiento literario al que pertenece. **c** Relaciona el desahucio y la crisis económica que vive Lázaro y su amo en el siglo XVI con la actualidad en España.

**17** **Imitación de modelos literarios.** Inventa un diálogo de ocho líneas entre el hidalgo y Lázaro en el que este explique a su amo lo que ha ocurrido en su ausencia en la casa.

# *Lazarillo de Tormes*

## PRIMERA SESIÓN

### Tratado I

**1** ¿Por qué escribe Lázaro su vida? **2** Elabora la ficha biográfica de Lázaro (nombre completo, nombre de los padres, lugar de nacimiento, número de hermanos). **3** Explica las circunstancias por las que quedó huérfano de padre. **4 a** ¿De qué vivía la madre ya viuda? **b** ¿Quién era Zaide? **c** Explica por qué ambos fueron acusados por la justicia. **d** ¿Qué castigo recibieron? **e** ¿Qué era el mesón de la Solana? **5** ¿Con qué fin la madre de Lázaro confió su hijo a un ciego? **6** ¿Qué le sucedió a Lázaro con el toro de piedra? ¿Qué pretendió enseñarle el ciego? **7** ¿A qué se dedicaba el ciego para conseguir dinero? ¿Cuál era su principal defecto moral? **8** ¿Cómo se las ingeniaba Lázaro para sacar comida del saco donde el ciego guardaba las viandas? **9** ¿Cómo le sisaba dinero al ciego? **10** Resume el episodio del jarro de vino. **11** ¿Cómo supo el ciego que Lázaro comió más uvas que él? ¿Dónde sucedió este episodio? **12** ¿Cómo descubrió el ciego que Lázaro se había comido la longaniza? **13** ¿Dónde y en qué circunstancias vio Lázaro por última vez a su primer amo?

## SEGUNDA SESIÓN

### Tratado II

**1** ¿Qué trabajo realizaba Lázaro para el clérigo de Maqueda? **2** ¿Qué defecto moral tenía este clérigo? **3** ¿Para qué le servía al cura la llave que llevaba siempre consigo atada con un cordón? **4** ¿Qué le daba el clérigo a Lázaro para comer? **5** ¿Por qué no conseguía Lázaro sisar nada al cura de Maqueda? **6** ¿Por qué dice Lázaro que la muerte de las personas le daba a él vida? **7** ¿Qué favor le hizo un calderero a Lázaro? ¿Qué le dio Lázaro a cambio al calderero? **8** ¿Cómo descubrió el clérigo que Lázaro era quien sustraía el pan del arca? **9** Explica por qué acabó Lázaro malherido en este tratado.

## TERCERA SESIÓN

### Tratado III

**1** ¿En qué ciudad encontró Lázaro a su tercer amo? ¿Qué estaba haciendo Lázaro para sobrevivir allí? **2** ¿Quién era este amo? ¿A qué estamento social pertenecía? ¿Qué primera impresión le dio a Lázaro? ¿Por qué? **3** ¿Cómo era la casa donde vivía el escudero? ¿Por qué le parece a Lázaro que la casa del escudero está encantada? **4** ¿Cómo justificó el primer día su nuevo amo que no comerían hasta la noche? **5** ¿Qué reflexión hizo Lázaro acerca de los hidalgos cuando, a la mañana siguiente, salió su amo de la casa? **6** Describe físicamente al escudero. **7** ¿De qué comieron amo y criado en los días posteriores? **8** ¿Qué sentimiento le inspiraba este amo al lazarillo? ¿Por qué? **9** ¿Qué motivo impidió a Lázaro seguir mendigando? **10** ¿Por qué se aterrorizó Lázaro cuando vio un cortejo fúnebre? **11** ¿Qué observó Lázaro un día a orillas del Tajo? **12** ¿De qué posesiones presumía el escudero? ¿Crees que verdaderamente esos bienes eran suyos? Razona tu respuesta. **13** Explica el papel que desempeñan las mujeres que aparecen en este tratado en la vida de Lázaro. **14** Explica cómo fue el desahucio de la casa y de qué delito acusaron a Lázaro.

## CUARTA SESIÓN

### Tratado IV

**1** ¿Quién fue el cuarto amo de Lázaro y cómo llegó a él? ¿Por qué lo abandonó?

### Tratado V

**2** ¿A qué se dedicaba el quinto amo de Lázaro? **3** Explica cómo consiguió engañar el buldero a los feligreses. **4** ¿Cómo actúa Lázaro en este tratado? ¿Qué opinas acerca de ello?

### Tratado VI

**5** ¿Cuál es la única información que Lázaro aporta sobre su sexto amo? **6** ¿Quién fue su séptimo amo? ¿Qué trabajo le ofreció este? ¿Qué compró –y con qué propósito– con sus primeros ahorros? ¿Cuánto tiempo trabajó en este oficio?

### Tratado VII

**7** ¿Qué le ocurrió a Lázaro siendo ayudante de un alguacil? ¿Por qué abandonó a este amo? **8** ¿Cuál era su oficio cuando escribe su relato? **9** ¿En qué consistía el buen trabajo que consiguió en Toledo? Razona si era un empleo influyente. **10** ¿Qué le propone el arcipreste de San Salvador? ¿Qué provecho material obtuvo Lázaro de este amo? **11** ¿Por qué los vecinos hablaban mal de Lázaro y de su mujer? ¿Cómo afectan psicológicamente a Lázaro estas habladurías? **12** ¿Qué le aconseja el arcipreste? ¿Qué hace Lázaro para defenderse de los rumores sobre su mujer? **13** ¿En qué momento de la historia de España estaba Lázaro en su época de mayor prosperidad? ¿Crees que su bienestar económico iba acompañado de honra social? Razona tu respuesta.

## 1 CC CS EL AUTOR

**a** ¿Es un autor culto? Identifica referencias que el narrador hace a autores cultos de la literatura grecolatina. **b** ¿Es un autor crítico con el estamento clerical? Razona tu respuesta haciendo la siguiente investigación: **1** Haz una relación de los clérigos asociados a los siguientes defectos o vicios: *estafador, tacaño, zascandil, encubridor, negociante*. **2** Infórmate en el enlace sobre qué eran las bulas. Explica si el narrador nos ofrece una visión positiva o negativa de ellas. **c** ¿Es un autor crítico con el estamento de la nobleza? Cita las descalificaciones que el escudero hace de los nobles en el tratado III y explica la visión negativa de la honra que Lázaro nos ofrece en este tratado. **d** ¿Podría ser el autor del *Lazarillo* un erasmista o un judío converso? Infórmate en Wikipedia sobre erasmistas y judeoconversos, y razona, a partir de tus conclusiones en los puntos **1b** y **1c** de este trabajo, si el autor de *El Lazarillo* podría pertenecer a uno de estos grupos críticos.

## 2 LA ÉPOCA

**a** ¿Qué datos históricos nos permiten situar cronológicamente el *Lazarillo*? **b** CS Busca la referencia a la batalla de los Gelves en el Tratado I e infórmate sobre posibles fechas en el primer enlace. **c** Identifica en el tratado VII la referencia a la entrada del emperador Carlos V en Toledo para celebrar Cortes, e infórmate sobre posibles fechas en el segundo enlace.

## 3 CS LA SOCIEDAD

**a** En el Tratado I interviene un personaje que demuestra la diversidad racial de la población española del siglo XVI. ¿Quién es ese personaje? ¿Qué opinión tiene Lázaro de él? **b** Infórmate en el primer enlace y enumera las minorías existentes en la España de la época del Lazarillo. **c** En el tratado III, el ayuntamiento de Toledo promulga una orden. Explica a quiénes va dirigida y qué consecuencias concretas tuvo en la vida de Lázaro. **d** Lee el epígrafe *Mendigos* del segundo enlace y explica la situación de los huérfanos en el siglo XVI.

## 4 ANÁLISIS DEL CONTENIDO

**a** Explica el significado que tienen para Lázaro las siguientes consignas: *llegar a buen puerto* y *arrimarse a los buenos*. **b** Escribe el nombre de los amos de Lázaro relacionándolos con los siguientes objetos: *cebollas, jarro de vino, manta, zapatos, sacos de trigo, bulas, panderos, cántaros*. **c** ¿Qué profecías del ciego se cumplen en la vida de Lázaro? **d** Explica en qué consiste la buena situación económica de Lázaro en el tratado VII para que pueda afirmar que estaba en la «cumbre de toda buena fortuna». **e** Explica por qué Lázaro no deja de sufrir nunca, ya sea por el hambre o por la falta de honra. **f** Busca en la obra situaciones que ilustren los siguientes temas: inocencia, hurto, hambre, crueldad, avaricia, generosidad, compasión, ignorancia, milagrería, miedo, triunfo social, apariencia en el vestir, honra e hipocresía. **g** Resume el argumento en 20 líneas y escribe el tema.

## 5 ESTRUCTURA INTERNA

**a** Explica en qué consisten el prólogo, planteamiento, nudo y desenlace de la obra. **b** Demuestra que la obra tiene una estructura epistolar: ¿A quién va dirigida la carta y con qué propósito? **c** Explica por qué la obra tiene unidad interna si está constituida por episodios muy diferentes.

## 6 ELEMENTOS NARRATIVOS

**a Narrador.** Explica el tipo de narrador del *Lazarillo*. ¿Crees que el narrador es el autor de la novela? Justifica tu respuesta. Infórmate en el vídeo del final de la actividad. **b Acción.** Enumera algunas acciones que se producen en el tratado del ciego e identifica el tiempo verbal que predomina. **c** CD **Espacio narrativo.** ¿Es el *Lazarillo* una novela itinerante? Haz un Power Point con el recorrido de Lázaro. Utiliza imágenes y textos extraídos de la novela, alusivos a los pueblos y ciudades donde se desarrolla la obra. **d Tiempo narrativo.** Explica por qué esta novela está contada con la técnica del *flashback*. **e Personaje. 1** ¿En qué tratado Lázaro no es protagonista, sino observador? **2** ¿Por qué Lázaro es un personaje redondo? **3** Explica las características de Lázaro como pícaro a partir de su biografía (consulta la página 273 de este libro de texto). **4** Explica el papel de las mujeres en la vida Lázaro. **5** CA Haz un diagrama con los amos de Lázaro, el defecto moral de cada uno y su profesión.

## 7 CI IMITACIÓN DE MODELOS LITERARIOS

Imita el prólogo del *Lazarillo*: dirige una carta a Vuestra Merced, en la que expliques que en la vida, para prosperar económicamente, no todo vale. Describe algún ejemplo, si lo consideras oportuno.

# 5

REPASA LA UNIDAD

## La novela moderna y la evolución del héroe



## TE LO CUENTO

**Sobre la lengua materna**

*Y a lo que decís, señor, que vuestro hijo no estima mucho la poesía de romance, doyme a entender que no anda muy acertado en ello, y la razón es esta: el grande Homero no escribió en latín, porque era griego, ni Virgilio no escribió en griego, porque era latino. En resolución, todos los poetas antiguos escribieron en la lengua que mamaron en la leche, y no fueron a buscar las extranjeras para declarar la alteza de sus conceptos. Y siendo esto así, razón sería se extendiese esta costumbre por todas las naciones, y que no se desestimase el poeta alemán porque escribe en su lengua, ni el castellano, ni aun el vizcaíno, que escribe en la suya.*

Miguel de Cervantes, *El Quijote* (Primera parte)

**Sobre la propiedad en la Edad Dorada**

*Dichosa edad y siglos dichosos aquellos a quien los antiguos pusieron nombre de dorados, y no porque en ellos el oro, que en nuestra edad de hierro tanto se estima, se alcanzase en aquella venturosa sin fatiga alguna, sino porque entonces los que en ella vivían ignoraban estas dos palabras de tuyo y mío. Eran en aquella santa edad todas las cosas comunes; a nadie le era necesario para alcanzar su ordinario sustento tomar otro trabajo que alzar la mano y alcanzarle las robustas encinas, que libremente les estaban convidando con su dulce y sazonado fruto.*

Miguel de Cervantes, *El Quijote* (primera parte)

**Contra las armas de guerra modernas**

*Bien hayan aquellos benditos siglos que carecieron de la espantable furia de aquestos endemoniados instrumentos de la artillería, a cuyo inventor tengo para mí que en el infierno se le está dando el premio de su diabólica invención, con la cual dio causa que un infame y cobarde brazo quite la vida a un valeroso caballero, y que, sin saber cómo o por dónde, en la mitad del coraje y brío que enciende y anima a los valientes pechos, llega una desmandada bala, disparada de quien quizá huyó y se espantó del resplandor que hizo el fuego al disparar de la maldita máquina, y corta y acaba en un instante los pensamientos y vida de quien la merecía gozar luengos siglos. Y así, considerando esto, estoy por decir que en el alma me pesa de haber tomado este ejercicio de caballero andante en edad tan detestable como es esta en que ahora vivimos; porque aunque a mí ningún peligro me pone miedo, todavía me pone recelo pensar si la pólvora y el estaño me han de quitar la ocasión de hacerme famoso y conocido por el valor de mi brazo y filos de mi espada, por todo lo descubierto de la tierra. Pero haga el cielo lo que fuere servido, que tanto seré más estimado, si salgo con lo que pretendo, cuanto a mayores peligros me he puesto que se pusieron los caballeros andantes de los pasados siglos.*

Miguel de Cervantes, *El Quijote* (primera parte)

# 1. Miguel de Cervantes

**UNA VIDA DE PELIGROS Y ADVERSIDADES**

Miguel de Cervantes Saavedra nació en Alcalá de Henares (Madrid) en 1547. Vivió una infancia poco estable a causa del carácter de su padre, quien tendía a endeudarse y a trasladar el domicilio familiar con bastante frecuencia debido a su profesión de cirujano.

En su adolescencia se aficionó al teatro, viendo los *pasos* de Lope de Rueda en Sevilla. Estudió en Madrid con un maestro humanista, López de Hoyos, pero no llegó a realizar estudios universitarios. Cervantes fue un autodidacta.

Se trasladó a Italia, donde se puso al servicio del cardenal Giulio Acquaviva. Su contacto con el arte y la literatura del Renacimiento italiano influyó de manera decisiva en su pensamiento y en su obra literaria.

Su carrera de soldado comienza cuando se enrola en la Armada española. Participó en la batalla de Lepanto y, como consecuencia de las heridas que allí sufrió, perdió la movilidad de su mano izquierda.

En 1570 fue secuestrado por los corsarios turcos cuando regresaba a España en barco y conducido posteriormente a Argel, donde pasó cinco años cautivo, a pesar de varios intentos de fuga.

Tras ser rescatado, solicitó una vacante en las Indias, pero le fue denegada, quizá por su origen judeoconverso. Su situación económica empeoraba y se casó con una joven toledana que le aportó una pequeña dote.

Consiguió un trabajo como recaudador de impuestos, oficio que le obligó a viajar con frecuencia por Andalucía y los campos de La Mancha, pero acabó en la cárcel a causa de la quiebra del banco donde había depositado los fondos recaudados.

Después se trasladó a Valladolid, donde vivió otro breve episodio carcelario. En esta época consiguió que se editaran algunas de sus obras. Pero el éxito no llegó hasta que publicó la primera parte de *El Quijote*, en 1605. Murió en Madrid el 22 de abril de 1616.

Museo Casa de Cervantes en Valladolid. El Museo está situado en el inmueble que ocupó el escritor durante su estancia en Valladolid entre los años 1604 y 1606. La estancia de Cervantes en Valladolid coincidió con la publicación de la primera edición de *El Quijote*, en 1605.

## ¿Renacentista o barroco?

Cervantes vivió a **caballo entre dos siglos y dos mentalidades**: el Renacimiento y el Barroco. Fue testigo de cómo los ideales renacentistas entraban en crisis y daban lugar a una nueva época (la barroca) mucho más pesimista. Intentó armonizar ambas mentalidades:

1 **No es tan idealista** como los pensadores del Renacimiento, pero tampoco deforma la realidad de manera sistemática como los artistas barrocos. Para Cervantes ni la realidad deformada ni la perfección idealista son creíbles. Él prefiere la **verosimilitud**, es decir, todo aquello que, sea o no verdadero, resulta creíble a nuestros ojos.

2 No cree que nuestros sentidos ni nuestra razón nos den una **única verdad** sobre el mundo, como creían los pensadores del Renacimiento, pero tampoco considera que la realidad que nos rodea sea pura **apariencia** o **engaño**, como afirmaban los escritores del siglo XVII. Para Cervantes, la verdad depende del punto de vista de cada persona, lo que se ha dado en llamar *perspectivismo*.

## En busca de la fama

No tenía el talento **poético** necesario para superar a genios como Quevedo y Góngora, que habían renovado la lírica española con dos estilos nuevos: el conceptismo y el culteranismo. Tampoco le quedaba margen para la innovación en el **teatro**, porque Lope de Vega ya había llevado a cabo una revolución en la escena con su *comedia nueva*. Miguel de Cervantes alcanzó por fin la fama que tanto había buscado al publicar *El Quijote*. Con esta obra entró en la historia de la literatura universal como el **creador de la novela moderna**.

# 2. Cervantes, poeta

La mayor parte de las poesías cervantinas aparecen diseminadas en sus novelas y obras de teatro. Se trata de composiciones de influencia popular y culta. Merecen destacarse sus sonetos, en especial el titulado *Al túmulo del rey que se hizo en Sevilla*. Su obra más extensa es *Viaje del Parnaso*, en la que ensalza o critica a algunos poetas de su época.

**Cervantes duda de su talento para la poesía**

«Yo que siempre trabajo y me desvelo
por parecer que tengo de poeta
la gracia que no quiso darme el cielo.»

## ACTIVIDADES

**1** Lee el texto y contesta a las preguntas. Antes, infórmate en el texto que aparece debajo de la imagen.

**Al túmulo del rey que se hizo en Sevilla**

«¡Voto a Dios que me espanta esta grandeza
y que diera un doblón por describilla!;
porque, ¿a quién no suspende y maravilla
esta máquina insigne, esta braveza?

¡Por Jesucristo vivo, cada pieza
vale más que un millón, y que es mancilla
que esto no dure un siglo! ¡Oh gran Sevilla,
Roma triunfante en ánimo y riqueza!

¡Apostaré que la ánima del muerto,
por gozar este sitio, hoy ha dejado
el cielo, de que goza eternamente!»

Esto oyó un valentón y dijo: «¡Es cierto
lo que dice voacé, seor soldado,
y quien dijere lo contrario miente!».

Y luego incontinente
caló el chapeo, requirió la espada,
miró al soslayo, fuese, y no hubo nada.

Miguel de Cervantes

Tras la muerte de Felipe II en El Escorial el 13 de septiembre de 1598 se organizaron en las ciudades españolas actos funerarios solemnes. Este grabado se corresponde con el monumento que se construyó junto a la catedral de Sevilla para honrar a Felipe II tras su fallecimiento, y que se componía de varios cuerpos, columnatas y esculturas. El poema de la actividad 1 alude al momento en que un soldado acude a la catedral de Sevilla y contempla este extraordinario monumento.

**Comunicación**

**a** ¿Quién es el emisor de los dos cuartetos y del primer terceto?
**b** ¿Quién es el receptor?
**c** ¿A quién se refieren?

**Análisis del contenido**

**d** ¿Qué significa la palabra *túmulo*? ¿Y el verso *esta máquina insigne, esta braveza*?
**e** ¿En qué se parece Sevilla a Roma?
**f** ¿Quién abandonaría el cielo por disfrutar de la vanidad del monumento?
**g** Escribe el tema del texto.
**h** CD **Taller de escritura.** Prosifica el texto en doce líneas de forma que parezca un microrrelato.

**Características lingüísticas y literarias**

**i** Se trata de un soneto con estrambote. Intenta dar una explicación a este último término.
**j** En este poema aparecen dos personajes. ¿Crees que es un rasgo dramático (teatral)? ¿Por qué?
**k** ¿En qué versos aparece la voz del narrador?
**l** ¿En qué verso se utiliza un lenguaje vulgar? ¿Por qué?

**2** ¿Qué rasgos de la siguiente composición te parecen populares?

**La casa de los celos**

Cautivástesme el alma, la niña,
y teneisla siempre allá;
el Amor me vengará.
Vuestros ojos salteadores,
sin ser de nadie impedidos,
se entraron por mis sentidos,
y se hicieron salteadores;
lleváronme los mejores,
y teneislos siempre allá;
el Amor me vengará.

Miguel de Cervantes

## Entremeses

Son piezas cortas que se representaban en los entreactos de las comedias. Sus personajes y situaciones pertenecen a la vida cotidiana. Cervantes escribió en **prosa** algunas de estas obras, como *La guarda cuidadosa* o *El retablo de las maravillas*. (El teatro barroco se escribía en verso.)

# 3. Cervantes, dramaturgo

En la dramaturgia de Cervantes se pueden distinguir dos etapas:

1 En la primera hace un **teatro clasicista**, es decir, un teatro moralizante y que respeta las reglas de las tres unidades (una única acción transcurre en un tiempo muy corto y en un solo lugar). Las obras más importantes de este periodo son *Los tratos de Argel*, en la que recrea la época de su secuestro por los turcos, y *Numancia*, pieza de tema histórico en forma de tragedia. Este modo de hacer teatro no satisfacía los gustos del público, así que Cervantes fracasó. Pronto se impondría la comedia nueva de Lope de Vega, una forma innovadora de hacer teatro que no respetaba las reglas de las tres unidades, como veremos en la próxima unidad.

2 En la segunda época, **imitó la técnica de la comedia nueva**, aunque no consiguió emular a Lope. Escribió ocho comedias y ocho entremeses nunca representados. Su mayor aportación son los *Entremeses*. (Véase *Seguimiento de la lectura y trabajo en grupos* de las páginas 296-297.)

## LECTURA COMENTADA

**3** Lee el siguiente texto y contesta a las preguntas.

Los pícaros Chanfalla y Chirinos se ganan la vida aprovechándose de la estupidez humana. El engaño consiste en mostrar al público un teatrillo en el que supuestamente aparecerán historias maravillosas «jamás vistas ni oídas». El alcalde Benito Repollo se entusiasma por el inminente espectáculo. ¡Pobre del que allí no vea nada, porque nada hay!

GOBERNADOR: ¿Y qué quiere decir Retablo de las Maravillas?

CHANFALLA: Por las maravillosas cosas que en él se enseñan y muestran viene a ser llamado *Retablo de las Maravillas*: el cual fabricó y compuso el sabio Tontonelo debajo de tales paralelos, rumbos, astros y estrellas, con tales puntos, caracteres y observaciones, que ninguno puede ver las cosas que en él se muestran, que tenga alguna raza de confeso, o no sea habido y procreado de sus padres de legítimo matrimonio; y el que fuere contagiado de estas dos usadas enfermedades, despídase de ver las cosas jamás vistas ni oídas de mi retablo.

BENITO: Ahora echo de ver que cada día se ven en el mundo cosas nuevas. Y ¡qué! ¿Se llama Tontonelo el sabio que el Retablo compuso?

CHIRINOS: Tontonelo se llamaba, nacido en la ciudad de Tontonela; hombre de quien hay fama que le llegaba la barba a la cintura.

Miguel de Cervantes, *El retablo de las maravillas*

### Análisis del contenido

**a** ¿Quiénes no podrán ver nada en *El retablo de las maravillas*?

**b** ¿Cómo ha fabricado Tontonelo el retablo para que haya personas a las que se les prive de ver las extraordinarias historias que aparecen en él?

**c** Enuncia el tema del texto.

**d** CS ¿A qué enfermedades se refiere Chanfalla? ¿Crees que eran enfermedades individuales o sociales? Razona tu respuesta.

### Experiencia personal

**e** ¿Has dicho alguna vez que sí a algo por miedo a hacer el ridículo? Redacta esa anécdota en ocho líneas.

### Imitación de modelos literarios

**f** CC Inventa una de esas historias fantásticas que podrían aparecer en *El retablo de las maravillas*.

**g** CS **Argumentación.** ¿Cuáles podrían ser las *enfermedades* de la sociedad actual? Justifica tu respuesta.

Los Corrales de Comedias solían coincidir con los patios de mesones, posadas o casas de vecinos, en los que, aprovechando sus propias características, se adaptaban para las representaciones de comedias durante el Siglo de Oro español. En el siglo XVIII se decreta el cierre de los Corrales, transformándose algunos en teatros a la italiana, aunque la mayoría fueron poco a poco demolidos.

# 4. Cervantes, novelista

Antes de escribir *El Quijote*, Miguel de Cervantes cultivó todos los géneros narrativos del Renacimiento:

- **Novela pastoril.** La primera parte de *La Galatea* fue publicada en 1585, pero, a pesar de sus promesas, Cervantes nunca llegó a terminarla, quizás porque los personajes de esta obra estaban muy idealizados, por lo que no se adecuaban a la mentalidad pesimista del Barroco.
- **Novela morisca.** En la primera parte de *El Quijote* aparece la narración de *El moro cautivo*, obra en la que se idealiza la figura del árabe.
- **Novela corta.** Cervantes introdujo en España el término italiano *novella*, que tenía el significado de novela de poca extensión. A este tipo pertenecen sus doce *Novelas ejemplares*, algunas de las cuales reflejan de forma realista la sociedad española de la época. El argumento de estas obras es, por lo general, sorprendente, y sus protagonistas están muy caracterizados psicológicamente, de manera que no resultan personajes tipo, sino auténticos individuos. Se denominan *ejemplares* porque el autor pretendía que los lectores sacasen de estos relatos alguna enseñanza práctica para la vida y sirviesen, además, de modelo o ejemplo narrativo para los escritores. Son muy conocidas *La gitanilla, El coloquio de los perros* y *La ilustre fregona*.
- **Novela picaresca.** El relato *Rinconete y Cortadillo* se desarrolla en un ambiente picaresco. Esta obra muestra con gran realismo la decadencia moral y económica de la España del siglo XVII.
- **Novela bizantina.** *Los trabajos de Persiles y Segismunda* se publicó tras la muerte del autor. Es una novela de viajes repleta de aventuras fantásticas protagonizadas por dos enamorados que se ven obligados a separarse a causa de circunstancias imprevistas.

## LECTURA COMENTADA

**4** Lee el siguiente texto y responde a las preguntas.

> Seis meses estuvo en la cama Tomás, en los cuales se secó y se puso, como suele decirse, en los huesos, y mostraba tener turbados todos los sentidos. Y, aunque le hicieron los remedios posibles, solo le sanaron la enfermedad del cuerpo, pero no de lo del entendimiento, porque quedó sano, y loco de la más extraña locura que entre las locuras hasta entonces se había visto. Imaginose el desdichado que era todo hecho de vidrio, y con esta imaginación, cuando alguno se llegaba a él, daba terribles voces pidiendo y suplicando con palabras y razones concertadas que no se le acercasen, porque le quebrarían; que real y verdaderamente él no era como los otros hombres: que todo era de vidrio de pies a cabeza. [...] Decía que le hablasen desde lejos y le preguntasen lo que quisiesen, porque a todo les respondería con más entendimiento, por ser hombre de vidrio y no de carne. [...] Quisieron algunos experimentar si era verdad lo que decía; y así, le preguntaron muchas y difíciles cosas, a las cuales respondió espontáneamente con grandísima agudeza de ingenio: cosa que causó admiración a los más letrados de la Universidad y a los profesores de la medicina y filosofía, viendo que en un sujeto donde se contenía tan extraordinaria locura como era el pensar que fuese de vidrio, se encerrase tan grande entendimiento que respondiese a toda pregunta con propiedad y agudeza.
>
> Miguel de Cervantes, *El licenciado Vidriera*

### Análisis del contenido

- **a** ¿Por qué motivo permaneció Tomás seis meses en cama?
- **b** ¿Lo curaron los médicos?
- **c** ¿En qué consistía la locura de Tomás?
- **d** ¿Por qué creía Tomás que era más listo?
- **e** ¿De qué manera demostró su extraordinaria inteligencia?
- **f** Enuncia el tema del texto.
- **g** CM **Taller de escritura.** Describe los síntomas de la enfermedad de este personaje con la mayor precisión. ¿Qué especialista en medicina estudiaría esta patología?

### Voz del narrador

- **h** ¿En qué persona se narra?
- **i** ¿Qué tiempo verbal predomina en el texto? ¿Por qué crees que lo usa el autor?
- **j** Localiza los adjetivos que exageran cualidades para demostrar que el narrador tiene un punto de vista subjetivo.

### Diálogo y análisis de los personajes

- **k** Explica si se utiliza el estilo directo o indirecto para expresar lo que dice el personaje.
- **l** Señala los rasgos de la etopeya y de la prosopografía de Tomás.

# 5. *El Quijote*: la novela moderna

### UNA NOVELA DE ÉXITO PUBLICADA EN DOS PARTES

Como **poeta y dramaturgo**, Miguel de Cervantes cosechó el fracaso, ya que no estuvo a la altura de los grandes genios renovadores del Barroco: Góngora, Quevedo y Lope de Vega. Sin embargo, en 1605 publicó la primera parte de *El ingenioso hidalgo don Quijote de la Mancha*. El éxito fue extraordinario: Cervantes había inventado la novela moderna. Diez años más tarde (1615) salió de la imprenta la segunda parte de esta obra universal.

### UNA NOVELA VEROSÍMIL

Las novelas del Renacimiento narraban historias fantásticas, a veces disparatadas. A Cervantes no le gustaban este tipo de relatos, porque atentaban contra la razón. Sin embargo, sabía que una novela sin aventuras ni disparates no sería del gusto del público. Así que se las ingenió para escribir una historia divertida en la que lo absurdo estuviera **justificado**, es decir, una novela que resultara **verosímil**, creíble. Encontró la fórmula perfecta: *El Quijote* es una historia llena de aventuras disparatadas, como el ataque que hace don Quijote a unos molinos creyendo que son gigantes, pero todas están justificadas porque el protagonista es un loco.

### ARGUMENTO: AVENTURAS DISPARATADAS, HUMOR Y CRUELDAD

#### PRIMERA PARTE

*El Quijote* nos cuenta la historia de Alonso Quijano, un hidalgo manchego a punto de cumplir los cincuenta años que, tras volverse loco por leer libros de caballerías, decide hacerse caballero andante vistiéndose con la armadura oxidada de sus bisabuelos y un casco hecho de cartón. Su propósito es participar en arriesgadas aventuras para merecer el amor de una bella dama (Dulcinea), que en realidad es una humilde labradora llamada Aldonza Lorenzo. Don Quijote se provee de un caballo escuálido a quien pone por nombre Rocinante. Tras algunas aventuras en solitario vuelve a su pueblo y convence a un labrador llamado Sancho Panza para que lo acompañe bajo la promesa de que lo convertirá en gobernador de una ínsula. A partir de este momento se suceden delirantes y divertidos sucesos motivados por la locura de don Quijote: su imaginación transforma la realidad, y allí donde hay molinos, el hidalgo manchego ve gigantes; donde hay ventas, castillos; y donde no hay más que rebaños de ovejas, don Quijote cree estar viendo ejércitos.

#### SEGUNDA PARTE

Don Quijote sabe ya que es un personaje famoso porque Sancho y el bachiller Sansón Carrasco lo han puesto al tanto del éxito que ha tenido la primera parte de la historia de *El ingenioso hidalgo don Quijote de la Mancha*. Tiene lugar entonces la tercera salida, que conducirá al hidalgo manchego hasta Barcelona. Siguen las aventuras, pero muchas de ellas ya no están motivadas por la locura de don Quijote, sino por la crueldad de quienes dicen ya conocerlo.

### Novela de muchos episodios, pero con unidad interna

*El Quijote* es una novela variada, divertida, con setecientos personajes y muchos episodios, pero Cervantes consigue que tenga **unidad interna**, ya que en todas esas aventuras están presentes don Quijote y Sancho como protagonistas, oyentes o testigos. Estos dos personajes constituyen el principal hilo conductor de la narración.

Ilustración de Salvador Dalí para *El Quijote*.

**Ruta literaria:** La ruta de don Quijote

**Literatura y música:** *El Quijote*

**zona tac**

En la web de la editorial dispones de actividades TAC para trabajar la obra de Cervantes (webquest 2).

### *EL QUIJOTE*: NOVELA MODERNA

Hay dos características que definen *El Quijote* como una **novela moderna**:

- **La complejidad psicológica de sus dos personajes fundamentales.** En efecto, las novelas idealistas del Renacimiento mostraban personajes planos que se comportaban de manera previsible, ya que respondían a esquemas fijos de conducta. En cambio, los personajes de *El Quijote* están llenos de humanidad y modifican su psicología a partir de la convivencia con los demás y de su experiencia con el mundo que los rodea. Por eso se habla de la *quijotización* de Sancho para expresar cómo el rústico labriego modifica su desconfianza inicial y su sentido práctico de la vida hasta llegar incluso a entusiasmarse y añorar los ideales del hidalgo manchego. También se habla de la *ambigua locura* de don Quijote, ya que alterna momentos de alucinación con otros de extraordinaria cordura.
- **El realismo novelesco.** A diferencia de las novelas de caballerías (cuya acción transcurría en un tiempo indefinido y en lugares lejanos y fantásticos), *El Quijote* está plagado de referencias geográficas e históricas concretas. Su modernidad radica, pues, en la capacidad de Cervantes para reflejar de manera realista el mundo que le tocó vivir (la España de comienzos del siglo XVII).

### INTERPRETACIONES DE LA OBRA

Es una obra clásica universal y, como tal, admite diferentes lecturas o interpretaciones:

a Los contemporáneos de Cervantes la interpretaron como una **sátira** dirigida contra los **libros de caballerías**, es decir, como una obra burlesca, humorística, que tenía como propósito ridiculizar una literatura pasada de moda, inspirada en los ideales caballerescos de la Edad Media.

b Pero también hay una interpretación **simbólica** de *El Quijote*, según la cual esta novela reflejaría la eterna lucha humana entre el **idealismo** representado por don Quijote y el **sentido práctico** de la vida que encarna Sancho Panza.

c Hoy en día nos importan especialmente las relaciones que Cervantes establece en su novela entre la **literatura** y la **vida**, es decir, cómo las obras de ficción –por ejemplo, el cine o los videojuegos– pueden influir en la vida de las personas.

### Estilo: humor; lenguaje coloquial, culto y paródico

Cervantes utiliza numerosos recursos para provocar la sonrisa en el lector, entre otros, la forma de hablar de los personajes. En efecto, el autor de *El Quijote* se esmera para caracterizar lingüísticamente el habla de don Quijote y Sancho. Al hidalgo manchego lo hace hablar a veces con **arcaísmos** que parodian el lenguaje caballeresco de la Edad Media (por ejemplo, *non fuyades*, en lugar de *no huyáis*).

Sancho Panza utiliza con frecuencia una **lengua rústica**, repleta de refranes e incorrecciones gramaticales (*omecillos*, en lugar de *homicidios*).

### Temas de *El Quijote*

- **El amor cortés:** expresado como endiosamiento de la dama (Dulcinea).
- **La condición humana:** la tensión de todo ser humano entre la búsqueda de los ideales, la belleza y la libertad (don Quijote) frente al sentido práctico y el egoísmo (Sancho Panza).
- **La valoración social del mundo de las armas y del mundo de las letras:** se resume en un famoso discurso de don Quijote (capítulo XXXVIII, segunda parte).
- **La fantasía en la literatura:** Cervantes describe escenas fantásticas, pero siempre están justificadas, por lo que el relato resulta verosímil (el descenso a la cueva de Montesinos, que simboliza el subconsciente o mundo de los sueños, capítulos XXII-XXIII, segunda parte).
- **La crítica literaria:** en muchos momentos se discute sobre libros, géneros y autores (descalificación de los libros de caballerías, capítulo VI, primera parte).
- **El humor:** producido por la parodia y la burla (la vela de las armas, capítulo III, primera parte).

## ACTIVIDAD

**5** Lee los siguientes textos y contesta a las preguntas.

**A**

### Alonso Quijano se vuelve loco

En resolución, él se enfrascó tanto en su lectura, que se le pasaban las noches leyendo de claro en claro, y los días de turbio en turbio; y así, del poco dormir y del mucho leer, se le secó el cerebro de manera que vino a perder el juicio. Llenósele la fantasía de todo aquello que leía en los libros, así de encantamientos como de pendencias, batallas, desafíos, heridas, requiebros, amores, tormentas, y disparates imposibles; y asentósele de tal modo en la imaginación que era verdad toda aquella máquina de aquellas soñadas invenciones que leía, que para él no había otra historia más cierta en el mundo. [...] En efecto, rematado ya su juicio, vino a dar en el más extraño pensamiento que jamás dio loco en el mundo; y fue que le pareció convenible y necesario, así para el aumento de su honra como para el servicio de su república, hacerse caballero andante, e irse por todo el mundo con sus armas y caballo a buscar las aventuras [...] poniéndose en ocasiones y peligros donde, acabándolos, cobrase eterno nombre y fama.

Miguel de Cervantes, *El Quijote* (primera parte)

**B**

### Aventura de los molinos de viento

En esto, descubrieron treinta o cuarenta molinos de viento que hay en aquel campo; y así como don Quijote los vio, dijo a su escudero: «La aventura va guiando nuestras cosas mejor de lo que acertáramos a desear; porque ves allí, amigo Sancho Panza, donde se descubren treinta o pocos más desaforados gigantes, con quien pienso hacer batalla». [...]

–¿Qué gigantes? –dijo Sancho Panza.

–Aquellos que allí ves –respondió su amo. [...]

–Mire vuestra merced –respondió Sancho– que aquellos que allí se parecen no son gigantes, sino molinos de viento, y lo que en ellos parecen brazos son las aspas. [...]

–Bien parece –respondió don Quijote– que no estás cursado en esto de las aventuras: ellos son gigantes; y si tienes miedo quítate de ahí, y ponte en oración en el espacio que yo voy a entrar con ellos en fiera y desigual batalla. [...]

Y en diciendo esto, y encomendándose de todo corazón a su señora Dulcinea, pidiéndole que en tal trance le socorriese, bien cubierto de su rodela, con la lanza en el ristre, arremetió a todo el galope de Rocinante, y embistió con el primer molino que estaba delante; y dándole una lanzada en el aspa, la volvió el viento con tanta furia, que hizo la lanza pedazos, llevándose tras sí al caballo y al caballero, que fue rodando muy maltrecho por el campo.

Miguel de Cervantes, *El Quijote* (primera parte)

**Texto A**

**a** ¿En qué consiste la locura de don Quijote?
**b** ¿Con qué propósitos se hace caballero andante?
**c** Identifica la enumeración del texto.

**Texto B**

**a** ¿Consideras que una persona que confunde un molino con un gigante está loco? ¿O es su verdad? Razona tu respuesta.
**b** ¿En manos de quién pone su suerte don Quijote antes de entrar en pelea?
**c** Demuestra que el texto es narrativo: distingue la voz del narrador y la de los personajes. ¿Qué tiempo verbal usa cada uno? ¿Por qué?
**d** CC CA **Realiza una ficha bibliográfica** con los datos de un ejemplar de *El Quijote* y otro de *Cien años de soledad* de tu biblioteca personal o pública: autor, título, edición, lugar de publicación, editorial, fecha, volúmenes y extensión.
**e** CM Explica cómo funciona un molino de viento a partir de las explicaciones del vídeo.

## ACTIVIDAD

**6** Lee los textos y contesta a las preguntas.

**A**

Sancho Panza está a punto de marcharse para ejercer de gobernador de la ínsula de Barataria. El texto comienza cuando don Quijote se reúne a solas con él para darle unos consejos.

**La cordura de Don Quijote**

En esto llegó don Quijote, y sabiendo [...] que Sancho se había de partir a su gobierno, [...] le tomó por la mano, y se fue con él a su estancia, con intención de aconsejarle. [...] –Primeramente, ¡oh hijo!, has de temer a Dios, porque en el temerle está la sabiduría, y siendo sabio no podrás errar en nada. Lo segundo, has de poner los ojos en quien eres, procurando conocerte a ti mismo, que es el más difícil conocimiento que puede imaginarse. Del conocerte saldrá el no hincharte, como la rana que quiso igualarse con el buey. [...] Haz gala, Sancho, de la humildad de tu linaje, y no te desprecies de decir que vienes de labradores, [...] no cargues todo el rigor de la ley al delincuente, que no es mejor la fama del juez riguroso que la del compasivo. Si acaso doblares la vara de la justicia, no sea con el peso de la dádiva, sino con el de la misericordia. [...] Al que has de castigar con obras, no trates mal con palabras, pues le basta al desdichado la pena del suplicio. [...] Si estos preceptos y estas reglas sigues, Sancho, serán luengos tus días, tu fama será eterna; [...] escucha ahora [los consejos] que han de servir para adorno del cuerpo, [...] lo primero que te encargo es que seas limpio, y que te cortes las uñas. [...] No comas ajos ni cebollas. [...] Sé templado en el beber. [...] Ten cuenta, Sancho, de no mascar a dos carrillos, ni de erutar delante de nadie. [...] Sea moderado tu sueño que el que no madruga con el sol, no goza del día.

Miguel de Cervantes, *El Quijote* (segunda parte)

**B**

Don Quijote y Sancho están en el palacio de los duques, donde serán víctimas de una burla: con los ojos cerrados montan en Clavileño, un caballo de madera cargado de petardos, y que se supone volador. El texto comienza cuando ambos empiezan a sentir en la cara el aire que los bromistas les echan con unos fuelles, para que crean que van volando.

**Don Quijote y Sancho vuelan a lomos de un caballo de madera: Clavileño**

Sintiéndose, pues, soplar don Quijote dijo: «Sin duda alguna, Sancho, que ya debemos de llegar a la segunda región del aire, adonde se engendra el granizo y las nieves; los truenos, los relámpagos; [...] y si es que de esta manera vamos subiendo, presto daremos en la región del fuego». [...]
En esto, con unas estopas ligeras de encenderse y apagarse, pendientes de una caña, les calentaban desde lejos los rostros.
Sancho, que sintió el calor, dijo:
–Que me maten si no estamos ya en el lugar del fuego, o bien cerca, porque una gran parte de mi barba se me ha chamuscado, y estoy, señor, por descubrirme y ver en qué parte estamos.
[...] Y queriendo dar remate a la extraña y bien fabricada aventura, por la cola de Clavileño le pegaron fuego con unas estopas, y al punto, por estar el caballo lleno de cohetes tronadores, voló por los aires con extraño ruido, y dio antes con don Quijote y con Sancho Panza en el suelo medio chamuscados.

Miguel de Cervantes, *El Quijote* (segunda parte)

**Texto A**

**a** Teniendo en cuenta la sensatez que muestra el hidalgo manchego en este texto, ¿qué clase de locura piensas tú que padece don Quijote?

**b** Divide el texto en dos partes teniendo en cuenta que hay consejos ético-morales y otros de buenas costumbres.

**c** ¿Qué significan las palabras *linaje, dádiva, luengos*?

**d** CS Haz una relación numerada de los consejos que don Quijote da a Sancho, separando los consejos morales de los referidos a la higiene, y adjudica cada consejo a la persona que corresponda: *beodo, orgulloso, impío, acompiejado, inclemente, ofensor, glotón, prevaricador, dormilón, desaseado, maloliente*.

**Texto B**

**a** CS ¿En qué consiste la broma? ¿Te parece cruel? ¿Por qué?

**b** Al sentir calor, Sancho quiere quitarse la venda de los ojos, y don Quijote se lo prohíbe. Explica si estas dos reacciones están relacionadas con la forma de ser de cada uno.

## La epopeya griega (Edad Antigua)

Es un poema épico de carácter oral que narra en **verso** las **acciones extraordinarias** de unos héroes fantásticos que tienen una estrecha relación con los dioses. Estos intervienen directamente en el curso de los acontecimientos humanos. La epopeya nos cuenta mitos o relatos **simbólicos** que se remontan a los orígenes más remotos de los **pueblos antiguos** (Grecia, Roma...).

## Cantar de gesta medieval (siglos XII-XIV)

Es un poema épico de carácter **oral** que narra en verso las acciones bélicas o de guerra de héroes **históricos**. Los cantares de gesta nos cuentan hazañas que se remontan a los orígenes de los pueblos medievales europeos. Los cantares castellanos son más **realistas** e **históricos** que los poemas épicos franceses, que tienden más a contar hechos fantásticos.

# 6. Del héroe épico al personaje de novela

Veamos la evolución que han experimentado los personajes de la épica hasta dar lugar al protagonista de la novela moderna.

### HÉROE PREDESTINADO: AQUILES

Los héroes de las epopeyas griegas están **emparentados con los dioses** y no son libres ni responsables de su destino, ya que dichos dioses interfieren directamente en sus vidas y modifican la historia a su antojo. Conozcamos, a título de ejemplo, el argumento de un fragmento de la *Ilíada*, que tiene como héroe a Aquiles, en manos de los dioses.

> Aquiles se queja a su madre, la diosa Tetis, de que no puede luchar porque Héctor, su enemigo, le ha robado sus armas. La diosa ordena a su hijo que no entre en combate hasta que no le traiga una armadura invencible que le va a fabricar el dios Vulcano. Pero los griegos están a punto de perder la batalla contra el ejército de Héctor. Aquiles quiere intervenir, pero ¿cómo? Las diosas Iris y Atenea le indicarán la forma. Ingenian un plan para darles un susto a los troyanos. Así los griegos tendrán un respiro. Colocan sobre los hombros de Aquiles la capa de Zeus y hacen que de su cabeza salga una inmensa llama mágica que iluminará el campo de batalla. La voz de Aquiles retumbará como un trueno. En efecto, cuando Aquiles se asoma al foso con este extraordinario aspecto, los troyanos quedan perplejos y el caos se apodera del ejército.

### CABALLERO CRISTIANO: EL CID

Los personajes de la épica castellana son históricos, pertenecen a la nobleza, y, aunque se encomiendan o ponen bajo el amparo del dios cristiano, son libres y responsables únicos de sus vidas. Su comportamiento es un ejemplo de virtudes cristianas y consiguen sus objetivos solo con su esfuerzo y la ayuda de sus fieles guerreros. A continuación, te ofrecemos un fragmento del *Cantar del destierro*, con el personaje del Cid como héroe.

> Alejose de la puerta, por Burgos picando pasa;
> llegó hasta Santa María y allí del caballo baja.
> Con gran fervor se arrodilla y de corazón rezaba.
> Acabada la oración, en seguida el Cid cabalga. [...]
> Nuestro Cid Rodrigo Díaz, que en buena hora ciñó espada,
> acampó en el arenal, que nadie lo acoge en casa.
> Pero en torno tiene amigos fieles que sí lo acompañan.
>
> *Cantar de Mio Cid*

## ACTIVIDADES

**7** Contesta a las siguientes preguntas.

- **a** ¿Por qué se puede afirmar que el fragmento resumido sobre la *Ilíada* forma parte de una epopeya?
- **b** CC Resume el mito de Aquiles del vídeo.

**8** En el segundo texto se narra un amargo momento.

- **a** ¿Qué hace el Cid? ¿Con qué ayuda cuenta?
- **b** ¿Cómo se refleja en el texto su religiosidad? ¿Y su voluntad?

### EL CABALLERO ANDANTE: HÉROE DE FICCIÓN

Los personajes de las novelas de caballerías son **héroes fantásticos**, con cualidades sobrehumanas. En realidad, no son más que una **idealización** del caballero medieval. Aparecen caracterizados psicológicamente como cortesanos, amantes apasionados, héroes guerreros y devotos cristianos. Su misión es defender a los débiles. Responden al tipo de personaje plano, ya que, como los héroes de la epopeya y de los cantares de gesta, su comportamiento no evoluciona con la experiencia. Amadís de Gaula es el héroe de la novela de caballerías que lleva su mismo nombre.

En el siguiente texto, Galaor –hermano de Amadís de Gaula– se enfrenta al peligroso gigante Albadán.

> Poco después salió el gigante en su caballo. Parecía tan descomunal, que no había hombre que osase mirarle. Unas hojas enormes de hierro le cubrían desde la garganta hasta la silla. Llevaba un gran yelmo de color claro, y en la mano una gran maza de hierro. [...]
> El gigante se lanzó contra él y parecía que avanzaba una torre. Galaor [...] le dio con la espada en el brazo y se lo cortó hasta el hombro. [...] El gigante se desplomó, y Galaor le cortó la cabeza.
>
> *Amadís de Gaula*

### EL PÍCARO: UN ANTIHÉROE

El pícaro es un personaje que no está emparentado con los dioses ni pertenece a la nobleza; por el contrario, es un **individuo anónimo** con padres delincuentes o poco recomendables moralmente. En una sociedad estamental, como era la España del siglo XVI, en la que era prácticamente imposible el ascenso económico y social de los pobres, el pícaro está obsesionado psicológicamente por progresar y borrar el hambre de su vida. Si para ello tiene que degradarse moralmente, no dudará en hacerlo. Es lo que le ha enseñado la sociedad a través de los muchos amos a los que ha servido. En este sentido, el Lazarillo de Tormes rompe con toda la épica y la novela idealista anteriores. El pícaro, un **antihéroe**, no se enfrenta con un gigante, sino con los peligros y adversidades de la vida diaria: el hambre y la crueldad humana.

*Pequeña vendedora de fruta*, obra de Murillo.

### DON QUIJOTE: UN SER ANÓNIMO Y CÓMICO EN BUSCA DE FAMA

Don Quijote es un hombre anónimo que quiere vivir como los caballeros andantes de la Edad Media para salir de la rutina y alcanzar la fama. Es un **antihéroe**: un hombre **fracasado**, objeto de **burlas** y **crueldades**. Sin embargo, alcanza su dignidad porque sabe que el auténtico heroísmo no está en el éxito, sino en la voluntad para luchar contra los obstáculos y limitaciones que impiden la realización de los más nobles ideales.

#### Novelas de caballerías (siglos XIV-XVI)

Las novelas de caballerías nos cuentan peligrosas y fantásticas aventuras que transcurren en lugares exóticos y en las que se combinan hazañas, amor, erotismo y magia. En estos relatos no faltan magos, brujas, enanos y gigantes. El más conocido caballero andante es Amadís de Gaula. Por primera vez aparece la épica en **prosa** y de origen **culto**, dado su carácter escrito.

#### ACTIVIDAD

**9** Señala los elementos fantásticos del texto de Amadís de Gaula.

#### Novela moderna: *Lazarillo de Tormes* (siglo XVI)

El *Lazarillo de Tormes* es la primera novela **realista** cuyo protagonista, un antihéroe sin honra, conforma su personalidad a partir de la **experiencia** vivida.

#### Novela paródica: *El Quijote* (siglo XVII)

Al escribir *El Quijote*, Cervantes quiso hacer una crítica burlesca de los libros de caballerías. Don Quijote es un hidalgo escuálido a punto de cumplir los cincuenta años que quiere imitar a los jóvenes guerreros medievales. El héroe mítico se ha transformado en un antihéroe de carácter burlesco, pero queda dignificado porque no lucha por los bienes materiales, sino por ideales como el amor, la justicia y la libertad.

# Literatura comparada. Ayer

### EL DRAGÓN Y EL CABALLERO DE LA VERDE ESPADA

Cuando el Dragón estuvo cerca, comenzó a dar grandes saltos y a rugir, dando a entender que había estado mucho tiempo sin ver hombre alguno. Los caballeros se espantaron y comenzaron a huir. El caballero de la Verde Espada descabalgó y dijo a su escudero Gandalín que se apartase. Tomó entonces su lanza, se cubrió con el escudo y se adelantó, perdido todo temor, como hombre que ya había tratado con la muerte. El endriago fue contra él, echando fuego por la boca y un humo tan negro que casi lo ocultaba. El caballero se acercó y, con gran puntería, le metió la lanza por un ojo. El dragón agarró la lanza con las uñas, y la hizo pedazos con los dientes, con tanta furia que un trozo de hierro se le quedó atravesado entre la lengua y las encías. Dio entonces un salto para agarrar al caballero, pero apenas podía ver y no lo alcanzó. El dragón andaba como desorientado, perdiendo sangre por el ojo y por la boca; y con los grandes resoplidos que daba, la sangre le entraba por la garganta y no le dejaba respirar. No podía cerrar la boca ni morder con ella. Amadís echó mano, entonces, a su espada verde, se le acercó por un costado y le dio un golpe con todas sus fuerzas en las escamas, pero fue como si hubiese dado en una dura peña. Pensando que sería la única solución, se propuso clavarle la espada en el otro ojo. Pero Dios la guió por una de las ventanas de las narices, y con la fuerza que puso el caballero y con la que traía el dragón, la espada caló tan hondo, que le llegó a los sesos. El endriago se abrazó a él, y con sus fuertes y agudas uñas le rompió las armas de la espalda y le destrozó la carne y los huesos hasta las entrañas. Pero como estaba ahogado por la mucha sangre que bebía y de la herida de la espada, terminó por abrir los brazos y caer desplomado al suelo. El caballero cogió de nuevo la espada y se la clavó por la boca muchas veces hasta que vio que estaba muerto. Pero antes de entregar el alma, salió de su boca el diablo, que huyó por el aire lanzando un trueno que puso espanto a los que estaban en el castillo.

*Amadís de Gaula* (texto adaptado)

***Amadís de Gaula*** es la más famosa novela de caballerías del siglo XVI. Se trata de una obra anónima, aunque se atribuye a don Enrique de Castilla el Senador, hermano de Alfonso X el Sabio. Esta obra circuló hasta su versión definitiva, retocada y publicada por Garci Rodríguez de Montalvo en 1508. Representa al caballero medieval, idealizado e invencible.

**1** Resume cada texto en cinco líneas y escribe sus respectivos temas. ¿Ves alguna relación entre ambos fragmentos? Razona tu respuesta.

**2** **a** ¿Por qué Amadís es un héroe? **b** ¿Por qué el personaje narrador del segundo texto es un «antihéroe»?

**3** Explica las acciones fantásticas del caballero y el diálogo absurdo del tendero.

**4** Identifica los antagonistas de los dos fragmentos.

**5** Explica con qué propósito se menciona al «diablo» en ambos textos.

**6** ¿Te parece realista que el caballero de la Verde Espada mate al dragón en su estado físico?

**7** ¿Con qué pretende pagar los libros el tendero? ¿Te parece adecuada y coherente esa forma de pago?

**8** ¿Por qué el tendero sospechó que el vendedor de libros podía ser el diablo?

**9** ¿Cómo supo el caballero que el diablo vivía dentro del dragón?

**10** Identifica los elementos fantásticos y realistas que hay en cada texto.

**11** ¿En qué texto aparece el mundo cotidiano?

**12** **Evolución del héroe.** Explica a partir de ambos fragmentos cómo ha evolucionado el protagonista de las novelas desde la Edad Media a nuestros días.

# Literatura comparada. Hoy

**EL DIABLO Y EL QUIOSQUERO**

Yo estaba aquí cenando (me acuerdo muy bien, bacalao con tomate) cuando llegó un hombre de muy mediana edad con una capa negra y unos guantes que se quitó con mucha parsimonia. Era fuerte, con buen dominio del porte. Tenía una cicatriz en la frente, como un ciempiés, y le temblaban un poco las manos. Traía un aire distinguido y dañino; eso lo pensé apenas lo vi. Miraba con deferencia y despego a la vez. El caso es que puso aquí mismo, en este mostrador, un bulto grande envuelto en papel de periódico. Yo creía que venía a cambiar novelas. «¿Para cambiar?», le pregunté, con el bocado torcido en la boca. «Para cambiar», dijo él, con una dicción muy pura, casi cantada. Abrí el envoltorio y había allí tres libros enormes, y muy bien forrados en cartón de becerro. Como todavía tenía el bocado en la boca me puse a masticar y a no saber qué decir, percibiendo en todo aquello un aire de desastre. «¿Qué me da por eso?», preguntó el hombre. Y fíjate, Gregorito, me salió una respuesta muy ingeniosa, no sé cómo: «Lo siento, pero no he pensado por ahora ampliar el negocio». «Así y todo», dijo él, «hágame un trato». Entonces ocurrió algo muy difícil de explicar. Yo fui entonces y le ofrecí la luna; él contestó que no había traído un cesto para llevársela. Le ofrecí la piel del oso que cazara en el año de Maricastaña, más un ciento de pájaros volando y todas las uvas altas que pudiera alcanzar, y otras cosas imposibles, que él rechazó con gracia. Cuando me flaqueó la inspiración le tendí, que Dios me perdone, un puñado de caramelos y una ristra de petardos. Él se reía con ganas y decía: «Ofrézcame su uniforme completo de guardia de tráfico». ¿Cómo podría saber aquel hombre mi secreto salvo que fuese el diablo, como pienso? Pero en aquellos momentos solo me preocupaba poner a salvo mi honor. Y le ofrecí incluso la tartera con su bacalao.

Luis Landero, *Juegos de la edad tardía* (texto adaptado)

**Luis Landero** (1948) es un novelista español que obtuvo un gran éxito con su primera novela, *Juegos de la edad tardía* (1989), que supuso una vuelta a la novela realista. El argumento se desarrolla en situaciones cotidianas, llenas de imaginación y humor, y con un elaborado estilo literario.

**13** CC CA CD Visiona este vídeo y realiza las actividades.

- **a** Explica las diferencias entre *héroe, antihéroe* y *villano*.
- **b** ¿Por qué Amadís de Gaula es un héroe y el Quijote es un antihéroe?
- **c** Teniendo en cuenta que el quiosquero pretende poner a salvo su honor, ¿es un héroe o un antihéroe? Razona tu respuesta.
- **d** ¿Qué son Lord Voldemort (Harry Potter) y el Capitán Garfio (Peter Pan y Wendy): antihéroes o villanos? Razona tu respuesta.

**14** CD Consulta el enlace de *El Quijote* interactivo, escribe en el buscador *Amadís de Gaula* e investiga para responder a las preguntas.

- **a** ¿Por qué salvaron de la hoguera a Amadís de Gaula?
- **b** ¿En qué imitó el Quijote al personaje de Amadís de Gaula?

**15** CA CM Infórmate en este vídeo en el que se desarrolla una sorprendente hipótesis científica sobre la posible existencia de dragones y realiza las actividades.

- **a** Explica de qué forma ataca el escarabajo bombardero.
- **b** ¿Qué material combustible y qué sistema de ignición pudieron utilizar los dragones para producir fuego?
- **c** ¿Te parece verosímil esta hipótesis o es pura ciencia-ficción? Razona tu respuesta.

## CARTEL PUBLICITARIO

# CURSO DE PROGRAMACIÓN DE VIDEOJUEGOS

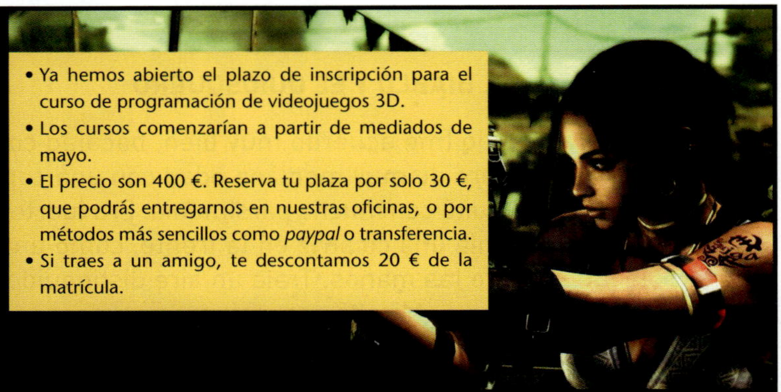

- Ya hemos abierto el plazo de inscripción para el curso de programación de videojuegos 3D.
- Los cursos comenzarían a partir de mediados de mayo.
- El precio son 400 €. Reserva tu plaza por solo 30 €, que podrás entregarnos en nuestras oficinas, o por métodos más sencillos como *paypal* o transferencia.
- Si traes a un amigo, te descontamos 20 € de la matrícula.

**Clases reducidas**
Recibe información personalizada.
6 personas como máximo por curso.

**Horario flexible**
Podrás compatibilizar el curso con tu trabajo o estudios.

**Plazas limitadas**
Infórmate en Ronda del Carmen 58, Ciudad Real. En frente de la puerta Toledo, donde tenemos nuestras oficinas.

**¿Quiénes somos?**
El curso lo imparte Atomic Flavor, poseedores de varios títulos de éxito publicados en App Store.

**Contacto**
Telf: 926 23 3X XX
info@atomicXXX.com
www.atomicXXX.com

**¿Qué tecnologías voy a aprender?**
En el curso se utilizará el motor gráfico de última generación Unity3D. Con él puedes publicar juegos para PC/Mac/iPhone/iPad/Xbox360/PS3/Wii y navegadores web.

En cuanto al contenido, aprenderás todo lo que involucra el desarrollo de un juego, dónde obtener esos recursos y cómo utilizarlos para darle forma a tu nuevo título. Verás que todo es más fácil de lo que parece.

**¿Cuánto dura el curso?**
El curso es intensivo y tiene una duración de 20 horas en las que aprenderás lo necesario para empezar, y además te llevarás un juego completo que habrás desarrollado tú.

(texto adaptado)

**1** CL **Comprensión e inferencias**

- **a** ¿Qué se oferta en este cartel? ¿Quién es el emisor y cuál es su propósito?
- **b** ¿Crees que se aportan datos concretos sobre la fiabilidad y competencia de quienes imparten este curso? Razona tu respuesta.
- **c** ¿De cuántas formas se puede poner en contacto el interesado con esta empresa para obtener información: tres o cuatro? Razona tu respuesta.
- **d** ¿Por qué se trata de un curso intensivo?
- **e** Si ya es 28 de mayo, ¿podrás matricularte en este curso? Razona tu respuesta.

**2** CA CM ¿Qué *software* se utilizará en el curso? ¿En qué consiste esta plataforma? Consulta el enlace.

**3** CM ¿Cuánto euros tendrás que abonar en el último pago si ya has hecho la reserva y llevas a un amigo/a para que haga también el curso?

**4** CS Consulta el enlace. ¿En qué consiste el método *paypal* de pago? ¿Qué ventajas presenta?

**5** CI **Proyecto de grupo.** Imaginad que Nintendo oferta la realización de un videojuego (no violento). Debéis presentar un proyecto en un folio que contenga los siguientes datos: **a** título del videojuego, **b** resumen del argumento en seis líneas, **c** personajes que intervendrán, **d** época y lugar donde se desarrollará la acción, **e** nombre de los técnicos y creadores que se encargarán de: **1** programación, **2** gráficos, **3** escritura y narración de la historia del juego, **4** música y sonidos, y **5** diseño.

**6** CC **Pictograma. a** Infórmate en el enlace y dibuja el pictograma del código PEGI, que avisa de que un videojuego contiene imágenes violentas. **b** Inventa dos pictogramas para etiquetar los videojuegos que promocionan la igualdad de derechos entre hombres y mujeres.

**7** **Valoración de la forma. a** ¿Crees que esta imagen es un reclamo para los jóvenes? ¿Por qué? **b** ¿Crees que la violencia en los videojuegos puede fomentar la violencia entre las personas? Argumenta tu respuesta.

## DON QUIJOTE ARREMETIÓ CON LA LANZA

En esto, llegó a un camino que en cuatro se dividía, y luego se le vino a la imaginación las encrucijadas donde los caballeros andantes se ponían a pensar cuál camino de aquellos tomarían; y, por imitarlos, estuvo un rato quedo, y al cabo de haberlo muy bien pensado soltó la rienda a Rocinante, dejando a la voluntad del rocín la suya, el cual siguió su primer intento, que fue el irse camino de su caballeriza. Y, habiendo andado como dos millas, descubrió don Quijote un grande tropel de gente, que, como después se supo, eran unos mercaderes toledanos que iban a comprar seda a Murcia. Eran seis, y venían con sus quitasoles, con otros cuatro criados a caballo y tres mozos de mulas a pie. Apenas los divisó don Quijote, cuando se imaginó ser cosa de nueva aventura; y, por imitar en todo cuanto a él le parecía posible los pasos que había leído en sus libros, le pareció venir allí de molde uno que pensaba hacer, y, cuando llegaron a trecho que se pudieron ver y oír, levantó don Quijote la voz y con ademán arrogante dijo:

–Todo el mundo se tenga, si todo el mundo no confiesa que no hay en el mundo todo doncella más hermosa que la Emperatriz de la Mancha, la sin par Dulcinea del Toboso.

Paráronse los mercaderes al son de estas razones, y a ver la extraña figura del que las decía, uno de ellos, que era un poco burlón, le dijo:

–Señor caballero, nosotros no conocemos quién sea esa buena señora que decís; mostrádnosla.

–Si os la mostrara –replicó don Quijote–, ¿qué hiciérades vosotros en confesar una verdad tan notoria?

–Señor caballero –replicó el mercader–, suplico que vuestra merced sea servido de mostrarnos algún retrato de esa señora, aunque sea tamaño como un grano de trigo, y aunque su retrato nos muestre que es tuerta de un ojo y que del otro le mana bermellón y piedra azufre, por complacer a vuestra merced, diremos en su favor todo lo que quisiere.

–No le mana, canalla infame –respondió don Quijote encendido en cólera–, no le mana, digo; pero vosotros pagaréis la grande blasfemia que habéis dicho contra tamaña beldad, como es la de mi señora. Y, en diciendo esto, arremetió con la lanza...

Miguel de Cervantes, *Don Quijote de la Mancha* (capítulo IV, primera parte) (texto adaptado)

### 1 Análisis del contenido

- **a** Busca en el diccionario el significado de las palabras subrayadas.
- **b** ¿A quién deja don Quijote que decida el camino a seguir? ¿Por qué toma esa decisión?
- **c** ¿En qué dos comportamientos concretos influye en don Quijote la lectura de los libros de caballerías?
- **d** ¿Por qué los viajeros consideran que don Quijote tiene una «extraña figura»?
- **e** ¿Qué pide don Quijote a los mercaderes? ¿Por qué se enfada con ellos y los ataca con su lanza?
- **f** Resume el contenido en cuatro líneas.
- **g** Escribe el tema en una línea.
- **h** Divide el texto en tres partes. ¿Qué se dice en cada una?

### 2 CS Valoración del contenido. Argumentación.

Don Quijote defiende causas nobles, pero a veces, como en este caso, es violento. ¿Crees que un buen fin justifica la violencia? Razona tu respuesta.

### 3 Análisis de la forma

- **a** Clasifica el tipo de narrador.
- **b** Identifica el diálogo, la narración y la descripción.
- **c** ¿Qué tiempo verbal predomina? ¿Por qué?
- **d** ¿En qué momento del día se desarrolla la acción?
- **e** Identifica una elipsis narrativa.
- **f** Identifica el campo léxico de palabras relacionadas con el espacio (paisaje, referencias geográficas...).
- **g** Identifica la caricatura degradante.
- **h** Localiza una antítesis en relación con el retrato de Dulcinea.
- **i** Escribe los elogios exagerados (adínaton) con que don Quijote describe a su amada.
- **j** ¿Cómo se reproducen los diálogos de los personajes: en estilo directo o indirecto? Justifica tu respuesta.
- **k** Explica si don Quijote es un héroe o un antihéroe.

### 4 CC Valoración de la forma

**a** ¿Por qué este fragmento es una parodia de los libros de caballerías? **b** Razona si el éxito de *El Quijote* se debió a su carácter paródico.

### 5 Contexto histórico y literario

- **a** Escribe el nombre del autor de *El Quijote*, el siglo en que fue escrita esta obra, el movimiento literario y el género al que pertenece.
- **b** CC ¿Qué tipo de novelas triunfaban entre los lectores cuando se publicó *El Quijote*? ¿Es *El Quijote* una novela idealista o realista? Razona tu respuesta a partir del texto.
- **c** Escribe palabras relacionadas con la vestimenta, transporte, armas, arcaísmos léxicos, etc., que nos permitan datar este texto en el siglo XVII.

# *Entremeses*, Miguel de Cervantes

## PRIMERA SESIÓN

### I *El retablo de las maravillas*

**1** ¿Quiénes son los personajes que se dirigen en la escena 1 al pueblo de las Algarrobillas? ¿Qué se proponen? **2** ¿Cómo justifica Chanfalla ante las autoridades del pueblo que *El retablo de las maravillas* es mágico? **3** ¿Qué condiciones debe cumplir el público para ver los personajes que aparecerán en la escena? **4** ¿Por qué se representa *El retablo* en la casa de Juan Castrado? **5** ¿Qué sorprendentes figuras cree ver el público en *El retablo*? **6** ¿Quién interrumpe la representación y con qué propósito?

**Ejercicio de síntesis.** ¿Critica Cervantes la discriminación racista de su época? Justifica tu respuesta.

### II *La guarda cuidadosa*

**1** ¿Dónde y por qué se pelean el soldado y el sacristán? **2** ¿Cuáles son los regalos de amor que cada uno ha hecho a Cristina? ¿Quién lleva más ventaja en esto? **3** Enumera los personajes que el soldado logra echar de la calle de Cristina. **4** ¿Por qué el soldado es un fanfarrón? **5** ¿Qué le ofrece el Soldado al Amo para convencerlo de que él es un buen partido para Cristina? **6** Explica por qué la pelea final es cómica. **7** ¿A quién elige Cristina para casarse? ¿Por qué?

**Ejercicio de síntesis.** ¿Qué personaje tiene más prestigio social en esa época, el soldado (mundo de las *armas*) o el sacristán (mundo de las *letras*)? Justifica tu respuesta.

## SEGUNDA SESIÓN

### III *El viejo celoso*

**1** ¿Cuál es el peor defecto del viejo marido de Lorenza? ¿Cómo se manifiesta ese defecto en la vida diaria de ella? **2** ¿Por qué Hortigosa es una especie de *celestina*? **3** ¿Cómo explica Cañizares a su compadre que su matrimonio le hace sufrir? **4** Explica el truco mediante el cual un galán entra en la vivienda y luego sale sin ser visto, con el fin de mantener relaciones con Lorenza. **5** ¿Por qué, en la última escena, Cañizares pide perdón a Hortigosa?

**Ejercicio de síntesis.** ¿Cuáles son las consecuencias negativas que, según Cervantes, se producen a causa de matrimonios entre viejos y jovencitas?

### IV *La cueva de Salamanca*

**1** ¿Por qué razón tiene que ausentarse Pancracio de su casa? ¿Quién le acompañará en su viaje? **2** ¿Muestra Leonarda una actitud sincera o falsa hacia su marido? **3** ¿Quiénes han enviado una cesta con regalos y comida? ¿Con qué intención? **4** ¿Qué joven llega de forma inesperada esa noche a la casa? ¿Con qué condición le permiten que se quede? **5** ¿Por qué Pancracio regresa anticipadamente a su casa? ¿Cómo resuelve Leonarda la situación? **6** ¿Qué se le ocurre al Estudiante para convencer a Pancracio de que la presencia de hombres en su casa es cosa de magia? **7** ¿Qué quiere saber Pancracio acerca de la Cueva de Salamanca?

**Ejercicio de síntesis.** ¿Cómo ridiculiza Cervantes la magia en este entremés?

## TERCERA SESIÓN

### V *El juez de los divorcios*

**1** ¿Qué idea se le ocurre a Mariana para evitar el sufrimiento de parejas mal avenidas? **2** ¿Qué le reprocha Guiomar a su marido el Soldado? ¿Qué le reprocha él a ella? **3** ¿Qué tipo de trabajo le gustaría desempeñar al Soldado? ¿Por qué no puede dedicarse a eso? **4** ¿Por qué quiere divorciarse Aldonza Minjaca de su esposo el Cirujano? **5** ¿Qué razones esgrime el Ganapán para pedir el divorcio? ¿Qué le propone al juez si este lo divorcia?

**Ejercicio de síntesis.** ¿Cuáles son para Cervantes las razones que de ninguna manera justifican la separación conyugal? ¿Cuáles sí?

### VI *El vizcaíno fingido*

**1** ¿Por qué Solórzano propone a Quiñones engañar a Cristina? **2** Resume los argumentos de Cristina con que consigue calmar los temores de su amiga. **3** Explica cómo se desarrolla el engaño de la cadena. **4** ¿Es Brígida una amiga sincera? Justifica tu respuesta.

**Ejercicio de síntesis.** Solórzano pretende demostrar que no hay mujer, por muy lista que sea, que no pueda ser engañada por un hombre. ¿Crees que Cervantes defiende la misoginia? Justifica tu respuesta.

## 1 EL AUTOR

**a** Infórmate en el Cuaderno Documental y haz un resumen de doce líneas sobre la biografía de Cervantes.

**b** Investiga los siguientes elementos autobiográficos en los *Entremeses*: **1** Como sabes, Cervantes fue soldado. ¿Qué visión pesimista de esta profesión se da en *La guarda cuidadosa*? **2** Cervantes fue dramaturgo. ¿Cómo se valora a sí mismo en el *Prólogo?* **3** Cervantes se casó con una mujer muy joven. ¿Cómo se valora el matrimonio entre hombres mayores y muchachas en *El viejo celoso* y *El juez de los divorcios*? **4** Cervantes fue un humanista crítico contra la injusticia. ¿Cómo valora él la discriminación racial contra los judíos?

## 2 LA ÉPOCA

CS Infórmate en el vídeo y explica a qué se debe la bancarrota económica de la que se habla en *El vizcaíno fingido*.

## 3 EL GÉNERO

**a** Infórmate en el Cuaderno Documental (página 187) y explica qué es un entremés.

**b** Elige el entremés que más te haya gustado y escribe cómo se manifiestan los rasgos literarios propios de este género: **1** brevedad, **2** humor, **3** personajes populares, **4** realismo.

## 4 LOS TEMAS

**a** El engaño es un tema recurrente en los *pasos* y *entremeses* de los Siglos de Oro. Explica en qué consiste el engaño en *El retablo de las maravillas, El viejo celoso, La cueva de Salamanca* y *El vizcaíno fingido.*

**b** ¿Qué visión del amor ofrece Cervantes en sus *entremeses*?

**c** Di en qué entremeses aparecen estos objetos y por qué son importantes para la acción teatral: *tapiz, cesta de comida, manta, mula, medallón, documentos enrollados.*

**d** CD Realiza una presentación en Power Point en la que relaciones los títulos de los entremeses cervantinos con los siguientes **temas:** *celos, amor por interés, antisemitismo, adulterio, misoginia, las dificultades económicas de los hidalgos.*

## 5 LA TEATRALIDAD

**a** Explica por qué en *El retablo de las maravillas* hay «teatro dentro del teatro».

**b** CC Explica por qué es «metateatral» el siguiente diálogo de *El retablo de las maravillas.*

## 6 PERSONAJES

**a** Explica qué significa «personaje colectivo» a partir de *El retablo de las maravillas.*

**b** ¿Por qué el Amo, en *La guarda cuidadosa*, es un personaje secundario?

**c** ¿Por qué Cristina, en *El vizcaíno fingido*, es un personaje redondo?

**d** Indica los nombres de los personajes burladores y burlados correspondientes a los siguientes títulos.

| Título | Burlador(es) | Burlado(s) |
|---|---|---|
| *El retablo de las maravillas* | | |
| *El viejo celoso* | | |
| *La cueva de Salamanca* | | |
| *El vizcaíno fingido* | | |

## 7 LAS TRES UNIDADES

**a** Explica qué es la **unidad de acción** a partir de *El vizcaíno fingido.*

**b** ¿Por qué podemos afirmar que hay **unidad de tiempo** en *La cueva de Salamanca*?

**c** Analiza la **unidad de lugar** en *El retablo de las maravillas, El juez de los divorcios* y *El vizcaíno fingido.*

**d** Realiza un esquema donde clasifiques los *Entremeses* cervantinos según los tipos de espacio dramático: **1** urbano / rural / ambos; **2** externo / interno / ambos; **3** estático / dinámico / ambos.

## 8 EL LENGUAJE

Explica las situaciones en que se producen las siguientes expresiones: **a** lenguaje culterano en *La cueva de Salamanca*; **b** registro vulgar en *El retablo de las maravillas;* **c** imitación de la lengua vasca en *El vizcaíno fingido;* **d** lenguaje epistolar en *La guarda cuidadosa.*

## 9 VALORACIÓN DEL CONTENIDO Y DE LA FORMA

**a** CS CC En *El viejo celoso* se trata el tema de los celos y el afán de control en una relación amorosa. ¿Crees que este comportamiento es admisible en la sociedad de hoy? Justifica tu respuesta después de oír la canción del vídeo. Escribe tú una canción sobre los celos y edítalo en AutoRap.

**b** Infórmate acerca de qué es un micorrelato y ponlo en relación con los *Entremeses.*

**c** CC Relaciona los *Entremeses* con los modernos monólogos humorísticos.

## 10 TALLER LITERARIO

**Imitación de modelos literarios.** Escribe un final diferente para *La guarda cuidadosa* mediante un diálogo entre Cristina y el Soldado.

# 6

REPASA LA UNIDAD

## Madurez de los géneros literarios



## TE LO CUENTO

*Yo soy la cara oscura del Siglo de Oro, y en cierto sentido me considero víctima del modelo de vida que se ha impuesto en la corte. Me llamo Pablos, el Buscón. No tengo sangre azul, y, a decir de algunos, la que tengo es poco limpia. No hay una sola moneda en mi bolsillo y me visto con ropa manchada. Soy lo que se dice un pícaro. Tengo debilidad por el lujo y la buena vida de la que hoy algunos disfrutan en España. Los poderosos me han enseñado que quien quiere triunfar no debe actuar con escrúpulos morales. Pero la corrupción, el engaño y la mentira solo parecen ser aliados de quienes más tienen y mejor disimulan; en cambio, cuando un desgraciado como yo, hijo de ladrón y alcahueta, pretende salir de la miseria, solo consigue ir a prisión o morir extenuado en una galera. Siglo triste e hipócrita el mío.*

## LENTA DESAPARICIÓN DEL IMPERIO ESPAÑOL

En el siglo XVII una serie de circunstancias provocaron una crisis en cadena que hicieron a España perder su hegemonía. Se trata de un lento proceso de decadencia que durará un siglo.

## EL GOBIERNO DE LOS VALIDOS

Felipe III, Felipe IV y Carlos II pusieron el gobierno en manos de sus validos, que utilizaron el poder para enriquecerse o mantener la hegemonía española en Europa.

## CRISIS TERRITORIAL

Hubo revueltas en Cataluña y Andalucía debido a la política centralista del gobierno. La guerra de Flandes, que venía devastando la economía española desde el siglo anterior, finalizó en 1648 con la derrota de España.

## CRISIS ECONÓMICA

La crisis agraria se debió fundamentalmente a la expulsión en 1609 de los moriscos (excelentes agricultores), al desinterés de los nobles por los cultivos y a una sucesión de sequías e inundaciones. Subieron los precios y la moneda perdió su valor.

## CRISIS SOCIAL

La población disminuyó como consecuencia de la carestía, la peste, las guerras y la emigración a América. Las ciudades se poblaron de campesinos sin trabajo, destinados a convertirse en mendigos. Se acentuaron las diferencias sociales entre ricos y muy pobres.

## FIN DE LA DINASTÍA DE LOS AUSTRIAS

Después de dos siglos en el poder, desapareció la dinastía fundada por Carlos V (los Austrias). En efecto, Carlos II murió sin descendencia. Con su desaparición, terminó el sueño imperial de España, que pasó a tener en Europa un papel secundario en relación con las nuevas potencias: Francia e Inglaterra.

## BRILLAN LAS ARTES

A pesar de la decadencia generalizada, el siglo XVII constituyó el Siglo de Oro de la literatura española: Cervantes, Quevedo, Lope de Vega, Góngora, Calderón de la Barca... Con ellos nacieron la novela, el teatro y la mejor poesía en lengua castellana.

# El Barroco

CARACTERÍSTICAS GENERALES

## Siglo XVII: gobiernos absolutistas, crisis económica y guerras de religión

El Barroco fue un movimiento artístico que se desarrolló durante el siglo XVII. En este periodo, los intelectuales dejaron de creer en los ideales del Renacimiento (como el heroísmo, el amor platónico o los mitos clásicos) y cayeron en un hondo **pesimismo**.

Esta desmoralización se debió a la penosa situación que entonces vivía Europa: guerras de religión, gobiernos absolutistas, crisis económica y empobrecimiento de la población. Por su parte, los artistas abandonaron la idea renacentista de que solo debían reflejar en sus obras la belleza. Pensaban, por el contrario, que lo **recargado**, feo, extravagante y deforme, o sencillamente la **angustiosa realidad** que aparecía ante sus ojos, tenían también un sitio en el mundo del arte.

El Barroco no representó un corte radical respecto al Renacimiento, sino una **evolución**.

La siguiente tabla refleja la evolución que significó el Barroco en relación con el Renacimiento, tanto en la mentalidad como en la forma de entender las artes.

| del Renacimiento | al Barroco |
|---|---|
| **Vitalismo**: exaltación de los placeres y de la felicidad que conlleva la vida. | **Ascetismo**: **desengaño** respecto a todo lo que representan los goces o deseos materiales. El poder, el amor, o el lujo y, en general, la vida no son más que **apariencias fugaces** que el tiempo arrebata; de ahí el **pesimismo** de los artistas barrocos y su obsesión por el tema de la **muerte**. |
| **Antropocentrismo**: visión optimista sobre la capacidad del ser humano para organizar la sociedad a su medida y desarrollarse vital e intelectualmente. | **Misantropía**: **desconfianza** en el ser humano y en la sociedad que este ha creado. La siguiente frase resume esta actitud pesimista: «El hombre es un lobo para el hombre» (Thomas Hobbes). |
| **Arte de la razón**: las obras artísticas del Renacimiento reflejan las características de la inteligencia humana: **claridad**, **sencillez** y **equilibrio**. | **Arte de los sentidos**: las obras barrocas pretenden impresionar al espectador con **estímulos visuales y auditivos violentos**: fuertes contrastes, deformación y sensación de movimiento. Se produce, además, una **mezcla** de elementos heterogéneos: lo bello se funde con lo grotesco, lo religioso con lo profano, el humor con la tragedia. |
| **El arte se basa en la imitación de los modelos clásicos.** | **Arte entendido como una búsqueda de originalidad**: los artistas resultan más creativos porque **incumplen** las reglas y los principios del arte clásico. |

### Renacimiento y Barroco: idénticos temas, pero tratados de forma muy diferente

*Baco*, de Leonardo da Vinci, y *Joven Baco enfermo*, de Caravaggio.

Leonardo da Vinci, pintor **renacentista**, nos muestra en la primera imagen al dios Baco (dios del vino) de forma **idealizada** en medio de una naturaleza armónica (*locus amoenus* o paisaje ideal). Ni rastro de la realidad cotidiana. Es la perfección clásica. En cambio, en la segunda imagen, Caravaggio, pintor **barroco**, nos da una versión de un dios Baco **enfermo**. La escena es doméstica, cotidiana (se apoya sobre una mesa rústica con algunos alimentos). El Baco de Caravaggio representa un mito caído: el dios griego ha bajado a la realidad humana como un hombre enfermo. En conclusión, el Barroco aporta a las artes un punto de vista basado en el **pesimismo** y el **realismo**.

**Literatura y arte**: Renacimiento y Barroco: mismos temas, visiones diferentes

**Ruta literaria:** El Madrid de los Austrias

## LECTURA COMENTADA

**1** Lee el siguiente texto sobre la mentalidad pesimista del Barroco. Comienza con las palabras del Desengaño, un anciano decrépito, pero respetable. Responde a las preguntas.

> –Mi hábito y traje dice que soy hombre de bien y amigo de decir verdades. [...] Yo soy el Desengaño. [...] Si tú quieres, hijo, ver el mundo, ven conmigo, que yo te llevaré a la calle mayor, que es a donde salen todas las figuras, y allí verás juntos los que por aquí van divididos sin cansarte; yo te enseñaré el mundo como es, que tú no alcanzas a ver sino lo que parece.
> –¿Y cómo se llama –dije yo– la calle mayor del mundo, donde hemos de ir?
> –Llámase –respondió– Hipocresía, calle que empieza con el mundo y se acabará con él; y no hay nadie casi que no tenga, si no una casa, un cuarto o un aposento en ella.
>
> Francisco de Quevedo, *El mundo por de dentro*

**Análisis del contenido**

**a** ¿En qué frase se expresa que el mundo es una pura apariencia?

**b** ¿El texto manifiesta una mentalidad pesimista? ¿Por qué?

**c** ¿Qué significa *hipocresía*?

**d** Enuncia el tema.

**Lengua literaria**

**e** Explica la personificación que se da en el texto.

**f** ¿La palabra *casa* se usa en el texto con valor denotativo o metafórico? Razona la respuesta.

**Relación con la época**

**g** CC Explica por qué el texto refleja la mentalidad característica del Barroco.

**2** Lee este texto sobre los fuertes contrastes del Barroco y contesta a las preguntas.

> En un día el sol alumbra
> y falta; en un día se trueca
> un reino todo; en un día
> es edificio una peña;
> en un día una batalla
> pérdida y victoria ostenta;
> en un día tiene el mar
> tranquilidad y tormenta;
> en un día nace un hombre
> y muere; luego pudiera
> en un día ver mi amor
> sombra y luz, como planeta;
> pena y dicha, como imperio;
> gente y brutos, como selva;
> paz e inquietud, como mar,
> triunfo y ruina, como guerra;
> vida y muerte, como dueño
> de sentidos y potencias.
>
> Calderón de la Barca, *El alcalde de Zalamea*

**Análisis del contenido**

**a** Explica qué clase de cambios pueden sucederse en un solo día. Exprésalo con un mapa de ideas.

**b** Explica por qué se compara el amor con un planeta y con el mar.

**c** El texto dice que la vida y el amor están hechos de elementos opuestos. ¿Cuál es el opuesto o antítesis que más ha llamado tu atención?

**d** Enuncia el tema del texto.

**Estructura interna**

**e** Divide el texto en dos partes y explica qué dice cada una.

**Lengua literaria**

**f** Señala los paralelismos, las antítesis y los símiles. Explica qué efectos producen en el lector.

### Renacimiento y Barroco: dos visiones de la mujer

*Magdalena Doni*, de Rafael.

En este cuadro se nos presenta a una **mujer idealizada**. Sus rasgos físicos reflejan el modelo renacentista de belleza femenina. Su imagen de diosa resulta distante, así como el entorno bucólico que hay tras ella. Se sitúa, pues, en un plano superior e irreal.

*La encajera*, de Vermeer de Delft.

En cambio, Vermeer, pintor barroco, nos presenta una escena **realista**: una mujer realizando labores domésticas (encajes). Ya no es la mujer diosa del Renacimiento. Nos resulta más cercana. Así pues, el Barroco introdujo en el arte elementos realistas.

Consulta en el enlace el soneto 133 de *Rimas humanas y divinas del licenciado Tomé de Burguillos*, de Lope de Vega, y explica qué tema comparte con esta pintura de Vermeer.

# 1. La literatura barroca: características

**INTENCIONALIDAD**

Desde el punto de vista ideológico, la literatura barroca, y en particular el teatro, difundió los valores sobre los que se sostenía el imperio español del siglo XVII: la monarquía absolutista, los privilegios de la casta de los cristianos viejos y los dogmas del catolicismo establecidos por el Concilio de Trento.

**LITERATURA DE MASAS**

La literatura barroca va dirigida a un **público muy amplio** y **heterogéneo**: pueblo llano, burguesía, clero y nobleza; espectadores cultos y analfabetos.

Los escritores pretenden satisfacer los gustos de todos. Por eso, la oferta literaria del siglo XVII es muy amplia: poesía popular y culta; teatro religioso y de acción; drama filosófico, bailes y mojigangas; sátiras burlescas y literatura moral.

Representación de *La cena del rey Baltasar*, auto sacramental de Calderón de la Barca. Los autos sacramentales exaltaban la Eucaristía con un despliegue escénico espectacular.

**TEMAS**

En el Barroco perviven los temas y tópicos del Renacimento (**el amor de influencia petrarquista, los tópicos del *carpe diem*, mitos grecolatinos**, etc.); pero estos temas a menudo carecen del optimismo renacentista y adoptan un tono **pesimista** o **burlesco**.

Los temas característicos del Barroco son el **desengaño** y la **angustia existencial** surgidos de la certeza de que la vida humana, la belleza, el poder y todo cuanto constituye el **afán** del hombre están destinados a desaparecer y que solo cabe esperar la **ruina** y la **muerte**.

Miré los muros de la patria mía,
si un tiempo fuertes ya desmoronados
de la carrera de la edad cansados
por quien caduca ya su valentía. [...]

Francisco de Quevedo

A partir de esta **actitud pesimista** surge la **reflexión moral**: *¿Qué hacer ante la fugacidad de la vida?*

Muchos escritores barrocos huyen de la sociedad conflictiva de su tiempo para disfrutar de las cosas sencillas (***aurea mediocritas***), esto es, olvidan el lujo y las grandes ambiciones humanas.

**ESTILO LITERARIO**

Los escritores barrocos tienen el objetivo de **sorprender** y, como consecuencia, **divertir** a lectores y espectadores. Por lo tanto, no les vale la sencillez del lenguaje renacentista.

El escritor barroco aspira a ser **original** e **ingenioso**. Sus obras son juegos **verbales muy elaborados** que sorprenden y retan la capacidad de comprensión del receptor.

Los recursos literarios que se utilizan en el Barroco ya se empleaban en el Renacimiento, pero ahora **se acumulan** y **se exageran**.

En la literatura barroca se distinguen dos formas de expresión que **oscurecen** y **dificultan** la comprensión del significado de las obras: el **culteranismo** y el **conceptismo**.

Fue sueño, ayer, mañana será tierra;
poco antes nada y poco después
[humo,
y destino ambiciones, y presumo
apenas punto el cerco que me cierra.

Francisco de Quevedo

En el fragmento anterior Quevedo nos habla en este poema del paso del tiempo y de la muerte; pero expresa su pensamiento de forma ingeniosa, como si fuera un acertijo.

## ACTIVIDAD

**3** Compara los siguientes textos y responde a las preguntas.

**A**

**Desengaño político y social:** gozar de las cosas sencillas (*aurea mediocritas*).

*Ande yo caliente*
*y ríase la gente.*
Traten otros del gobierno
del mundo y sus monarquías,
mientras gobiernan mis días
mantequillas y pan tierno;
y las mañanas de invierno
naranjada y aguardiente,
y *ríase la gente*.

Coma en dorada vajilla
el príncipe mil cuidados
como píldoras dorados,
que yo en mi pobre mesilla
quiero más una morcilla
que en el asador reviente,
y *ríase la gente*.

Cuando cubra las montañas
de plata y nieve el enero,
tenga yo lleno el brasero
de bellotas y castañas,
y quien las dulces patrañas
del rey que rabió me cuente,
y *ríase la gente*. [...]

Luis de Góngora,
Letrilla

**B**

Una sociedad sin valores morales: **el rey es el dinero.**

Madre, yo al oro me humillo,
él es mi amante y mi amado,
pues de puro enamorado
de continuo anda amarillo.
Que pues doblón o sencillo
hace todo cuanto quiero,
*poderoso caballero*
*es don Dinero*.

Nace en las Indias honrado,
donde el mundo le acompaña;
viene a morir en España,
y es en Génova enterrado.
Y pues quien le trae al lado
es hermoso, aunque sea fiero,
*poderoso caballero*
*es don Dinero*. [...]

Y es tanta su Majestad
(aunque son sus duelos hartos),
que con haberle hecho cuartos,
no pierde su autoridad;
pero, pues da calidad
al noble y al pordiosero,
*poderoso caballero*
*es don Dinero*. [...]

Francisco de Quevedo,
«Poderoso caballero es don Dinero»

**a** ¿Defienden estos poemas la misma forma de vida? Razona la respuesta.
**b** ¿Presentan estos textos semejanzas en la métrica y la rima? Razónalo.

**Texto A**

**c** ¿Qué objetos y alimentos simbolizan la vida sencilla?
**d** ¿Qué come el príncipe en platos de oro?
**e** Identifica los versos del estribillo, los cuatro versos de la mudanza, el verso de enlace y el verso de vuelta. ¿Qué nombre recibe esta estrofa?
**f** Inventa un pareado que exprese la misma idea.

**Texto B**

**g** ¿Por qué se dice que el dinero *anda amarillo*?
**h** ¿El oro de América se queda en España? ¿Por qué?
**i** ¿Puede igualar el dinero a las clases sociales? ¿Por qué?
**j** ¿Son versos de arte mayor? ¿Por qué?
**k** CS **Argumentación.** Aporta tres argumentos para defender un modelo de vida basado en la austeridad y no en el culto al dinero.

# 2. Juegos verbales: el conceptismo

El **conceptismo** es un modo de expresión que consiste en concentrar en pocas palabras una **gran cantidad de significados** mediante la asociación ingeniosa de ideas. Para conseguir este objetivo, el escritor debe construir las frases de tal modo que tengan **doble** o **triple sentido**. Cuando leemos una obra conceptista, debemos sospechar que el autor intenta comunicarnos más cosas de las que aparenta decir. El conceptismo es un **juego de ingenio** mediante el cual el significado explícito de una palabra nos lleva a otro significado que está **implícito** u **oculto**. En síntesis, el fondo predomina sobre la forma.

Para comprender esta forma de literatura hay que estar adiestrado, y parece ser que los lectores españoles del siglo XVII lo estaban y disfrutaban con este tipo de juegos verbales cercanos al acertijo o la adivinanza. Los recursos mediante los que el escritor **asocia dos o más ideas** con el fin de que sus mensajes adquieran varios significados o sentidos son estos:

| | |
|---|---|
| **Metáfora y símil** | Asocian significados que tienen semejanzas muy rebuscadas. |
| **Juegos de palabras y dilogías** | Consiguen dobles o triples sentidos. |
| **Antítesis, paradojas e ironía** | Asocian elementos contrarios. |
| **Elipsis** | Reduce el número de palabras y contribuye a la concisión. |
| **Hipérbole** | Intensifica la burla. |

El conceptismo alcanzó su máximo esplendor en la literatura satírica o burlesca, es decir, cuando los escritores criticaban humorísticamente los vicios y costumbres de la sociedad del siglo XVII. Los representantes de esta escuela literaria son Francisco de Quevedo y Baltasar Gracián. A este último se debe la famosa frase de «Lo bueno, si breve, dos veces bueno».

### El juego del arte

Como ocurre en la literatura, la pintura barroca también pretende **sorprender** al espectador con **ingeniosos juegos**.

*Las Meninas*, de Diego Velázquez.

El pintor reta a nuestra inteligencia para que descubramos las claves de un juego: ¿Quién mira a quién? ¿Qué vemos y desde dónde? ¿Cuál es el verdadero tema del cuadro?
Velázquez rompió en esta pintura con la unidad de espacio al multiplicar los planos de lo que aparenta ser una sola escena.

## ACTIVIDAD

**4** Lee estos cuartetos de un famoso soneto de Francisco de Quevedo y comprueba cómo en versos muy concisos se expresa un significado muy complejo a partir de ingeniosas asociaciones. Razona el significado de los versos uno a uno a partir de la explicación que se da a la derecha. Señala, por último, las metáforas degradantes y las hipérboles del texto.

Érase un hombre a una nariz pegado,
érase una nariz superlativa,
érase una nariz sayón y escriba,
érase un peje espada muy barbado.

Érase un reloj de sol mal encarado,
érase una alquitara pensativa,
érase un elefante boca arriba.
Era Ovidio Nasón más narizado.

Francisco de Quevedo,
«A una nariz»

**1** La nariz del hombre al que se refiere es más grande que su propio cuerpo. **2** No se trata de una nariz corriente, sino de una naricísima, la mayor nariz que puedas imaginar. **3** Es tan grande y aguileña como el cuerpo de un verdugo en el momento en que se dobla para darle el hachazo mortal a su víctima o como el del jorobado escribano cuando se inclina para escribir. **4** Es tan grande y peluda como un pez espada lleno de agallas por todas partes. **5** La nariz de este desagradable hombre está torcida como un reloj de sol que se sale de su marco porque no está bien orientado. **6** Esta nariz está atascada como un alambique a punto de estallar porque tiene el tubo destilador doblado o flexionado como si fuera un hombre pensando y, como no puede destilar o gotear, se hincha. **7** Es mucho más grande que la trompa de un elefante, puesto que es como un elefante entero colocado patas arriba, justo encima de la boca de este hombre. **8** Es más grande que la mismísima nariz de Ovidio, el cual, llamándose Nasón, es decir, «de mucha nariz», ya podía ser narizotas.

# 3. Francisco de Quevedo, escritor conceptista

Francisco de Quevedo nació en Madrid en 1580. Licenciado en artes por la Universidad de Alcalá, se dedicó a la literatura desde muy joven y a las actividades políticas en la corte.

Fue encarcelado varias veces durante el reinado de Felipe IV. Primero por haber colaborado con el virrey de Nápoles, el duque de Osuna, condenado por corrupción política; y más tarde por haber criticado la desafortunada gestión del conde duque de Olivares en Flandes, que conducía irremediablemente a la derrota del Imperio español en Europa.

Quevedo fue testigo privilegiado de la decadencia económica, política y militar de la España del siglo XVII, y dio buena cuenta de ello en sus obras. Sus reflexiones políticas, morales y religiosas alcanzan una gran profundidad, pero tienen el contrapunto negativo, desde la sensibilidad moderna, de sus **prejuicios** antisemitas, racistas y misóginos. Encabezó, junto a Baltasar Gracián, la escuela de estilo conceptista.

### Clasificación de su obra poética

- **Poesía satírica y burlesca** (humor escéptico sobre la vida humana)
  «La vida empieza en lágrimas y caca,
  luego viene la mu, con mama y coco,
  síguense las viruelas, baba y moco,
  y luego llega el trompo y la matraca.»
- **Poesía amorosa** (definición del amor)
  «Es hielo abrasador, es fuego helado,
  es herida que duele y no se siente,
  es un soñado bien, un mal presente,
  es un breve descanso muy cansado.»
- **Poesía filosófica y moral** (la fugacidad de la vida, *tempus fugit*):
  «Ayer se fue; mañana no ha llegado; / hoy se está yendo sin parar un punto: / soy un fue, y un será, y un es cansado.»

## ACTIVIDAD

**5** Lee estos textos de Quevedo y responde a las preguntas.

- **a** Escribe el tema de cada texto. ¿Cuál contiene una descripción degradante? ¿A quién va dirigido? ¿Qué palabras tienen connotaciones negativas?
- **b** ¿Cuál idealiza el amor? Señala las antítesis.
- **c** Escribe la composición estrófica de ambos textos.
- **d** ¿Crees, como dice Quevedo en el texto **A**, que el amor puede perdurar más allá de la muerte?
- **e** ¿Hay crueldad en el texto **B**? ¿Por qué?

**A**

**En serio...**

Cerrar podrá mis ojos la postrera
sombra que me llevare el blanco día,
y podrá desatar esta alma mía
hora a su afán ansioso lisonjera;

mas no, de esotra parte, en la ribera,
dejará la memoria, en donde ardía:
nadar sabe mi llama el agua fría,
y perder el respeto a ley severa.

Alma a quien todo un dios prisión ha sido,
venas que humor a tanto fuego han dado,
medulas que han gloriosamente ardido,

su cuerpo dejará, no su cuidado;
serán ceniza, mas tendrá sentido;
polvo serán, mas polvo enamorado.

«Amor constante más allá de la muerte»

**B**

**... y en broma**

Rostro de blanca nieve, fondo en grajo;
la tizne, presumida de ser ceja;
la piel, que está en un tris de ser pelleja;
la plata que se trueca ya en cascajo;

habla casi fregona de estropajo;
el aliño, imitado a la corneja;
tez que, con pringue y arrebol, semeja
clavel almidonado de gargajo.

En las guedejas, vuelto el oro orujo,
y ya merecedor de cola el ojo,
sin esperar más beso que el del brujo.

Dos colmillos comidos de gorgojo,
una boca cámaras y pujo,
a la que rosa fue vuelven abrojo.

*Parnaso español*

*Eros y Psique*, de François Gérard. El texto A comparte tema con la pintura de Gérard (siglo XIX), en la que aparecen Psique (el alma) y Eros (dios del amor).

# 4. Juegos verbales: el culteranismo

El **culteranismo** es un modo de expresión caracterizado por el empleo **exagerado** de **figuras retóricas** y **latinismos**, de manera que el significado del texto, a veces **mínimo**, queda oscurecido o en un segundo plano. Los escritores culteranos querían **sorprender** a los lectores del siglo XVII, cansados ya de la repetitiva poesía de su época. Y, en efecto, fue toda una sorpresa: consiguieron más **ritmo** y **musicalidad** en los versos, inventaron palabras nuevas o **neologismos**, emplearon numerosos **adjetivos coloristas** y **metáforas** poco habituales, usaron sus conocimientos sobre **mitología**; y, sobre todo, consiguieron que el verso español «sonara» a una lengua tan prestigiosa como era el latín, imitando su sintaxis «desordenada» con hipérbatos y usando numerosos **cultismos** y **perífrasis**. En síntesis, la forma predomina sobre el fondo.

## ACTIVIDADES

**6** Lee el siguiente fragmento de las *Soledades* de Luis de Góngora, un poeta culterano. El contenido es escaso: *un náufrago lanza gritos de socorro en medio del mar*, pero el autor amplifica la forma con perífrasis y alusiones mitológicas. Explica verso a verso, como si fuera un juego, el significado de esta silva valiéndote de la información y las claves que te ofrecemos.

Era del año la estación florida  
en que el mentido robador de Europa  
(media luna las armas de su frente,  
y el Sol todos los rayos de su pelo),  
luciente honor del cielo,  
en campos de zafiro pace estrellas,

**¿Cuándo?**

**En primavera**  
**Perífrasis:** abril-mayo, estación del año regida por la constelación de Tauro: signo del zodiaco.

cuando el que ministrar podía la copa  
a Júpiter mejor que el garzón de Ida,  
náufrago y desdeñado, sobre ausente,

**¿Quién?**

**Un náufrago con males de amor**  
**Perífrasis:** era más bello que Ganímedes, criado que servía la copa a Júpiter.

lagrimosas de amor dulces querellas  
da al mar, que condolido,  
fue a las ondas, fue al viento  
el mísero gemido,  
segundo de Arïón dulce instrumento.

**¿Qué?**

**Hace llamadas de socorro en medio del mar**  
**Perífrasis:** los lamentos del náufrago son tan dulces que parecen salidos de la lira de Arión (personaje mitológico). El mar se apiada del náufrago y el viento se hace eco de sus gemidos.

Luis de Góngora, *Soledad I*

**Claves para entender este poema: metáforas**

**Júpiter** se transforma en toro para raptar a una ninfa llamada **Europa**.

cielo con estrellas  
▼ ▼  
**campo** de **zafiros**

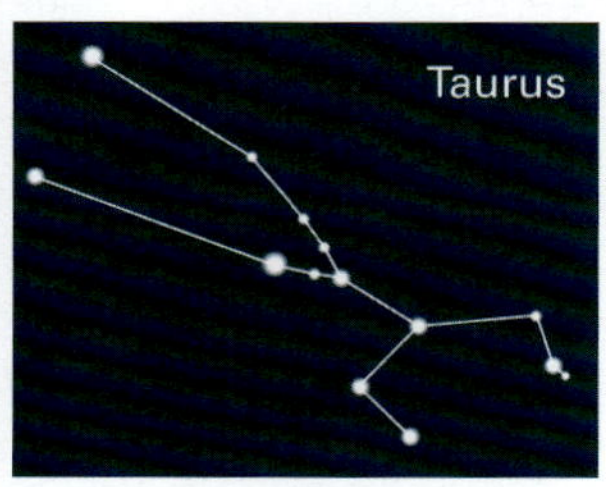


*Constelación de Tauro*: las estrellas forman una especie de cuerno, de ahí que se asocie a un toro. ➤

toro come hierba =  
▼ ▼ ▼  
Júpiter pace estrellas

cuernos y pelo del toro  
▼ ▼ ▼  
media luna rayos del sol constelación

**7** CM Consulta en este enlace y di cuál es la estrella principal en la constelación de Tauro, su distancia de la Tierra y sus coordenadas.

# 5. Luis de Góngora, escritor culterano

Luis de Góngora y Argote nació en Córdoba, en 1561. Perteneció a una familia acomodada, al parecer de origen judío, circunstancia que en su momento aprovecharía Francisco de Quevedo para escribir versos satíricos contra él.

Desde muy joven se dedicó a la poesía. Su tendencia a gastar demasiado y su afición a los naipes le hicieron pasar bastantes apuros económicos, que intentó superar buscando mecenas en la corte. En 1617 se hizo sacerdote y fue nombrado capellán del rey Felipe III.

Sus poemas culteranos crearon una gran polémica entre defensores y detractores de su novedoso estilo. A partir de 1603 sostuvo una **guerra literaria** con Quevedo, en la que ambos demostraron su mutua antipatía y su ingenio para dedicarse versos burlescos. Cargado de deudas y muy enfermo, regresó a Córdoba, donde murió en 1627. Sus obras se publicaron póstumamente. Es el poeta que mejor representa la escuela barroca de estilo culterano.

## ACTIVIDADES

**8** Explica el tópico del *carpe diem* en el texto.

Mientras por competir con tu cabello,
oro bruñido al sol relumbra en vano;
mientras con menosprecio en medio el llano
mira tu blanca frente el lilio bello;

mientras a cada labio, por cogello,
siguen más ojos que al clavel temprano;
y mientras triunfa con desdén lozano
del luciente cristal tu gentil cuello:

goza cuello, cabello, labio y frente,
antes que lo que fue en tu edad dorada
oro, lilio, clavel, cristal luciente,

no solo en plata o vïola troncada
se vuelva, mas tú y ello juntamente
en tierra, en humo, en polvo, en sombra, en nada.

Luis de Góngora,
«Mientras por competir con tu cabello»

**9** Explica el significado metafórico o figurado de las palabras *oro, lirio, clavel, cristal*.

### Clasificación de su obra

- **Poemas de inspiración popular.** Son composiciones de **arte menor**. En estas obras también encontramos los recursos del estilo culterano, aunque usados en menor medida. Son muy conocidos sus...
  - **Romances** moriscos, pastoriles, amorosos, caballerescos...
  - **Letrillas** amorosas y burlescas.
- **Poemas cultos.** Están escritos en **arte mayor** y con un **estilo**, en general, **culterano**, oscuro. Pertenecen a este grupo *La fábula de Polifemo y Galatea, Soledades* y sonetos de tema amoroso, existencial y burlesco.
  - ***La fábula de Polifemo y Galatea.*** Se trata de la recreación de una fábula mitológica: el cíclope Polifemo está enamorado de la ninfa Galatea, pero esta mantiene un idilio con el joven Acis. Cuando se entera, el gigante se venga de su rival arrojándole una roca que acaba con su vida. Pero la sangre del joven se transforma en río. Está escrita en **octavas reales**.
  - ***Soledades.*** Son cantos que exaltan la belleza de la naturaleza a partir del punto de vista de un peregrino. La obra quedó inacabada (al parecer había previsto escribir cuatro cantos, pero ni siquiera terminó el segundo). Están escritas en **silvas**.

  En la ***Soledad I*** Góngora nos cuenta la dramática llegada de un náufrago a una playa desconocida, y la hospitalidad con la que es recibido por unos cabreros. Al día siguiente, el recién llegado inicia un recorrido por los bellos parajes del lugar, donde tiene la oportunidad de asistir a una boda. El peregrino es testigo de los placeres de la vida rústica, entre los que destacan los exquisitos alimentos y los divertimentos juveniles. El náufrago conoce de primera mano la filosofía de vida que tienen esos hombres rústicos: viven apartados de la sociedad, desprecian la guerra, las ambiciones y el imperialismo. También le avisan de que la naturaleza, humillada por el desarrollo urbano, tiene suficiente fuerza como para destruir la civilización.

# 6. El teatro popular en los Siglos de Oro

**¡Vamos al corral de comedias!**

Corral de comedias de Almagro (Ciudad Real).

Desde finales del siglo XVI, las representaciones teatrales se realizaban en el patio interior de casas de vecindad. Se improvisaba un escenario al fondo del patio, y los balcones, situados en los tres lados restantes, servían de palcos o aposentos para los más pudientes (nobleza, curas, escritores). El resto del público ocupaba, sin mezclarse, distintos lugares en el patio central que formaban las viviendas.

En 1579 se construyó el primer teatro permanente en Madrid, llamado El corral de la Cruz. A partir de 1600 empezaron a proliferar otros muchos corrales (locales teatrales).

## EL GUSTO DEL PÚBLICO

Las obras teatrales que se representaban en el siglo XVI **no cumplían las reglas** que Aristóteles había establecido para el teatro (unidad de acción, lugar y tiempo). Y, sin embargo, esas obras tenían un gran **éxito** de público. Por el contrario, aquellos autores que, como el propio Cervantes, escribían sus obras respetando los rígidos preceptos aristotélicos **fracasaban**.

A principios del siglo XVII, Lope de Vega llegó a la conclusión de que, en relación con el teatro, **los gustos del público español eran radicalmente contrarios a las normas clásicas**. A partir de este análisis, Lope ignoró las normas que imponían los expertos en literatura y empezó a escribir para satisfacer a los espectadores. Creó la llamada *comedia nueva*. Su teatro significó una **revolución en la escena**. Pero el *Fénix de los ingenios* no partió de la nada. Antes que él, otros escritores habían intentado crear un teatro al gusto del público.

## ANTECEDENTES DE LOPE DE VEGA

La fórmula para conseguir el aplauso de los espectadores fue desarrollada a lo largo del siglo XVI, entre otros, por tres comediógrafos: Torres Naharro, Juan de la Cueva y Lope de Rueda. Lope aprendió en los **corrales** y en la calle que el éxito del **teatro popular** se debía fundamentalmente a que tenía como única finalidad **divertir** al público. Estas son las claves del éxito del teatro popular del siglo XVI.

## CLAVES DEL ÉXITO

### TEMAS NACIONALES

Los argumentos de las obras teatrales **se inspiraban en leyendas, romances y crónicas de la Edad Media.**

### REALISMO

El público agradecía que aparecieran en escena los **personajes cotidianos** que a diario se veían en las calles: artesanos de diferentes oficios, soldados fanfarrones, hidalgos, estudiantes, tramposos, médicos, curas o maridos celosos.

También era del agrado del público que se trataran los **temas** o **asuntos** que constituían el centro de sus preocupaciones vitales: el **honor**, la **honra**, los **celos**, el **amor** o la **venganza**.

### ENTRETENIMIENTO

Los espectadores preferían la **acción** (peleas, líos y palos).

La fórmula ideal para desencadenar la **acción** y mantener el interés del público eran los **enredos**, cosa que hacían muy bien las compañías de cómicos italianos y Lope de Rueda.

Después de cada acto de la obra principal, **se amenizaba** la espera del público con la representación de obras cómicas breves, llamadas **pasos**, así como con **bailes**.

## LECTURA COMENTADA

**10** CS Realizad una lectura dramatizada del texto. Cuatro alumnos representarán, respectivamente, los papeles de Águeda y Toruvio (padres de la joven Mendigüela), y Aloja, vecino de los anteriores. El texto comienza inmediatamente después de que Toruvio ha plantado un esqueje de olivo. Faltan todavía muchos años para que el futuro árbol dé sus frutos; pero Águeda, su mujer, como en el cuento de la lechera, empieza ya a hacerse ilusiones.

Águeda: Mira, marido, ¿sabes qué he pensado? Que yo cogeré las aceitunas y tú las acarrearás con el asnillo, y Mendigüela las venderá en la plaza. Y mira, muchacha, te encargo que no vendas el celemín[1] por menos de dos reales castellanos.
Toruvio: ¿Cómo que a dos reales castellanos? ¡Eso es carísimo! [...] Ven aquí, muchacha: ¿a cuánto las vas a vender?
Mendigüela: Al precio que usted diga, padre.
Toruvio: A catorce o quince dineros.
Mendigüela: Así lo haré, padre.
Águeda: ¿Cómo que *así lo haré, padre*? Ven aquí, jovencita: ¿a qué precio las vas a poner?
Mendigüela: Al que usted dice, madre.
Toruvio: ¿Cómo que a dos reales...? Te prometo que, si no haces lo que yo digo, te daré doscientos correazos. ¿A cuánto vas a vender las aceitunas?
Mendigüela: Al precio que usted quiere, padre.
Toruvio: A catorce o quince dineros.
Mendigüela: Así lo haré, padre.
Águeda: ¿Cómo que *así lo haré, padre*? ¡Vas a ver, desgraciada! ¡Toma! ¡Toma! ¡Harás lo que yo te digo!
Toruvio: Deja en paz a la muchacha, mujer.
Mendigüela: ¡Ay, padre, que me mata madre!
Aloja: Pero ¿qué escándalo es este, vecinos? ¿Por qué maltratáis así a la muchacha?
Águeda: ¡Ay, señor! Este mal hombre que quiere venderme las aceitunas por cuatro perras para arruinar mi casa. ¡Unas aceitunas que son como nueces!
Toruvio: Os juro por los huesos de mis muertos que no son más grandes que piñones.
Águeda: ¡Sí que lo son!
Toruvio: ¡Pues no lo son!
Aloja: Tranquila, señora vecina. Le ruego que entre en su casa, a ver si soy capaz de aclarar este lío.
Águeda: Pues espero que lo aclare, porque si no voy a montar una buena.
Aloja: Señor vecino, ¿qué pasa con las aceitunas? Sáquelas fuera ahora mismo, que yo se las compraré aunque sean veinte fanegas.
Toruvio: Que no, señor; que la cosa no es como usted imagina. No tenemos las aceitunas en casa, sino en un... campito de nuestra propiedad.
Aloja: Pues tráigalas aquí. Se las compro todas a un precio razonable.
Mendigüela: A dos reales quiere mi madre que se venda el celemín.
Aloja: Un poquito caras, ¿no?
Toruvio: Pues eso es lo que yo digo.
Mendigüela: En cambio, mi padre solo pide quince dineros.
Aloja: Venga, enséñeme aunque sean unas cuantas.
Toruvio: ¡Válgame Dios, señor! ¡Mira que le cuesta a usted entender...! Pero si no tenemos más que una ramita de olivo que he plantado hoy. [...]
Aloja: [...] ¡Qué cosas vemos en esta vida! ¡No han hecho más que plantar una triste rama y ya se están peleando por las aceitunas!

Lope de Rueda, *Las aceitunas*,
Editorial Bambú (texto adaptado)

**1 celemín:** medida de capacidad equivalente a cuatro litros y medio aproximadamente.

**a** Enuncia el tema del texto.

**b** Identifica en el paso algunos elementos característicos del teatro popular: acción con enredo, personajes cotidianos, temas domésticos, humor y crítica de vicios y costumbres.

**c** ¿Crees que el autor hace un análisis profundo de la psicología de los personajes?

**d** CC ¿Sabes cuándo se representaban los *pasos*? ¿Está relacionado ese hecho con su brevedad? ¿Por qué?

**e** CI Consulta el enlace y explica cómo hacer un huerto urbano en la terraza de un piso. Argumenta si es útil emprender este proyecto.

### El teatro y el Imperio español

El teatro barroco difundió los principios ideológicos sobre los que se sostenía la monarquía absolutista de los Austrias. Pero las obras de Félix Lope de Vega y Carpio siguen teniendo **actualidad** porque, aparte de los aspectos ideológicos de la época que le tocó vivir, nos cuentan historias sobre cómo los seres humanos **defienden su dignidad** personal, agredida, a veces, por la injusticia de los poderosos.

Cuando en 1621 es coronado Felipe IV (el rey Planeta), Lope afirma haber escrito ya novecientas comedias.

Representación de la obra *Fuente Ovejuna*, por Antonio Gades.

**zona tac**

En la web de la editorial dispones de actividades TAC para trabajar aspectos relacionados con la literatura barroca (**webquest 3**).

# 7. El teatro barroco: una revolución en la escena

Ningún comediógrafo del siglo XVI llegó a crear una obra dramática de primer orden. Fue Lope de Vega, quien, ya en el siglo XVII, supo aprovechar las innovaciones del teatro popular para crear un **género nuevo**: la **comedia española**.

En 1609 el *Fénix de los ingenios* presentó públicamente su método para hacer teatro de éxito. Lo llamó *Arte nuevo de hacer comedias*. Este método consistía, básicamente, en **incumplir los principios del teatro clásico** con el fin de ganarse el favor del público. Con Lope llegó una **revolución** al mundo del teatro.

### CARACTERÍSTICAS DE LA COMEDIA NUEVA DE LOPE DE VEGA

1. **Se reducen a tres los cinco actos del teatro clásico**. Suelen corresponder con el **planteamiento**, **nudo** y **desenlace** (este último al final de la obra, con el fin de mantener la atención del público durante toda la representación). Con los tres actos, la acción gana en dinamismo y emoción.
2. **Se rompe con las tres unidades clásicas**:
   - **Tiempo**: la acción puede durar mucho, incluso años (no solo veinticuatro horas como en el teatro clásico).
   - **Lugar**: el escenario de la acción puede cambiar cuantas veces sea necesario.
   - **Acción**: Lope dice respetar la unidad de acción, aunque admite otras para personajes secundarios, siempre que estén **conectadas** con la principal.
3. **Se mezclan estrofas y versos** (**polimetría**). Cada tipo de estrofa se dedica a situaciones concretas (el romance o la octava para explicar el caso; la redondilla o la décima en los diálogos; los tercetos para asuntos graves; el soneto se emplea en los monólogos). El verso predominante en Lope es el **octosílabo**.
4. **Se incluyen personajes muy variados**. El **galán** o protagonista; la **dama**, que suele ser dinámica e inteligente; el **antagonista** (se opone al galán); el **gracioso** (llamado también *donaire*), un criado que funciona como *contrapeso cómico* en los momentos trágicos; el **villano** o castellano viejo, orgulloso de no tener sangre judía; el **poderoso** (noble, príncipe o incluso el rey). El público en su conjunto (del rey abajo) acudía a los corrales de comedias y se identificaba con estos personajes literarios, que eran un reflejo de la sociedad estamental del siglo XVII.
5. **Se defienden los valores de la sociedad del siglo XVII: el honor y la honra**. La honra es la opinión que los demás tienen de una persona; el honor es la conciencia que una persona tiene de su propia dignidad. En caso de **deshonra**, el honor del caballero **obliga** a que este recupere la honra mediante la **reparación** pública o la venganza. También se incorporan temas nacionales: leyendas, romances o crónicas de la Edad Media. Pero el tema constante es el **amor** entre el galán y la dama.
6. **Final feliz o justo**. A diferencia de las tragedias clásicas, la comedia española acaba siempre con final feliz, generalmente con un matrimonio o con la reparación de la honra perdida. Pero en caso de que este final feliz no sea posible, el rey o un noble poderoso debe castigar a los malvados (justicia poética).

## LECTURA COMENTADA

**11** Realizad una lectura dramatizada del siguiente texto. Cuatro alumnos representarán, respectivamente, los papeles de Peribáñez (labrador; no es noble, pero sí cristiano viejo); Comendador (poderoso noble de la Orden de Santiago); Casilda (la bella esposa de Peribáñez, recién casada) y un rey medieval (Juan I). El texto comienza cuando el Comendador acosa a Casilda. A todo esto, Peribáñez está escondido detrás de un saco de harina desde donde observa lo que ocurre con su mujer. No podrá permanecer mucho tiempo sin hacer nada.

CASILDA: [...]
Y no os acerquéis a mí,
porque a bocados y a coces,
os haré...
COMENDADOR: Paso y sin voces.
(*Sale Peribáñez.*)
PERIBÁÑEZ: (*Aparte.*)
(¡Ay, honra! ¿Qué aguardo aquí?
Mas soy pobre labrador:
bien será llegar y hablarle...
Pero mejor es matarle.)
Perdonad, Comendador;
que la honra es encomienda
de mayor autoridad.
COMENDADOR: Jesús, muerto soy.
¡Piedad!
PERIBÁÑEZ: No temas, querida prenda;
mas sígueme por aquí.
CASILDA: No te hablo, de turbada.
(*Éntrense.*)
[...]
REY: ¡Cosa extraña!
¡Que un labrador tan humilde
estime tanto su fama!
¡Vive Dios, que no es razón
matarle! Yo le hago gracia
de la vida... Mas, ¿qué digo?
¿Esto justicia se llama?
Y a un hombre de este valor
le quiero en esta jornada
por capitán de la gente
misma que sacó de Ocaña.
Den a su mujer la renta,
y cúmplase mi palabra,
y después de esta ocasión
para la defensa y guarda
de su persona, le doy
licencia de traer armas
defensivas y ofensivas.

Lope de Vega,
*Peribáñez y el comendador de Ocaña*
(tercer acto)

### Análisis de la acotación y el aparte

**a** Señala en el texto las dos acotaciones y el aparte. Explica la información que aportan en relación con el movimiento de los personajes y con el tono de voz que estos deben emplear para representar la escena.

### Análisis del contenido (diálogos)

**b** ¿Opondrá resistencia Casilda si la agresión se lleva a cabo? ¿Qué connotaciones tiene la expresión *a bocados y a coces*?

**c** ¿Qué significa la expresión *paso y sin voces*?

**d** ¿En qué versos dice Peribáñez que la honra de una persona, aunque sea pobre, vale mucho más que un título de nobleza?

**e** Explica los temas del amor y la muerte en el texto.

**f** ¿Por qué decide el rey no ajusticiar a Peribáñez?

**g** La intervención del rey es un ejemplo de *justicia poética*. Explica cuál es su plan para devolverle la honra pública a Peribáñez.

**h** Explica, basándote en el texto, los conceptos de honra y honor.

**i** Resume el texto y escribe el tema.

### Análisis de los personajes

Los cuatro personajes muestran en el texto una evolución anímica.

**j** Explica cómo el Comendador pasa de acosar a Casilda a mostrar su sentimiento religioso.

**k** Comenta cómo Casilda pasa de ser una mujer valiente a estar bloqueada emocionalmente.

**l** Explica cómo Peribáñez pasa de mostrarse indeciso a tomar la decisión de matar al Comendador.

**m** Analiza cómo el rey pasa de actuar como un simple juez que perdona la vida a Peribáñez a comportarse como un monarca generoso.

### Características lingüísticas y literarias

**n** ¿Cómo se llaman los versos del texto según su número de sílabas? ¿Qué rima tienen?

**ñ** Al cambiar de escena, también se produce un cambio de estrofa. Explica qué estrofa se utiliza para expresar la violencia que produce el acoso sexual y la muerte del Comendador, y qué otra se emplea para mostrar la actitud reflexiva y compasiva que muestra el rey.

**o** Identifica los sinónimos y antónimos. Explica el propósito con que los usa el autor.

**p** ¿Crees que el teatro en verso gusta hoy en día al espectador no iniciado? Razona tu respuesta.

## Tirso de Molina (1584-1648), seguidor de Lope

Su obra más importante es *El burlador de Sevilla*, cuyo protagonista ha dado lugar a un **mito literario** que ha pasado a la historia de la literatura universal con el nombre de **don Juan**, símbolo del seductor. A don Juan no le interesa el amor, sino el **reto** y la dificultad que conlleva la conquista amorosa.

*Don Juan*, óleo de Jean-Antoine Watteau, pintor francés del siglo XVIII.

Cada época interpreta el mito de don Juan de forma diferente. Para Tirso, un escritor con mentalidad barroca, es un personaje que merece el **castigo** del infierno por deshonrar a las mujeres y por su carácter sacrílego y satánico, que no respeta a los muertos y desafía a Dios. En cambio, dos siglos después, **José Zorrilla**, ya en el Romanticismo, permite que doña Inés **salve** a don Juan por amor.

El carácter universal de este mito explica que escritores y músicos como Molière y Mozart se hayan inspirado en este personaje.

# 8. Lope de Vega

### UNA VIDA INTENSA

Lope de Vega (1562-1635) nació en Madrid y estudió en la Universidad de Alcalá de Henares, aunque no alcanzó ningún título académico. En su biografía destaca especialmente su vida amorosa.

Se casó y enviudó dos veces. Fueron sus esposas Isabel de Urbina y Juana de Guardo. Mantuvo relaciones sentimentales con Elena Osorio, Antonia Trillo, Micaela Luján y Marta de Nevares. A esta última se refiere en sus poemas con el nombre de *Amarilis*. Tras la muerte de uno de sus hijos y de su segunda esposa, se ordenó sacerdote.

Así define Lope de Vega el amor.

Desmayarse, atreverse, estar furioso,
áspero, tierno, liberal, esquivo,
alentado, mortal, difunto, vivo,
leal, traidor, cobarde y animoso;

no hallar fuera del bien centro y reposo,
mostrarse alegre, triste, humilde, altivo,
enojado, valiente, fugitivo,
satisfecho, ofendido, receloso;

huir el rostro al claro desengaño,
beber veneno por licor suave,
olvidar el provecho, amar el daño;

creer que un cielo en un infierno cabe,
dar la vida y el alma a un desengaño;
esto es amor: quien lo probó lo sabe.

*La joven de la perla*, de Vermeer.

### UN MONSTRUO DE LA NATURALEZA

De Lope se conservan cerca de **cuatrocientas obras** de teatro, por lo que Cervantes se refería a él con el apelativo de *monstruo de la naturaleza*. La mayoría son obras que siguen el modelo del arte nuevo de hacer comedias.

Su producción teatral suele clasificarse en tres grupos:

1. **Dramas de ambientación histórica**, cuyo tema es el **poder injusto**. En estas obras aparecen labradores ricos (villanos) que son víctimas de los abusos de un poderoso (noble, gobernador o el propio rey): *Fuente Ovejuna, Peribáñez y el comendador de Ocaña*.
2. **Comedias de enredo amoroso y de capa y espada**. Son comedias con final feliz en las que se urden tramas complicadas que siguen la consigna de «el amor todo lo vence»: *El perro del hortelano*.
3. **Tragicomedias**. En estas obras muere el protagonista. En *El caballero de Olmedo* el galán es víctima de los celos de un caballero rival.

## ACTIVIDADES

**12** CC CS El baile es un intermedio literario en el que el texto verbal se acompaña de música y danza. La siguiente actividad se realizará en grupo. Un alumno recitará este baile de Lope de Vega, mientras otros cinco harán una pantomima para visualizar cómo el dios Amor, acompañado de unos niños, se queja a su madre tras haber recibido el picotazo de una abeja.

Íbase el amor
por entre mirtos
en la verde margen
de un arroyo limpio.
Los niños con él,
tras los pajarillos
que de rama en rama
saltan fugitivos.
En un verde valle
de álamos ceñido
vieron dos colmenas
en guardado sitio.
Los niños temieron,
y Amor atrevido
probar de la miel
codicioso quiso;
picole una abeja
y, dando mil gritos,
mostrando la mano
a su madre dijo:
«Abejitas me pican, madre,
¿qué haré, que el dolor es grande?
Madre, la mi madre,
picome la abeja,
que no hay miel tan dulce
que después lo sea,
porque no hay colmena
que después no amargue.
Abejitas me pican, madre,
¿qué haré, que el dolor es grande?».

Lope de Vega,
*El galán de la Membrilla* (baile)

### La obra poética de Lope de Vega

Aparte de dramaturgo, Lope fue un gran poeta. Cultivó tanto la poesía de origen **popular** (villancicos y romances) como la lírica culta, de influencia conceptista.

Los temas fundamentales de su poesía son el **amor** y el **sentimiento religioso**. Su obra poética más importante es *Rimas humanas y divinas*.

**13** Responde a las siguientes preguntas sobre el texto anterior.

- **a** Enuncia el tema.
- **b** ¿A quién se dirige el amor? ¿Es un rasgo de la poesía popular? ¿Por qué?
- **c** Señala los elementos narrativos, descriptivos y líricos del poema.
- **d** ¿Hay polimetría en el poema? Razona la respuesta.
- **e** Señala los rasgos de la lengua oral y tradicional en el texto: diminutivos y anteposición del artículo al posesivo.
- **f** Teniendo en cuenta que el dios Amor lanza flechas dolorosas, ¿qué lección crees que quiere darle Lope con este poema? ¿Se lo tiene merecido el amor?

## Los autos sacramentales

Desde finales del siglo XVI se desarrolló una forma de **teatro religioso**, denominada *auto sacramental*. A este género pertenece *El gran teatro del mundo*, de Calderón de la Barca.

Los **autos sacramentales** son obras religiosas que se desarrollan en un acto y están escritas en verso. Se representaban en la fiesta del Corpus. La trama adopta la forma de **alegoría**, es decir, aparecen en escena actores que representan figuras simbólicas como el Mal, el Diablo, la Libertad, la Guerra, la Ambición, el Desengaño, etc.

Se representaban en las calles, sobre carros. El espectacular montaje escénico incluía ricos vestuarios, música y sorprendentes tramoyas.

Su función era adoctrinar al público en los sacramentos de la religión católica (especialmente la Eucaristía).

Fueron prohibidos en 1765 por los ilustrados, como estudiarás en el próximo curso.

# 9. Pedro Calderón de la Barca

### EL DRAMATURGO DEL REY

Calderón de la Barca (1600-1681) nació en Madrid y estudió en Alcalá y Salamanca. A pesar de que llevó una **vida aparentemente discreta**, no faltaron en ella los típicos avatares del caballero español de la época, como su participación en duelos y en la guerra.

A partir de 1623 comenzó a estrenar sus obras. Al principio en los corrales de comedias; pero pronto el rey Felipe IV lo convirtió en **dramaturgo oficial de la corte**. En sus dramas se proyecta su carácter **pesimista** y **reflexivo**.

En 1651 se hizo sacerdote y se retiró a Toledo. Pero en 1663 regresó a palacio en calidad de capellán del rey. No dejó de escribir hasta su muerte, en Madrid.

### UN TEATRO CON CARACTERÍSTICAS PROPIAS

Calderón no se limitó a seguir las innovaciones de Lope de Vega. Estas son las principales características de sus dramas.

- **Teatro de ideas**. Calderón fue un intelectual que aportó **profundidad filosófica y moral** a los temas del Barroco que, como el honor, en manos de Lope de Vega estaban exclusivamente al servicio de la acción. Trató temas **filosóficos** y **teológicos**: la predestinación, la libertad, la fe, la importancia de las obras para la salvación, la dificultad para distinguir la verdad de la apariencia. En general, transmite una visión **conservadora** y **pesimista** sobre el hombre y la sociedad.
- **Un personaje central**. Calderón focaliza la tensión dramática en un **protagonista**, muy bien caracterizado. El resto de los personajes se subordinan a él de **forma piramidal**, según su importancia en la acción.
- **Lenguaje culto**. En sus obras se mezclan los estilos conceptista y culterano. Abundan las figuras retóricas de repetición, oposición, correlación y paradojas.

## El teatro europeo: Shakespeare

El *Shakespeare Globe Theatre* es una réplica de un teatro construido en 1599, donde Shakespeare representó sus obras más famosas. El teatro original fue construido para su compañía de teatro y se convirtió en uno de los teatros más conocidos de Londres.

Junto a Lope de Vega, Shakespeare (1564-1616) renovó el teatro europeo. Su mentalidad está a medio camino entre el Renacimiento y el Barroco. Es considerado un **clásico de la literatura universal** por su capacidad para reflejar los **sentimientos**, **pasiones** y **contradicciones** del alma humana.

Escribió **tragedias** y **comedias**. Sus obras más conocidas son:

- ***Hamlet:*** nos muestra el trágico final de un príncipe atormentado por la **duda** enfermiza y su incapacidad para tomar decisiones.
- ***Macbeth:*** tragedia centrada en el tema de la **ambición** y la falta de escrúpulos de quienes pretenden alcanzar el poder político sin importarles los medios.
- ***Romeo y Julieta:*** pieza teatral en la que se nos **muestra el amor** como una fuerza **más poderosa que el odio y los prejuicios sociales**.

## LECTURA COMENTADA

**14** Lee el texto y responde a las preguntas.

SEGISMUNDO:
¡Ay mísero de mí! ¡Y ay infelice!
Apurar, cielos, pretendo
ya que me tratáis así,
qué delito cometí
contra vosotros naciendo;
aunque si nací, ya entiendo
qué delito he cometido.
Bastante causa ha tenido
vuestra justicia y rigor;
pues el delito mayor
del hombre es haber nacido.
Solo quisiera saber,
para apurar mis desvelos
(dejando a una parte, cielos,
el delito de nacer),
qué más os pude ofender,
para castigarme más.
¿No nacieron los demás?
Pues si los demás nacieron,
¿qué privilegios tuvieron
que yo no gocé jamás?

Calderón de la Barca,
*La vida es sueño*

### Comunicación

**a** ¿Quién es el emisor de la composición? ¿Con qué pronombres se manifiesta?
**b** ¿Quién es el receptor? ¿Con qué palabras se alude a él?
**c** ¿Qué estado anímico tiene el emisor?
**d** ¿Qué reproche dirige el emisor al receptor?
**e** ¿Qué dos preguntas esenciales hace el emisor al receptor?
**f** ¿Qué pregunta queda respondida por el propio emisor? ¿Cuál es esa respuesta?
**g** ¿Qué pregunta queda sin contestar?
**h** Explica si el texto ejemplifica un acto de comunicación completo.

### Tema

**i** Sintetiza el significado del texto en un tema.
**j** CC Lee en el enlace el monólogo de Hamlet «Ser o no ser». Segismundo se queja de que no tiene libertad, ¿de qué se queja Hamlet?

### Métrica y figuras retóricas

**k** Señala los versos que por terminar en palabra aguda obligan a contar una sílaba más.
**l** Descontado el primer verso, el texto está formado por dos décimas o espinelas. Explica el tipo de rima que presenta y qué esquema sigue dicha estrofa.

## Dos dramas universales

### *LA VIDA ES SUEÑO*

**Temas**

Con este **drama filosófico** Calderón pretende demostrar dos ideas:

1 Las predicciones que hacen los horóscopos no tienen valor porque el hombre es un **ser libre** y **no predestinado**.

2 Dado que los seres humanos, a veces, dudan sobre si lo que están viviendo es sueño o realidad, deben comportarse siempre de **forma moral**.

**Argumento**

Basilio, rey de Polonia, encierra a su hijo Segismundo en una torre porque unos astrólogos han vaticinado que, cuando crezca, el joven lo derrocará y asesinará. Pasados los años, el rey libera a su hijo de la torre y lo lleva a su palacio. Al ver que Segismundo se comporta cruelmente con todos, le suministran un narcótico y es encerrado de nuevo en la torre. Segismundo cree que su breve estancia en el palacio ha sido un sueño. Tras una revolución, el pueblo libera a Segismundo y es proclamado rey. Al final, no se cumple el horóscopo porque Segismundo perdona a su padre y se comporta como un gobernante prudente.

### *EL ALCALDE DE ZALAMEA*

Esta obra denuncia las tropelías que llevaban a cabo los militares al pasar por zonas habitadas. En este caso, el alcalde Pedro Crespo juzga y castiga con la pena de muerte a un capitán del ejército de Felipe II por haber violado a su hija. El rey aprueba la decisión.

Con este **drama de honor** Calderón quiere expresar una idea muy clara: la persona que comete un delito no puede quedar sin castigo por el hecho de que pertenezca a una clase social más alta que su víctima.

## La corte de las humanistas

En torno a la corte portuguesa de la reina doña Catalina (siglo XVI) se formó un **séquito de mujeres intelectuales** reconocidas por su gran erudición y talento musical al servicio de la infanta María de Portugal (1521-1577). Las más conocidas fueron las hermanas españolas Luisa y Ángela Sigea.

**Luisa Sigea** (1522-1560) estudió varias materias, entre las que destacan la filosofía, la historia y la oratoria. También era políglota. Fue una de las humanistas y poetas más reconocidas de la corte portuguesa.

Su hermana **Ángela Sigea** destacó en la música: cantaba, tocaba instrumentos y escribía letrillas.

También perteneció a este grupo de damas cultas la artista **Paula Vicente** (1519-1576), hija del dramaturgo Gil Vicente quien, como su padre, fue **autora de comedias**.

# 10. Mujeres áureas: escritoras del Renacimiento y el Barroco

Para superar los tópicos misóginos de su época, las mujeres con inquietudes intelectuales de los siglos XVI y XVII encontraron dos salidas fundamentales: convertirse en **damas de las cortes** europeas o refugiarse en **conventos** para dedicarse a la vida religiosa. Así, muchas de ellas se sobrepusieron a la invisibilidad social femenina que existía en el mundo de la cultura.

### EL FENÓMENO DE LAS MÍSTICAS ESPAÑOLAS

Las mujeres que ingresaban en los conventos encontraron en ellos una vía para formarse, ya que tenían mejor acceso a los libros. Algunas de ellas desarrollaron una vocación literaria y llegaron a ser reconocidas autoras de confesiones, autobiografías, libros espirituales, autos sacramentales...

**Santa Teresa de Jesús** (1515-1582) fue una de las místicas más importantes del siglo XVI y desarrolló una amplia obra literaria (ver pág. 268)

En el siglo XVII, **sor María de Jesús de Ágreda** (1602-1665) también escribió libros sobre mística. Pero además tuvo un papel político destacado, ya que fue consejera del rey Felipe IV, con quien mantenía correspondencia sobre importantes asuntos de estado.

Junto a santa Teresa de Jesús, **sor Juana Inés de la Cruz** (1651-1695) fue una de las mayores defensoras de los derechos de las mujeres en los Siglos de Oro. Apasionada por la lectura desde niña y rechazada en la universidad por ser mujer, decidió ingresar en la Orden de San Jerónimo de México donde continuó su formación académica. Escribió numerosas obras y cultivó todo tipo de géneros (poesía, prosa, teatro...). El poema que vamos a comentar a continuación se encuentra entre los más reconocidos de la literatura española: *Hombres necios que acusáis.*

## ACTIVIDAD

**15** En este poema, sor Juana Inés de la Cruz critica a algunos hombres por su comportamiento incongruente en el amor, ya que juzgan negativamente tanto a aquellas mujeres que aceptan tener una relación con ellos como a las que los rechazan. Lee el texto y responde a las cuestiones.

- **a** CS ¿Está escrito desde una perspectiva feminista? Razona tu respuesta.
- **b** Escribe el tema del texto.
- **c** Explica la medida y la rima de los versos. ¿De qué estrofa se trata?
- **d** CS Valora si la crítica que la autora formula a los hombres tiene validez en la sociedad actual.

Hombres necios que acusáis
a la mujer sin razón,
sin ver que sois la ocasión
de lo mismo que culpáis:
si con ansia sin igual
solicitáis su desdén,
¿por qué queréis que obren bien
si las incitáis al mal?
Combatís su resistencia,
y luego con gravedad
decís que fue liviandad
lo que hizo la diligencia.
Con el favor y el desdén
tenéis condición igual,
quejándoos, si os tratan mal,
burlándoos, si os quieren bien.

## UNA GENERACIÓN DE ESCRITORAS OLVIDADAS

Entre 1590 y 1610 nació una **generación de mujeres** pertenecientes a **familias cultas y de buena posición económica** que durante su juventud adquirieron, de forma autodidáctica, una sólida formación académica y se convirtieron en escritoras profesionales reconocidas en los círculos literarios más importantes.

### PROSISTAS

- **Luisa María de Padilla** (1590-1646) fue una de las prosistas más prolíficas de su época. En obras como *Lágrimas de la nobleza* critica los vicios de la aristocracia. A pesar de escribir durante el Barroco, su estilo es claro y fluido.
- **Leonor Meneses** (1620-1664) fue autora de novelas cortesanas. Su obra más conocida es *El desdeñado más firme*. Para evitar ataques misóginos ocultaba su verdadera identidad tras el seudónimo de Laura Mauricia. Renunció al matrimonio para poder dedicar su vida al estudio.
- **Mariana de Carvajal** (1620-1670) fue una relevante escritora del siglo XVII. Aunque también fue autora de comedias, hoy en día solo se conservan sus colecciones de novela corta. Algunos de los títulos más conocidos son *La industria vence desdenes* y *Navidades en Madrid*.

### POETAS

- **Bernarda Ferreira de Lacerda** (1595-1644) fue una autora portuguesa muy conocida en Madrid. Aunque escribió también en castellano, su obra más importante es *Hespaña Libertada,* un poema épico en el que narra el desarrollo de los reinos hispánicos.
- **Ana de Castro Egas** fue una poeta alabada entre otros escritores por Lope de Vega y Francisco de Quevedo, quien prologó *Eternidad*, la única obra que se conserva de la autora.
- **Ana Francisca Abarca de Bolea** (1602-1685) fue una poeta con una amplia formación humanística. Destacó en las octavas y sonetos. Baltasar Gracián, uno de los filósofos más relevantes del Barroco, incluyó algunos de sus poemas en su tratado de retórica *Agudeza y arte de ingenio.*

### DRAMATURGAS

- **Ana Caro de Mallén** (1590-1652) fue una reconocida autora de comedias. Sus obras más importantes son *El conde puntapiés* y *Valor, agravio y mujer,* en las que los personajes femeninos adquieren un gran protagonismo y complejidad.
- **Marcela de San Félix** (1605-1687), hija de Lope de Vega, fue dramaturga y poeta. Aunque la mayoría de sus obras son de temática religiosa (*Coloquios espirituales*), su estilo se caracteriza por el uso de la ironía y la comicidad.

### María de Zayas y Sotomayor: novelista del Siglo de Oro

María de Zayas (1590-1661) es la escritora más famosa de su tiempo. Lope de Vega le dedicó el poema *Laurel de Apolo* por su extraordinario ingenio. Fue una gran defensora de la educación de las mujeres. Influida por las *Novelas ejemplares* de Cervantes y el *Decamerón* de Bocaccio escribió *Novelas amorosas y ejemplares*. Su originalidad reside en la perspectiva feminista con la que trata los temas de sus novelas: la crítica del matrimonio, la desmitificación de la belleza, el despertar del deseo femenino... Muestra también la violencia física y sexual que se ejercía contra las mujeres en el ámbito doméstico.

### ACTIVIDAD

**16** Lee el siguiente fragmento y realiza las actividades.

**a** Identifica los enunciados en los que el protagonista masculino se opone a que las mujeres adquieran formación.

**b** Localiza en qué frases se manifiesta el punto de vista feminista de la narradora.

> Llegó don Fadrique a Sevilla tan escarmentado en Serafina que por ella ultrajaba a todas las demás mujeres, no haciendo excepción de ninguna, cosa contraria a su entendimiento, pues para una mala hay ciento buenas, y no todas lo son, ni es justo, mezclando unas con otras, culparlas a todas. Mas, en fin, él decía que no había de fiar de ellas, y más de las discretas, porque de muy sabias y entendidas daban en traviesas y viciosas, y que con sus astucias engañaban a los hombres; pues una mujer no había de saber más de hacer su labor y rezar, gobernar su casa y criar sus hijos; y lo demás eran bachillerías y sutilezas que no servían sino de perderse más presto.
>
> María de Zayas, *El prevenido engañado*

# Literatura comparada. Ayer

MADALENA: Aunque el recato
de la mujeril vergüenza
cerrarme intente los labios
digo, señor, que ya estoy
casada.
DUQUE: ¡Cómo! ¿Qué aguardo?
¿Estáis sin seso, atrevida?
MADALENA: El cielo y amor me han dado
esposo, aunque humilde y pobre,
discreto, mozo y gallardo.
DUQUE: ¿Qué dices, loca? ¿Pretendes
que te mate?
MADALENA: El secretario
que me diste por maestro
es mi esposo.
DUQUE: Cierra el labio.
¡Ay, desdichada vejez!
Vil: ¿por un hombre tan bajo
al conde de Vasconcelos
desprecias?
MADALENA: Ya le ha igualado
a mi calidad amor,
que sabe humillar los altos
y ensalzar a los humildes.
DUQUE: Darete la muerte.
LAURO: ¡Paso,
que es mi hijo vuestro yerno!
DUQUE: ¿Cómo es eso?
LAURO: El secretario
de mi sobrina, vuestra hija,
es Mireno, a quien ya llamo
don Dionís y mi heredero.
DUQUE: Ya vuelvo en mí; por bien dado
doy mi agravio dese modo.

Tirso de Molina, *El vergonzoso en palacio*

**ANTES DE LEER**

Madalena se enamora de su secretario Mireno, cuyos orígenes cree él que son plebeyos. Al final se descubre que es hijo de Lauro, un príncipe portugués.

**Tirso de Molina** (1579-1648) es el seudónimo por el que se conoce a Gabriel Téllez, fraile de la Orden de la Merced. De él nos han llegado unas sesenta obras de teatro, en la línea marcada por Lope de Vega en su *comedia nueva*: divertir, entretener y causar admiración en el público. Destacan sus acertados retratos psicológicos, especialmente de las mujeres protagonistas. La honra, como ocurre con el teatro barroco en general, es el tema predominante de su teatro.

**1** ¿Qué tema tienen en común los dos textos?

**2** Identifica en ambos textos el desprecio de los aristócratas por el pueblo llano.

**3** Explica cómo el Duque insulta y amenaza a su hija Madalena cuando esta le dice que se ha casado con Mireno, un joven de clase baja.

**4** ¿Por qué el Duque acepta finalmente que Madalena se case con Mireno?

**5** ¿De qué forma pretende justificar Madalena que Mireno es digno de ella, a pesar de creer que no es noble?

**6** ¿Qué argumento utiliza Juan para desacreditar el mito de la nobleza de sangre? ¿Se siente orgulloso de pertenecer al pueblo llano? Razona tu respuesta.

**7** ¿Por qué la señorita Julia está llena de contradicciones? ¿En qué se diferencia de Madalena?

**8** **Valoración del contenido.** Explica si actualmente las diferencias sociales son una barrera para las relaciones amorosas.

**9** **Evolución del tema de la honra.** Explica a partir de estos dos textos cómo ha evolucionado el tema de la honra desde el teatro barroco al teatro moderno.

# Literatura comparada. Hoy

**ANTES DE LEER**

La señorita Julia es una noble rica y caprichosa, que baila y bebe en una fiesta de los criados. Allí seduce a uno de ellos, Juan, con quien tendrá relaciones amorosas; pero más tarde sentirá que esta situación pone en riesgo su posición social.

**August Strindberg** (1849-1912) fue un dramaturgo sueco de enorme influencia en la literatura de su país y en el teatro contemporáneo. *La señorita Julia* (1888) es su obra más conocida: pertenece a la corriente naturalista, y en ella se plantean temas como las diferencias entre clases sociales, el amor y la mujer. Su aportación fundamental al teatro es haber incorporado al diálogo la espontaneidad de la conversación y la lengua coloquial.

LA SEÑORITA JULIA: ¿Ve usted alguna otra salida que no sea la de marcharnos de aquí, casarnos y divorciarnos?

JUAN: ¿Y si yo no me presto a un chanchullo tan deshonroso?

LA SEÑORITA JULIA: ¿Chanchullo deshonroso?

JUAN: ¡Sí, para mí lo es! Mire, mi linaje es más noble que el suyo porque en mi familia no hay incendiarios.

LA SEÑORITA JULIA: ¿Cómo lo sabe?

JUAN: Yo sé que usted no puede demostrar lo contrario, ya que nosotros no tenemos un árbol genealógico... ¡excepto el de los archivos de la policía! ¡Pero yo he leído el árbol genealógico de su familia en el libro Nobiliario! ¿Sabe usted quién fue su madre? ¿Sabe usted quién fue el fundador de esta casa? ¿Sabe cómo consiguió ese título? Pues fue un molinero que dejó al rey acostarse con su mujer una noche durante la guerra con los daneses. Yo no tengo antepasados de esa calaña. ¡No tengo ese abolengo! ¡En realidad yo no tengo abolengo alguno, pero puedo llegar a ser el origen de un linaje noble!

LA SEÑORITA JULIA: Esto me pasa por haberle abierto mi corazón a un villano, por haber puesto en sus manos la honra de mi familia...

JUAN: ¡Más bien la deshonra! ¡La deshonra! ¿Ve? ¡Ya se lo advertí! ¡No se debe beber porque el vino desata la lengua! ¡Y vale más no hablar!

LA SEÑORITA JULIA: ¡Oh, cómo me arrepiento! ¡Cómo me arrepiento! Si al menos usted me quisiese...

August Strindberg, *La señorita Julia*

**10** **Evolución de la forma del diálogo.** Explica cómo ha cambiado la forma del diálogo y el registro léxico con el que hablan los personajes en el teatro moderno comparado con el teatro barroco.

**11** Consulta el enlace y realiza las actividades que figuran a continuación.

- **a** ¿Qué es la sociedad estamental?
- **b** ¿En cuál de los dos fragmentos teatrales se muestra más poderosa la sociedad estamental? ¿Por qué?
- **c** ¿Y en cuál parece que se está resquebrajando? Razona tu respuesta.

**12** Infórmate en la imagen sobre la pirámide de la sociedad estamental y di en qué estamentos sitúas a Madalena, Mireno, Lauro, el Duque, la Señorita y Juan.

**13** Visualiza el siguiente vídeo y explica brevemente qué es un corral de comedias y qué lugar ocupaba cada estamento social cuando asistían al teatro como espectadores.

**14** Infórmate en el enlace y escribe una exposición de ocho líneas sobre la diferencia que había en el teatro barroco entre honor y honra.

## TAQUILLA TEATRAL

### CENTRO DRAMÁTICO NACIONAL

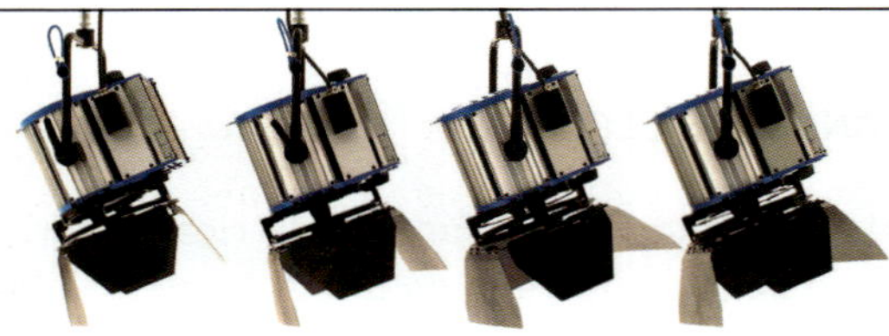

Las taquillas del CDN (María Guerrero y Valle-Inclán) están conectadas a la red de teatros del INAEM, por tanto, para aquellas obras en las que existan localidades a la venta, estas podrán adquirirse también en las sedes del Auditorio Nacional de Música, en el Teatro de la Zarzuela y en la sede de la Compañía Nacional de Teatro Clásico (Teatro Pavón). Los días y los horarios de apertura de sus respectivas taquillas se pueden ver en sus respectivos enlaces.

**HORARIO DE LAS TAQUILLAS DEL CDN**
De lunes a viernes de 12:00 a 20:30 horas.
Sábados, domingos y festivos de 14:30 a 20:30 horas.

**DIRECCIÓN**
Teatro María Guerrero y sala de la Princesa, calle de Tamayo y Baus, n.º 4.
Teatro Valle-Inclán y sala de Francisco Nieva, calle de Valencia, n.º 1 (Plaza de Lavapiés).

**TELÉFONO DE INFORMACIÓN**
Taquillas y Grupos Teatro Valle-Inclán y Sala Francisco Nieva: 91 505 8X XX.
Taquillas y Grupos Teatro María Guerrero y Sala de la Princesa: 91 310 1X XX.
Atención al abonado: 91 310 9X XX / 91 319 3X XX (fax).
/ abonos.cdn@inaem.mecd.es
**Venta telefónica**: 902 22 49 XX.
**Venta Internet**: www.entradasinaem.es y www.entradasinaem.com.
**Tarjetas de crédito:** Visa, 4B y MasterCard para todos los sistemas de venta; American Express solo en taquillas.

**PRECIOS**
**(resolución precios Temporada 2013-2014)**
Teatro María Guerrero: de 4 € a 24 €.
Sala de la Princesa: 19 € (los espectáculos de *Escritos en la escena* 10 €).
Teatro Valle-Inclán: 19 € y 24 €.
Sala Francisco Nieva: 24 €.

**DESCUENTOS**
**Día del espectador:** todos los miércoles del año, 50% de descuento.
**Grupos:** Teatro María Guerrero y Teatro Valle-Inclán, de 20 a 29 personas, un 25% de descuento, y de 30 personas en adelante un 50% de descuento (martes, jueves y viernes).
**Nota:** los descuentos no son acumulables.

(texto adaptado)

**1** CL **Comprensión**

- **a** CS ¿Qué implica para el aficionado al teatro el hecho de que las taquillas de CDN formen parte de la red INAEM?
- **b** ¿Podrías comprar entradas en las taquillas del CDN los sábados por la mañana? ¿Por qué?
- **c** ¿Se puede abonar el precio de una entrada con la tarjeta American Express en una compra en línea?
- **d** Un grupo de 25 personas pretende adquirir entradas con descuento para asistir un sábado a una representación en el Teatro Valle-Inclán. ¿Podrá hacerlo? Justifica tu respuesta.
- **e** CS ¿Qué significan las iniciales de las siglas CDN e INAEM? Consulta el enlace.

**2** CM **Cálculo**

- **a** ¿Cuánto te costará la entrada más barata para la Sala Francisco Nieva el día del espectador?
- **b** ¿Cuánto tendrá que abonar un grupo de 25 personas para asistir un viernes a una representación en el Teatro María Guerrero con la entrada más barata?

**3** CC CS Entra en el enlace de la actividad **1e** y busca el CDN. Infórmate sobre la programación teatral de la temporada y elige la obra a cuya representación te gustaría asistir; explica el porqué.

**4** CD CS Investiga en Internet y explica qué diferencia hay entre los teatros comerciales y los nacionales.

**5** CS Infórmate en el enlace y explica qué es el IVA y cuántos tipos hay.

**6** CS **Argumentación.** Aporta tres razones a favor de que el teatro sea gravado con un IVA superreducido del 4% y no con el general del 21%.

**7** CM CS A principios del siglo XVII la entrada más barata (de pie) para el teatro costaba 20 maravedíes, y el sueldo mínimo era 102 reales. Hoy en día el salario mínimo interprofesional está fijado en 21,62 € al día y la entrada más barata para asistir al Teatro Valle-Inclán cuesta 19 €. Obtén los porcentajes correspondientes y explica si, proporcionalmente, en la actualidad, la entrada es más cara que en el siglo XVII.

**ANTES DE LEER**

*El alcalde de Zalamea* es un drama cuyo tema es el abuso de poder. Al paso del ejército del rey por Zalamea, el capitán Álvaro de Ataide viola a la joven Isabel, hija del alcalde Pedro Crespo. Este, que no es noble sino labriego, implora al capitán que se case con su hija para reparar su honor, e incluso está dispuesto a entregarle todas sus riquezas si lo hace; pero el capitán se niega a ello. El siguiente fragmento muestra la reacción de Crespo.

**EL PODER DEL VILLANO**

CRESPO: Prender
mando al señor Capitán.
CAPITÁN: ¡Buenos son vuestros extremos!
Con un hombre como yo,
y en servicio del Rey, no
se puede hacer.
CRESPO: Probaremos.
De aquí, si no es preso o muerto,
no saldréis.
CAPITÁN: Yo os apercibo
que soy un Capitán vivo.
CRESPO: ¿Soy yo acaso alcalde muerto?
Daos al instante a prisión.
CAPITÁN: No me puedo defender;
fuerza es dejarme prender.
Al Rey desta sinrazón
me quejaré.
CRESPO: Yo también
de esotra; y aun bien que está
cerca de aquí, y nos oirá
a los dos. Dejar es bien
esa espada.
CAPITÁN: No es razón
que...
CRESPO: ¿Cómo no, si vais preso?
CAPITÁN: Tratad con respeto...
CRESPO: Eso
está muy puesto en razón.
(*Al escribano.*)
Con respeto le llevad
a las casas, en efeto,
del Concejo; y con respeto
un par de grillos le echad
y una cadena; y tened
con respeto, gran cuidado
que no hable a ningún soldado;
y a esos dos también poned
en la cárcel; que es razón,
y aparte, porque después,
con respeto, a todos tres
les tomen la confesión.
(*Aparte, al capitán.*)
Y aquí, para entre los dos,
si hallo harto paño[1] en efeto,
con muchísimo respeto
os he de ahorcar, juro a Dios.
(*Llévanle preso.*)
CAPITÁN: ¡Ah, villanos con poder!
(*Vanse.*)

Pedro Calderón de la Barca,
*El alcalde de Zalamea*

**1 Si hallo harto paño:** si encuentro motivos graves.

### Análisis del contenido

**1** Indica el significado de las palabras subrayadas.

**2** Contesta a las siguientes preguntas: **a** ¿Cuál es la orden del alcalde Pedro Crespo? **b** ¿Por qué cree el capitán que su detención es ilegal? **c** Localiza las frases donde Crespo ordena desarmar al capitán y someterlo a prisión incomunicada. **d** ¿Por qué Crespo se propone ahorcar al Capitán? Explica si has obtenido esta información en el fragmento dialogado. **e** ¿Por qué dice Crespo al Capitán que lo ahorcará *con muchísimo respeto*? **f** Identifica las dos frases con que el capitán, desde su condición de noble caballero, muestra su desprecio por los labradores.

**3** Resume el texto en tres líneas y escribe el tema.

**4** Divide el texto en partes según su significado.

### Valoración del contenido

**5** CS **a** Consulta el enlace, resume el concepto de *aforamiento* en dos líneas y di quiénes son aforados en España. **b** Si el capitán era un aforado, ¿crees que Crespo hizo bien no entregándoselo al rey y juzgándolo sin ningún privilegio legal?

### Análisis de la forma

**6** **a** ¿A qué género literario pertenece este fragmento? **b** Señala las acotaciones.

**7** Elabora la etopeya del protagonista y del antagonista.

**8** Localiza las antítesis y las anáforas del texto y explica por qué se emplean.

**9** Identifica los deícticos de lugar y explica a qué espacio se refieren en cada caso.

**10** ¿Qué estrofa predomina en el texto? Explica su métrica y rima.

### Valoración de la forma

**11** Busca en el diccionario digital de la RAE el significado de *sarcasmo* y explica por qué la última alocución de Crespo lo es. ¿Con qué fin crees que Crespo se dirige al capitán con este tono irónico?

### Contexto histórico y literario

**12** CA Consulta la página 310 de este libro de texto y demuestra que el tema de este texto es característico del teatro barroco.

# *Nueve liras de hiedra y un secreto*

**ANTOLOGÍA POÉTICA: Cuaderno documental (CDoc) / Estudio de la obra (EO)**

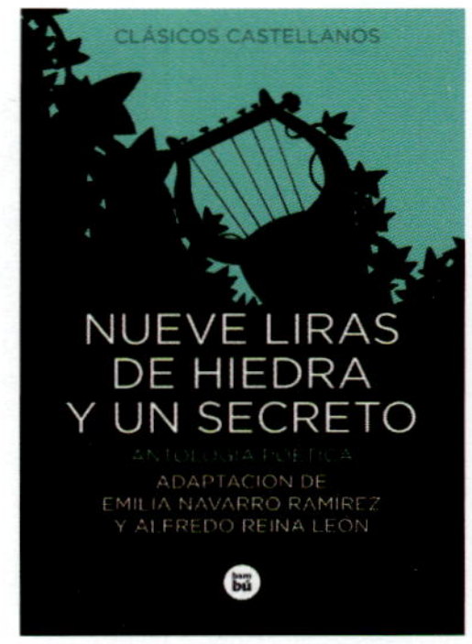


## 1. CARACTERIZACIÓN Y EVOLUCIÓN DEL RETRATO FEMENINO [búsqueda de información: CDoc, páginas 184-185; 188 / EO, páginas 197-206]

### 1.1 RASGOS FÍSICOS (PROSOPOGRAFÍA) [Grupo 1]

a **Obtención de información.** Lee los poemas señalados en la tabla y completa.

| Tipo | Página | Características físicas | Descripción realista o idealizada | Época / movimiento literario | Autor | Poesía culta / popular | Métrica |
|---|---|---|---|---|---|---|---|
| Muchacha mozárabe | 12 | | | | | | |
| Campesina | 13, 56 | | | | | | |
| Dama | 14, 55, 133, 18, 97, 24, 25 | | | | | | |
| Pastora | 16 | | | | | | |
| Mujer corriente | 27 | | | | | | |

b CA **Síntesis.** Escribe una exposición de 16 líneas en la que expliques cómo evoluciona el retrato literario de la mujer desde la Edad Media al Barroco con los datos de la tabla anterior.

c CS CA CC **Vestuario. 1** Infórmate en el primer vídeo y haz un esquema con las prendas usadas por las mujeres en la Edad Media. ¿Es frecuente la descripción de la vestimenta femenina en los poemas que has leído? ¿A qué crees que se debe? **2** Infórmate en el segundo vídeo y describe los rasgos de la moda femenina en la mujer noble del Renacimiento.

d CC CD **Imitación de modelos literarios.** Escribe un romance de 10 versos en el que describas físicamente a una compañera o amiga. Puedes inspirarte en el de la página 18 (*Rosa en el rosal*). Utiliza una app para editar tu romance de forma cantada.

### 1.2 RASGOS PSICOLÓGICOS Y MORALES (ETOPEYA) [Grupo 2]

a **Obtención de información.** Lee los poemas señalados en la tabla y completa.

| Tipo de mujer | Página | Características sentimentales | Erotismo (marca con X, si corresponde) | Época / movimiento literario | Autor | Poesía culta / popular | Métrica |
|---|---|---|---|---|---|---|---|
| Soñadora | 172 | | | | | | |
| Novia | 31, 110 | | | | | | |
| Amante | 32, 34, 38 | | | | | | |
| La dama enemiga | 22, 60 | | | | | | |
| Bien casada | 49 | | | | | | |
| Viuda | 36 | | | | | | |
| No se quiere casar | 35 | | | | | | |
| Mal casada | 96 | | | | | | |
| Infiel | 64 | | | | | | |
| Madre dolorosa | 123 | | | | | | |
| «Feminista» | 51 | | | | | | |
| Belleza interior | 175 | | | | | | |

b CA **Síntesis.** Escribe una exposición de 20 líneas sobre las características sentimentales que manifiesta la mujer en la poesía castellana desde la Edad Media hasta el Barroco.

c CC CD **Imitación de modelos literarios.** Escribe un villancico de 9 versos en el que expreses un sentimiento de amor o amistad hacia otra persona. Puedes inspirarte en el de la página 172 (*En la peña*). Utiliza una app para editar tu villancico de forma cantada.

d CC CA **Literatura comparada.** Explica las diferencias que hay, desde el punto de vista del retrato y en la métrica, entre la serrana de Santillana (páginas 16-17) y la del Arcipreste, que puedes leer en el enlace. ¿En cuál de los dos grupos sitúas la serrana de la página 100?

**2. EL AMOR [Grupo 3]**

**[búsqueda de información: CDoc, páginas 190-191 / EO, páginas 207-211]**

a **Obtención de información.** Lee los poemas señalados en la tabla y completa.

| Tipos de amor | Página | Concepto de amor | Autor | Poesía culta / popular | Época / movimiento | Métrica |
|---|---|---|---|---|---|---|
| Correspondido | 84, 49 | | | | | |
| No correspondido | 74, 94, 30, 58, 25, 68, 22 | | | | | |
| Platónico | 85 | | | | | |
| Erótico | 32, 34, 38, 75, 95, 106 | | | | | |
| Místico | 91, 103, 43 | | | | | |

b **El sufrimiento amoroso.** Lee estos poemas y explica en qué consiste el sufrimiento amoroso del poeta y su visión del amor: páginas 170, 60, 68, 116, 64, 92.

c **Síntesis.** CA **1** A partir de la lectura de los poemas correspondientes, escribe una exposición de 20 líneas acerca de los tipos de amor que se manifiestan en la poesía castellana desde la Edad Media hasta el Barroco. **2** Relaciona el amor místico con el amor erótico, basándote en los poemas leídos.

d CA **Evolución literaria: temas y formas.** **1** Relaciona el argumento del *Romance del conde Olinos* (páginas 98-99) con el que puedes leer en el enlace. **2** A partir de los textos comparados que aparecen en esa página de Internet (y con la ayuda del libro de texto), explica el origen de los romances.

e CC **Literatura comparada.** **1** Infórmate en el vídeo y resume el mito de Psique y Eros. **2** Explica la relación de este mito con el poema de Quevedo (página 70).

**3. LA NATURALEZA [Grupo 4]**

**[búsqueda de información: EO, página 216]**

a **Obtención de información.** Lee los poemas señalados en la tabla y completa.

| Tipo de lugar o paisaje | Páginas | Descripción del paisaje | Poesía culta / popular | Época / movimiento | Autor | Métrica |
|---|---|---|---|---|---|---|
| Ameno (*locus amoenus*) | 109 | | | | | |
| Terrible (*locus terribilis*) | 114 | | | | | |
| Naturaleza confidente | 110 | | | | | |
| Espacio simbólico | 112, 43 | | | | | |

b CC Selecciona dos cuadros que reflejen, respectivamente, un paisaje ameno y otro terrible. Infórmate en los enlaces y di el movimiento al que pertenecen estos pintores, los títulos de los cuadros, y describe cada uno de ellos en 4 líneas.

**4. OTROS TEMAS [Grupo 5]**

**4.1 La muerte [búsqueda de información: EO, páginas 217-219].** CC CA **Imitación de modelos. a** Lee los poemas de las páginas 121, 122 y 126. ¿Qué tema tienen en común? **b** Explica qué es una elegía. **c** Escucha el audio con el poema de Lorca y visiona el vídeo de Miguel Hernández. ¿Comparten con los poemas que has leído una visión macabra de la muerte? Razona la respuesta.

**4.2 *Ubi sunt* [búsqueda de información: EO, página 220].** CC Define qué es el *ubi sunt*. Lee en el enlace las coplas IX-XI de Manrique y di cómo se manifiesta el paso del tiempo en la belleza, la nobleza y la riqueza.

**4.3 *Carpe diem* [búsqueda de información: EO, página 221].** CC Define brevemente qué es el *carpe diem*. Localiza y escribe los versos que expresan esa idea en los poemas de la *Lira 8* correspondiente (páginas 141-150). Escucha atentamente la explicación sobre el concepto de *carpe diem* en el vídeo y di en qué aspectos concretos se manifiesta hoy en día.

**4.4 Alabanza de la vida rústica [búsqueda de información: EO, página 222].** CC **a** Explica los dos tópicos que se desarrollan en la *Epístola moral a Fabio* (página 160). **b** Lee el reportaje del enlace y explica qué relación tiene con dicha *Epístola*.

**Editorial Casals, fundada en 1870**
Libro adaptado a los contenidos que prescribe el Real Decreto 1105/2014, de 26 de diciembre, por el que se establece el currículum básico de la Educación Secundaria Obligatoria y el Bachillerato.

Las actividades de este libro se proponen como modelos de ejercicios que cada alumno/a debe resolver en su libreta o cuaderno. En ningún caso, debe realizarlas en el propio libro.

Coordinación editorial: Fina Palomares
Revisión lingüística: Susana Alés, Irene Lorenzo, M. José Rueda
Diseño de cubierta: Miquel Puig
Diseño interior: Bassa & Trias
Maquetación: Niabel Urbano, Joan Boldó, Stefano Puddu
Ilustración: Albert Asensi
Fotografía: Album, Getty, Prisma, Thinkstock



Segunda edición: septiembre de 2019
ISBN: 978-84-218-6672-6
Depósito legal: B-29822-2018
*Printed in Spain*
Impreso en Índice, SL